反向抵押贷款产品定价与风险防范

柴效武　等著

ZHEJIANG UNIVERSITY PRESS
浙江大学出版社

图书在版编目(CIP)数据

反向抵押贷款产品定价与风险防范 / 柴效武等著.
—杭州：浙江大学出版社，2019.10
ISBN 978-7-308-18406-9

Ⅰ.①反… Ⅱ.①柴… Ⅲ.①抵押贷款—定价②抵押
贷款—金融风险防范 Ⅳ.①F830.5

中国版本图书馆 CIP 数据核字(2018)第 150152 号

反向抵押贷款产品定价与风险防范

柴效武　等著

责任编辑	傅百荣
责任校对	杨利军　张振华
封面设计	刘依群
出版发行	浙江大学出版社
	（杭州市天目山路 148 号　邮政编码 310007）
	（网址：http://www.zjupress.com）
排　版	浙江时代出版服务有限公司
印　刷	虎彩印艺股份有限公司
开　本	787mm×1092mm　1/16
印　张	26.75
字　数	744 千
版 印 次	2019 年 10 月第 1 版　2019 年 10 月第 1 次印刷
书　号	ISBN 978-7-308-18406-9
定　价	82.00 元

目　录

反向抵押贷款产品定价的基本公式评析

刘江涛[①]　　张　波[②]　　柴效武

摘要：本文通过对反向抵押贷款产品定价核算中的重要因子分析,探讨贷款期末房屋处置价格、贷款期间市场利率波动以及实际贷款发放时限的不确定性所带来的金融机构经营风险。探其根本,这些风险来源于借款人实际寿命的不确定性。同时由于借款人实际寿命处于一个可以预期的区间之内,金融机构可以通过一些有效途径降低经营风险,包括引入政府保证、商业保险、设立固定贷款期限等。

一、反向抵押贷款产品定价的一般情形

(一)反向抵押贷款产品定价与计量研究综述

最早对反向抵押贷款推行给老年户主带来的经济效益进行定量化测算的是 Venti 和 Wise (1991)。他们使用收入与活动参与调查,利用精算模型得出老年人通过办理反向抵押贷款业务,可以使年收入平均增加 10％的结论。Speare(1992)利用 1984 年的 SIPP,撰文《关于贫困老年户主能从反向抵押中获益的人口统计方面的考察》,指出该项业务可以帮助大约 1/5 老年贫困者脱贫。Kutty(1998)应用美国反向抵押贷款产品 HECM 进行估算,得出的结论与 Speare 相当一致。国外许多学者如 Merrill(1994),Mayer 和 Simors(1994a 和 1994b),Rasmussen、Megbolugh 和 Morgan(1997)分别应用统计分析和计量模型,对反向抵押贷款的受益群体进行预测,估算获益者的数量范围。然而,由于使用的模拟产品样本、房产价值和假设主要需求人群的差异,得出数据相去甚远,一致性较差。

Case 和 Schnare (1994)通过大约 2500 笔反向抵押贷款描述了 HECM 的保险实证,分析了 HECM 借款人的特征、财产情况和支付方式的选择。他们计算出选用每种支付方式的概率,作为年龄、家庭的组成、房产价值、房产位置和其他特征的函数。最后得出以下结论:借款人的房产状况和反向抵押贷款产品选择方面联系不大,年龄较小的借款人更倾向于终身年金方式,单身男性相对单身女性、拥有高价值住房资产的借款人相对拥有低价值住房资产的借款人、农村借款人相对城镇借款人,更加倾向于选择信贷限额模式。

有一些研究结论不大支持反向抵押贷款,Hnaockc(1998)研究英国的情况后,表明住房资产实现流动后,对老年人收入的影响并不大。Sheiner 和 Weil(1992)更关注高龄老人群体,发现随着年龄的增长,老年房主的存活率在迅速降低。他们估计当家庭中最后一个人死亡之后,房产还能留下 42％的价值,这个发现为老年人减少住房资产来增加当期消费模式的可行性,提供了现

---

①　刘江涛(1976—),女,中国人民大学商学院讲师,博士,研究方向为房地产经济与管理,城市与区域规划。

②　张波(1976—),男,北京大学政府管理学院副教授,博士,研究方向为城市管理规划,房地产经济。

实证据。

在国内,由于缺乏翔实的老年住房和收入情况的统计数据,且以房养老的金融产品尚未推出,目前尚很难对其经济效益做出较为精密的估算。学者们的研究大多还处于举例说明阶段,缺乏客观实证性。

(二)反向抵押贷款产品定价的一般情形

反向抵押贷款产品的定价,决定了借款人可以从住房的价值变现中获取的贷款额度。这里首先阐述国内外关于反向抵押贷款的研究状况,然后对现有研究成果进行述评,并在此基础上提出构建反向抵押贷款综合定价模型的初步设想。

产品定价是反向抵押贷款业务推出的核心环节,定价方法分为绝对定价法和相对定价法。绝对定价法根据反向抵押贷款未来现金流的特征,运用恰当的贴现率将这些现金流贴现成现值,该现值就是绝对定价法要求的价格;相对定价法则利用标的产品价格与衍生产品价格之间的内在关系,直接根据标的产品的价格求出衍生产品价格。反向抵押贷款产品的种类不同,产品定价方式和结果不同。

反向抵押贷款产品定价的研究中,国外研究主要集中在产品定价应考虑的因素、应采取的款项支付方式以及其间的大量参数计量、模型设定等。在柴效武、孟晓苏、范子文等学者的努力下,我国已经进入该产品推出的试行阶段。国内的研究主要集中在应当采用何种定价模式,是支付因子还是保险精算定价模式,贷款支付类型和单、双生命比较定价模型等。

(三)反向抵押贷款支付的文献综述

章凌云在其硕士论文《反向抵押贷款理论及应用研究》(2005)中,主要研究以单个老年人为对象的整笔支付和终身年金支付的反向抵押贷款定价模型,认为在某种程度上,其他支付类型的反向抵押贷款产品定价,可以由整笔支付和终身年金支付通过适当调整组合而成。整笔支付本金和利息总值应当与预期住房未来销售的现值相等;而终身年金支付借款人所得的名义年金总额的现值,应与一次性总额支付的现值相等。笔者用数值模拟分析法对保险精算定价模型模拟分析,得出"75~85岁年龄层次的中国老年人采用终身年金方式比较合适"的结论。

奚俊芳在其硕士论文《反向抵押贷款定价模型研究》中,根据反向抵押贷款的基本支付类型建立了趸领和终身年金两个定价模型,通过实证检验一次性趸领金额与年龄和无风险利率有如下关系:在无风险利率固定的情况下,一次性趸领的金额随着年龄的增长而递增;在年龄固定的情况下,一次性趸领的金额随着利率的提高而递减。年金领取额与年龄和无风险利率有如下关系:在无风险利率固定的情况下,年金领取额随着年龄的增长而递增;在年龄固定的情况下,年金领取额随利率的增长而递增。

笔者考虑到老年人需要养老金的递增性,对终身年金的定价模型做出改进,进一步建立了年金给付逐年递增的定价模型,并给出了相应证明。奚俊芳将年金给付逐年递增的模型,又分为年金给付逐年按比例递增和年金给付逐年等量递增。在年金给付逐年按比例递增的定价模型中,建立根据物价进行指数化调整的年金给付精算定价模型;在年金给付逐年等量递增的反向抵押贷款精算定价模型中,投保时给付一个货币单位,以后给付逐年增加一个货币单位直至其死亡的精算现值。通过实证分析表明,年金递增的给付模型相比于根据物价进行指数化调整的精算定价的年金给付模型,能够更好地保护养老金的购买力。

(四)单、双生命比较定价模型

单生命定价模型是以 X 岁男性作为借款人,女性借款人可作类似处理。X 岁男性投保住房反向抵押贷款,所能获得的趸领金额或在投保日及之后的每个保单周年日领取固定的年金,直至其死亡为止。双生命定价模型是一对老年夫妇投保本项贷款,所能获得的趸领金额或在投保日及之后的每个保单周年日领取等量的年金,直至其最终双双死亡。现今国内有很多反向抵押贷款的定价模型,都在比较两种定价模型下的贷款支付情况。

张晶在其硕士论文《我国寿险公司推展反向抵押贷款之研究》(2005)中,依据保险精算定价模型得出单生命和多生命的精算模型,之后发表论文《寿险公司提供反向抵押贷款的精算问题研究》(2006)分单、双生命精算模型,举例计算并进行精算评估。通过这一模型定价并通过实证分析得到,在单生命定价模型下,一个60岁的拥有房产净值为30万元的男性贷款参与人,可一次性领取238 872元的趸领金额或每年领取15 498元的年金;而在双生命定价模型下,拥有市值30万元的住房,均为60岁的夫妻购买本产品后,可领取231 343元的趸领金额或每年17 660元的年金。根据2010年国民经济和社会发展统计公报,2010年中国城镇居民的人均可支配收入已经达到19 109元。这意味着借款人一旦参与本项业务,年收入增加的数字将接近社会人均可支配收入的水平,老人可以一举摆脱贫困面貌,收入和生活水平较之前翻了一番。

国内关于反向抵押贷款定价的研究侧重点有所不同,基本上都是摒弃了较为简单的美国的支付因子模式,而采用较为复杂也较为精确的保险精算的定价模式,且得出了年金支付模型对老年人的生活水平改善作用较大的结论。大多数的定价模型主要是研究单生命定价模型,双因素定价模型需要考虑因素较多,较为复杂。

二、反向抵押贷款产品定价的因素分析

反向抵押贷款产品定价的影响因素有:房价波动、利费率波动和余存寿命的差异状况,另外还同房款给付的方式与期限有关。给付额度的状况则有定额支付和不定额支付;房款给付的方式有年金性支付、整笔一次性支付和随时性支付。

(一)反向抵押贷款产品定价的因素

反向抵押贷款这种金融产品在对外营销时,必然有个产品定价的问题。金融产品定价同一般实体性产品的定价不同。反向抵押贷款这种金融产品,在思维方向及操作思路上都呈现出一种完全的相反性,同正常金融产品如住房按揭贷款等有着较大不同。这里的贷款产品定价就是指老年住户将自有住房反向抵押给金融机构之后,在其有生之年内每期从金融机构取得的房款可以达到多大额度。

产品定价是反向抵押贷款制度要素设计的核心内容,价格的高低会直接影响该产品的供给与需求状况,决定着该产品能否赢利及运营的结果会是如何,对本项工作的顺利推动是非常重要的。房款到手越多,对老年住户自然是越为有利,大家越有积极性参与这一业务。相反,每期房款到手的数额越少,老年住户就会感觉参与此项业务很不合算,会选择退出这一事项。对金融保险机构来说,情况则是正好相反,每期给付的房款越少,机构的经营风险就越小,而可能到手的经营收益就会越大。每期给付的房款越多,而老年住户的寿命又是异常之长,或者说未来的利率呈现向上波动时,机构所遇到的风险就会越多,以至于最终到手的住房已经完全不能兑付累积贷款的本息,机构的损失就太大了。故此,金融机构希望将该产品的价格定得较低,以减弱经营风险,增加营销利润;而客户则希望该产品的售价不至于过于便宜,希望自己的住宅通过反向抵押后,能够换取得到较多的钱财。这是很显然的。

(二)反向抵押贷款的支付方式

反向抵押贷款的支付方式有多种,一般包括一次性总额支付、信贷额度支付及分期支付等,不同支付方式的产品定价方式也不同。

1.年金支付

这是房款在整个余存寿命期间都呈现持续、等额的系列支付,这种方式的好处是明显的,也最符合"以房养老的本意"。老年住户将要提前得到的自己死亡后的房产价值,在整个余存生命期间应当是有保障地平均得到,以便于计划开支。缺陷是老年人在各个时期的消费状况不完全相同,尤其是在发生大病、重病不愈或其他意外变故,一次性需要较多资金时,就很难有相应的资金给予满足。这同时说明,老年人的养老期间必须储存一笔可供随时动用,满足不时之需的款项。

2.设定最高限额,整笔一次性支付

这是指老年住户将自己的住房反向抵押给金融机构时,可以在扣除相应的贴现额度后,一次性从机构取得整笔款项,用于满足自己的任何需要。日后,老年住户或其子女如能从其他渠道取得资金并用于归还贷款本息时,仍然可以随时将该住房赎回。设定最高限额整笔一次性支付,相较年金式付款,不大符合"以房养老"的根本宗旨。但如该老年住户随时调度资金,既可用住房抵押取得资金,又可随时调度资金来归还本息。这种做法最适宜于老年住户有特殊融资需要时使用。但其缺陷是不利于老年住户节约资金使用,不利于优化养老资源配置。倘若某位老人因急用将这笔款项一次性贷出,又于不多时日消耗殆尽,将来真正需要使用资金之时,就无法再从该住房中抵押房款支用了。

3.设定最高限额,随时支用

这是将住房的抵押价值在考虑相应的贴现值之后,设定一个最高限额,老年住户在其整个余存寿命期间,根据自身对资金的需要随时支用房款。这种方式的好处是可以随时随意支用房款,以满足自己的不时之需。

(三)反向抵押贷款的支付期限

老年住户将住房反向抵押给金融机构后,贷款给付的期限有定期和不定期两种。

定期是事先设定好期限,期限设定的标准大致有:一是需要资金的期限;二是预期存活余命的期限;三是可取得资金归还贷款本息的预期期限。贷款到期时即必须归还累计本息,归还的方法可以是该抵押的住宅,或是老年住户或其子女从其他渠道筹措的资金。倘若老人实际存活的年限短于设定的定期期限时,应以该老年住户实际死亡时间为到期日。

不定期限即以老年住户实际存活年限为贷款到期期限。这时,有可能出现的问题是当该老年住户健康长寿,实际存活余命远远超出预期存活年限时,贷款累积本息就很可能会远远超出该住房到期时的实际价值,从而使贷款机构在此业务中出现亏损。对此种事项可设定的防范措施为:一是允许此种事项的出现,对此出现的亏损可判定由老年住户的子女负担,由财政补贴,或由机构自身承担,或由三个方面共同承担;二是不允许此种事项的发生,这就是说届时该住房的实际价值已经相当或接近于贷款的累积本息时,可对该老人做适度安置措施,同时用该房屋的余值来偿债。

适度的安置措施可包括:一是老人有子女者由其子女接入自己家中养老,事实上高龄老人也很不应该继续独自生活,极应当同子女、孙子女们一起生活,享受天伦之乐;二是老人没有子女或同子女无法共同生活者,可采取统一安置入住养老机构的办法,入住用费由该老人的子女给予支付,或由业务开办机构给予支付(此种支付的费用,相较老人独自居住原抵押房屋的用费,应是大为减轻,机构很可以这样做);三是政府出面支付款项给老年住户的业务机构,即由政府买单来减轻业务开办机构的经营风险。这些事项都应当事先在条款中一一列明。

(四)贷款本息的累积与支付状况

我们可根据普通年金计算法,计量随着时间的推移,普通住房抵押贷款和反向抵押贷款的本息累积及归还的状况。这里以利率6%、期限20年计,复利计息(复利计息同我国的现行贷款制度有所不符,但大的情形还是一致的,且复利计息的运算结果也应当是最为合理公平)。

年限	1	2	3	4	5	6	7	8	9	10
利率	1.000	2.060	3.184	4.375	5.637	6.975	8.394	9.897	11.49	13.18
环比年增率	1.00	1.06	1.124	1.191	1.262	1.338	1.419	1.503	1.593	1.690
年限	11	12	13	14	15	16	17	18	19	20
利率	14.97	16.87	18.88	21.02	23.28	25.67	28.21	30.91	33.76	36.79
环比年增率	1.790	1.900	2.010	2.140	2.260	2.390	2.540	2.700	2.85	3.03

本表中的数据是指当借款人反向抵押自己的住房,并于整个晚年生存的 N 年中,每年度向金融机构取得1元,N 年期满可累积得到应予偿还的本利和。如该借款人向机构实际贷款年限为15年时,每年贷款额度为1万元时,15年期满累积贷款本利之和为1万元×23.280=23.280万元。当借款人向机构实际借贷款的年限为20年时,每年贷款额度相同,20年期满累积贷款本利之和为1万元×36.790=36.790万元。多贷款5年,可以多拿到本金5万元,而需要支付的本利和则要多出13.510万元,扣除5万元本金,尚需多支付利息为8.510万元。此时就需要计算借款人拥有住房届时的实际变现净值会达到多大,是否能值36.790万元。若能,此笔反向贷款似乎还可以继续做下去;若不能时,就只能是提前用住房还贷,避免愈益升高的贷款本利和最终难以用住房的价值偿还。

就实际情形而言,如某老年人于60岁申请参与反向抵押房贷,当贷期20年时,该老年人的寿命也高达80岁,此时可能是已丧偶多年,自身生活也难以自理,与其孤苦伶仃地继续居住在原来的住房,倒不如干脆提前将该住房交与金融机构用于还贷,自己同儿女居住一起,享受天伦之乐,或者是住进养老院中过群体养老生活更为舒心。提早交出住房的一大好处,是当该住房的价值在用于还贷付息后还有一定剩余价值时,自己可拿到这笔钱做自由用度。

可以做出对比的是,以普通住房抵押贷款而言,同样为贷款额度20万元,复利利率6%,贷期以20年计,每贷款年度需要等额偿还的本息为:每贷款年度需要偿还本息 X×(年金现值系数,20年,6%)=20万元,解方程得 X=17436.80元,将17436.80元按本金和利息分别计算时,可列表为:

年限	1	2	3	4	5	6	7	8	9	10
利率	0.943	1.833	2.673	3.465	4.212	4.917	5.582	6.210	6.515	7.024
环比年增率	—	0.890	0.840	0.792	0.747	0.705	0.665	0.628	0.595	0.559
年限	11	12	13	14	15	16	17	18	19	20
利率	7.887	8.384	8.853	9.295	9.712	10.11	10.48	10.83	11.16	11.47
环比年增率	0.527	0.497	0.469	0.442	0.417	0.394	0.371	0.351	0.330	0.312

由表中数据可以看出,尽管随着时间的推移,复利利率在逐年上升,但上升的幅度却是愈益减少。借款人初始借款的利率是很高的,随后则逐年下降。到了第20年时,比第19年的还贷比率仅仅增长0.312。

（五）反向抵押贷款的本息累积特征

反向抵押贷款的贷款本息累积的特征，是初时少，随着时间的推移，贷款给付数额也在逐步加大，利息累积的额度迅速拉高。这同普通住房抵押贷款的本息累积截然相反。普通住房按揭贷款是住户一次性向银行机构贷出款项，在整个贷期内逐年还本付息，随着时间的推移，本金和利息都在逐年减少，贷款银行的风险也在逐年降低，直到最终贷款本息全部归还完毕为止。即使借款人最终无法偿还贷款本息，银行机构也因有房屋抵押在手，且住房价值又在持续稳定增长之中，故此并不需要承担太多的风险。反向抵押贷款则有较大不同，随着时间的推移，贷款累积本息的额度在持续增长，该住房的价值却很难会保持相应的增幅。

应当说明的是，住房抵押贷款运作的住房一般都是刚建造好的新房，我们将住房的寿命假定为60～70年时，贷期普遍为10～20年，最多也不会超出30年，只是对该住房的前期和中期进行运作。而反向抵押贷款运作的住房，则大都是借款人已居住了数十年的旧房、老房。新房遭遇各种经营、维护、拆迁、毁损的风险很小，很难说某新楼盘刚建好或为时不久，就面临式样过时、功能陈旧、主体工程开裂或遭遇各种天灾人祸事项。新楼盘建好不久，也不大会发生城市规划变更、征地拆迁等局面，老居民社区的旧房却极可能会出现这种局面。即使初始开办反向抵押贷款业务时，这些事项尚都未能出现，但在整个反向抵押的十多年或数十年的长期时间里，却极可能会出现这种情况。

三、反向抵押贷款产品定价中应考虑因素

DiVenti 和 Herzog 以美国的 HECM 为例，认为反向抵押贷款的产品定价中应该考虑的因素主要有：

（一）房价增值

私人住房的年名义增值率，是 HECM 模型的关键因素。之所以关键是由于：房价年增值率的变化范围，可能很大也可能较小；私人住房评估费用的花费，使得美国住房价值具有代表性的可靠数据难以获得。DiVenti 和 Herzog 通过建造一个两期的随机模拟模型来评估 HECM 住房的名义增值率。在第一期，他们使用由 NAR 整理的国民增值数据模拟国民增值率的后验分布情况。然后使用第一期的结果，结合部分州和地区的 NAR 数据来模拟私人 HECM 住房增值率的后验分布情况。

（二）死亡率

DiVenti 和 Herzog 利用两期随机模拟模型来预测 HECM 抵押人未来死亡率的经验值。在 DiVenti 和 Herzog、Wade 的论文中，是用第一期死亡率的期望值来模拟独立的一元正态模型得出死亡率。第一期模拟模型运行之后，运用 Waldman 和 Gordon 的论文表述的几何插值程序，得到死亡率的中间值。第二期模型是一个二项式模型，用来模拟每一个被保险人的经验。这里所使用的死亡率来自于第一期模型以及上述的插值法程序。

（三）住房搬迁率

某些房产抵押人可能会因为种种原因搬出住房，这时 HECM 贷款就必须归还。现采用

Jacobs 关于老年人搬迁率的估计，Jacobs 根据美国统计局整理的一些数据，估计出 85 岁老人的搬迁率是他们死亡率的 30％。

(四)组织费用和其他相关成本

主要包括借款人要求的组织费用、财产评估成本和法律费用，DiVenti 和 Herzog 将其设定为财产评估价值的 1.5％，并假设该抵押人借取这笔费用并将其计入整个贷款数额中。

(五)交易成本

老人们去世或搬迁或出售房屋时会发生交易成本。房地产出售的中介费在正常情况下是房屋售价的 6％～7％，且经常伴随其他费用发生，DiVenti 和 Herzog 假设卖方的交易成本为售价的 8％。

(六)薪金和管理费用

还应包括的一个因素是 HECM 操作过程中发生的雇员薪水及管理费。DiVenti 和 Herzog 设定该成本为已保险财产的初始评估价值的 1％。

(七)利率

对于年金的合约利率和贴现率，DiVenti 和 Herzog 给出了三组情况：合约利率为 8.5％时，贴现率为 7.0％；合约利率为 10.0％时，贴现率为 8.5％；合约利率为 11.5％时，贴现率为 10.0％。

(八)房价

房价是反向抵押贷款产品定价时必须考虑的重要因素，DiVenti 和 Herzog 假设 HECM 是基于评估值为 10 万美元的房屋之上。如果该房屋的评估价值低于 10 万美元，每月给付的金额则应适当减少。

Sinha 和 Fish 还认为本项研究应该加入通胀因素。DiVenti 和 Herzog 获得了年金水平的估计值和标准误差值。年金的给付目的是：(1)主要的房屋维修费；(2)周期性发生费用。10 年中保持不变是不可能的。一个比较有用的方法就是在年金给付算法中加上一个或多个通胀因素。

四、基本核算公式及其变量剖析

反向抵押贷款的产品定价模型的建构中，预期寿命、房价波动和利率是三个关键因素，通货膨胀率也是需要考虑的因素。三个因素出现的不确定变化，使得本项产品定价在理论研究和实际操作中，都有相当困难，三个关键变量最难定量。国外的反向抵押贷款产品定价研究也主要集中于这三个方面。

(一)基本核算公式列示

对一定年龄以上的拥有住房的人士提供按月支付的借款，至借款人身故后取得其房产的处置权是反向抵押贷款的基本操作模式。如果每月贷款(借款)支付额相等，我们可以利用基本财务公式——年金终值计算公式来表示此值的核算：

$$a = VF \times i / [(1+i)n - 1]$$

其中：a 为金融机构每月支付给借款人的贷款数额，或称月贷款额；i 为月利率水平；VF 为合同期末房产的处置价格；n 为贷款期数（月）。

此处举一个简单的例子，本文后面的多数分析都要基于这个基本案例。假设一个 60 岁老人将其房产抵押给银行，80 岁去世（共有 20 年，从银行贷款 240 个月），老人去世后银行将其房产拍卖得 60 万元，20 年间的贷款年利率水平一直为 6％（为业务设置简单起见，假定 6％ 的贷款利率中已经包含了相应的费率）。根据上面的公式计算，银行从合同订立后每月应支付 1298.59 元给老人，刚好可以实现经营平衡。老人则可以每月获得稳定的现金用于养老。以上的财务计算表明，房屋所有人通过这种反向按揭，在理论上可以实现不动产向流动资产的转换，并用若干年身故后放弃不动产的处置权换取现时稳定的现金流入，同时仍然享有房屋的使用权，住房养老两不误。所以，这一反向抵押贷款模式从出现之日起就主要用在养老业务之中。

（二）对基本核算公式中 VF 值的剖析

同正向住房抵押贷款多数以收回还款实现债权不同，金融机构进行反向抵押贷款业务时，更多的要面对抵押房产的处置收益实现债权。所以在上一公式中，针对 VF 合同期末房产的处置价格，我们还需要深入探讨各个影响因素，特别是其中的不确定因素。首先需要考虑的是，银行作为抵押权人在若干年后处置房产时，一般会委托拍卖机构实现房产价值的变现。所以这一价格不同于一般的市场交易价格，通常会低于正常条件下的交易价格。但比正常交易价格具体会低多少，以及是否一定会低于正常交易价格，都是不确定的，需视交易参与者的购买动机而定。其次，VF 从理论上来说是和房产现值 VP 相关的。期末房产的价值应该是房产现值（VP）加上房产升值部分（VI）再减去房产折旧部分（VD），即 $VF = VP + VI - VD$。

其中，房产升值状况同社会经济发展的整体形势及房产市场的走势密切相关，房产折旧与房屋的物理折损、经济折损、功能折损、心理折价等相关。对房产升值的估算，不仅要看到目前房地产市场的行情走势，还要关注宏观经济形势以及房地产市场波动，绝对不能简单地以近年来市场价格的短期走势来机械地作出长期判断。

至于房屋折旧，一方面要考虑同类房屋建筑的一般物理寿命，同时考虑房屋使用维护的水平优劣，一套维护良好、使用正常的房屋，显然会有更好的市场估值。另一方面，一些潜在的经济负外部性，也可能对房产价值造成一定的贬损，如新建造的海景房向海面规划高层建筑时，遮挡了抵押房产的景观视线，就必然会带来房产价值的降低。此外，设定抵押权的行为本身也会造成房产的经济性贬值。随着社会生活潮流的前行，人们的生活方式和家居需求也会随之改变，不能满足新的居住偏好和家居需求的房产将会面临某种功能贬值。最后，由于房产被银行处置时，房屋的原主人通常已经亡故，也可能对潜在的购房者产生负面心理影响，造成房产价值的心理贬损。

所以，对未来房产处置价格的估计，可以分解为对上述三个方面 VP、VI 和 VD 的估计，VP 的核算可以直接通过当前时点的市场比较估价，VI 和 VD 则需要通过较为复杂的经验数据归纳，得出估算模型，并结合具体案例一房一议得出，相对比较复杂。再者，我国现行的国有土地有偿使用制度规定城市住宅土地出让使用期最高为 70 年，虽然自 2007 年 10 月 1 日起施行的《物权法》第 149 条规定"住宅建设用地使用权期间届满的，自动续期"。但是否需要补交土地费用并没有说明，对房产未来价值的影响还是一个未知数。对于发放反向抵押贷款的金融机构而言，根据 VF 的估值发放贷款之后，一旦在确定年期的条件下房产的最终处置价值低于 VF，就会面临经营损失。

（三）对基本核算公式中 i 值的剖析

我们在基本核算公式中将 i 值定义为贷款的月利率水平，由年利率除以 12 得来。对金融机构而言,i值越大,则每月可以提供的抵押款的额度将会越小。这是因为,借款人在利率水平较高的情况下要支付更多的利息,而其终值不变,就只有减少每个月的抵押款。月抵押款的额度对利率水平的变动十分敏感,仍然用上面举过的例子,若其他条件不变,贷款年利率水平由6%上升到9%,则银行从合同订立后每月支付898.36元,刚好可以实现经营平衡,比利率上升前的1298.59元减少了400.23元。相反,如贷款年利率水平由6%下降到4%,则银行从合同订立后每月支付1635.88元,刚好可以实现经营平衡,比利率上升前的1298.59元增加了337.29元。

事实上,i值是上述基本核算公式的关键变量。i值的确定基于社会平均资本利用率,并同金融企业的预期回报要求相关联。同时,鉴于抵押贷款的期限较长,在合同期内经济环境波动在所难免,通货膨胀或紧缩的程度很难预知,真实的i值很可能在这期间发生不确定性波动。严格地讲,每一笔月抵押款都对应一个在到期之前波动的市场利率水平,如果我们能精确地知道在贷款合同期内利率的波动情况,就可以建立一个贷款全部期数月抵押款的本息之和,等于最终的房产处置价格的模型。如果在上面的公式中利率水平并非每月波动,我们还可以利用相对稳定的阶段进行模型的简化。特别是,如果i值一直保持不变,上面的公式就与我们最初给出的月贷款额的基本核算公式相同。

但在现实生活中,金融机构很难预知贷款期间若干年内利率的确切变动,而是只能给出一个由经验数据测得的估计平均利率水平,期限越长,不确定性越大,通常这一利率水平附带的风险补偿,将会随着抵押贷款年限的增加而提高。在i值固定不变的情况下,如果市场利率波动幅度较大,银行将面临经营风险。如市场利率明显高于i值时,银行不能减少每月的贷款额,将承担额外的利息损失;市场利率明显低于i值时,房产的价值相对上升,借款人有可能选择违约,提前以较高的价格处置房产,银行将会面临仅仅得到违约金而失去整个抵押物的风险。

(四)对基本核算公式中 n 值的简单剖析

基本公式中的贷款期限n,对定期贷款合同而言是一个确定值,不存在不确定性影响。如美国联邦住房管理局无保险的反向抵押贷款没有政府对房产的增值保证,就是这种类型。这种贷款设有固定期限,借款人需要按合同约定的时间还款或放弃抵押物的所有权,交由金融机构处置。所以,老年住户须做出搬移住房的安排及还贷计划后,才能获得此类贷款,对于想要在自己的住房内安稳度过余生的老人并不很适合。从以房养老的目的出发,更多的人会选择在身故之后交出自己的房产,并在此之前一直有稳定的现金流入用于日常养老。所以,针对这种市场需求设计的倒按揭产品中的n值,就转化为一个不确定的数值。此时,n值相当于抵押借款人尚能生存的期限,即等于借款人身故时的年龄减去现时年龄差值再乘以12。对某个特定的抵押借款人而言,n值在其订立贷款合同时是一个不确定数值,但仍然有一个可以估计的区间,可通过人口统计数据判断。预期人均寿命的统计和估计,可以帮助金融机构大致判断抵押借款人的贷款期限,同时还可以结合对抵押借款人的健康状况及生活条件的审核确定贷款期限。

在美国,此类贷款只发放给62岁以上的老人,而且在同样年龄和健康条件下,夫妻双方健在的住户比单身住户的贷款期限设定要长一些,据经验数据其组合预期寿命会大于单身住户。本文最初给出的例子,如老人60岁将其房产抵押给银行,本地的预期平均寿命是77岁,但老人身体状况欠佳,银行根据多项因素综合判断,认为其生前的贷款期限为12年(144个月),去世后银行将其房产拍卖仍能得到60万元,这12年间的贷款年利率是6%,则银行从合同订立后每月支付2855.10元,刚好可以实现经营平衡,较20年贷款期的月贷款额提高了1556.51元。通过计算,下图给出了在期末处置资产收益确定(60万元)、利率保持不变(年利率6%)的条件下,不同贷款期限对应的月抵押款额度的变化。可以看出随着贷款年期的延长,每月贷款额度逐步减低,

但减低的幅度逐步减小趋缓。(见图 1)

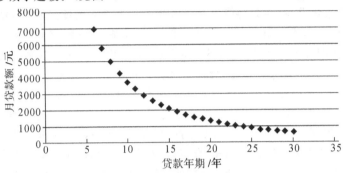

图 1　期末资产和利率确定不变条件下月贷款额随贷款年期递减示例

　　面对 n 值的不确定性,金融机构的风险主要在于低估贷款机构剩余寿命而造成的延期支付和金融市场、房地产市场的长期波动风险。

五、对 n 值影响下的不确定因素的分析

　　上文对 VF、i 和 n 的变动原因及其对逆向抵押贷款的月贷款额之影响,进行了初步解析,我们发现,VF 以及 i 的不确定性同 n 的不确定性直接相关。

(一)n 对 VF 的影响

　　VF 是金融机构合同期末对抵押房产的处置价,也是计算每月抵押贷款额 a 的基数,相当于正向抵押贷款条件下的贷款总额。由于 $VF = VP + VI - VD$,VP 是当前时点房屋的估价,VI 和 VD 作为房产增值和折旧与 n 有密切关系。一般来说,由于房产建筑本身的自然折旧,房地产的升值部分来自于土地升值的贡献。土地作为一种社会稀缺的经济资源,在一定程度上是缺乏供给弹性的,而不断增长的人口和经济状况,对土地的需求在持续膨胀,必然引致供需不平衡带来的土地升值,进而通过房产价值的上升表现出来。本质上,房产的升值来源于土地升值,在除去战争、重大自然灾害之外的正常情况下,土地必然会随着时间的推移而升值。所以,房产升值从根本上来自土地的升值,通常升值部分 VI 是关于 n 的增函数,即 n 越大,VI 越大。由于客观上存在着宏观经济周期和房地产市场周期的波动,VI 的最终确定要看当时市场状况在经济周期中的位置。此时,n 与 VI 之间就不再是单调的相关关系,可能会出现波动。如图 2 是美国房地产 1961—1990 年间住宅市场波动情况,其中就出现了房价的负增长区间。所以 n 的取值将关系到 VI 的最终位置。

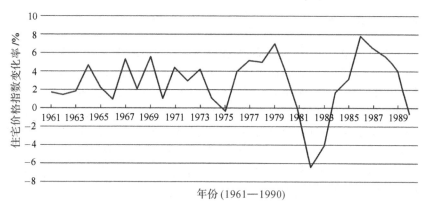

年份 (1961—1990)

图 2　美国住宅市场价格波动情况(1961—1990)

资料来源:Federal Housing Finance Board,1990 Rates& Termson Conventional Home Mortgages,Annual Summary,1970—1990；Federal Home Loan Mortgage Corp,Wality? Controlled Existing Home Price In dex,未出版报告[①]。

VD 中包含的物理折旧部分($VD1$)无疑是随着 n 的增长而变大的增函数,而经济折旧($VD2$)则不一定。假设使得该房产价值贬损的某项具有负经济外部性的事件,发生在第 k 年($1/12 \leqslant k \leqslant n/12$),则经济折旧只是在第 k 年后发生,在图形上表现为一个陡坎式跃升(如图 3 所示)。对功能折旧一般也是随着 n 的增长而变大。但如某种具有正外部性的事件(如城市地铁在该房产附近设站)发生,还可能带来房屋的增值(负折旧)。但总体而言,房屋折旧 VD 同 n 之间没有明确单调的函数关系,需要根据未来城市规划建设等情况,甚至邻里单元的微观条件等进行推测。

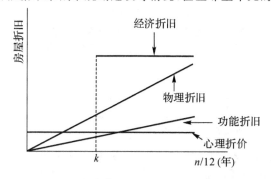

图 3　一般情况下的房屋折旧构成

通过上述的深入分析,我们发现 n 值对 VF 值起着决定性的作用,因为 VF 本身就是 n 期后的房产处置价格;但是,对 VF 的正贡献 VI 和负贡献 VD,同时与 n 有一定的正相关性。鉴于上述复杂的原因,n 值与 VF 之间的数量关系并不明朗。一旦金融机构对 VF 的估值发生偏离,就会造成贷款产品的设计缺陷,尤其在高估 VF 时有可能带来经营风险。所以,美国联邦住房管理局设计了有保险的住房倒按揭贷款,经美国国会认可保证倒按揭贷款的回收额,并负责贷款意外受损时的赔偿,通过保险业务来分散倒按揭的风险。

---

① 转引自[美]丹尼斯·迪帕斯奎尔、威廉·C.惠顿著:《城市经济学与房地产市场》,龙奋杰等译,北京:经济科学出版社&Pearson Education,2002,p. 17。

(二)n 对 i 的作用影响

这里讨论抵押贷款中 n 对 i 的作用影响,在讨论这一问题之前,有必要区分两种不同的抵押贷款经营模式:固定利率和浮动利率抵押贷款。美国的住房金融市场上多采用固定利率抵押贷款,即在贷款合同订立时就确定了全部合同期的固定不变的利率水平,在等额还款的条件下,借款人每月支付不变的月供给抵押权人(银行),月供不随市场利率水平的波动而波动,具有较高的稳定性。但众所周知的是,一旦借款合同利率确定,此种抵押贷款经营模式在市场利率上升时会造成金融机构的利息损失,在市场利率下降时又会使金融机构面临借款人违约提前偿付的风险,故此,该金融机构实际上处于不利的位置。在我国,绝大多数的住房抵押贷款大都采用浮动利率,即月供款额随着市场利率的波动而波动,仅有少数银行开办了固定利率住房抵押贷款业务,利率设定水平较高且贷款年限很短,最长只有 5 年左右,回避了长期利率波动带来的不可测风险。

反过来说,反向抵押贷款市场也一样。如采用浮动利率抵押贷款的方式,根据相关制度,在规定的日期里,每月的贷款额度会随着利率的变动而变动,不需要规避违约风险和利率损失,所以最初的合同利率水平设定可以随行就市,不做特殊的技术处理。但从贷款机构的角度衡量,浮动利率将造成不确定的月贷款额,如市场利率升高,每月可得到的贷款额度将会减低,不能很好地满足借款人需要稳定养老用现金的需求。采用固定利率抵押贷款的方式,同样可以根据既定的贷款数额(房产的处置价格估值),求得不同利率条件下的月抵押款(均采用固定利率计算)。在这种情况下,确定不同年限贷款对应的合理利率水平就非常重要。依照前文给出的一般观点,贷款年限越长,经济环境中的不确定性越高,金融机构承担的风险越大,要求的利率保证水平就越高。美国的固定利率抵押贷款利息设定就一直遵循这样的原则(见表1)。

表 1   美国固定利率住房抵押贷款利率水平

贷款期限	1 年	5 年	15 年	30 年
2006 年 9 月	5.63	6.14	6.16	6.47
2005 年 5 月	4.21	5.07	5.21	5.65
2004 年 5 月	3.87	5.24	5.69	6.32

数据来源:美国联邦住房抵押贷款公司公告数据

不论采用何种利率方式,n 值对 i 的影响总体上是正向递增的,即 n 值越高,贷款机构付出的利息就越多,而每月所能得到的现金抵押款就会越少。上文固定利率贷款案例中,借款人每月得到相等数额的贷款额,即在设定抵押期初贷款,并用等额本息还款的方式偿还。不同的贷款期限,借款人实际负担的利息数额会有很大差异。根据年金现值公式 $P = a \times [1-(1+i)-n]$,例如 20 年期的贷款,全部月抵押款的现值为 181 258 元,与 20 年后 60 万元房款的现值相同,利息总额 130 403 元。此现值的数额同房地产现时评估价格 VP 没有必然的关系,而是同贷款期末的房地产估计价值 VF 的折现相关。所以,对同样的 VP,n 值越大,则可以贷款的现值总额越小,同时,贷款期数越多,每月抵押款的数额就越少,而贷款机构付出的利息支出的总额,则随着 n 值的变动而发生非单调变动。图 4 给出了在期末处置资产收益确定(60 万元)、利率保持不变(年利率 6%)的条件下,不同贷款期限所对应的贷款现值与利息总额的变化。

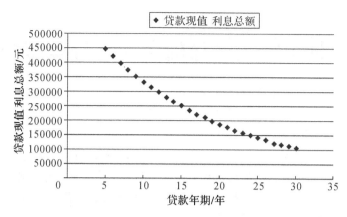

图 4　期末收益和利率不变条件下贷款现值与利息总额的变动

六、结论

反向抵押贷款对我国金融界尚是一个新生事物,市场接受程度如何还有待于实践的检验。但可以肯定的是,对辛苦买房的普通百姓而言,在晚年将自己的房产变现用于养老,改善生活条件并减轻社会和家庭负担,是一项应对现金收入不足的新选择,对已经步入老龄化的我国社会具有积极意义。对金融机构而言,此项业务的经营具有比普通住房抵押贷款更多的不确定性,这些不确定性源头上来自借款人寿命的不确定,以及随之而来的贷款期限和房产处置时点的不确定。利率水平变化、经济景气形势和房地产市场波动等宏观因素,以及针对个别房产价值产生影响的微观因素的不确定,最终都将在时间坐标上体现出来。

为减少业务经营中的不确定性,贷款机构应当采取多种方式寻求对此类风险的转移,主要可以通过政府保障、商业保险和固定贷款期限等途径解决。本文仅从财务核算要素的不确定性出发,讨论了反向抵押贷款中金融机构面临的风险。现实操作中还将面临众多的具体问题,包括子女对遗产的继承问题、不完全产权房产的处置问题(包括经济适用房)、金融保险混业经营制度障碍等众多方面,希望相关的研究能在大家的努力下继续推进。

反向抵押贷款产品的主要定价模型解说

肖　遥① 柴效武

摘要：反向抵押贷款在产品定价时涉及许多相关因素，有预期存活寿命、利率、住房价值、费用、移出率、支付方式、借款人的道德风险与逆向选择等。本文着重介绍了反向抵押贷款业务中的利率及其相关模型、住房价值及其相关模型，在反向抵押贷款产品定价的基础上，引出支付因子定价与保险精算定价两种主要模型。

一、引言

(一)研究内容

(1)首先刻画住房抵押贷款定价模型的主要因素(利率、房价及其他因素)，引用前人相关模型(利率模型有固定利率模型和浮动利率模型；房价模型有布朗运动模型)。

(2)分析支付因子定价模型和保险精算定价模型是如何构建并推导出来的，对我国反向抵押贷款产品的定价模型进行模拟分析并合理修正。

(3)以上面介绍的两种主要定价模型为修正基底，提出适合我国的反向抵押贷款定价模型；然后基于我国的情况对反向抵押贷款相关参数作出基本假定，设定一组符合我国实际情况的指标数值，包括房产年平均增值率、死亡率、费用率、利率等，对我国反向抵押贷款产品的定价模型进行数值模拟分析。

(4)对我国反向抵押贷款产品定价的因素、产品设计、政府相关政策、风险应对等作出研究和讨论，然后提出一些对策建议。

(5)最后作出结论与展望，即总结本文的研究工作并提出本文研究的局限性，对今后需要进一步研究的方向予以展望。

(二)研究方法

(1)理论分析。通过查阅大量国内外的资料文献，对反向抵押贷款的理论特别是其中的产品定价理论进行深入透彻的分析。

(2)定性分析和定量分析相结合。反向抵押贷款的许多相关理论只是单一的定性描述，而对反向抵押贷款定价先是理论性概述，接着应用模型进行定量分析。

(3)模型和数值模拟分析。借鉴国外的产品定价模型，依据我国国情加以综合并修正得出我国反向抵押贷款的产品定价模型，并设定适宜我国的一组指标数值，然后用数值模拟法对定价模型做好模拟，以得到定价研究的模拟数据基础。

---

① 肖遥，重庆大学建设管理与房地产学院硕士，本文部分内容来自肖遥硕士论文《我国反向抵押贷款的定价研究》(2007年)

（4）比较研究。首先对反向抵押贷款与传统的住房抵押贷款做异同比较分析，接着是反向抵押贷款的国际比较研究，然后基于我国国情，对支付因子定价模型和保险精算定价模型作出比较分析，得出适合我国国情的产品定价模型。

（三）创新之处

本文的创新之处主要体现在如下几个方面：①首次对支付因子定价模型和保险精算定价模型进行比较分析，得出适合我国国情的定价模型；②依据新生命表应用数值模拟法对定价模型进行模拟分析；③对反向抵押贷款产品的定价做好因素分析，为我国反向抵押贷款的产品设计提供政策建议，提出我国反向抵押贷款产品定价的风险控制策略及相关措施。

（四）尚存局限

鉴于反向抵押贷款所涉及的多学科性和多领域性：包括微观经济学（博弈理论）、宏观经济学（消费理论）、金融学（利率、通货膨胀）、房地产学、人口学、保险精算学、公共政策及税务会计等理论，国内反向抵押贷款的研究基本上处于概念介绍阶段，故本文的研究主要基于国外文献。各国的住房政策、金融制度、养老保障体制等背景存在的巨大差别，加大了本文对产品定价的研究难度，论文存在相当多的局限性并需要以后作出进一步研究。

本文研究主要以定性分析为主，在定量分析方面存在明显不足，在以后的研究中应注意数据的挖掘，并充分利用经济计量模型来研究。此外模型中的死亡率、住房增值率、利率等，均是假设固定而非随机变量来计算，模型的精准方面还需要深入探讨。

反向抵押贷款的产品定价涉及较多因素，本文只是对预期寿命和住房价值作出分析，而对利率、支付方式、移出率、成本费用等其他因素，还有待进一步分析和探讨，真正实现产品定价的科学、合理。还需要进一步研究反向抵押贷款国家的定价原理及其经验，考察我国的具体国情，充分借鉴国外的成熟经验，为我国的反向抵押贷款产品定价服务。

二、相关因素模型

反向抵押贷款产品的定价，是根据给定的借款人年龄、房价与贷款利率，确定某住房可以变换的钱财，并根据不同的贷款支付方式，确定每期可以得到的贷款数额。主要涉及预期存活寿命、利率、住房价值、费用四个因素，其次还有移出率、支付方式、借款人的道德风险与逆向选择等。能否合理恰当地确定这些既定因素，并采取相关措施防范和控制这些风险，直接决定了本贷款产品定价的合理性。为了在定价时把握适度和适中原则，有必要对这些相关因素进行分析及研究。下面重点介绍反向抵押贷款业务中的利率和房产价值，并引入它们的相关模型以深入研究。

（一）利率及其相关模型

利率是反向抵押贷款产品定价的重要因素。漫长的贷款期限下，利率每升高或降低1百分点，都会给产品定价的结果带来极大影响。利率与贷款机构的利率厘定方式有很大关系，按照货币资金借贷关系持续期内的利率水平可否变动来划分，反向抵押贷款产品的利率分为固定利率与浮动利率。此外，利率风险是不可以分散的，但可以通过套期保值的办法，利用金融市场其他利率敏感性资产来对冲分散。

如果业务开办机构销售的反向抵押贷款产品属于固定利率，就意味着在贷款的长期限内，利率不随物价或其他因素的变化而发生调整，保持固定或规定的百分点数。固定利率有两个利率决定模型来折现未来的现金流量，即常数收益曲线模型（CYC）和固定收益曲线模型（FYC）。CYC 在所有期间的利率都是相等的，比如 2%，3%，4% 等。FYC 由一系列的短期国库券和长期国债的收益率加权计算而得。固定利率有利于双方确定预期收益或成本，但在贷款发放期间，利率和通货膨胀的提高，不可避免地会使占压的大量信贷资金蒙受损失。而利率上升时，反向抵押贷款机构发放的每期支付额则不能减少，而应计利息提高，使贷款终结时累计本金利息超过住房价值的可能性加大，有利于借款人而不利于贷款机构；反之则不利于借款人而有利于贷款机构。

如贷款机构销售反向抵押贷款产品的利率是浮动利率，即实行可调整利率，意味着利率在贷款期内可以随着物价或其他因素的变化，依据借款协议发生相应的调整。对于浮动利率，我们常采用 Cox，Ingersoll，Ross（1985）提出的离散短期模型（CIR25model）理论来构建短期随机利率模型，这里不做讨论。

一般而言，因贷款期限相对较长，利率波动很大，反向抵押贷款运作都是实行浮动利率，如此可以减少市场变化或利率政策变化带来的风险。当基准利率提高时，贷款机构资金的机会成本会相应提高，并借此提高贷款利率；反之，当基准利率下降时，借款人很有可能不愿负担原先既定的高利率，转而重新融资，此时贷款的利率需要下调。

（二）住房价值及其模型

借款人的住房价值确定，会极大地影响借款人每期领取款项的大小。鉴于反向抵押贷款产品的长期性及住房价值波动的不确定性，借款人和贷款机构双方的收益都会面临极大的风险。在贷款到期时，如住房贬值或增值幅度小于预期，导致住房价值低于贷款本金、利息以及贷款期间发生的各种费用之和，而反向抵押贷款对借款人住房以外的财富或收入没有追索权，在没有保险的情况下，贷款机构就会遭受较大损失。如到期价格恰好等于累计贷款本息之和，贷款机构没有遭到损失，反向抵押贷款机构仅仅偿还了贷款。如到期价格高于累计贷款本息之和，借款人不仅偿还了贷款，在某些反向抵押贷款类型中，如共享升值抵押贷款等，还可以从中获得房产升值的收益。

住房价值及其未来的升值率是不确定的，这对反向抵押贷款运作机构能否赢利存在着重大影响，势必给反向抵押贷款产品定价带来困难。再者，住房价值波动的系统风险无法像长寿风险那样分散。虽然贷款机构可以通过接受不同种类的房屋或坐落在不同地区的房屋，来防范因区域经济衰退导致房屋价格下跌的风险，但对于全国性甚至全球范围内的房价下跌风险却无法根本性回避。

住房价值是住房本身的价值连同所附着土地价值的总和，房价会随着时间的流逝逐步贬损，而其附着的土地的价值却会逐渐增值。在住房的总价值中，有效地测定其内含的"房价"和"地价"是有益的。把地价与房价分开来单独予以计算的方法，一般有市场比较法、收益还原法（收益资本法）、成本估价法和剩余估价法，等等。

借款人反向抵押的住房均是已经使用了数十年的房地产，其价值是土地价格同建筑物折旧后的余额之和。一般而言，房价随着建筑物使用时间延长而贬值，但土地价格至少从过去几十年的历史来看都呈现上升趋势。贷款机构期初购进的大批住房，期末要将其用于变现，所取得的变现收入在补偿各项成本费用消耗后，即为实现的赢利。住房价值变现的方式有出租和出售两种，无论采取何种方式变现住房，房地产市场的走向都起到决定性作用，也决定着贷款机构能否赢利。

我国目前住宅建设用地的使用权期限为 70 年。2007 年 3 月 16 日，第十届全国人民代表大会第五次会议通过了《中华人民共和国物权法》，其中第 149 条对住宅建设地使用权期限届满时，有了"自动续期"的新法律规定，但是否续交费用仍有待明确。这就是说土地使用年限的余存年限仍有存在的可能。其次，我国地产从长期来看是增值的，这似乎是不争的事实，但我国城市的地产大多属于公共地产，居民只享有住宅附着土地 70 年的使用权，而非土地的产权。解决我国目前存在的这些问题，是住房价值变现的关键。

对住房未来价值的预测，有两种主要模型，其一是建立住房价格指数来预测未来的价格波动，指数模型理解起来比较简单，但需要搜集全面、翔实的住房价格的原始资料。其二是动用随机行走模型测算，但随机行走模型确定中，住房价值变动被视为"几何的布朗运动过程"。该模型的一个含义是，对未来住房价值的最好预测值是其当前价值，倾向于平均波动率。随机行走过程没有"记忆"，即过去的住房价值对预测以后的住房价值没有任何帮助。随机冲击可能造成未来住房价值同预期价值的偏离，而事先无法预测这些冲击对住房价值的影响是正的还是负的。这意味着随机行走过程排除了对住房的逆向选择问题。从这点上讲，住房价值指数模型具有"记忆"能力，潜在的借款人有可能比贷款提供者占有更多的信息，从而导致逆向选择现象。

(三)预期存活寿命及其模型

预期存活寿命主要是生命表的选择问题。在我国，一般是依据《中国人寿保险业经验生命表(2000—2003)》(男、女、混合)三张表来预测借款人的预期存活寿命。当预期存活余命与实际存活余命存在差异时，会给反向抵押贷款业务带来风险，后者可以大于或小于前者，却很少会直接等于前者。所以，当实际存活年限大于预期存活年限，多出年份的养老费不足应如何解决？当实际存活年限小于预期存活年限时，实际领取养老金远不足其售房价款，这笔少出的年份而引致多余的养老费，又应当如何解决？对此可设想采取基准给付加逾期永续给付机制，该机制即效法目前保险公司开办的各种寿险业务中养老金的给付模式。保险公司于投保人投保期满，从 60 岁开始给付养老金时，一般地说，不论其实际存活年限为多大，都会规定一个为期 10 年的基准给付期。实际存活年限不到 10 年者，要给付 10 年的养老金；实际存活年限超过 10 年者，则按实际存活年限持续给付直到其死亡为止。寿险业务规定的 10 年最低给付期，因小于我国居民实际寿命，所以保险公司在此应有一定的收益。保险公司再将这笔收益转付给实际存活年限较长者，也是公平合理的。

三、反向抵押贷款产品定价的国外研究

下面针对反向抵押贷款产品定价的国外文献给予一定评述。

在关于反向抵押贷款国内外文献的研究中，对反向抵押贷款产品定价方面的专门探讨较少。Chinloy 和 Megbolugbe(1994)等人曾对该问题做过专门探讨。他们认为，反向抵押贷款没有对借款人的收入状况进行要求，唯一的担保就是房产，一旦借款人的寿命超出预期，那么他接受的贷款额度就会大大高于房产价值，从而给贷款机构带来很大风险。有鉴于此，反向抵押贷款的产品定价需要重点考虑这一风险。Chinloy 和 Megbolugbe 根据这些特点，设计了贷款产品定价的基准模型。这一模型是比较有代表性的，其他许多产品定价模型大都是根据这一基本思路做出的。

按照产品定价理论，一项资产的价格是由其未来所产生的现金流贴现的现值来确定的。资

产价格就是未来的现金净流入以一定的贴现率计算出的净现值。反向抵押贷款的各种定价方法,实质上都是对贷款各期现金净流入现值的求和,其基本思路可以用如下公式表示:

$$V = \sum_{t=0}^{t=T} NPV(CF_t) \tag{1}$$

上式中:V 为反向抵押贷款的理论价格,NPV 为现金流贴现函数,CFt 为 t 时刻的现金流入。

在计算净现值时,国外学者采用不同的假设计算反向抵押贷款的现金流和贴现率,从而衍生出不同的产品定价方法。对反向抵押贷款的产品定价,首先必须预计未来的现金流。鉴于反向抵押贷款的期限较长,借款人在贷款期间可以选择提前还款结束合约,这使得未来住房资产价格的不确定,致使未来偿还的现金流也是不确定的,会因利率变化给贷款机构带来再融资风险。

反向抵押贷款产品的定价过程,实际上就是对借款人提前还款和住房未来价格波动的描述过程。贷款产品定价模型的准确性,依赖于对借款人行为、住房未来价格波动模型化的准确程度。反向抵押贷款是用抵押的住房来偿还贷款,因此,住房未来变现价格、利率变动和贷款期限,是影响贷款资产价格的关键因素。贴现率一般选择同期国债利率和价差对证券持有期间产生的现金流进行贴现,汇总后得出反向抵押贷款产品的价值。

四、反向抵押贷款产品定价的国内研究

(一)产品定价的四类基本模型描述

自 2004 年以来,国内已有不少学者对反向抵押贷款的产品定价进行了探讨,大多集中于定价模型的选择。本产品定价模型可以分为以下四类:

一是引进美国 HECM 的示范定价模型,即支付因子定价模型,这是指在借款人年龄、住房价值、贷款利率等参数给定的条件下,确定贷款额度或贷款的比率(贷款额度的现值与住房价值之比 γ)的过程。柴效武(2004),汪传敬(2004),刘春杰、谭竟(2005),邹小芘、张晶(2006)介绍了HECM 的定价模型,并深入探讨了反向抵押贷款合同超期的产品定价问题。

二是借鉴 Olivias Mitchell,John Piggott(2004)提出的保险精算定价模型,根据期望收支平衡原则,即贷款机构在未来可能发生收付的精算现值之和为零的状况下,对反向抵押贷款进行定价。范子文(2006),柴效武、潘苗丰(2008)根据收入现值等于支出现值的精算思想,假设本贷款市场是完全竞争的,在该市场上贷款机构将不能获得超额收益,考虑机会成本后,贷款机构的利润应该为零,并据此得出无赎回权年金产品的定价模型。柴效武(2008)指出在我国利率未完全市场化的情况下,应采用基于房产价值预测的保险精算方法对贷款产品定价。

三是范子文(2006)采用 Black-Scholes 模型,根据无套利均衡的思想对有赎回权的反向抵押贷款构建了定价模型。

四是陈珊、谭激扬、杨向群(2007)构建了利率服从 Markov 链的反向抵押贷款的一般定价模型,并提出了几种特殊支付方式的精确定价公式。

(二)刘光耀提出的产品定价模型

刘光耀(2005)对反向抵押贷款的多种模型进行了讨论。对一次性总额支付的反向抵押贷款来说,借款人所能得到的贷款额,应与房产期望出售价值的贴现值相等。换句话就是,预期当贷款归还时房产具有的市场价值,将该期望价值贴现到现在,得出的金额即借款人所能得到的贷款

总额。鉴于借款人的寿命是不确定的,在具体的模型定价中,还需要结合借款人的存活率因素:

$$LS = \sum_{t=1}^{\omega-x-1} HEQ \times \left(\frac{1+g}{1+i}\right)^t \times {}_tp_x \tag{2}$$

其中: LS 为一次性的贷款总额; ω 为生命表上的最大年龄(105 岁);

       g 为房产价值年平均增长率; i 为抵押贷款名义利率;

       HEQ 为借款开始时的房产净值; ${}_tp_x$ 为 x 岁的人活过 t 年的概率;

       x 为借款人申请贷款时的年龄。

该模型是反向抵押贷款产品定价的基本模型,邹小芃(2006)在此基础上考虑初始费用和房屋的折旧问题,对模型做了进一步的改进,得出一次性趸领的反向抵押贷款的一般模型,内容如下:

$$LS = \sum_{t=0}^{T} HEQ \times (1-\alpha) \times (1-\beta)^t \times \left(\frac{1+r+g}{1+r+m}\right)^t \times {}_tq_x \tag{3}$$

范子文(2006)对这一基本模型进行了讨论,并在此基础上考虑贷款费用的影响,模型也相应变更为:

$$LS = \sum_{t=1}^{\omega-x-1} (1-\alpha-\beta-\gamma) \times HEQ \times \left(\frac{1+g}{1+i}\right)^t \times {}_tp_x \tag{4}$$

其中: α 为反向抵押贷款发起费; β 为反向抵押贷款保险费;

       γ:其他费用,如第三方服务费、手续费等。

刘光耀(2005)还针对年金产品分析了另一个模型,即贷款是每年支付的,直至借款人去世。该模型基于贷款机构的利润等于零的原理,在反向抵押贷款中,借款人的死亡时间是个不确定因素,存活余命的长短决定了贷款支付时间的长短。在贷款刚开始发放的时候,贷款总额小于房产价值,随着贷款时间的增加,贷款总额也随之增长,这就有可能出现贷款额超过房产价值的情况。在发放贷款的第 t 期,记 C_t 为到 t 期为止的贷款总额的现值, Q_t 为房产价值的现值,则:

$$C_t = \sum_{j=1}^{t} AW_j \tag{5}$$

其中: A 为每期的贷款支付额, W_j 为相应的贴现因子。

$$Q_t = V_t \times R_t \tag{6}$$

其中: V_t 为 t 时期房产价值, R_t 为相应贴现因子。

若借款人在第 t 期死亡,贷款机构的利润现值 $\pi_t = Q_t - C_t$,而在第 t 期,借款人死亡的概率是 P_t。由此可以得到贷款机构利润的期望现值 π:

$$\pi = \sum_{t=1}^{105-x} \pi_t \times P_t \tag{7}$$

其中: x 表示借款人申请贷款时的年龄,105 岁是指我国保险生命表中的最大年龄。

在这个模型当中, A 是贷款的支付额,也就是需要求得的解,只要设置好合理的利润值 π,再合理测算和估计其他参数,便能解出确切的 A 值。

该模型为贷款机构提出一种业务运营的新思路,以经营利润为着眼点,十分贴近企业运作的思路和实际。但因未对模型中的参数做很好的阐述,如房产的价值 V_t 的估计等,故此该模型在实际操作中难以应用。

(三)范子文提出的产品定价模型

范子文(2006)对具有赎回权的反向抵押贷款的产品定价做出深入研究。所谓具有赎回权的反向抵押贷款,是指借款人或其继承人有权利在借款到期时赎回该抵押房产。范子文(2006)指出,有赎回权的反向抵押贷款具有很大的风险。当贷款到期归还时,如房产的价值超过了贷款累计本息总额,借款人有可能将抵押房产重新赎回;反过来,如房产价值低于贷款累计本息总额,借款人会直接用住房作为贷款的归还物。在这种情形下,因为反向抵押贷款不具有追索权,贷款机构没有权利向借款人或其继承人追讨不足部分,故此,贷款机构无法获得房产升值带来的收益,却要承受房产贬值导致的损失。

针对反向抵押贷款具有赎回权产品的特点,范子文(2006)设计了一个以期权为基础的定价模型。其定价的主要思路是,贷款到期时累计本息总额记为 S,房产价值记为 H_t,若 $S < H_t$,借款人将归还贷款总额 S 并赎回住房,此时贷款机构的收支相抵;若 $S > H_t$,借款人以房抵债,此时贷款机构将承受 $S - H_t$ 的损失。范子文认为,为了避免这种损失,贷款机构应该购入一个以房产价值为标的物,执行价为 S 的看跌期权。引入看跌期权之后,因赎回权而导致的贷款损失风险就完全规避掉了。范子文在整个模型中运用了三个因素:具有赎回权的反向抵押贷款;以 S 为执行价的看跌期权;年利率为 r 的借款。三大要素构成一个无风险的资产组合,最后运用无套利原则对反向抵押贷款作出相应定价。

(四)其他学者的相关研究

倪子靖(2008)在反向抵押贷款年金支付静态模型的基础上,考虑到房价波动和利率波动,提出了反向抵押贷款年金支付的动态模型。我国正处于经济转型高速发展时期,近几年,全国各地房地产价格不断飙升,波动相当大,而房产价值的波动导致的定价风险,在反向抵押贷款的产品定价中尤显突出。

周佳(2009)基于房产价值波动要素对反向抵押贷款产品定价的影响,做了深入的研究,通过模型的改进有效减少了误差。同时还利用预测的房产价格,对年金支付额展开了实证检验,使得反向抵押贷款的产品定价,能有效地控制房产价值波动引致的风险。

以上对反向抵押贷款的定价模型进行了回顾。事实上,在反向抵押贷款的产品定价中,风险的衡量是一个很重要的方面。

国内外学者对这个问题也有所研究,Edward J. Szymanoski,Jr.(2004)分析了反向抵押贷款保险产品的风险,并解释了反向抵押贷款(HECM)的定价模型,表明了借款人的寿命、利率和住房价值的变化都会影响贷款产品定价,并解释了为什么住房价值的变化是引起 HECM 模型中不确定性的主要因素。

Shiller 和 Weiss(2000)对反向抵押贷款的道德风险进行研究。他们认为,本项贷款申请成功后,房产价值走低的风险完全由贷款机构承担,借款人就没有动力精心维护好住房,以致对贷款机构造成损失。笔者曾经对我国反向抵押贷款市场中的"柠檬市场"进行了分析,认为由于贷款机构和借款人之间的信息不对称,贷款机构难以了解借款人真实的健康状况,整个反向抵押贷款市场可能出现健康状况良好者都去申请贷款,而身体差者却不去申请,结果导致贷款机构支付贷款的平均时间增加,使得贷款总额极可能会超过房产总值,使贷款机构遭受巨大损失。其他学者如 Szymanoski(1994)等,也对反向抵押贷款中的种种风险进行了分析。

五、支付因子定价模型

目前美国的反向抵押贷款运作最为成熟完善,这里主要借鉴美国市场上该贷款产品的运行模式,来研究该贷款的支付因子定价模型。

(一)支付因子定价模型的状况

老人用自己的房产作抵押,能够申请到的贷款数量一般取决于三个因素:房产价值、贷款利率、借款人年龄和预期余命,借款费用的高低也有一定关系。

支付因子定价模型的基础,是从美国引进的住房权益转换抵押贷款的定价模型,Peter Chinloy 和 Isaac F. Megbolugbe(1994)设计的支付因子定价模型最具有代表性,其他贷款产品定价模型大都根据这一模型推演得出,也被称为支付因子模型。模型中年金的支付系数包含利率、通货膨胀率、贷款期限、房地产价格波动率和调整精算系数等。现行美国主要住房抵押贷款产品——住房资产转换 HECM 示范定价模型是其中的一个特例。HECM 示范定价模型的支付系数不考虑利率波动和通货膨胀率,只考虑住房价格波动率、预期寿命和调整精算系数。Edward J. Szymanoski(1994)针对 HECM 模型论证了借款人寿命、利率、住房价值变化对价格的影响趋势,解释了运用随机过程来预测住房价值的合理性,以及影响 HECM 借款人的现金支付的主要因素应当如何测算。

汪传敬的学位论文《反向抵押贷款及其在我国的应用》(2004)介绍了这个定价模型。刘春杰、谭竞的论文《反向抵押贷款支付额度的确定》(2005)则指出支付因子是一种长期定价,并深入探讨了反向抵押贷款合同超期的产品定价问题。

(二)支付因子定价模型设定

美国现有的反向抵押贷款产品都有贷款限额的限制,不同产品的贷款限额不同,HECM 的贷款限额最低,Home Keeper 的限额稍高,Financial Freedom 的限额最高。从定性来看,在贷款限额内,一处房产能够获得的贷款数量,与该房产的价值及贷款利率是反向关系,与借款人年龄呈正向关系,借款人年龄越高,贷款期限就越短。除三大决定因素以外,贷款期间的通货膨胀、房产价值变动情况,也是影响反向抵押贷款数额的重要因素。用 L 表示反向抵押贷款机构可以申请到的贷款基数,λ 表示贷款的限额,V 表示住房即期的评估价值。那么反向抵押贷款基数 L 如公式(8),对借款人没有收入的要求。

$$L = \min(V, \lambda) \tag{8}$$

在美国,借款人实际能够借到的贷款数额仅为贷款基数的一部分,用 v 表示贷款数额与贷款基数的比例,借款人可以借到贷款的最大数额为 vL。设贷款的名义利率为 a,房产价格波动率为 h,用 γ 表示未来贷款支付的时间点。使用把贷款的未来支付额贴现到贷款起始日,贷款机构债务的现值为 $vL\mathrm{e}^{(h,a)\gamma}$。借款人在 $\gamma = 0, \cdots, t$ 时间内收到一系列的现金支付,这一系列的现金支付名义额不必相等,即可以根据通货膨胀率进行调整。

用函数 $q(t)$ 代表借款人在 t 时间存活的概率,借款人的生存概率密度满足:

$$\int_0^t q(t)\,\mathrm{d}t = 1 \tag{9}$$

用 $A(t)$ 表示 t 时刻能够领取到的贷款数额,g 表示通货膨胀率,t 时刻经过调整的支付额为 $q(t)A(t)$,即生存概率与贷款数额的乘积。从反向抵押贷款债务的现值等于一系列贷款支付额的现值关系中,可以得到反向抵押贷款的现金流方程:

$$vL\mathrm{e}^{(h-a)\gamma} = \int_0^t q(t)A(t)\mathrm{e}^{-(a-g)\gamma}\mathrm{d}t \tag{10}$$

式中用通货膨胀率调整的实际利率水平为 $(a-g)$

如果反向抵押贷款的每期支付额是一常数,且 q 是大多数合同所采用的经过精算调整的统计结果,即 q 为常数,上式可以简化为:

$$vL\,\mathrm{e}^{(h-a)y} = qA\int_0^t \mathrm{e}^{-(a-g)y}\mathrm{d}t \tag{11}$$

如考虑住房价值波动率 h 和通货膨胀率 g。可以得到：

$$\begin{aligned}A &= [(a-g)vL\,\mathrm{e}^{(h-a)y}]/[q(1-\mathrm{e}^{-(a-g)y}]\\ &= [(a-g)vL]/[q\mathrm{e}^{-hy}(\mathrm{e}^{ay}-\mathrm{e}^{gy})] = bvL\end{aligned} \tag{12}$$

这里 $b = (a-g)/[q\mathrm{e}^{-hy}(\mathrm{e}^{ay})]$

b 被称为反向抵押贷款的支付系数，即支付因子。由此可知，反向抵押贷款支付因子取决于贷款名义利率、通货膨胀率、贷款期限、住房价格波动以及反映在 q（q 是经过精算调整的家庭生存概率）中的借款人家庭的年龄—性别构成情况。当 q 增加时，也就是借款人的预期寿命较长时，可以借到的贷款数额是减少的，即同贷款期限呈现反比例关系；在其他条件相同的情况下，借款人的年龄越大，可以借入的数额就越大；支付因子同贷款实际利率是反比例关系 $(a-g)/(\mathrm{e}^{ay}-\mathrm{e}^{gy})$ 为减函数，与住房价格波动率是正比例关系。

通货膨胀率与宏观经济运行紧密相关，我们分析反向抵押贷款在特定的宏观经济体中的定价时，宏观经济状况可视为外生变量。同时现有的反向抵押贷款产品中并没有对贷款支付额进行指数化，也可以将通货膨胀率视为外生变量。关于利率，采用基准利率加利差的方式计息并定期调整。贷款期限是由借款人的预期寿命决定的。较不确定的因素是住房价格波动率，住房价值的随机行走模型，接下来以此为基础来讨论 HECM 的支付因子 b。仅考虑借款人的预期寿命（q）与住房价格波动率（h），不对年金指数化，支付因子 b 为：

$$b = a/[q\mathrm{e}^{-hy}(\mathrm{e}^{ay}-1)] \tag{13}$$

HECM 仅考虑借款人寿命，不需要对年金进行通货膨胀调整。而且，HECM 应用住房价格波动率来计算违约风险应缴纳的相应保险金。对于经过精算调整的 q 的一种替代，可以使用在既定时间的存活概率 $q/(1,Q)$，这里 Q 为 q 的累积概率分布。其好处是计算支付因子时，不必受限于时间 t 的非减少性（对其积分）。

（三）支付因子与给付系数的确定

支付因子定价模型的关键是确定支付因子。汪海华的硕士论文《售房养老模式——养老保障新视角探讨》对这种支付因子定价模型进行适当简化，把支付因子称为给付系数，来计算每期应支付额度。在反向抵押贷款模式中，当房屋出售后，其使用支配权并未发生转移，仍归借款人继续保留并长期居住。该房屋产权出售的价款也非一次性清算交付，而是由特定机构在借款人退休尚存活的年份里，按售房总价款除以预期存活年份，每年分别按月份向借款人支付房款供其养老使用。公式为：

每期应支付额度＝（房屋售价/预期借款养老者存活年限）×给付系数   (14)

由于房款为逐年按月支付，因此特定机构需要计算持续支付现金的复利终值，然后与最终将房屋出售所得房款的现金流入做比较。从赢利的角度来看，后者应当大于前者，其差额扣除管理费、销售费、人工费及其他费用后的结余，即该特定机构的纯盈利。

鉴于反向抵押贷款具有超长期、变数大、不确定性高等特点，风险及对风险的防范是特定机构必须给予特别重视的首要事项。所以，在反向抵押贷款业务下，既要保证特定机构有适当的盈利，以维持机构的运作和保持开办业务的积极性，又能保障借款养老者的切身利益以保持参与该项业务的积极性，给付系数发挥着关键作用。

（四）给付系数计算需要考虑的因素

给付系数的计算，需要考虑的影响因素有：

1.利率。这是给付系数计算中的重要因素。在反向抵押贷款的长期限下,利率每升高或降低 1 百分点,都会对给付系数的确定带来较大影响。

2.费率。特定机构运作反向抵押贷款业务发生的人工费、办公费、差旅费,为预防各种风险预提的各种准备金、损失费等各种费用成本的支出,可用"费率"将其界定,即全部费用开销占据全部业务总金额的比例。

可以设想,本项业务的开办初期,借款养老者大多会抱着"积极关注、等待观望"的态度,业务发展不会太快。只有随着制度完善,尤其是这一反向抵押贷款的养老理念真正深入人心,参与者真正得到好处之时,大家才会从观望变为踊跃参与。所以该项费率有一个"初期较高,到稳步下调"的过程。应当说明,上面费率的确定中,未考虑特定机构应缴纳税费,这是假定国家给予特殊优惠政策,缴纳税费是完全给予免除的。

3.预期存活寿命。这一指标数值越大,即借款人的预期存活寿命越长,则给付系数越小;反之,则给付系数越大。

4.房价、地价的预期增长幅率。在上述公式计算中,房价是以合约签订、业务开办时对住房进行价值评估加以确定的,而特定机构最终计算经营亏损,则以实际收到住房的价值为计算依据。这期间有一个巨大的差额,就是住房在整个养老期间(该老人存活期间)的房价状况。这个差额可能是正差额,房价出现增值,也可能是负差额,即住房资产的价值缩水。当预期房价呈现上升趋势时,给付系数可以高定,否则给付系数应予低定。

5.预备金率。这一指标是指反向抵押贷款的不确定性过大过多,为防范各种预想不到的风险事项,需要参照一般企业公司的做法,提取各种预备金。如住房抵押风险预备金、住房价值波动预备金、预期寿命差异准备金及其他有必要防范的准备金提取。预备金的提取同样需要考虑同整个业务金额的比率,最终得出"预备金率"这一指标。预备金提取率同样应予以计入,并减少给付系数的额度。

需要明确的是,给付系数的设定幅率,应把握适度原则。给付系数设定过低,众多借款养老者因积极性不高会选择放弃;反之,特定机构会因风险过高,亏损累累。

六、保险精算定价模型

保险精算定价模型通过借鉴 Olivias Mitchell 和 John Piggott 在 *Unlocking housing equity in Japan*(2004)中提出的保险精算模型,根据期望收支平衡原则,预计反向抵押贷款提供者在未来可能发生收付的精算现值之和为零,即收入的精算现值等于支出的精算现值。这类定价模型应用较多,也更符合我国的实际。

Y. K. Tse(1995)假设未来利率与历史平均利率相等、以历史平均房价升值率代替未来房价升值率、平均剩余生命以生命表来计算、贷款期限结束后四个月贷款机构才可出售住房资产,根据住房未来变现价格的现值与支出现值相等的原则,设计出一个基于贷款机构损益平衡的 MBA 定价模型(Mean Breakeven Annuity)。Olivias Mitchell 和 John Piggott(2003)认为,最简单的反向抵押贷款产品定价模型是一笔支付 LS(a Lump Sum)模型,在一个竞争性的市场中,贷款机构一次性支出现值应该和住房未来销售价格的现值相等的原则设计出保险精算定价模型。在支付因子模型中,由于需要历史数据确定支付因子,在尚未开办反向抵押贷款业务的国家,学者们一般选用保险精算模型来定量反向抵押贷款产品价格。

Olivias Mitchell 和 John Piggott 在 *Unlocking housing equity in Japan*(2004)中从保险精算

的角度提出了反向抵押贷款的产品定价模型,这里称之为保险精算定价模型。假设单个借款人一次性领取全部贷款,那么他能够借到的精算公允金额等于住房在偿还时的期望出售价值的贴现值,可以用下面的公式表示:

$$LS = \sum_{t=1}^{\max Age-x+1} HEQ \left(\frac{1+r+g}{1+r+m}\right)^t {}_tp_x \tag{15}$$

其中:x 为年龄为 x 岁的借款人,并假设在其生日当天投保

r 为无风险投资回报率;　　　　　g 为房屋资产投资风险回报率;

m 为反向抵押贷款风险利率;　　　HEQ 为借款开始时的房屋资产现值;

${}_tp_x$ 为 x 岁的人活过 t 年的概率;　max Age 为生命表上人可能生存的最大年龄。

LS 以贷款利率($r+m$)增长,那么 t 期之后的还款总额(Q)为:

$$Q = LS(1+r+m)t \tag{16}$$

生命年金支付方式的定价更复杂一些。贷款机构首先确定可以借出的最大精算公允金额,用它购买终身年金,借款人在每年年初可以领取固定的金额。生命年金年度支付额(PMT)可用下面的公式计算:

$$PMT = LS / \sum_{t=1}^{\max Age-x} {}_tp_x \frac{1}{(1+r)^t} \tag{17}$$

以上(15)、(16)、(17)三个等式共同构成了以保险精算模型定价的反向抵押贷款产品的基本结构。鉴于保险精算技术的发展及成熟,此后研究反向抵押贷款定价的学者大都是在 Olivias Mitchell 和 John Piggott 的保险精算定价模型的基础上深入和拓展。张晶的硕士学位论文《我国寿险公司推展反向抵押贷款之研究》(2005)正是借用这一办法,提出了单生命和多生命精算模型。

(1)单生命精算模型

① 趸领模型:$LS = \sum_{t=0}^{\max Age-x+1} HEQ(1-\alpha)(1-\beta)^t \left(\frac{1+r+g}{1+r+m}\right)^t {}_tp_x q_{x+t}$ (18)

② 年金模型:$PMT = LS / \sum_{t=0}^{\max Age-x} {}_tp_x \frac{1}{(1+r)^t}$ (19)

其中:$x,r,g,m,HEQ,\max Age,{}_tp_x,LS,PMT$ 与保险精算定价模型相同。q_{x+t}:$x+t$ 岁的借款人在 $x+t+1$ 岁死亡的概率;α:费用占房屋现值的比例;β:房屋的年折旧率。

(2)多生命精算模型

① 趸领模型:

$$LS = \sum_{t=0}^{\max Age-x+1} HEQ(1-\alpha)(1-\beta) \left(\frac{1+r+g}{1+r+m}\right)^t ({}_tp_x q_{x+t} \cdot {}_tp_y + {}_tp_y \cdot {}_tq_x q_{y+t} + {}_tp_x \cdot {}_tp_y q_{x+t} q_{y+t})$$

(20)

②年金模型:

$$PMT = LS / axy \tag{21}$$

其中:$\alpha,\beta,r,g,m,HEQ,\max Age,{}_tp_x,LS,PMT$ 同上。

x 为年龄 x 岁的男性;y 为年龄 y 岁的女性;

${}_tp_x$ 为 x 岁的男性生存至 $x+t$ 岁的概率;

${}_tp_y$ 为 y 岁的女性生存至 $y+t$ 岁的概率;

q_{x+t} 为 $x+t$ 岁的男性在 $x+t+1$ 岁死亡的概率;

q_{y+t} 为 $y+t$ 岁的女性在 $y+t+1$ 岁死亡的概率;

axy 为表示对 x 岁和 y 岁的两人在投保日及之后的每个保单周年日领取 1 元,直至其全部死亡为止的精算现值,精算学上称为最后生存者状态下首付终身生存年金的精算现值。

七、无赎回权产品的定价

在反向抵押贷款合约到期时,按照借款人是否可以将住房的抵押权赎回,将反向抵押贷款产品分为无赎回权的反向抵押贷款产品和有赎回权的反向抵押贷款产品。对于无赎回权的反向抵押贷款产品,贷款期限结束后,住房将由贷款机构处理,相当于终身生存年金,可以采取保险精算的方法进行定价,此种方法为绝对定价法。对于有赎回权的反向抵押贷款产品,由于借款人存在选择权,大数定律会失去作用,保险精算方法不再适用,可以通过期权定价的方式进行定价,此种定价方法为相对定价法。

无赎回权的反向抵押贷款,是指申请人或其继承人在房主死亡、永久迁移或出售抵押房屋之前,无法通过偿清贷款本息后把房屋抵押贷款赎回。一般情况下,当申请人死亡后,房屋由贷款机构收回拍卖并获得一定利润。由于住房的抵押权无法提前赎回,这样贷款期限的时间长短,就与申请人的寿命长短密切相关。当申请人的数量达到一定规模后,众多反向抵押贷款合约的状况符合大数定律的需要,寿命长的申请人获得高出平均数的贷款数额,将由寿命短的人来弥补。在这种情况下,可以通过保险精算的方法来对反向抵押贷款进行定价。贷款机构只有等借款人去世、永久搬离该抵押住房后,再将该住房收回并拍卖才能获取收入。

理性的借款人一般不大会在去世之前主动搬离住房,将住房交由金融机构处理。因此,本文只考虑借款人去世这一种情况(借款人主动搬离住房情形的探讨,将在另外一篇论文中专门谈论)。对某一借款人来说,何时去世是不确定的,但作为借款人群体,对每个年龄段的人来说,他在此后每一年去世的概率则是确定的,可以通过生命表查取。这样,在充分考虑住房未来升值率、贷款成本、贷款利率等因素的前提下,将未来收回的住房价值用死亡率进行加权平均后折现,住房的初始评估价值相等。据此,可以测算出贷款额度或每期支付额度等指标。这是对无赎回权反向抵押贷款产品进行定价的基本思路,理论上可以将此种定价方法归结为绝对定价。

产品定价模式是根据一次性支付方式构建的,这是指在申请人与贷款机构签订贷款合同后,贷款机构将贷款总额一次性付给申请人,之后不再发放贷款。等到申请人去世后,贷款期限结束,贷款机构将住房收回拍卖变现。所以,需要通过构建一次性支付产品定价模型来确定贷款利率、贷款发放总额与房价之间的比例关系。根据上述定义,贷款机构的支出是在起初发放的贷款额,收入是在贷款期限结束时收回住房的拍卖额。但对于某个具体的申请人来说,因其剩余寿命的不确定,贷款期限的时间长短也是不确定的。如果申请人的数量足够多时,根据大数定律,申请人在借贷合同签订后每一年的死亡率也是确定的。这样贷款机构的收入应该是房屋的未来价值用死亡率进行加权平均。但要假定参与反向抵押贷款的借款人为房主一人,没有共同借款人,虽然死亡时间是一个随机过程,为方便起见,假定房主死亡时间是在年初。在房主死亡后,住房资产随之以市场价格出售,两者之间不存在时间差,贷款的成本费用为房价的一个固定比例数。

在一个完全竞争性的市场中,贷款机构支出的现值应与贷款机构收入的现值相等。在这些假设下,贷款机构收入的多少主要受贷款利率、房价波动和申请人死亡率的影响。贷款利率可由无风险利率加上贷款机构合理的利润率来近似表示,申请人的死亡率具体数值由新订的生命表查取。

八、有赎回权产品的定价

在反向抵押贷款的抵押权可以赎回的条件下,贷款期限结束一般为房主死亡。这时,还款人、借款人或借款人的继承人将面临两种选择:一是由还款人将反向抵押贷款的本息总额还清,从而把住房的抵押权收回,住房归其继承人所有;二是住房由贷款机构收回,继而拍卖出售,出售额归贷款机构所有。如果出售额小于贷款本息余额,根据无追索权条款,贷款机构无权向借款人或其继承人追讨不足部分。这样,理性的借款人就有了一种选择权:当贷款期限结束时,如果住房价值大于贷款本息总额,就会选择将抵押权赎回,差额归借款人所有;如果住房价值小于贷款本息总额,将会选择将住房交由贷款机构处理。由于存在这样一种选择权,使其产品性质与无赎回权的反向抵押贷款相比,发生了重大变化,相应的,定价方法与无赎回权产品也有质的不同。

反向抵押贷款的产品定价,是在已知住房的初始评估价值、无风险贷款利率和借款人的年龄、性别等情况的条件下,确定贷款机构支付给借款人的贷款额度或贷款比率。为给本贷款产品进行定价,首先要对期权进行定价。期权是一种特殊的合约协议,它赋予持有人在某个给定日期或该日期之前的任何时间,以固定价格购进或出售一种资产的权利。对于期权的买方而言,它只有权利而没有义务,但卖方却有绝对的义务而绝少有权利。

期权合约中约定的购买或出售的资产,称为期权标的资产。比如,股票期权的标的资产为股票,它使得持有人拥有购买或出售股票的权利。期权合约约定的购买或出售资产的价格称为期权的执行价格。执行价格在购买期权时就已经规定好,这样期权持有人就可以通过比较标的资产的市场价格与执行价格大小,来决定是否要执行期权。执行期权就是期权持有人在执行有效期内,要求期权卖方以执行价格出售或购进合约规定的标的资产的行为。

根据持有人拥有购买资产或出售资产的权利的不同,期权分为看涨期权和看跌期权。看涨期权赋予持有人在一个特定时期以某一固定价格购进标的资产的权利,而看跌期权则赋予持有人以固定价格出售标的资产的权利。对看涨期权来说,如果期权执行时标的资产的市场价格高于执行价格,则看涨期权的买方就可以赚取市场价格与执行价格之间的差价。将执行价格与标的资产的到期日价格相比较,则买方的收益为看涨期权的收入。

按照期权执行的时间限制,期权可以分为欧式期权和美式期权。欧式期权只能在到期日执行,而美式期权可以在到期日或到期日之前的任何时间执行。影响期权价格的因素有:标的资产的市场价格、执行价格、标的资产价格的波动率、期权的有效期、无风险利率、标的资产的收益。

本文对无赎回权的反向抵押贷款进行了界定,首先,指出其主要产品包括一次性支付和终身生存年金两种形式,其他形式可看成是这两种产品的组合。其次,利用保险精算的方法,构筑了一次性支付产品和终身生存年金的产品定价模型,建立了一次性支付额度或每年支付额度与住房初始价值的关系式,并利用生命表及其他相关数据,对申请人的死亡率、生存率及模型中的其他参数进行了测算。最后,将有关参数代入模型中,得到了申请人可获得的贷款额度。敏感性分析结果表明,各参数变化对贷款额度的影响与定性分析结果是一致的。

有赎回权的产品定价是一个难点,也是本文研究的重点。首先,对有赎回权的反向抵押贷款的产品性质进行了界定,明确了它不是一般的贷款产品,而是隐含了欧式看跌期权的一种特殊贷款产品;其次,对期权概念和期权定价理论进行了梳理,并把它与反向抵押贷款结合起来进行对比分析,找出各参数之间的对应关系;再次,把期权定价理论应用到反向抵押贷款产品的定价之中,建立了反向抵押贷款的期权定价模型和产品定价模型。最后,利用相关地区的资料对模型中涉及的参数进行估计,并对典型贷款机构可获得的贷款金额进行测算,实证分析的结果可以为贷款机构进行产品定价提供相应的参考。

九、小结

反向抵押贷款产品定价时涉及许多相关因素,有预期存活寿命、利率、住房价值、费用、迁出率、支付方式、借款人的道德风险与逆向选择等。本文着重介绍了反向抵押贷款业务中的利率及其相关模型、住房价值及其相关模型,在此基础上,引出反向抵押贷款的两种主要定价模型:支付因子定价模型与保险精算定价模型。给付系数模型简化了支付因子定价模型,使之变得更加简便,但给付系数的确定既是关键又是难点,涉及方方面面需要考虑。保险精算定价模型是保险精算原理在反向抵押贷款中的应用,之后的单生命、多生命精算模型是对保险精算定价模型的深化和拓展。这两种定价模型在定价过程中考虑的重点有所不同,支付因子模型在美国主要适用于HECM,它既有贷款限额,又要考虑贷款—住房价值比例(LTV);而保险精算模型在美国主要适用于住房持有抵押贷款(Home Keeper)和财务自由养老计划(Financial Freedom),没有贷款限额。两者要考虑的相关因素极其相似,预期存活寿命、利率、住房价值、费用、迁出率、支付方式、借款人的道德风险与逆向选择等等均须考虑,这是由反向抵押贷款业务的长期性、复杂性、风险性决定的。

我国住房反向抵押贷款产品定价
的模拟分析及对策建议

肖 遥[①]

摘要：本文对反向抵押贷款产品定价模型进行了模拟分析。基于我国的具体国情，根据计算结果，从定价的因素分析、产品设计、相关政策及风险控制四方面来讨论我国反向抵押贷款产品定价的对策建议。

一、定价模拟

（一）基本假定

本文的研究以未来 30 年为背景，近几年我国的经济增长率一直维持在 10％以上的"高位运作"，虽然考虑到中国经济的增幅有所减缓，未来 30 年中国经济仍将保持较高的增长率，平均估计为 6％～7％。

本文主要以单个男性借款人为对象，对单生命定价模型进行模拟，女性借款人可作类似处理。单生命定价模型包括一次支付和终身年金支付。在某种程度上，其他支付类型的反向抵押贷款定价可由一次支付和终身年金支付组合而成，通过适当调整组合可以得出。本文假定借款人从 65 岁参与反向抵押贷款计划，尽管在这之后借款人可能因为种种原因搬出住房，但在定价模拟时，假定老年人一直居住在住房中，不考虑移出率；另外产品定价时对遗产动机等问题也未做涉及，这些可在修正结果时一并考虑。在前面的分析研究中，我们得到反向抵押贷款定价中涉及的三个主要因素：预期存活寿命、利率、住房价值增长率。下面讨论这些参数的设定：

1. 预期存活寿命

借款人的寿命用 X 来表示，即借款人在 X 岁时死亡。由于个体寿命的不确定性，X 为一随机变量。假定 X 的分布函数连续，且分布函数的密度存在。$FX(x)=P(X \leqslant x)$ 为 X 的分布函数，也称为个体在 0 到 x 岁之前的死亡概率；$s(x)=P(X>x)$ 为寿命 X 的生存函数，即个体活过 t 岁的概率。分布函数 $FX(x)$ 与生存函数 $s(x)$ 有下面的关系：

$$s(x)=1-FX(x) \tag{1}$$

$_tp_x$、$_tq_x$、$_{u}q_x$ 是国际精算协会采用的表示概率的精算符号，其中 $_tp_x$ 表示 (x)（表示 x 岁的人）活过 $x+t$ 岁的概率，即 (x) 至少再活 t 年的概率；$_tq_x$ 表示 (x) 在未来 t 年内死亡的概率，$_{u}q_x$ 表示 (x) 活过 $x+t$ 岁，并在接下来的 u 年内死亡的概率。有：

$$_tp_x=1-_tp_x=\frac{x(x+t)}{x(x)}=\frac{l_{x+t}}{l_x} \tag{2}$$

---

① 作者肖遥为重庆大学建设管理与房地产学院硕士，本文为肖遥硕士论文《我国住房反向抵押贷款的定价研究》（2007 年）

$$_{t|M}q_x = {}_tp_x - {}_{t+M}p_x = {}_tp_x \cdot {}_Nq_{x+t} \tag{3}$$

$$有：{}_tp_x q_{x+t} = {}_tp_x - {}_{t+1}p_x = \frac{l_{x+t}}{l_x} - \frac{l_{x+t+1}}{l_{x+t}} \tag{4}$$

本模型中预期存活寿命的数据来源于《中国人寿保险业经验生命表(男)2000—2003》。

2.利率

本模型不考虑必要的利润率,将贷款利率分成两部分:一是无风险投资回报率(r),表示资金的使用成本,这是以银行利率为基准,银行的真实利率等于一年期存款利率减去通货膨胀率,在未来30年的时间尺度上,均衡的银行存款利率可以按1%来估计,再加上1.5百分点的利差,反向抵押贷款的无风险投资回报率可按2.5%估计。二是反向抵押贷款风险利率(m),考虑到目前中国正处于利率上升通道,贷款风险利率按3.5%计算。

3.住房价值增长率

住房的折旧率$\beta=2\%$,房屋资产投资风险回报率(g),考虑到国内房地产价格已处于较高水平,房屋资产投资风险回报率按5%计算。

4.其他相关参数

之前讨论了贷款费用,包括贷款申请费、贷款起始费用、贷款完成费、贷款服务费等。在本文中,取总费用率$a=8\%$。

(二)数值模拟

这里只研究单个男性借款人的定价模拟分析,女性借款人可以作类似处理。多生命定价模型的模拟分析在预期存活寿命的处理上,比单生命定价模型要来得复杂一些。从上面的模拟数据结果来分析,借款人一次性领取的金额基本上由贷款基数和其他某些参数决定,与年龄的关系不大,也没有出现"年龄越大,一次性领取的金额越多"的趋势,这在一定程度上说明美国的反向抵押贷款业务中采用纯粹的一次性领取的借款人很少的原因。如果借款人采用年金领取方式,领取的金额跟借款人的年龄呈比例性增长关系,借款人的年龄越大,每期领取年金的数额越多。

年金支付又分为定期支付和终身支付两种,一次支付和年金支付的一定组合,又构成许多其他的受借款人欢迎的支付方式。无论借款人采用何种领取方式,一次性还是年金性质,借款人总共可以领取到住房价值六成以上的贷款金额,而在我国的一些大城市如上海、广州、北京、深圳等,房价早已每平方米数万元,借款人得到的贷款金将十分可观,必然会极大地改善晚年的生活水平。但借款人的住房评估现值高于这种反向抵押贷款产品的贷款限额时(即$HEQ>\lambda$),理性的借款人会倾向于充分利用自己的住房现值,选用贷款最高限额比自己的房产评估现值高的贷款产品。若只有一种反向抵押贷款产品,为了改善自己的老年生活又不得不降值抵押房产,损失掉的部分住房价值为($HEQ-\lambda$)。所以,我国在开展反向抵押贷款时,需要开发适合不同房产价值限额的反向抵押贷款产品,以维护借款人的利益,使借款人能充分利用自己的住房价值,提高借款人参与反向抵押贷款业务的积极性。

二、我国住房反向抵押贷款产品定价的对策建议

(一)产品定价的因素分析及建议

在反向抵押贷款的业务开办中,借款人一次或分期可以领取的金额需要考虑许多因素,这些

因素一起决定着反向抵押贷款的产品定价。定性来说,在反向抵押贷款的最高限额内,借款人的年龄越大,贷款期限越短,可领取的金额相应就越多;抵押的住房价值越高,能获得的贷款数量也越多;贷款利率越高,一定年龄抵押一定住房资产的借款人能得到的贷款金额反而越少。还有借款人选择款项领取的方式、留住与移出抵押住房的逆选择、住房维护的道德风险等,都会对贷款机构的支付额界定产生影响。再者,在反向抵押贷款的长期限内,预期的贷款利率和住房价值具有极大的不确定性,通货膨胀、住房价值波动情况,都会成为影响反向抵押贷款数额的重要因素。

依据我国的具体实际,可以对反向抵押贷款的产品定价做简化的模拟分析。众所周知,反向抵押贷款产品定价,涉及房地产、金融、社会保障、保险精算等多个领域,关联到借款人、贷款机构等多方的利益,是一个复杂的过程。我们从反向抵押贷款定价的主要影响因素着手,分析我国当前环境下这些因素对贷款产品定价的利损,并提出相应建议。下面主要从借款人的预期生存寿命、住房价值两方面,对反向抵押贷款做出因素分析及应对建议。

(二)预期寿命

在反向抵押贷款业务的长期行为下,产品定价中采用的预期寿命是依据生命表得来的,预期寿命与实际余命之间的差异是无法避免的。2006年1月1日,中国保监会颁布了《中国人寿保险业经验生命表(2000—2003)》(以下简称新生命表),取代了《中国人寿保险业经验生命表(1990—1993)》(以下简称原生命表),从而避免了原生命表越来越不适应从业要求的落后状况。21世纪以来,人民生活质量、医疗保健水平都有了较大提高,保险公司核保制度逐步建立,未来保险消费者群体的寿命呈延长趋势,原生命表已经不能适应行业发展的要求。新生命表将只用作责任准备金评估,保险公司可以用新生命表或其他生命表作为产品定价基础。

定价生命表重新编制后,保险公司可以根据产品、地域、公司核保技术的不同或市场策略的需要,采用不同的生命表。新生命表发布后,保险公司的产品定价将更加自由和市场化。保险公司对预期生存寿命的预测将更加准确。新生命表的发布并没有消除预期寿命和实际寿命的差异,只是略微减少了两者之间的偏差,使预期生存寿命更加接近实际生存寿命。

预期寿命和实际寿命的差异,会引发借款人的长寿风险,都是通过大量风险标的的组合来有效分散。通过资产组合,利用大数定理,反向抵押贷款机构就可以通过新生命表和其他相关信息,合理地预测整个贷款机构群的平均预期寿命。借款人越多,平均寿命分布就越符合生命表大数定理的规律,以便较准确地预测未来贷款期限到期时累计贷款本金利息总额的分布。

支持反向抵押贷款业务正常开办的一个前提,是满足"大数定理"的需要。业务数目越多,贷款机构的经营就越能得到保证。从长期来看,整体的房地产升值率依赖于宏观经济、人口等因素。而且,不同地区、不同类型的房地产升值率差异性很大,当数量足够多,分布足够广泛的贷款组合在一起,这些风险被分散化,"大数定理"就起了作用。

就单个的反向抵押贷款业务来说,借款人的预期存活寿命与实际存活寿命,后者可能大于或小于前者,很少会直接等于前者。当实际存活年限与预期存活年限不相符而发生偏差时,由此产生的收益和损失应该如何解决呢?一方面,可以3～5年为期对借款人的身体健康状况、疾病发生率、生活环境、医药费开销状况等重新核定,根据核定结果调整借款人的预期存活寿命,并适当调整每期应支付房款的额度,减少预期寿命与实际寿命之间的偏差。另一方面,可以效法目前保险公司开办的各种寿险业务中养老金的给付模式。一般来说,不论借款人的实际存活年限为多大,都规定了一个为期10或12年的基准给付期。实际存活年限不到基准给付期时,要按基准给付期给付足够的养老金;实际存活年限超过基准给付期者,则按其实际存活年限持续给付直至借款人死亡为止。

(三)住房价值

我国房地产的市场化运作起步较晚,1992—1994年,我国房地产业迅速成为国民经济的热点产业,在经历短暂的过度炒作、畸形繁荣之后,从1994年开始普遍回落,投资结构出现大幅调整,产业发展进入巩固、停顿和消化期。1995年以后,我国的房地产业进入一个相对稳定的发展阶段;1997年开始,随着住房制度改革和住宅商品化的兴起,房地产业的发展开始进入一个新的高潮;从2005年起,全国的房地产市场异常活跃,各地房价增长的趋势势不可当,房地产的畸形繁荣一直持续到现在,政府先后出台专门的政策法规遏制房地产业的过热发展。

从长期来看,房地产价格波动呈现周期性波动规律,这在一定程度上取决于人口数量的增加。目前城市化进程加快,人口分布持续向城市集中,使得城市房地产供给的增长速度在很长一段时间很难赶上城市人口的增长速度,引起房地产价格的急剧上涨。待房地产增长的速度超过了城市人口增长的速度,房地产数量显得过剩,房价就会出现某种下跌。从长期来看,我国的房地产业已经出现了过热的迹象,存在着较大程度的泡沫。

鉴于土地这种稀缺资源的不可再生性,从长远来看,以下三个因素支撑我国城市的房地产价格总体趋势仍会向上:第一,经济快速稳定增长,且长期看好,居民收入预期向好,极大地刺激了住房的需求;第二,城市化进程加快,旧城改造提速,大量人口涌入城市,地价增值的幅度往往会超过房价贬值的幅度,使住房价值维持在较高的价位;第三,通货膨胀率高企,货币贬值,使得预期的住宅价格相应提升。

这里研究的住房价值不仅是指借款人抵押房屋时的评估现值,还包括反向抵押贷款到期时的房屋变现价值。但未来的房地产走向如何是不大确定的,可以定期对住房价值进行评估,重新调整定价,来规避房地产价格波动风险。

政府应规范和监督房地产评估机构参与反向抵押贷款业务的住房评估工作。贷款机构通过出租或出售来回收剩余的住房价值,其中出售是住房价值变现的主要方式。抵押住房的出售依赖二手房市场的发展和健全,我国的二手房市场不够健全,交易成本过高,将影响到期后住房价值能否顺利变现。二手房市场与一级市场比较起来,处于落伍乃至脱节的状态,两者还不能产生良好的联动效应。所以,补充和完善市场法规条例,规范和培育二手房市场,以保障反向抵押贷款机构顺利收回抵押房产的价值,显得极其重要。

三、反向抵押贷款产品设计

住房反向抵押贷款产品设计的基本前提,是贷款属性的定位。定位不同,产品设计选择的模式也不尽相同。反向抵押贷款运作的定位,主要决定于它是完全的市场行为,还是具有福利性质的政府行为,抑或是两者的结合。需要首先明确国外反向抵押贷款的属性定位和模式选择。

美国对反向抵押贷款的定位,是市场行为和政府行为的有机结合,开办的反向抵押贷款业务涵盖了政府开办型(HECM)、政府支持型(Home Keeper)、私人开办型(Financial Freedom)三种模式。加拿大反向抵押贷款的定位是完全的市场行为,只有私人开办型的贷款产品。新加坡开办的反向抵押贷款是具有福利性质的政府行为,其模式为政府支持型。从实际运行效果来看,美国的反向抵押贷款市场最为成熟和完善,美国经验值得我们借鉴。

目前依据我国的现实国情,不宜将反向抵押贷款定位为完全的市场行为。这是因为:

(1)我国的社会主义市场经济处于初级发展阶段,还不够成熟,信用体系尚不健全,法律制度环境极不完善,把这种关系到众多老年人群切身利益的业务草率地完全交由市场运作,不可避免会遭遇高风险而使业务的运作处于夭折状态。

(2)反向抵押贷款在我国是一个全新的金融产品,需要大力宣传推广,对消费者进行产品教育,培训咨询人员以及给借款人提供免费的贷款申请前咨询。私人机构不愿意承担这些义务,自身有限的经济能力无力承担。

(3)市场的自发演变是缓慢的,政府的参与推动能够促进反向抵押贷款的相关制度环境早日完善。国家配合出台相关的政策,是反向抵押贷款业务得以顺利实施的重要保证。反向抵押贷款作为社会养老保障的一种有益补充,如果只定位为具有福利性质的政府行为,势必增大政府的负担和开支,政府也没有必要独立承担反向抵押贷款的推广与运作,这样的贷款产品比较单一。

我国反向抵押贷款的最佳定位应是福利行为与市场行为的有机结合,应该选择政府支持型的运作模式,即政府出台优惠或财政支持政策,由商业保险公司开发产品并进行销售,允许商业保险公司以营利为目的经营反向抵押贷款业务。这一定位和选择是基于以下原因作出的:

(1)我国没有类似美国 HUD、FHA、Fannie Mae 的机构来开办反向抵押贷款业务。即使政府想把反向抵押贷款作为一种具有社会养老保险性质的政府行为来开展,国内目前的条件也不够成熟。

(2)保险公司具备丰富的寿险产品定价的经验,能够从容应对反向抵押贷款的大部分风险。若不考虑房地产评估和处置,反向抵押贷款的经营过程几乎等同于一种寿险年金产品,保险公司运用精算技术应对各种问题,可以说是驾轻就熟。

(3)大型保险公司有庞大的分支机构网络,可以进行反向抵押贷款产品的推广和营销。反向抵押贷款在产品定价和制度设计的过程中,要细分市场,开发多层次产品。尽管反向抵押贷款的参与者一般属于"房产富人,现金穷人",但在此共同特征之外,不同借款人的年龄、健康状况、家庭成员及所拥有房屋的价值等都有不同,这决定了不同借款人有不同的借款需求。

(4)通常来说,借款人年龄越大,房屋价值越高,收入越低,越适合采用定期支付的方式;反之,年龄越小,房屋价值越低,收入越高,越适合采用一次性支付或最高信用额度的方式。在开发设计反向抵押贷款产品时,要根据借款人的不同需求细分市场,设计多层次有差异的产品。从国外实践经验来看,开展反向抵押贷款比较成功的国家,如美国、加拿大等,都实现了这种市场细分,只是各国反向抵押贷款市场的细分标准不同而已。依据我国实际情况,推出多样化产品以适合不同人群,是保证反向抵押贷款市场稳定发展的可靠基础。

四、反向抵押贷款风险及应对举措

(一)风险的一般含义

风险的基本含义是指在决策和实施过程中,造成实际结果与预期目标的差异性及其发生的概率。风险的差异包括损失和收益的不确定性,这里主要是指损失的不确定性。贷款机构、借款人及相关机构在进行反向抵押贷款时都面临着不同的风险。本文研究业务机构在开办反向抵押贷款业务时面临的风险。鉴于反向抵押贷款业务的持续时间特长和相关因素的不确定性,贷款机构推行这项业务面临着许多风险,按照风险来源进行划分,包括自然风险、社会风险、经营风险、法律风险和政策风险等等。

自然风险如发生地震、海啸等未能预测到的特殊自然现象,引起抵押物的毁损;社会风险如借款人对住房维护的道德风险和逆向选择；经营风险是反向抵押贷款面临的最主要风险，包括房地产价格波动风险、利率风险等，其中房地产价格波动风险是最大的风险来源，引起住房价值变现风险和流动性风险，而利率风险、道德风险和逆向选择、政策风险等，直接或间接地与房地产价格波动风险有关。

由此来看，反向抵押贷款机构在业务之前、之中、之后，主要面对房地产价格波动风险、利率风险、道德风险、政策风险等。这就需要从四种风险应对策略（风险回避、风险控制、风险自留和风险转移）中选择最适宜的风险对策，从而形成最佳的风险对策组合，进行全过程、全方位的风险管理。

这里主要研究贷款机构在反向抵押贷款产品定价中的风险预控和风险预转移，对定价中的风险应对策略所作出的决策，只有进一步落实到具体措施，并在业务实施过程中对风险对策实施全程监控，才能对反向抵押贷款风险产生预期的应对效果。针对反向抵押贷款定价的风险预控和风险预转移，有下面几种措施。

（二）贷款最高限额

美国开办的三种反向抵押贷款产品，均规定有贷款最高限额，不同产品分别适宜价值等级不同的住房，贷款最高限额各不相同，而且同一产品如 HECM 等，在不同的州，贷款最高限额也不尽相同。在其他条件一定的情况下，反向抵押贷款机构支付的贷款总额越多，面临的风险就越大。贷款最高限额对借款人能借到的最大借款基数进行限定，一旦借款人的住房评估现值超出贷款最高限额，贷款机构只以最高限额为基数进行产品定价，避免机构面临高额的支付风险。根据贷款机构的资金规模和设计贷款产品，确定适宜的贷款最高限额，有利于吸收更多的不同特征的借款人，有利于贷款项目资产组合满足"大数定理"。

（三）贷款价值比例

合适的贷款价值比例是贷款机构降低风险的有效手段，把住房价值波动风险部分转嫁给借款人，由借款人和贷款机构共担风险。反向抵押贷款不同于普通抵押贷款，借款人的负债是不断累积的，而且期限是不确定的。大多数反向抵押贷款的期限都是到借款人死亡才终止，即使在此之前的某个时点上，借款人的住房价值已经累计超过贷款本金利息的总额，业务开办机构还是要定期支付年金，直到借款人死亡为止。如果贷款期限终止时借款人的住房价值超过累积的贷款本金利息总额，对于增值共享反向抵押贷款来说，多余的价值部分归由借款人或法定继承人所有。

反向抵押贷款提供机构面临的风险是当贷款到期时，若借款人永久性搬迁、死亡，累积的贷款额及应计利息可能超过贷款到期后房屋变现所收回的价值。减少或规避由此而可能造成的损失，除了在房地产变现的时候把握好市场时机，还需要在反向抵押贷款的定价过程中确定合适的贷款价值比例，事前控制发放的贷款总额，使最终累计的贷款本金及利息额控制在到期的房地产价值之内。

（四）利率浮动调整

利率风险是反向抵押贷款业务运作中固有的风险，是不可以分散的。当借款人和贷款机构按照合同既定利率发生信用关系后，现实利率发生变化，将会给借款人或贷款机构带来损失。反向抵押贷款的期限往往会持续数十年，利率波动很大，故此，产品定价实行可调整的浮动利率。当基准利率上升时，贷款业务的机会成本会相应提高，随之提高反向抵押贷款的执行利率；反之，当基准利率下降时,反向抵押贷款利率也需要相应下调。

(五)多次定价

美国反向抵押贷款的产品丰富且运作得最为成熟,将美国的模式引入我国,可以根据我国的市场状况做一些相应变革。大多数老年人申请反向抵押贷款产品的期限一般会比较长,期限越长就意味着贷款机构面临的风险越难以控制。而期限过短,对借款人家庭来说不能达到保障养老生活质量的要求。这一矛盾如何解决,可以在反向抵押贷款业务过程中采用产品多次定价并相机调整的方式。

考虑到房地产价格的波动性和难以预测的特征,对房地产的评估应该是增加频率,可以每隔三五年重新评估定价一次,调整偏差,而非只是贷款开始和结束时的两次评估。采用三五年一次评估有两个好处:一是根据评估结果调整以后的月年金支付额,以纠正原先预期的房地产价格升值率、折旧率、利率与现实的偏差;二是资产评估之后,反向抵押贷款根据住房权益,结合其他因素,再决定贷款价值的比例。多次评估,多次调整定价,对借款人起到了一定的激励作用,激励借款人更好地维护住房,尽可能地减少物理性折旧。

五、政策建议

商业保险公司开发反向抵押贷款产品,政府应对该产品开发给予积极支持而非强力干涉,但公司业务要接受政府的监督和管理。政府在反向抵押贷款市场扮演着重要角色,虽说不可以直接参与市场,但市场的建立和维护却要依靠政府的力量,尤其反向抵押贷款产品定价的要求和标准,有待政府出台政策规范统一。在美国,其《银行法》中有专门的 280 和 280-a 贷款及附加条款,对全美的反向抵押贷款做出法律规范,其中对产品定价中的贷款最高限额、贷款的终止、成本费用、房屋评估、利率的确定等,都有相应的条款规定。我国在启动和发展反向抵押贷款的具体时间表上,应先选择一家或几家保险公司,再选择几个地区作为市场试点,试点成功,再向全国推广,在这期间应对反向抵押贷款的定价进行监督和规范。

(1)监管制度:老年人一般缺乏足够的金融知识,很难对反向抵押贷款作出全面、准确的理解,对其定价原理更是不甚了解,保险公司很容易在信息不完全的情况下,利用自身的定价优势来损害借款人的利益。

(2)政府必须对贷款提供机构的定价行为进行监管和规范。首先要约束贷款提供机构的定价行为,明确贷款机构必须披露的定价信息,包括利率、费用等;其次要对房地产评估中介机构进行认证许可并监控,确保其评估质量。

(3)政策支持:政府应当为反向抵押贷款服务项目提供资金支持和政策优惠,对贷款收入给予税费优惠,相应减少反向抵押贷款的成本费用。

(4)完善有关反向抵押贷款定价的法律、法规建设,使得本产品的定价有法可依,走制度化、规范化发展之路。

正向与反向抵押贷款定价机理与方法差异的探析

柴效武

摘要：反向抵押贷款作为一种金融创新,为中国现有的养老方式提出了一种很好的补充。其有别于传统正向抵押贷款的特殊性,使得研究其风险特征及定价有着重要的意义。本文拟在总结前人研究成果的基础上,通过对正向和反向抵押贷款业务及其定价的区别之处进行细致分析,并由此出发,探讨反向抵押贷款特有风险的规避及其对定价模型的影响,并试图探索适宜中国市场开展反向抵押贷款业务的定价模型和参数确定。

一、正向与反向抵押贷款的一般性差异

(一)研究背景与意义

随着出生率的下降和寿命的延长,中国正在面临着一场影响深远的人口结构转变,不可逆转的人口老龄化时代已经到来。同时,随着现代化程度的加深,中国家庭的规模也在不断缩小,“四二一”已成为普遍存在的家庭模式,“空巢家庭”也日益引起社会的关注。这一切都意味着,“养儿防老”传统方式的可操作性大大减弱,事实上,许多子女也很难同时负担对长辈的赡养以及孩子的教育。如何保障老年人口的生活,已经成为和谐发展中不可回避的问题。

即使中国已经健全了社会保障养老和商业寿险养老,养老金的筹措却一直是个难题,而聚集了大量保险金的社会保障机构和保险公司却不清楚应该如何使资金保值增值。李敏和张成(2010)的研究指出,中国在养老保障支出方面存在明显的不足和滞后,养老金支出水平仍然略低于合理值。增加新的养老资源、对养老保障制度进行创新等已提上议事日程。

作为解决“房产富翁、现金穷人”(Chinloy 和 Isaac,1994)问题而特别开发的养老金融产品,反向抵押贷款于 1989 年即在美国(称为“房屋置换抵押贷款”)推出。进入 21 世纪,相关或类似产品(即本文提到的反向抵押贷款)已在加拿大、英国、法国、澳大利亚、日本、新加坡等国推出,中国台湾及香港等地区也相继引进并推行。在中国内地,得益于柴效武、孟晓苏、范子文等学者的推动,反向抵押贷款已进入了研发和试行阶段。

反向抵押贷款利用了人的自然生命和房屋使用寿命的差异,使人们的住房财富能够在其一生中得到尽可能合理的配置,也使房屋的效用达到最大化,实现了居住功能与养老功能的紧密联合。目前,各国政府对该产品的运作给予了积极支持,反向抵押贷款很可能成为未来加固养老保障、解决养老资源不足的重要工具。

反向抵押贷款作为一种金融创新,使得房屋资源与养老资源得到综合融会,房产蕴含价值运用到随心所欲,资源配置效用得到淋漓尽致的发挥。作为各国为解决养老问题特地开发的金融产品,又具有明显的社会效益,可以称之为一项准公共产品。这一特性也决定了对反向抵押贷款的研究具有理论和现实的双重意义。而在业务运作实践中,借鉴我国相对成熟和完善的抵押贷款制度可以使得本项研究更具有方向性和可操作性。

（二）反向抵押贷款的基本概念

反向抵押贷款在不同国家及地区的具体实践形式多样,概念与运作模式也存在一定的差异。因此,学者们在理论上也给出了不同定义,各国反向抵押贷款的共同内涵并未改变,如表1所示:

表 1　不同角度对反向抵押贷款的共同内涵的解析

范畴	无论品种和模式的差异,反向抵押贷款都是一种综合性的金融产品。
主体	一方是拥有房屋但需要养老资金的老年人; 一方是可以提供融资服务,需要拓展业务以获得利润的金融机构。
内容	老年人以房屋做抵押向贷款机构借款,同时保留房屋的居住权直到死亡。
还款方式	在房屋出售、房主永久搬离或借款人死亡后,用货币偿还借款; 以出售房屋所得款项为还款来源。

总之,反向抵押贷款是指老年人以其拥有产权的房屋做抵押,向贷款机构借款,同时保留房屋的居住权,所借款项在房屋出售、房主永久搬离或借款人死亡时以出售房屋所得款项偿还的一种金融产品。

（三）正向反向抵押贷款的共性分析

尽管反向抵押贷款制度存在着种种特征,但在法律性质上都属于让与担保,其主要标的物都是房屋,与正向抵押贷款有着不可分割的联系。本课题研究发现,所有的反向抵押贷款的设计均同传统的正向抵押贷款有不少共同特性,主要体现在以下几个方面(见表2):

表 2　正向反向抵押贷款的共同特性

借款人义务	借款人有责任缴纳财产税、保险费等并保养房屋。借款人死亡后,其受益人必须付清欠款。
贷款目的	贷款机构取得的是房屋的抵押权而非房屋本身,提供贷款的目的是确保贷款本金和利息的收回,而非占有房屋本身。
贷款额度	贷款预付额决定于房屋价值、房主年龄和贷款成本(所需申办费用、利率)。年龄越大,预期余命越短,贷款额度越大;房屋价值越高,贷款额度越大。其中,房屋价值受其所在的地段和位置影响。
成本融资	贷款费用一般也可融资,即贷款发生的成本费(如开办费、保险费等),其部分或全部都可以在贷款支付时作为额外预付,在贷款签约时附加在贷款中。
贷款结算	因借款人不断获得贷款预付并支付因贷款预付而产生的利息,欠款数量在整个贷款期间逐步升高,直到整个贷款过程结束。
欠债限度	美国和澳大利亚分别设有非追索贷款和非负资产贷款,以限制借款人应付欠款的责任。该政策是指借款人总欠债额不能超过贷款变成应付欠款时的房屋价值,即使贷款增长后超过了房屋价值,借款人的欠款总额也仅仅限制为房屋的实际价值,受益人和继承人不需要支付超过房屋价值的欠款部分。 这一保护借款人的重要措施对反向抵押贷款同样适用。
债务履行	债务人或第三人对一定期间里将要连续发生的债权提供担保财产,债务人不履行到期债务或发生当事人约定的实现抵押权的情形,抵押权人有权在最高债权限额内,就该财产优先受偿。

（四）正向与反向抵押贷款的一般差异分析

反向抵押贷款作为一种新型融资工具,与传统的正向抵押贷款相比,呈现出独有的特征。它们是针对不同群体开发的两种不同的金融产品，并非简单重复，不可互相替代。其繁多的区别，归根结底，则源于它的两个特征，即其抵押本身难以消解的不确定性以及该产品的政策福利属性。

抵押的不确定性是由于每期从银行取得贷款是现实存在的，还贷则是需要用未来某时点的房屋价值来实现，而"未来"的状况如何，"现在"并不能予以充分的保证。以抵押期限（即借款人的实际剩余寿命）为例，反向抵押贷款中的抵押期限虽然由借款人的预期余命决定，但预期余命只是根据概率的推断，并不能确定。同时，因为还贷对象是房屋实体而非货币，房屋资产在未来的最终价值以及能否合理变现等，也都是不确定的，这就需要在房屋实物资产与货币资产之间建立一个等式。

反向抵押贷款的政策属性更加明显。与传统的为了购买房屋或其他目的而申请融资的正向抵押贷款不同，反向抵押贷款的设计初衷便定位为对社会养老资金不足的一种补充，以增加老年人的收入，提升其生活水平，并减轻社会和个人的养老压力。因此，不同于一般的仅体现借贷双方间纯粹的债权债务关系、完全遵循市场机制运作的简单融资行为，反向抵押贷款因涉及养老问题，是对"房产富翁，现金穷人"老年人的生活资助和所拥有房屋价值的特别安排，体现了独特政策和公益属性。

由于反向抵押贷款和传统的正向抵押贷款的诸多不同，其遵循的指导思想及具体的制度规定等从中演化出诸多差异，分别如表3和表4所示：

表3　正向反向抵押贷款的差异——由不确定性决定

	正向抵押贷款	反向抵押贷款
现金流向	借款期开始时，银行将合同规定的款项一次性贷给借款人，借款人在初期现金流入最大且债务最重。在约定的借款期限内，借款人定期定额偿还现金，债务逐步减少，直至清偿。	直到借款人去世，贷款机构定期定额给予借款人现金。借款人在借款期内不用作任何偿还，其所拥有的现金随着时间的推移越来越多，至借款人去世或是永久搬离该房屋（借款期末），贷款机构将抵押的房屋出售或变卖所得款项扣除交易费用后偿还贷款的全部本息，剩余部分仍归借款人或其继承人所有，如售房屋价值款不足以清偿贷款本息，贷款机构也无追索权。
风险趋势	对银行而言，投资随着时间而逐渐收回，风险随着贷款期间的推移越来越小。	对贷款机构而言，贷款随着时间的推移不断发放，越积越多，风险亦随着反向抵押贷款期间的持续而越来越大。
债权额度确定	主要是依据房屋的现有价值计算界定。借款人只需要偿还房屋现值加上该现值在贷款期间内产生的利息，是一个确定值，无须对房屋价值进行评估。	根据多种因素预计和推算出来的，涉及借款人办理反向抵押贷款时的年龄、预期余命、房屋现有价值的评估、房地产价格的走向、利率水平以及国家土地政策等因素，具有很大的不确定性，为一预估数值。以实现抵押权时的房屋价值为限，需要对房屋价值进行评估。
抵押期限	确定，根据房屋价值及借款人的收入情况，通常为5～30年。虽然按照贷款人目前年龄和退休年龄的差值进行修正，但总的来说，在合约订立时，期限已经是一个确定的数值。	不确定。尽管有一些形式的反向抵押贷款要求有固定期限（如10年、20年），但作为具有养老特征的金融工具，大多情形下，还是以老年房主及其配偶的剩余寿命为限，而合约订立时，反向抵押贷款的抵押期限并不明确。国外多数反向抵押贷款的运作模式中，如果房主转让对抵押房屋的所有权，或该房屋不再是房主的主要居所，或房主离开房屋的时间连续12个月以上，或者房主违约使合同目的不能达到时，反向抵押贷款合同将自动终止，而不受合同期限的限制，贷款机构有权要求房主立即偿还借款本金和利息。

表 4 正向反向抵押贷款的差异——由政策属性决定

	正向抵押贷款	反向抵押贷款
主体资格	要求借款人必须具有足够的偿债能力,故而会对借款人的家庭收入、支出、其他负债情况以及学历、工作等进行详细审核。 在年龄上没有太多限制。	没有严格的限制。 一般要求拥有房屋产权,年龄达到最低要求。其中,对借款人年龄的限制,主要基于贷款机构对贷款风险的考虑。美国、加拿大和澳大利亚都规定借款人年龄不得小于 62 岁,性别不限,房屋可以是共有的,但所有共有人的年龄至少要达到 62 岁。新加坡规定借款人的年龄为 60 岁以上。
借款用途	主要用于购买特定物品——住房,不允许作其他用途。	原则上用于养老,较为宽泛,一般对此没有任何特别限制。比如澳大利亚政府的要求仅仅是"贷款的目的是个人晚年生活使用,基于个人使用目的的再贷款除外"。
所有权	借款期开始时,房屋的所有权暂时归属银行。到借款期末,若借款人全部偿清借款本金及利息,则房屋的所有权转归借款人;否则,由银行拍卖房屋所得价款弥补借款。	借款人在签订反向抵押贷款合约之后,在其(包括其配偶)生存期仍拥有对房屋的所有权和居住权。在借款人(包括其配偶)离世后,出售房屋,或借款人永久性迁出时,全部贷款预付就会变成应付欠款,房屋归贷款机构所有。
担保方式	包括以所购房屋抵押加上开发商担保的方式,或者单独以所购房屋抵押担保的方式等。 若债权总额超过限定额,超过部分分化为无担保的一般债权。	仅以房主的自有房屋担保,并受"无追索权"条款的限制,债权人无权要求以债务人其他财产归还。 担保物只能是房屋,且当事人可以约定到期后房屋归贷款机构所有;普通按揭贷款的担保物不限于房屋,且当事人不能约定贷款到期后抵押物归抵押权人所有之类的条款,只能以抵押物折价或拍卖、变价所得价款偿还,不足部分由债务人补足。

二、正向与反向抵押贷款定价机理的差异剖析

产品定价是反向抵押贷款业务推出的核心内容,即金融机构办理老年人房屋抵押后,每期应给付额度的核算,也即老年人将房屋抵押给银行、保险公司等机构之后,利用相关技术确定每期能从贷款机构获得的数额。简而言之,就是老年人将房屋抵押给金融保险机构后,机构每期或者一次性应当计算给付老年人的贷款数额为多少。

(一)正向与反向抵押贷款的定价机理差异概述

由于正向抵押贷款在贷款金额和贷款期限的确定性,在定价机理上,与反向抵押贷款存在着显著的差异。

对于正向抵押贷款,未来是一系列确定的数值——期限可以估算、每期现金净流入的现值也是一个确定值,贴现率亦即利率一般为当期银行利率,故而每期的支付金额,可以直接利用年金公式得出。

而对于反向抵押贷款,未来则是不确定的:借款人的剩余寿命难以判断;房屋卖出时的终值受房屋价格波动影响,将之贴现到签订合约时的现值不确定;利率有固定利率和浮动利率两种选取方式,也存在一定的不确定性——在定价上,有多个数值需要选取和修正。

同时,除在正向抵押贷款定价时就已被广泛接受的资产定价理论外,反向抵押贷款还有期权定价理论、保险精算理论和鞅定价理论等数种不同的定价机理,其与正向抵押贷款定价也存在类

似的由不确定性引起的差异。

（二）反向抵押贷款定价的一般机理

反向抵押贷款的定价，一般由以下数种理论出发进行推导。

1. 资产定价理论

资产定价理论是正向和反向抵押贷款定价的主要机理。该理论认为，一项资产的价格是由其未来所产生现金流的贴现现值来确定的。即资产价格就是未来的净现金流收入运用一定的贴现率计算出来的净现值。而确定资产价格包括三大要素：其一是"未来"的时限将会有多长；其二是每期的"现金净流入"将会达到多大；其三是"贴现率"应当如何制定与调整。

按照一般的观点，资产定价的原理，就是找出影响资产价格的各个相关因素，主要是期数、每期现金净流入和贴现率，并确定各因素所占的权重，然后构建一个包含所有这些因素的价值函数，最后计算确定该资产的实质性价值（周洛华，2004）。构建的模型越为精密，包含的因素越多，对每一个因素描摹得越为精细，定价的结果就越为准确。

依资产定价的基础理论，一项资产的价格是由其未来所产生现金流的贴现现值来确定的。也就是说，资产价格是未来的净现金流收入运用一定的贴现率计算出来的净现值。反向抵押贷款的各种定价方法，实质上就是对贷款各期现金净流入的贴现值的求和，其基本思路可以用如下公式表示：

$$V = \sum_{t=0}^{t=T} NPV(CF_t)$$

上式中：V 为反向抵押贷款的理论价格；NPV 为现金流贴现函数；CF_t 为 t 时刻的现金流入。

将这一公式引入反向抵押贷款的产品定价，需要根据它运作的实际情形加以修正。比如，贷款期限，即老年住户将房屋抵押给金融机构后的剩余寿命 t 是很不确定的；每期的现金流入也是不确定的，或者说虽然每期的现金流入是确定无疑，但借款人临终时，抵押房屋的总价值将会达到多少，也会因为数十年间房市的涨跌而难以判断；而这一期间贴现率的模拟也是颇费心力，且要经常加以调整。这就是说持有的这笔资产是有风险的，在为其产品定价时，必须将各项风险要素包含在资产价格里。

总的来说，实现这一目的的方法主要有以下三种：

（1）设定经过风险调整的折现率。该方法的思想是，资产的持有者既然承担了一定的风险，就必须获得与风险相适应的回报。首先，需要通过分析得到未来现金流的合理预测值，然后设定一个可以反映资产风险水平的折现率，即投资者要求的必要回报率。公司估值中的 Discounted Cash Flow（DCF）模型和 Capital Asset Pricing Model（CAPM）模型就是很典型的运用方法。

（2）确定性等价。该方法使用经过风险调整的未来现金流预测值而非折现率。如果说第一种方法可以表示为预期未来现金流/风险调整的必要回报率，确定性等价法则可以表示为风险调整的未来现金流/无风险回报率。

（3）风险中性定价。该方法既不对未来现金流的数值进行合理预测，也不对必要回报率进行风险调整，而是通过全方位仿真模拟可能会影响风险资产定价的各种因素，得到未来现金流在各种情况下可能发生的状况，然后在各种情况下用无风险回报率进行折现，将其均值或加权平均值作为风险资产的最终定价。

资产定价的一般原理为反向抵押贷款的产品定价提供了很好的理论依据及方法论。在反向抵押贷款这一金融产品的定价中，我们可以通过找出影响这一产品（资产）价格的各种因素，如房屋现时价格、贷款期间（即预期余命）、贴现率、通货膨胀率、房屋价值变动率、折旧率及相关的业务费用率等,确定它们之间的相互影响及影响程度,构建包含所有这些因素的价值函数关系,即反向抵押贷款的产品定价模型。然后根据这一构建模型的模拟分析和实证检验,使得定价模型更趋于合理,更能反映资产的真实市场价值。Chinloy 和 Megbolugbe 在 1994 年设计的一个包含贷款期限、调整精算系数、利率、通货膨胀率以及房屋价值波动率等因素在内的支付因子模型,非常值得借鉴。该模型的核心思想是考虑一些主要因素如利率、CPI(居民消费价格指数)、房屋价值波动率和寿险精算系数之后,分门别类地得出每种情况下的贷款支付系数,借款人根据自己房屋的情况找出相应的支付因子,乘以自有房屋的市场公允价值,即能获得每期的贷款额度。

2. 期权定价理论

期权定价理论认为,不确定性会带来选择的机会,期权(选择权)的价值与不确定性成正比。它提供了期权定价的简单方法,即定价时只需考虑期权的履约价格、标的资产现行价格、期权合约的剩余有效期、标的资产收益的风险程度以及无风险利率五个可观察变量。

而反向抵押贷款的定价中,隐含着潜在的期权——当贷款业务结束时,借款人拥有潜在的选择权,即可以根据房屋的市场价格来决定是否放弃赎回房屋的产权(是否执行该期权):若累计本息的总额大于赎回房屋时的市场价格,则放弃房屋产权,将之交由金融机构收回;若本息总额小于房屋的市场价格,则偿还本息以赎回产权。在不考虑贷款成本的条件下,借款人执行期权所获得的收益=贷款本息总额-房屋价值。奚俊芳(2007)便在构建反向抵押贷款的年金给付逐年递增的定价模型时应用了期权理论。

3. 保险精算理论

保险精算理论需要遵循大数定理。根据大数定理,随着样本数量的不断增加,实际观察结果与客观存在结果之间的差异,将会越来越小,最终趋近于零,估计数值计算也会越来越精确,足够多的样本会使得变量的平均损失率以极大的可能性接近于期望值。大数定理一般用 $(x/n - P)$ $\rightarrow 0$,当 $n \rightarrow +\infty$ 表示。其中,n 表示标的的数量,x 表示实际观察到的损失,x/n 表示实际观察到的损失率,P 则表示客观存在的损失率。当 n 趋向于无穷大时,x/n 与 P 的差额,也即实际观察到和客观存在的损失率之间的差额趋向于零。

大数定理为反向抵押贷款的产品定价和保险精算提供了理论依据。反向抵押贷款产品定价的影响因素很多,又以预期余命最为关键。对某个参与反向抵押贷款业务的个体来说,其预期余命难以测度,从而无法确切定价,即或勉强定价也将面临很大的风险。根据保险精算的大数定理,由于大量随机现象的平均结果与个别随机现象的特征无关,金融机构可以集中精力扩展业务的规模以摆脱随机风险,即参与人员越多,定价中的预期余命就可以逐渐接近于平均寿命,从而大大降低因预期余命误差而带来的风险。

4. 鞅定价理论

风险中性定价理论表达了资本市场中的这样一个结论:当市场不存在任何套利可能性时,如果衍生证券的价格依然依赖于可交易的基础证券,该衍生证券的价格与投资者的风险态度是无关的(Cox 和 Rose,1976)。这个结论在数学上表现在衍生证券定价的微分方程中并不包括受投资者风险态度的变量,尤其是期望收益率。虽然它是在推导期权定价的公式时建立的,鉴于其与投资者的风险制度无关,之后对衍生证券定价的推导中大都接受这一前提条件,即假定所有投资者都是风险中性,或者是价格的决定发生在风险中性的经济环境中,该产品价格的制定适用于任何一种风险制度的投资者。

对风险中性定价法原理有一些不同解释,从而更清晰了反向抵押贷款定价的分析过程。首先,在风险中性的环境里,投资者并不要求任何风险补偿或风险报酬,故基础证券与衍生证券的期望收益率等于无风险利率;其次,正由于不存在风险补偿或风险报酬,市场贴现率也等于无风险利率,所以基础证券或衍生证券的任何盈亏,都需要经过无风险利率的贴现。利用无风险利率贴现的风险中性定价过程称为"鞅"(Martingale),现值的风险中性定价方法也就是鞅定价法(Martingale Pricing Technique)(Harrison & Kreos,1979)。

鞅定价法比随机微分方程简单,也不会涉及复杂的积分。许多随机微分方程不能求解的问题,鞅定价法可以轻易求解。比如,股票价格的随机过程可以表示为:

$$\frac{\mathrm{d}S}{S} = \mu \mathrm{d}t + \sigma \mathrm{d}W^P$$

W^P 表示在概率测度 P 下的布朗运动,上述公式可以转化为风险中性概率测度 Q 下的随机过程:

$$\frac{\mathrm{d}S}{S} = r\mathrm{d}t + \sigma \mathrm{d}W^Q, \mathrm{d}W^P = \mathrm{d}W^Q - (\frac{\mu - r}{\sigma})\mathrm{d}t。$$

比较上述两个公式可以发现,原来的 μ 已经被无风险利率 r 取代,波动率 σ 并未受到影响。

在风险中性概率测度 Q 下,股票价格的动态过程变为:

$$\mathrm{d}\ln S_t = (r - \frac{\sigma^2}{2})\mathrm{d}t + \sigma \delta W^Q_T$$

因此,相应的其动态过程可表示为:

$$\mathrm{d}\ln S_T = S\exp(r - \frac{\sigma^2}{2})T + \sigma \delta W^Q_T$$

在定价股票期权时,须计算 $EQ[S_T \mid S_T > K]$,它表示在到期日,股价大于执行价格的期望值。经过一系列推导,利用 Girsanov 定理可以得到:

$$EQ[S_T \mid S_T > K] = S_E r_T N(d_1)，N(d_1) = \int_\infty^{d_1} \frac{1}{\sqrt{2\pi}} \mathrm{e}^{-x^2/2}\mathrm{d}x。$$

计算出 $EQ[S_T \mid S_T > K]$ 后,再依据买卖期权以及其他相关条件,比较容易地得到股票期权的价格。

5.理论的选取

在反向抵押贷款产品的现有定价模型中,其本质均是通过设定与贷款发放机构所承担风险相适应的必要回报率,来捕捉反向抵押贷款产品定价中各因素的风险。然而,由于反向抵押贷款本身的特点,这些现有定价模型在使用上存在不少的缺陷:每一份反向抵押贷款都可能有所不同,尤其是在标准化的公开交易市场还未在中国形成的情况下;利用一个必要回报率来反映所有的风险因素,将使得最终定价严重依赖于必要回报率的数值,而该数值的确定具有一定的主观性,很难准确反映真正的风险水平。故相对而言,风险中性定价法能够更全面客观地反映和衡量金融机构所承担的各种风险,是目前最适合反向抵押贷款产品定价的方法。

将风险中性定价法运用到反向抵押贷款定价的基本思路是:在前人对定价模型研究的基础上,进一步完善构建出风险中性定价的基准模型以描述各个定价因素之间的相互关系→详细分析每一个会影响定价结果的风险因素,寻找描述该风险因素未来可能变化的最适合的方法→设计蒙特卡罗程序,全方位模拟各种因素同时变化时的未来场景→做出最终定价。

（三）以年金形式支付的反向抵押贷款的定价公式

反向抵押贷款有一次性支付定价、终身年金定期支付定价、贷款信用额度支付定价等。其中,终身年金支付定价是指借贷双方签订合同后,贷款机构依固定的时间间隔将一定数额的贷款支付给申请人,直至借款人死亡或迁离、出售该房屋为止。在一般情况下,时间间隔为一年(按年支付的终身年金)或一月(按月支付的终身年金)。因为终身年金支付定价更符合现实中反向抵押贷款的具体操作,故在此以该形式来探究定价公式的表达。

首先设定基本参数如下:

x 为年龄为 x 岁的借款人,并假设在其生日当天投保;r 为年折现率;

g 为房屋资产年增值率;m 为反向抵押贷款年利率;

L 为借款人的预期余命;β 为房屋的折旧率;

α 为费率,即反向抵押贷款申请过程中的各项费用占期初房屋评估价值的比例,主要包括房屋评估费、办理房屋保险发生的费用,房屋修缮费及其他相关费用;

HEQ 为抵押房屋资产现值,即参加反向抵押贷款业务时市场评估价值;

LS 为一次性趸领金额; PMT 为年金领取金额,假设年金在期初领取。

终身年金支付的基本定价公式为(假定贷款归还日为死亡发生后的第一个生日):

各期支付的年金数额依利率累积到贷款结束时的贷款余额＝贷款结束时的房屋价值＋贷款初始费用按贴现率累积到贷款结束时的数额

等式左边为:$\sum_{t=1}^{L} PMT \times (1+m)^t$；

等式右边为:$HEQ \times (1+g)^L \times (1-\beta)^L + HEQ \times \alpha \times (1+r)^L$。

求解即得到反向抵押贷款终身年金形式支付的基准定价模型:

$$PMT = \frac{\left[HEQ \times (1+g)^L \times (1-\beta)^L + HEQ \times \alpha \times (1+r)^L\right] \times m}{(1+m)^{L+1} - 1 - m},$$

$$PMT = \frac{LS \times (1+m)^L \times m}{(1+m)^{L+1} - 1 - m}。$$

三、影响反向抵押贷款定价方法的关键因素

(一)影响反向抵押贷款定价的因素概述与分类

Szymanoski(1994)将反向抵押贷款的风险分为寿命风险、利率风险和住房价值波动风险。Mitchell,Piggott 和 Shimizutani(2006)将反向抵押贷款中贷款机构面临的风险和借款人面临的风险综合考虑。贷款机构风险沿用 Phillips 和 Gwin(1993)的分类法,共分为长寿风险、利率风险、总体房屋价值风险(整个房屋市场)、个体房屋价值风险(单指抵押的房屋)和费用风险五类。借款人在面临寿命、利率和房屋价值风险时,还将面临在合约执行期内,贷款机构破产的风险,另外还有诸如个人税收处理等问题。

Wang,Valdez 和 Piggott(2007)对澳大利亚反向抵押贷款市场做了调查,认为反向抵押贷款业务主要的三个风险是长寿风险、利率风险和房屋价值波动风险,而长寿风险是其中最重要的风险。他们提出通过证券化的方式来分散贷款机构和借款人的长寿风险,并对逆向选择问题做了测定。他们以 Lin 和 Cox(2005)的资产证券化模型来解决反向抵押贷款中的长寿风险因素。Blake 和 Burrows(2001)提出的幸存者债券以及 Dowd,Blake,Cairns 和 Dawson(2006)提出的幸存者掉期,是用于规避长寿风险的两种金融衍生工具,认为证券化将对反向抵押贷款日后的发展起到重要的推动作用。

1. 利率

反向抵押贷款产品定价中,利率的直接影响在于老年户主所能申请获取的贷款额度,将直接取决于当时所商定的利率;而该额度确定后,利率波动还将在贷款存续期间持续影响计息和最终的本息额,进而影响贷款机构可能获得的利润,更重要的是,这种利率风险是不可以分散的。

在反向抵押贷款长达数十年时间的贷款期间中,经济状况、政府宏观调控等因素极可能发生较大改变,资金借贷市场也会随之作出相应的调整。利率上升时,如贷款机构仍然按期初约定的金额发放贷款,机会成本将大大增加;如利率下降,借款人则可能会转向其他合同利率较低的融资方式。最好的办法,就是反向抵押贷款的执行利率,应当随着市场利率的调整而发生相应的变动。

Boehm 和 Ehrhardt(1994)在反向抵押贷款利率风险的研究中,比较了浮动利率固定的反向抵押贷款、国债和正向抵押贷款的利率风险。假设某金融机构分别以公债、正向抵押贷款和反向抵押贷款的形式借出资金,每个产品都固定 10 年期限和约定利率。以面值为 100 美元的公债、本金为 100 美元的抵押贷款和现值为 100 美元的反向抵押贷款为例,尽管期限和利率都一样,公债现金流模型与正向抵押贷款在利息支付次数和数额上有所不同,而反向抵押贷款的现金流模型则完全不同。合约初始,公债和正向抵押贷款的价值都是 100 美元,而反向抵押贷款的实际价值只是 1.21 美元。假设在 8% 的市场利率下,三种资产都是按照票面价值定价,当利率下降到 7% ,三种资产价值都上升。尽管另外两种金融产品的价值是反向抵押贷款的近 100 倍,但反向抵押贷款的增加值和另外两种相差不多。这说明初始条件一致时,反向抵押贷款的利率风险要远大于国债和传统的正向抵押贷款。

在反向抵押贷款业务中,利率风险比公债和普通抵押贷款业务的风险要大得多。如何在反向抵押贷款的定价中充分反映金融机构承担的利率风险,将是解决贷款产品定价问题的关键之一。柴效武和方明(2004)认为反向抵押贷款的贷款利率应该高定,以规避业务开办过程中的不确定性和风险,并提出由财政给予贷款机构一定的贴息优惠。

2. 预期余命

终身年金形式支付的反向抵押贷款中,借款人每年都可以获得一笔金额用于养老。直到借款人(及其配偶)最终死亡、出售或搬离该抵押房屋,贷款机构才可以停止支付贷款,回收房屋并清算业务。故参与者的寿命长短,会直接影响贷款的本息累计总额。当借款人的实际寿命小于计算年金支付额的平均寿命时,金融机构会由于回收房屋的价值大于贷款总额而受益;反之,金融机构会面临无法回收贷款总额的损失。因此,准确合理地估计申请者的预期余命,就成为本项业务定价的重点所在。因为在对申请人的实际身体情况的了解上,贷款机构和申请人拥有的信息是不对称的,往往会产生逆向选择问题。无法准确估计预期余命和逆向选择问题的存在,增大了金融机构的风险。如何在反向抵押贷款的产品定价中充分反映这些风险,对金融机构开办此项业务的积极性有着重大影响,也是确定反向抵押贷款定价的一个关键因素。

现实操作中,一般根据以往一定时期内各种年龄的死亡统计资料编制生命表,并由每个年龄死亡率组成汇总表,然后采用该经验生命表来计算申请者的预期余命。这个经验生命表既是过去经验的记录,又能用于预测那些和过去情况完全相同的未来时间。虽然对于具体的某申请人,其实际寿命同其身体健康状况、既往病史、生存环境及医疗保健条件等有极为密切的关系,可能会大于或小于预期的平均寿命,但当参加该业务的人足够多时,寿命分布会符合"大数定理"的要求,贷款机构通过一定时期一定人群的生命表预测人群的死亡概率,并根据精算的结果为产品定价,以减少长寿风险带来的损失。

3. 房屋价值

房屋价值将从两个方面影响反向抵押贷款的产品定价：一是该房屋是反向抵押贷款的唯一抵押品，房屋所有者申请贷款时，该房屋的公允价值以及预期增长状况，将直接影响贷款额度；二是反向抵押贷款通常制订"无追索权"条款，即金融机构对借款人除房屋以外的财产和收入无追索权。在该种制度下，贷款终止时的房屋最终价值直接影响金融机构能否从该业务中获益。

然而，未来房屋价值的波动极难预测，房屋出售时的价值如高于累积贷款额，则金融机构完全回收了本息，借款人还可以获得房屋升值的收益；如恰好等于累积的贷款额，则出售房屋所得将全部用于偿还贷款；如低于累积的贷款额，在没有保险等风险转移方式的情况下，贷款机构遭受损失，其数额为房屋变现净值与累积贷款额之差。幸而这种风险在一定程度上可以分散——在反向抵押贷款业务中，贷款机构将接受不同地区、类型的房屋作抵押，在一定程度上分散了房屋价值波动的风险。当然，地区性经济不景气导致的房屋价值降低的风险可以借此办法最小化，但全国性的经济衰退导致的房屋价值降低的系统性风险，比如政府调控、房市泡沫等，则是不可以分散的。

除了房屋价值的波动外，折旧率的设定也直接影响贷款到期时抵押房屋的清算价值。在国外的实践中，贷款机构通常会根据已有信息对未来房屋价值的走势进行预测，并根据预测结果对本贷款产品做出定价测算，制定相应的费率表。如此操作的缺陷是，输入定价模型的房屋价值的预测值，虽然是合理的，然而只是一个固定的静态价值，并不能充分反映金融机构面临的房屋价值波动的风险。

关于如何在反向抵押贷款的产品定价模型中，充分显示房屋价值波动风险，以及如何正确描述中国房地产市场的价格波动，是解决反向抵押贷款产品定价的重要问题。

（二）利率风险对反向抵押贷款的定价方法的影响

反向抵押贷款的计息方式分为固定利率计息和浮动利率计息两种。前者是指利率一经确定，整个贷款期限内不作调整；后者则是指根据金融产品供求双方的协议，在贷款期限内，执行利率要选择某种具有代表性的市场利率为依据做定期调整。而利率波动风险的程度也取决于利率的设定是遵循固定利率，还是实行浮动利率。

在利率管制的条件下，利率水平变动不大，采用固定利率的定价方法，便于金融产品的供求双方准确地计算成本和估价收益，便利易行。但是，贷款机构将无法控制因市场利率变化而导致的贷款资产的变化，市场利率上升将导致贷款资产的实质性减少，使贷款机构的利润下降甚至成负值。

利率市场化之后，市场利率变动难以预测，此时仍然采取固定利率定价，就会因利率的大幅波动而给业务双方带来经济损失。若采用浮动利率的定价方式，贷款期限内可追随市场利率变动定期调整，故可有效避免市场利率变动带来的风险。但即便如此，因无法准确估计未来资产的价值，利率的任何微小增高或降低，加以数十年的累积，都会导致业务经营结果的大幅波动。如果说短期的利率走向、调增调减幅率容易测算，长期利率走向的预期则极难成功。虽然我国将来的利率走向是市场化，它会借以降低利率风险，却不会完全消除风险的影响。再如利率政策的变化如何，与反向抵押贷款模式能否成功关系巨大，在其中也起有重要作用。

目前一般以"基准利率＋差额利率"的方式对反向抵押贷款进行浮动计息，并定期进行调整。然而，我国还缺乏真正意义上的基准利率，故而利率环境变化时，利率调整缺乏合理依据，难以确定合理的反向抵押利率水平。利率过高，借款人的成本加大；利率过低，贷款机构的风险增强。要形成真正的基准利率，有赖于利率市场化改革的进一步深入进行，有赖于货币市场的成熟和完善。

利率波动对机构现金流的影响，还取决于反向抵押贷款是否可以提前赎回。对于无赎回权的反向抵押贷款，利率波动将影响到贷款到期时的累计本息余额，进而影响到金融机构的实际收益。如果允许借款人提前赎回，利率波动还将导致反向抵押贷款的提前偿付风险。

范子文（2006）在国内首次将反向抵押贷款按照有赎回权与无赎回权的方式分类定价，针对有赎回选择权的反向抵押贷款提出了期权定价法。该赎回权是指，在反向抵押贷款合约到期后，借款人或其继承人可以通过选择偿还贷款本金和利息将房屋的抵押权收回，或将房屋交由贷款机构拍卖出售，以结束贷款业务。根据普遍实施的无追索权条款，如出售额小于贷款本息余额，贷款机构无权向借款人或其继承人追讨不足部分。这样，理性的借款人就有了一种选择权：在贷款期限结束时，如果房产价值大于贷款本息总额，就会选择将抵押权赎回，差额归借款人所有；如果房产价值小于贷款本息总额，就会选择将房屋交由金融机构处理。因此，对于有赎回权的反向抵押贷款，应该运用期权定价法进行定价。

（三）长寿风险对反向抵押贷款的定价方法的影响

长寿风险表现为借款人的预期余命与实际存活寿命的差异。当反向抵押贷款采取终身年金方式支付时，贷款机构将面临长寿风险，即借款人实际寿命超过预期余命时给贷款机构造成的损失，一些再保险机构甚至将长寿风险描述为"毒性太强的"或"危险的"（Wadsworth，2005）。

Lorenzo 和 Sibillo（2002）把长寿风险定义为人口统计风险的一部分，源于死亡率趋势变动，属于系统性风险，而把死亡率偏于预期值的风险称为保险风险。国外学者普遍认为长寿风险可以分为系统性风险和非系统性风险。

系统性风险又称整体性风险，是指受政治、经济、社会等整体环境因素产生的影响。就长寿风险而言，社会总体状况的变化，如医疗技术的发展，社会生活水平的整体提高等，都会对老年人群体的平均寿命产生积极影响，属于不可分散的系统性风险，后果带有普遍性。

非系统性风险也称为个别性风险，是指对某特定区域或个体产生的影响，一般由某些特殊因素引起，与整体不存在系统的全面联系。如某群体中的人均寿命状况明显好于其他群体；如某地区的经济状况或自然环境的差异，导致人均寿命与其他地区的人均寿命出现较大差异，农村和城市，一线城市和二线城市等，就普遍存在着此种区别；又比如某个体因个别因素与整体的平均寿命差异，以及贷款机构因对借款人信息不了解造成的死亡率预计的误差等，都属于系统性风险。

寿命可以通过死亡率加以计量。现实操作中，保险公司会采用经验生命表来计算借款人的预期余命。通常的情形下，利率费率设定得较高，预期年限较长，则给付比例相应较低；当利率费率设定得较低，预期年限较短，则给付比例相应较高一些；利率费率相同的情况下，预期余命与每期给付的年金成反比。

将预期余命具体到死亡率，陆颖（2008）在范子文（2006）的研究基础上给出了如下定价模型：

$$LS_x = \sum_{t=1}^{T} (1 - \alpha - \beta - \gamma) \times H_0 \times \left(\frac{1+g}{1+r}\right)^t \times {}_{t|}q_x$$

根据《中国人寿保险业经验生命表（2000—2003）》中的养老金业务表（男），计算出死亡率实际值，以各年龄基础上有 100 名申请人为例，得出借款人死亡率保持在预期水平和低于平均预期的实际死亡率时，成本收益的比较如表 5 所示：

表5　贷款机构成本收益表(60～85岁)

年龄	净现值收益（万元）		收回成本年限（年）		总交易年限	年龄	净现值收益（万元）		收回成本年限（年）		总交易年限
	预期	实际	预期	实际			预期	实际	预期	实际	
60	2012.454	1383.94	15	23	45	73	2703.111	1954.593	7	14	32
61	2067.824	1442.71	15	22	44	74	2752.421	1971.616	7	13	31
62	2122.424	1500.08	14	21	43	75	2801.428	1992.589	6	13	30
63	2176.902	1555.88	13	21	42	76	2850.20	2017.812	6	12	29
64	2231.321	1609.98	13	20	41	77	2898.885	2047.739	5	11	28
65	2285.435	1661.87	12	19	40	78	2947.73	2083.027	4	11	27
66	2339.47	1711.53	11	18	39	79	2996.953	2124.423	4	10	26
67	2393.042	1758.34	11	17	38	80	3046.869	2172.949	3	9	25
68	2446.536	1802.32	10	17	37	81	3097.85	2229.909	3	8	24
69	2498.651	1841.62	10	16	36	82	3150.247	2296.898	2	8	23
70	2550.652	1877.03	9	15	35	83	3204.527	2376.054	2	7	22
71	2601.979	1907.82	8	15	34	84	3259.354	2470.117	1	6	21
72	2652.794	1933.96	8	14	33	85	3320.711	2575.728	1	5	20

发现逆向选择行为后,贷款机构的净现值收益减少,且收回成本的年限推迟,同时导致贷款机构的供给减少,不利于反向抵押贷款市场的发展。从长期来看,当贷款机构将预期余命按照实际情况进行调整后,短期内又会有一轮新的逆向选择产生,继续减少反向抵押贷款业务的供给。逆向选择的产生导致年金给付金额不断减少,从而导致反向抵押贷款业务的需求不断减少,市场不断萎缩,极大地阻碍了贷款市场的拓展。

(四) 房屋价值风险对反向抵押贷款定价方法的影响

反向抵押贷款业务由于延续期限长,受宏观经济因素的波动影响大,在推出此项产品,尤其是在反向抵押贷款定价方面,需要对各种影响因素有个全面和准确的把握。产品定价过低,申请人得到的贷款数额将会较少,难以维持他们的养老需求,会失去参与贷款业务的兴趣,反向抵押贷款机构则面临着需求不足的问题。反之,如果产品定价过高,则金融机构面临贷款到期后款项收不回来的风险,这项业务就可能出现亏损,金融机构将缺乏开办这项业务的积极性。

房地产价格的形成和波动,与诸多的经济社会因素,如经济发展水平、行政法律政策、房地产业发展和公众对房地产的信心等密切相关。它们对房地产价格影响的方向和程度不尽相同,但彼此相互作用,形成了共同影响房地产价格的合力。

1. 宏观经济走势

房地产价格波动与经济基本面有明显的正相关性,当宏观经济状况良好时,房地产价格容易出现上行波动;反之,则房地产价格极有可能发生下滑态势。值得注意的是,这种正相关是一种动态均衡,即不仅基本面的变动会影响房地产价格,房地产价格的波动也会影响宏观经济的走势。一旦后者的变动打破了原先的均衡关系,经济基本面势必会发生与之相适应的变化,直到达成新的均衡。但如这种均衡缺乏真实基础,比如房屋价格的上行波动乃过度预期或投机导致,房地产价格作为投资和经济发展的重要先行指标,如给出的是错误的市场信号,虚假繁荣将很快因失去基本面的支撑而回归真实,且极有可能毁损原有真实的经济基本面。表6反映了这种GDP

增长和房屋价值波动、房地产投资的相关性。

表 6 GDP 增长率和房屋价格

年 份	2001	2002	2003	2004	2005	2006	2007	2008	2009
GDP 增长率	7.5%	8.3%	9.5%	10.1%	10.4%	11.6%	11.9%	9.2%	9.6%
房屋均价（元/平方米）	2226	2291	2691	2714	3242	3383	3885	3919	4474

2. 城市化进程

城市化进程被视为房地产市场繁荣的持久动力,也成为房地产价格持续上涨,尤其是发达省市和地区房价居高不下的合理借口。城市化进程的快速推进,将极大地带动房地产价格的升高,主要是因为城市土地价格因开发而不断升值和城市积聚效应。同时,原有城市居民也存在改善居住条件的需求。

从原有城镇居民新增房屋需求的角度分析,可将该需求划分为消费需求和投资需求,从需求是否得到实现的角度,又可以将之分为有效需求和潜在需求。按照供求理论,有效需求直接参与当期房地产价格的形成,而潜在需求则通过影响预期房价和房地产商的预期利润,间接参与当期房地产价格的形成。

目前看来,我国的城市化进程会促进房屋市场价格的持续走高,价格的增长呈现先上升再逐渐下降的趋势,终止于城市化带来的潜在需求全部释放。当城市化的边际收益等于边际成本之时,整个过程将会延续较长时期。在这段时期内,整个房屋市场价格总体走高。

3. 政策因素

政策因素,特别是在目前政府加强对房地产业的宏观调控的背景下,往往左右了该产业发展的方向、规模、速度和程度,对房屋价值波动的影响尤为关键。国家出台政策有利于房地产业的发展时,必将造成房屋市场价格的持续稳定乃至过度上涨;而不利政策的出台,则可能造成房屋市场价格的下跌或长期动荡。

与反向抵押贷款定价相关的政策因素主要包括:现阶段的土地所有制下国家有关土地法规,如土地使用年限的有关规定,土地出让标准金的收取方式和收取标准的规定等;为适应城市化进程加快而带来的户籍制度的相应变革;房屋购买的融资信贷相关制度法规的修订和完善;有关房屋购买的税费缴纳的制度法规的修订和完善;其他相关制度法规等,如遗产税、继承法等的开设和变动。

4. 生态环境

房地产所在地段的自然条件和市政基础设施条件对房价影响显著,这也是房屋作为一种特殊商品的独特之处。其中,自然环境条件是指房屋周边的空气和水源质量、清洁度、噪声污染程度及自然景观等;市政基础设施包括交通运输、给排水、供电和邮电通信设施,对企业经营效果和人们居住的生活条件影响极大,则是人们对土地投资的物化体现,该项投资对其周围房地产价格也有着直接影响。城市中心房地产价格之所以畸高,就是因为市中心的交通、通信、水电气等市政基础设施完善的缘故。公用建筑配套设施为居民日常生活服务,这些设施的完善与否,影响到居民消费和受教育的方便性及文化娱乐生活的丰富与否,对周围房屋的价格影响也较大。

5. 房产自身增值

房屋具有保值和增值的功能,在反向抵押贷款的产品定价中,房屋要实现价值的提前变现以达到养老保障的目的,同区位理论及具体内容运作等有很密切的关系。

抵押房屋所处区位的优劣,同地价的持续保值增值有密切的关系,并在一定程度上决定着开办反向抵押贷款业务的成败。房屋之所以能发挥养老保障的功用,关键在于土地的稀缺性导致的地价增值。尤其在我国当前乃至今后较长一段时期内，地价增值依旧是长期趋势。

尤其是在以下情况下，区域性房屋会保值和增值：一是受地理限制，区域内可资利用的土地已开发完毕，又难以向周边发展，土地价格和新开楼盘的楼价会有所上升，从而导致原购房屋的保值和增值；二是区域性配套设施，如周边环境、绿化、文化教育和市场配套的改善；周边交通状况的明显改善，如地铁的开通等；三是城市中心的偏移，使该区域的房屋得以保值和增值；四是城市经济发展与旧城改造带来的需求变化，城市快速建设发展给房地产投资带来商机，居民可以通过低价买旧房，以待获取高价拆迁赔偿。

6. 建筑行业的发展

我国目前正处于经济建设快速发展时期，近年来投资建设了一批举世瞩目的特大型建设项目。已投入运营的如长江三峡工程、磁悬浮轨道交通工程、南水北调、青藏铁路项目的开发建设等，带动了建筑市场的快速发展，又加之能源、交通、通信、水利、城市基础设施、环境改造、城市商业中心、房屋的建设以及卫星城开发、小城镇建设等，都使中国的建筑市场能够持续快速地发展。

7. 金融市场的繁荣

房地产投资需求的大小，与金融环境有着密切联系。宽松的金融环境将使银行信贷大增，大量的资金涌入房地产市场，拉动房屋价格上涨；紧缩的金融环境中，政府则会通过控制银行信贷来控制房地产业的投资规模，进而抑制房地产业的增长。

研究表明，房地产市场中几乎所有的泡沫都是银行过度融资的结果。银行信贷能将房地产的潜在需求转化为有效需求，将消费需求转化为投资需求甚至投机需求，从而不断提高房地产的价格；同时，刺激企业通过信贷融资增加建立在利润预期基础之上的供给，进一步扩大房屋价格中的泡沫成分。

表7　国有银行贷款总额中房地产贷款占比情况

	建设银行	工商银行	农业银行	交通银行
房地产开发类贷款比例	6.66%	9.9%	12.5%	6.19%

资料来源：各行2011年年报

8. 居民可支配收入

城镇居民人均可支配收入代表的是某一地区居民的实际购买力及生活水平，体现了可以支撑房屋价值增长的有效需求。从表8可以看出，两者之间存在着明显的正相关性。

表8　全国房地产平均价格和城镇居民人均可支配收入

年　份	2001	2002	2003	2004	2005	2006	2007	2008	2009
房屋均价(元/平方米)	2226	2291	2691	2714	3242	3383	3885	3919	4474
城镇居民人均可支配收入(元)	6859	7702	8472	9421	10493	11759	13785	15780	17175

资料来源：中华人民共和国国土资源部和国家统计局网站

9. 非理性因素

房地产作为一项投资品，市场上的不完全信息和对声望的关心，导致一种非常特殊的非理性行为，即羊群效应。行为金融学上的"羊群效应"是指投资者在信息环境不确定的情况下行为受到其他投资者的影响，会模仿他人决策，或者过度依赖于舆论，即市场中压倒多数的观念，而不考虑自己应有信息的行为。

国际热钱的涌入充当了房屋市场"羊群效应"中"领头羊"的角色。本着趋利避害原则的国际热钱，在国际金融市场中起到的作用越来越大，它的流动冲击着一国的资产市场，加剧了资产价格的不稳定性。房地产市场是国际热钱投资的重要领域，它的进入和撤离都可能伴随着中国房屋市场泡沫的产生和破裂。

（五）考虑风险因素的反向抵押贷款风险中性定价模型

首先，设定以下参数：

x 为年龄 x 岁的借款人，并假设在其生日当天投保；　　　r 为年折现率；

g 为房屋资产年增值率，$g_t = (HV_t - HV_{t-1})/HV_{t-1}$；　　　β 为房屋的折旧率；

m 为反向抵押贷款年利率初始值，在未来服从某一已知的随机过程 $dmt = K_t dp$，其中 dp 服从某一泊松分布，K_t 服从某一正态分布；

L 为借款人的预期余命，遵循生命表中生存率以及死亡率所决定的概率分布；

α 为费率，即反向抵押贷款申请过程中的各项费用占期初房屋评估价值的比例，主要包括房屋评估费用、办理房屋保险发生的费用、房屋修缮费及其他相关费用；

HEQ 为抵押房屋资产现值，即参加反向抵押贷款业务时市场评估价值；

LS 为一次性趸领金额；　　　PMT 为年金领取金额，假设年金在期初领取；

t 时刻的贷款余额为 A_t；

$_{L|}q_x$ 为 x 岁的借款人在反向抵押贷款合同开始后第 L 年内死亡的概率；

T 为借款人的最大预期余命，即借款人生存至生命表中人可能生存的最大年龄所经过的年度。我国现有的经验生命表中最大年龄为 105 岁，即 $T = 105 - x + 1$。

不具有赎回权的反向抵押贷款基本的定价公式为：$\sum$ 贷款长度为 L 的概率×各期支付的年金数额依利率累积到贷款结束时的贷款余额 $= \sum$ 贷款长度为 L 的概率×（贷款结束时的房屋资产价值＋贷款初始费用依贴现率累积到贷款结束时的数额）。

$$PMT = \sum_{L=1}^{T} {}_{L|}q_x \times \frac{HEQ \times \prod_{a=1}^{L}(1+g_a) \times (1-\beta)^L + HEQ \times \alpha \times (1+r)^L}{\sum_{t=1}^{L}(1+m)^t}$$

赎回权的定价思路为：$\sum$ 贷款长度为 L 的概率×每个 L 值下客户行权时的赎回权价值按照无风险利率的贴现值。假设借款人在 t 时刻提前还贷，则其行权价值为：

$O_t = PV_t - \alpha \times HEQ \times (1+g_1) \times \cdots \times (1+g_t) \times (1-\beta)^t - A_t$，

其中，$A_t = \sum_{i=1}^{t} PMT \times (1+m)^i$，$PV_t = \sum_{i=0}^{L-t} PMT_t \times (1+r)^{-i}$。

PMT_t 的计算则需要按照 t 时刻的贷款初始利率 m_t、房屋价值 HEQ_t 等市场状况代入相应的"不具有赎回权的反向抵押贷款的产品定价模型"里面，重新通过蒙特卡罗模拟得到 t 时刻的 PMT 定价值。运用 MATLAB 进行实证定价，可以通过函数调用实现。模拟的基础公式：

$$PMT_t = \sum_{j=1}^{T-t} {}_{j|}q_{x+t} \times \frac{HEQ_t \times \prod_{a=t}^{j}(1+g_a) \times (1-\beta)^j + HEQ_t \times \alpha \times (1+r)^j}{\sum_{i=1}^{j}(1+m)^i}$$

O_t 贴现到初始期即赎回权价格：

$$P_t = \frac{PV_t - \alpha \times HEQ \times (1+g_1) \times \cdots \times (1+g_t) \times (1-\beta)^t - A_t}{(1+r)^t}$$

通过模拟利率游走路径以及房屋价值未来波动路径,可以得到不同的赎回权价格,取其均值即赎回权的定价。

(六)基于中国市场的数据和调整

在考虑三大风险因素对定价的影响之后,我们考虑将其应用于中国市场并进行定价的具体数据选取和确定。

1. 预期余命

对于单个借款人而言,引入 CSV 模型,结合《中国人寿保险业经验生命表(2000—2003)》中的养老金业务表 CL3、CL4(见附录 1),即可算得定价模型中所需要的 $_L|q_x$。

2. 年折现率

之前的分析中,认为风险中性法较为适合反向抵押贷款产品的定价,故折现率采用无风险利率。中国的国债利率缺乏无风险特征,故选取现行的人民币 5 年期存款基准利率为所使用的无风险利率,取值 5.5%(中国人民银行,2011)。

3. 反向抵押贷款年利率

由于反向抵押贷款的长期性,m 适用于金融机构人民币 5 年以上贷款基准利率。初始值 m_0 设为当前的金融机构人民币 5 年以上贷款基准利率,根据最近(2011 年 7 月 7 日调整)的数据,取值 7.05%。

如果当年内金融机构人民币 5 年以上贷款基准利率发生了调整,则在下一年,采取浮动利率计息方式的反向抵押贷款将按照新的利率计息。

4. 费率

费率是指反向抵押贷款申请过程中的各项费用占期初房屋评估价值的比例,主要包括:房屋的评估费用、办理房屋保险发生的费用、房屋的修缮费用及其他涉及费用。在实际操作中可以参照美国的标准,将 α 设为 6%。或者在实际定价中,根据反向抵押贷款运作制度的设计而改值。

5. 房屋的折旧

在我国房屋以 70 年的使用寿命计,若采用直线折旧法,每年的折旧率为 1.43%。房屋价格包括地上建筑物的价格和土地使用权的购买价格,土地的稀有性导致土地价格通常是只升不降,故在实际定价中,应在 1.43% 的基础上再根据房屋所在区位的土地稀缺程度适当调低,作为最终确定的房屋的折旧率。

四、研究结论及局限

反向抵押贷款为缓解老龄化日益严重,提升老年人生活质量提供了一个值得尝试的途径。学术界也在详细探究其定价机理,并在选择适合中国的定价模式上已有较多阐述。本课题研究的核心内涵和创新之处在于:

(1)对正向和反向抵押贷款的差异进行了阐述,并由此出发,探讨反向抵押贷款定价在期数、终值和利率上的特殊之处。

(2)对由期数、终值、利率分别所代表的利率风险、房屋价值风险和长寿风险进行分析,运用合适的理论,探究反向抵押贷款在各种制度下的定价模型。

(3)结合中国的具体情况,对定价模型中各个参数,选取最适宜的数据,以及未来的数据修改依据。

由于学力浅薄所限,本课题亦存在诸多局限之处,主要有以下几点:

(1)由于数据的缺乏和能力所限,未能结合我国实际进行实证分析检验。

(2)对利率 m 的选取简单地界定为 5 年以上银行贷款基准利率,根据国外的实践来看,反向抵押贷款的利率往往高于基准利率,尚有一个风险溢价。本课题对风险的分类仅在定价模型上作出了修正,未将其数据化到利率上。

(3)对房屋折旧的选取,只定性地考虑在 1.43% 的基础上根据房屋所在区位的土地稀缺程度适当调低,但对于如何具体地判定在何种情况下应调低多少,未能给出具体的计算方式。

分析比较反向抵押贷款的模型说明

Mayer. C. J　　Simons. K. V

为了帮助借款人和他们的顾问对反向抵押贷款业务做出明智的决策,AARP(美国退休人员协会)组建了一些相关的模型,用来分析和比较反向抵押贷款运作的成本与收益。

在竞争性的反向抵押贷款产品中,它们各自与众不同的产品结构和多种多样的特征,即使是富有经验的财务分析专家,也很难估计出反向抵押贷款的真正成本和收益。本文的模型正是在考虑了本贷款的独特结构和一系列表现市场特色的多变化的基础上,提供了相互比较的共同标准。

一、反向抵押贷款的比较

无论哪一种反向抵押贷款,其成本和收益都高度依赖于三个关键因素:一是借款人居住住房的期限;二是贷款期间住房价值的改变;三是贷款期间已经付给借款人的现金预付款累计本息。

无论是借款人的住房使用期限,还是住房价值的未来变化,都无法预先确定。大多数的借款人选择反向抵押贷款的支付方式时,并非是选择那些提供固定的未来现金预付款进度表的反向抵押贷款,而是会根据自己的特殊需要选择多种贷款支付方式。因而最好的比较方法,应当是对以上三个因素的共同假设下,预测不同贷款产品的未来成本和收益。

本计量模型首先对成本和收益未来形势的预测进行定义,借款人借此来预测和比较反向抵押贷款的产品。要对预测的结果作出明晰的比较时,必须对住房的使用年限、住房价值变化和付给借款人的现金预付款等,给予相同的假定。作出这种预测所用的年平均住房增值率和现金预付款,对每个产品都应该是相同的,且为人所知。这些必要条件确保了相同约束下的较为正确的比较。

1. 投入和产出

本计量模型说明由定义数据输入和数据输出组成。投入是指关于个体借款人和反映他们偏好的数据,这些数据用来产生详细的成本和收益预测。产出是指个别用户的成本和收益预测,使得借款人借此在众多的反向抵押贷款产品中作出理性的决策。

2. 数据输入

为了产生个别用户的成本和收益预测,必须从借款人那里获得以下数据:私有住房的户主的出生日;住房估价;住房位置(州和县的邮递区号);针对住房的现有债务;其他被房主请求的初始预付款;由房主选择的未来支付计划;仅仅是信用贷款最高限额;若干美元的信用贷款最高限额加上每月的无期限类型的所得;每月(若干年限或无期限类型)的预付款加上若干美元的信用贷款最高限额;仅仅是每月的预付款。

未来的现金预付款模式,在预测反向抵押贷款的成本和收益过程中,是个关键因素。但大多数借款人选择信用贷款的最高限额形式,而非采取未来预付款固定的进度表形式。在模型说明之前,这个问题可通过对所有的信用贷款最高限额借款人假定简单、共同的现金预付款形式得以解决。通常是,贷款业务结束(指签署法定合约从而设立反向抵押贷款交易的结束,结束日期就是反向抵押贷款开始的日期)时可以获得总数额的50％,从那以后就不再领取任何款项。尽管这个解决方案使得本产品在理论上较为合理化,但它为了以其他方式利用信用贷款最高限额而有意对借款人做了虚构的成本和收益预测;不允许基于借款人想要的使用模式的产品比较;对增长中的信用贷款最高限额的价值采取很保守的支付方式。

本计量模型提供了一个新的思考方法,即选择信用贷款最高限额的借款人能够明确地挑选某种贷款产品的使用模型,被挑选的使用模型将产生所有的成本和收益预测。这个方法提供了更精确的预测,并且允许基于借款人特殊计划的产品之间的比较。为了解决增长中的信用贷款最高限额的净增值问题,模型说明假定所有信用贷款最高限额中的剩余资金,能够在贷款到期时收回。选择信用贷款最高限额的借款人,能够基于下列各项挑选使用模型。

选项包括:

(1)每个月_____美元

(2)每年_____美元

(3)指定时候予以特殊的提取,例如:①结束后____年提取____美元;②结束后____年提取____美元;③结束后____年提取____美元

(4)不使用

借款人也许想要定期收回给定的数量,如来自增长中的信用贷款最高限额的每年或每月的增加部分。或者某借款人可能预期在结束后的一年内收回5000美元用于修理屋顶,结束三年后收回5000美元用于炉子的升级,结束六年后收回15000美元用于购买汽车。再或者,某借款人可能想知道追加的信用贷款最高限额在没有特别的提取下如何增长。

模型说明要求所有的成本和收益必须在借款人挑选的信用贷款最高限额的使用模式基础上预测。由于法律顾问和出借人富有经验,指定的信用贷款最高限额使用模式将会被修正,以此反映借款人的选择。

3.数据输出

模型说明定义了个别用户化的成本和收益预测,借款人可以借此在反向抵押贷款市场上作出明智的决策。这些预测在以下文献中被定义和描述:

(1)反向抵押贷款比较——表格提供了各种比较反向抵押贷款选项的格式。

(2)理解反向抵押贷款的比较——文献解释了在反向抵押贷款比较表格中提供的信息。为了更好地理解这张表格,就应该首先理解这份文献。

(3)技术说明——本文献提供了关于产生指定的成本和收益预测的详细技术资料,目的是引导软件为需要它们的借款人或财务专业人员开发和提供这些资料。

表1 反向抵押贷款比较

假定年平均住房增值____％及信用贷款最高限额提取_____

	(A计划)	(B计划)	(C计划)
现金预付款			
结束时的现金			
信用贷款最高限额			
增长率			
月预付款			
预付款类型			

续　表

＿＿*年以后(房价＝美元)

总现金预付款						
净成本						
剩余现金**	（　　　）		（　　　）		（　　　）	
总年速率						

*同你年纪相同的人的剩余寿命期望中值

**圆括号里的数字等于信用贷款最高限额中剩余的数额。为得到更详细的资料,可参见以下"如何理解反向抵押贷款比较"。

二、如何理解反向抵押贷款比较

反向抵押贷款比较说明了在表格的第 1 行列出的反向抵押贷款计划,是如何基于相同约束条件进行比较的。

(1)现金预付款。部分显示借款人能从每个反向抵押贷款计划中得到的现金收益。这些数字已除去任何可以用来支付贷款费用和结束成本的现金预付款。"NR"意味着借款人没有请求特殊类型的现金预付款。

(2)结束时的现金。是在贷款的开始借款人所要求的付给现金的总和。它包括所有可能用来偿还针对借款人的住房的任何现有债务的资金,但不包括任何用来支付贷款成本的资金。

(3)信用贷款最高限额。是借款人所要求的信用贷款最高限额账户的总美元数。

(4)贷款增长率。是信用贷款最高限额中剩余的未使用资金的增长比率。房屋资产净值转换抵押(HECM)信用贷款最高限额保持增长,直到借款人撤回所有的剩余资金。"NA"意味着信用贷款最高限额不再增长。

(5)月预付款。是借款人所要求的每月付给的固定美元数。

(6)预付款类型。是借款人所要求的月预付款的类型:"无期限"(tenure)意味着只要借款人还居住在该住房就有预付款;"期间"(term)意味着贷款预付款在明确的年限里支付,年限显示在圆括号里。

(7)贷款预测。表格的剩余部分显示如果在不同的未来时间终止贷款将会怎样,所有的数字是在当前利率、贷款成本、借款人的当前年龄、借款人的寿命期望、借款人住房的当前价值、住房价值增长速率的基础上做出估计。

(8)"＿＿*年以后"是贷款开始后的年数。中间带星号(*)的数字是指跟借款人同年纪的人的剩余寿命期望中值,根据贷款事实法案(Truth-in-Lending law)中的规定得到。大约同年纪的人中有一半将活得比这些规定的年数更长,而另一半则比这个数据少。其他列出的年数等于此寿命期望的 20％、60％、140％、180％。如果私有住房的户主不只是一个,年数就以最年轻户主的年龄为基础。

(9)住房增值。借款人的住房价值每年增长的比率称为"增值率"。在贷款事实法案中使用的增值率为 4％。借款人可以在 www.ofheo.gov 网站中,查到从 1980 年开始的年份里 5 年期所在州的实际比率。这个比率可以取 0％和 8％之间的任何数值。

(10)总现金预付款。这是直到贷款终结为止,借款人将得到的现金预付款的总和,包括在表格前描述的信用贷款最高限额的提取数。总现金预付款不包括在贷款末期任何信用贷款最高限额中剩余的数额,这些已包含在"剩余现金"里。"总现金预付款"还需要预测没有考虑资金的时间价值,但这个缺点并没有看起来那样严重,同样的状况总是在同样的现金预付款模式下作出比较。所以,每月的预付款流入不会同一次性的现金总和相比较。

(11)剩余现金。这是在贷款的末期,借款人或其继承人可以获得的现金总额,包括届时信用贷款最高限额中的所有剩余数,以及在偿还贷款后的任何剩余的资产净值。这个数字假定是借款人住房未来价值的7%,将被用作支付给房地产经纪人的销售佣金。

(12)净成本。这是在贷款末期借款人所欠的美元总数(包括最后的信用贷款的最高限额提取),减去总现金预付款和信用贷款最高限额的所有最后提取数。若借款人收到的总现金额大于所欠款总额,此数字就会变成负数。

(13)总年速率。是以单一比率表示的总年平均成本。它类似于在贷款事实法案中定义的总年贷款成本。除了它是基于前面解释过的未来的五年数据、在表格前描述的信用贷款最高限额提取、所有信用贷款最高限额资金的最终撤回、由实际贷款中使用的利率及任何留出来支付修理和第一年的税收、保险费的资金,在结束时使用的利率组合下的计息方法。

三、概要和实例说明

(一)概要

当借款人对任何计划和年份计算总的现金预付款、剩余现金和净成本的总和,总数相当于那时候住房价值的93%,假定住房是以在表格前规定的比率增值,且销售住房的税费等于房价的7%。

(二)实例

一个75岁的老人拥有价值15万美元的住房,她考虑要得到75000美元的最高限额的信用贷款,初始以每年8%左右的比率增加。她打算在剩余的期望寿命12年里,每年提取大约5000美元。如果住房价值以每年4%增长,到12年期满她的住房将价值240 155美元。如果住房在这个点位上售出,且房地产经纪人的销售佣金为住房价值的7%,则净销售收益是223 344美元。到那时,她将会从每年提取5000美元最高限额的信用贷款中获取6万美元,还有91098美元的剩余现金,同时有72246美元的净贷款成本。将这三项加起来共得到223344美元,刚好是未来住房价值的93%。这三项指标说明:

(1)在贷款期间借款人将会得到住房的未来净值是多少;

(2)在贷款终止时还会有多少剩余款项给借款人或其继承人;

(3)有多少钱将用来支付贷款成本。

表 2 反向抵押贷款的技术说明

结束时的现金	初始债务支出总和加上顾客要求的初始预付款;不包括负担贷款成本或购买年金的资金
信用贷款最高限额	顾客要求的初始信用贷款最高限额总额;若"NR"表示没有要求
增长率	伴随圆括号内的持续增长率的初始年复合率;例如,"5%(5)"=适合五年的5%,"7.5%(k)"=适合无限期的7.5%;"NA"=没利用的

续　表

月预付款	顾客要求的每月预付款额;"NR"表示没有要求
预付款类型	顾客要求的月预付款的类型:"无期限"或"期间","寿命＋H"＝贷款＋退还的终身年金或给继承人的周期性某支付,"寿命－H"＝贷款＋继承人没有受益的终身年金
(所欠总额)	此数据在比较中没有出现,但被用来产生其他出现的数据。除了下列不同点,它相当于在总的年贷款成本中计算的贷款到期时借用人所欠总额: a. 假定由顾客指定的信用贷款最高限额提取加上贷款到期时所有信用贷款最高限额剩余资金的撤回; b. 到期日含义在下面的"结束后的年数"里定义
结束后的年数	除了下列所列各项,假定到期日适合总的年贷款成本比率规定: a. "结束后的年数"意味着结束后的全部年数,如结束后 5 年等于贷款的第 6 年的第一天; b. 在"选项"中 5 年到期日即寿命期望中值乘以系数 0.2,0.6,1.0,1.4 和 1.8;在最近的整年中,"多项选项"中乘数为 0.6,1.0 和 1.4
总现金预付款	a. 由顾客选择,等同于下列各项指标数据的总和:偿还初始债务和所有额外的初始预付款,但不包括任何用来支付结束成本或贷款费用,或购买年金的资金; b. 所有直到到期为止的每月贷款或年金预付款;由顾客指定的信用贷款最高限额提取,但不包括贷款到期时对信用贷款最高限额中剩余的任何数额最后的提取数
剩余现金	贷款到期时,下列各项的总和: a. 贷款到期时信用贷款最高限额中剩余的任何数额的最后提取数; b. 贷款到期时住房价值的 93%(或交易文献要求的任何更少比例)减去"所欠总额",所欠总额包括信用贷款最高限额中剩余的任何数额的最后提取数; c. 任何正在进行的年金收益的当前价值是以定义的时期或当时顾客的剩余寿命期望为基础的,且在初期贷款利率或任何去世收益或退还的当前价值上予以折价
净成本	包括最后的信用贷款最高限额提取在内的所欠总额,减去下列各项指标的总和: a. 总现金预付款; b. 最后的信用贷款最高限额提取; c. "剩余现金"条款下的 c 注意:"净成本"可能是负数
总年速率	总的年贷款成本利率有以下区别: a. 到期日在上面"结束后的年数"里已定义; b. 收益包括由顾客确定的信用贷款最高限额提取,加上到期时所有剩余的信用贷款最高限额资金; c. 收益包括"剩余现金"条款下的 c; d. 所有贷款预测的每月加总; e. 在结束时假定的为修理住房第一年支出的留出部分

(翻译　岑惠)

基于年金给付系数的反向抵押贷款产品的定价设计

柴效武　温映色　吴　颖[①]

摘要： 反向抵押贷款的产品设计中，产品定价是重中之重，定价的办法也有多种多样。本文对年金给付系数的概念给予较多的评说，以试图在反向抵押贷款的产品定价的方案设计中，寻找到一种可行的办法。

一、反向抵押贷款产品定价模型的一般说明

（一）美国采用的反向抵押贷款产品定价模型

首先，根据给出的死亡率数据，计算盈亏平衡年金，它等于根据贷款偿还时房屋净值计算出的年金值。这样，如果第 t 年死亡，在减去交易费用和累计发起费用后，房屋的净值为：

$$P_t = P\left[(1-c)(1+a)^{t-5/12} - f(1+i/12)^{12(t-2/12)}\right]$$

其中，P 是房屋现值；f 是借款人要支付的某些必要的发起费用和管理性支出；c 表示交易费用；i 是利率；a 是房屋增值率。

另一方面，把 A 设为月度年金支付，在到期日累计贷款额为：

$$L_t = A(1+i/12)^4\left[\frac{(1+i/12)^{12(t-0.5)}-1}{1-1/(1+i/12)}\right] = A(1+i/12)^4 S_t$$

从上面的等式可以得到盈亏平衡年金，用 B_t 表示：$B_t = \dfrac{P_t}{(1+i/12)^4 S_t}$

为了计算盈亏平衡年金的均值，按照事件发生的概率对 B_t 进行加权平均。盈亏平衡年金均值（MBA）为：

$$MBA = \sum_{t=1}^{N} B_t q_t$$

其中 q 为在第 t 年死亡的概率，N 为持续期限的最大值。

（二）日本采用的反向抵押贷款产品定价的基本模型

以下是一个简单的计算贷款总额的公式。在完全竞争的市场里，贷款总额应该等于住房在未来贷款结束时的售价。可以定义为：

$$L_s = \sum_{t=1}^{maxAge-x+1} HEQ \times \left(\frac{1+r+g}{1+r+m}\right)^t \times {}_t p_x$$

公式中，r 为预期无风险利率，g 为预期的住房投资风险回报率，m 为预期的抵押贷款风险回报率，HEQ 为贷款开办时住房的价值，${}_t p_x$ 为初始年龄为 x 的人在 t 期仍然存活的概率，$maxAge$

---

① 吴颖和温映色为浙江大学经济学院 2010 级硕士研究生，主修金融专业。

指死亡率表中能存活的最大年龄,一般定为 105 岁。

若采用一次性支付方式,那么经过 t 期后贷款的总额为:

$$Q = L_s(1 + r + m)^t$$

若选择年金的支付方式,则计算过程要复杂一些。贷款机构确定借款人能得到的借款总额之后,再算出借款人每期能收到的相同额度的借款:

$$PMT = L_s / \sum_{t=1}^{\omega} {}_t p_x \frac{1}{(1+r)^t}$$

反向抵押贷款业务实际开办时,考虑的因素还要更多一些,贷款机构要先确定模型的参数,包括申请贷款时的住房价值、预期无风险利率、预期住房投资的风险回报率、抵押贷款风险回报率和未来的死亡率表,等等。

国内目前主要是从反向抵押贷款产品的三大风险——利率风险、房价风险和寿命风险的角度出发,来考虑反向抵押贷款的产品定价,具体如下:

针对利率风险,可从浮动利率和固定利率两个角度出发来建立模型。若采用浮动利率假设,则可以建立如下模型:

$$P_x = \sum_{n=1}^{\max Age} C \times \left(\frac{1+a}{1+r+m} \right)^n \times {}_{n/} q_x$$

$$B = P_x / \left[\sum_{n=1}^{\max Age} \left(\frac{1}{1+r} \right)^n \times {}_{n/} q_x \right]$$

其中,P_x:初始年龄为 x 岁的老年人获得的反向抵押贷款的现值;$\max Age$:生命表中老年人尚可存活的最大年限,一般定为 105 岁;C:房屋现值;a:房产年增值率;r:基准利率;m:预期的抵押贷款风险回报率;${}_{n/} q_x$:老年人在第 n 年去世的概率。

反向抵押贷款采用浮动利率的办法,只能规避部分利率风险,若要规避掉全部利率风险,还需要基于以下两个前提:一是贷款利率调整总是能和特设机构的资金成本保持同步变化;二是本贷款能按照合同有序进行,而不存在违约现象。这两个前提在现实生活中很难成立。因此计算老年人获得的反向抵押贷款的现值时,还需要用 m 指标即预期的抵押贷款风险回报率加以调整。

若采用固定利率假设,则定价模型如下:

$$P_x = \sum_{n=1}^{\max Age} C \times \left[\frac{1+a}{1+r+OAS} \right]^n \times {}_{n/} q_x$$

$$B = P_x / \left[\sum_{n=1}^{\max Age} \left(\frac{1}{1+r} \right)^n \times {}_{n/} q_x \right]$$

OAS:特设机构的期望收益率与基准利率的差额

OAS 与 m 相比增加了期权因素,在其他条件不变的情况下,若利率下降,老年人可能提前偿还借款赎回抵押住宅;而利率上升,特设机构却不能随意解除合同。对老年人来说,这是一份期权到期价值非负的期权合同,对特设机构来说,则需要尽可能防范这种风险。

OAS 是根据期权调整利差模型得出的结果,操作大致如下:与利率期限结构保持一致的大量的利率情景制造,并根据这些利率情景和相关的行为模型(主要是指提前偿付模型),确定各个情景和各个期间的现金流量,将这些现金流量折现得到特定情景下的价格,得出债券的理论价值,使之与实际的市场价格相等,利用试差法找到相应的贴现率,这个贴现率与基准利率间的差额就是 OAS。OAS 综合考虑了利率的波动,并对期权引致的风险加以补偿,是一个综合考虑期限结构和隐含期权的收益率指标。

为应对房价波动风险,柴效武(2008)等学者用随机的几何布朗运动过程模拟房产价值的变化,从而加强对抵押房产价值评估的准确性,或运用住房价值保险来适度规避房价波动风险。

在防范老年人寿命风险方面，一般都要结合生命表来建立模型，或在前者的基础上采用 GSA 形式年金的支付模型。简单来说，GSA（Group Self－Annuitization）可以根据同组人前期的死亡率及利率波动不断调整支付的额度，从而将系统性风险和特质性风险予以分离，其计量模型如下：

$$B_t = B_{t-1} \times MEA_t$$

B_t：$t-1$ 期可拿到的资金；MEA_t：从 $t-1$ 期到 t 期的死亡率的经验调整系数。

可以证明，在以 GSA 为支付形式的反向抵押贷款的逆向选择模型中，如果老年人以 GSA 形式领取年金时，每期得到的额度会比普通年金支付情况下多一些，就能有效减弱逆向选择问题。

二、年金给付系数的提出

纵观各类文献中有关反向抵押贷款的产品定价模型，可以采取的一种简易办法是在房价、利率和预期余命三大变量中，首先固定其中的两个因素，独立研究另一变量对产品定价的影响及影响程度，以此类推，从而建立起相关模型，并通过调整系数等方法微调对老年人的年金给付价值。这个方法是很好的，避免了三大因素同时波动对计算过程产生的麻烦。但又只能防范某一方面的风险，可操作性不强。针对上述不足，我们设想能否找到一种较为合理的贷款产品定价的设计办法，以综合防范各种风险，并具有较强的可操作性。我们提出了"年金给付系数模型"（annuity payment coefficient）和一种新的产品定价方法——年金给付系数法，以为我国开办反向抵押贷款业务，组织相应的产品定价事项提供建议。

年金给付系数这一概念，是将各种风险因素综合考虑，在理论给付年金的基础上予以一定的折扣，为银行提供一段风险缓冲的区间。只要各种风险对银行的影响之和在该风险缓冲区间之内，银行就能做到业务经营赢利，至少是不致发生亏损。同时，我们的定价模型也保证了老年人的合法利益。年金给付系数的设定，以保障老年人较高的生活水平为前提。合同到期时，若房屋市值高于实际给付终值，银行返还给老年人合适的增值金额；若房屋市值低于实际给付终值，则老年人无须补偿银行经营的亏损部分。因此，我们的模型能够在保证老年人利益的前提下，帮助银行最大限度的规避各种风险。

反向抵押贷款产品定价问题应遵循的基本原理是：

年金给付额×年金终值系数＝总房价×（1＋房价波动率）

综上所述，反向抵押贷款产品定价包括利率波动、寿命预期和房价波动三大因素，公式中的年金终值系数，已经涉及利率和老人的余存寿命两大因素，也就是说三大风险都在这个计价基本公式中加以考虑了。

反向抵押贷款业务运作中，当此期间利率上升时，按合同签订时的利率计算出来的给付年金数额就相对增大，银行会面临亏损风险；当老人的实际寿命长于预期的余存寿命时，银行按照合同约定，每年必须支付相同的金额给老人，在其他因素不变的假设下，银行单方面承担老人的寿命风险；而当房价下跌时，由于银行最终给付的年金终值是按照合同签订时的房价计算的，又受到房价下跌的冲击。虽然，上述三种情况同时出现的概率较小，如房价的走势往往与利率成反向波动，不太可能出现利率和房价同时上升，但即便出现以上任意一种情况，若实际与预期偏差较大的话，银行面临的损失也不容小觑。这就是反向抵押贷款之所以受到银行冷落的主要原因所在。

从另一角度来看，2010 年，杭州市中心一套两室一厅 60 平方米左右的二手房，在市场上的交易价一般在 120 万～150 万元左右。为保险起见，我们假设购买反向抵押贷款产品的老人的房屋现值为 100 万元,老人的余存寿命为 20 年,银行开办该业务的必要报酬率为 6%。按照"年金给付额×年金现值系数＝房屋现值"的公式计算得,老人每年可得到银行给付的 4.2 万元年金,折合每月约为 3500 元。虽然反向抵押贷款的宗旨是改善老人的生活水平,我们在老人目前的消费基础上,再加上高档养老院的费用、每年的旅游开支等消费,这笔数额相对于老人的实际需求而言,可能仍然过高。若银行给付的年金相对老人的需求而言过多,那么剩余的部分,老人势必又会将其存入银行。这样一来,资金兜转了一圈又回到了银行,却从原来银行的资产变为银行的负债,而且银行还承担了不小的风险。对老人和银行而言,都未能实现效用最大化。

基于以上两方面因素考虑,本文提出给付系数的概念,并得出实际给付年金和理论给付年金两个相关指标。首先,银行为参与反向抵押贷款产品的老人设计一幅幸福晚年的蓝图,计算出在较高的生活水平下,老年人一年消费的估计值,把老人生活水平改善后的平均年需求作为银行的实际给付金额。按照合同签订时的房价、利率等因素,结合年金基本模型得出的数额,作为银行的理论给付年金,两者之比即"年金给付系数"。

到老人死亡时,银行再依据反向抵押贷款期间各年的真实利率和老人的实际余存寿命,乘以实际给付年金,计算出实际给付年金的终值,将其与房屋在此刻的真实价值相比较,计算出银行最终应补足老人的一笔数额,或者在反向抵押贷款期间,由于风险因素朝着不利于银行的方向变动,以至于即使按照理论给付年金打上折扣后,仍不能弥补风险所带来的损失,银行即不再向老人支付理论与实际的差额。这种定价形式既考虑了老人的实际需求,也最大限度地规避了银行的风险。

三、APC 模型设计

(一)模型假设

(1)反向抵押贷款的给付期限属于非固定期限,即投保人预期存活余命尚有多长,银行贷款给付的年限就有多长,直至老年人死亡。

(2)年金支付形式为年初支付,并从申请人获得批准后的下一年开始支付年金。如某申请人 62 岁那年申请住房反向抵押贷款,并获得批准,贷款机构从下一年年初给申请人支付年金。并假设不出现任何提前支付和违约的情况。

(3)投保人投保反向抵押贷款所需要支付的房产估价费用、律师费、手续费等,在本模型中不予考虑。

(4)模型中涉及的贷款利率可由无风险利率加上贷款机构合理的利润率来确定;房价波动率可通过一定时期内房地产价格指数的波动率来近似表示;申请人死亡率的具体数值可以由新修订的生命表来查取。

(二)具体的内容设计

(1)反向抵押贷款合同签订时,通过模型计算不考虑风险情况下的给付年金。

$$F_x = \sum_{n=1}^{\max Age} C \times (1+a)^n \times {}_{n/}q_x \tag{1}$$

$$B = F_x / \left[\sum_{n=1}^{\max Age} (1+r)^n \times {}_{n/}q_x \right] \tag{2}$$

Fx 为初始年龄为 x 的老年人获得的反向抵押贷款的理论终值；$maxAge$ 为生命表中老年人尚可存活的最大年限；C 为房屋现值；a 为房产年增值率；r 为必要报酬率；$_n/q_x$ 为老年人在第 n 年去世的概率；B 为理论给付年金。

（2）引入年金给付系数的概念。

$$\lambda = \frac{A}{B} \tag{3}$$

λ 为年金给付系数；A 为实际给付年金；B 为理论给付年金。

（3）合同到期即老年人死亡时，计算实际给付年金终值。

$$
\begin{aligned}
F_V = & A(1+r_1)(1+r_2)(1+r_3)\cdots(1+r_t) \\
& + A(1+r_2)(1+r_3)\cdots(1+r_t) \\
& + \cdots \\
& + A(1+r_t) \\
= & A\sum_{i=1}^{t}\prod_{i\leqslant j\leqslant t}(1+r_j)
\end{aligned} \tag{4}
$$

F_v 为实际给付年金终值；t_i 为第 i 年的实际利率；t 为年金给付年数。

（4）合同到期时，即老年人死亡时，房屋的实际市值。

$$
\begin{aligned}
D &= C(1+a_1)(1+a_2)(1+a_3)\cdots(1+a_t) \\
&= C\prod_{1\leqslant i\leqslant t}(1+a_i)
\end{aligned} \tag{5}
$$

D 为到期时房屋的市值；a_i 为第 i 年的实际房屋增值率。

（三）结果分析

该方案到时期，将其与住房的市值 D 比较，银行针对不同情况采取不同措施。

（1）当 $D < F_V$ 时，银行的实际支付额已超过住房的市值，不再向老人继续支付款项，也不要求老人承担银行的亏损部分 $F_V - D$。

（2）当 $D > F_V$ 时，银行的实际支付额未超过住房的市值，仍有盈余。考虑到利率风险和寿命风险，F_x 与 F_V 的大小尚不能确定。

①$F_x > F_V$

若老人寿命或利率在银行预期范围之内，会出现 $F_x > F_V$ 的情况。

a. $F_V < D < F_x$，如下图所示：

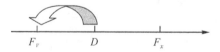

此时，银行向老人支付 $D - F_V$，住房升值部分全部归老年人所有，银行达到盈亏平衡。

b. $F_V < F_x < D$，如下图所示：

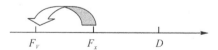

此时，银行向老人支付 $F_x - F_V$，住房升值的 $F_x - F_V$ 部分归老年人所有，剩余部分 $D - F_x$ 归银行所有，属于银行的赢利。

综合 a、b 所述，在 $F_x > F_V$ 的情况下，银行向老年人支付 $\min(D - F_V, F_x - F_V)$。

②$F_x < F_v$

若老人预期余命或贷款利率超过了银行的预期范围,则会出现 $F_x < F_v$ 的情况。此时,住房的升值部分全部归银行所有,以弥补寿命或利率风险所造成的损失。但由于 $D > F_v$,银行仍有盈余。

四、相关参数讨论

(一)房屋资产价格变动率

房屋的增值率即房屋资产价格的变动率,相当于投资于房屋资产的回报率,等于无风险投资回报率加上房屋资产投资风险回报率。

反向抵押贷款业务中用于抵押的房产通常都是已居住过的旧住宅,采用二手房的数据较为合理。但我国二手房的发展历程较短,市场并不发达,所以文中采用新商品房的平均价格计算得出年均变动率,并做近似代替。

根据中国统计年鉴 vii 的相关资料,从 1997 年到 2006 年全国商品住宅平均价格变化如图所示:

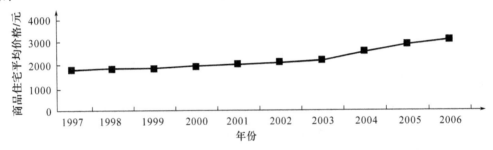

图 1　我国商品住宅平均价格变动

根据这些年份商品住宅的平均价格,计算得到每年的房价变动率,如表 1。根据上述变动率的计算方法,得到年均房价变动率为 6.49%。为了尽可能地消除偏差,本文采用的定价模型考虑了折旧因素。住宅价格包括地上建筑物的价格和土地使用权的购买价格,由于土地的稀有性,土地价格通常只升不降,故适当降低住房的增值率为 6%。

表 1　我国商品住宅平均价格及变动率

年份	1997	1998	1999	2000	2001	2002	2003	2004	2005	2006
平均价格 （元/m²）	1790	1854	1857	1948	2017	2092	2197	2608	2937	3119
变动率（%）	—	3.58	0.16	4.90	3.54	3.72	5.02	18.71	12.62	6.20

(二)死亡率

老年人的死亡概率,可以由寿险公司制定的生命表得出。生命表是根据以往一定时期内各种年龄的死亡统计资料编制的,由每个年龄死亡率所组成的汇总表。生命表是过去经验的记录,通常用于预测那些和过去情况完全相同的未来事件。

我们采用的具体数据是我国第五次人口普查的数据 vii。设定反向抵押贷款合同签订时,借

款人的年龄为 62 岁。在此处,我们假定:

(1)每个年龄段中的死亡都在年龄段的中间时段。因此,对办理该业务的老年人,他们在 60～64 岁的生存概率为 1。

(2)人口增长率为 0。我们大胆假设,把第五次人口普查的横向数据看成是纵向数据,即 4888.6 万个 60～64 岁的老年人中有 3999.6 万人活到了 65～69 岁,有 3269.2 万人活到了 70～74 岁……

表 2

i	年龄段 y	人数 N (万人)	与上一期相比的死亡概率 P_1	第 i 期的生存概率 P_2	在第 i 期内的死亡概率 P_3
0	60～64	4888.6		1.000000000	
1	65～69	3999.6	0.181851655	0.818148345	0.181851655
2	70～74	3269.2	0.182618262	0.668739516	0.149408829
3	75～79	2063.2	0.36889759	0.422043121	0.246696396
4	80～84	1082.5	0.475329585	0.221433539	0.200609581
5	85～89	414.2	0.617367206	0.084727734	0.136705805
6	90～94	113.0	0.727184935	0.023115002	0.061612732
7	95+	27.9	0.753097345	0.005707155	0.017407846

其中:P_1 为与上一期相比的死亡概率,即在第 $(i-1)$ 期生存的老年人中死于第 i 期的概率,可表示为第 i 期的死亡人数除以第 i 期的生存人数与死亡人数之和。我们假设人口增长率为零,第 i 期的生存人数和死亡人数之和等同于第 $(i-1)$ 期的存活人数,P_1 的计算方法如下:

$$P_{1i} = \frac{N_{i-1} - N_i}{N_{i-1}} \quad (i>0)$$

P_2 为第 i 期的生存概率,即在第 0 期生存的老年人于第 i 期仍然在世的概率。与 P_1 类似,利用人口增长率为零的假设,P_2 的计算方法如下:

$$P_{2i} = \frac{N_i}{N_0} \quad (i>0)$$

P_3 为在第 i 期内的死亡概率,即在第 0 期生存的老年人中死于第 i 期的概率。与 P_1、P_2 类似,利用人口增长率为零的假设,P_3 的计算方法如下:

$$P_{3i} = \frac{N_{i-1} - N_i}{N_0} \quad (i>0)$$

此外,P_3 还可以表示为第 $(i-1)$ 期的生存概率乘以与第 $(i-1)$ 期相比的死亡概率,即:$P_{3i} = P_{1i} \times P_{2(i-1)}$

由上表可知,P_1 呈递增趋势,即随着年龄的增长,老年人越来越难以生存;P_2 显然呈递减趋势,即第 i 期生存的老年人越来越少;P_3 则呈不规则图形,类似于偏态分布,开始时 P_1 较小、P_2 较大,因 P_1 递增,P_2 递减,因此 $P_1 \times P_2$ 先递增后递减。P_3 的分布,即 62 岁以后老年人每 5 年的死亡率数值及其变化规律,如图 2 所示。

(三)利率

1.理论必要报酬率

图 3 是中国人民银行公布的 1998 年 7 月 1 日至今的我国银行 5 年期以上贷款基准利率的演变状况,由此可以得到 5 年以上平均的贷款基准利率大致为 7.01%。在此基础上,分别取 6%、7%、8% 的理论报酬率进行讨论。

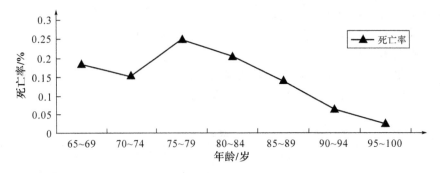

图 2　我国老年人的寿命分析表

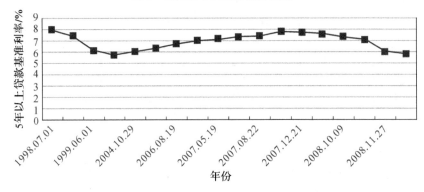

图 3　1998.07.01 至今,历次调整的 5 年以上贷款基准利率

2.各期实际利率

此处我们可以进行简化的假设措施,暂时假设一个综合利率反映未来 20 年各期利率的平均水平,并以理论必要报酬率加减 1 百分点,考虑实际理论与理论必要报酬率发生偏差时的情况,进行敏感性分析。

五、敏感性分析

我们以年金给付系数为 0.5 和 0.7 为例,得到"老年人剩余寿命""实际年金和理论年金""房价实际增值率"的变化,对给付年金、最终给付和金融机构的盈亏情况的影响,得到敏感性分析表。

(一)计算一

在固定理论利率和实际理论(加权平均)、房屋实际增值率的情况下,考虑剩余生存年限给付年金、最终给付和金融机构盈亏情况的影响:

假定以一套现值为 100 万元的住房为基础进行计算,则 $C=100$;根据上文我们对房屋增值率的估计为 6%,即 $a=6\%$;房价实际增值率也为 6%,即 $a_i=6\%$;对死亡率参数的估计,如设定老年人最大剩余生存年限为 35 年,即 $\max Age=35$,且每个五年的死亡概率估计 $_nq_x$,所以老年人剩余生存年限 n 的取值为(5,10,15,20,25,30,35)。根据公式(1),我们可以得到理论房屋终值 F_x,得到 $F_x=281.9925411$,假定理论给付年金的对应理论利率为 7%,根据公式(2),可以得到理论给付年金 $B=7.604549303$。

假定给付年金系数 λ 为 0.5,根据公式(3)得到实际给付年金 $A=3.802275$,若我们假定老年人的实际剩余生存年限为 25 年,并且在各年份的实际加权利率为 7%,最后得到实际给付年金终

值 $F_V = 257.3245513$。同时利用公式（5）计算相应的房屋到期市场价值 $D = 429.1871$。就此，可以得到相应其他剩余生存年限情况下，及其在年金给付系数 λ 为 0.7 时的实际给付年金终值，并且得到金融机构的盈亏状况，如表 3 所示。

表 3　剩余生存年限、实际年金给付与盈亏敏感分析

t	F_x	F_V	D	$F_x - F_V$	$D - F_V$	给付总和	盈亏分析
当 $\lambda = 0.5$							
10	281.99254	56.2113101	179.0848	225.7812	122.8735	D	0
15	281.99254	102.2357738	239.6558	179.7568	137.42	D	0
20	281.99254	166.7874651	320.7135	115.2051	153.9261	F_x	38.72101
25	281.99254	257.3245513	429.1871	24.66799	171.8625	F_x	147.1945
30	281.99254	384.3074984	574.3491	−102.315	190.0416	F_V	190.0416
当 $\lambda = 0.7$							
10	281.99254	78.69583414	179.0848	203.2967	100.3889	D	0
15	281.99254	143.1300833	239.6558	138.8625	96.52574	D	0
20	281.99254	233.5024511	320.7135	48.49009	87.2111	F_x	38.72101
25	281.99254	360.2543719	429.1871	−78.2618	68.9327	F_V	68.9327
30	281.99254	538.0304977	574.3491	−256.038	36.31862	F_V	36.31862

由上表可知，我们在固定给付年金系数的情况下，随着剩余生存年限的增长，即老年人长寿风险的增加，最终的实际给付年金终值不仅是一般增长，而且是加速增长。由于年金给付系数 λ 0.2 的调整，增加了每年的实际年金给付，到最后使得理论盈亏平衡点（F_V 与 F_x 相比）在剩余生存年限上提前了 5 年左右。同时从上表中列示的盈亏状况来看，我们可以发现，年金给付系数上调 0.2，虽然没有改变金融机构的盈亏状况，却显著降低了金融机构的可盈利金额，相对增加了风险。但是，这种调整似乎是在金融机构的可接受范围内，在其他情况不变的情形下，金融机构仍能保证一定的盈利。在保证收入弥补支出费用的情况下，弥补大大提高该反向抵押贷款产品的吸引力，提高老年人的福利水平。

（二）计算二

在剩余生存年限和房屋实际增值率固定的情况下，考虑实际理论（加权平均）给付年金、最终给付和金融机构的盈亏情况的影响：

按照（一）中所述方法计算房屋的理论终值 F_x 和理论给付年金 B，若给付年金系数 $\lambda = 0.5$，计算实际给付年金 $A = 3.802275$。在给定剩余生存年限 t 为 25 的情况下，我们相应调整实际理论（加权平均），确定在不同的实际利率水平（加权平均）下的实际给付年金的终值，计算整理如表 4。

表 4　实际年金给付与盈亏敏感分析

r	F_x	F_V	D	$F_x - F_V$	$D - F_V$	给付总和	盈亏分析
当 $\lambda = 0.5$							
4.50%	281.99254	177.0743977	429.1871	104.9181	252.1127	F_x	147.1945
5.00%	281.99254	190.5451324	429.1871	91.44741	238.6419	F_x	147.1945
5.50%	281.99254	205.1934985	429.1871	76.79904	223.9936	F_x	147.1945
6.50%	281.99254	238.4611127	429.1871	43.53143	190.726	F_x	147.1945
7%	281.99254	257.3245513	429.1871	24.66799	171.8625	F_x	147.1945
7.50%	281.99254	277.8558126	429.1871	4.136729	151.3313	F_x	147.1945
8.00%	281.99254	300.2063989	429.1871	−18.2139	128.9807	F_V	128.9807

续表

r	F_x	F_V	D	F_x-F_V	$D-F_V$	给付总和	盈亏分析
当 $\lambda=0.5$							
8.50%	281.99254	324.5414898	429.1871	−42.5489	104.6456	F_V	104.6456
9.00%	281.99254	351.0411492	429.1871	−69.0486	78.14592	F_V	78.14592
当 $\lambda=0.7$							
4.50%	281.99254	247.9041568	429.1871	34.08838	181.2829	F_x	147.1945
5.00%	281.99254	266.7631853	429.1871	15.22936	162.4239	F_x	147.1945
5.50%	281.99254	287.2708979	429.1871	−5.27836	141.9162	F_V	141.9162
6.50%	281.99254	333.8455578	429.1871	−51.853	95.34151	F_V	95.34151
7.00%	281.99254	360.2543719	429.1871	−78.2618	68.9327	F_V	68.9327
7.50%	281.99254	388.9981376	429.1871	−107.006	40.18893	F_V	40.18893
8.00%	281.99254	420.2889584	429.1871	−138.296	8.898114	F_V	8.898114
8.50%	281.99254	454.3580857	429.1871	−172.366	−25.171	F_V	−25.171
9.00%	281.99254	491.4576089	429.1871	−209.465	−62.2705	F_V	−62.2705

　　从上表,我们可以发现,在给定老年剩余生存寿命的条件下,实际利率与理论利率的偏差产生了不同效果:正偏差使得实际给付年金终值不断加大,即实际利率上升(或理论利率的低估)加大了风险;负偏差使得实际给付年金终值减小,即实际利率下降(或理论利率高估)可以减小损失。

　　上调年金给付系数 λ 0.2,显著增加了在实际利率与理论利率发生相同偏差时相对损失(收益)的程度。给定相同程度的理论利率低估(或实际利率上升)的情况下,由于上调了给付年金系数,使得金融机构只能获得相对减少的收益,改变了金融机构的盈亏状况,由盈转亏。

(三)计算三

　　在剩余生存年限和实际理论(加权平均)固定的情况下,考虑房屋实际增值率对给付年金、最终给付和金融机构的盈亏情况的影响:

　　按照(一)中所述方法计算房屋的理论终值 F_x 和理论给付年金 B,若给付年金系数 $\lambda=0.5$,计算实际给付年金 $A=3.802275$。在给定剩余生存年限 $t=25$ 和固定实际利率 $r=7\%$ 的情况下,计算得到实际给付年金终值 F_V。同时,我们相应调整房屋的实际增值率(加权平均),确定在不同的房屋增值率(加权平均)下的到期时的房屋的市场价值 D,与实际给付年金终值 F_V 和理论给付年金终值 F_x 相比较,得到金融机构的盈亏状况,计算并整理如表5所示。

表 5　利率、房价、给付年金总和与盈亏敏感分析

F_x	F_V	g_r	D	F_x-F_V	$D-F_V$	给付总和	盈亏分析
当 $\lambda=0.5$							
281.99254	257.3245513	3.00%	209.3778	24.66799	−47.9468	F_V	−47.9468
281.99254	257.3245513	4.00%	266.5836	24.66799	9.259082	D	0
281.99254	257.3245513	5.00%	338.6355	24.66799	81.31094	F_x	56.64295
281.99254	257.3245513	6.00%	429.1871	24.66799	171.8625	F_x	147.1945
281.99254	257.3245513	7.00%	542.7433	24.66799	285.4187	F_x	260.7507
281.99254	257.3245513	8.00%	684.8475	24.66799	427.5230	F_x	402.8550
281.99254	257.3245513	9.00%	862.3081	24.66799	604.9835	F_x	580.3155

F_x	F_V	g_r	D	$Fx-F_V$	$D-F_V$	给付总和	盈亏分析
			当 $\lambda=0.7$				
281.99254	360.2543719	3.00%	209.3778	−78.2618	−150.877	F_V	−150.877
281.99254	360.2543719	4.00%	266.5836	−78.2618	−93.6707	F_V	−93.6707
281.99254	360.2543719	5.00%	338.6355	−78.2618	−21.6189	F_V	−21.6189
281.99254	360.2543719	6.00%	429.1871	−78.2618	68.9327	F_V	68.9327
281.99254	360.2543719	7.00%	542.7433	−78.2618	182.4889	F_V	182.4889
281.99254	360.2543719	8.00%	684.8475	−78.2618	324.5931	F_V	324.5931
281.99254	360.2543719	9.00%	862.3081	−78.2618	502.0537	F_V	502.0537

房屋增值率的估计偏差,直接导致标的物房屋到期价值的估计偏差,从而影响了金融机构的盈亏状况。由上表,我们可以发现,房屋增值率的高估或房屋的实际增值率下降时,金融机构的收益较少甚至发生亏损;房屋增值率的低估或房屋的实际增值率上升时,将使得金融机构获得丰厚收益。

上调年金给付系数 λ ,将使得金融机构的部分盈亏状况发生改变,最终导致原先的亏损急剧扩大,收益减少,甚至由盈转亏,部分收益的情况转变为全面亏损状态。由于房价改变对金融机构的最终盈亏状况具有显著而直接的影响,房屋实际增值率的微小变化,都会对金融机构的盈亏状况具有显著而直接的影响,我们发现金融机构的盈亏区间跨度很大,极容易导致巨盈或巨亏现象,尤其需要调节给付年金系数来有效控制房价风险。

(四)说明

敏感性分析只是在给定年金给付系数为 0.5 和 0.7 的简单情况,在实务操作中,我们可以通过反复多次调整年金给付系数,了解不同年金给付系数下的敏感性因素,并通过这种敏感性分析,最后确定一个银行可接受风险范围的年金给付系数或其取值范围。这样,银行就可以根据自己的风险偏好,自主选择调整年金给付系数,合理有效地控制风险,在能够承受的范围之内,推广反向抵押贷款这项新业务。

六、年金给付系数法的评价

我们构造模型的优势,在于提出了年金给付系数这一概念,即在理论给付年金的基础上将各种风险因素综合考虑,予以一定的折扣,为银行提供了一段风险缓冲的区间。只要各种风险对银行的影响之和在该风险的缓冲区间内,银行就能做到不亏损或赢利。同时,这一模型也保证了老年人的正常利益。年金给付系数的设定以保障老年人较高的生活水平为前提。合同到期时,若房屋市值高于实际给付终值,则银行返还老年人合适的金额;若房屋市值低于实际给付终值,则老年人无须补偿银行的经营亏损部分。因此,我们的模型能够在保证老年人正常利益的前提下,帮助银行在最大限度上规避各种风险。此外,我们的模型原理简单、计算方便、可操作性强。下文将通过如下三组数据的比较,对该模型的优势做出具体说明。

(一)本计量方法和其他计量方法的比较

一般情况下,产品定价的三大风险中,房价和利率因素并非相互独立,在反向抵押贷款业务中,它们对银行的影响正好相反,如利率下降对银行不利,通货膨胀剧烈的时期,房价的上涨也会快一些,反之亦然。投资人就不愿意将钱存入银行,而是转向楼市,房价上涨则对银行有利。三大风险同时朝向不利于银行的方向发展,毕竟是小概率事件。

若单独考虑三大风险再将其简单加总,也不能准确反映三大风险结合后的融会影响。我们的模型综合考虑了各样风险,通过确定年金给付系数提出了风险的缓冲区间,一定程度上可以规避房价、利率或寿命波动等各类风险,比其他模型更符合现实,也更为合理。

(二)实际给付终值(F_V)与合同到期时房屋市值(D)的比较

反向抵押贷款合同的有效期往往跨越十数年,由此带来了房价波动的不确定性。通过 F_V 与 D 的比较可以得出银行最终是否亏损。由于反向抵押贷款合同规定无追索权,若 $D<F_V$,即合同到期时银行拍卖该房产所得不能弥补银行给老年人的实际给付终值,而银行又不能向老年人追偿,最终导致亏损。若 $D>F_V$,即合同到期时银行拍卖该房产所得超过银行给老年人的实际给付年金,银行基于社会责任意识,获得社会认可,并为了吸引更多的老年人参与办理该业务,银行应当返还合理的资金给老年人。若将银行的盈余均返还给老年人,即返还值为 $D-F_V$,在最大限度上保障了老年人的利益,但银行却没有任何盈利可言,就不可避免会影响银行开办该业务的积极性,也不利于银行对风险的规避。

(三)实际给付终值(F_V)与理论给付终值(F_x)的比较

反向抵押贷款合同本身具有的长期性,以及由此带来的利率不确定性和老年人寿命的不确定性,导致实际给付与理论给付的偏离。F_V 与 F_x 的比较基于 $D>F_V$ 的前提。通过 F_V 与 F_x 的比较产生了以下两个好处:一是银行可以锁定风险,当 $F_x>F_V$ 时,银行最多支付给老年人 F_x;若 $F_V<F_x<D$,银行向老年人支付 F_x;若 $F_V<D<F_x$,银行只需支付给老年人 D,而 $D<F_x$。二是银行可以产生赢利,在 $F_V<F_x<D$ 以及 $F_x<F_V$ 的情况下,银行产生赢利,赢利金额为 $\min(D-F_x, D-F_V)$。

(四)不足

在我们的计量模型中,银行一旦确定了年金给付系数,就固定了给付老年人的年金数额,这会导致一定程度上灵活性的缺乏。如经济环境等系列因素发生巨大改变,就可能导致无法保证满足老年人的生活所需,也给银行操办业务带来一定程度的风险。给付年金系数的提出固然提供了一个风险缓冲区间,但我们只有在合同到期时才能确定给付年金的实际终值,通过实际给付年金、理论给付年金和房屋市值的比较后再确定的操作方案,未免有点"马后炮"的意味。

反向抵押贷款一次性大额支付的定价模型

贾玉晓[①]

反向抵押贷款业务开办中,"一次性大额支付"是最为简单也最受客户欢迎的。这里我们简单介绍反向抵押贷款中"一次性大额支付"贷款方式的定价模型。

一、模型构建

一次性大额支付方式,是指申请人与贷款机构签订贷款合同后,贷款机构将应得贷款一次性交付给申请人,之后不再发放任何款项。直到申请人去世或永久性搬离住房后,该贷款行为宣告结束,贷款机构再将住房收回并变现。贷款机构的付出是期初一次性发放的贷款额,付出额度的收回则是贷款结束时收回该抵押住房的变现额。

对于某具体的申请人而言,因其剩余寿命不确定,贷款期限的长短也是不确定的。如申请人的数量足够多并能形成较大规模时,根据大数定理,每一年申请人的死亡率应是确定的,这就可以将贷款机构的收入即未来房屋的变现值,加权平均计算其死亡率。

本文对该定价模型的构建,首先可以做出如下假定:

(1)借款人为房主一人,没有共同借款人;

(2)参与住房反向抵押贷款的老年人,没有其他以住房为抵押的贷款;

(3)虽然死亡的时间是随机的,但为方便计算起见,假定房主死亡的时间是在某一年的年初;

(4)房主死亡后,住房资产随之以市场价格变现,两者之间不存在时间差;

(5)贷款业务开办的成本费用为房价的一定比例。

贷款机构收入的多少主要受申请人死亡率、贷款利率波动、房价波动率等参数的影响。申请人死亡率的数值,可以由我国人寿保险业制订的生命表来查取。贷款利率可由无风险利率加上贷款机构合理的利润率来确定;房价波动率可用一定期限内房地产价格指数的波动率来近似表示;在一个完全竞争的市场中,贷款机构支出的现值,应当与贷款机构收入的现值相等,即:

$$LS_x = \sum_{t=1}^{T}\left[(1-f)\times H_0 \times \left(\frac{1+g}{1+r}\right)^t \times_{t1}q_x \right] \tag{1}$$

上式中,各项符号的含义如下:

LS_x 为初始年龄为 x 的借款人得到的一次性支付总额(Lump Sum,LS);

x 为申请人的初始年龄,即反向抵押贷款合同开始执行时申请人的年龄,以整数年龄来表示;

T 为申请人的最大余命,根据生命表,人的最大存活年龄为 105 岁,因此 T 的取值为(105 － x)岁;

f 为反向抵押贷款的费用,包括发起费、手续费、第三方服务费、保险费等,为反向抵押贷款发起时房屋市场价值的一定比例;

---

① 贾玉晓,男,浙江大学经济学院 2008 级硕士研究生,主修金融专业。

H_0 为反向抵押贷款合同签订时房屋的市场价值；

g 为住房价值的年均波动率；

r 为反向抵押贷款的年利率，即无风险利率加上贷款机构正常利润的年利率；

$_{t1}q_x$ 为年龄为 x 岁的申请人在反向抵押贷款合同开始后，第 t 年内死亡的概率。[①]

二、主要参数的估计

（一）死亡率

死亡率 $_{t/}q_x$ 不能从生命表中直接查取，但可从表中给出的数值计算得到。生命表是根据以往一定时期内各年龄段人口的死亡资料编制的，由每个年龄段死亡率所组成的汇总表，分为国民生命表和经验生命表。根据生命表的构成和书写习惯，有以下几个重要指标和关系式：

p_x 为生存率，表示 x 岁的人在 1 年后仍生存的概率，即到 $x+1$ 岁时仍生存的概率；

q_x 为死亡率，表示 x 岁的人在 1 年内死亡的概率；

$_{t}p_x$ 为 x 岁的人在 t 年后仍生存的概率；

$_{t}q_x$ 为 x 岁的人在第 t 年死亡的概率；

$_{t/n}q_x$ 为 x 岁的人在 $x+t$ 岁到 $x+t+n$ 岁的 n 年内死亡的概率。

显然：$p_x + q_x = 1$ （2）

$$_{t1}q_x + {}_{t1}p_x = 1 \tag{3}$$

$$_{t1}q_x = {}_{t1}p_x - {}_{(t+1)/}p_x \tag{4}$$

根据生存率 $_{t/}p_x$ 的定义，有：

$$_{t/}p_x = p_x p_{x+1} p_{x+2} \cdots p_{x+t-1} = (1-q_x)(1-q_{x+1})(1-q_{x+2})\cdots(1-q_{x+t-1}) \tag{5}$$

将式（5）代入式（4）有

$$\begin{aligned}
_{t1}q_x &= {}_{t1}p_x - {}_{(t+1)1}p_x \\
&= (1-q_x)(1-q_{x+1})\cdots(1-q_{x+t-1}) - (1-q_x)(1-q_{x+1})\cdots(1-q_{x+t-1})(1-q_{x+t}) \\
&= (1-q_x)(1-q_{x+1})\cdots(1-q_{x+t-1})q_{x+t}
\end{aligned} \tag{6}$$

（二）住房价值的年均波动率

申请反向抵押贷款的住房的未来价值，主要取决于两个因素：一是住房未来销售价格的变动趋势，用商品住宅新房销售价格年波动率（b）来表示；二是住房的折旧情况，用年折旧率（z）表示。住房价值的年均波动率（g），应为商品住宅新房销售价格年波动率（b）与年折旧率（z）之差，即：

$$g = b - z \tag{7}$$

商品住宅销售价格年波动率（b）以我国已有数据进行测算，从 1999 年到 2009 年，杭州市新建商品住宅销售价格（b_n）年均增长 6.78%，二手房销售价格（b_s）年均增长 6.65%。考虑到杭州近几年房价上涨速度过快，在未来很长的一段时间内难以维持如此高的速度，所以对以上数据做简单修正，将价格增长率均取八折，由于新建住宅和二手住宅销售价格的波动率相当，为分析

---

① 该模型参考范子文《以房养老：住房反向抵押贷款的国际经验与我国的现实选择》中的一次性支付定价模型 $LS_x = \sum_{t=1}^{T}(1-\alpha-\beta-\gamma) \times H_0 \times \left(\frac{1+g}{1+r}\right)^t \times {}_{t1}q_x$，本文将原模型三个费用变量（$\alpha, \beta, \gamma$）合并为一个变量（$f$）以简化原模型。

方便，将二者合二为一为 6.70%，则修正后的住宅销售价格的增长率为 $b = 6.70\% \times 80\% = 5.36\%$，住宅租赁价格增长率为 $g_r = 6.02\% \times 80\% = 4.82\%$。

我国住宅的使用寿命大致为 70 年，按直线折旧法，地上建筑物的年折旧率为 1.43%。住宅价格包括地上建筑物的价格和土地使用权的购买价格，将土地价格的未来升值部分考虑在内，住宅的年折旧率较低，本文取 $z = 1\%$。

综合考虑，得住宅的销售价格波动率 $g = b - z = 4.36\%$；租赁价格波动率 $g_r = 4.82\%$。

(三)利率

本模型将利率分成两种类型：无风险利率（r_f）和反向抵押贷款利率（r）。

无风险利率（r_f）：在我国，可以将现行一年期国债利率 2.60% 作为无风险利率的衡量标准，即 $r_f = 2.60\%$。

反向抵押贷款的年利率（r）：住房反向抵押贷款面临较大的风险，如住房资产价值的不确定、未来还款期限的不确定等，一般应在无风险利率的基础上，加上一定的风险升水成本（本文取 2%）和贷款机构正常的利润率（本文取 2%），作为住房反向抵押贷款利率（r），则 $r = r_f + 2\% + 2\% = 6.60\%$。同时，在正常情况下，反向抵押贷款的风险要大于传统抵押贷款，利率也相应要高一些，目前 5 年及以上期限住房抵押贷款的年利率为 5.94%，本文将反向抵押贷款利率取 6.60%，是合理的。

(四)费用率

借款人为获得反向抵押贷款需要支付的费用，包括发起费、手续费、第三方服务费、保险费等，为反向抵押贷款发起时房屋市场价值的一定比例。在本文中，发起费取 1%，保险费取 2%（在美国，借款人为获得反向抵押贷款，通常需要支付抵押住房价值的 2% 作为保证贷款金额不超过房产价值的保险费），第三方服务费、手续费等合计取 2%，则 $f = 5\%$。

三、计算结果

将上述各有关参数的数值代入公式（1），得到初始年龄为 60 岁、65 岁、70 岁、75 岁的申请人可从贷款机构处一次性获得的支付金额。

$$LS_{60} = 0.627380 H_0 \tag{8}$$
$$LS_{65} = 0.673695 H_0 \tag{9}$$
$$LS_{70} = 0.714263 H_0 \tag{10}$$
$$LS_{75} = 0.744215 H_0 \tag{11}$$

其他年龄的一次性支付总额的公式可用相同的方法得到，参见表 1。

表 1　60 至 80 岁的老年人反向抵押贷款时获得贷款额占房产的比例系数

年龄	比例系数	年龄	比例系数	年龄	比例系数
60	0.627380	65	0.673695	70	0.714263
61	0.636904	66	0.682431	75	0.744215
62	0.646312	67	0.690896	80	0.757832
63	0.655595	68	0.699046		
64	0.664735	69	0.706847		

资料来源：根据公式（1），经笔者计算整理而成

风险与住房资产反向抵押贷款

Edward J. Szymanoski,Jr. *

一、前言

这篇论文分析了反向抵押贷款产品运作中的风险问题,并解释了住房反向抵押贷款(HECM)的定价模型。文中表明了借款人的寿命、利率和住房价值的变化等,都会影响到产品的定价,并解释了为什么住房价值的变化是引起 HECM 模型中不确定性的主要因素。文中还解释了选择随机游动(随机游动一系列的顺次运动,每次运动的方向和大小是随机确定的)方法来预测住房价值的原因,并说明了贷款的本金限额(支付给借款人的现金)的计算方法。

住房资产反向抵押贷款保险的实证研究[①],是国会于 1987 年为了以下的目标而发起的:允许住房资产转换为流动资产,从而满足老年户主养老的特殊需求;鼓励更多的人参与住房资产向流动资产转换的一级和二级贷款市场;测量对住房资产反向抵押贷款需求的程度,以及能最好地满足老年户主需求的住房反向抵押贷款的类型。

美国国会明确指出 HECM 实证研究中必须包含的一些特征,尤其是消费者权益保护,但把主要的设计任务留给了联邦住房管理委员会的上级机构——住房与城市发展部,这是国会作出的一个明智决定。反向抵押贷款设计的法令通常会无意间成为法律的阻碍。举例来说,美国新泽西州的法令本来希望成为对该州反向抵押贷款消费者的保护法律,它要求每月固定地支付一笔款项给借款人,并将贷款期限定为 10 年,贷款与住房的比率限定在 70% 以上。这三个条款与联邦住房管理委员会项目相互矛盾,从而使该法令成为新泽西州的贷款机构执行项目时的法律阻碍。如果联邦法令也包括这些类似的条款,那么联邦住房管理委员会的许多项目就不可能创新了。住房与城市发展部中,经济事务办公室(OEA)是设计工作的带头者。

这项研究是一次实证性分析,HECM 被归在联邦住房管理委员会的保险总额中,包含了联邦住房管理委员会的许多补助贷款保险项目。虽然 HECM 本身并不是一个补贴项目,却被恰当地归类在保险总额中,这是因为它代表着贷款保险的一种新概念,是不能用以前的经验进行定价的。它需要构建一个用来测量风险的系统和一个建立在合理的虽未经验证的假设基础上的定价模型,来证明这个项目是可以自助完成的。这篇论文介绍了风险分析系统以及 OEA 为 HECM 实证研究所设计的定价模型。

[①]　关于 HECM 实证研究和一些早期项目的经验的详细论述,请参考由住房与城市发展部递交给国会的两篇报告:《住房资产反向抵押贷款保险:给国会的临时报道,1990》和《对住房资产反向抵押贷款保险的初步评估,1992》),也称作联邦住房管理委员会(FHA)反向抵押贷款项目。

二、给 HECM 保险产品定价

在给 HECM 保险产品定价时要解决的一个主要问题是，要根据贷款开始时的信息对将来的贷款余额和住房价值进行预测。和传统的或以前的抵押贷款产品定价相比，HECM 和所有的反向抵押贷款产品一样，都是一个债款逐渐增加的金融工具，未收回余额会随着定期支付给借款人的本金、应计利息和其他贷款费用的增加而增加。一些贷款的累计本息总额可能最终会超过住房的价值，从而使贷款机构蒙受损失。即使住房价值也在上升，但因为贷款增加的幅度一般会比住房价值上升的幅度要大，这些损失仍然可能发生。传统的抵押贷款保险，损失一般是由资产价值的下跌和不增加的贷款余额引起的。

因为这一事项以及其他特殊原因，HECM 保险要求有一个新的风险分析系统和定价模型。HECM 实证研究所采取的方法是先对所有的贷款都确定一个统一的保险费结构，然后通过限制贷款机构能够提供给借款人的贷款额度来控制每项贷款的风险。对贷款额度进行限制也就限制了将来贷款的余额，因此控制了将来损失发生的风险。这就将 HECM 的定价转换成了如何更好地决定贷款限额的问题。文中的模型提供了 HECM 贷款产品定价的主要分析工具。

(一)HECM 保险是什么

HECM 实证研究下的抵押贷款保险，能够降低将反向抵押贷款以一次性支付或分期支付的方式提供给合格的老年户主的私人放款者的风险。这些贷款工具和以前的贷款和票据的差别，主要有以下三点：第一，借款人在贷款到期之前不需要还款；第二，贷款直到借款人搬家、卖掉住房或死亡的时候才到期，其他原因会加速贷款的到期，如没有交税和对住房的破坏等；第三，这些贷款是无追索权的，这意味着贷款机构只能依靠被抵押住房(抵押物)的价值，而非借款人的其他资产来偿还贷款。

抵押贷款需要保险是因为，风险规避的贷款机构在贷款到期时的所有贷款本金和应计利息可能得不到足额补偿。贷款总额可能会因为以下原因在将来超过抵押物的价值：(1)借款人的寿命很长，而在其有生之年，本金需要继续支付；(2) 利率上升引起应计利息的增加；假定抵押贷款的利率可以调整，贷款机构不大可能提供不可调息的抵押贷款；(3)住房价值在贷款终止时的价值比预期的要少。本贷款的不可追索权使得贷款机构只能从住房的售价中得到偿付。贷款保险在理论上，消除了贷款机构的抵押物风险。

(二)两种方案：转让贷款和分享保险费

HECM 项目中对抵押物风险的保险在实际运行中要复杂一些，间接地使项目面向低收入、低住房价值的借款人，但也没有将其他借款人排除在外。通过限定住房价值和以期初对住房的估价确定保险索赔的大小来达到这个目的，联邦住房管理委员会 203(b)给出了这个领域贷款的上限。联邦住房管理委员会 203(b)将地方房屋售价平均值的 93% 作为贷款限额，最小值为67500 美元，最大值为 151725 美元。对保险索赔实行限制，一旦这些贷款的余额超过了能够得到的保险索赔，又给一些贷款机构带来了抵押物风险。

虽然间接地面向低收入家庭，OEA 认为对贷款机构来说，对抵押物风险进行全额保险是重要的。因此，给 HECM 的贷款机构提供了两种贷款保险方案。

贷款转让方案提供全额保险，但对保险索赔额做出限制，当未偿余额达到保险索赔的最大值时,就允许贷款机构将贷款转让给住房与城市发展部。一旦转给住房与城市发展部,先前的贷款机构就不再对该贷款和票据承担责任了。借款人不受贷款转让的影响——住房与城市发展部成立了新的贷款机构,借款人仍将享受到以前的贷款协议规定的权利。许多传统贷款机构可能会选择这个方案,因为它能提供全额保险。

保险费分享方案要求贷款机构承担未偿贷款总额超过保险索赔额的抵押物风险。住房与城市发展部给贷款机构部分保险费来冲销将来的损失。实际上,风险和保险费的分担就像一个再保险合同,贷款机构就像住房与城市发展部的再保险人,承担超过最大保险索赔额的损失,而住房与城市发展部仍然为第一保险人。非传统抵押贷款的贷款机构如习惯对风险金融工具定价的人寿保险公司,可能觉得这个方案很有吸引力。但要注意,实际上并没有贷款机构选择这种保险方式。

(三)承保人的风险

正如上面提到的那样,借款人的寿命、利率和将来的住房价值波动,都是反向抵押贷款机构面临抵押物风险的主要因素。对抵押物风险保险,则 HECM 或者 HECM 类型的反向抵押贷款的承保人将承担主要风险。

1. 寿命风险

一些风险是可以分散的,即通过大规模运作、大量贷款来有效地分散和控制这些风险,长寿风险就属于这类风险。通过很多这样的贷款项目,贷款机构或保险人就可以依靠死亡率表(即人寿保险的生命统计表)和其他信息做出比较合理和精确的预测。举例说,一个反向抵押贷款的借款人活到了 102 岁,这对一个小型且没有纳入保险的贷款机构来说,是一个很严重的问题。但对一个大规模保险机构来说,它通常会拥有上千个这样的贷款项目,某一项贷款的大额损失,可以通过其他贷款的盈利来弥补。

2. 逆向选择

逆向选择通常是保险业务与人寿风险相关的话题。如果某个人预期他的(她的)风险比一组的平均数高(低),那么这个人和其他人比较起来就更可能(或更不可能)购买保险。换句话说,只有那些认为他们将获利颇多的人才会积极购买保险。因为承保人不能对这些风险最大的人收取更多的保险费,因此不是总能知道在一组人中哪些人的风险最大。可能出现的结果就是,保险人没有收到足够的保险费以弥补损失。如果保险费因此而提高,申请保险的人也就会更少,只有那些预期风险非常大的人才会继续购买保险业务。

逆向选择是一个信息不对称问题。如果一个人拥有更多的信息从而能比承保人更好地估计自己的风险,就可能存在逆向选择问题。也就是说要引起逆向选择,信息不对称是一个必需条件,但信息不对称并不一定就会引起逆向选择的发生。关于死亡率,一般对年龄相近的人一起评估风险,这是为了降低个人寿命的信息不对称问题。传统的人寿保险通常运用医疗信息来降低信息不对称问题。

和寿险一样,住房与城市发展部的 HECM 项目开办的反向抵押贷款,是对年龄相近的人一起评估风险。但与寿险不同的是,相关法律没有规定 HECM 中必须包含医疗信息,它可能并不必要,因为 HECM 项目将会消除那些寿命信息不对称的个人的一些优势。

HECM 贷款对那些预期还能存活很久的人大有好处,那些认为自己非常健康的人可能就有逆向选择的风险。而身体状况很差的借款人也会觉得这个项目很吸引人,因为 HECM 贷款可以构建成一个短期的工具,在很短的年份内就提供大量的现金。现金支付并不一定都要采取长期的年金形式,实证也是支持这一理论的。HECM 的发起人说,他们的许多客户都非常穷,而且病得很重。住房与城市发展部对 HECM 的实证研究中还将包含对贷款终止期的分析,将提供一些可以用来评估与寿命有关的逆向选择问题的数据。

3.利率风险

HECM 贷款机构的资产负债表如果包含 HECM 项目,该机构就将面临与同期限的资产和负债的匹配问题相关的利率风险。本文不对这方面作出分析。HECM 的承保人只承担由利率升降带来的抵押物风险。这种风险会产生,是因为 HECM 贷款几乎都是可调息率的,允许有固定利率的 HECM 贷款,但因为高利率风险,联邦国家贷款协会(Fannie Mae)不购买固定利率的 HECM 贷款,现在也没有贷款机构发起这种贷款。利率的上升并不会使规定的应支付给借款人的现金减少,这是 HECM 项目对借款人利益的保护。如果利率上升,应计利息的数额就将更大,当贷款终止时要求偿还的贷款数额也会更大。

利率风险和寿命风险不同,是不可分散的,是引起反向抵押贷款模型中不确定性的因素。简单说来,如果模型中包括风险调整或风险保险费在内,那么利率就能在模型中确定下来。考虑到实际利率的升降问题,借款人的贷款额度将会减少。

HECM 模型选择了固定利率并对其进行风险调整,而非模拟可调整利率将来的变化。可调整的固定利率也叫作 HECM 模型中的期望利率。贷款初始时的利率被定为 10 年期的国债率加上贷款机构的利润率,而重新调整的利率为 1 年期的国库券利率加上贷款机构的利润率。

如果利率曲线向右上方倾斜,那么期望利率将高于以前的贷款利率。运用期望利率预期将来的贷款总额模型,估计了利率随着时间的变化。

当住房价值上升时,保险索赔额就会变低,承保人和保险人可通过套期保值使得住房的增值与利率变化正相关。承保人也可以用担保物权来对利率风险进行套期保值。套期保值的有效性,还需要通过进一步的调查研究来论证。

4.住房价值风险

住房价值的不确定性是一种只能部分分散的风险。要将风险降到最低,要求有分布在许多不同地区房地产市场上的大量贷款项目。这种地区分布可以把单个地区的经济衰退带来的住房价值的风险降到最低。但是,全国性的经济衰退引起的风险却是不可分散的。即使这种风险能够尽量降低,但仍然存在一个与借款人的寿命预期和利率波动不同的风险。经论证,住房价值不是一个不变的时间序列。个人住房价值随着年龄增加而变化。换句话说,时间越长,对住房价值的预期估计的偏差就可能越大。因为它的不稳定性,用对利率风险的简单调整来调整住房价值是不够的。

一些研究人员用随机的几何布朗运动过程来模拟住房价值波动。Cunningham 和 Hendershott(1984),Kau、Keenan 和 Muller(1993)都认同这个过程,也叫作对数正态随机游动。当百分率变化而不是绝对值的变化,被假定为相互独立的并且同分布时,你可以把住房看作是零息票的不动产,用几何布朗运动来进行模拟是有用的。零息票意味着从住房中收回的价值不包括租金——这是一个合理的假设(如果贷款承保人没有兴趣去计算租金的话)。但是,从住房中收回的价值包括了一个名义通胀率的期望值 μ 和用来描述名义通胀率的期望值的偏离程度的随机项 σ,得出的微分等式描述了一个布朗运动过程:假设 μ 和 σ 是常量。注意 dH 和 dT 分别是住房价值和时间的微分。dZ 是一个平均数为 0、标准差为 1 的正态分布随机变量。

$$dH/H = \mu dt + \sigma dz \tag{1}$$

根据随机游动理论,每年每个住房的增值率可以看作是对一个平均数为 μ、标准差为 σ 的正态分布变量的独立观察。由此,我们可以得到一个等同的几何布朗运动的表达式:

$$H(t) = H_0 e^{Y(t)}$$

其中，$H(t)$ 为将来 t 时间的住房价值；H_0 为起始时的住房价值；

$Y(t)$ 为通胀的期望值：标准的布朗运动，期望平均值为 0，标准差为 $\sigma\sqrt{t}$。

需要注意：标准布朗运动 $B(t)$ 对所有 $t>0$ 都是正态分布，$H(t)$ 的分布是对数正态的。见 Ross(1983) 或 Malliaris 和 Brock(1982)。

由此得出的结论是，随着时间而渐增的增值率呈现正态分布，但平均数 μt 和标准差 $\sigma\sqrt{t}$ 随着时间延长而变大。随着时间增加，增值率的标准差也随之增加。这是方程式(1)的非平稳性的来源。

随机游动理论还告诉我们，现在的价值是最好的预测指标，将来的价值可通过平均增值率得到。这个过程是没有记忆的，指之前观察到的价值对将来的预期没有帮助。随机冲击可能导致将来偏离预期的价值，但预期者事先没有方法知道这个冲击究竟将带来正效用还是负效用。随机游动理论消除了与住房相关的逆向选择问题。

如果潜在的借款人比贷款机构或承保人对自有住房未来的价值拥有更多的信息，就将会发生住房的逆向选择问题，这与前面提到的寿命的信息不对称是类似的。如果住房的未来价值符合随机游动过程，那么现在的价值就是未来住房价值的最好预测指标，这是双方都能得到的信息。

值得一提的是，地方房地产市场可能具有周期性特征：一段时期房地产的价值将攀升至峰点，然后就开始下降。那么，现在的住房价值就可能不会为将来价值的预测提供足够的信息。市场的无效性还可能引起自相关，实际上时间序列过程会产生一些记忆，导致投机的价格泡沫。知道地方市场周期性变化规律的潜在买者，就可能知道价值已经达到了峰值，将来的随机冲击更可能带来负面效应。如果这是可能的，那么贷款机构和承保人只知道现在的价值，从而知道的信息可能比借款人知道的要少，这会带来住房的逆向选择。

虽然还没有经过实证验证，但 HECM 设计者们相信一个包含自相关性的模型得出的结果和本文采用的模型得出的结果，应该是类似的。潜在的借款人因掌握了地方住房价值变化的趋势就占有某些优势，但他们运用信息不对称的能力是受到限制的。Case 和 Shiller(1989) 的研究成果总结道，一个城市的住房的价值水平受到许多因素的干扰，很难从地方价格指数的变化趋势中得到好处。另外，虽然这些趋势拥有一些记忆，但这些记忆的影响很快就会消失。除了第一、二年，不管运用一个自相关模型，还是运用一个随机游动模型，承保人得出对住房价值的长期预测值的分布是类似的。

(四)贷款业务终止的独立性

我们在给出 HECM 模型的等式之前，还需要提出以下三个假设：第一个假设是 HECM 贷款的终止与利率和住房价值无关。这意味着单单凭借借款人的年龄就可以正确地估计出贷款的终止时间，终止时间在住房价值分布中是随机发生的。和以前的抵押贷款相比，HECM 模拟起来更加简单。运用不确定性来估计损失，但不需要对借款人的行为进行模拟。

因为以下原因，贷款的终止与利率变化没有关系。(1)贷款已经被假定为利率是可以调整的，这意味着，当利率下降时借款人能从低利率中得到好处；(2)但利率变化时，HECM 不需要对每月的支付额进行调整；(3)对反向抵押贷款的再融资，要求借款人通过以较低利息的另行抵押获得的收入来解除先前的抵押。这将会大幅降低新的抵押贷款中的现金支付额。在许多情况下，借款人若选择不再融资，则境况会更好。

类似地，贷款业务终止与住房价值无关。当住房价值上升时，结束旧的贷款然后开始一个新的贷款会额外产生交易成本，往往会让人们放弃再融资的念头。当住房价值下降时，终止就更不会发生了。以前形式的抵押贷款在住房价值降低时往往就终止了，但反向抵押贷款却使借款人即使在经济衰退的时候仍然不会终止该项贷款。

（五）共享额外收益

第二个假设就是反向抵押贷款保险并不是一个共享额外收益的项目。共享额外收益是这样一种机制，它将额外收益分给那些为承保人带来利润的借款人。共享额外收益使得保险定价在初期时采取稳健的原则，在后期则又将部分额外收益返还。举例来说，联邦住房管理委员会 203（b）中的抵押贷款保险，就是一个共享额外收益的项目。到目前为止，大约在贷款的第 12 年会宣布分配额外收益。在第 12 年之后，这种贷款的损失一般都会大量减少，这使得保险精算师能够准确估计出额外的收益。

反向抵押贷款不属于共享额外收益，因为在第 12 年之后大额损失仍可能发生。实际上，保险精算师只有在大部分借款人死亡了的背景下，才能准确确定出一个年龄组中有哪些人是使他们获利的。政府机构如住房与城市发展部在产品定价问题上对缺乏共享额外收益机制是很敏感的，尤其是因为借款人大都年老而且很穷。这就给住房与城市发展部提出了一些问题。比如说，反向抵押贷款保险应该是自助的吗？这就要求在好的年份积累资金以抵消坏的年份可能带来的冲击。或者缺乏共享额外收益机制的资金积累，对某个弱势群体是否索价太高？这些问题就引出了关于风险厌恶的假设。

（六）风险中立

第三个假设是政府发起的反向抵押贷款保险，是一个盈亏平衡或风险中立的项目。但是，盈亏平衡应该包括利率和住房价值升降预期将带来的损失。它没有为那些超出预期损失的其他不测事件发生的可能性积累资金。

在风险中立假设下，虽然该项目没有为那些超出预期损失的其他不测事件发生的可能性积累资金，但对一些本身就带有备用资产的 HECM 项目情况是不同的。本身就带有备用资产的两种 HECM 项目：一是借款人住房的价值超出了联邦住房管理委员会 203（b）规定的上限，二是借款人保留一部分资产，即实际借款数额小于能借到的最大数额。给住房价值定出一个上限，就意味着一些借款人参与到这个项目中时，本身还有一部分可以用来缓冲的资金。因此，保险损失的严重程度和发生的频率，都要比那些没有住房价值上限的要低。类似地，那些保留部分住房产权的借款人的损失也要比预期的小。HECM 项目的实证表明，25% 以上的被保险住房的价值在限额之上。因为私营部门正在为这部分市场开发传统的反向抵押贷款产品，这个比例在将来可能会下降。现在还没有出现保留部分住房产权的借款人。

三、模型的方程式

HECM 模型要求预期损失的现值，要比预期能收到的保险费的现值小一些或者两者相等。这种关系对其他的保险方案也适用。对于分享保险费的方案，也可以用近似的方法分别计算出贷款机构的损失和收到的保险费。

$$\sum_{t=0}^{\infty} E[L(t)](1+i)^{-t} \leqslant \sum_{t=0}^{\infty} E[MIP(t)](1+i)^{-t} \tag{2}$$

这里的 $E[L(t)]$ 为价值期望的算子，时间 t 发生的损失；i 为折扣率；$MIP(t)$ 为预期在时间 t

能收到的保险费。

评估表达式(2)的右边部分的计算,需要用到两个函数:保险费的时刻表和贷款项目将继续存在的概率函数。在 HECM 的实证研究中,保险费需一次性预付住房价值上限的 2%,每年还需交纳贷款总额预期值的 0.5%。随着时间变化的贷款总额,可通过支付给借款人的本金、预期的利率和收取的保险费来计算。贷款继续存在的概率将取决于借款人的年龄,它可从死亡率表中推导出来,但需对因搬家或其他因素引起的贷款终止行为进行调整。

以上信息的表达式(2)的右端可以写成:

$$E[MIP(t)] = {}_x p_t MIP(t) \tag{3}$$

这里的 ${}_x p_t$:贷款开始时借款人年龄为 x 的贷款在时间 t 仍然存在的概率。

对表达式(2)左边部分的计算,需要更进一步地分析对损失的预期。只能在贷款终止的时候才能对损失进行保险索赔,因此我们首先要推导出贷款终止的概率 ${}_x d_t$:

$$_x d_t = {}_x p_t - {}_x p_{t+1} \tag{4}$$

对于已经终止的贷款项目,只有那些住房价值比贷款余额小时才会要求保险索赔。可以从以下的价值分布中,将贷款终止时住房价值小于贷款总额的概率计算出来。几何布朗运动过程的渐增的增值率,是平均数为 μt 和标准差为 $\sigma\sqrt{t}$ 的正态分布。从正态分布的密度函数、贷款终止与住房价值无关的假设中可以得到:

$$A(t) = [1/\sigma\sqrt{t}][1/\sqrt{(2\pi)}]\int_{-x}^{\ln[b(x)]} e^{-0.5[(y-\omega)/\sigma\sqrt{t}]^2} dy \tag{5}$$

这里的 $A(t)$ 为贷款终止时住房价值小于贷款余额的可能性;$b(t) = BAL(t)/H_0$;

H_0 为住房的初始价值(假设这些等式中的住房初始价值没有上限);

$BAL(t)$ 为时间 t 时的贷款余额。

${}_x d_t A(t)$ 表示损失在 t 时间发生的可能性。其余部分都是为了估算损失发生的额度大小。不考虑交易成本,损失就等于贷款总额减去预期能从住房售价中收回的数额,它被称为当价值小于贷款余额时的条件期望价值。从住房价值的分布中计算出预期能从住房售价中收回的数额,这是贷款总额减去住房价值分布平均数后的余值。

显然,条件期望值永远不会比贷款总额大。根据定义,在估计时就把分布中的那些大于未偿还贷款余额的价值排除掉了。因此,当总额降低时,条件预期价值就会降低。但当贷款余额无限制地增加呢?在这种情况下,我们可以由条件期望值转为考虑无条件的期望值,随着贷款余额的增长,估计中被排除掉的数值个数将会越来越少。因此,条件期望值的上界就是无条件的。

无条件的预期值的对数正态分布的数学表达式为:

$$E[H(t)] = H_0 e^{\mu t + 0.5\sigma^2 t} \tag{6}$$

为了计算条件期望值,需给表达式(6)乘上一个 0 和 1 之间取值的系数(这个等式是根据对随机变量函数期望值的定义推导出来的,见 Ross(1983) 和 Szymanoski(1990)。Parzen(1960) 指出,当积分上限为正无穷时,它的数值为 1。

$$\beta = [1/A(t)][1/\sqrt{(2\pi)}]\int_{-\infty}^{U(t)} e^{-0.5(y-\sigma\sqrt{t})^2} dy \tag{7}$$

这里 $U(t) = \{\ln[b(t)] - \mu t\}/\sigma\sqrt{t}$;

$A(t)$ 可以在表达式(5)中找到。运用(4)到(7)的方程式,我们可以估算出预期的损失数额:

$$E[L(t)] = {}_x d_t A(t)\{BAL(t) - \beta E[H(t)]\} \tag{8}$$

不管采用哪种现金支付方式,若给定损失和保险费收入的预期估计值,则方程式(3)到(5)就可以用表达式(2)来代替。

四、对本金支付的限制

在 HECM 项目中,所有的现金支付将受到从模型中推导出来的每个贷款单独确定的本金限制系数的影响。本金限制系数为最高贷款额度与住房价值的比率,这里的保险费将会对预期的未来损失做出保险(这个定义适用于没有上限的住房价值,那些包括住房价值上限的贷款的本金限制系数的数值更低)。对初始的 LTV 比率的限制,等同于对借款人一次性提取现金所能得到的贷款本金数额的限制,等于一次性支付给借款人的现金数额加上借款手续费。举例来说,如果本金限制系数为 0.416,住房价值为 10 万美元,借款人若采取一次性提取现金的方式,则他所能提取的数额和借款手续费的总和为 41600 美元。一次性支付能得到的贷款数额全部提出时,借款人在将来就没有现金可提了。

借款人年龄和利率对应这个特殊的本金限制系数。HECM 中的限制系数的表格是二维的:年龄和利率。因为所有的现金支取都受到本金限制系数的制约,我们就能大大简化反向抵押贷款的风险控制问题。

HECM 项目在借款人选择贷款本金支付方式时,给了他们很大的弹性。HECM 允许几乎所有的现金支取方式,只要所提取的现金总额不超过本金限额就行了。用来计算 HECM 净现值的折扣率为票据的预期利率(包括模型的利率风险调整),再加上 0.5%。

给定借款人年龄和利率的条件下,运用模型来计算本金限制系数的过程,是可以重复的。这个过程的步骤是:(1)估计系数值;(2)假设借款人选择了一次性提取贷款本金的方式,提取的数额为本金限制系数乘上住房价值的值;(3)运用模型的等式计算出损失的期望值和保险费收入的期望值;(4)如果损失的期望值等于保险费收入的期望值,则不再计算;如果不相等,则回到第一步并重新调整估计。

表 1 对应的是一个 75 岁的借款人和 10%的利率。假定每年房价升值率的平均值为 4%,标准差为 10%,得出的本金限制系数为 0.416。这意味着如果提取贷款本金总额的现值不超过住房初始价值的 41.6%时,住房与城市发展部就将为该借款人提供保险。

表 2 表示了其他借款人年龄和利率组合的情况。对于任意一个给定的利率,借款人年龄越大,本金限制系数就越大。类似地,对于任意一个给定的年龄,利率越低,本金限制系数就越大。

五、结论

这里对联邦住房管理委员会反向抵押贷款的风险分析系统和定价模型进行总结。它通过对本金支付的限制来控制风险,但要求承保人能够对住房增值的平均数、标准差和贷款终止的概率做出比较精确的估计假定。这些假定对于 HECM 定价模型是非常重要的。但对应该如何做出这些假定并应该采用哪些数据来进行分析的讨论,则超出了本文的研讨范围。

HECM 实证分析中的假定,在住房与城市发展部的《给国会的临时报告(1990)》中已经叙述过。这次实证研究的目的之一,就是对这些估计和假定进行评估。显然,仍然需要对这个新的保险项目和它的定价模型做出进一步的研究。

表 1　住房反向抵押贷款，风险分析模型，保险费期望值和预期损失、本金限制系数的计算[*]

A.

年份	单个抵押贷款年初余额	支付给借款人的现金流	应计利息	保险费（MIP）	年末余额
0	0	3.9600	0	2000	41600
1	41600	0	4366	218	46184
2	46184	0	4848	242	51274
3	51274	0	5382	269	56925
4	56925	0	5974	299	63198
5	63198	0	6633	332	70163
6	70163	0	7364	368	77895
7	77895	0	8175	409	86479
8	86479	0	9076	454	96009
9	96009	0	10077	504	106590
10	106590	0	11187	559	118336
11	118336	0	12420	621	131377
12	131377	0	13790	689	145856
13	145856	0	15308	765	161929
14	161929	0	17040	805	179774
15	179774	0	18869	943	199586
16	199586	0	20948	1047	221581
17	221581	0	23256	1163	246000
18	246000	0	25819	1291	273110
19	273110	0	28665	1433	303208
20	303208	0	31823	1591	336622
21	336622	0	35330	1767	373719
22	373719	0	39224	1961	414904
23	414904	0	43547	2177	461391
24	460628	0	48346	2417	511391
25	511391	0	53672	2684	567747

B. 年末的计算值

年份	住房价值的期望值	贷款终止时贷款余额超过住房价值的概率	条件期望值	贷款继续存在概率
0	100000	0.000	—	1.000
1	104603	0.000	—	0.956
2	109417	0.000	—	0.910
3	114454	0.000	54.757	0.862
4	119722	0.001	59.876	0.812
5	125232	0.007	65.392	0.759
6	130996	0.023	71.323	0.704
7	137026	0.054	77.685	0.648

年份	住房价值的期望值	贷款终止时贷款余额超过住房价值的概率	条件期望值	贷款继续存在概率
8	143333	0.101	84494	0.589
9	149930	0.162	91763	0.531
10	156831	0.232	99503	0.473
11	164050	0.307	107726	0.416
12	171601	0.384	116439	0.361
13	179499	0.458	125650	0.308
14	187761	0.528	135364	0.259
15	196403	0.593	145587	0.215
16	205443	0.651	156321	0.175
17	214899	0.703	167569	0.139
18	224791	0.749	179334	0.108
19	235137	0.789	191620	0.083
20	245960	0.823	204430	0.061
21	257281	0.852	217769	0.045
22	269123	0.876	231644	0.032
23	281511	0.897	246063	0.022
24	294468	0.915	261037	0.015
25	308022	0.930	276578	0.000

C. 大量抵押贷款的平均值

年份	MIP 期望值名义值	MIP 期望值现值	损失期望值的名义值	损失期望值的现值
0	2000	2000	0	0
1	214	205	0	0
2	227	197	0	0
3	239	189	0	0
4	251	181	0	0
5	261	171	1	0
6	270	161	4	2
7	277	150	16	8
8	281	139	43	21
9	283	127	97	44
10	282	115	187	76
11	277	103	318	118
12	269	91	496	167
13	257	79	712	219
14	242	68	953	266
15	224	57	1205	306
16	205	47	1459	338
17	183	39	1700	358

续　表

年份	MIP 期望值名义值	MIP 期望值现值	损失期望值的名义值	损失期望值的现值
18	160	31	1893	363
19	137	24	2012	351
20	115	18	2047	325
21	94	14	2001	289
22	75	10	1876	247
23	58	7	1689	202
24	45	5	1467	160
25	33	3	3908	373

* 本金限制系数:0.416

借款人年龄:75	初始的住房价值:10 万美元
利率期望值:10%	每年住房的增值率:4%
可索取的最大金额:10 万美元	住房增值率的标准差:10%
保险费期望值的现值:4231 美元	损失期望值的现值:4233 美元

表 2　年龄和利率组合的本金限制系数

利率(%)	65 岁	75 岁	85 岁
7.0	0.49	0.61	0.74
8.5	0.37	0.50	0.66
10.0	0.28	0.42	0.59

反向抵押贷款的模型分析

Y. K. Tse

本文提出了反向抵押贷款定量分析的框架模型,包括固定利率和浮动利率两种情况。为了分析反向抵押贷款的风险和潜在收益,我们将收入的期望现值和损失概率作为贷款成长能力的指标。然后利用新加坡的相关数据,对不同环境下各种年金支付水平的指标作出初步的估计。

一、简介

将房屋价值转换成现金的过程被称为房屋价值转换。反向抵押贷款是一种房屋价值转换的形式,也称为房屋价值转换贷款,它允许老年人以他们的房屋作为抵押来借款。从房屋所有者的角度来看,该贷款的主要优点,是可以在不搬出房屋的条件下将其蕴含价值转换成现金。

反向抵押贷款意味着抵押房产的价值借款,房屋所有者可以其拥有房屋的价值为基础得到相应的月度支付或年金。整个贷款业务运作的过程中,借款的数量不断增加并计息,直到贷款到期或住房所有者死亡为止,此时房屋将被出售,贷款再得到偿还,偿还额是全部债务额或房屋净值中的最小者。如果偿还贷款后抵押房屋的价值仍有剩余,则计入死者的遗产。如此一来,如果经济增长且房产增值,房屋所有者就可以有价值更高的财产来贷款,贷款机构将从房产的增值中受益,这将会减少债务积累高于房产价值的可能性。

在新加坡,作为解决老龄化问题的方法之一,政府推行了反向抵押贷款业务。随着退休人群相对和绝对数量的上升,研究反向抵押贷款恰逢其时。在发达国家如美国和英国,反向抵押贷款从 20 世纪 60 年代出现以来逐渐得到了老年退休者的认可。反向抵押贷款的重要性不断增加,这对保险精算师提出了新的挑战。Phillips 和 Gwin(1992)指出,反向抵押贷款的保障特性,加上其借贷特征,使精算师不得不面对一个多重风险的问题。Diventi 和 Herzog(1991)创立了一个模拟框架来估计终身支付的反向抵押贷款的年金支付数量,他们考虑不同的环境,对年金支付数量的敏感性进行了分析。然而,除了作为贷款市场工具的重要性,把反向抵押贷款作为一种金融产品来研究的情况却很少,对反向抵押贷款的研究仍然处于初级阶段。

本文提出了对反向抵押贷款进行金融分析的框架,包括在固定利率环境下和浮动利率环境下两种情况。我们发现平均盈亏相抵水平的年金,并不能作为反向抵押贷款的有效指标,特别是它无法对贷款机构的风险和潜在收益加以反映。为了分析这种风险和潜在收益,我们将收益的期望现值和损失概率作为反向抵押贷款契约成活能力的指标。通过新加坡的数据,我们对不同环境下各种水平的年金支付指标进行估计。然而,本文的目的并非提供衡量反向抵押贷款年金支付的指标,我们的目的是建立一个模拟模型,通过对相应参数的赋值,得到反向抵押贷款风险和收益的相应指标。需要强调的是,只有通过详尽的场景分析、实际的参数(包括年金支付经验基础上的死亡率表),得出的指标才是可信的。

本文包括如下几个部分:第一部分为反向抵押贷款模型分析的简介;第二部分讨论了反向抵押贷款的基本特征;第三部分列举了模拟模型的基本假设。我们以新加坡的数据为基础,在固定利率和浮动利率两种环境下进行分析。同时介绍了收入期望限制和损失概率的概念,还介绍了一些增值分享的安排。反向抵押贷款引入新加坡的一些考虑因素也加以介绍。最后,一些总结性的评论在第五部分给出。

二、反向抵押贷款的特征

房屋价值转换最简单的方式就是出售住房来转换现金。然而,这是许多房屋的所有者无法接受的,这样一来他们就要从房屋中搬出,并且无法从房屋未来的增值中获得收益。人们也可以设立房屋价值的最高信用额度,需要房屋所有者按月向贷款机构还款。另外一种选择就是将房产作抵押来获得一笔现金,然后用这笔现金来购买终身年金。由于每个月支付年金的一部分被用于偿付抵押贷款的利息,借款人通常只能得到很少数量的可支配现金。通过反向抵押贷款业务,上述方式中存在的许多问题都可以避免。

在反向抵押贷款业务中,贷款机构通常以月度年金支付的形式贷款给借款人。贷款数量不断增加并计息,直到贷款到期。这时就要对贷款进行偿还,往往要通过房产出售的所得进行。反向抵押贷款的期限可以分为三种类型:固定期限、分离期限和终身期限。在固定期限中,月度支付的时期是固定的,比如 10 年,期限结束后,借款人必须偿还贷款。然而,这种形式的反向抵押贷款一旦到期无法偿还贷款,就必须从抵押的房屋中搬出,并不受借款人的欢迎。

这种担心在分离期限式的反向抵押贷款中得到了缓解。贷款机构承诺可以不必马上偿还贷款,直到借款人死亡或搬出房屋为止。在借款人死亡的情况下,房产将被出售并先于对继承人的分配,归还对贷款机构的欠款。和固定期限相同的是,分离期限的反向抵押贷款进行的月度支付,也是有特定期限的。在这三种类型中,终身支付的反向抵押贷款最受欢迎,它承诺只要借款人还住在自己的房子中,就对其按月支付贷款,与终身年金贷款类似。

虽然终身式反向抵押贷款最受人们欢迎,但是一些潜在的保证将风险转移给了贷款机构。这些保证有以下特征:(1)居住保证,它确保借款人不必从房子里搬出,即便累积贷款超过了房产的价值;(2)收入保证,它要求只要借款人还在房子里居住,贷款机构就要按月对其支付贷款;(3)还款保证,只要借款人还在房子里居住,就不必还款;(4)无源保证,它保护借款人的房屋之外的其他财产不会被贷款机构用来偿还贷款。在这些保证之下,在贷款偿还时贷款机构可能无法得到本金和利息的足额偿付。

对借款人收取的利息既可以是固定利率也可以是可变利率。固定利率反向抵押贷款可以让贷款机构精确计算出未来的贷款余额。也可得出与居住期限和房屋增值率相联系的风险。然而,资金成本和收取利率的不利分配,可能会给贷款机构带来巨大的损失,这就需要加强资产负债管理来减弱这种利率风险。而可变利率的反向抵押贷款降低了利率风险,却造成未来贷款余额更大的不确定性。贷款到期日的房产净值是否足以偿还贷款余额,更加难以预料。

为了增加月度支付额,使本项贷款对借款人更具有吸引力,一些贷款机构引入了增值分享条款。在这种安排下,贷款机构和房屋所有者将按照预先设定的比例分享抵押房产的增值部分。比如,一个 50/50 的增值分享条款,要求借款人在出售抵押房产的同时,还要在偿还贷款余额之前支付房产增值的 50% 作为贷款费用。这样一来,通过放弃部分未来增值,借款人可以得到更多的月度支付。

考虑到各种保证因素,还有利率、房产增值和死亡率的不确定性,对反向抵押贷款的衡量需要对这些因素之间的相互作用加以估计。下一步我们会提出一个分析框架,对终身支付反向抵押贷款进行分析。鉴于终身支付方式下的不确定性最高,这些方法可以很容易地用来分析固定期限和分离期限的反向抵押贷款。

三、分析

考虑一份终身支付的反向抵押贷款,借款人可以是单身男性或单身女性,也可以是一对夫妇。对于后一种情况,根据房主去世或搬出房屋的期限来确定贷款的最后偿还期。在这个例子中假设所有抵押人都是 60 岁。为了简化起见,我们假设借款人不会搬出,尽管由于种种原因可能导致借款人搬出住宅来偿还贷款。搬出的情况可以通过修改死亡率表来运用,这在后面会加以说明。

贷款项目发起时,借款人要有一些必要的管理性支出支付发起费用。这里假设该费用等于房屋评估价值的 1%,用 f 表示这个比例。借款人需要从贷款机构处借到这笔费用,且计入贷款之中。卖掉房屋之后,交易费用需要在对贷款机构分配收入之前予以扣除,假设这个费用是房屋出售价格的 3.5%,用 c 表示。我们没有对经常性的管理费用单独加以表示,这部分费用可以通过调整发起费用来计算,也可以通过调整利息费用率来加以反映。

虽然死亡是随着时间发生的随机过程,但仍然需要在分析中进行一些简化。为此,我们假设死亡都是在每年的中期发生,一个月之后开始准备出售房屋,并在另外三个月中完成。本例中房屋的评估价值为 $25 万美元,用 P 表示。因为所有的交易费用都是房屋价值的一定百分比,所以不同的房屋抵押所获得的月度年金支付,可以按照房屋评估价值的比例来计算。

考虑到模型里的参数(房屋增值率、死亡率和利率),需要进行以下假设:

第一,贷款偿还收入依赖于房屋增值率。

贷款偿还收入依赖于房屋的增值率,然而,对房屋增值率的估算依房屋类型和位置的变化而有不同。Phang(1992)报告中认为在 1979 到 1987 年间,房屋发展部(HDB)的 4 室型住宅的平均增值率约为 14%,这个数字与发达国家的房屋增值率相比,要偏高一些。考虑到老年人可能没有足够的动力和激励维护好自己的房屋,这个增值率应该适当下调。同样,当经济发展速度放缓时,这个比率也要下调。我们将房屋增值率分为 5 档,分别是 6%、7%、8%、9%、10%,并以 a 来表示,这个比率是指长期平均增值率,对年度之间的波动不予考虑。

第二,模型分析中另一个不确定性来自于死亡率。

新加坡缺乏养老金市场,领取养老金者的死亡数据不足。在下面的分析中,我们采用新加坡标准寿命表[1983/88(ORD)],并且不对其加以修改,以便结果的复制和与未来的状况做出比较。但是,如果逆向选择问题比较普遍,采用一般保险人口的死亡率时,将会夸大领取养老金者的死亡率。另一方面,为了反映借款人搬出房屋的情况,需要运用一个倍增的调整因子。不考虑搬出的情况,对死亡率的估计将偏低。这样一来两个遗漏因素起到的作用将是相反的。由于眼下缺乏足够的相关经验,考虑到这里的分析只是示例性的,不考虑这些缘由可能是适合的。为了计算连带生命的死亡率,我们假设死亡事件在概率上是相互独立的。

第三,贷款余额的累积依赖于利率假设。

与房屋增值率不同,利率行为的构造有着很好的佐证。我们需要区分以下几种利率:(1)资金成本,用 r 表示;(2)贷款和偿还现金流的贴现率,用 y 表示;(3)收取的利率,用 i 表示,贷款余额据此积累。资金成本用无风险短期利率表示,并由模型的假设给定。贴现率表示与未来的贷款偿还相匹配的风险,收取的利率则反映了与所承担的最高风险下的必要利润率。在下面的例子中,假设 $y=r+0.01, i=r+0.02$。所有的利率都按月复息。

首先考虑固定利率和可变利率的利率环境,在固定利率环境下,我们用长期平均利率来代表所有未来的利率。这样,i 不会随着反向抵押贷款期限变动而改变。利用 Tse(1994)报告中的结果,我们假设 $r=0.06$。根据给出的死亡率数据,我们可以计算盈亏平衡年金,它等于根据贷款偿还时房屋净值计算出的年金值。这样,如果第 t 年死亡,在减去交易费用和累计发起费用之后,房屋的净值为:

$$P_t = P[(1-c)(1+a)^{t-5/12} - f(1+i/12)^{12(t-2/12)}]$$

另一方面,把 A 设为月度年金支付,在到期日累计贷款额为:

$$L_t = A(1+i/12)^4 \left[\frac{(1+i/12)^{12(t-0.5)}-1}{1-1/(1+i/12)}\right] = A(1+i/12)^4 S_t$$

我们从上面的等式中可以得到盈亏平衡年金,用 B_t 表示:$B_t = \dfrac{P_t}{(1+i/12)^4 S_t}$

为了计算盈亏平衡年金的均值,我们按照事件发生的概率对 B_t 进行加权平均。盈亏平衡年金均值(MBA)为:

$$MBA = \sum_{t=1}^{N} B_t q_t$$

其中 q 是在第 t 年死亡的概率;N 是持续期限的最大值,这里为 41 年。

MBA 的一个缺陷是无法反映贷款风险和贷款机构的潜在收益,进一步的分析是有必要的。特别是在刚开始的几年里,贷款累计要小于抵押房产的净值。我们将贷款累计额首次超过房产净值的年份定义为盈亏平衡年。给定月度年金 A,盈亏平衡年是使得 $L_m > P_m$ 的 m 的最小整数值。如果借款人生存年限达到或超过 m 年,那么贷款就无法得到足额偿还,贷款机构就会遭到损失,我们把这个概率表示为:$q = \sum_{t=m}^{N} q_t$

进行投资分析时,如果收益能确切估计是很有帮助的,但反向抵押贷款业务运行中存在着诸多的不确定性,尤其是贷款偿还时间的不确定性,这使得衡量潜在的收益非常困难。这里我们提出一种基于现值比较的方法。如果借款人在 t 年死亡,贷款机构得到的数量:

$$Q_t = \min\{L_t, P_t\}$$

假设现金流的贴现率是 y,贴现系数 $Y_t = (1+y/12)^{12(t-2/12)}$,现金流的现值就等于 Q_t/Y_t,另一方面,期初应付年金的现值为:

$$R_t = A\left[\frac{1-(1+y/12)^{12(t-0.5)}}{1-1/(1+y/12)}\right]$$

收益的现值就等于:$\pi_t = \dfrac{Q_t}{Y_t} - R_t$

收益现值的均值用 $MPVP$ 表示:$MPVP = \sum_{t=1}^{N} \pi_t q_t$

表 1 总结了固定利率环境下,不同房屋升值率下的结果。MBA 根据单身男性、单身女性和夫妻双方加以计算,他们的年龄都是 60 岁。盈亏平衡年、$MPVP$、损失概率根据 MBA 计算。可以看出所得出的 MBA 的数值也相当大,对潜在借款人有着很大的吸引力。所有 MBA 值都大于1000,在夫妻双方健在、房屋增值率为 0.06 时得到最小值。对单身借款人来说,盈亏平衡年的数值都很低,导致负的 $MPVP$。总而言之,贷款本息累计额超过房屋净值的可能性仍然很大。在夫妻双方健在的情况下,贷款机构可以得到正的净现值,虽然会计损失的概率很高。但对于单身的借款人,结果显示提供数量为 MBA 的月度年金支付,是不可行的。

表 1　盈亏平衡年金、盈亏平衡年、收益现值均值和损失概率

房屋升值率	年金受益人	MBA	盈亏平衡年	MPVP	损失概率
0.06	男	2.209	11	−93.923	0.830
	女	1.688	15	−60.458	0.820
	结合	1.030	26	5.450	0.654
0.07	男	2.471	11	−87.043	0.830
	女	1.963	15	−51.078	0.820
	结合	1.316	26	16.380	0.654
0.08	男	2.788	11	−77.199	0.830
	女	2.310	14	−37.439	0.841
	结合	1.689	25	32.570	0.696
0.09	男	3.173	10	−63.658	0.854
	女	2.752	13	−18.197	0.860
	结合	2.174	22	55.471	0.803
0.10	男	3.643	11	−8.086	0.895
	女	3.316	11	−8.086	0.895
	结合	2.807	16	76.909	0.936

注:表中单位是美元,房屋初始评估价值为 25 万美元,所有借款人都是 60 岁,收取利率为 8%,贴现率为 7%。

　　为了进一步深入分析,我们对单身男性借款人的反向抵押贷款特性在年金支付一定范围内进行考察。图 1 表示了 MPVP 和月度年金支付之间的关系。从图中我们可以得出使 MPVP 为 0 的月度年金的估计值,大约在 \$1 600($a=0.07$)到 \$3 200($a=0.10$)之间。对于 $a=0.09$ 和 $a=0.10$,MPVP 随着月度年金而增长,达到一个顶点后回落。图 2 表示在不同的月度年金支付水平下,贷款到期时本息累计余额超过房产净值的可能性。可以看出,在房产增值率较低时,这种损失的可能性通常较大。图 3 表示盈亏平衡年与月度年金支付之间的关系。当 $a=0.09$ 和 $a=0.10$ 时,在一定范围内,盈亏平衡年等于最大期限 41 年(也就是说损失的可能性为零),然后

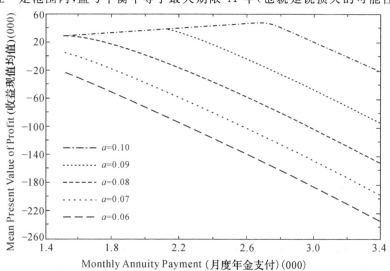

图 1　收益现值均值与年金关系图(男性)

(纵轴为收益现值均值,横轴为月度年金支付)

随着月度支付年金的增长迅速减少。对 $a=0.06$、$a=0.07$、$a=0.08$，盈亏平衡年随着月度年金支付增长而逐渐降低。

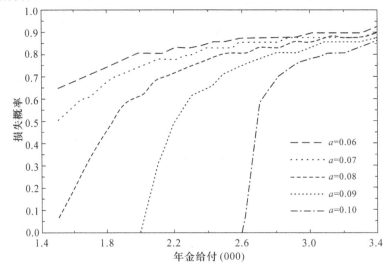

图 2　损失概率与年金关系图（男性）

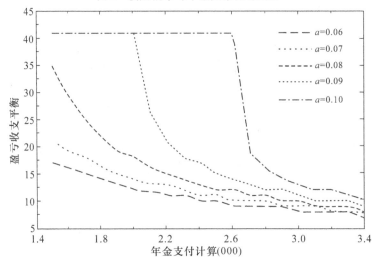

图 3　盈亏平衡年份与年金关系图

可变利率环境下的分析与此类似，由于利率不是固定的，在公式（3）（4）中定义的盈亏平衡年金和盈亏平衡年金均值均不再适用。接下来，我们用模拟分析的方法在给定月度年金支付下检验贷款余额和房产净值之间的关系。首先根据假定的死亡率模拟死亡的年份，再根据生成贷款期间所生成的利率路径计算贷款余额。

Tse(1994)在一篇论文里，研究了新加坡银行间短期拆借利率的随机行为，发现连续时间框架下的考克斯－英格索尔－罗斯模型给出的利率路径与实际数据最为接近。在本论文里，我们利用 Tse 的结果来生成资金成本 r_t；贴现率 y_t 和收取的利率 i_t 在其基础上假设一定差额得出。根据 Tse 对半年期利率变化的估计，我们利用下面的等式生成资金成本：

$$r_{t+1}=r_t+0.1924(0.05221-r_t)+0.0653\sqrt{r_t}\varepsilon_{t+1}$$

其中 ε_{t+1} 是独立同一分布的标准正规变量。我们将两个连续的 r_t 加以平均，用这个平均值来代表全年适用的资金成本。

为了进一步进行计算,我们做如下定义:

$$E_j = \frac{(1+i_j/12)^6 - 1}{1 - 1/(1+i_j/12)},$$

$$F_j = \frac{(1+i_j/12)^{12} - 1}{1 - 1/(1+i_j/12)},$$

$$G_j = (1+i_j/12)^{12}$$

E_j 和 F_j 分别是利率 i_j 下 6 月期和 12 月期 1 美元期初应付年金的累计值。如果 t 为模拟的死亡年份,在到期日贷款余额累计为:

$$L_t^* = \begin{cases} A(1+i_1/12)^t E_1, & (t=1) \\ A\left[(1+i_t/12)^{10} \sum_{j=1}^{t-1}\left(F_j \prod_{h=j+1}^{j-1} G_h\right) + (1+i_t/12)^4 E_t\right], & (t>1) \end{cases}$$

如果 $P_t < L_t^*$ 则计为财务损失。为计算收益现值我们定义 Y_t^* 为:

$$Y_t^* = \begin{cases} (1+y_t/12)^{10}, & (t=1) \\ (1+y_t/12)^{10} \prod_{j=1}^{t-1}(1+y_j/12)^{12}, & (t>1) \end{cases}$$

同时定义 $R_t^* = L_t^*/Y_t^*$,其中的 L_t^* 就是上式中的 L_t^*,i_t 用 y_t 代替。这样 Y_t^* 就是时间 t 时现金流的贴现率,R_t^* 就是期初应付年金数量为 A、t 年时结束的现值。与(8)式类似,收益现值为:

$$\pi_t^* = \frac{\min\{L_t^*, P_t\}}{Y_t^*} - R_t^*$$

我们利用模拟观察样本来估计现值均值和损失概率。表 2 显示了 $a=0.06$ 时的结果,所有结果都根据 1 万份生命样本生成。对于收益现值,我们给出了均值、标准偏差、5% 和 95% 的分布。这些值在 10 个月度支付年金水平下加以计算。根据这些结果,我们可以利用内插法计算零收益现值的年金支付水平。与在固定利率环境下的定义相类似,我们可以把这个年金水平叫作零收益年金,用 ZPA 表示。

从表 2 可以看出,对于单身男性、单身女性和夫妻双方来说,ZPA 分别约为 $1270、$1180、$1140。这些数字对于潜在的借款人来说还是很有吸引力的。正如之前所预期的那样,收益现值的标准差随着月度年金值的增长而增加。同时,在相同的年金支付水平下,收益现值的标准差随着房产升值率的增加而减少(这个相关的数据没有在表 2 中表示)。这样一来,月度支付年金越高、房屋升值率就越低,贷款的回报越不够稳定。

表 2　收益现值和损失概率,$a=0.06$

年金水平	收益现值				损失概率
	均值	标准差	5 百分点	95 百分点	
60 岁的男性					
0.8	12.063	13.688	−3.394	33.344	0.118
0.9	11.524	16.812	−17.873	36.033	0.168
1.0	10.283	20.232	−29.783	38.021	0.237
1.1	7.501	24.354	−44.002	38.397	0.300
1.2	4.134	28.007	−56.992	38.550	0.365
1.3	−1.912	33.400	−73.496	37.294	0.455
1.4	−7.768	37.644	−86.720	33.690	0.512
1.5	−15.774	42.282	−100.388	31.104	0.582
1.6	−23.747	46.935	−118.098	26.756	0.629
1.7	−32.671	50.399	−130.428	22.664	0.673

续　表

年金水平	收益现值				损失概率
	均值	标准差	5百分点	95百分点	
60 岁的女性					
0.8	13.940	18.954	−21.607	42.160	0.202
0.9	12.140	23.394	−36.651	44.921	0.283
1.0	8.981	27.735	−49.233	47.153	0.360
1.1	4.651	32.108	−61.786	47.585	0.437
1.2	−1.539	36.955	−77.258	44.938	0.518
1.3	−9.434	41.734	−94.254	41.744	0.582
1.4	−19.144	46.530	−108.350	37.464	0.655
1.5	−28.288	50.443	−123.853	33.182	0.703
1.6	−39.207	54.495	−138.284	27.733	0.749
1.7	−50.828	58.324	−154.929	21.553	0.787
夫妇都是 60 岁					
0.8	16.585	20.527	−27.197	43.456	0.261
0.9	14.359	25.698	−40.452	47.191	0.352
1.0	10.194	30.660	−53.308	49.833	0.452
1.1	3.626	36.954	−68.760	50.816	0.552
1.2	−4.583	41.715	−84.561	49.160	0.636
1.3	−14.544	45.941	−98.739	45.790	0.730
1.4	−25.442	49.619	−113.753	41.631	0.793
1.5	−38.689	52.746	−128.977	35.670	0.855
1.6	−51.100	55.287	−144.392	28.281	0.895
1.7	−64.763	57.587	−160.467	21.537	0.915

注：单位是千美元，房屋初始价值为 \$ 25 万美元，结果基于 1 万份生命样本。

在房屋升值率较低的情况下，每月支付的年金可能太少，以至于无法对老年人形成足够的吸引力。为了克服这个困难，可以采用一种分享增值的方法，让借款人得到更高的年金支付，但其条件是要让渡房屋的部分增值。举例来说，在 50/50 的增值分享条款下，一半的房产增值会在收益分配之前划给贷款机构。表 3 表示的是 $a=0.06$ 时，50/50 增值分享条款下的结果。在增值分享条款下贷款机构得到的数量为：

$$Q_t^* = \min\{P_t - 0.5(P_t - P),\ L_t^*\} + 0.5(P_t - P)$$

在贷款到期日，收益现值为 $\pi_t^* = Q_t^*/Y_t^* - R_t^*$，如果 $L_t^* > Q_t^*$ 则为财务损失。

比较表 2 和表 3，我们可以看到在增值分享条款下 ZPA 更高。5 百分点的分布在两种情况下差不多，但 95 百分点的分布，在增值分享条款下显著高出。随着收益现值分布向右移动，其均值和标准差都会增大。同时，在增值分享条款下，ZPA 的损失概率也增大了。总而言之，增值分享条款通过增加年金支付，使得本贷款更加具有吸引力。

当贷款余额的一部分无法得到偿还，就要计为贷款损失。贷款支付根据收取的利率 i_t 计算，从这个意义上说，还款不足表示的是一种账务损失而非真实损失。为了计算真实损失的情况，我们可以将 i_t 用 r_t 代替来计算 L_t^*。这就可以对房产净值和依据资金成本计算的贷款累计额加以比较。ZPA 下真实损失的概率结果如下：

借款人	ZPA	损失概率
单身男性	1.27	0.154
单身女性	1.18	0.181
夫妇双方	1.14	0.208

可以看出真实损失的概率要比账务损失的概率低得多。对 a 的其他值没有加以计算,我们认为损失概率随着 a 的增大而增加,这反映了 ZPA 越高,a 值越大,所代表的风险越高。

表 3　收益现值和损失概率,增值分享,$a=0.06$

年金水平	收益现值				损失概率
	均值	标准差	5 百分点	95 百分点	
60 岁的男性					
1.0	46.690	44.692	−29.332	119.580	0.248
1.1	38.758	46.226	−43.595	111.834	0.308
1.2	29.887	48.684	−58.620	102.715	0.385
1.3	19.706	50.244	−72.573	92.717	0.459
1.4	9.864	52.455	−84.968	85.007	0.525
1.5	−1.855	55.441	−102.360	75.932	0.590
1.6	−11.429	57.937	−115.504	69.866	0.636
1.7	−22.854	61.312	−131.298	63.104	0.678
1.8	−34.678	64.685	−146.699	57.507	0.729
1.9	−46.197	68.476	−162.393	52.674	0.749
60 岁的女性					
1.0	40.103	51.776	−48.544	123.340	0.364
1.1	28.015	53.623	−64.255	111.649	0.464
1.2	17.712	54.349	−77.307	100.574	0.534
1.3	6.419	56.246	−90.777	90.461	0.599
1.4	−6.895	58.889	−108.832	79.879	0.669
1.5	−19.999	61.201	−124.705	69.929	0.716
1.6	−31.596	63.075	−138.862	63.936	0.759
1.7	−43.991	67.075	−155.862	57.818	0.785
1.8	−56.487	69.814	−171.538	52.064	0.815
1.9	−69.851	72.463	−186.228	46.092	0.840
夫妇都是 60 岁					
1.0	37.031	56.303	−55.049	127.642	0.461
1.1	25.543	57.342	−69.725	117.622	0.551
1.2	10.110	57.367	−83.617	103.710	0.649
1.3	−3.896	57.708	−98.416	89.328	0.724
1.4	−18.133	58.949	−113.239	77.972	0.794
1.5	−33.735	59.462	−129.136	64.654	0.853
1.6	−47.246	60.977	−144.779	55.967	0.887
1.7	−62.395	62.268	−162.684	44.947	0.916
1.8	−75.778	62.581	−174.891	33.959	0.934
1.9	−91.690	64.332	−193.200	21.635	0.950

注:单位是千美元,房屋初始价值为 $25 万美元,结果基于 1 万份生命样本。

四、相关讨论

以上提出框架应该进一步拓展,以研究不同背景下的反向抵押贷款业务运作。(1)在非营利的政府为贷款发起机构的情况下,利用真实损失而非关注 MPVP 也许会更为合适。这样上述框架就可以根据不含利润率的降低收取的利率来加以修改,问题的焦点就转换到在允许的损失概率下平衡贷款余额和房产净值;(2)为了检验所收取利率固定的贷款,可以打破 i 和资金成本 r 之间的关系,模型也需要加以修改;(3)随着反向抵押贷款市场的增长,贷款协议将会提供更大的灵活性。比如,贷款支付可以每年加以修改以反映通货膨胀;(4)其他保证也可能由贷款机构提供。这些特征都会对未来的研究者提出挑战。

最近,Chinloy 和 Megbolugbe(1994)利用期权定价方法组建了一个反向抵押贷款的定价模型。给定年金支付数量,他们对所抵押房产的价值进行了评估。贷款机构承诺即使贷款余额超过了房产的价值,也允许借款人继续居住在所抵押的房屋中。这个承诺被视为一系列看跌期权,期权的价格随时间而变化。这个方法的有用性,在于将套利期权定价方法应用到反向抵押贷款的交叉期权中,Harrison 和 Kreps(1979)曾对此进行过研究。房产收益率的决定过程是此模型的一个重要假设。另一方面,利率被假定为固定的,年金支付被看作由外生因素决定。此分析看起来更适合于对存在的反向抵押贷款的风险进行评估(也许为反向抵押贷款保险进行定价的目的),而非设定年金支付的原则。

为了使反向抵押贷款对新加坡的养老问题有所帮助,应该对公众进行相关的教育。反向抵押贷款在退休者之中不受欢迎的一个原因,可能是它意味着他们拥有的房产将不再能作为一项财产留给子女。然而,现在大多数年轻人都拥有自己的住房,所以这项考虑并没有那么重要。作为老年人养老的一个收入来源,退休者可以从中获得的每月可支配现金的多少,是反向抵押贷款是否受欢迎的重要因素。

本文最后的模拟分析,得出房产的增值率是决定年金支付的重要因素。新加坡经济和如美国与英国等发达国家经济的一个较大不同,就是新加坡的不动产升值要快得多。新加坡政府改善基础设施和居住环境的承诺,也给了房产价格有力的支持。同时,因为不用对房产进行修缮,HDB 的升级计划将保证 HDB 的房产价值不会下滑。总之,许多新加坡人认为房产将在长期中升值,有助于反向抵押贷款业务的普及。

五、结论

我们认为盈亏平衡年金均值并不能作为反向抵押贷款的一个有用指标,尤其是它无法反映贷款机构的风险和潜在收益。为了计算盈亏平衡年金,有必要假设利率保持不变。这样,利率变化的影响只能通过考虑不同利率环境下结果的敏感性来检验,也许可以通过对盈亏平衡年金均值的合理衡量来进行。

我们对固定利率和浮动利率环境下的反向抵押贷款,利用框架模型进行了分析。给定月度年金支付水平,分析集中在收益现值的均值分布和到期日的损失概率上。根据新加坡的数据得出的初步结果显示,提供有足够吸引力的月度年金支付,对反向抵押贷款是可行的,即使在低房屋升值率下也是如此。最后,我们的估计结果可以根据如下信息,得到进一步的改进:(1)领受养老金者的死亡率经验,包括单身和非单身的情况;(2)撤回率,指的是领受养老金者搬出房屋与其亲戚居住或住到养老院的情况;(3)合适的统计模型计算出房产增值率。

作为资产管理工具的反向抵押贷款

Ehud Ronn

摘要:反向抵押贷款通常被视为增加贫困老年家庭收入的一种手段,由于反向抵押贷款计划发展得相对缓慢,导致一些观测者质疑反向抵押市场的潜在增长能力,本文为不同目的和生命周期的不同阶段提出关于反向抵押贷款作为获得住房公证资产转换的一种金融工具的更广阔的观点。

本文讨论了关于反向抵押贷款的三种市场划分:单独居住的老人市场、其他老年家庭市场和非老年家庭市场。反向抵押贷款的潜在用途有以下几方面:把住房蕴含价值转换成个人投资账户;使子女有能力照顾他们的年老双亲;为老年家庭长期医疗保险提供资金;以及维持消费等。本金融产品在近期的发展进程,以及为健康和长期医疗保健寻找私人融资的可能性和政治压力,表明反向抵押贷款市场有较大的增长潜力。

一、引言

反向抵押贷款为那些积聚了相当数量的住房蕴含价值的户主提供了连续的支付款,这些手段被认为是普通抵押贷款的"相反操作",而普通抵押贷款自产生以来一直运转得相当好。相关的学术文献不仅解释了为什么老年家庭需要反向抵押贷款,而且说明了对反向抵押贷款有很大的潜在需求,并暗示在反向抵押贷款市场中,有相对较少的捆绑供给的限制。然而,怀疑论者不相信文献,他们质疑如果反向抵押贷款市场有如此潜力的话,为什么联邦住房管理局(FHA)和美国住房与城市发展局(HUD)的住房资产转换抵押的示范计划,实际执行的状况远远低于权威认可的水平。

纽曼(1993)表述了这种观点:HECM 在过去 10 年或者更长时间里的经历表明,对这些金融工具的需求并不大。如在 20 世纪 80 年代早期,尽管当时有活跃的市场,尽管当时付出了很大努力,布法罗住房转换贷款计划仍在募集参与者时遇到困难。大约 10 年以后,同样的事情发生了:尽管有超乎寻常的努力,活跃的市场和灵活的 HECM 形式(如信用贷款、一次性付款、年金月支付),自 1989 年以来,申请加入 HUD 的 HECM 示范计划的比例可以用"缓慢但很稳定"来描述。虽然国会在 1995 年 9 月已经把多达 25000 份担保贷款设为认可基金,但是只有 5000 份贷款按照发生时被写入,和多数 HUD 计划相比,大家认为没有必要为 HECM 的发展制订长远计划。

当老年家庭被直接问及他们对反向抵押贷款的兴趣时,对本贷款市场的显著增长的怀疑似乎被证实了。在对老年人的一次全国性反向抵押贷款问卷调查中,在回答"熟悉"或"有些熟悉"时,有 94% 的人员回答他们对进一步了解反向抵押贷款"一点儿也不感兴趣",86% 回答他们难以想象会在将来某个时候想进一步了解反向抵押贷款(Rasmussen,1995)。这些反应以及这个计划实施的经历,表明对反向抵押贷款的有效需求是有限的。

然而,反向抵押贷款业务当时是不成熟的。反向抵押贷款的主要倡导者 Scholen(1993)指出,消费者对很多产品创新的接受过程很慢。此外,几乎独占的焦点聚集在贫困的、单身的老年人作为反向抵押贷款的消费者,忽略了本贷款产品的几个潜在的重要市场。这些市场有中年私有住房拥有者,他们想用家庭住房资产作为人力资本投资的账目,或为他们丧失能力的双亲负担长期健康照料的经费,还有并不贫困的老年家庭,他们想用获得的家庭住房资产作为长期照料的资金或作为最终的遗产。

大多数关于反向抵押贷款需求的讨论,都是基于消费和储蓄的生命周期理论,这些理论假定人们在退休前会积聚财富供给退休后维持晚年消费。这一模型与反向抵押贷款有特别密切的关系,鉴于大多数的老年家庭除了住房以外,其他资产很少。事实上,Venti 和 Wise(1990)指出,住房资产大约占无退休金老年家庭财产的 80%。从逻辑上讲,老年人——有住房但现金比较缺乏,而且预期生命有限——是反向抵押贷款的重要需求者,这一观点导致很多研究聚焦于能通过住房蕴含资产显著提高他们收入的老年家庭的数量。比如,Merrill, Finkel, Kutty(1994), Mager, Simmons(1994)等估算了通过住房蕴含资产使收入增长 20%～25% 的老年家庭的数目。

然而,从生命周期模型观点得出反向抵押贷款需求的看法,使市场局限于那些希望增加当前消费支出的老年人市场。事实上,反向抵押贷款应被视为家庭可行的投资组合选择范围内的另一种方式。我们认为,针对老年人的反向抵押贷款也可以当成资产管理工具,用来为额外支出筹资,在代际间的财产转移,购买长期健康保险的同时保留更多流动资金。(Rasumssen, Megbolugbe 和 Simmons 1996)。

在本文后面的三个部分里,我们剖析三个细分市场,检测反向抵押贷款如何满足每个人的长期金融计划的需要,调查可能影响反向抵押贷款市场的人口和劳动市场趋势,检测医疗照料财务安排的影响,探讨在反向抵押贷款市场上为虚弱老人的长期照料的公众赞成的可行性;最后部分给出总结评论。

二、市场划分——独居老人市场

这一部分考察了三个细分市场,第一个市场是独居的老年市场,他们最有可能利用住房资产来应付紧急情况。剩余两个市场是其他老年家庭市场和非老年人家庭市场,他们更可能把住房资产作为资产管理工具。

众多研究文献已经证明了,在独居的老年人中,反向抵押贷款已经有了相当广阔的潜在市场[Mager 和 Simmons(1994), Merrill, Frinkel 和 Kutty(1994), Rasmussen, Megbolug 和 Morgan(1995)],我们对此问题只做简要说明。2/3 户主年龄在 75 岁或以上的家庭是独身家庭,其中1/3是女性。这些人有着有利于反向抵押贷款市场发展的特点。在 1990 年,年龄在 65 岁或以上的女性家庭拥有大约 300 亿美元的住房资产。然而,这些人中的很多只能靠极低的收入生活,近乎27% 的收入低于贫困线 6268 美元。另外有 22% 的人收入在贫困线的 100%～150%。在这种不稳定的财务状况下,她们中的很多人可以利用住房转换现金资产来增加消费,维持独立的生活,从而显著地提高晚年的福利水平。

在这个贷款市场中,贷款机构面临的潜在问题是财产保持的充分水平得不到保证,把住房作为转换资产的利益关系,不能充分地激发独居老人把资产维护在最大水平的动力。而常规的维持方式一般由户主执行,对虚弱的老人而言是很困难的。虽然他们在合同里会同意做出维持财产的举动,但是老年人一般倾向于拖延这种支出,或者宁愿给住房中蕴含的资产打点折扣。

这种不充分的资产转换的可能性有可能减少,当有家庭成员要继承房子时,他与房子的长期价值有利益关系。如有亲戚住在附近,他们仅有维持基本开支的动机,可能会进行常规的保持资产在一定水平的活动。毕竟,亲戚们也要制订一个即时计划,以求在未来的某个时候使自己的付出得到回报。这些家庭投资者与抵押权持有人面临着同样的风险,当未付贷款的价值超出抵押房产的价值时,他们的投资可能得不到回报。当作为遗产的房产要被分成好几份时,支付维持房产价值开支的家庭成员将会得不到偿还开支的承诺。

贷款机构通过限制要求过高的维修费用,寻求减轻这个问题,但无法完全消除这个问题。看一看下面的例子。一个 75 岁的老妇人为她的房子寻求反向抵押贷款,一项调查显示该屋顶的状况良好,但在 3 年内很可能需要大的维修或更换。贷款的预期期限是借款人的预期寿命,对白人女性来说,大约是 9.1 年。假如屋顶在 3 年内开始漏水,如果没有得到适当的修理,贷款机构的付出就会受到损失。因此,贷款机构有强烈的动机要求屋顶更换,从而有可能减少几千美元的贷款损失。

对独居的老年人而言,反向抵押贷款需求可能保持相对的价格刚性,这个细分市场在很大程度上是由 HECM 示范服务的,反映出这类人群,住房转换现金资产是他们应付额外开支的唯一资金来源。这个计划的参与者是贫困的寡妇(她们的平均收入是 7572 美元,少于 65 岁以上独身老人贫困水平的 125%)。他们中超过一半(51.2%)取出贬值很快的信用贷款(Case 和 Schnare 1994),这种行为表明独居的老人拿出抵押贷款不是用于日常支出,而是应付额外开支。

对于那些希望活得长久的人来说,反向抵押贷款是件好事。然而贷款机构可能会发现这个细分市场无利可图——假如发生逆向选择的话,也就是说,在需要这种产品的人当中,健康的并且预计能活得长久的人占的比例会过大。然而,Szymanoski(1994)指出身体较弱的人觉得 HECM 计划特别有吸引力:"HECM 发起者说他们的很多客户是既贫又病。"有两个因素说明客户的身体状况,一个原因是借款人能为信用贷款制定出一个一次付清的界限,而不是在余生中获得年金,因此,身体较差的人仍旧使用其房子时获得的现金较接近其住房蕴含资产,第二个因素是那些身体较好的人,他们一般比较年轻,很可能和配偶一起生活,而且收入在贫困线以上,并不是非常需要反向抵押贷款。

虽然独居老人为反向抵押贷款机构提供了与之匹配的良好市场,但他们存在与该行业相关的讨价还价能力的固有缺陷,因为存在相近的投资渠道,业务运作机构能根据风险的调整,来坚持反向抵押贷款项目。虽然这并不是一件坏事,但对那些没有其他资产或选择偿还他们的债务和增加收入的人来说,是有消极影响的。正是这一卖方市场为欺骗性行为提供了理想的环境,在这里讨论的三类市场中,独居老人市场最可能要求规范行动以制止欺骗行为的泛滥。

三、市场划分——其他老年家庭

在这个市场划分里,考虑两种独特的家庭类型:(1)年龄至少 75 岁的非单独居住户主;(2)年龄在 65~75 岁的家庭。两类人都有相当高收入的已婚夫妇优势。1990 年,在第一组中,仅有 6.8% 的家庭在贫困线以下。同样地,第二组中,仅有 9.4% 的家庭(有配偶家庭为 4.3%)的收入在官方贫困线之下。

在这两类人群中,借款人和贷款机构一致的利益激励会远小于独居老人,由于预期寿命更长,反向抵押贷款提供给这些其他老年家庭的收益更低一些。由于贷款机构在整个过程中都面临着风险和巨大的不确定性,他们被迫只能为每一美元住房资产提供较少的贷款额。这类人具有高收入,而预期的反向抵押贷款收益又很低,作为现有收入补充的反向抵押贷款的需求量受到很大的限制。这一市场划分中存在着反向抵押贷款的潜在需求,他们既不想减少当前的消费,放弃对流动资产的控制,又想把财富遗赠给子孙,因为房子是传给子孙的主要财产(Mager 和 Simmons,1994)。一般认为遗赠动机决定了反向抵押贷款参与者的需求,老年家庭能在不降低当前消费和威胁他们经济安全的情况下,利用适当的手段把财产转移给子孙。

无论如何,在这个细分市场的成员中,反向抵押贷款的潜在来源,从在不牺牲当前消费或放弃对流动资产的控制的前提下,把他们的财富转移给继承人的愿望中显现出来。房子是他们传递给继承人的主要资产(Mayer 和 Simmons 1994),所以,事实上经常争论的遗产动机,是否会减弱反向抵押贷款的需求? 相反地,把资产转移给潜在继承人的强烈动机,能够增加对反向抵押贷款的需求。采用适中手段的老年家庭能够把财产转移给他们的子孙,而不用降低当前消费或威胁到他们的经济安全。

参与贷款的老人能够在对他们和其受惠者最有利的时间转移资产。当然,受惠者将通过将来遗产的减少偿还转移费用,因为反向抵押贷款需求上升的平衡,将大大减少(或消除)对捐赠者房子的要求权。然而,在适当信息的帮助下,父母和子女都能发现在立即转移资产之后自身状况变好。捐赠人的状况变好,因为看到受惠者享受他们得到的赠品效用。接受者的经济状况变好,只要赠品的当前价值超出他们将在捐赠人死亡后得到的较高遗产的估计现值。

揭开遗产动机的面纱,即在死后把资产转移给另外一个人的愿望,是困难的。由于寿命的不确定性,希望在去世时财产净值为 0 的人,可能有不动产。这样的观测导致 Kessler 和 Masson(1989)辩论区别生命周期储蓄和遗产储蓄事实上的不可能性。尽管如此,较近的证据提供了一个重要的例子说明财产转移的重要性。使用消费者财务调查的数据判定在 1983－1985 年间,有多少数额的家庭把 ＄3000 或以上的资产转移给另外一户家庭,Gale 和 Scholz(1994)发现受惠者年龄为 25 岁或以上者占 9.4％,孩子们在接受者中占 75.4％,在美元价值转移中占 74.9％。更重要的是,Gale 和 Scholz 判定跟随家庭年龄,给出赠品的概率。事实上,55～64 岁参加者的概率是最高的(16％)。这些数据强调通过反向抵押贷款获得资产转移有相当大的潜在需求。

另一个或许是,在 65～74 岁之间的私有住房拥有者的反向抵押贷款潜在需求——私人长期照料保险的购买,潜在需求的较重要的来源将在后面讨论。

四、市场划分——非老年家庭

关于反向抵押贷款市场的多数讨论都在关注老年家庭,事实上忽略了 45～54 岁的中年家庭和在较少程度上 55～64 岁的家庭的潜在需求。强调这一类年长公民有几个理由。第一,依赖生命周期理论来解释通过家庭转换资产动用储蓄的需要,表明反向抵押贷款对"房子富人、现金穷人"的老年家庭来说是最合适的。第二,有较多高收入、较年轻的家庭已经能通过家庭资产贷款和信用贷款方式获得他们的转换资产,留下老年市场作为未服务的市场划分。第三,由于 HECM 实例已显示,参加本项贷款者倾向于老和穷,即参与本业务者平均年龄在 75 岁以上,比较接近贫困线。

尽管有好多理由认为老年家庭是最重要的反向抵押贷款的细分市场,非老年家庭也是一个有吸引力的细分市场,至少从行业前景来看,主要是由于借款人和贷款机构之间的兼容动机。年龄在 45～54 岁的家庭,处在他们一生挣钱的顶峰,正是不动产抵押贷款的不合逻辑的候选人。相对来说,短期反向抵押贷款比常规抵押贷款的风险小。常规抵押贷款通常只要有 5％ 的住所价值做抵押,反向抵押贷款在开始时需要有一定数量的家庭转换资产作为抵押。

固定期限的反向抵押贷款的期限设计,使得主人能保留大比例的住房资产和债务偿还以获得抵押免除,贷款机构面临比普通抵押贷款更小的及资产维持的风险。更进一步地,毫无疑问,在偿还失败中丧失抵押品赎回权比普通抵押贷款市场是更容易出现的。驱除游手好闲的家庭不会背上与接受贫困寡妇家庭同样的耻辱。因此,动机的兼容性对非老年家庭的参与是赞成的。

相对年轻的私有住房拥有者通过劳动获得主要收入,有相当部分的住房资产拥有者对反向抵押贷款的兴趣首先来自投资而非消费。1989年的消费者财务调查表明,在75%左右的住房家庭资产转换贷款和资产信用贷款的借款人中,投资动机是显著的。投资活动包括家庭生活改善或购买、投资、债务归还和接受教育。

家庭私房拥有者已经通过住房资产转换抵押贷款和资产信用贷款利用住房财产,那么在什么情况下愿意参与反向抵押贷款呢?答案是直截了当的:当他们的投资支出很大,以至于他们宁愿延迟所有应偿还的款项直到将来的某个时候。虽然通过反向抵押贷款获得的住房能用于大范围的金融投资,但是用于支付孩子教育和为获得新的工作技能而发生的替换收入的额外收入特别地有用。15年的反向抵押贷款和特别是按月支付的30年抵押,能用作一种私人"人力资本投资账目",当这种投资需求很高时,这种方案就变得有用。

一个例子证实在长期人力资本投资中使用反向抵押贷款的优点。设想一个有三岁小孩的家庭,这户人家将购买房子并为孩子的大学教育作出计划。这户家庭采用预付学费和住宿费款项,允许他们为一次付清支付和月费用取代当前的支付方式。

假设这户家庭选择了购买 $68400 的住房,将用 $65000 抵押作子女的教育经费。可有以下几种选择权:(1)采用利率为9%的30年期限贷款(月支付 $523)和预付四年大学学费和宿舍租金(月支付 $116);(2)采用利率为8.5%的15年抵押贷款(要求每月支付 $640),按反向抵押贷款收益支付大学费用。从金融理财的观点来看,该选择哪一种呢?

预付大学费用的方式提供了一个固定价格,自筹经费计划留给未来学生关于将来学费和住宿费的不确定性。预付程序的价格进度表让我们看到政府所希望的未来学费形式是什么样的,未来的每月支付费预期包括学费和生活费、住宿费。假设政府能在这些基金的投资上获得4%的真实回报,为四年学费和住宿费、生活费的预期费用,15年就是 $28546。这等于为48个月的大学生涯,每月花费 $595。

反向抵押贷款允许家庭获得在15年后不再有负债的住房资产。最大的贷款额与房屋价值的比率是50%,家庭资产价值以1994年价格计算假定为恒量 $68400,允许家庭取出 $34200 的反向抵押贷款。这等于采用9%利率的30年的普通抵押贷款,每月需要支付 $275。在同样余额的年金下,如需要在大学四年期间支付。假定在8%的利率下,遵照四年合同每月要支付 $835。借款人每月收到 $560 的净值,四年以后尚欠 $34200。

考虑这户家庭在四年大学完成时的财富状况。在15年抵押计划下,使用反向抵押贷款支付大学费用后,这户家庭在第19年末持有 $34200 的抵押余额。如果这户家庭采用大学预付费计划和30年抵押贷款,他的抵押债务是 $46657。故此,19年后,当这个学生大学毕业时,这户家庭在金融理财过程中,使用反向抵押贷款将有多于 $12000 的住房财富,比选择30年抵押贷款和资助高等教育计划用费更多。

作为上述分析的基础,佛罗里达州预付大学用费计划的成功,表明在注册之前的大学费用的筹资计划有较大需求。佛罗里达州学费计划建立在1987年,已经订立了276000个契约并声称在资产上有400多亿美元。佛罗里达州有全国最大的预付大学费用规划,亚拉巴马州、阿拉斯加州、马萨诸塞州、肯塔基州、俄亥俄州、宾夕法尼亚州、德克萨斯州和怀俄明州都采用相似的方案。

有一个关于固定期限的反向抵押贷款实例,在与照料年老双亲有关的较年轻家庭生命周期的财务计划中扮演角色。越来越多的中年家庭将有年老的双亲需要亲人照料。事实上,如果依靠长期照料的国家政策,许多成年人会发现,照顾他们的双亲是唯一可接受的,而不是收容他们。在未来 10 年里,越来越多的中年人将会选择从工作场所回到家里,或临时或通过兼职,来履行他们照料父母的责任。由于照顾父母逐渐侵蚀工人的生产力,公司将在他们利益范围内允许为这样的目的离职(华尔街期刊 1995)。为了同样的理由,他们将促进中年生涯的人力资本投资,固定期限的反向抵押贷款对暂时离开工作的筹资是最理想的工具。事实上,所有有较大价值住房资产的中年私有住房拥有者,为了这个目的,潜在地需要反向抵押贷款。

五、人口和劳动市场变化

现有文献没有考虑人口和劳动力市场变化对反向抵押贷款潜在需求的影响。这些变化可能会怎样影响前面讨论的三个细分市场呢?人口老龄化将增加单独居住老人的潜在市场,近来出现收入增长和养老金变化的迹象,并没有使反向抵押贷款细分市场的增长前景暗淡。Wiener、Illston 和 Hanley(1994)已经设计出到 2018 年老年家庭的收入和资产。估计在 2018 年,75～84 岁老人中,中等家庭收入为 $20873(以 1993 年的美元价值计)。这种估计表明在老年金融计划中的住房资产的潜在角色不可减少,尤其按照在 2018 年,中等家庭仅有 $35981 金融资产,但住房价值为 $116428 的假设。使用这些长期照料的资产可能性很大,因为 Wiener、Illston 和 Hanley 预期疗养院和家庭照顾的价格每年增加 1.5%,比一般的价格指数增长得快一些。

这些收入和财富设计是以假定在 30 年期间内,实际工资和利益每年增长 1.5% 为基础。这或许有点高,Even 和 Macpherson(1995)指出,在 1979—1988 年间,年龄在 36～55 岁的女性在私人部门的平均实际收入提高了 9.8%。在同一期间,通过私人养老的这些女性的比例增长到 16.2%(虽然到 1988 年此比例仍旧仅有 49.4%)。相比之下,36～55 岁的男性却是另外一种相反的经历。他们的实际收入平均降了 8.6%,养老金额下降了 2.3%。合计起来,近来工资和养老金性别的演变趋势表明,Wiener、Illston 和 Hanley(1994)的假设太过乐观,在未来几十年中,老年人可能发现本论文讨论的各种目的住房资产转换的价值。

老年已婚夫妇,年龄在 65～74 岁个人的数目在较快增长,对于这个市场,人口老化是代际财富转移的潜在影响因素。较长的寿命意味着财富被继承时的平均年龄也是在增长的。在实际贷款期间,将来及时提供子孙的教育费和遗产,或许会晚一点得到。通过反向抵押贷款方式转移的财富,允许遗产转移的时间有很大弹性。

最后,将来在较年轻者中(45～54 岁和 55～65 岁),潜在需求将会受到怎样的影响呢?在今后的几十年间,有工龄的人们将是相对小的需要高薪的群体,同时面临住房相对低的价值(1993年夏)。这些个性特征能够增进家庭资产通过 15 年的抵押贷款方式相对较快地增长。Scholen(1993)指出消费者选择新产品的过程是漫长的。然而,45～54 岁和 55～64 岁的人群已经乐意参与反向抵押贷款和信用贷款购买,因此可能特别接受反向抵押贷款作为附加金融工具的想法。

劳动市场的多数观测者强调,由于技术的快速变革,终生学习需要的增长和各种职业的期望。如果预言者的预言是正确的话,中年工人将在动态的职业生涯中不断地进行知识技能的更新。技术在中年获得人力资本过程中的重要性在加强,会产生这样一个事实,即职工的职业生涯随着人口老化可能变长。代替盼望工作 25 年后早点退休,在下个世纪一个 47 岁的人至少还有 20 年的工作时间。在中年,从反向抵押贷款中得到的暂时性收入能够促进再教育工作的开展,使得职工能够获得需要的教育和接受新工作的培训。

六、替换性制度下的反向抵押贷款

医疗改革和长期照料实施的国家政策,对反向抵押贷款的需求有重大影响。即使老年家庭生命年金反向抵押贷款的唯一市场部分,对多数老年家庭来说,住房资产是最后的金融缓冲器,作为对抗医疗费用或长期丧失能力的一种保险形式(Skinner,1993)。更明确地是,把住房资产作为保险的需要,显然与为年老者提供健康与长期照料是相关的。如果为健康与长期照料的报道是完全和普遍的话,住房资产将不需要扮演这样重要的保险角色。在老年人的医疗保健和长期照料上,国家政策变化对潜在的反向抵押贷款的需求会有什么影响呢?

(一)医疗保健改革

卫生保健政策的变化是确定的。Cutler(1994)描述了财务实体需要改革。当前,联邦、州和地方税收的20％之多用在卫生保健方面。在过去的20年里,公共部门的实际卫生保健花费每年增长6％左右,卫生保健是联邦预算中增长最快的部分。很清楚地,长期财政赤字减少与公共部门管理卫生保健花费的能力是完全相关的。

技术改革是医疗费用增长的主要原因,减少卫生保健费用是不容易的。根据 Newhouse(1992)报道,卫生保健占了费用增长的半数。无论如何控制费用,改革的一个结果是确定的,被保险者的财务需求是增加的。通过尝试减少给医生和其他供给者的支出,也能增加保健类型的需求。如外科病人提早离开医院,病人可能需要更多的家庭照顾,增加现款支付和老年人的财务自我负担等。

从20世纪80年代以来,突出的卫生保健费用意味着每年增长4.4％左右。布鲁克林国际金融公司长期照料财务模型估计,在1993年到2008年年间,75～84岁的中等收入家庭每年增长1.75％,在后来的十几年间,增长2.1％。84岁以上人员的收入比人均收入预期增长缓慢。相比较之下,在1993年到2018年期间,住房资产比家庭收入增长得快,75～84岁人群,每年增长2.1％;84岁以上人群,每年增长3.3％。这些数据表明,使用反向抵押贷款供给部分卫生保健费用,对多数家庭来说,只是无关痛痒的解决方法。

(二)长期照料保险

对丧失能力人员的长期照料的需求,将随着老年公民数量的增加而增加。虽然多数老年人能自己照顾自己,但是活到65岁的那些人中,10个人中有多于4个人将在未来的某个时候在疗养院度过,4个人中有1个人将在那里度过一年多的时间(Kemper 和 Murtaugh 1991)。多数老年人显然无法供给私人长期照料保险费用,医疗补助规划是长期照料政策的必要成分。

家庭照料而非机构收容,是给予老人长期照料的首要方式。Olson(1994)写道:一般家庭成员,尤其是妇女在美国不仅仅是主要照料供给者,而且研究表明大部分人宁愿提供这样的照料,也不愿被他们的亲戚送进专门机构。老年人和他们的家里人都强烈抵制疗养院的布置,视它为在所有其他方式都试过之后的最后求助手段……事实上,正像几位研究者所指出的那样,只有当他们的照料者变得疲惫、有病和临近死亡时,才会被送进专门机构。

Struyk 和 Katsura(1988)研究家庭的老化过程,关注适应无能力者的住房调整。他们争论国家政策改革应该谨慎地处理长期照料政策的观点,因为家庭已经设计出谨慎的安排以满足他们大范围来源的需要。

通过使用住房资产价值转换获取反向抵押贷款，一些人能够在较长时间内维持家庭照料。当然，可使用的住房资产可以来自照料供给者或丧失劳动能力者。以他们自己的住房参与固定期限的反向抵押贷款，能够提供给照料供给者从工作中抽出部分时间资源，或支付因为延期照料供给者的协助费用。反向抵押贷款也能供给住宅维护翻新的经费，丧失经济能力的人也能在老住宅里继续居住下去。

事实上，现行私人长期照料保险政策大量提供制度化的家庭照料，这些政策给年老者带来两个好处。第一，他们保证提供比医疗援助供给更高质量的照料；第二，他们帮助富有老人保藏他们的遗产，因为他们的资产可能在符合医疗补助时耗费较小。正像住房资产能用于人力资本投资一样，它也有作为税收延期资产的功能——一种长期照料自我保险的账目，当适中费用需要用作维持内部照料时。

虽然人们普遍赞成私人长期照料保险应该在政策搭配方面扮演一定的角色，但是关于角色的范围却有不同的意见。在另一方面，Cohen 等（1992a，1992b，1993）拥护私人保险更应扮演主要角色，声称有 40% 多的目标人群能支付得起额外费用。

这些关于供给能力的分歧估计，是基于所包含的合理的覆盖范围和关于长期照料保险额外费用的支付能力的不同假设。通过关注当前收入和流动资产的讨论，当然排除家庭净资产，多数政策低估在丧失能力的老年人的长期照料中私人主动性能扮演的角色。

通过把一定比例的住房资产转换成流动资产，反向抵押贷款在私人长期保险的供给能力方面产生显著影响。例如，假定由收入超过 $50000 的老人购买长期照料保单，能够提供足够的覆盖范围，在 65 岁时每年额外收入是 $1500（Cohen，Kumar 和 Wallack，1993）。年龄 65 岁时，预期寿命是 17.2 年。在 4% 利率下，每年额外收入 $1500 时，产生 $18400 的现值。因此，在 65 岁时大约 $20000 的额外收入能够保证长期照料。

在 HECM 程序的指引下，对一个 65 岁的老人来说，在年利率 10% 的情况下，贷款与住房价值的比率是 0.28，$80000 的住房资产因此将产生 $22400 贷款额度，年龄在 65~74 岁的老年私有住房拥有者有 35% 左右的比例拥有超过 $80000 的现金资产。用从住房资产中取出的额外收入偿还长期照料保险，既不需要减少当前收入也不需要损耗非住房资产。反向抵押贷款增加私人长期照料保险的供给能力，应该对最佳的公共和私人混合的长期照料供给方面的讨论有重要影响。

（三）综合评论

在这篇论文中，我们争论反向抵押贷款对消费者来说是一种有价值的金融工具，尤其在三个细分市场。这些手段与住房资产的信用贷款相结合，能够使住房资产成为生命周期中财务计划的基石。如果行业促进住房资产的创造性用途的话——供给长期照料保险、债务减少，为丧失能力的老年人翻新住房，接受大学教育，当然还有维持消费等。反向抵押贷款市场能迅速生长，固定期限和终身期限的反向抵押贷款都是需要的，如果所有的细分市场都很适合的话。

虽然这个市场何时会走向快速发展是不确定的，但是发展进程看起来已被设计好。相关行业提供大量信息以帮助消费者比较替代性产品。此外，此项金融产品是普遍可行的，金融顾问提供给消费者更多的关于反向抵押贷款优势的消息。人口统计学和劳动市场趋势的支持更快增长。最后，减少政府保障的政治声望，外加医疗保健和照料丧失能力的老人的超高费用，几乎保证获取住房资产以赡养老人的需要。结合近年来金融产品的发展，长期人口统计的趋势和政治事实，反向抵押贷款市场对持续不变的增长看起来是必要的。

七、若干要素分析

(一)人种

基于表 5 的数据,能看出约 56％的白人,56％的其他人种(如亚洲人、印第安人和其他人种)从反向抵押贷款业务中获益,仅有 45％的黑人和 45％的西班牙人有潜在效益。由于白人在老年贫困户主中所占数量较大,这一群体从反向抵押贷款中获得的收益,占整个收益的比例最大(81％)。很明显,其他人种在收入增长超过贫困者收入 100％以上人群中所占的比例(6.9％)比白人(3.3％)多。而西班牙人收入增长没有超过 100％的,黑人和西班牙人所占房屋的价值较低,这使他们从反向抵押贷款业务中获益较少。

从表 5 中可以看出,在西班牙家庭中,女性西班牙房主从反向抵押贷款中获益相对较多,她们的收入增长都超过贫困收入 40％以上,从未结婚的黑人男子在黑人群体中的收入也相对较高。

(二)区域和地点

从表 6 可以看出,东北和西部地区的家庭,从反向抵押贷款中获得的收益比例较大,这是由该地区的房子价值较高导致的。除西部外,所有地区城郊的房子比中心城市房子更易从反向抵押贷款中获益。在西部,有 86％的中心城市贫困老人能从反向抵押贷款中获益,其中约 9％的房子能获得超过贫困收入 100％的收入,这是由西部中心城市的房子价值较高造成的。在东北部的农村,约有 13％的房子能获得超过贫困收入 100％的反向抵押贷款支付款。以下地区有 85％的家庭能获得反向抵押贷款收益——东北部市郊和非大都市地区,以及西部中心城市。以下地区有 40％的家庭能获得超过贫困收入 40％的收入——东北部市郊和农村、中西部市郊、西部中心城市和市郊。在南方,美国有一半贫困老人生活在那里,52％的人未能从反向抵押贷款中获益。在南部市郊,有 67％的家庭从反向抵押贷款中获益。

(三)贫困户主从反向抵押贷款中获得潜在收益的回归模型

在回归模型中,把从反向抵押贷款中获得的收益作为独立变量,这一变量于 HECM 工作单计划,完全由家庭的年龄(有配偶的夫妇由较年轻者决定)和房子的价值决定。这两个变量在回归模型中是独立的,作者考察了以下情况,即反向抵押贷款的潜在收益是否随房子拥有类型、区域、地点、人种、福利或公共支助和现有储蓄和投资的变动而系统地改变。作者估计了两个模型,一个有经济变量和人口统计变量,另一个只有人口统计变量,分析模型用来考察人口统计特征,预测老年贫困人口在反向抵押贷款中的获益情况。模型中变量的描述性统计资料在表 7 中列示,是从一个较小的样本中获取的。

(四)估计结果

回归模型的估计结果在表 8 中列示,房屋拥有类型变量、地点变量、经济地位变量和人种变量在预测反向抵押贷款的潜在收益时有重要意义。

其中,地点变量和房屋拥有类型变量是重要的,在两个模型中,地点变量得出的结论实际上是一样的。和东北部城市郊区相比,中西部农村和非大都市城市从反向抵押贷款中的获益要低一些。相似地,南部农村或非大都市城市或中西部中心城市从反向抵押贷款中获益非常低。南部和东北部市郊获得的收益较高。

　　在两个模型中,从未结婚的男子,比离婚、寡居或分居的女性收益要高。利用人口统计对反向抵押贷款收益的描述性研究得出这一结论并不奇怪。从表4可以看出,从未结婚的男性群体比离婚、寡居、分居的女性获得高收益(40%～100%,100%以上)的比例要高。在分析模型中,和有配偶家庭相比,离婚、寡居、分居房主从反向抵押贷款中获得的收益比较高,这一估计非常有意义(在0.01%水平)。所有无配偶家庭从反向抵押贷款中获得的收益比有配偶家庭高,直接原因是计算反向抵押贷款支付款以较年轻配偶的年纪计算。许多有配偶的老年户主,特别是在65～70岁的,可能他们的配偶还不属于老年人群,不具备参加这一计划的资格。假使较年轻配偶的年纪达到老年人要求,反向抵押支付款也会比以较老配偶的年龄计算的支付款少,而且有配偶的老年人往往年纪较轻。

　　经济因素包括在模型1中,结果显示,接受福利或公共资助的家庭较少从反向抵押贷款中获益。估计这一变量的个数很重要,估计的规模是相当大的。然而,现有的储蓄和投资增加反向抵押贷款的潜在收益,社会保障似乎减少收益,后一结论的重要性水平只有1%。现期储蓄和投资对潜在收益预测有重要意义,对贫困收入百分比表示的收入有一个小规模增加(3%),那些无储蓄或投资的家庭更可能通过反向抵押贷款获得所需现金,大约50%的样本有储蓄和投资。

　　和白人相比,黑人的潜在收益较低,这一结论在模型1中仅在11%的重要性水平上有显著作用。在独立于经济变量情况下,在模型2中,在2%的重要性水平上有显著作用,不考虑经济因素情况下,黑人户主的收入下降6百分点,其他人种变量(西班牙人或其他人种,亚洲人和印第安人)对反向抵押贷款的潜在收益预测无显著作用。

　　总之,以贫困收入的百分比表示的收入变化的15%可以由模型1中的变量作出解释,13%可由模型2中的变量作出解释,这样,人口统计变量(包括在模型2中)解释了超过13%的收入变化,在0.01%水平上的F统计检验对两个模型都很重要。

(五)结论和政策运用

　　回归模型的结论说明,人口统计因素在预测反向抵押贷款的潜在收益时意义重大,地点变量也是一个重要的预测指标。根据从反向抵押贷款获益的规模,这些变量影响最大,政策制定者可以利用这些结果将反向抵押贷款更好地定位为改善老年人群贫困现状的工具,东北部的市郊或南部市郊,比中西部农村,非中心城市和中心城市的潜力要小些。有一些储蓄和投资的家庭从反向抵押贷款中获益的优势更大。我们的结论同时显示,反向抵押贷款市场作为改善贫困现状的工具,应将最多的精力放在贫困的女性房主上,而放在有配偶的家庭上的精力应该最少。

　　女性老年人贫困率比男性高,女性房主从反向抵押贷款中获益较多,反向抵押贷款可以成为更好目标定位的改善贫困现状的工具,使处于严重贫困状态的人群获益。

　　发现的另一个结论是,在反向抵押贷款中无优势的人群必须使用其他改善贫困现状的工具。人口统计研究揭示,超过一半的黑人和西班牙贫困户主不适合反向抵押贷款,大约有一半的有配偶贫困户主不能通过反向抵押贷款获得现金。超过一半的南部和中西部贫困户主没有获得反向抵押贷款的居住多年的有价值住房。因此,当反向抵押贷款作为改善贫困现状工具的范围扩大时,其潜在收益在人群中的分配也是不均衡的。

　　无论在哪里,反向抵押贷款的潜在收益都是可观的,公共政策和私人市场都应该将其作为改善老年人贫困状态的工具。我的研究表明,东北部和南部市郊、西部中心城市和农村地区、东北部非中心城市反向抵押贷款是适合贫困户主的,贫困女性房主也是适合的。

　　制度支持将帮助人们进一步意识到反向抵押贷款作为改善贫困状态工具的作用。这些制度包括——加强消费者权益保护措施,消除现有的审查借款人参加反向抵押贷款资格的模棱两可的规章。政府大力支持发展反向抵押贷款二级市场,采用高级会计程序。

　　反向抵押贷款行业发展新的产品,在合理评价风险的基础上向借款人提供更好的支付条件是非常重要的,现有的产品都是基于保守估计存活年龄和房子价值。由于市场需求的大力推动,出现了新的反向抵押贷款,它把反向抵押贷款支付和长期健康护理结合在一起,为了使产品获得老年家庭的广泛接受,任何为他们服务的财务管理计划都必须考虑长期健康护理问题。

　　最后,为了认识反向抵押贷款对改善贫困现状的潜力,将重点放在贫困人口上是必要的。市场力量更喜欢较大贷款机构活跃于更高价值的房屋市场,因为这一市场的边际利润更高,贫困户主的房子价值相对较低,平均价值 1991 年为 \$49000。

　　一项公共政策的创立必须能渗透到低规格市场,这样的渗透将使大多数老年贫困户主获得反向抵押贷款。政府在该行业的大量涉入,给政策制定者提供了通过反向抵押贷款改善贫困状况的杠杆。

表 1　所有贫困家庭获得反向抵押贷款后以贫困收入百分比计量的收入增长的分布

以贫困收入百分比计量的收入增长(%)	家庭数	总百分比	男性家庭数	女性家庭数
0	976451	45.7	394081	582370
0~10	20947	1	5605	15342
10~20	189313	8.9	79211	110102
20~30	232269	10.9	86334	145935
30~40	227592	10.7	90649	136943
40~50	157115	7.4	33274	123841
50~60	84496	4	32868	51628
60~70	95681	4.5	23490	72191
70~80	9465	0.4	1940	7525
80~90	73665	3.4	18117	55548
90~100	6917	0.3	0	6917
100~110	18213	0.9	4886	13327
110~130	17805	0.8	4795	13010
130~150	16292	0.8	0	16292
150~180	5092	0.2	0	5092
180~200	4856	0.2	0	4856
总计	2136169	100	775251(36.3%)	1360920(63.7%)

表2   所有贫困家庭获得反向抵押贷款后以贫困收入百分比计量的收入增长分布(以家庭类型分类)

以贫困收入百分比计量的收入增长(%)	结婚的	离婚、寡居、分居的女性	离婚、寡居、分居的男性	从未结婚的女性	从未结婚的男性
0	304920	541680	99779	17741	12336
0~10	3638	15342	1967	0	0
10~20	75738	84780	14680	12857	1257
20~30	74099	132200	17077	5131	3761
30~40	79452	124370	21447	2322	0
40~50	18229	114130	17693	5679	1386
50~60	24118	49495	8708	0	2176
60~70	17286	67047	7331	2649	1368
70~80	0	7525	1940	0	0
80~90	9336	51016	7439	4532	1341
90~100	0	6917	0	0	0
100~110	1394	11848	2180	1479	1313
110~120	2743	13010	2052	0	0
130~140	0	16292	0	0	0
150~160	0	5092	0	0	0
190~200	0	4856	0	0	0
总计	610953 (28.6%)	1245600 (58.3%)	202293 (9.5%)	52390 (2.5%)	24938 (1.2%)

表3   所有贫困家庭获得反向抵押贷款后以贫困收入百分比计量的收入增长分布
(家庭类型分类,括号中是行项目的百分比)

以贫困收入百分比表示收益家庭类型	0	1%~40%	41%~100%	>100%
已婚的	304920(49.9)	232930(38.1)	68969(11.3)	4137(0.7)
离婚、寡居、分居的女性	541680(43.5)	356690(28.6)	296130(23.8)	51099(4.1)
离婚、寡居、分居的男性	99779(49.3)	55171(27.3)	43111(21.3)	4232(2.1)
从未结婚的女性	17741(33.8)	20309(38.8)	12860(24.6)	1479(2.8)
从未结婚的男性	12336(49.5)	5018(20.0)	6271(25.2)	1313(5.3)
总计	976456	670118	427341	62260

表 4　所有贫困家庭在获得反向抵押贷款后以贫困收入百分比计量的收入增长的分布
（年龄和家庭类型分类括号中是行项目的百分数）

以贫困收入百分比计量的收益年龄和家庭类型	0(%)	1(%)~40(%)	41(%)~100(%)	>100(%)
65~70 岁	281640(54.6)	202350(39.2)	32220(6.2)	0(0.0)
已婚的	143670(69.9)	59270(28.8)	2590(1.3)	0(0.0)
离婚、寡居、分居的女性	103700(43.9)	108100(45.9)	24160(10.2)	0(0.0)
离婚、寡居、分居的男性	27240(55.9)	18860(38.7)	2610(5.4)	0(0.0)
从未结婚的女性	2570(15.2)	12860(76.1)	1470(8.7)	0(0.0)
从未结婚的男性	4460(48.9)	3260(35.8)	1390(15.3)	0(0.0)
70~85 岁	561900(42.3)	465580(35.1)	283990(21.4)	16820(1.2)
已婚的	137850(37.9)	173660(47.8)	51860(14.3)	0(0.0)
离婚、寡居、分居的女性	340110(42.8)	246400(31.1)	195000(24.6)	11850(1.5)
离婚、寡居、分居的男性	62230(50.3)	36310(29.3)	23030(18.6)	2180(1.8)
从未结婚的女性	13830(40.5)	7450(21.8)	11390(33.4)	1480(4.3)
从未结婚的男性	7880(57.7)	1760(12.9)	2710(19.8)	1310(9.6)
85~90 岁	87150(43.5)	2190(1.1)	81500(40.6)	29750(14.8)
已婚的	18940(52.4)	0(0.0)	13040(36.1)	4140(11.5)
离婚、寡居、分居的女性	61180(43.1)	2190(1.6)	52730(37.2)	25610(18.1)
离婚、寡居、分居的男性	5690(29.6)	0(0.0)	13550(70.4)	0(0.0)
从未结婚的女性	1340(100.0)	0(0.0)	0(0.0)	0(0.0)
从未结婚的男性	0(0.0)	0(0.0)	2180(100.0)	0(0.0)
90 岁以上	45750(50.3)	0(0.0)	29640(32.5)	15690(17.2)
已婚的	4450(75.0)	0(0.0)	1480(25.0)	0(0.0)
离婚、寡居、分居的女性	36680(49.2)	0(0.0)	24230(32.5)	13640(18.3)
离婚、寡居、分居的男性	4620(43.6)	0(0.0)	3930(37.1)	2050(19.3)

表 5　所有贫困家庭获得反向抵押贷款以后以贫困收入百分比计量的收入增长的分布
（以人种和家庭类型分类）

以贫困收入百分比计量的收益人种和家庭类型	0(%)	1(%)~40(%)	41(%)~100(%)	>100(%)
白人	727785(43.5)	534956(32.0)	354808(21.2)	54268(3.3)
已婚的	218820(45.5)	198130(41.3)	59091(12.3)	4137(0.9)
离婚、寡居、分居的女性	427540(43.1)	276070(27.8)	244590(24.7)	43107(4.4)
离婚、寡居、分居的男性	63881(43.9)	36930(25.4)	40469(27.8)	4232(2.9)
从未结婚的女性	5208(14.9)	18808(54.1)	9290(26.7)	1479(4.3)
从未结婚的男性	12336(61.5)	5018(25.1)	1368(6.8)	1313(6.6)
黑人	208769(55.7)	110770(29.5)	53046(14.1)	2485(0.7)
已婚的	61371(66.3)	23918(25.8)	7403(7.9)	0(0.0)
离婚、寡居、分居的女性	105130(49.3)	68546(32.1)	37193(17.4)	2485(1.2)
离婚、寡居、分居的男性	33242(63.1)	16805(31.9)	2642(5.0)	0(0.0)

续　表

以贫困收入百分比计量的收益人种和家庭类型	0(%)	1(%)~40(%)	41(%)~100(%)	>100(%)
从未结婚的女性	9026(70.4)	1501(11.7)	2291(17.9)	0(0.0)
从未结婚的男性	0(0.0)	0(0.00)	3517(100.0)	0(0.0)
西班牙人	4964(55.4)	1436(16.0)	2562(28.6)	0(0.0)
已婚的	2495(100.0)	0(0.0)	0(0.0)	0(0.0)
离婚、寡居、分居的女性	0(0.0)	0(0.0)	1282(100.0)	0(0.0)
离婚、寡居、分居的男性	2469(63.2)	1436(36.8)	0(0.0)	0(0.0)
从未结婚的女性	0(0.0)	0(0.0)	1280(100.0)	0(0.0)
其他	34938(43.4)	22961(28.6)	16920(21.1)	5507(6.9)
已婚的	22234(62.5)	10879(30.6)	2474(6.9)	0(0.0)
离婚、寡居、分居的女性	9011(22.7)	12082(30.5)	13060(32.9)	5507(13.9)
离婚、寡居、分居的男性	186(100.0)	0(0.0)	0(0.0)	0(0.0)
从未结婚的女性	3507(100.0)	0(0.0)	0(0.0)	0(0.0)
从未结婚的男性	0(0.0)	0(0.0)	1386(100.0)	0(0.0)

表6　所有贫困家庭以贫困收入百分比计量的收入增长的分布
（以区域和地点分类，括号中为行项目分数）

以贫困收入百分比计量的收益区域	0(%)	1(%)~40(%)	41(%)~100(%)	>100(%)
东北	79899(28.7)	92949(33.3)	87128(31.3)	18741(6.7)
中心城市	30938(41.5)	20807(28.0)	17900(24.1)	4719(6.4)
市郊	13901(15.0)	40305(43.4)	36478(39.2)	2264(2.4)
农村	32754(35.2)	21134(22.7)	27332(29.4)	11759(12.7)
非大都市城市	2306(12.5)	10703(58.1)	5417(29.4)	0(0.0)
中西部	268450(55.0)	129870(26.5)	77039(15.8)	13060(2.7)
中心城市	70321(54.1)	38473(29.5)	16708(12.8)	4746(3.6)
市郊	31491(36.5)	17956(20.8)	32515(37.8)	4251(4.9)
农村	120620(62.5)	51574(26.7)	18998(9.8)	1852(1.0)
非大都市城市	46015(58.3)	21864(27.7)	8819(11.2)	2211(2.8)
南部	560280(52.1)	338050(31.4)	166260(15.4)	11930(1.1)
中心城市	105240(47.3)	74385(33.4)	40710(18.3)	2130(1.0)
市郊	50847(33.3)	64365(42.1)	35320(23.1)	2207(1.5)
农村	305310(55.5)	175190(31.8)	64613(11.7)	5539(1.0)
非大都市城市	98888(65.6)	24106(16.0)	25617(17.0)	2055(1.4)
西部	67820(23.2)	109260(37.4)	96912(33.1)	18528(6.3)
中心城市	9787(13.6)	32852(45.7)	23028(32.1)	6155(8.6)
市郊	27692(26.4)	32758(31.2)	35709(34.0)	8785(8.4)
农村	10897(16.4)	30117(45.3)	21906(32.9)	3588(5.4)
非大都市城市	19445(39.5)	13531(27.5)	16269(33.0)	0(0.0)

表 7　回归模型变量的统计描述（较小样本　数量＝1143）

变　量	平均数	标准差	变　量	平均数	标准差
关联变量			区域和地点变量		
以贫困收入百分比计量的收入增长	23.289	30.30	东北部中心城市	0.028	0.17
独立变量			东北部市郊	0.036	0.19
家庭类型变量			东北部农村	0.057	0.23
已婚的	0.287	0.45	东北部非大都市城市	0.006	0.08
离婚、分居、寡居女性	0.578	0.49	中西部中心城市	0.051	0.22
离婚、分居、寡居男性	0.096	0.29	中西部市郊	0.033	0.18
从未结婚女性	0.024	0.15	中西部农村	0.114	0.32
从未结婚男性	0.014	0.12	中西部非大都市城市	0.031	0.17
人种			南部中心城市	0.080	0.27
白人	0.807	0.40	南部市郊	0.060	0.24
黑人	0.154	0.36	南部农村	0.307	0.46
其他	0.004	0.07	南部非大都市城市	0.061	0.24
西班牙人	0.035	0.18	西部中心城市	0.031	0.17
经济变量			西部市郊	0.042	0.20
福利或公共资助	0.133	0.34	西部农村	0.043	0.20
储蓄或投资	0.506	0.50	西部非大都市城市	0.014	0.13
社会保障收入	0.952	0.21			

表 8　（较小样本　数量＝1143）

变　量	模型 2		模型 1	
	参数估计	t 分布	参数估计	t 分布
	38.40	6.24	33.70	7.27
离婚、寡居、分居女性	11.22	5.76	10.41	5.34
离婚、寡居、分居男性	5.98	1.87	5.08	1.59
从未结婚女性	10.25	1.80	8.93	1.58
从未结婚男性	14.65	2.01	15.26	2.09
黑人	−4.12	−1.60	−6.06	−2.39
其他	−8.92	−0.68	−12.96	−0.99
西班牙人	1.87	0.39	−1.34	−0.28
福利或公共资助	−8.94	−3.39		
储蓄或投资	3.07	1.73		
社会保障收入	−6.63	−1.66		
东北部中心城市	−5.57	−0.83	−6.28	−0.93
东北部农村	−1.92	−0.34	−2.23	−0.39
东北部非大都市城市	−11.05	−0.95	−9.24	−0.79
中西部中心城市	−21.46	−3.70	−20.95	−3.59
中西部市郊	−9.16	−1.42	−8.33	−1.29
中西部农村	−28.83	−5.69	−28.79	−5.65
中西部非大都市城市	−27.94	−4.32	−27.15	−4.17
南部中心城市	−16.53	−3.05	−16.16	−2.97
南部市郊	−10.75	−1.92	−10.31	−1.84
南部农村	−21.01	−4.48	−22.12	−4.70
南部非大都市城市	−23.15	−4.14	−24.22	−4.31
西部中心城市	0.24	0.04	1.00	0.15
西部市郊	−3.35	−0.55	−2.82	−0.46
西部农村	2.34	0.38	1.98	0.32
西部非大都市城市	−14.85	−1.91	−13.34	−1.71

老年生活的财务计划:主观上的
积极因素和消极因素

Anderson Li

摘要:本文主要阐述了个人开始制定晚年生活财务计划的各种条件,数据来自于 51 个中老年人的访问调查,这个调查主要是生活质量和过去生活状况。参与者根据财务状况、个人状况、家庭状况分为 3 个组,积极的财务影响包括职业规划和退休规划,而失业和不可预测的支出是消极因素。个人状况影响如健康状况和年龄等,家庭状况的消极因素如配偶的死亡、离婚,再婚等对于个人来说,既可以是积极因素也可以是消极因素。例如,离婚对有些人来说是消极因素,而对有些人来说是积极因素。参与者在社会结构中的地位会影响其财务计划准备,尽管如此,生活环境的主观概念也很关键。

一、介绍

在西方国家,老年人从集体生活越来越多地向个人生活转变,这逐渐受到社会的关注和公众的讨论(Anderson, Li, Bechhofer, McCrone&Stewart, 2000;Gilleard&Higgs, 2000;Kemp, Denton,2003)。正在进行的老年福利制度逐渐被取消而转向个人,伴随着的是劳动力市场和家庭工作生活的巨大改变,促使个人承担自己晚年生活的经济安全,他们需要尽可能多地计划储蓄(Dennis, Migliaccio,1997;Glass, Kilpatrick,1998a;Salisbury,1997)。退休规划的研究确定了根据各种变量而进行的各种财务计划,这种变量如性别、种族、收入、教育、职业、年龄、婚姻状况和那些老年人社会经济的不同之处(Andersonetal,2000;Glass, Kilpatrick,1998b;Gregoire,Kilty, Richardson,2002)。然而,很少有人知道个人如何真正了解他们为将来生活制定财务计划的能力,更少有人知道阻止或推进他们制定财务计划的因素。

在社会经济和意识形态变化的程度上,个人风险和责任意识也在加强。本文是对晚年财务计划的深入研究,以加拿大中老年人生活质量和过去生活状况的抽样调查、先前的研究状况为依据,主要是大部分个人都参与老年生活的长期财务计划,使得财务风险降低到最小,而一小部分仅仅是做日常零星准备(Denton et al. , 2004;Kemp, Denton, 2003)。我们现在的分析需要一些个人生活的特定因素和条件,主要是促进或阻止财务计划的开始。本文阐述了如何制定老年生活的财务计划,为什么要制定,以及在什么条件下制定等。有趣的是,我们的分析是生命过程中的交叉点(如教育、家庭、工作),社会和个人的相互影响,以及个人如何主观上考虑老年生活的财务计划,这些都可以是将来研究的基础。我们首先考虑在加拿大社会中老年人的经济安全和回顾前人在财务计划上所做的研究。

二、研究现状

在许多西方国家,老年生活的社会和物质方面的责任,大部分是由国家、雇主和个人承担的(Esping Andersen,1999；Salisbury,1997),三方面分别承担社会保险、养老金收入和个人储蓄(Hungerford,2003)。在加拿大,国家支持系统包括所有老年人的普遍基本利益(老年安全,OAS),基于收入的养老金保障补充(保障收入补充,GIS)。政府支持包括基于收入的养老金第二层保障(加拿大和魁北克的养老金计划,C/QPP)。在这几年,只有不到一半的老年人从雇佣关系的养老金中得到收益(Statistics Canada,2001)。更少的人在个人退休账户中投资(Statistics Canada,2001),年轻人的投资远远超过老年人,反映了社会和经济气候的转变(Statistics Canada,2002)。

财务计划和国家政策、每个国家特殊发展计划的实施有关。和美国不同,在加拿大,抵押贷款利息是不能减免所得税的,这就促使人们尽可能早地还清贷款。另外,和美国不同的是,加拿大有普遍的基本医疗保障,大学和学校的教育费用较少,还有养老金系统,包括老年人的基本收入,这些不同影响到老年人制定财务计划的性质、程度和时间。

不考虑计划的特殊性质的话,大部分西方国家有一种趋势,政府的政策和雇佣方式鼓励越来越多的个人承担其晚年生活的经济安全(Gee,2000)。在加拿大,越来越多的因素影响个人的储蓄计划,如 RRSPs(加拿大注册退休储蓄计划)对该计划的投资人实行税收优惠等。这几年,为了鼓励个人投资,年收益水平也在上升。这种改变和其他类似于这些的改变在其他西方国家也在进行(Gilleard,Higgs,2000；Mann,2001)。基本上,老年生活中个人经济安全的责任转移也产生了新的风险,老年人生活质量有所下降(O'Rand,Henretta,1999),尤其是加上性别、物质条件、种族和社会地位的差异(Estes,2004),这些变化使得财务计划成为必要。

正像前面介绍的那样,财务计划多种多样,大致上形成了教育、职业类型、收入等影响着老年财务的安全(Anderson et al.,2000)。例如,房产拥有者和财务计划有直接关系,包括参与实施RRP计划和 RRSP 计划(Maser,1995；Schellenberg,1994)。老年生活制定财务计划的能力与劳动力市场的内容和质量有关(Lee,2003)。

男性比女性更倾向于制定老年生活的财务计划(Glass,Kilpatrick,1998b；Perkins,1995；Richardson,1990)。作为一个整体来说,女性在外面工作的收入要少于男性,她们经常是做一些兼职,有时候因为照顾家庭或承担家庭义务而不得不中断工作(Berger,Denton,2004；Glass,Kilpatrick,1998b；Onyx,1998),所有这些因素对女性的养老金和其他形式的财务投资产生了消极影响(Gregoireet al.,2002；Villani,Roberto,1997)。更重要的是,国家养老金计划所给予的退休收入和储蓄的多少,是根据先前收入来确定的(Spratlin,Holden,2000)。

有女性在外面工作的家庭更有可能服务于那些不提供职工退休保障的单位,甚至有些全职女性努力工作所得的退休金也比不上男性的退休金(Patterson,1996)。职业因素包括职位、任期、收入、部门等,Hardyand Shuey(2000)认为女性仍旧较少参与雇佣单位的养老金计划。根据劳动力市场经验的不同,有些学者发现由于性别差异而带来社会地位的不同,男性更倾向于投资(Glass,Kilpatrick,1998a,1998b)。

财务计划和年龄之间是有关系的,那些进行财务准备的人到了中年之后才会有一些共同之处(Anderson et al.,2000)。他们和年轻人比起来,更会实施财务计划(Statistics Canada,2001；Turner,Bailey,Scott,1994)。

对很多人来说,年龄和财务计划之间的联系在一定程度上和家庭生活需求有关。例如,Turner,Bailey,Scott's(1994)以 40～65 岁为年龄段的 2760 名大学教职工为研究对象,研究结果是中年人的财务需求并非有利于退休计划。相反,一些更直接的事情,包括子女教育上的财务支持和照顾年老的长辈等,则优先促使制定财务计划(Feraro,1990)。对于子女,基本上最小的子女跟财务计划的关联最为紧密。换句话说,个人只有在对子女和老人的责任和义务尽完之后才会考虑自己老年生活的财务计划。同样,Kokrada 和 Cramer(1996)在一个 50～59 岁女性的调查分析中发现,子女经济上的独立和实施自己老年财务计划的能力有很大关系。随着子女在经济上越来越独立,制定退休计划的机会也就越多,对子女的经济义务妨碍了计划的制定。根据人口数据,最近美国的一份研究表明,退休后继续在外面工作来支持子女的老人相对不会制定退休计划(Szinovacz,DiViney,Davey,2001),同样,和子女一起居住的老人也相对不会制定退休计划。

财务计划的制定因婚姻状况的不同而不同,婚姻仿佛是晚年生活的一个经济收益,尤其对女性来说更是如此(Gregoire et al.,2002)。离婚或者分居男性的老年生活肯定不如结婚的人,离婚或者分居的女性和结婚的比起来,政府资助外的收入肯定要少一些(Davies,Denton,2002)。同时,McDonald(1997)的研究发现,相对离婚或分居的女性来说,尽管寡妇更偏好储蓄,但是跟已婚甚至还单身的女性相比,她们还是不算偏好储蓄的。和其他婚姻状况的人相比,寻求退休财务信息的寡妇要少一点。

总之,关于财务计划的研究已经明确了一些影响制定晚年生活财务计划的因素,然而,现有的研究还是片面的。因为缺少基于数据的实证分析,所以无法回答是什么促使人们制定老年生活的财务计划,也没有明确个人如何主观上认识到他已经具备制定计划的条件,以及他如何在这种条件下制定自己的计划。为了弄清这些问题,本文将回答老年生活财务计划的一些积极的和消极的因素。

三、分析

这次分析的数据来自于对一个城市的调查研究,这个城市是坐落于加拿大安大略湖南部的一个工业城市。老年生活计划的研究,是为了明确中老年个人如何制定未来的财务计划、社会计划、生活方式计划等。退休计划或者称老年生活计划,不可避免地和个人的过去经历和现在状况相关(Szinovacz,Ekerdt,Vinick,1992),并且和我们将要分析的个人主观判断、研究理论和研究方法相关(Giele,Elder,1998)。运用整个生命历程的方法分析,是研究个人、家庭、社会、历史环境及其变化所必须的,同时,前景的描述突出了主观判断在了解社会活动中的作用。结合这些方法,本文基于定性分析和历史分析方法进行运用。

这些数据收集的方法有三种:人口调查问卷、生活访谈(包括教育、家庭、经济、工作经历等)、深入的定性访问(关于制定老年生活计划)。这些访谈有录音,并逐字转录,数据的手抄本和译码表则由研究人员做进一步深入研究。三个研究人员记录、比较和重新登记,直到所有数据都相符。由于数据的复杂性,我们运用定性数据分析方法。

在详述 Malcolm Stewart(2000)研究的基础上,我们依然运用访谈的信息来描绘每一个被访者的生活过程,为了使分析能贯穿个人和社会,访谈的数据是按事情发生的年代排序的,包括家庭、工作、教育、健康、居住等。这些对了解定性访谈得到回答的背景有很大帮助。

表1　制定老年生活计划样本的人口特征

特征	男性(n=15)	女性(n=36)	总和(n=51)
年龄分段			
45～64 岁	5	9	14
65～74 岁	4	12	16
75～84 岁	4	12	16
85～91 岁	2	3	5
婚姻状况			
已婚	9	12	21
分居/离婚	1	9	10
寡妇/鳏夫	3	11	14
单身(没结过婚)	2	4	6
家庭年收入			
少于 19999 元	2	9	11
20000～39999 元	2	12	14
40000～59999 元	6	10	16
60000 元及以上	5	5	10
工作状况			
已经退休	14	29	43
还没退休	1	7	8

　　参与者是 51 位 45～91 岁的加拿大人,从表 1 中我们可以看到,女性占了一半以上,大部分参与者在 65～84 岁之间,不到一半的人是已婚并和配偶一起居住。根据工作和收入情况,一半的人表示在 2001 年家庭收入在 4 万元及以上,大部分人在考虑退休。有大部分人是加拿大出生但有欧洲和欧加的混合血统,寡妇比鳏夫多一些,分居或离婚的女性比男性多一些,女性的收入比男性少一些。总之,这些个人比加拿大的平均水平更可能也更有能力为老年生活做计划,这些数据促使我们更好地了解计划的各个方面,包括个人制定计划并进行储蓄的主观考虑,大部分参与者能分清,特定环境下的特定事件是制定个人老年财务计划的推动因素还是阻碍因素。

四、结果

　　我们研究的问题是哪些是影响制定计划的主观决定并是如何影响的,根据参与者的说明,我们发现三种情况对计划的影响既是积极的又是消极的:经济、个人和家庭。虽然我们是单独访问的,但是我们需要注意的是大部分类型是相互关联的。个人、经济、家庭三者对计划的影响在一定程度上是模糊的,而且积极影响和消极影响之间的分界线也是可变的,对某个人来说是积极影响的因素,对另一个人来说是消极影响,其他还有一些时间的因素带来的不确定性,在个人生活的某个时期是积极因素,在另一个时期可能会带来消极影响。

(一)积极影响因素

　　大部分参与者已经在制定实施各种形式和不同程度的老年生活计划,超过 80％(42/51)的人能够明确一些生活中的事件、条件或者环境,能促使她们投资或为老年生活储蓄。经济上的积极影响因素是一些很普遍的情况,一般是在个人和家庭因素的触发下发生,而个人和家庭因素是基本的而且和经济因素有很大关系。经济影响因素有以下几种形式:

1.经常被定义为机会的显现,根据对那些已经有劳动力偿付的参与者的研究看,退休计划实施的机会来自于雇佣关系所产生的便利,如退休金、购买公司股份或股票。正如下面阐述的那样,这些机会鼓励了他们以自动支付的形式进行储蓄,无论是强制性的还是自愿的。

"一家公司来到我们的城市提供服务,它是合法成立的,所以你不用去核对自己的工资也不需要去打扰他们,这是我唯一的储蓄。"——分居女性 49 岁

"我有一家公司的养老金,我从 1973 年就开始上交,因为我在必须交纳之前有一到两年的空白……在我工作的每年,他们从我每个月的工资里面扣除。"——已婚女性 72 岁

"我丈夫买了公司的股票,他们有一个在工作时候买股票的选择,你每个月投入同样的钱进去,公司给你相应的回报。"——已婚女性 75 岁

以上的访问片断也说明了特定的积极因素和个人投资选择策略之间的关系(如买股票或者投资股市的机会)。

为了更好地阐述这些机会,个人必须在工作期间得到这些机会,或者在这种工作状况下结婚或认识某人。积极因素并非在那些不参与劳动力市场的人群中出现,也不是在那些和劳动力市场相关但又是自我雇佣或兼职或相似情况中出现,这种积极因素也不是在那些法律类的工作职位中出现。另外,从上面的投票显示,如果是夫妇更倾向于共同制定计划,而由其中一个人负责。在上面的例子中,已婚的参与者明显是财务计划的积极促进因素,如果她是已婚并且和丈夫儿女住在一起的话,即使有可能并不是她的计划,公司的股票仍旧是她经济安全计划的一部分。

2.前人持续的研究发现,知识是影响个人对老年生活计划理解的重要因素(如 Ekerdt,Hackney,2002),有些参与者说别人的建议使得他们开始考虑为老年生活储蓄。

"我想我丈夫知道应该和一个经济咨询顾问聊一聊……他是一个很好的人,我想正是因为他从自己的经历中看到,他遇见的每个人死去的时候,你知道,每个人都必须开始计划,所以我们那样做了。"——寡妇 79 岁

"我的一个朋友指出提前做好准备的必要性,他在一家销售 RRSPs 的公司工作,我是他的第一个客户,当他向我推销时我决定花一部分钱在 RRSPs 上,我建议我的朋友最好也采取类似的措施,很多朋友这么做了。"——寡妇 86 岁

"我住在三楼,从来没听说过 RRSPs,我楼下的一位男士告诉我,他说:'你必须立刻开始一些财务计划'……所以我开始了,但是有几年我没有投入我应该投入的金额。"——离婚女性 76 岁

这些参与者的经验、得到的建议以及他们从老年生活计划中获得的好处都能促使个人开始准备计划。当然,为将来储蓄意味着物质来源的存在,而个人生活的条件说明储蓄并非一定可行。在上面的例子中,她丈夫丢了工作和夫妇后来的离婚,意味着财务状况的时好时坏,这就要根据情况可能的时候才为将来储蓄。

3.政府给投资者税收优惠的支持政策,以下就是一些这方面的显示,有些是 RRSP 的税收优惠。"对我来说,在 RRSPs 上的投资并不是为了退休,而主要是税收的原因,每一年我们都在老去,而这个投资则显示出其合理性,当然,它不是那么多,而是比退休金要多一些,我们在早上起来会说'上帝,你知道我们在渐渐老去,我们没有多少时间了',我不想再支付了,我们付出得够多了。"——分居女性 49 岁

"基本上我是我们家记账的人,这并不意味着我从他那里拿过账本,但是他知道我能比他更好地支配我们的钱,我使得我们有税收收入而他需要付钱,我当时告诉他:'你知道如果你购买了

RRSPs，我们会得到回扣吗？'每年的最后，我习惯了从我们的银行账户上尽可能支付一部分。"——寡妇 77 岁

从他们的话中我们可以再一次看到特殊的积极因素（税收优惠）和投资策略（RRSPs）之间的关系，在这些被访者的讲述中，税收优惠对老年生活计划有单独的激励作用，随着退休计划越来越被重视，为将来存钱的人也越来越多。

他们有些人是抓住了雇主那里给予的机会来制定计划，有些是从朋友那里得到建议来制定计划，利用财务动机的能力和物质来源有关。我们的调查进一步加强了物质来源和制定老年生活计划之间的关系，除了一个女性有法定收入外，所有的人在 2001 年都能有 2 万美元的家庭收入。

个人积极影响因素和个人生活的预期有关，包括过去的和未来的。部分参与者由于他们的生活经历，尤其是一些生活的交叉口，能够给他们很多制定计划的动机。例如，部分老年群体（$n=10$）谈到他们在大萧条中成长的过程时，都认为那个经历对以后的生活计划有很大影响。

"我跟随着我父母的经历，因为那时我成长的阶段在 20 世纪 30 年代，如果你现在不需要钱，那么你可以把钱放在某个地方，将来你肯定用得着。"——已婚男性 77 岁

"你会注意到，我通常都相信把获得的钱立刻花在某些地方，我不喜欢收取利息，我不会那样做，我不能忘记我出生在大萧条之前，我们不能不在意钱，我想所有身边的这些东西都是为了以后年老用的，我父亲在 93 岁的时候还在为他自己存钱。"——已婚女性 72 岁

"我会把我所能节省的钱存下来，我经常存钱，我是在大萧条的时候一个农场中长大的，那时候没有钱，没钱的时候就不会花钱。"——单身女性 72 岁

一定历史条件下的生活交叉点是一些老年群体制定计划的原因，他们需要自己养活自己，所以他们会存钱，并且为他们的老年生活经济上的安全做准备。

对这些参与者来说，主观上对年龄的理解也是影响财务计划的个人因素的积极方面，并不是所有的在同一个年龄的老年人都能认识到自己在逐渐衰老。年龄作为一个积极因素，同样伴随着计划的需要而产生，是一种想拥有独立经济能力的愿望。当我们问一个已婚的男性是什么促使他在 50 岁就制定了他的老年计划时，他说："只是因为我意识到我老了一点，我需要另外存一点钱。"一个 65 岁的离婚女性说："当我 60 岁的时候，我就在想，哦，上帝，我最好想一下计划了。我经常想但是我一开始并没有行动起来。"后面的一些人引用了一些关于年轻的时候就想制定财务计划的事情，但是由于认识到生活的距离或物质环境的限制，所以在年轻时计划并没有必要。有些人指出了周年生日的重要性，提醒了他们晚年生活正在到来。

少数人是因为健康状况不好，所以开始制定老年财务计划，健康状况作为个人制定计划的积极影响因素，是介于经济因素和家庭因素之间的，例如：

"我在 1975 年得了癌症，我想在财务计划的收益下尽可能活得长久一点，但是我又想留一点东西给我的丈夫，所以我不能把钱都花光，而且我女儿的教育是我最担心的，所以我另外买了人寿保险。"——已婚女性 46 岁

"我的健康……主要是肥胖和糖尿病，我不知道将要发生什么，我说，我最好开始投资并赚一些钱，可能这有点晚了，但是我还是要计划。"——已婚男性 59 岁

以上章节中是一些对未来做计划的主观意向，表明对个人来说光是考虑财务安全是不需要计划的。过去的或现在的疾病，是制定财务计划的一个促进因素，也和个人为一些特定的事情做好准备，如购买人寿保险。

最后一个促进老年生活财务计划的因素是家庭因素，这些因素主要是一些家庭关系，包括婚姻、婚姻的裙带关系、代际关系等。对一个失去配偶的个人，尤其是女性来说，丧偶是他/她制定

财务计划的促进因素。一个 80 岁的寡妇说，我丈夫的死去使我意识到拥有财务安全是一件很重要的事。那些认为离婚是老年生活计划的促进因素的人表示了和该寡妇类似的观点。

"婚姻失败确实是一个很重要的因素，离婚之前我都把财务计划的事情留给丈夫去做，而离婚给了我重大打击，我认识到我必须能够自己照顾自己，我想我应该做一些 RRSPs 之类的投资。事实上我放开了那件事并找了一份兼职，但是这份工作不允许我参与养老金计划。"——再婚女性 67 岁

这位参与者的经历突出强调了生活过程中的某些经历和条件的重要性，这些经历使得她积极为老年生活做计划。她中年离婚使她需要计划，但是她在劳动力市场的地位不能提供其养老金的机会，只能靠兼职挣钱。当这位女性能够制定财务计划的时候，结果完全不一样了。

有些人认识到遗产也是家庭因素的一个方面。当被问到是否有特殊的事件促使其为老年生活制定财务计划的时候，一位妇女说道：

"我想是因为我的公公的去世，他留给我丈夫一些钱，他去投资了。而当我丈夫的叔叔 72 岁去世的时候，他留给我们一些钱，我们也拿去投资了。当他的母亲去世的时候，以及我的母亲去世的时候，都留给我们一些钱，所以，我们继承的遗产都拿去投资了。"——已婚女性 75 岁

(二)消极影响因素

参与者在讨论消极因素的时候，没有像讨论积极因素那样热切，这反映了此次参与者相比加拿大所有人来说，他们的物质条件相对好一点。尽管如此，大部分低收入参与者认识到特定的条件或事件能阻碍他们制定计划。运用生命周期理论也促使个人认识到特定的时间也是制定计划的消极影响因素，他们也知道在其他时间则是一些积极影响因素。和积极因素类似，消极因素也包括经济、个人和家庭关系。

和积极因素比起来，也许各种类型的消极因素之间的界限就更加模糊。在下面的章节中，参与者表示，他们在工作期间面临的财务需求限制了他们储蓄或者投资的能力，而这些需求又和家庭责任义务相关：

"当你在工作的时候，就会知道，所有你的闲置资金都用来还本金，我想只有当所有的贷款全部还清之后你才能考虑储蓄等。但是当你可以的时候，三个小孩要上大学，而他们不用去申请助学贷款，因为我们有责任，这也是为什么我说个人储蓄不会存得很多，如果不是投资 RRSPs 的话，需要很长的时间。"——已婚男性 61 岁

就像那些人说的，财务上的消极因素可以从个人的家庭责任和经济义务当中看出。

图 1 是一个男性的一生经历，他的物质条件和制定老年生活计划的能力，随着时间的改变而改变，在他结婚和抚养子女的早期，他基本上没有节余或只有一点点，他的债务很高，基本上没有能力为他的老年生活做准备。直到他还清了所有贷款，并且得到一笔遗产，投入到他子女的教育中，在工作上也得到晋升，这些都使得他逐渐具有实施财务计划的能力。当然，不是所有的人都面临着相同的消极因素。

有些人认为健康是制定财务计划的积极因素，而其他人认为健康是消极因素。一个 59 岁的单独居住的女性告诉我们："去年我生病就退休了，我没有很多钱，制定计划时多了一些考虑……而且我没有加拿大养老金，我没有丈夫，一个人住，所以……"这位女性的个人健康状况、家庭状况(分居)和她的工作经历，促使她具有制定计划的能力，保持经济上的安全。

讨论中最普遍的消极因素是家庭因素，正像参与者表明的那样，家庭的变故是他们财务计划的障碍，这样，他们制定计划的能力也被削弱了。那些认为特殊条件妨碍了他们制定计划的人中，大部分认为婚姻的失败是主要障碍。

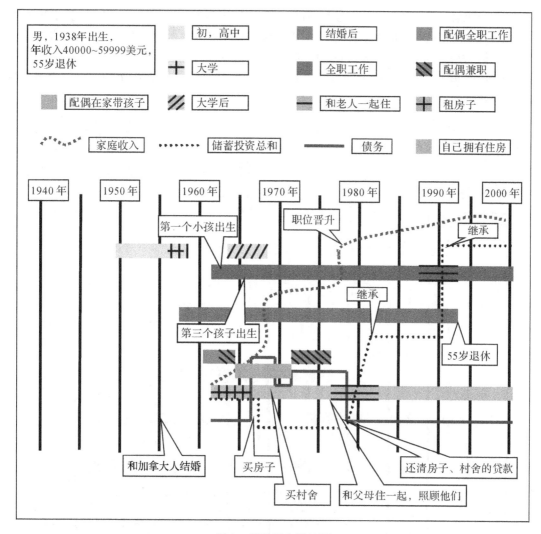

图1　某男子生活经历

"我发现我一个人照顾四个孩子很孤独，当有压力的时候，每件事情我都要做好，所有能够挣到的钱和能继承到的遗产，对我来说都是一个礼物，我必须让这个家庭很好地运作，必须还清所有的债务，我的前夫后来破产了，这是个恐怖的处境，所有我能做的是还清债务、缴税，用我的收入来继续贷款，从工资里面拿一部分来补贴房租、家庭消费。"——再婚女性72岁

"结婚之后我有更多钱，而离婚之后失去的更多，我曾经希望和我丈夫一起退休，拥有一个美满的家庭，银行里有储蓄，但是这一切都没有发生。不过离婚也让我个人有了提升，让我成为更精明更强大的人，所以我也没有后悔过，只是在经济上有点遗憾，个人没有后悔。"——离婚女性65岁

对于这些参与者来说，婚姻的失败意味着物质上失去了来源，他们必须努力适应变化了的家庭状况。

离婚对于一些人来说是制定财务计划的消极因素，但有一个人认为是积极因素。"让我们回到我40岁离婚那年，我没有钱，没有车，没有工作，这些毫无疑问使得我对安全更加敏感，我不记得我在40岁和50岁之间做过些什么，也不记得我是否存过钱，我只记得我很努力地不去借钱，那10年日子过得非常紧"——再婚女性65岁

为了说明财务计划的一个动态过程,图2显示了这个再婚女性一生发生事件的全过程,分居和离婚使得她的家庭收入陡然下降,她在一所学校任教并得到一份全职工作使得她财务情况好转,当她进入劳动力市场后,养老金和家庭收入都渐渐增加。我们必须注意到,和那些离婚后没有再结婚的人相比起来,再婚者会有更好的经济安全,能更好地看待他们婚姻的失败,把离婚作为一种积极的因素。

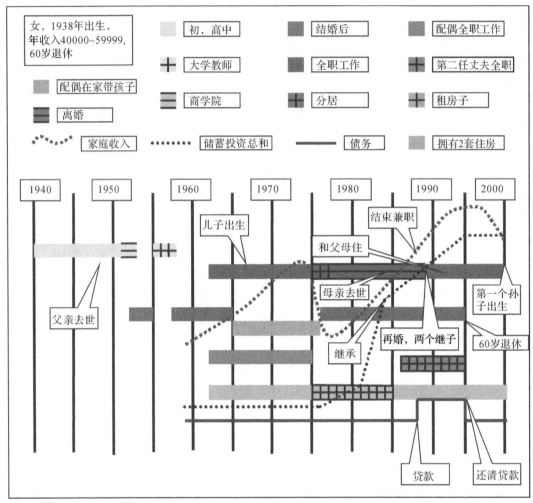

图2　某妇女生活经历

类似于家庭关系这一积极因素,有些参与者认为家庭代际关系的变化是影响他们制定老年生活财务计划的一个因素。特别的,一些人会给他们的子女很多钱,这在经济上有一个消极影响,从这些参与者的表述来看,给子女钱是他们财务计划的消极因素,并最终影响到他们老年生活的物质条件。

"这么多年来,我们存下来的钱已经在我女儿身上花得差不多了,每次她缺钱花的时候,我都会给她。不过,我想现在她应该知道我已经没有更多的钱给她了,我和我妻子从来没有真正出去旅游过。"——鳏夫86岁

"我的几个儿子是自己创业的,他们说服我用我的财产给他们做抵押贷款。我也不知道是怎么让他们做到的。我对于自己反感的事情是不会有任何动机的。后来,他们的业务失败了,没有得到支付,市场也不行了,我必须卖掉我的别墅来还银行的钱。我赔了很多钱,很多很多,我几乎

一无所有了,不可能再回到过去了。我必须把所有的钱都还给银行,虽然他们一直告诉我他们会还我钱的。"——鳏夫 70 岁

虽然由于家庭责任和义务,他们要帮助自己的子女,但是这些变化成为他们制定财务计划的一个障碍。如果子女能得到父母的支持,就影响了父母的经济状况,减少了他们为老年生活储蓄的机会。

五、讨论

本文的主要目的是从主观上了解个人制定或者不制定老年生活财务计划的因素,一般认为有三方面积极的和消极的因素:经济上的、个人的和家庭的。这些因素之间通常是相互关联的而非排他的。个人情况千变万化,对某个人来说是积极因素,对其他人来说可能是消极因素,对任何一个人而言,在某一时期是积极因素,可能在其他时期是消极因素。

20 年前,Townsend(1981)认为,退休计划中个人因素权重的增加,导致个人老年生活储蓄的能力下降。本文的研究重点在于个人的账户和预期,但这并不意味着建议那些没有制定财务计划的人在各自不同的情况下制定计划。我们的研究是在原有研究的基础上进行的(e.g. Anderson et al. , 2000;Gregoire et al. , 2002;Turner et al. , 1994),尤其是根据各种不同工作经历、家庭收入状况、婚姻情况、家庭义务等生活经历来进一步研究。在我们的样本中,只有一个人有有关法律的收入类型。积极因素有参与职工养老金计划的机会,各种各样的投资策略等,都是根据性别、职业、社会地位、间接的婚姻状况等。

我们通过研究各种不同的事件和条件对财务计划的影响,来补充和完善现有的研究成果。在理论和方法上,我们已经开始使用一种全局性的方法来研究制定财务计划(Denton et al. , 2004),如使用定性数据和生活经历图标来说明各种生活经历的影响,以及个人、经济和社会环境之间的关系。定性分析让我们知道各种水平的生活经历如何在财务计划中得到呈现。和生活预期结合起来,让我们明白一些随着时间变化的动态的计划,也让我们了解动态的积极和消极因素。这种方法可以连续性地向我们展现计划是如何在各种不同的生活状态下(配偶、伙伴、子女、其他晚辈)改变和发展的。我们的数据表明,经济、个人和家庭关系三方面的影响因素之间有着密切的关系,并影响个人制定财务计划的能力。最后,我们鼓励其他学者在我们全局性地对计划的分析上,能有进一步的理论和方法的研究。

将来的研究也可以考虑我们探测性分析上的一些要点,从数据上我们还有一些没有解决的问题。

第一,我们的数据指出了某些特定的积极因素和一些投资策略之间的关系,这是税收优惠对投资于 RRSPs 的引导。同时,较差的健康状况使得人们购买人寿保险,积极影响因素和投资策略之间的关系需要进一步的调查研究。另外,我们还不知道根据特定的一些积极因素,其长期的结果应该是怎么样的。个人是否会采取他们计划的最合适的投资策略来保障他们以后的生活?根据他们物质环境的不同,在老年阶段他们对各种积极因素作出什么样的反映?

第二,我们的数据指出了过去的历史条件在老年生活财务计划中的作用,参与者描述了积极的个人因素,并指出像大萧条这样的事件对财务计划的一定程度的影响,假设劳动力市场是暂时稳定的,兼职和全职,年轻人群体相对于老年人来说有更多不同的选择(McDaniel, 1997, 2004)。尽管我们不能完全地解释其中的关系,通过传记形式和历史表述而形成对财务计划的安排的可能性是值得研究的。例如,在经济萧条时期或者经济下滑时期,年轻人和老年人制定计划的时候

有哪些相同点和不同点？如果有，他们是如何表述的？

第三，个性特征，如责任心、情绪稳定性、自信心、角色确定性、自我控制能力等在财务计划中所起的作用（Glass, Kilpatrick, 1998a, 1998b; Hershey, Mowen, 2000）。这不是我们的文章所关注的，也不是我们的数据主要反映的东西，个性特征可能用来解释为什么相似的经历，如离婚，对某个人来说是积极因素，对另一个人来说却是消极因素。当然，若是要说明各种各样的事件，则不能不考虑社会因素。

第四，我们还需要知道更多关于结构性安排的事情，它属于财务计划的一部分。由于样本量太少和样本的复杂性，我们无法得知性别、种族、阶层和血统之间的关系所带来的影响（Calasanti, 1999; Calasanti, Sleven, 2001），我们只知道个人在考虑自己是否能做财务计划时它们的重要性，老年生活物质上的不一致是影响社会关系的一个因素（Arber, 2004），但是这些是如何影响财务计划的？不管是质量还是数量，我们都还需要做进一步的研究，以补充知识并为有关政策提供参考。

尽管我们是在小样本上做的研究，研究重点是社会地位、生活经历和它们之间的关系，但是仍能推断出促使个人制定财务计划的重要影响，以及阻碍财务准备的因素。很明显，个人对自己将来负责的能力，尤其是以财务计划的形式予以负责，并非平等地分配给所有人和所有人的生活过程。

附录 A

影响因素类型 积极/消极	积极	消极
经济上		
由职业提供的储蓄	28	—
知识	9	—
税收优惠	4	—
失业	—	10
个人的		
社会环境	10	—
年龄预期	6	—
健康状况不好	3	13
家庭相关的		
丧夫/丧妻	2	9
离婚	5	9
代际变化	9	7

我国发展反向抵押贷款面临的
风险及防范措施

柴效武　王　颖[①]

摘要：反向抵押贷款作为一种复杂的金融工具，业务运作涉及诸多不同于普通住房贷款业务的不确定因素，包括未来现金流的回收、政策变化、贷款机构预期寿命等，这些因素构成了该业务的运作风险。本文将针对反向抵押贷款业务开办过程中可能存在的风险进行分析，讨论反向抵押贷款的相关风险及风险规避措施，在此基础上设计该业务的运作模式并提出相关建议。

一、反向抵押贷款的风险介绍

Mitchell 和 Piggott(2004)将反向抵押贷款风险分为贷款机构风险和借款人风险两大类，贷款机构风险又分为寿命风险、利率风险、住房价值总体风险、住房价值个体风险和费用风险五大类。反向抵押贷款的实质又是贷款机构与借款人双方之间的一种买卖合约。从合约签订双方来看，贷款机构的风险主要可分为政策风险、信息不对称风险、住房价值风险和流动性风险；借款人的风险主要有支付风险等。

具体地说，利率升值会使贷款的相对收益率下降；全国性的房产贬值会使房产价值严重下跌，而反向抵押贷款的利率风险，远比相同期限的附息债券以及传统的金融工具来得更大(Thomas,1994)。即使全国房地产的整体走势看好，个别地域房产的贬值仍有可能时时发生，房产所有者也会因为一些很现实的原因而提前终止合约，如搬出住宅和子女一起居住或接受医疗服务等。另外，首先介入反向抵押贷款的经营者，将承担该业务宣传推广的大部分费用，如业务推广失败时，这些成本将得不到任何补偿。上述诸多风险都会使反向抵押贷款提供者面临巨大的经营损失。

反向抵押贷款业务对社会家庭、国民经济增长等具有多方面的功能和现实意义，又具有众多的功能属性，既是一种抵押贷款，又是一种寿险产品，对贷款机构是一项业绩和利润的增长计划，对借款人又是自我养老保障实现的措施。这意味着反向抵押贷款具有不同于普通抵押贷款的性质，涉及影响因素较多，不确定性较大，存在着许多风险。

反向抵押贷款业务中，投保人或借款人面临的风险微乎其微，只要投保人能按照寿险合同的约定方式获得应有的养老金，保险公司就不会拖延发放款项。即使投保人去世，已获得的养老金总额小于保险公司回收时房产的净现值，保险公司也会把此差额交给投保人的遗产继承人继承。因此，投保人的风险几乎没有，而保险公司却面临着已支付的养老金总额大于回收时房产净现值的巨大风险，因为保险公司是"无追索权"的，换句话说，就是不能要求投保人的遗产继承人补偿此项差额。

反向抵押贷款运行的过程中，不仅有房产价值和投资利率的波动，更是一种借贷双方有关借

---

①　王颖，女，浙江大学经济学院硕士研究生，主要研究方向为金融投资等。

款人寿命的博弈,产品定价及运营过程中存在着不同于普通住房抵押贷款业务的风险因素,需要考虑众多的不确定因素。这就需要分析该业务的相关风险,并从风险规避的角度设计该业务的运作模式和制度要素,分析业务运行过程中所涉及的参与机构、相关市场,并在此基础上提出可行的业务运作模式以及相应的风险规避措施。

在我国已经实行多年住房自有化为主导的城镇住房制度改革之后,抵押贷款买房冲击了传统的消费观念,使得房地产业得到飞速的发展,居民居住生活质量得到快速的进步。面对越来越严重的人口老龄化危机,新兴的以房养老理念更新了人们对住房资产和养老保障的认识,并将两者尽可能好地融合在一起,用人们手中拥有的住房资产来加固养老保障。

金融机构作为反向抵押贷款行为的重要主体,起着提供货币资本债权和承担房产抵押权的核心作用。与此同时,由资本市场和房地产市场波动等带来的不确定性,也将在很大程度上由金融机构承担。特别是反向抵押贷款的发放都是用于晚年养老生活消耗,而非购买或建造某种实物,这就给款项的归还带来极大的风险。抵押人实际寿命的不确定性,将给房产的最终处置带来直接影响。所以,在金融机构设计反向抵押贷款产品的过程中,对于各种不确定性因素的充分考虑,将成为规避经营风险的重要前提。各国不同类型反向抵押贷款产品的出现,正是综合考量规避各类风险的结果。全面深入地探讨反向抵押贷款运作中的不确定因素,对金融保险机构顺利开展此类业务,促进居民生活保障水平的提高和社会稳定和谐等,具有重要的现实意义。

二、风险累积与防范

反向抵押贷款的业务开办具有较高的风险,将反向抵押贷款同一般住房按揭贷款相对比,即可很容易地看出这一点。住房按揭贷款一般是随着时间推移,贷款额度的逐步归还,风险在逐渐递减,这对贷款银行而言,是很合适的。某个事物运作的时期越为长久,不确定性就越大,此时的风险减小就具有很高的实际价值。反向抵押贷款则不同,随着时间的推后,贷款的总额度在不断增加,风险也在大幅加大,尤其是在贷款发放的最后几年中,因贷款额度的不断递增,由此形成的利息累积也在逐年大幅上升,而限于这一贷款的特性,贷款本金在整个贷款期间是不予归还的,累积利息也同样不必要偿还。随着时间的推移,累计幅率的上升是很快的。

贷款银行为防范这一风险,就需要在贷款临近到期的年份里,或说随时注意计算抵押房产的可变现净值与贷款累积本息余值对比后将要持平的年份,给予必要的监控和防范措施。以期在这一事项将要发生时,能够采取必要的手段给予有效防范,将贷款银行的风险降到最低。这些必要的手段包括:对这些老人以必要的救助措施,如鼓励该老人提前从抵押的住宅中迁移,送其到养老院养老,而将住房提前腾出来用于归还贷款的累积本息,并在实施这一做法时,能尽量给这些老人一定的住房售后余值,使其居住养老院后也能有必要的经济实力作为养老后盾。鼓励老人晚年生活中能尽量同自己的儿女生活在一起,以减轻居住负担,也是种好办法。

三、住宅实体磨损及维护风险

(一)住房自然灾害受损与防范

随着时间的推移,作为抵押物的住宅本身,包括住宅外观及内在实体等,都在相应的陈旧之中,住宅价值在经历长期上升后,随着住宅实体的陈旧也可能处于下跌的通道之中,贬损严重。尤其是反向抵押贷款业务实施的期限,一般都会定得很长,至少是要符合借款人的预期存活寿命。导致的问题是,反向贷款的累积本息很可能一举超出该抵押住宅的市场价值。更为确切地说,应当称为该住宅的可变现净值,即将该住宅在市场出售后,售房款项首先要减除其间发生的交易费用和税金,得到可变现净值的概念。

反向抵押贷款业务中,房产作为抵押物对保险双方都具有重要意义。住宅实体风险主要是指反向抵押贷款机构无法控制的自然异常变化,如地震、洪涝、台风等,对住宅的实体带来损失的可能性。一旦房产遭受火灾、地震等自然灾害或战争等不可抗力而毁损,房地产变现价值低于累计贷款本息总额的可能性将会大大增加,反向抵押贷款机构遭受损失的可能性也大幅加大。

为此,开展反向抵押贷款业务必须进行房产保险。此项房产保险收益应为保险公司和投保人共同所有,保险公司获得支付的养老金总额及利息部分,投保人获得剩余款项。自然风险可以通过购买房产保险减少损失,房产保险是以房屋及其附属设备为标的的保险形式,目的是房屋一旦由于自然灾害或意外事故造成经济损失,保险机构能够根据双方签订的合同条款,为投保人支付一定比例的赔偿金额,使投保人减少经济损失。如购买了保险,即使发生重大自然灾害或意外事故,贷款机构在合同到期时的收益也能得到应有的保证。

(二)住房维护风险与风险防范

住房维护风险主要发生在贷款业务申请通过后,由于借款人对住房的维护不当而导致住房的非正常损耗,因而又称为住房维护风险。这一风险是指在房产反向抵押以进行养老保障的前提下,房主随着对房产净权益的不断减少,倾向于减弱房屋维护保养方面的支出,在房屋损坏后拖延维修等,结果是降低了寿险合同期限内住房的实际价值,人为地造成住房价值的贬损,对业务开办机构显然极为不利,这称为住房维护风险。

当借贷双方签订住房反向抵押贷款合约后,借贷双方就形成了一种委托—代理关系,即贷款机构委托借款人对住房进行妥善管理,以确保房屋的安全及产权完整。这时房主虽然继续拥有住房的产权和正常使用居住,但产权在逐渐向贷款机构转移,因而极有可能出现某种对房屋的破坏性使用或维护不善的行为,如进行破坏性装修、平日疏于保养致使发生火灾水灾的概率增大等,从而使得房屋的价值贬损。随着住房实体破损,价值下降,功能落后,抵押物价值低于贷款本息累积总额的概率增加,造成收贷困难。

这里从住房维护条款履约的可行性和经济可行性两方面,衡量住房维护的风险。

从住房反向抵押贷款合约的履行来看,很难把住房维护落到实处。虽然住房反向抵押贷款合约可以规定借款人有维护住房的义务,但是很难切实监督借款人的行为。住房维护的标准也很难确定,由专人定期检查不仅会增加贷款成本,而且具有主观性。根据住房反向抵押贷款对借款人资格的要求,申请人一般为老年人,受身体状况、经济条件的限制,他们中的多数人已经是健康状况不佳、体力较弱、收入较低,在住房维护上是"有心无力",甚至"无心无力",往往难以承担起住房维护的义务,从而使反向抵押贷款的住房维护风险比传统的抵押贷款更大,贷款机构不得不部分或完全承担由此带来的损失,正如某经济学家所言:"住房反向抵押贷款的住房维护条款,只是对老年人一种名义上的约束,执行这种条款所付出的代价将比得到的更多,老年人不像年轻人那样,收入、资产会随着年龄而增长,因而无法用法律手段让一个高龄老人尽到维护房屋的责任。"

从经济可行性分析,房主是否有足够的动力维护住房,取决于他从住房维护后的消费中得到效用和付出成本的比较。根据理性"经济人"假设,从事经济活动的个体都会按照自己利益最大化的原则进行决策。当借款人知道未来房屋破损的风险部分或全部由他人承担时,理性的借款人就会比较维修住房付出的成本和所能获得的收益。如果维修住房的成本大于收益,房主就没有维修住房的积极性;反之,房主就有维修住房的较大动力。有的学者通过建立数学模型,分析了住房消费效用与住房维护投资、住房以外的其他消费、贷款期限结束时还清贷款后住房的残值等参数之间的函数关系。在风险中性的假设下,他们认为,房主是否维修住房,主要取决于对自身寿命长短的预期、房地产价格的未来走向和贷款利率的大小。

四、住宅拆迁补偿风险

我国城镇的拆迁补偿制度会对房产价值的变动构成较大的非正常影响。当已经办理反向抵押的住房面临拆迁时,借款人可以选择贷款到期赎回住房,也可以利用新住房作为反向抵押贷款的担保物。如果是借款人选择贷款到期赎回房屋,贷款机构有可能面临住房补偿价格不足以弥补贷款本息总额的风险。如果借款人选择利用新的住房作为贷款的担保物,一旦新房价值低于原先旧房的价值,贷款机构就将会承担一定的风险。

如果政府能根据房地产市场价格对拆迁住房给予公平合理的价值评估,并按照规定足额的补偿,贷款机构完全不必担心拆迁的后果。问题在于拆迁是一种政府行为,在一定程度上具有强制性,且目前的拆迁补偿额度普遍偏低。一旦拆迁补偿款项低于机构已经累计付出的贷款本息,机构就会遭受损失。此时,反向抵押贷款机构最好接受以新住房作为贷款的担保物。新房大都是城市规划后建造,一般不会在一段时间内大幅贬值,且增值的可能性很大。

国家未来住宅政策的变化,对反向抵押贷款的开办会有很大的不确定性。目前,我国处于城市化的快速推进过程中,各个城市的老城区改造及新城区扩张中,拆迁风波屡见不鲜。再者,反向抵押贷款的业务开办中,作为贷款抵押的住房期限往往很长。在长达数十年的城市规划中,很有可能因为城市规划变更,要对某地段的住宅全部拆迁,面临回迁或其他变动事项。贷款机构接受抵押的住宅,在长达十数年乃至数十年的贷款运作期间,很难说就一定不会遭遇规划住宅拆迁等事宜,这种相关拆迁补偿的政策效应会是如何,拆迁费能否按市场价补足,所损失的价值弥补不足时的损失又应当由谁来承担,将会产生诸多问题。这些问题的解决,直接关系到机构参与反向抵押贷款业务的积极性。国家应出台相应的政策法规加以规范,否则就会影响反向抵押贷款的顺利实施。所幸的是,国家新的拆迁补偿条例已经出台,居民和机构不必为此大受担忧。

五、信息不对称风险

信息不对称是指在交易过程中,某些当事人拥有另一些当事人所没有的信息,从而能够借此取得某些对方不可能获取的收益,或者借此攫取对方应当获得的正当收益。住宅反向抵押贷款合约的签订双方,在对有关信息的了解及把握程度上,就存在着双方信息不对称的问题,并因此加大了反向抵押贷款运作的风险性。

信息不对称的风险主要存在于房产价值评估和寿命预测两个环节,要防范这些风险,就需要建立专业的评估机构,选择权威的医疗机构,聘请出色的保险精算人才,同时不断完善社会信用机制。

在贷款申请前期,借款人对自己的身体状况、既往病史、预期寿命及医疗保健信息虽然最为清楚,却不一定会如实告诉给贷款机构,而贷款机构对这些信息的搜集成本甚大,很难掌握齐全。借款人为了让反向抵押贷款机构顺利接受业务,有可能会虚造或夸大自己的病情,从而让贷款机构相信自己的预期寿命不会太长。在贷款业务申请完成后,借款人虽有义务维护、保养住房,但是否真的进行了这些行动,贷款机构是无法细致观察的,从而加速了房产的贬值。为防止诚信风险,贷款机构可以通过查询老年人的病历,或从老人的亲朋好友处打听,最好的办法是让申请人到指定医院进行检查获取健康方面的信息,并定期(如每隔3年等)对房屋价值重新评估,促使借款人维护、保养好房屋。

相关信息的不对称也会影响到老年人对反向抵押贷款业务的需求。由谁来选择评估机构?若单单由借款人选择评估机构,借款人和资产评估机构之间的"共谋现象"往往不可避免。如果由贷款机构选择资产评估机构,两者之间的"共谋现象"同样不可避免,最好请双方都认可的权威评估机构。考虑到国情的特殊性,在开始实行反向抵押贷款业务时,为了减少信息不对称现象,可以在各个地区如北上广等大城市设立房地产价格指数并定期公布。当评估价与根据房地产价格指数计算出来的价格有明显偏离,可以要求重新评估。通过与指数挂钩的办法大大减少交易成本,从而促进反向抵押贷款业务的开办。

由于信息不对称产生违约的可能,会给金融机构带来一定的风险,应给予金融机构以相应的法律支持。发生违约时,金融机构可以申请仲裁或起诉。为减少违约行为的发生,金融机构应当对申请人进行相关的资信调查,还应由专业性的评估机构对房屋进行评估,以提高评估结果的准确性,降低相应的风险。金融机构在强行处理违约房产或采取其他措施催还贷款时,因涉及有关的伦理问题,由国家为老年人出资建设相应的收留机构,也是非常必要的。

信息不对称是指市场中买卖双方拥有不同信息的情形。在反向抵押贷款交易中,由于借贷双方对有关信息的了解及把握程度不同,会导致市场失灵,这就出现了逆向选择和"柠檬效应"的问题。寿命风险是一种显著的信息不对称风险,是指由于借贷双方对借款人健康状况的了解程度不同,导致双方对借款人的寿命预期不同,可能发生逆向选择的情况。一方面,反向抵押贷款的贷款期是从借贷合同签订起至借款人去世为止,年金支付期与预期寿命期间保持一致,贷款机构是在借贷期结束时收回本金,随着时间的推移,风险增大;另一方面,反向抵押贷款的年金支付定价模型,往往根据借款人的预期寿命计算,一般与借款人预期寿命成反比,老人与业务机构之间存在着一种关于"死亡年限"的博弈。若借款人的实际寿命长于贷款机构对老人的预期寿命,则借款人得到的实际养老金大于预期金额,贷款机构可能因此遭受损失。

六、市场风险

(一)房地产市场风险

现在中国的房地产市场可以说是存在着某些严重的"病态"现象,"泡沫化"以及大量商品房空置,表明我国房地产市场发育的不成熟。金融机构开展反向抵押贷款业务的目的,是既要赢利又要满足金融机构对资金流动性的要求,这依赖于贷款到期后,房产迅速在房地产二级市场得到变现,且又不会过度地损失其应有的价值。

当前,我国房地产二级市场的发展仍不成熟,存在部分房屋产权不明、房价居高不下、房屋评估滞后,相关手续繁杂等缺陷。首先,房地产中介机构发展滞后,反向抵押贷款业务的开办涉及房地产评估、信息咨询、法律等中介市场。首先要求对申请贷款的房屋价值进行评估,在保险合同结束时要通过中介机构对房产进行处置。评估的准确性直接关系到贷款金额的大小,以及贷款提供商的风险水平。同时,通过房地产经纪公司交易房地产,又可以有效降低贷款机构的处置成本。由于我国房地产评估市场建立的时间较短,评估机构资质混乱,职业人员整体素质不高,市场管理不统一,评估程序不规范,评估结果不科学等问题,房产价值评估的准确性受到质疑,给反向抵押贷款业务的推行造成不利影响。

(二)反向抵押贷款业务发行风险

反向抵押贷款的业务需求量受到很多外在因素的影响,是颇难预测的。例如在新加坡,NT-UC Income 在 1997 年初刚推出反向抵押贷款产品时,估计每年约有 200 件反向抵押贷款合约需求。最初的市场反应非常之佳,但情况迅速滑落,现在,新加坡每季度批出的反向抵押贷款合约少于 10 宗。

假若反向抵押贷款业务的发行量太低,不足以支持整队受过专业训练的分销员。中等数量的发行量虽然可以养活分销队伍,但不可能足够维持产品长期运转的承诺及利润水平。基于统计学上的"大数定律",反向抵押贷款的运作合约的数目越多,越有机会达到原先订立的利益指针。所以,需求量是反向抵押贷款业务发展的基本因素。

七、政策风险

政策性风险是指由于国内外宏观经济情况的变化,以及国家金融政策所导致的利率和通货膨胀的幅率变化,对反向抵押贷款市场造成影响的情况。

(一)住房金融政策的调整风险

国家对有关住房、土地使用、养老保障及金融保险等方面的政策变动,对本业务造成的长期影响是可以预测的,但其具体的政策走向却较难把握,这就构成了政策风险。比如住宅拆迁补偿、土地批租到期后地面附着物的归属处理等。从长远发展趋向看,国家对土地政策的改革,必将朝着增强居民权益的维护和保障的大方向推进。

国家的住房政策也会影响房价,进而传导并增加反向抵押贷款的风险。随着我国城市化进程的推进,带来房价大幅攀升的局面。特别是近几年来,一些主要城市的房价疯涨,部分地区房地产市场过热的迹象已经显现。同时,政府也在不断加大对房地产市场的调控力度,抑制房价的不断上涨。可以说房价长时间的走势变得越来越不明朗,房产价格极易发生波动,给反向抵押贷款以房养老模式的推行带来了很大的不确定性。如果贷款到期时,房产价格处于上升阶段,对贷款机构来说,房产出售价格会远远高于预期价格,因而获得较好收益;但如出现相反情况,贷款机构就可能遭受重大损失,甚至有破产倒闭的风险。

(二)税费政策风险

在美国,子女要继承包括房产在内的遗产,必须缴纳高额的遗产税。即使从经济角度考虑,老人也愿意将房产抵押来养老,子女对此也少有异议,且通过反向抵押贷款养老模式所得到的金额部分是可以免税的。个人在买卖房产时采用这一计划,就可以达到避税的目的。我国目前子女遗产继承,包括房产在内的遗产继承都是免税的,受深厚的传统观念影响,父母也大都愿意把房产留给子女,而非用于其他方面。

目前在我国开展反向抵押贷款业务,还存在着一定的税费政策上的风险和制度障碍,是否将借款人申请反向抵押贷款获得的现金流入计入个人所得税的应税项目,是否对提供反向抵押贷款的特设机构给予企业所得税和经营税的优惠,现行税法尚未明确;反向抵押贷款是否会影响借款人申请最低生活保障等。这些风险和障碍对反向抵押贷款而言,都是暂时的,并未构成实质性冲突。尤其是当政府部门倾向于鼓励老年人申请反向抵押贷款作为养老保障的补充时,政府只需要对现行的法律法规进行修订即可,如对税法进行改革,增加涉及反向抵押贷款的内容条款;指导相关部门建立房屋质量、房屋交易和房屋公允价值的市场数据库;出台相应的法律法规,对反向抵押贷款的业务开办机构实施监管等。

以房养老一般会涉及遗产税、交易税等,需要相关法律法规的支持与规范,但现有的法律体系难以对此形成全面支持。它在西方国家实施得比较顺利的原因,主要是国家房地产和养老保障的政策法规的配套,同时国家相关政策也起到了支持作用,这些条件都是国内不具备的。要使财税激励政策能发挥出应有的作用,这些配套措施是不可或缺的。

八、支付风险

(一)反向抵押贷款支付风险的介绍

贷款银行开办反向抵押贷款业务,会遇到的一大问题是银行是否有源源不断的资金供给,以应对反向抵押贷款业务开办后源源不断的资金付出。贷款机构开办反向抵押贷款业务,必须有足够的资金和充足的支付能力,否则就会引发支付风险。反向抵押贷款的周期长,资金占用多,回收慢,贷款合约签订后,贷款机构就要向借款人长达十数年甚至数十年地支付现金,长时间内只有现金流出而无现金流入。

住房抵押贷款与反向抵押贷款在资金运作上有较大的差异,住房抵押贷款的前期风险较大,随着时间推移和贷款金额的归还,贷款金额逐步减少,贷款风险也在逐步减少。当该房贷归还到相当数额时,即使住户的资金不足,无法及时还贷,也非太大的麻烦事。贷款机构完全可以采取续贷款、转加贷款的方式,将该贷款业务延续下去。在住户遇到资金拮据时,还容许住户将该住房做再次按揭,取得新的贷款。这都是被容许的,贷款银行正可以借此同住户建立起信用融资的长期关系。

一般住房抵押贷款业务的开办,资金是一次性贷出,贷款期内再以平均或递增、递减的方式收回。反向抵押贷款的业务开办,是资金的陆续贷出,贷期满后连本带息一次性收回。如果贷款机构没有长期稳定的资金来源,很有可能发生严重的支付危机,导致贷款机构破产,借款人也难以继续得到现金支付,最终危害借款人和贷款机构双方的利益。

普通房产抵押贷款业务中的支付风险,往往是指借款人由于经济环境变化导致不能履约还款的情况。而在反向抵押贷款中,由于是贷款机构分期支付借款人年金,故此贷款机构的资金流动性会相应减弱,出现无力按合约支付年金的情况,使得借款人遭受损失,称为反向信用风险,即支付风险。由于反向抵押贷款持续期较长且不稳定,即使资金占用的状况较普通抵押贷款要好,贷款机构也只能在贷款期结束时收回本息,需要另外寻找途径支持前期的年金支付。此外,由于反向抵押贷款业务与全社会的老龄化问题密切相关,因此支付风险与老年人群体的利益密切相关。为保证贷款机构的支付能力,借款人获得年金支付,得到养老保障提供担保,是反向抵押业务普及与运作的前提条件。

(二)反向抵押贷款支付风险的评析

初步来看,反向抵押业务对资金的需要量并非很高,银行的资金供应完全可以支撑。但细致推算则有不然。

例如某银行每一年度办理住房抵押贷款计1万例,每例平均贷款30万元,平均贷款期间为10年,每年度贷款总支出为30亿元。若不计算利息,10年贷期中,每年收回贷款本金3亿元。该3亿元又可参与下期贷款资金继续对外贷放。若每个年度的贷款总额都是1万例,30亿元的状况下,经过10年的运转,该银行不再依靠外来资金,即可自行运转这一房贷业务。10年中,该银行共计投入资金为(30亿元+27亿元+24亿元+…+6亿元+3亿元)=165亿元。

若该银行举办反向抵押贷款业务,某年度共计办理1万例,每例在平均1年的贷期内总共贷款为30万元。即每1例贷款每1年度要投入本金3亿元,在10年的贷期内,将30万元的贷款本金向借款人全部投放下去,并于10年期满一次性收回贷款本息。若不计算利息,银行于期后的10年内,每年都办理1万例反向抵押贷款,经过10年运转,该银行同样不再依靠外来资金的新的投入,即可自行运转这一反向房贷业务。10年中,该银行总投入贷款资金(3亿元+6亿元+9亿元+…+27亿元+30亿元)=165亿元。

两类贷款中,10年内开办业务的份数相同,都是每年1万例,每例30万元,并做一次性或分期平均贷款。贷款银行总计投入的资金也相同,都是165亿元。只是资金于各个年度的投放额度不同而已。普通住房贷款是前期投入最多,日后随着本金的相应收回,新增资金投放逐年减少。而反向抵押贷款的资金投入及收回则是正好相反。相同的是,经过10年的贷款期,该贷款银行完成了资金投入到收回的自然循环,不再需要外来资金的加入。

(三)反向抵押贷款支付风险的规避

为了规避支付风险,必须确保贷款机构有长期稳定的资金来源,提高贷款机构资金的流动性,建立长效机制,为此可以采取的措施有:

(1)提高贷款机构的准入门槛。对申请从事反向抵押贷款的金融机构进行严格审核,只有具备一定经济实力、管理体制科学、信用级别高的金融机构,才能开办本项贷款业务。

(2)资产负债匹配法。对商业银行来说,可以将反向抵押贷款与传统的住房抵押贷款有机结合起来,两者的现金流是反向的,从而可以使每期的现金流入与现金流出基本保持一致。同理,保险公司也可以根据同一时段的不同资金流向,将保险业务与反向抵押贷款匹配,以平衡每一时段的现金流入与现金流出。在实行资产负债匹配时,要注意匹配的合理性。贷款与还款的数额要匹配,贷款与还款的期限要匹配,贷款的结构比例也要匹配。

(3)中央银行在必要时给予反向抵押贷款业务相当的援助。当贷款开办机构出现资金周转不灵或短缺时,中央银行可以根据具体情况给予专项贷款帮助渡过难关;当反向抵押贷款的开办机构破产时,中央银行可直接接管相关业务或责令其他符合条件的金融机构,继续开展反向抵押贷款的相关业务。

九、流动性和变现性风险

流动性风险是指由于贷款机构的负债减少、资产增加导致资金流动困难而遭受经济损失的可能性。流动性作为商业银行经营管理的三大原则之一,是指银行对全部应付款的支付、清偿能力以及满足各种合理资产需求的能力,包括负债流动性和资产流动性。商业银行的内在属性要求具备高流动性的同时,必须面对未知的、可能的资金流动方向。

普通住房抵押贷款是资金一次性全部贷放给客户,在借贷期内分期回收贷款本息,到贷期结束时全部收回贷款本息。目前的住房抵押贷款业务已很成熟,客户违约的事项很少,同时,由于国内房地产市场不断升温,即使客户违约,银行也能收回本息。反向抵押贷款的现金流方向,与正向抵押贷款业务相反,整个银行的资金运用和占压相比,正向抵押贷款更小。鉴于反向抵押贷款的借贷期与借款人寿命一致,且贷款期结束时本息的回收状况受房地产市场影响较大。因此,反向抵押贷款未来现金流入的稳定性和持续性较差,贷款期的不确定性和房地产价值波动的不稳定因素,导致贷款机构的资金流转安排易受影响,形成流动性障碍。一般而言,增强贷款机构的资产负债管理,有利于机构事前采取严密的防范措施。

反向抵押贷款机构在放贷时还易遭受流动性和变现性风险。首先,由于房地产位置固定,不能像其他商品一样进行空间流动,变现能力较弱;其次,住房价值量大、占用资金多的特点,也决定了其变现需要一个较长过程。多数反向抵押贷款的期限长,而贷款回收却要待借款人死亡之后,这个时间是不确定的,很容易使抵押贷款机构的资金陷入困境。在流动性短缺风险增大时,会出现"一文钱难倒英雄汉"的窘境,严重的甚至有可能引起贷款机构的破产。

金融机构通过开办反向抵押贷款,要从借款人手中获得大量住宅,并为此在后期的每个月都需要持续稳定地向借款人发放贷款,直到数年后才可能使付出的现金全部收回。目前,我国住房抵押贷款的证券化市场尚未真正开展起来,贷款资产缺乏流动性,定期的现金支付就可能遇到支付危机,成为制约推展反向抵押贷款业务的重要瓶颈。资产证券化能有效地解决这个问题,既能增强资产的流动性,又能分散风险。

反向抵押贷款业务在开办时需要投入大量资金,在长达十年、数十年的时间内需要持续向借款人支付贷款,资金回收却需要在房主死亡、永久性搬迁乃至出售房屋之后才能实现。在相当长的时间内,市场情况极可能发生很大变化,支出的刚性和收入的不确定性,容易使贷款提供机构的资金周转陷入困境,出现严重的支付危机,进而引发流动性风险。

保险公司能否实现预期收益,最终取决于户主过世后被抵押住房的变现能力。住房价值的变现方式一般有两种,一是将住房对外出租,二是在房地产二级市场上出售。如果对外出租则住房的价值不能迅速地大量变现;如果对外出售,由于我国房地产评估市场不够健全,房屋中介机构的鱼龙混杂和交易手续复杂烦琐等客观事实,严重地阻碍了房地产二级市场的发展,增加了保险公司出售二手住房的难度。

十、信用风险与防范

(一)信用风险的一般介绍

反向抵押贷款是一项持续期限很长的金融行为,而市场经济又是风云变幻的,当事人良好的信用,是反向抵押贷款合同得以顺利履行的重要条件。信用是人们对将来履行债务的承诺,市场经济的发展使得商品交换的非同时性愈益普遍,为了防范市场经济运作中潜在的种种风险,节约交易成本,信用成为市场经济正常运行的基本条件。我国目前正处在社会转型期,信用缺失现象十分严重。

经济行为嵌入社会结构,社会结构的核心是人们生活的社会网络。信任来源于社会网络且嵌入社会网络之中,人们的经济行为也会嵌入社会网络的信任之中。我国正处在健全的市场经济秩序的培育阶段,与整个培育过程相伴而来的,是信用缺乏而导致的市场经济秩序的不健全问题,以至于可以用"危机"二字来形容。

社会个体、群体和国家的信用行为、信用水平等,均在不同程度上反映了这种危机。反向抵押贷款的推行是一种制度创新,涉及政府担保、房产评估、抵押贷款、房屋维护、房屋拍卖转让、贬值保险、长期看护险等众多领域,需要相关部门的通力协作。反向抵押贷款以房养老模式的推进中,又会遇到各种风险和信息的不对称,更需要有一个诚信的社会大环境。目前我国的房地产制度尚不健全,在房地产市场上存在着太多的短期炒作行为;同时,社会服务业的不够发达,都阻碍了我国反向抵押贷款养老模式的顺利推行。

(二)信用风险的原理说明

科尔曼认为经济行为是受信任关系制约的,在市场交易中,如果两个出售同样货物的卖主都保证在同一期限内交货,毫无疑问,理性行动者将选择其中信任程度较高的一位进行交易。"囚徒困境"博弈揭示了决策者从各自利益最大化出发选择行为,结果是既未能实现两人总体利益的最大化,也没有得到自身利益的最大化。科尔曼从理性选择理论与方法出发来研究信任的本质,把信任看成是委托人与受托人之间的"博弈"。一个理性的行动者做出的行为,在市场领域里是一种理性的市场交易行为。

个体理性与集体理性之间存在着一定的矛盾,从个体利益最大化出发,往往不能实现集体的最大利益,也揭示了个体理性自身的内在矛盾。从个体利益出发的行为,最终不一定能真正实现个体的最大利益,甚至得到有差异的结果。要想反向抵押贷款业务能顺利开展,也离不开拥有房产的老人和贷款机构的紧密合作。如双方互相不信任而互不合作,就无法各取所需,无法达到各自利益的最大化。如果要合作,这种经济行为就会被有机嵌入社会网络的信任结构中。

(三)信用体系缺失引致障碍及解决方法

反向抵押贷款的运行需要信息的高度透明,并防范有效信息不对称带来的各种危害,才能保证借贷双方利益的顺利实现,使反向抵押贷款业务能长期稳定运作,切实实现以房养老的功能,实现经济效益和社会效益的双重目标。我国目前的情况是,信用体系不完善,银行信用较高,个人信用缺乏。反向抵押贷款业务中,存在着因信息不对称导致的签约谈判成本过高等问题。

(四)政府推动信用体系的建设

政府在社会经济活动中发挥着重要的作用,社会信用体系的架构需要政府的全面参与和积极推动。各级政府应充分发挥自身的优势,将建立健康有序的信用体系作为政府工作的重要内容。政府除了颁布法规、制定政策以确立基本的信用制度外,还应行使信用监督的职能,特别是加强对企业以及社会中介机构的监督管理。与此同时,政府还应规范自身行为,建构现代信用政府,在社会信用体系的建设中起到带头示范作用。具体到反向抵押贷款业务的开办中,政府一是应当充当咨询信息的提供者,让借款人获得有关反向抵押贷款客观、公正、准确的信息;二是规范反向抵押贷款市场主体信息披露、贷前咨询的义务,并给予有效的监督。

(五)加强信用法律制度建设,切实规范社会信用行为

法律的强制性和规范性特点,可以对信用体系的建设起到极大的推动作用。从我国的实际情况来看,目前除了在《民法通则》《合同法》等民事法律中规定了"诚实信用"原则,在《反不正当

竞争法》《公司法》《商业银行法》《档案法》《统计法》中有部分关于信用方面的法律规定外,专门法规还基本处于空白状态。要建立和完善我国社会信用体系,必须抓紧建立与之相适应的法律法规体系,制定与国际接轨的信用法律制度。如仿效西方信用程度较高的国家制定《公平信用报告法》《商业信用报告法》《个人信用制度法》等等。具体到反向抵押贷款上,除了上述一般性信用法律法规外,还可以借鉴美国,在反向抵押贷款的专门立法中规定有关信息披露、贷前咨询的内容。

从各国的实践来看,一个良好的信用制度的形成,离不开健全的法律制度体系。就拿信用管理最完善的美国为例,其规范信用活动的立法就有十几项,如《公平信用报告法》《平等信用机会法》《房屋贷款机构保护法》《诚实租借法》《电子资金转账法》等。美国几乎将涉及信用交易的所有领域都给予法律的规制和保护。我国可以适当借鉴国外的立法经验并结合国情,制定《诚实信用保护法》,保护诚实守信者,提高失信者的违约成本,控制经济活动中信用缺失现象的发生。对个人信用制度建设,建议制定《个人资信评估法》,设立个人信用账户,个人的基本财务状况、收入情况、偿债记录以及个人的每一笔信用交易都记录在账户中,并积累信用等级,信用等级越高,未来的信用消费水平也将越高。对资信水平过差的人,则列入市场禁入名单,严重危害公共利益的还需要给予一定的行政或刑事处罚。

(六)完善社会信用体系

反向抵押贷款养老模式协议运行的时间长,不确定性因素多,同时还要牵涉各个部门,信用体系的构建对其发展尤为重要。我们可以仿效西方信用程度较高的国家制定的相关法规等。不仅如此,还要以法律为依据,建立失信惩戒制度,增大失信的违约成本和经济风险,构筑诚信的社会环境,才能推动我国反向抵押贷款以房养老模式的开展和推广。

借款人在获得按揭贷款后,仍然拥有房屋的使用权,可能会不按照贷款合同的要求对房屋进行一定的维护,从而使得房屋的价值贬损,使房产的价值低于贷款总额的可能性增加,造成贷款机构的损失。必须加强个人信用体系的建设,建立个人信用档案,建立增加对住房评估的次数,如房产维护得当并有升值,可以增加对借款人的每期支付额度;反之,如对住房维护不当,则减少每期支付额度。

十一、道德风险

(一)道德风险管理

逆向选择与道德风险是相互区别又相互联系的,其发生的前提是借贷双方的信息不对称。道德风险与逆向选择风险诚然难以规避,但可通过改变产品设计、建立激励约束机制等办法进行防范,将风险程度大大降低。逆向选择与道德风险是使住房反向抵押贷款不确定性增加的重要因素,两大行为的存在,提高了住房反向抵押贷款推出的风险。主要体现在:一是在住房反向抵押贷款合约签订前,越是身体状况好的人越乐于申请住房反向抵押贷款,从而导致借款人的余命高于社会的平均值;二是在贷款发放后,借款人缺乏维护住房的积极性,从而导致房屋的维护不当,这都会给反向抵押贷款的运作带来负面影响。

(二)规定合理的贷款价值比例,降低道德风险的发生概率

贷款价值比例是贷款总额与房产评估价值的比例。限制反向抵押贷款的价值比例,使得借

款人预期出售住房后的收入,扣除反向抵押贷款本息后还能留有剩余,作为维护房屋价值的费用。在这种情况下,借款人投入足够多的维护费用,既可以在有生之年享受好的住宅品质,又能将房屋保值、增值的部分收益留给他们的后人分享。因此,限定过高的贷款价值比,是有效防范道德风险的手段。但贷款价值比又不宜规定过低,否则将不利于该业务的大规模开展,最终使得贷款机构的利益受到影响。该比例的设定要在充分考虑借款人的年龄、未来房产的升值潜力、个人的资信情况等基础上进行。

为此,贷款机构可搭建一个信息高效流通的平台,通过征集有关个人、市场等多方面的信息,因人而异地确定合理的贷款价值比。这一信息平台需要重点搜集的内容包括:(1)个人的基本情况,包括年龄、家庭成员情况、工作单位情况等;(2)房产信息,包括地段、房龄、新旧程度、买入价格、评估价值、合法用途等;(3)个人的品格、与银行和其他非银行金融机构之间的资金往来情况、有无犯罪记录等;(4)经济收入的稳定程度及个人拥有的资产,包括家庭经济支出、有价证券、参加医疗、养老、失业、人寿保险的情况等。

(三)建立高效的动态监管体系

在反向抵押贷款业务开办中,需要建立高效的动态监管体系,以期降低事后的信息不对称现象。尽管贷款机构不可能准确观测到房屋持有者的维护行为,但可以通过建立高效的动态监管体系来提高信息透明度,监管和规范当事人的行为。动态监管体系的建立离不开种类齐全、联系紧密的中介服务市场的支撑,通过培育和规范中介服务市场,营造良好的外部环境,形成对房屋持有者和特定机构的约束机制,可以有效防范道德风险的发生。针对反向抵押贷款业务的特点,应重点培育房地产预测及估价、寿险监控行业,培育预测、物业管理等中介服务市场。对这些中介机构的服务质量,可以通过资格认证和加强机构内部规章制度的设立来保障。此外,还要强调这些中介机构之间的密切配合,整合各中介机构的专业优势,建立起针对借款人和抵押物的年度登记复核制度,力图及时、客观地对借款人和抵押物的状况实行动态追踪管理。年度登记复核制度中所需重点登记和核实的内容,包括抵押物的维护状况、抵押物的价值变动、借款人的健康程度、有无影响房产还款能力的重大事件等。

(四)引入商业保险机构,分散贷款机构的风险

以上两个措施都属于对道德风险的事前预防,尽量降低道德风险问题产生的频率。但由于信息的非完全透明,道德风险问题依然是会发生的,贷款机构要降低风险还必须做好事后的防范工作。成立专业性担保机构或利用商业性保险机构,对反向抵押贷款合同进行担保或保险,可分散目前过度集中在反向抵押贷款机构身上的风险。若贷款到期时房产售价不足偿还贷款,担保公司或保险机构可承担部分或全部偿还未清偿贷款的义务或责任。此外,完善的商业保险制度,不仅可以促成贷款机构分担道德风险,还可以有效分散其他市场风险。反向抵押贷款的回收风险、利率波动风险、房地产市场风险、房产受不可抗力损坏等风险,只有在保险业的介入及社会保障部门的积极参与和防范下,才能扩大反向抵押贷款的发放规模,使这种新型贷款模式得到稳步发展。

(五)关联房产价格指数,降低道德风险

有关学者对包括反向抵押贷款在内的五种房产价值转换工具的道德风险进行研究,建议重新设计借贷合同,把未来房产的结算价格部分或全部地用同一种房产价格指数联系起来,可以较好地消除道德风险的影响。他们的理由是,房主不能像影响住房的价值那样来影响房产的价格

指数。如果未来的房产价格指数大幅上升,则借款人有可能通过维护住房,显著提高住房的未来价值,在偿清贷款额后还有剩余,该部分价值可由借款人的继承人继承。如果未来的房产价格指数下降,则借款人获得的贷款额度也会下降,贷款机构的风险随之降低。但是,完全使用房地产价格指数也有较大的副作用,即面临着由此而来的系统性风险。因此,笔者建议,在实际操作中可部分采用指数化,这样在降低道德风险的同时,受系统性风险的影响也较小。

十二、反向抵押贷款业务的风险规避

反向抵押贷款的运作中存在的风险及不确定因素,不同于普通住房抵押贷款,其运作过程较为复杂,回收期长,未来现金流受诸多因素影响,产品定价和业务风险借款人预期寿命影响较大。该业务能否顺利推出,在一定程度上取决于众多风险因素的相互作用。

(一)银保证投一体化运作

以上提及各类风险的防范,不仅需要贷款机构和借款人双方的协商合作,更需要保险公司、证券公司、投资者和政府的相互合作,共同实行和承担该业务实际运营时所产生的权利、风险和责任。因此,银保证投相互合作并在一定程度上实现一体化,以及政府部门对相关政策的改革和对该业务所涉及的相关市场的运作进行监督,提供一定的担保服务,是降低反向抵押贷款业务运作风险,提高市场运营的稳定性,使该业务在我国走向现实的重要途径。

对银行而言,反向抵押贷款业务是一项较新的金融创新,该业务持续时间长,相当于一项收益率较高的中长期贷款项目,可以优化资本配置,增加资本投资出路,深化商业银行经营体制改革,创新金融工具,增强金融机构的竞争力,活跃资本市场,降低银行不良资产负债率。同时,反向抵押贷款致力于解决社会老龄化问题,在增加金融机构盈利性的同时,也能提升商业银行的社会形象,有利于金融业的稳定发展。以美国为例,反向抵押贷款起步于20世纪80年代,21世纪初,开办该项目的金融机构数量快速增长,已发展为一项较为普遍的住房贷款项目和老年人理财手段,美国也成为反向抵押贷款业务开办最成熟的国家。

然而,反向抵押贷款市场的稳定发展,不仅要求贷款机构提供大量储蓄资金,还需要保险公司提供大量的寿险数据,避免信息不对称可能造成的逆向选择对市场的影响,并为抵押物的损毁和贬值提供保险。我国金融市场的发展尚不完善,运作并不规范,因此目前银行业、保险业、证券公司采用分业经营、分业管理的方式降低经营风险。随着我国金融市场的逐步完善,从分业走向混业具有一定的现实意义。银行业、保险业和证券业在一定程度上的相互合作,有助于贷款机构提高资本利用率,完善金融市场,促进金融创新。

(二)强化风险控制和风险合作分担机制

美国等国家的反向抵押贷款业务,是在规避市场风险的法律法规及相关金融工具出现后,才获得长足进展的。它通过证券化运作,把原来由贷款机构独家承担的房产价格波动、利率变动等风险,分散给众多的个人和机构投资者,从而使贷款机构的风险程度大大下降。中国现行的金融环境缺少风险分散机制,反向抵押贷款的风险高度集中于贷款机构,不利于调动金融机构经营业务的主动性。

反向抵押贷款养老模式由于存在太多的不确定性,对贷款机构来说风险极大,在发展此种养老模式中,需要建立完善的风险分担机制。首先建议借鉴国外的经验,采用浮动利率,即在基准利率的基础上,加上合理的利差,避免借贷双方采用固定利率时的冲突。同时建议在贷款之初,借款人不能把抵押房屋可以取得的全部贷款一次性领走,而是制定合理的贷款价值比例,或者按月领取,并根据市场行情对住房价值进行多次评估,减轻房价波动对贷款机构、老年人造成的损失,使之尽可能地在贷款期限结束时,把贷款本息额控制在房价之内。其次,必须为反向抵押贷款养老模式进行相应保险,可以是房屋价值保险、各种火灾天灾意外保险、贷款利率保险等,也可以为这些保险进行再保险或共担保险。通过保险有效降低贷款机构开办此种养老模式的风险,从而激励贷款机构开办业务的积极性。这样无论是贷款机构破产时,还是当借款人的住房资不抵债时,双方的合法利益都能得到有力保障,从而较好地消除借贷双方的后顾之忧,促进反向抵押贷款养老模式的健康发展。

反向抵押贷款业务的开展,尤其需要银行和保险公司的相互合作以规避寿命风险,减少信息不对称导致的收益不确定性,并达到降低由房地产市场波动导致的住房价值波动风险的目的。其一,该产品的设计与借款人的预期寿命息息相关;其二,房产价值的波动对该业务市场的影响较大,需要保险公司对抵押物的贬值做出担保;其三,保险公司在现有的政策限制下,并不具有融资功能,而大量的保费收入特别是寿险收入需要有更为广阔的投资渠道,需要通过贷款发放来获得收益。因此,银证保投联合能有效借助银行的贷款发放渠道和巨量流动资金,以及保险业在寿险产品开发和产品精算上的经验,有利于该业务的发展运作。

(三)寻求政府的保障支持

养老保障是社会保障的重要方面,金融机构推出此类产品,在一定程度上丰富了居民的养老方案,极大地减轻了社会养老负担,政府在政策法规上应当对此类业务有较大支持,如提供一定的补贴或担保等。美国联邦住房管理局就为反向抵押贷款业务提供保证,防止由于合同期末房产处置价格低于贷款价值的情况给金融机构带来损失。

比如投保人与保险公司订立反向抵押贷款业务合同后,不论发生任何风险,如利率风险、长寿风险等等,保险公司累计支付的养老金总额是否超过抵押住房的价值,保险公司都应按约定方式付款,直至借款人死亡。当反向抵押贷款合同结束时,投保人只需按抵押房产出售时的价格偿还贷款额即可,其中的损失由政府担保,实施"兜底"政策。

以房养老既能有效解决老人晚年生活资金紧张的困境,又能减轻子女负担,还能实现资产的有效利用。因此,国家应加强宣传,加大倡导现代养老观念的力度,通过舆论导向逐渐改变人们的落后养老观念,使得以房养老成为老年人改善晚年生活的一种新型选择。

反向抵押贷款在房地产业的特殊作用,意味着该产品有极大的社会意义,贷款市场的运作不仅仅关系到贷款机构的盈亏状况,同时与数亿人口的家庭经济状况密切相关,关系到社会稳定和老年人的晚年生活保证,政府部门应在其中扮演重要角色。

(四)为反向抵押贷款进行保险和再保险

反向抵押贷款保险业务是指在反向抵押贷款业务中,为了最大限度地降低保险公司的业务运作风险,保障抵押权益实现而建立的一种与反向抵押贷款业务相配套的制度,具体的再保险安排可以包括人寿保险、财产保险和政府担保保险。

相比在提供反向抵押贷款的金融机构内部寻找解题思路的办法,将风险转移给第三方保险机构更加有效。具体的操作方式可以由放贷银行将同类贷款打包统一进行保险,也可以分别为每一宗贷款设置保单。在英国,借款人将住房抵押给银行获得整笔贷款,转而将这笔贷款作为保费交给保险公司用来购买剩余寿命中的年金,又被称作"反向养老寿险年金",能够将银行的部分

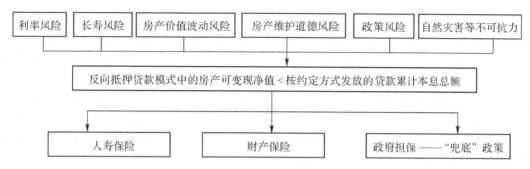

图 1 反向抵押贷款业务的再保险机制

风险转移给保险公司。目前,我国已经开始运行的"老年人住房反向抵押养老保险",就是直接由保险公司开办本项贷款业务,事实上合并了放贷机构和保险机构的双重职能,所以在业务量较小的情况下仍然面临较大的不确定性。

由上分析可知,反向抵押贷款业务面临着众多的风险和不确定性,最主要的是来自于反向抵押贷款合同结束时,房产的可变现净值不足以弥补保险公司按合同约定方式发放的养老金总额。此时,保险作为风险转移的主要手段,具有分散风险和分摊损失的经济功能,在反向抵押贷款业务的风险管理中,发挥着至关重要的作用。

(五)同时开办正向和反向抵押贷款业务,实现风险对冲

对银行而言,住房正向抵押贷款和反向抵押贷款的现金流具有逆向性,在面临市场利率波动时,消费者还款和银行放款之间有一定的互补性变化。如在浮动利率的条件下,市场利率上升时,银行预期收回更多的月供还款,但同样会面临房产价值下降、借款人停止还款的风险,同时准备金率的上升将减少可贷资金,总体上会降低回款额;对于反向抵押贷款机构,银行会根据利率上升的幅度减少每月的贷款额支付,刚好可以同回款额降低的风险对冲;反之亦然。将两种逆向业务联合经营,有助于在一定程度上降低任何一方的不确定性风险。

(六)通过贷款资产证券化分散风险

实施住房反向抵押贷款的证券化,就是指把金融机构所持有的个人住房反向抵押贷款转化为抵押贷款证券,然后通过资本市场出售证券融通资金。这样既提高了银行资产的流动性,又可以把证券化资产的利润和风险转嫁给广大的投资者,提高资产的安全性,促进住房金融业的发展和稳定。

国际金融界对住房抵押贷款证券化的操作已经趋于成熟,这种将经营风险分散到二级市场的做法,同样可以用于反向抵押贷款业务。但其基本前提是一级市场的业务量足够大,形成一定规模的资产池,然后才能进一步操作,对刚刚开始试点的反向抵押贷款业务而言,还有较长的路需要走。在可以预期的区间之内,将大量分散的贷款聚合起来,打包成为一个资产组合,有助于减低个体寿命差异带来的不确定性,从而降低经营风险。

(七)建立财政金融配套措施

以房养老涉及税务、银行、保险等多个财政金融部门,必须健全和创新相关财政金融制度和法律法规。比如,对房主的贷款收入和银行的房产增值收益实行减免税政策,提高其积极性;鼓励保险公司的介入,附加多种保险项目,以分散银行的风险,提高贷款的安全性;促进社会信用体系建设,以降低贷款银行面临的道德风险和违约风险;为保障债权人的利益,要建立抵押登记制

度和公示制度；建立健全银行住房反向抵押贷款业务的审查和资金发放程序，严格资金管理。

　　在反向抵押贷款业务的开办过程中，政府的参与会起到很大的推动作用，既能降低老年借款人的贷款成本，又能降低特设机构开办此项业务承担的风险，从而保证反向抵押贷款的顺利开展，达到补充和强固社会养老保障的最终目的。参考美国反向抵押贷款市场的风险承担、分散机制，在反向抵押贷款推出初期，政府以低息或无息贷款形式向特设机构提供一定的启动资金。待本产品研发成熟并成功运作若干年后，再由政府对其进行担保，并给予业务开办机构一定的税收优惠，鼓励其开展业务。政府可以对借款人实行一定的利率补贴，直接降低贷款成本，增加每期的收入。

(八) 加强内部风险控制与外部监管

　　反向抵押贷款业务的借款人通常是拥有独立住宅产权的老年人，家庭拥有独立房屋产权是开展该业务的前提，房价的不断上升，住房价值占家庭拥有财富比例逐年升高，以一定贷款与价值比例计算，住房拥有者以住房作抵押获得的年金或一次性获得的流动现金，确实能够负担养老需要。该业务的开办需要借款人拥有清晰的房屋产权，并且以房屋产权在借款人去世后也能转让为前提。

　　一般而言，保险业根据在人寿保险方面的大量经验数据，能够为反向抵押贷款业务提供定价支持，银证保投联合的方式能够在一定程度上降低贷款机构的寿命风险，然而，这并不能完全消除寿命风险。若能通过降低贷款绝对数额的方式，来减少贷款机构遭受损失的可能性，又损害了借款人的利益。若能建立贷款担保机构，只抵押住房的部分产权，抑或限定年金支付总额，则可以在一定程度上规避寿命风险，提高金融机构开办该业务的积极性。同时，反向抵押贷款业务对解决老龄化问题，为老年人提供充裕的养老保障资金起重要作用，关系到社会经济发展和稳定，该特定机构的大政方针等等，应当主要由政府担纲。

　　反向抵押贷款是一项需要高度专业化评估水平的业务。内部风险控制的主要途径，是提高评估机构的业务水平和职业道德水平，以及对借款人道德风险的防范。对申请人寿命年限评估的准确性，对房产未来价值评估的准确性等等，都决定于评估机构的业务水平。评估机构的绝对中立、客观真实、不对任何一方有所偏私，则取决于评估机构自身的良好职业道德水平。另外，在反向抵押贷款期内，每隔一定时间(可以按分期付款的分期为间隔)，贷款机构应当聘请专业机构对房屋作一次检查和价值评估，防止人为损害导致的房产贬值。对房主的支付可以建立在当期对房屋价值评估的基础上，如房主对房屋有人为损坏时，将从其当期应得款项中扣除相当于房屋价值减损额的价款。这就会大大降低道德风险，有利于房屋的保值。

　　参与反向抵押贷款的主要方面，是银行、保险公司等金融机构，涉及金融监管问题。金融机构基本上都是负债经营，金融监管的重要职责就是发现和控制风险，主要目的是保证金融体系的安全、稳定，保护存款人和投资者的利益。国外针对反向抵押贷款的监管问题，专门制定了一些法案或相关法规，并有专门的监管机构参与此事。如美国于 1994 年通过的《Riggle 共同发展法案》(Riggle Community Development Act)，就是对反向抵押贷款的运作进行监管的专门法案；英国虽没有专门的法案，但 1974 年通过的《消费者信用法案》(Consumer Credit Act)专门规制25000 英镑以下的反向抵押贷款产品；加拿大的反向抵押贷款机构主要由国家财务机构监管局(OSFI)监管，营销反向抵押贷款产品的人员也必须具有专业资格证明。

　　在监管立法方面，建议我国制定《反向抵押贷款监管法》，主要规制以下内容：商业银行必须准确真实地披露办理反向抵押贷款的相关信息，比如利率、开办费用等；商业银行应当对办理反向抵押贷款业务的房屋权属情况进行严格审查，确保借款人对房屋权利的真实、完整；贷款的发放应当充分及时;商业银行应当聘请具有资质的评估机构;商业银行发现借款人有违约可能时,应当及时采取措施,解除合同或要求提供担保;保险机构对保险事宜的披露应当详尽,保险费用的厘定应当合理,保险款项的发放应当充分及时等等。

我国金融业目前还处于分业经营、分业监管的状态,不利于各监管机构之间的合作与信息共享,监管效率也不高。但金融混业的趋势已经愈益明显,一旦金融混业成为现实,就可以由某家监管机构参照《反向抵押贷款监管法》,对参与反向抵押贷款的各金融机构统一监管,也将更加有效和便捷。

以房养老作为一种新生事物,要想被人们普遍接受需要一个长期的过程,要充分准备,逐步实施。首先鼓励学术界就这一模式在我国的可行性、困难以及对策等进行充分论证,同时选择经济发展水平较高、金融服务业相对成熟的大城市如北京、上海、广州等进行试点,并总结经验教训,待时机成熟后再向全国推广。

表1 反向抵押贷款风险评价指标体系及其重要性评价表

指　标		指标内容/说明
宏观环境引起风险	利率风险	由于利率变动的不确定性,导致收益或市场价值的波动性
	政策风险	政策导致市场价格波动而产生风险
	法律风险	因无法可依导致的法律纠纷
	市场风险	可能面临"有价无市"的情况
借款人引起的风险	长寿风险	实际寿命高于预期寿命所产生的风险
	住房维护风险	借款人不对住房进行正常维修致使住房价值贬损的风险
	信息不对称风险	借款人与贷款机构的信息不对称
	理性违约风险	借款人在不确定的经济环境中实现成本最小化的理性行为
抵押物引起的风险	住房价值波动风险	住房价格升高或降低
	抵押物处置风险	老旧住房可能无法交易变现
	抵押物毁损风险	抵押物遭到自然原因的破坏
贷款机构引发风险	流动性风险	金融机构的变现能力无法实现
	道德风险	寻租、机会成本等行为
	机会成本风险	资金无法用于其他投资
	操作风险	由不完善的内部程序、人员及系统所造成损失的风险
其他因素引发风险	中介风险	中介机构可能利用信息不对称出现某些欺诈行为
	公共风险	因公共利益而导致的一系列问题
	合同风险	合同中可能出现的漏洞等

反向抵押贷款中的利率风险研究简介

俞　敏①

摘要：利率风险是反向抵押贷款运作风险链条的重要环节,并直接或间接地与其他风险发生联系。有效度量和防范利率风险,将成为反向抵押贷款业务顺利开办的关键。本文主要对反向抵押贷款中利率风险的度量及防范进行研究。

一、利率风险简介

利率风险是指由于利率的变动而给业务开办机构和客户带来的收益或损失。抵押贷款市场上,利率是金融机构提供融资服务的价格,银行开办抵押贷款业务必定要承担利率调整的风险。利率变动同经济周期有密切的关系,一般说来经济扩张、通货膨胀时利率会上升;随后在经济危机到来前利率达到最高点;接着在经济萧条、通货紧缩时,利率又会下降;利率下跌到最小后又会在复苏阶段开始上升。

在竞争激烈的借贷市场上,商业银行更有可能是市场利率的接受者,而非决定者,对处于追随者地位的中小商业银行来说,更是如此。商业银行进行贷款产品定价时,需要考虑相应的成本、适当的利润及违约风险。目前我国的银行采取的定价方法,大多是价格领导法,即贷款基准利率由非基准利率加上借款人支付的违约风险溢价。

在价格领导法中,基准利率可能采取四大商业银行根据其成本费用和最优等级客户所确定的贷款利率,也可能是货币市场利率。违约风险则取决于商业银行内部评级法的实施。如某一家银行能够在违约风险测算上率先取得突破,就可以比较准确地进行信用风险成本的识别,并通过价格歧视等系列手段确定竞争优势,并有可能在部分行业和产品上,树立价格领先者的市场地位。利率调整时,信贷市场的合同利率水平波动的频率和幅度等,也会随之相应提高。利率的期限结构复杂,长、短期收益率曲线可能出现上升、下降、水平移动等更为复杂的形态,利率水平的波动及期限结构的变化,随时都会影响商业银行的收益和净现金流入,使银行承担更多的利率风险。

通常,利率风险基本包括三种形式:

(1)利率变动时,因利率敏感性资产和敏感性负债的价值变动不一致引起的收益风险,主要原因在于商业银行自身的资产负债期限结构的不匹配,称为成熟期不匹配风险。

(2)存贷款利率产生不同步变动时,即使利率敏感性资产与利率敏感性负债相匹配,银行的净利差收入仍会受到较大影响,一种常见的情况是,存款利率上涨幅度大于贷款利率上涨的幅度,银行的净利差收入减少,引起收益损失,这称为基本点风险。

(3)在商业周期扩张阶段,由于货币政策反向操作,短期利率高于长期利率,长短期利率倒挂,会使银行预期的资产负债利差落空,特别是在银行存贷款利率多以国库券收益率为基准制定

---

① 俞敏,女,浙江大学经济学院 2006 级金融硕士研究生,主要研究方向为金融投资理财等。

的情况下,若收益曲线由正变负,银行长期以来浮动利率贷款的重新定价,利率与短期存款利率的利差,就会大幅降低甚至变为负数,又必然会造成收益损失,这种风险称为收益曲线变动风险。银行又会面临因客户行使存款期限的选择权而产生的内涵选择权风险。

以上三种利率风险在此次利率调整及下一步的利率市场化改革中,都将以不同程度出现,管理不当就会造成现实的损失。此外,利率风险还将在一定程度上增大银行潜在的信用风险,从而使整体的信用风险水平提高。

二、反向抵押贷款运作的利率风险

(一)利率风险介绍

反向抵押贷款的期限一般都较长,在贷款双方按照合同发生信用关系以后,利率可能会在贷款存续期内发生变化,而其具体的变动方向和变动幅度,在事前是很难准确知晓的,特设机构只能给出一种预测。贷款利率的设定是否恰当,将会对贷款机构的盈利情况产生重大影响,并最终关系到该贷款业务能否顺利推行。引起利率变动的因素很多,如国民经济发展前景预期、通货膨胀、国家金融政策、周边国家的利率情况等,都会影响到利率的变动。在反向抵押贷款业务中,利率风险的程度还将取决于该贷款的利率设定方式是固定的或是浮动的。

在固定利率的情况下,特设机构无法控制因市场利率变化导致反向抵押贷款资产的变化,市场利率上升将导致反向抵押贷款资产的减少,使特设机构的利润下降甚至出现负利润。此外,在实际业务运营中,如果利率上升,特设机构会因为反向抵押贷款合同的签订失去将该笔资金投资于更高收益项目的机会,承担较大的机会成本;而当利率下降时,借款人可能就不愿意承担高于市场利率的合同利率,转而采取其他融资方式,利率风险就产生了。在浮动利率下,特设机构避免了部分利率风险,但无法准确估计未来资产的价值,利率的微小变动将导致反向抵押贷款未来价值的大幅波动。

Thomas P. Boehm 和 Michael C. Ehrhardt(1994)设计了一个量化采用固定利率计息的反向抵押贷款估计模型,用来估计利率风险的大小。

模型假设:

a. 无风险利率的瞬时水平服从 Cox、Ingersoll 和 Ross(CIR)过程:

$$dr = \beta(\mu - r)dt + \sigma\sqrt{r}dz \qquad (1)$$

r 是瞬时点利率,β 是利率变化的调整速度,μ 是 r 趋向的长期水平,$\sigma\sqrt{r}$ 是瞬时标准差,dz 是 Gauss—Weiner 变量。

b. 由于抵押老人死亡或住房搬迁而导致的贷款意外终结,一般会遵循两种过程。用 y 代表一个泊松随机变量,在贷款意外终结之前为 0,贷款意外中止时数值变为 1。变量 y 的微分等于 0 或者 1。$E(dy) = \delta dt$,δ 是单位时间内贷款意外中止的概率,t 是一个时间函数。贷款的意外中止同利率不相关。

c. 与 CIR 模型一样,预期收益等于 $r = \lambda r P_r / P$,λ 为一常数,P 为贷款值,P_r 为贷款值 P 对利率 r 的偏微分。

根据以上假设,Thomas P. Boehm 和 Michael C. Ehrhardt 得出确定反向抵押贷款数额的基本偏微分方程:

$$P_t + P_r[\beta(\mu - r) - \lambda r] + 1/2 P_{rr} r\sigma_r^2 + C + \delta[F(t) - P] - rP = 0 \qquad (2)$$

这里用 P 表示反向抵押贷款的数额,下标表示 P 对其的偏微分,$F(t)$ 为未偿贷款余额,C 代表反向抵押贷款的现金流。在贷款到期时($t=T$ 时),贷款数额一定等于未付余额。对于无穷大的利率水平该数值趋向于 0。该方程包括利率为 0 的约束条件如下:

$$P(r,T)=F(t)$$
$$P(\infty,t)=0 \tag{3}$$
$$P_r\beta\mu+P_t+C+\delta P+\delta F(t)=0$$

参与反向抵押贷款业务的人员,一般年龄较大,收入较低,部分提前偿还贷款是不大可能的,但在市场条件对其有利时,重新筹资还是有可能的。这就相当于贷款提供者看涨期权,看涨期权费用等于未付贷款余额。

如果反向抵押贷款不是随时可以偿还的,那么其市场价格 $P^m(r,t)$ 等于 $P(r,t)$。如果贷款是随时可以偿还的,其市场价格不能超出看涨期权的价格:

$$P^m(r,t)=\min[P(r,t),F(t)] \tag{4}$$

确定反向抵押贷款的价格需要解出上面给出的在既定约束条件(3)下的偏微分方程(2)。如果反向抵押贷款是可以随时偿还的,还要满足方程(4)。

(二)固定利率情况

若反向抵押贷款采取固定利率,当市场利率高于合同利率时,特设机构因为支付反向抵押贷款挤占了大量资金,会失去获得更高收益率的投资机会而产生机会成本。当反向抵押贷款的使用利率固定时,特设机构能够较容易地计算出未来的贷款余额,并大致估计面临的贷款损失风险(即贷款累计本息总额超出抵押住房价值的风险),但承受着利率上升带来的机会成本,特设机构支付给借款人每期的定额年金,完全可以投资于其他产品而获得更高的收益,但如今因为反向抵押贷款合同的约定,特设机构只能将该笔资金用于每年度的额度支付,而不能投向更高收益的产品,因而承担了较大的机会成本。

此外,若未来的房地产市场持续低迷,抵押住房无法按照预期的价值变现时,会导致抵押住房的最终变现价值低于累计的贷款数额,那么,特设机构将面临贷款损失的风险。

当市场利率低于合同利率时,因借款人可以更低的利率进行再融资,很可能选择提前偿还本息,结束贷款合同。当借款人提前偿还贷款时,对特设机构而言,不仅意味着收益减少,还意味着机构将面临再投资的风险。此处有一点需要明确的,就是反向抵押贷款业务开办的代价,相比较其他贷款种类都是较为昂贵的。从国外反向抵押贷款的操作来看,反向抵押贷款的前期费用都很高①。借款人选择提前结束本贷款业务时,必须将结束贷款能获得的收益与前期费用进行比较,从而做出是否提前结束贷款的决定。一般来说,反向抵押贷款的初期,借款人不会提前结束贷款,只有当抵押住房的价值大幅增加,并远远超过借款人获得的贷款数额时,借款人才会选择提前结束贷款,因为借款人不愿意与特设机构分享住房升值带来的巨大收益。虽然借款人提前结束贷款将受到支付违约金的处罚,但当房价持续上涨时,这种违约的可能性还是很大的。如果采取固定的还款利率,当市场利率下降时,特设机构就面临着隐含期权(借款人的提前还贷行为)引致的利率风险。

(三)浮动利率情况

若反向抵押贷款合同采取浮动利率,那么,反向抵押贷款中的利率风险可以理解为因市场利

---

① 前期费用是指借款人为了获得反向抵押贷款业务而支付的费用,包括房屋评估费用、咨询费用等。

率上升而使特设机构的收益减少甚至发生损失的可能性(如图1所示)。从图中可以看出,自借款人将住房产权抵押给特设机构开始(图中 T_0 时刻),随着时间的推移,借款人的贷款总额持续增加。贷款持续时间越长,贷款到期时(图中 T_1 时刻),贷款的累计本息和超过抵押住房最终价值的可能性就越大。而且利率越高,累计贷款余额越大,超过期末房产价值的部分就越多,特设机构遭受损失也就越大。

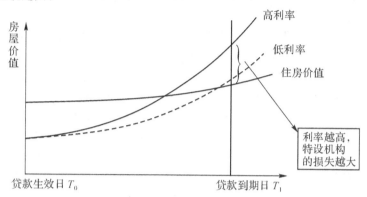

图1　利率变动对特设机构的未来收益影响

作为一项针对老年人的贷款,反向抵押贷款的制度设计特别包含了"无追索权"条款,对特设机构来说,贷款结束时,特设机构所能得到的数额是贷款累计余额和抵押住房最终价值中较小的那个。正是这种机制的存在,决定了利率上升所引发的损失是特设机构所必须承受的。要降低此类风险,特设机构除了寻找成本低廉的资金来源外,就是设法寻求政府的帮助,由政府利用财政收入或其他方式主动承担这部分损失。

在浮动利率情况下,若市场利率下降,特设机构是否会面临利率风险呢?答案是肯定的。利率下降时,借款人的贷款总额下降,抵押住房价值超过贷款余额的可能性就会大大增加。所以,借款人很可能会选择提前偿还反向抵押贷款,来保障自身的权益。这是反向抵押贷款中借款人的行为,区别于普通住房抵押贷款的地方。反向抵押贷款的偿还机制比较特殊,一般地说,借款人通常是以抵押住房来偿还贷款,而非采取货币偿还的方式。

无论采取固定利率,还是浮动利率,当市场利率下降时,反向抵押贷款的借款人都有提前结束反向抵押贷款业务的冲动。固定利率情况下,主要是因为借款人可以用更低的利率进行融资,而不必遭受高利率的束缚;而在浮动利率下,因为借款人的贷款总额下降,使得抵押住房的最终变现价值大于贷款数额的可能性增大。但对特设机构而言,则因此承担了借款人提前还贷导致的利率风险,也就是隐含期权引致的利率风险。

(四)从特设机构的净收益理解利率风险

除了从理论上对反向抵押贷款中的利率风险加以分析外,我们还可以从特设机构因反向抵押贷款获得的净收益方面,分析所面临的利率风险。在计算特设机构开办反向抵押贷款业务获得的净收益之前,我们先给出以下假设:

(1)借款人申请反向抵押贷款后的预期余命为 t 年,借款人去世后,反向抵押贷款即宣告结束,特设机构有权获得抵押住房的所有权,并对抵押住房进行处理;

(2)特设机构预定的反向抵押贷款的还款利率为 r;

(3)反向抵押贷款采取定额年金支付的方式,且支付发生在年底。并假设每年支付的年金数额为 A,则反向抵押贷款到期时,特设机构累计向借款人支付的年金数额为 $L_t = A(1+r)^{t-1} +$

$A(1+r)^{t-2} + \cdots + A$；

（4）抵押住房的初始评估价值为 C_0，且住房年平均增值率为 a，则抵押住房的期末价值为 $C_t = C_0(1+a)^t$；

（5）假设特设机构的预期收益率为 y，由无风险收益率和风险溢价两部分构成。

若反向抵押贷款设有"无追索权"条款，那么在贷款结束时，特设机构能获得的最大收入为 $\min(L_t, C_t)$。不妨设该最大收入为 Q_t，则 $Q_t = \min(L_t, C_t)$。

将特设机构在反向抵押贷款到期时能获得的收入贴现，其中贴现系数为 $Y_t = (1+y)^t$，则收入的现值就等于 Q_t/Y_t，而贷款期间支付年金的累积现值 $R_t = A/(1+y) + A/(1+y)^2 + \cdots + A/(1+y)^t$。

特设机构的净收益 π_t 就表现为：$\pi_t = Q_t/Y_t - R_t = \pi(A, r, y, t)$

从该表达式中我们可以看出，特设机构的净收益 π_t 与 A, r, y, t 四个因素有关。t 表示反向抵押贷款的持续时间，一般用于表现特设机构面临的长寿风险，不是本文研究的重点。这里我们主要考虑 r, y 和 A 三个因素及其对特设机构净收益的影响。其中 A 表示特设机构每期的现金流出，它的大小是由特设机构的预期收益率 y 和抵押住房的期末价值决定的，还会受到借款人提前偿还贷款的影响。大多数情况下，老人是否选择提前偿还贷款与市场利率的变动有关。y 表示特设机构的预期收益率，于贷款合同签约初期确定，在整个贷款存续期内是一个常量，只用于确定借款人能够获得的贷款数额。r 表示还款利率，与市场利率相联系。当采取浮动利率计息时，一般是还款利率盯住某个市场基准利率，并与该市场利率同步变动，市场利率上升，则 r 上升，借款人累计贷款总额增加的速度就快；当采取固定利率计息时，若还款利率大于市场利率，借款人就会提前偿还贷款。综合起来，利率及与它相关的 r 和 A 是影响特设机构净收益的主要因素。

三、国内外对反向抵押贷款利率风险及其管理的研究现状

Phillips 和 Gwin（1993）认为利率风险高度依赖于贷款机构的资产负债匹配程度，但反向抵押贷款特殊的现金流，使得贷款机构的资产和负债很难实现匹配，因此，贷款机构很难通过构造零缺口来实现利率风险的"免疫"。因为反向抵押贷款的非流动性，糟糕的资产负债匹配效果将使贷款机构面临更大的风险。他们对固定利率和浮动利率两种情况进行比较，认为固定利率贷款可以使贷款机构准确地预测未来累计的贷款总额，更好地估计长寿风险和住房价值波动的风险。但在固定利率的情况下，贷款机构收进的抵押房产，将随着未来利率环境的变化而上下波动，浮动利率可以避免此类风险，却会增加未来的不确定性。Phillips 和 Gwin 认为贷款机构可以通过减少每月的支付数额、与借款人共同分担风险、采取浮动利率等方式来降低利率风险。

Tse, Y. K.（1995）以固定利率和变动利率两种不同状况做出分析，首先算出损益两平年金的期望值（mean breakeven annuity, MBA），接着为反映贷款机构的运作风险，又设计出预期利润现值（expected present value of profit）和损失率（probability of loss）两项指标。并在不同情境和年金水平值下，估计这两种指标的数值。这里提到这一观点的目的，并非在于计算反向抵押贷款的年金水平值，而是构建出相关参数的仿真模型（simulation model），再计算出可反映反向抵押贷款风险和利润的指标。该文对相关参数的仿真模型提出相应的假设。接着应用新加坡的数据，分别在固定利率和变动利率下做出分析。Tse, Y. K 还指出在应用新加坡的资料时，即使是在房价升值率较低的情景下，以每月固定年金为支付方式的反向抵押贷款，对潜在借款人来说也是很有吸引力的。

Thomas P. Boehm 和 Michael C. Ehrhardt(1994)通过建立数理模型对固定利率的反向抵押贷款、国债和普通住房抵押贷款的利率风险进行比较,认为当初始条件一致时,反向抵押贷款中的利率风险,要远远大于国债和传统的住房抵押贷款。并指出,反向抵押贷款中的利率风险通常是其他固定收益证券的好几倍。

Edward J. Szymanoski(1994)认为利率风险和寿命风险不一样,利率风险是不可分散的,是引起反向抵押贷款模型中不确定性的因素。他提出用再保险的方法来降低 HECM 特设机构的利率风险,并且承保人只承担由利率升降带来的抵押物风险。

国内也有不少学者对反向抵押贷款的利率风险进行研究,但大多数学者都是停留在理论层面上,还未有学者对反向抵押贷款的利率风险进行过定量研究。柴效武、方明(2004)认为反向抵押贷款的贷款利率应该高定,以规避业务开办过程中的不确定性和风险,并提出由财政给予借款人一定的贴息优惠。呆新利、张建坤(2007)认为反向抵押贷款业务中,利率风险是指因市场利率增加而使特设机构的利润减少甚至损失的可能性。于凤芹、李镇(2007)认为反向抵押贷款合同签订时,其支付方式也应随同确定下来,在未来的支付期限内,利率波动可能导致银行收益不足以弥补支出而给金融机构带来利率风险。杨明、张亚男(2007)认为要规避反向抵押贷款的利率风险,可以对利率实施相应保险的措施,以应对可能发生的利率的增减变化和由此带来的收益或损失。

李玉米(2006)认为利率变化会加大贷款的机会成本,使贷款机构的信贷资金遭受损失,如利率提高会使占压的大量信贷资金不可避免地因利率和通货膨胀的提高而蒙受损失。李玉米指出要规避反向抵押贷款的利率风险,可以采取浮动利率方式,也可以培育金融机构其他的利润增长点,减少对住房反向抵押贷款的依赖,从而减弱利率风险的困扰。此外,金融机构还可以运用和创新避险工具,如采用远期利率协议、完善客户违约金制度、正确执行提前还贷收取违约金政策等。

四、国内外对利率风险久期管理的研究

久期是美国经济学家麦考利为研究债券的期限结构于 1938 年提出的,被定义为收回初始债券投资成本的货币加权平均时间,近似等于债券价格的利率弹性,可以用于衡量利率风险的大小,且久期具有可叠加性。20 世纪 70 年代,Hopewell 和 Kaufman(1973)将久期运用于债券价值风险的度量。在 80 年代西方国家开始将久期概念引入商业银行的资产负债管理领域,并与之后发展起来的凸度概念一起应用到利率风险管理中。久期缺口管理曾作为一种对利率风险进行动态管理的方法,在 20 世纪 80 年代成为最受欢迎的利率风险管理方法。

麦考利久期模型的两个前提假设——收益率曲线水平和收益率曲线平行移动,在现实生活中往往不能成立。一些学者在麦考利久期的基础上进行了不同程度的修正,Lawrence Fisher 和 Roman L. Weil(1971)考虑到不同期限的利率可能会存在不同,提出了 Fisher-Weil 久期模型。I. A. Cooper(1977)构建了即期利率的多参数模型,并提出了部分久期概念,考察债券价格对影响即期利率曲线变动的某一参数或某一因素变化的敏感程度。Olivier de La Grandville(2001)考虑了即期利率曲线非平行移动的情况,提出了方向久期模型。

Zheng,Thomas 和 Allen(2003)去掉了麦考利持续期中隐含的两个假设,将麦考利持续期扩展到近似持续期。但是一般的持续期和凸度模型的前提假设,是所有资产和负债的现金流量不随利率变动而变化,而具有隐含期权的金融工具的未来现金流会随着利率的波动而变化。因此,

一般的持续期缺口模型无法处理具有隐含期权的金融工具的利率风险问题,为了解决这一问题,有学者提出基于期权利差调整的有效持续期和有效凸度模型。

本文将重点分析期权调整利差模型(OAS 模型)在反向抵押贷款中的应用。在考察隐含期权的金融工具的利率风险时,国内有很多学者引进了 OAS 模型和基于该模型的有效持续期以及有效凸度来衡量金融机构面临的利率风险。目前国内学者主要将 OAS 模型应用于内含期权的债券或者住房抵押贷款等,并对此作了理论和实证方面的研究。

王春峰、张伟(2001)研究了基于凸度缺口模型的具有隐含期权的商业银行利率风险管理问题,提出隐含期权型金融工具利率风险测量的低偏差序列 Monte Carb 方法(HPL-MC,Hybrid Principal Commponent Low-discrepancy Sequences Monte Carb),构建了利率风险管理的目标规划模型,认为与持续期缺口模型相比,凸度缺口模型在减少利率风险方面效果更好。

罗大伟、万迪昉(2002)选择资产与负债的持续期缺口和凸度缺口作为控制指标,提出了隐含期权条件下银行资产负债表的利率风险控制策略,强调对银行有隐含期权的资产负债进行期权调整的持续期匹配,以及构造正的凸度缺口对冲负的凸度缺口,认为实施利率风险控制策略,归根结底需要计算隐含期权的资产负债的持续期和凸度。

郑振龙、林海(2004)利用金融工程学的基本原理,提出了银行资产负债业务中隐含着期权的全新观点,认为银行的真实利差并不等于存贷款利率差额,还要考虑银行所承担的期权成本以及违约风险。他们对银行资产负债业务中的隐含期权进行分解,分析了其隐含期权的特征以及各个因素对期权执行可能性的影响。通过无套利分析和数值计算对隐含期权进行了定价,并对期权价格对各因素的敏感性进行了分析。

郑振龙、康朝锋(2005)通过对国家开发银行发行的可赎回债券和可回售债券的模拟和实证分析,说明因为该证券内嵌了期权,基于期权调整利差模型的实际凸度能够解释大部分的利率风险,因此建议在投资中使用实际久期和实际凸度来衡量含权债券的利率风险,而且在利率较高或较低时不可忽略实际凸度对利率风险的解释作用。

贺涛、陈蓉(2005)利用利率二叉树模型,以国家开发银行含权债券为样本,测算期权调整利差(即 OAS 值)。易传和、刘炼(2007)认为对于隐含期权的利率风险应从契约上加以防范,并可运用证券化技术转移,建立基于期权调整利差模型的利率评价机制,科学匹配有效持续期和引入利率衍生工具等途径进行全面控制。

易传和、刘炼(2007)认为随着利率市场化改革的深入,隐含期权将成为我国商业银行普遍存在的利率风险问题,基于期权调整的有效持续期和凸度,是衡量银行隐含期权利率风险的主要技术指标。对于隐含期权的利率风险应从契约上加以防范,并可运用证券化技术转移,建立基于期权调整利差模型的利率评价机制,科学匹配有效持续期和引入利率衍生工具等途径进行全面控制。

胡宗义、谭政勋(2005)在介绍传统麦考利久期与凸度衡量抵押支持证券价格对利率敏感型的基础上,分析了麦考利久期和凸度在测量隐含期权债券价格利率风险时存在的局限性,提出了更能准确度量利率风险的基于期权调整利差技术的持续期和凸度,给出了 OAS 测量债券价格利率敏感性的方法和步骤,并利用利率模拟技术和现金流计算模型,给出了求解 OAS 的详细过程。

郑振龙、康朝锋(2005)通过对国家开发银行发行的可赎回债券和可回售债券的模拟和实证分析,说明因为该证券内嵌了期权,基于期权调整利差模型的实际凸度能够解释大部分的利率风险,因此建议在投资中使用实际久期和实际凸度来衡量含权债券的利率风险,而且在利率比较高或比较低时不可忽略实际凸度对利率风险的解释作用。

戴国强、肖海燕(2005)对具有隐含期权性质的固定利率抵押贷款的提前还贷引发的利率风险进行了分析,并用 VAR 方法衡量银行由此而产生的损失。

五、反向抵押贷款隐含期权的研究

(一)揭示反向抵押贷款中的隐含期权

反向抵押贷款的期限一般较长,贷款利率的设定是否恰当,将会对贷款机构的盈利情况产生重大影响。引起利率变动的因素很多,无论采取固定利率,还是浮动利率,当市场利率下降时,反向抵押贷款的借款人都有提前结束贷款业务的冲动。固定利率情况下,因为借款人可以以更低的利率进行融资,而不用受高利率的束缚;而在浮动利率下,因为借款人的贷款总额下降,使得抵押住房的最终变现价值大于贷款数额的可能性增大。但对特设机构而言,其就承担了借款人提前还贷导致的利率风险,也就是隐含期权引致的利率风险。

(二)隐含期权对传统利率风险研究模型的挑战

没有隐含期权时,金融工具的凸度总是正的。对银行的资产(贷款业务)和负债(存款业务)来说,当利率下降时,资产价值将以加速度上升;而利率上升时,负债价值将以减速度下降,因此,无论利率上升还是下降,对银行都有好处。但是隐含期权会改变这种正凸性,并且在利率变动到一定程度时,资产和负债的凸性反映出不同的变化。

具有隐含可提前赎回权的银行资产(主要是贷款)相当于可赎回债券,该债券的发行人是借款人,投资人是银行。为便于理解,可以将对可赎回债券的凸度分析,移植到对银行资产凸度的分析。对可赎回债券而言,提前赎回权是一种看涨期权,它对债券有两方面的影响:一是使得可赎回债券的投资者面临再投资风险,当可赎回债券的票息率高于市场利率时,发行人会赎回债券,使得投资人的再投资利率下降;二是在利率下降的情况下,市场会强烈预期债券会按照赎回价格被赎回,债券的价格就没有不含权债券上升得那么快,形成价格压制。

另一方面隐含期权提高了负债的正凸度。以定期银行存款为例,当利率上升到一定程度,存款人提现的成本(主要是利息的损失)小于以市场利率转存或是投资其他金融工具产生的收益时,存款人会选择提现以期获得高收益。因此,隐含期权对负债价值产生保底。可见,利率的变化超过一定区间后,隐含期权会改变资产和负债的凸性,在价值—收益率曲线上则表现为市值对利率变动的曲线形状变得扁平。

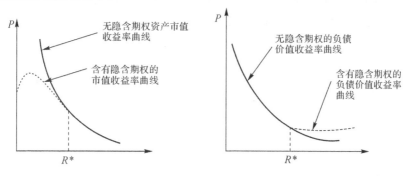

图1　隐含期权对银行资产和负债凸度、市值的影响

(三)期权调整利差模型在反向抵押贷款中的运用

为了对隐含期权的价值进行衡量,需要借助期权调整利差模型(Option Adjusted Spread Model,OAS 模型)这个重要的工具。所谓期权调整利差(Option-Adjusted Spread,简称 OAS)是指对证券中含有的隐含期权风险的补偿。OAS 是对金融工具中含有期权风险的补偿,是一个综合考虑了期限结构和隐含期权的收益率指标。

从数学上看,期权调整利差可以通过求解以下等式得到:

$$P = \frac{1}{S}\sum_{S=1}^{S}\sum_{t=1}^{t}\frac{cf_t^S}{\prod_{t=1}^{t}(1+r_t^S+\text{OAS})}$$

期权调整利差很容易被误解成是用利差表示期权价值,而事实恰恰相反。由于 OAS 是用调整了期权影响之后的现金流计算得到的,可以认为它是剔除期权价值之后,含权金融工具所获得的利差。因此 OAS 的经济内涵表现在两个方面:一是在剔除期权影响以后,投资者所承担风险的相应报酬,二是证券被错误定价的程度。

就反向抵押贷款而言,期权调整利差模型为其利率风险管理提供了一个可选择和综合运用的方法,该模型对内是商业银行通过期权调整有效持续期衡量资产或负债的利率风险的模型,对外则是银行与客户商议贷出或借入资金的定价模型。

(四)反向抵押贷款隐含期权的先进性

(1)通过反向抵押贷款中的选择性风险揭示隐含期权。指出在反向抵押贷款存续期内,当市场条件对借款人有利时,借款人会选择提前还贷而给特设机构带来风险。

(2)寻找期权调整利差模型(OAS 模型)和反向抵押贷款的联系,说明期权调整利差模型在反向抵押贷款利率风险衡量中的适用性,以及建立合适的数理模型。期权调整利差模型虽早已存在,但大多数学者对期权调整利差模型的研究和应用都集中在含权债券,有少数学者将其用于住房抵押贷款及其证券化产品的定价研究,鲜少有学者将其应用到反向抵押贷款中。因此,运用期权调整利差模型估测反向抵押贷款利率风险研究具有创新性。

(3)在期权调整的利差模型中,采用三叉树或蒙特卡罗模拟技术,解决利率的路径依赖问题。

(4)我们希望在现金流的计算上,结合前人的结果,提出反向抵押的提前偿付模型和现金流计算模型。

在反向抵押贷款其面对的三大风险障碍中,利率风险是最难规避和管理的风险之一。基于反向抵押贷款中的隐含期权带来的风险研究,将帮助我们更好地构建防范反向抵押贷款利率风险的有效机制,推进以房养老的开展和实施。

反向抵押贷款利率风险管理的技术手段

俞　敏　柴效武

摘要: 本文着重介绍了反向抵押贷款利率风险管理的技术手段,包括缺口分析和缺口管理,隐含期权调整利差模型等等,结合实际提出了防范反向抵押贷款利率风险的有效机制。

一、利率风险管理

(一)利率风险的含义

所谓利率风险,是指由于市场利率变动的不确定性,导致金融机构收益或市场价值的波动性。从实质上看,在利率波动时,资产的收益和价值相对于负债的成本和价值发生了不等量变化,从而造成金融机构拥有收入和资产的损失。利率风险是住房反向抵押贷款机构面临的主要风险之一。

借鉴国外发达国家的经验,贷款机构开办的住房反向抵押贷款,可采取的主要措施是浮动利率计息。在基准利率的基础上,加上一个合理的利差,即为执行利率。在贷款运作实践中,要对执行利率定期按月或年进行调整。基准利率的选择中,国外一般采用银行同借利率,再贴现率以及比较有影响的国际标准利率等,我国可参考一年期国债利率来确定。采用浮动利率计息,可有效克服固定利率计息的风险,但不能规避利率上升导致贷款本息超过房产价值的风险。对于后者,可通过控制贷款比率来解决。住房反向抵押贷款的现金流与传统的分期贷款的现金流是反向的。为规避利率风险,金融机构可将住房抵押贷款和分期贷款进行组合,使每期的现金流入与现金流出基本保持一致。实现两者的合理匹配,一是贷款数额的匹配,二是贷款期限的匹配。

利率风险虽然不能进行分散,但可通过加强资产负债管理,借助于金融衍生工具,开办利率保险产品等措施进行防范和规避。

(二)利率风险管理的方法

(1)免疫法

贷款机构通过构造资产和负债的组合来抵消利率的变化对资产价值的影响,如用住房反向抵押贷款的现金流与债券的现金流来组合等。严格地说,免疫法是资产负债匹配法的一个变种,二者的区别在于所运用金融工具的不同。

(2)实行利率互换与对冲机制

利用表外衍生金融工具,如利率远期、利率期货、利率期权和利率互换等,使其变化与利率变化的方向相反,从而抵消利率变化所带来的影响,达到防范和化解利率的目的。目前,我国还未推出这些衍生金融工具,但可以通过国际金融市场,运用衍生工具来管理外币资产负债的利率风险,在条件成熟时再用它来管理人民币资产负债的利率风险。衍生金融工具是一把"双刃剑",运用妥当可以较好地对冲利率风险,运用不当则可能带来严重的灾难。

（3）发展利率保险

通过参加利率保险，在交给保险公司一定保险费用后，可以建立一种在被保险人和保险公司之间的收益分享或损失共担的新机制。若在贷款期满时的利率超过一定的幅度，超出部分由保险公司承担。目前我国尚未开办这一险种。

（三）利率风险与规避手段

利率风险被定义为利率的不利变化，指企业或个人的利息成本升高、投资或贷款收益降低、金融工具市场价格下跌而导致企业利润减少的风险。任何进行资金借贷和投资的企业或个人，无论是长期还是短期投资，都可能暴露在利率风险之下。

房屋反向抵押贷款的期限一般比较长，利率的波动很大，贷款双方按照合同发生借贷关系以后，利率风险对房屋反向抵押贷款的影响比较大，利率可能会在贷款期间发生变化。而这种变化会加大贷款的机会成本，使贷款机构的信贷资金蒙受损失，如利率和通货膨胀提高，会使占压的大量信贷资金不可避免地蒙受损失。

为克服反向抵押贷款利率风险，需要双方在合同中约定实行浮动利率。当基准利率提高时，贷款机构的资金机会成本相应提高，可据此提高反向抵押贷款的利率。反之，当基准利率下降时，借款人很有可能不愿意负担原先的高利息，转而重新融资，为了稳住业主，此时反向抵押贷款的利率需要下调。除此之外，还可以通过其他方式规避利率风险。如尽可能地减少对房屋反向抵押贷款的依赖，培育其他的利润增长点，从而减弱利率风险的困扰；如采用资产负债匹配法，将房屋反向抵押贷款和分期贷款进行组合，使每期的现金流入和现金流出基本保持一致。

二、利率风险引致的反向抵押贷款产品定价

对利率风险的防范，还可以设想通过利率保险的形式，以对可能发生的利率增减变化及由此而来的收益或损失，建立一种被保险人和保险公司之间的收益分享或损失共担的新机制。这一保险险种的大致操作思路为：保险公司在整个业务中加收一定的保险费用（通常为住宅总价值或抵押贷款总额的一定百分比），即可保证该合同整个履行期间的利率不超过一定幅率，如一两个百分点等。若超出这一幅率时，超出部分则由保险公司给予全力承担。这一保险险种在我国目前尚未开办，但从现在考虑推出这一险种则非常有必要。

房价与物价有着十分密切的连带关系，通货膨胀达到较高程度时，房价也会有可观的升值。物价则与利率有连带关系，通常情形是物价上升时，房价会以更高的速率拉升，存贷款利率也会有相应提升，以弥补贷款机构因此造成的风险；而物价下跌时，房价则不一定会同等程度地下跌。这里的关键是贷款机构与借款人（实质上为抵押房产的老年人）在利益关系分配上的约定是如何的。

一般情况下，当这种利率约定是像目前的寿险业务"一次定终身"时，确实没有太好的办法予以解决。但如像通常的金融业务那样，利率可以随着实际情况变化给予相应调整，房价上涨得到的好处，能够在贷款机构和抵押房产人之间公平合理分配时，这一问题就可以解决得很好。

反向抵押贷款的期限一般较长，在贷款双方按照合同发生信用关系以后，利率可能会在放贷期间发生变化。这种变化会加大贷款机构业务举办的机会成本，使其信贷资金遭受损失，如利率提高会使贷款机构拥有信贷资产的价值大幅降低。在反向抵押贷款业务开办中，利率风险出现的程度，取决于反向抵押贷款的利率设定是固定的还是浮动的。在利率固定的情况下，业务开办

机构无法控制因市场利率变化而导致反向抵押贷款资产的变化,市场利率上升将导致反向抵押贷款资产的减少,使业务开办机构的利润下降甚至为零。在浮动利率情况下,业务开办机构部分避免了利率风险,但无法准确估计未来资产的价值,利率的微小变动将导致反向抵押贷款未来的价值大幅波动[①]。在实际业务运营中,如果设定利率上升,贷款发放机构的机会成本就会增加;如利率下降,借款人可能不愿意承担高于市场利率的合同利率,而转向其他方式,利率风险就产生了。

一般而言,反向抵押贷款的期限相对较长,利率波动大,贷款都是实行浮动利率。当基准利率提高时,业务开办机构的资金成本相应提高,可以据此提高贷款利率。反之,当基准利率下降时,借款人很有可能不愿意负担原先的高利息,转而重新融资。

采取浮动利率的办法防范利率风险,应是必要的。反向抵押贷款的利率并非一次定终身,而是随着市场利率的改变加以相应变化,变化的结果就是重新计算并调整抵押权人每期可领取的抵押款。前保监会主席吴定富曾经在 2005 年春天讲到,我国的保险公司于 1996—1997 年开办的若干高收益率险种,将造成保险公司高达 500 亿元的严重亏损。为何会出现这一严重亏损,正是当时开办险种的收益率规定过高,又都为固定利率所致。即使市场利率已出现了大幅下调,但还需要对客户按既定利率持续支付收益。这是保险公司难以承受的。

三、缺口分析和缺口管理

(一)缺口分析

缺口分析是衡量利率变动对金融机构当期收益影响的一种方法。具体而言,就是将所有生息资产和付息负债按照重新定价的期限划分到不同的时间段(如 1 个月以下,1～3 个月,3 个月～1 年,1～5 年,5 年以上等)。在每个时间段内,将利率敏感性资产减去利率敏感性负债,就得到该时间段内的重新定价缺口,即:

敏感性缺口＝利率敏感性资产－利率敏感性负债

以该缺口乘以假定的利率变动,就可以得到利率变动对净利息收入的大致影响。当某一时段内的敏感性负债大于敏感性资产时,就产生了负债敏感性缺口,即负缺口。此时,若市场利率上升就会导致银行的净利息收入下降。相反,当某一时段内敏感性资产大于敏感性负债,就产生了资产敏感性缺口(正缺口),此时市场利率下降会导致银行的净利息收入下降。保守的缺口管理是始终维持零缺口,就是在每个时期尽可能地使有收益资产的收入与负债的利息成本,无论利率怎样变化,都将以相同的方向和相近的比例变化,起到对利率变化保值的作用,而积极的缺口管理则应根据利率波动的预测形成或正或负的缺口。

缺口分析因其计算简便、清晰易懂的特点,是较早的利率风险计量方法,目前仍然被广泛使用。但缺口分析也存在一定的局限性:第一,它假定同一时间段内的所有头寸到期时间或重新定价时间相同,而忽略了同一时段内不同头寸的到期时间或利率重新定价期限的差异。在同一时间段内的加总程度越高,对计量结果精确性的影响就越大;第二,它只考虑了由重新定价期限的不同而带来的利率风险,而未考虑当利率水平变化时,因各种金融产品基准利率的调整幅度不同

---

① Boehm T and M. Ehrhardt, "Reverse Mortgage and Interest Rate Risk", Journal of the American Real Estate and Urban Economics Association, 22(2), 1994

而带来的利率风险,即基准风险;第三,它忽略了资产负债项目中可能包含的期权因素;第四,它主要衡量利率变动对金融机构当期收益的影响,只能反映利率变动的短期影响。缺口分析已经越来越无法适应利率市场化条件下的利率风险管理。

(二)久期缺口管理模型

目前,利率风险管理的主流方法是久期缺口免疫模型。根据久期的定义,它是债券产生的现金流的各段回收时间的加权平均值,权重为当期支付现金流占全部现金流的比例。久期最初用来度量债券价格对利率变化的敏感性。久期可用来设计利率风险免疫策略。久期缺口免疫模型的基本思想是,通过调整资产负债结构,使资产和负债的久期相匹配,如利率风险的久期缺口为0,或尽可能小,利率波动对净资产的影响就很小。如果久期缺口为正,那么净资产与市场利率变化的方向相反;若久期缺口为负,则情况相反。

特设机构可以将久期缺口模型应用到反向抵押贷款业务中,来说明当利率发生变化时,反向抵押贷款价格的变化。久期相等的反向抵押贷款面临的利率风险是一样的,即利率变动给久期相同的反向抵押贷款带来的价格变化是相同的。反向抵押贷款的久期越长,对利率越敏感,其现金流暴露在利率风险中的时间也就越长,因而面临的风险就越大。

反向抵押贷款的久期可以表示为:

$$D = -\frac{\Delta P/P}{(1+\Delta r)/(1+r)} = \frac{1}{P}\sum_{t=1}^{T} tCF_t/(1+r)^t$$

其中:P 是反向抵押贷款的初始价格;ΔP 表示因利率变动而引起的贷款价值的变化额;r 表示初始利率;Δr 表示利率变动幅度;CF_t 为第 t 期的现金流;T 为总期数。

久期具有可叠加性,不同久期的反向抵押贷款组成的综合久期,就等于这些反向抵押贷款久期的加权之和,其权数是每种反向抵押贷款价值在整个组合中的比重。久期缺口管理技术可以让特设机构实现对由多种资产和负债组成的复杂组合的利率风险管理。特设机构的久期缺口定义为:

$$D_{gap} = D_A - uD_L$$

其中:D_{gap} 为久期缺口久期;D_A 为总资产久期;D_L 为总负债久期;$u = L/A$,资产负债率。

在具体业务操作中,特设机构可以采取保守的零缺口策略,使久期缺口为零。这样当利率变化时,对整个资产和负债的组合的价值都不会产生影响。也可以采取积极的久期缺口管理策略,即通过预测未来市场利率变动的方向,主动构建久期正缺口或负缺口,以获取收益的最大化。

(三)久期缺口模型的局限性

特设机构利用久期缺口模型来管理反向抵押贷款的利率风险,也有其局限性,主要表现在以下几个方面:

(1)用久期缺口管理来进行利率风险免疫,必须考虑两个前提条件:利率期限结构是一条水平线,不同时点的收益率曲线的变化只是曲线的平移,它要求各种到期时间的反向抵押贷款收益率的变化幅度是相同的。但现实中的利率期限结构及其变化,很难同时满足这两个条件。

(2)久期衡量风险没有考虑反向抵押贷款中的隐含期权。当市场利率下降时,借款人很可能选择提前偿还贷款,那么基于原到期时间得出的久期就失去了意义。我们可以运用期权调整利差模型(OAS 模型),用有效久期和有效凸度来合理反映隐含期权引致的利率风险。

(3)用久期衡量利率风险的准确性,受到利率变化幅度的影响,只有在利率变化较小时才能较准确地反映其对反向抵押贷款价格的影响。如果要准确地反映反向抵押贷款的利率风险,还需要考虑凸度。将凸度与久期结合使用,更能准确地反映利率风险的状况,尤其当利率变化较大时反向抵押贷款价格的变化。

四、隐含期权调整利差模型(OAS 模型)的相关研究

在考察隐含期权的金融工具的利率风险时,国内有很多学者引进了期权调整利差模型(Option Adjusted Spreads,OAS 模型)和基于 OAS 的有效持续期以及有效凸度,来衡量金融机构面临的利率风险,并对此作出理论和实证方面的研究。

隐含期权最早被用来描述某些固定收益证券的特定性质,如可赎回债券、抵押支持债券、可回售债券等。以可赎回债券为例,它在发行时就赋予了发行人赎回债券的权利,当市场利率下降时,发行人可以用更低的利率进行融资,就会选择以预先确定的价格赎回债券来降低融资成本。因此,可赎回债券相当于债券的持有者出售给发行人一个看涨期权。而可回售债券则赋予投资者回售债券的权利,当市场利率上升时,投资者因为可以获得更高的收益率,就会按照事先确定的价格回售债券来避免损失。此时,相当于债券的持有者在买入该债券的同时买入了一个看跌期权。可赎回债券和可回售债券是两种典型的含权债券,期权的持有人有权在市场变动对自己有利的情况下改变现有的债券状态。由于期权的持有人总是在对自身有利而对发行人不利的时候行权,当某个金融产品中隐含此类期权时,期权的发行人就会存在着较大的风险。所以,测度与管理基于隐含期权的利率风险十分重要。

期权调整利差模型是肯特·维斯特贝克提出的"模拟技术"中的一种。为了对隐含期权的价值进行衡量,需要借助期权调整利差模型这个重要的工具。陈蓉(2005)曾指出 OAS 模型是迄今为止唯一考虑了利率波动和期权影响的收益率指标,已经成为 MBS(抵押支持债券)和其他含权债券的重要工具[①]。OAS 模型是一个现金流量模拟模型,是即时和持续衡量市场价值敏感性和进行收益模拟分析的技术,期权调整利差是对资产负债中所隐含的期权风险的补偿。

陈蓉还指出在债券的传统分析中,到期收益率以及基于到期收益率的利差,往往是人们分析债券风险收益关系的重要指标。然而,随着利率波动的加剧和含权债券(主要包括可赎回债券、可回售债券和 MBS 类债券)的蓬勃发展,到期收益率及其利差指标的内在缺陷日益凸现。首先,到期收益率假定未来所有时刻的即期利率都相等,显然和实际利率期限结构存在多种形状的现实不符;其次,由于含权债券中可能包含着发行者的期权或是投资者的期权,未来利率的波动可能会改变未来债券的现金流,而到期收益率并未考虑这一不确定性,如果债券中所含的期权比较复杂,到期收益率就不够准确了。因此,随着市场中的含权债券的日益增多和日趋复杂,投资者开始广泛使用一个综合考虑了期限结构和内含期权影响的收益率指标——期权调整利差,用以替代到期收益率对含权债券的定价和风险管理分析。

五、利率风险管理的国外文献研究

衡量利率风险的主要方法是持续期和凸度。F. R. 麦考利(1938)为了评估债券的平均还款期限,定义了"久期"的概念,它最初用来表示平均还款期限,即通过衡量债券的平均到期期限来

---

①　陈蓉. 期权调整利差(OAS)及其运用研究.《中国资本市场创新与金融工程发展》全国研讨会征文,2005 年 4 月

研究债券的时间结构,久期越长,利率风险越大。但实际上它表示债券价格的波动性,是度量利率风险的直接方法。John Hick(1939)首次独立提出将持续期理论引入寿险管理领域。从此持续期理论成为寿险利差风险管理的核心理论,国外大多数寿险公司都采用持续期理论模型作为风险免疫或利差风险控制测量的工具。1942年,数理经济学家 Tjalling C. Koopmans 提出现金流匹配理论,并与 Leonid Katorovich 一起因为将线性规划应用于现金流匹配和资产配置问题而获得诺贝尔经济学奖。1952年,Prudential 保险公司的首席精算师 Frank M. Redington,在其撰写的论文《人寿保险公司的基本原理评论》中引入组合免疫的思想。同年,Harry Markowitz 引入目前作为投资组合管理实践指导的现代组合理论(MPT),可用于提高利差风险的管理效率。随着实证研究的深入,Toevs A L,Haney W C(1986)等学者发现只有在利率变化较小的时候,持续期模型才能较为准确地反映利率变化对债券价格的影响,当利率变化较大时,持续期对风险的反映存在一定的偏差,基于持续期的利率风险测量就会产生较大的误差,因而提出基于凸度的风险测量方法。

应该指出,麦考利持续期模型存在两个前提假设:一是收益率曲线水平;二是收益率曲线平行移动。但这两个假设在现实生活中往往不成立,此后的学者又对持续期模型进行了不同方向和程度的改进。

考虑到初始收益率曲线不是水平的,Fisher 和 Weil(1971)在"Coping with the Risk of Interest—Rate Fluctuations:Returns to Bondholders from Naive and Optimal Strategies"论文中,提出了对麦考利持续期的改进,即 Fisher-Weil 持续期。在这个模型下,未来即期利率变化被考虑进去。从理论上来讲,采用 Fisher-Weil 持续期配比策略来避免利率风险应该更为准确。

La Grandville 的研究结果显示,采用 Fisher-Weil 持续期配比策略,并不能产生显著的效果,他对这种情况作出的解释是:第一,在大多数情况下即期利率曲线是水平的,特别是对长期期限的一段,即期利率曲线总是保持相对水平。第二,平均来讲,即期利率曲线的非平行移动所产生的利率风险效果在长期内相互抵消。基于这种现象,La Grandville(2001)在论文"Bond pricing and portfolio analysis:Protecting investors in the long run"中,对 Fisher-Weil 持续期进行了改进,提出了方向持续期。对该模型考虑了即期利率曲线非平行移动的情况,比较完整地体现了债券价格对各期即期利率变化的综合反映。La Grandville 在原来 Fisher-Weil 持续期的基础上,添加了一个即期利率的边际变化向量 a_t。他认为如果能准确地预测出每一个即期利率的边际变化,就可以用方向持续期来度量债券价格对即期利率曲线变化的敏感程度,进而用方向持续期配比策略进行利率风险管理。

与 La Grandville 的方向持续期不同,也有学者从拟合即期利率曲线入手对 Fisher-Weil 持续期进行改进。Cooper(1977)在"Interest Rate Uncertainty and the Financial Intermediary's Choice of Exposure"提出了部分持续期的概念。其核心思想是将利率曲线视为可由一组参数唯一确定的,因而改写了债券的现值公式,即:

$$PV(a_1,a_2,a_3) = \sum_{t=1}^{n} \frac{C_t}{[1+S_t(a_1,a_2,\cdots,a_k)]^t}$$

部分持续期考察了债券价格对影响即期利率曲线变动的某一参数或某一因素变化的敏感程度。因此,与方向持续期对多个参数或因素变化影响债券价格的整体考察不同,部分持续期是对多个参数或因素变化影响债券价格的单独考察。

一般的持续期和凸度模型的前提假设,是所有资产和负债的现金流量不随利率变动而变化,而具有隐含期权的金融工具的未来现金流会随利率波动而变化。因此,一般的持续期缺口模型无法处理具有隐含期权的金融工具的利率风险问题。于是有学者提出基于期权利差调整的有效持续期和有效凸度模型。

弗兰克·J.法波齐(Frank J. Fabozzi)提出有效持续期(Effective Duration)的概念,它是从修正持续期发展而来,衡量不同利率水平下债券价格敏感性的方法。当不考虑隐含期权影响债券价格时,有效持续期和修正持续期相等,但有效持续期对期限和现金流不确定的证券尤为有用。L. S. Hayrel(1990)介绍了期权调整利差模型运用利率风险管理的基本思想和计算方法。认为引进了隐含期权后,传统的资产和负债的期限匹配,不再能满足商业银行的利率风险管理的需要,此时的资产负债项目可能面临负凸度和更大的凸度不匹配风险,运用期权基础模型来管理此类风险,是一种崭新的考虑。

D. Babbel 和 S. Zenio(1992)认为期权调整利差模型也有自己的缺陷,如模型的依赖性。期权调整利差是一个平均的 pass(path 和 spread-specific price)价格,而非某一特定利率路径下的特定价格,投资者实际取得的利差依赖于实际发生了哪一条利率路径;期权调整利差模型在原理上应该包括各种风险组合,即资产已经具有与基准债券相同的信用等级和流动性,而忽略了违约风险的存在。法波兹(Fabozzi)和莫迪格里安尼(Modigliani)(1992)使用蒙特卡罗模拟,估算抵押支持债券的期权调整利差。在对银行资产、负债隐含期权进行估值方面,美国储蓄机构监管办公室(1994)提出利用净现值模型和蒙特卡罗模拟方法,估算对资产价格敏感性有显著影响的隐含期权资产的价值。

除了期权调整利差模型以外,还有另一种广泛运用的工具就是 VaR(Value at Risk)模型。它最早是由 J. P.摩根针对以往市场风险衡量技术不足而提出的。目前已与压力测试、情景分析和返回检验等一系列方法一起形成了较为完整的风险管理体系。VaR 是指在正常的市场条件和给定置信度水平下,投资组合在既定时期内可能遭受的最大价值损失。其一般数学表达式为:$Prob\{\Delta V_t \leqslant -VaR\} = 1 - c$,其中 ΔV_t 为在 Δt 的时间内某资产或资产组合的市场价值变化量,c 为给定的置信水平[①]。

由于我国金融市场起步较晚,我国商业银行的利率风险管理仍属于起步阶段,在现阶段直接应用规范、科学的数理统计方法,建立 VaR 模型进行利率风险管理,还存在诸多约束条件,主要表现为:一是数据约束——VaR 方法的运行基础是大量有效、精确的历史数据。而目前我国商业银行普遍缺乏对业务数据的积累,各种数据库的建立和维护都还很不完善,数据储备严重不足,数据质量不高,缺乏规范性。二是利率有效性约束——我国尚未实现完全的利率市场化,还存在非市场化的利率形势。三是资产收益关联度的稳定性约束——金融市场的有效性程度不高,投机性强、市场操纵情况严重。

六、期权调整利差模型

利率在未来的变动是不确定的,可能下降,也可能上升。当利率下降时,借款人很可能提前还贷,而使特设机构面临再投资风险;而利率上升,尤其是处于较高的位置时,由于房价与利率之间存在着滞后的联动关系,房地产市场很可能处于调整或低迷状态。此时,如果贷款到期,特设机构拿到住房,就很难以高价或者按原本预期的价格将房屋出售,而面临将被抵押房屋变现的风险。在反向抵押贷款中,特设机构面临的再投资风险和期末被抵押房屋的变现风险,从根本上说,都是由于利率变动引起的。

---

① 　赵天怡.VaR 模型对我国商业银行利率风险管理的借鉴及应用[D].长春:吉林大学,2006.

可以认为特设机构在发放反向抵押贷款的同时,出售了两份期权,一份是提前偿还期权,该期权的期权费是贷款持续期内累计的余额;而另一份是违约期权,期权费就是房屋的变现价值。期权调整利差模型(OAS)综合考虑了利率的波动,并对期权引致的风险加以补偿,是一个综合考虑了期限结构和隐含期权的收益率指标。正因为反向抵押贷款中隐含着期权,本文试图利用期权调整利差模型的思想,建立适合反向抵押贷款的利率风险衡量模型,由此,计算引进 OAS 之后的有效久期和有效凸度,将特设机构面临的利率风险数值化。

OAS 模型的核心是利率情景的制造,即模拟出在不同的利率情景下,有隐含期权资产负债的价格。每一条利率路径都对应着不同的利率,会产生一系列不同的现金流量。在每条利率路径上,用无风险利率加上固定的利差作为贴现率来计算现金流量的现值,然后将这些现值以每条路径发生的概率作为权重进行加总,得到资产负债的理论价格,令其与市场价格相等,即可求得 OAS,也就是基准利率期限结构需要平行移动的幅度。OAS 是在考虑利率波动并相应构造了未来利率变动各种可能路径的背景下计算得到的,因而能够反映对利率水平敏感的不确定现金流,从而在模型中充分考虑了期权的影响。从数学上说,期权调整利差可通过求解以下方程得到:

$$P = \frac{1}{N} \sum_{n=1}^{N} \sum_{t=1}^{T} \frac{cf_t^n}{\prod_{i=1}^{t}(1+r_i^t+\text{OAS})}$$

其中:P 是金融产品当前的市场价格,N 是模拟得到的利率路径总数,i 是进行模拟时设定的时间步长分隔点,r_i^t 则是每个时间步长中的基准利率水平,cf_t^n 是第 n 条模拟利率路径中 t 时刻的现金流,并已通过期权调整。从计算过程看,OAS 代表的是未来所有路径可能结果的平均值,而未来利率的实际路径,可能只是我们模拟的所有路径中的一条,因此投资者实际上获得的收益率往往不会等于 OAS。

OAS 用调整了期权影响之后的现金流计算得到,可以认为它是剔除了期权价值之后,投资含权债券所获得的利差,它的作用主要表现在以下 4 个方面:

(1)体现了含权债券的期权成本。含权债券价值可以分拆为两部分:普通债券价值和期权价值。在其他条件相同的情况下,通过含权债券与普通债券的比较,我们可以得出期权的市场价值:

期权价值(以利率基点的形式)=静态利差-OAS

静态利差是指假定债券持有到期且利率期限结构不变的情况下,基准利率期限结构需要平移多大的幅度,才能使债券未来现金流的贴现值之和等于债券目前的市场价格。

静态利差与 OAS 的相同之处在于,它们都是针对基准利率期限结构的平行移动量;不同之处在于,OAS 是根据未来利率的变动情形来确定未来的现金流,而静态利差则是假定未来利率保持不变来确定现金流。在没有利率波动的状况下,投资者将会得到静态利差,但当未来利率不确定时,利差就会发生变化,这就是期权调整的影响。OAS 反映了期权调整以后的利差,期权成本就是静态利差与调整期权后的利差(OAS)的差额了。

(2)体现了投资者的风险补偿。OAS 是对投资人所承受的信用风险、流动性风险以及其他风险的补偿。在其他条件相同的情况下,对含有赎回权的债券,发行人拥有随时赎回债券的看涨期权,而债券的持有人则面临因债券赎回而导致的再投资风险以及价格压制风险(负凸性)。值得注意的是,由于 OAS 所体现的是期权移除价值,在其他条件相同的情况下,所体现的风险补偿应该与普通债券静态价差体现的风险补偿(信用风险、流动性风险)等近似。

(3)进行价格敏感性分析。使用修正久期和凸度测量利率风险的前提是债券持续期内现金流保持不变,故此对于隐含期权的债券,修正久期和凸度就无能为力了。基于期权调整利差模型的有效久期和有效凸性,就能较好地量度含权债券价格相对利率变化的敏感度。

（4）利用 OAS 对新产品进行定价。当市场中存在流动性风险、信用风险等比较相似的证券时，就可以用其中一种证券计算的 OAS 值为其他债券定价。也即在 OAS 已知的情况下，计算含权债券的理论价值。具体到反向抵押贷款，特设机构可以在业务推出后，对反向抵押贷款进行分类，如按照申请人的初始年龄、抵押住房的价值等，并搜集相关数据，建立起借款人的提前偿付模型来计算提前还款率等，计算各类反向抵押贷款的 OAS，为以后风险相似的产品进行定价，以提高定价的准确性，减小面临的风险。

本文将重点研究 OAS 模型在反向抵押贷款的价格敏感性和新产品定价两方面的作用。

七、有效久期与有效凸度

具有隐含期权的金融工具的特点，是其未来现金流随利率的波动而波动，所以价格也会发生相应变化。而对久期和凸度进行修正时，假设现金流不随利率波动而变化，无法处理含权资产负债的利率风险衡量问题，因此需要引入有效久期和有效凸度的概念。有效久期和有效凸度建立在期权调整利差的模型之上，综合考虑了未来现金流的波动，可以更准确地衡量含权债券对利率的敏感度。

有效久期和有效凸度通过利率上升或下降相同的幅度，资产或负债的价格与现时价格的平均变动比率表示。它们是以不同的收益率曲线变动为基础计算金融工具的价格，反映了资产或负债中隐含期权价值的变动。

有效久期和有效凸度的计算公式如下：

$$D_{eff} = \frac{P_- - P_+}{2P_0 \Delta r} ; \qquad C_{eff} = \frac{P_- + P_+ - 2P_0}{P_0 (\Delta r)^2}$$

其中：P_+ 表示利率上升后的价格，P_- 表示利率下降后的价格，P_0 表示初始价格，Δr 表示利率变动幅度。

结合有效久期和有效凸度的定义，可引申得到具有隐含期权的资产负债价格变化率的公式，即：

$$\frac{\Delta P}{P} = - D_{eff} \Delta r + \frac{1}{2} C_{eff} (\Delta r)^2$$

其中：$\frac{\Delta P}{P}$ 表示金融工具的价格变化率；$- D_{eff} \Delta r$ 表示有效久期衡量的金融工具的价格变化率；$\frac{1}{2} C_{eff} (\Delta r)^2$ 表示由有效凸度反映的价格变化率。

利用有效久期和有效凸度，就能对隐含期权的金融工具面临的利率风险进行测度，更精确地衡量利率变化对净资产价值的影响，从而增强利率风险管理定量模型的实用性。

八、反向抵押贷款中的隐含期权及 OAS 模型的适用性

范子文（2006）曾指出在反向抵押贷款中，隐含了一个欧式看跌期权[①]。当反向抵押贷款结

---

① 范子文：《以房养老——住房反向抵押贷款的国际经验与我国的现实选择》，北京：中国金融出版社 2006 年版，第 136—137 页。

束时,贷款本息和(S_T)是一定的,相当于标的资产的执行价格。抵押住房的未来价值(H_T)是随着市场环境变化而变化的,可以看成是不确定的,相当于标的资产的市场价格。当抵押住房的未来价值(H_T)低于贷款本息和(S_T)时,借款人会选择让贷款机构收回抵押住房,从而减少偿还二者的差额($S_T - H_T$),也就相当于借款人获得了数额为($S_T - H_T$)的收益;而当抵押住房未来价值高于或等于贷款本息总额(S_T)时,借款人就会选择以货币方式偿还贷款(S_T),并将住房的抵押权赎回,在此过程中,借款人并没有损失,也即借款人的收益为0。上述分析可以用公式表示为:

$$借款人的收益 = \begin{cases} S_T - H_T, & 若\ H_T < S_T \\ 0, & 若\ H_T \geq S_T \end{cases}$$

范子文仅对期末借款人的行为进行分析。但是必须指出,在反向抵押贷款存续期内,还存在着借款人提前还贷的可能,即借款人可以随时根据市场利率水平来调整自己的资产与负债情形,且利率变动得越频繁,利率波动越大,特设机构承受的选择性风险也就越大。在正常情况下,特设机构每期支付的年金数额是固定的,且在借款人申请反向抵押贷款时就已经确定,并在贷款存续期内不会发生改变。当还款利率固定时,一笔反向抵押贷款可以看成是一份面值为贷款总额,息票率固定的证券,证券的发行人是借款人,投资人是特设机构。若特设机构允许借款人在反向抵押贷款结束前任意时点提前偿还贷款,这份债券就是一个含权债券了。换言之,就是借款人向特设机构发行了一份可赎回债券。当市场条件对借款人有利时(利率下降),借款人会提前偿还贷款,并以新的较低利率重新申请反向抵押贷款。这就相当于借款人拥有若干份美式期权的多头,而特设机构则是该看跌期权的空头。对特设机构来说,提前还贷会给其带来一定的风险:一是利率下降的情况下,特设机构因无法取得原定收益率,而面临再投资风险;二是借款人的提前偿付行为使特设机构的资产和负债的久期不再匹配,而产生较大的风险敞口。

与传统的住房抵押贷款不同,当采用浮动利率计息时,若利率下降,借款人仍有可能选择提前偿还贷款。市场利率下降时,按抵押住房期末预期价值和当前市场利率计算,借款人每期获得的年金支付会有所增加,所以理性的借款人在考虑了贷款前期费用后,会提前结束贷款合同,而向另一家特设机构申请新的反向抵押贷款,以获得更高的年金支付。

综合起来,反向抵押贷款中隐含着美式期权和欧式期权,相比传统的住房抵押贷款,特设机构将面临更大的期权引致的利率风险。所以,特设机构可以将期权调整利差模型(OAS模型)引入反向抵押贷款,利用OAS模型来衡量和防范利率风险。此外,特设机构还可以将计算得到的OAS数值作为预期收益率,为新的反向抵押贷款产品重新定价,以提高定价的准确性。但需要说明的是,OAS只是未来各种可能结果的平均值,而非特设机构发行反向抵押贷款后一定能获得的收益率,而特设机构实际获得的收益率很可能不会等于OAS。

根据前文的研究和分析,在反向抵押贷款业务中,无论特设机构采取浮动利率计息,还是固定利率计息,都将面临利率风险。同时,在反向抵押贷款的存续期内和期末都隐含着期权。存续期内的隐含期权主要是指借款人的提前还贷行为,而期末隐含的期权则是由于反向抵押贷款特殊的还贷机制造成的。隐含期权的存在,使得特设机构不能通过传统的缺口分析和久期模型度量利率风险。特设机构需要将OAS模型应用于反向抵押贷款中,通过计算有效久期和有效凸度,并构建久期缺口模型来度量和防范隐含期权带来的风险。

九、构建防范反向抵押贷款利率风险的有效机制

前文通过数理模型和数据模拟说明了利率保险对反向抵押贷款业务的影响。利率保险对降

低特设机构风险的作用,取决于特设机构与借款人之间的谈判能力,涉及保费是否能顺利转嫁等问题。当保费可以转嫁时,特设机构可以通过购买利率保险,较大程度地降低其面临的利率风险;而当保费不能转嫁时,特设机构则需要权衡保险的成本和收益。但总的来说,利率保险可以使特设机构锁定未来借款人需要偿还的贷款总额,从而锁定净收益。除利率保险外,特设机构还可以运用以下四项措施进行利率风险管理。

(一)收取提前还贷的违约金

反向抵押贷款还未在我国正式推出,所以对反向抵押贷款中借款人的提前还贷行为的防范,可以借鉴已经发展成熟的银行住房抵押贷款中对借款人的行为约束,使反向抵押贷款在我国开展时,从创办初期就可以少走弯路,避免那些不必要的风险。

借款人的提前还贷行为会给特设机构带来一定的利息损失,导致其无法获得预期的收益或承担再投资风险。因此,一些国家和地区的银行对借款人的提前还贷行为要征收一定的罚金[①]。如我国香港的按揭贷款规定,在第 1、2、3 年还贷时要收取全部利息的 40%、30% 和 20%;美国用于发行 MBS(mortgage-backed securities,抵押支持债券)的 sp 住房贷款中的 70%~90% 有提前还贷违约金,主要针对头 3~5 年的提前还贷,违约金通常是未偿还贷款额的 1~5 百分点,也有收取相当于 6 个月利息的违约金形式;意大利银行对提前还贷收取高额违约金;我国台湾地区对3 年内提前偿还收取约为贷款额 1% 的违约金。提前还贷违约金的收取标准,直接关系到银行利益与客户利益的调整,并直接作用于银行在住房贷款市场的竞争力,同时也关系到社会公平。因此,市场经济比较完善的国家对提前还贷的违约金,都有比较规范的制度和做法。

事实上,在开展反向抵押贷款业务时,特设机构也可以采取向提前偿还贷款的借款人收取违约金的方法,这在一定程度上可以降低借款人提前还贷的可能性。但是单纯收取违约金的实质是将利率风险转嫁给借款人,并非管理贷款利率风险的最佳办法。相对特设机构而言,反向抵押贷款的借款人处于相对弱势,如特设机构完全依靠收取违约金来规范借款人的提前还贷行为,可能会减弱老年人参与反向抵押贷款的热情,不利于该业务的推广与扩展。因此,对于反向抵押贷款的提前还贷风险,特设机构应通过全面分析提前还贷行为的特点,对反向抵押贷款开展之后的具体情况进行归纳总结,在积累一定数据后,找出这种行为的决定因素,建立合适的提前还贷模型,以对未来借款人的提前还贷行为进行较为准确的预测。特设机构可以将前文给出的提前偿付行为判断模型作为基础模型,结合未来的实际运营情况,对其加以修订,以使该模型更好地适应反向抵押贷款业务的运作。

反向抵押贷款的设计比较复杂,贷款的存续期与借款人的实际寿命相联系,而特设机构很难准确地预测借款人的实际寿命。因此,即使特设机构可以通过收取违约金来规范借款人的提前还贷行为,还是会存在一些问题。从前文给出的反向抵押贷款的提前偿付模型来看,借款人是否提前偿还贷款主要取决于即期利率、抵押住房的期末价值和已获得的贷款余额,其中抵押住房的期末价值和已获得贷款余额均与反向抵押贷款的存续期相关。所以,要确定违约金收取的具体数额,在技术上仍有许多问题需要解决。

(二)实行弹性还款利率制度

2004 年 10 月 29 日,中国人民银行决定上调金融机构存贷款基准利率并放宽人民币贷款利率浮动区间,允许人民币存款利率下浮,并进一步放宽金融机构贷款利率浮动区间,这是推进我

---

① 吴青:《我国可变利率住房抵押贷款的利率风险管理》,《对外经济贸易大学学报》2005 年第 5 期。

国利率市场化的重要一步,可以预见,随着我国社会主义市场经济体制的完善和国家宏观调控能力的增强,我国利率市场化的进程将加快。

利率市场化的不断推进使得市场利率不断变动,根据央行公布的历次利率变动统计,2002—2008年间我国共调整利率13次,其中2007年就调整了6次,2008年调整了4次。而从国外反向抵押贷款的实际运作经验看,反向抵押贷款的存续期大约在11年左右。如果在如此长时期的贷款中,贷款利率始终固定不变,特设机构必然陷入两难境地。当市场利率下降时,借款人可能会选择提前偿还贷款,重新融资;而当市场利率上升时,特设机构因为反向抵押贷款合同的约定,又会丧失高收益的投资机会,而面临较大的机会成本。为了规避固定利率带来的风险,业务开办机构应实行弹性还款的利率制度,使反向抵押贷款的利率可以随市场利率自动调节。

发达国家一般以"基准利率+差额利率"的方式对反向抵押贷款进行浮动计息,并定期进行调整。以美国的HECM计划为例,根据支付方式的不同,贷款的基准利率盯住1年期国债利率,差额利率有月度调整和年度调整两种方式,其中月度调整的差额利率为150个基点(也即1.5%),年度调整的差额利率为3.1%。我国推出反向抵押贷款业务时,也可以参照这一计息方式,但关键是找到合适的基准利率,目前可以参照的基准利率有1年期国债收益率、1年期存款利率、7日国债回购利率等。

(三)建立利率风险预测和度量体系

准确地预测和度量利率风险,是利率风险管理的前提。要做到准确预测市场利率变动的方向和幅度,特设机构必须及时准确地把握我国的宏观经济变动形势。一般地说,影响市场利率波动的主要因素包括央行的货币政策、宏观经济环境、物价水平、国际经济形势等。以货币政策为例,央行扩大货币供给时,市场利率将下降;央行缩少货币供给时,利率会上升。机构应加强对这些方面的研究,从多种渠道收集反映经济情况、货币政策的信息,建立科学的利率预测模型,从而加强预测的准确性和灵敏性。

在对反向抵押贷款的利率风险进行衡量时,机构可以利用期权调整利差模型(OAS模型)。OAS就是在考虑利率波动并相应构造了未来利率变动各种可能路径的背景下计算得到的,因而能够反映对利率水平敏感的不确定现金流,充分考虑了期权的影响。在前文的模型中,主要应用了最简单的二叉树模型来进行利率情景的模拟,共模拟出32条利率路径。实际上,如通过计算机技术来模拟,利率路径可以达到几百条甚至上千条。当OAS是以随机产生的利率变化路径为基础进行分析时,路径过少将导致模型不确定性的增大,可以说额外增加的不确定性与模拟的利率路径的数目成反向变动。但模拟利率路径的增加将会增加模型的复杂性。当要模拟大量的利率情景时,通常采取蒙特卡罗模拟法进行,以反映金融产品不同情况下的表现。因此,在实际操作中,特设机构可以采用蒙特卡罗模拟法来模拟未来的利率变动路径,以提升该模型的准确性。

建立在OAS模型基础上的有效久期和有效凸度,考虑了隐含期权的因素,特设机构通过构建久期缺口分析模型,可以很好地反映其面临的利率风险。基于有效久期的久期模型,最大的特点在于它以一个指标体系来表示资产或负债组合的利率风险,并考虑了未来现金流的时间价值和隐含期权的因素,具有全面性和可操作性,能更科学、有效地管理利率变动对特设机构的影响。在实际操作中,特设机构可根据其对待利率风险的不同态度,采取积极缺口管理或保守缺口管理。积极的缺口管理策略是特设机构根据其对未来利率变动走向的预测,通过改变资产负债结构主动地调整其久期缺口,以实现净资产价值最大化的目标。若特设机构采取保守的缺口管理策略,无论未来利率如何变动,净资产都会稳定地保持在某一水平上。在利率变动很小的情况下,若久期缺口为零,就实现了对利率风险的"免疫"管理。

（四）运用好利率衍生工具

除了运用久期缺口模型防范利率风险外，特设机构还可以利用利率金融衍生工具来防范或对冲利率风险。可供选择的金融衍生工具有远期利率协议、利率期货、利率期权和利率掉期等。远期利率协议和利率期货适合短期利率风险管理，而利率期权和利率掉期更适合长期利率风险管理。无论采用何种工具，基本原理都是通过市场交易抵补资产负债由于利率波动导致的价值变化。因此，特设机构选择的衍生交易的价值变化，应与资产负债价值变化的数量相同而方向相反。具体地说，特设机构可以根据"久期缺口"的现金流特点或者具体金融资产负债的现金流特点，选择不同的衍生工具实现"套期保值"和"对冲"以规避利率风险。

利率金融衍生品的出现为特设机构规避利率风险提供了有效的手段，但金融衍生产品要发挥作用，必须有发达的金融衍生品交易市场和规范的法律监管环境。我国目前的资本市场各要素、机制还不是十分完善，金融衍生产品还不是十分成熟，应大力发展金融衍生品市场，使特设机构可以利用利率衍生工具来防范和规避利率风险。

反向抵押贷款利率风险分析及防范

赵玛丽[①]

摘要：本文主要从贷款机构的角度出发，对提供这一金融产品的反向抵押贷款机构所面临的利率风险做出全面的分析。本文结合国外的先进经验和我国的实际情况，遵循社会科学研究方法中，从一般到具体，从定性到定量，从提出问题到分析问题到解决问题的分析思路，对反向抵押贷款的利率风险从定义到分类到测量，最后到防范作出具体的介绍。

一、反向抵押贷款的理论背景及其风险介绍

反向抵押贷款（Reverse Mortgage）是以房养老理念的成功尝试，是迄今为止仅有的一种将住房与养老相结合的大规模运行的金融工具，由美国最先开展，始于 20 世纪 60 年代末，发展于 20 世纪 90 年代，目前该业务发展迅速，前景广阔。随着人口老龄化在全世界范围的普遍加剧，英国、加拿大、澳大利亚、日本、新加坡等国开始相继关注反向抵押贷款业务。这一业务不仅时代感很强，也是新经济时代理论创新的一大突破。它的建立为生命周期理论、资产流动性理论以及资源配置理论的拓展，作出了有力的注解。

反向抵押贷款涉及房地产市场和货币市场。房地产市场的影响因素众多，有宏观经济，政策法规，社会、人口环境等；货币市场则主要受国家宏观经济和政策的影响。因此，贷款运作中的风险较多，控制难度较大，其中主要是 CR 风险（crossover risk，交叉风险），即贷款到期时，累计的贷款总额超过房产价值而使特设机构无法获得预期收益的可能性，因此，研究反向抵押贷款风险的规避和转移，对推动反向抵押贷款工作的有效运行，具有重要意义。

二、反向抵押贷款的利率风险

(一)利率波动的一般介绍

在反向抵押贷款业务开办中，借款人以房屋产权作抵押能够获得的贷款额，主要取决于三个因素：借款人的预期寿命、利率及住房的价值。根据定义，在业务开办初期，特设机构更多地表现为向前来办理业务的老年人支付贷款，资金源源不断地流出，只有当老年人去世、永久性搬离住房或提前偿还贷款本息时，特设机构才能收到被抵押的住房，然后通过对该住房的出租出售等运营获得现金流入。所以，特设机构的现金流起初是负的，到贷款期满后，才可能会有正的现金流入。在这种情况下，特设机构将面临比普通抵押贷款更大的利率风险。

利率风险是最常见的政策性风险，指的是因市场利率波动而使金融机构发生损失的可能性。

---

① 赵玛丽，女，浙江大学经济学院 2009 级硕士研究生，主要研究方向为金融投资等。

当市场利率升高,贷款机构发放贷款的机会成本就会上升,当利率足够高时,反向抵押贷款的市场价值可能无效。利率的波动受众多因素的影响,且不能通过扩大贷款规模分散,属于系统性风险。同时,反向抵押贷款具有不同于普通抵押贷款的特殊性,其本息回收期较长,贷款本息随着贷款期的推移逐渐积累而非逐渐减少,而利率的预期随着距离时间越长而越难估计,风险越大。利率风险被认为是反向抵押贷款中最难规避和管理的风险之一。

(二)利率风险引致的因素

市场利率波动而使保险公司的利润减少甚至损失的可能性,它与资产和负债的构成及两者间的关系密切相关,是反向抵押贷款业务中最难规避和管理的因素之一。反向抵押贷款合同的期限一般较长,当双方按照合同发生信用关系以后,利率可能会在贷款存续期内发生变化,而其具体的变动方向和变动幅度,却很难在事前确定,保险公司只能给出一个预测。贷款利率设定得是否妥当,将会对保险公司的盈利情况产生重大影响,并最终关系本业务能否顺利推行。

引起利率变动的因素很多,如国民经济前景预期、通货膨胀、国家金融政策、周边国家的利率情况等,都会影响到利率的变动。利率长时期内的走向高低及利率政策的变化,都将直接影响到反向抵押贷款养老模式的成败。当基准利率上升时,应计利息提高,使贷款到期时累计本息额超过房产价值的可能性增大,贷款机构将面临贷款损失的风险。如果基准利率下降时,应计利息减少,老年人可能不愿意负担原先的高利息。

规避政策性风险,特别是利率风险的主要方法是采用浮动式利率。在实际贷款业务中,利率随着基准利率的波动而改变,这种利率浮动化的方式能够帮助贷款机构降低机会风险,减少因为政策波动而导致盈利减少甚至发生损失的可能性。当贷款利率升高时,借款人的利益就会受到损害,考虑到反向抵押贷款业务存在一定的贷款—价值比(一般小于80%),当这一比例低于一定程度时,借款人可能会转向其他融资方式,降低反向抵押贷款业务对客户的吸引力。

(三)利率敏感性测算

在托马斯·波伊姆和麦克尔·艾尔哈特[①]的研究中,对固定利率反向抵押贷款、公债、普通抵押贷款三项业务进行了比较。假设某特设机构分别以公债、普通抵押贷款和反向抵押贷款的形式借出资金,每个产品都有一个固定10年期限和固定约定利率。尽管期限和利率都一样,公债的现金流模型与普通抵押贷款、反向抵押贷款还是很不一样。对面值100美元、利率8.134%[②]的公债,债权拥有者开始付给借款人100美元,然后接受20次,一年两次的4.01美元的利息回报和第10年末100美元的本金。对于100美元利率8%的普通抵押贷款,抵押贷款所有者支付给借款人100美元本金,然后接受120次每月1.21美元的利息支付。利率8%的反向抵押贷款的现金流模型则完全不同。合约初始,特设机构只需支付1.21美元给借款人。对于接下来的119个月的每个月,特设机构继续每月支付1.21美元给借款人。在第10年末,特设机构收到221.96美元(221.96美元是以利率8%投资的100美元的远期价值)。我们首先从三种产品价格对利率的敏感性中进行了测算,结果如下:

---

① 详见托马斯·波伊姆、麦克尔·艾尔哈特:《反向抵押贷款的利率风险分析》。

② 这里8.134%的公债利率与8%的抵押贷款利率相等,因公债券一年付息两次,抵押贷款是每个月付息一次。

表 1   固定收入保障品种价格

当前市场利率	价格/美元		
	公 债	普通抵押贷款	反向抵押贷款
7%	107.30	104.50	7.25
8%	100.00	100.00	1.21
9%	93.31	95.78	−4.11

每种固定收入保障品种都是 10 年的期限

资料来源:托马斯·波伊姆、麦克尔·艾尔哈特:《反向抵押贷款的利率风险分析》

表 1 是三种资产市场利率下的价格。在 8% 的市场利率下,三种资产按照票面价值定价。如果利率下降到 7%,三种资产价值都上升。反向抵押贷款上升 6.04(7.25−1.21),公债和普通抵押贷款分别上涨 7.30 和 4.50。注意,反向抵押贷款的增加值和另外两种资产都差不多,尽管另外两种金融产品的价值是反向抵押贷款的近 100 倍。这说明初始投资的每一美元的风险程度不一样,反向抵押贷款要大得多。为了更好地测度这种利率风险,我们引入"久期"(Duration)[①]这个概念对三种同期限结构的金融产品进行风险测量,得到表 2。

表 2   三种资产的价格和久期

公债		普通抵押贷款		反向抵押贷款	
价格/美元	久期	价格/美元	久期	价格/美元	久期
100.00	7.03	100.00	4.38	1.21	472.86

注:每种资产都是 10 年期限,久期按照麦考利久期公式计算。

资料来源:托马斯·波伊姆、麦克尔·艾尔哈特:《反向抵押贷款的利率风险分析》

对反向抵押贷款利率风险本身的说明,还可以从如下三个方面加以理解。

首先,贷款的风险程度与特设机构采用的利率形式有关,如是固定利率还是浮动利率。前种情形下,特设机构无法控制因市场利率的变化而导致反向抵押贷款余额的变化,利率上升将导致特设机构的利润下降甚至无利润;而当采用浮动利率时,特设机构虽然避免了部分利率风险,但仍无法准确估计未来被抵押房屋的价值,利率的微小变动都有可能会导致反向抵押贷款未来的价值大幅波动。假如有一份反向抵押贷款,期限为 10 年,以年金方式支付,每年支付 10000 元,支付发生在年底,初始利率为 8%,则期末贷款余额为 144865.63 元;若利率上升 1 百分点,期末贷款余额就上升为 151929.30 元,增加了 7063.67 元;若利率下降 1 百分点,期末贷款余额变为 138164.48 元,下降了 6701.15 元。可见在反向抵押贷款中,利率的微小变动都会引起贷款余额的大幅波动,且贷款余额对利率上升更为敏感。

其次,反向抵押贷款中的利率风险,是因市场利率上升而使特设机构的收益减少甚至发生损失的可能性(如图 1 所示)。从借款人将房屋产权抵押给特设机构开始,随着时间的推移,贷款余额会持续增加。贷款持续时间越长,贷款余额超过最终住房价值的可能性就越大。而且利率越高,贷款的累计余额就越大,超过期末房产价值的部分越多,特设机构遭受损失也越大。举一个简单的例子,假设反向抵押贷款采取固定利率计息,每年支付 10000 元,支付 10 年,贷款到期

---

① 麦考利久期公式 $D = \sum_{t=1}^{n} \frac{t \times CF_t}{(1+r)^t} \times \frac{1}{P}$ 公式中:D 为久期;CF_t 为随时间 t 的现金流;P 为品种价格。

时累计余额为 Q，被抵押房屋的期末价值为 15 万元。当利率为 10% 时，$Q=10000\times[1-(1+10\%)^{11}]/[1-(1+10\%)]=159374.25$ 元，超过期末房屋价值 9374.25 元；若利率上升为 12%，$Q=175487.35$ 元，超过期末房屋价值就上升为 25487.35 元。综合第一点和第二点，我们得到图 1 所示利率变动对特设机构未来收益的影响。

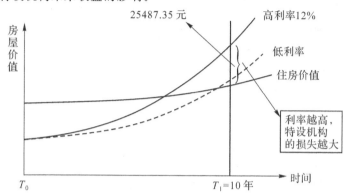

图 1　利率变动对特设机构未来收益的影响

其中，T_0 表示借款人获得反向抵押贷款的时间，T_1 表示贷款到期时间。从图中，我们也可以看出，当给定房屋的增值率、利率越高，特设机构的损失就越大。

最后，当市场利率高于合同利率时，特设机构因为支付反向抵押款项挤占了大量资金，因而失去获得更高收益率的投资机会产生的机会成本；当市场利率低于合同利率时，借款人可以更低的利率进行再融资，很可能选择提前结束合同来偿还本息，而当借款人提前偿还贷款余额时，特设机构将面临再投资风险而遭受损失。面对这种利率风险，特设机构可以采取浮动利率，以降低利率波动带来的风险。

在美国，反向抵押贷款已是一项较为成熟的业务，它可以采取固定利率或浮动利率，但大多数老年人都会选择浮动利率。在采取浮动利率的情况下，利率会盯住某个金融指数，如 HECM 采用盯住一年期国债的利率，再加上一个合理的差额，并定期（一般以年为单位）进行调整。

通常认为，采取浮动利率的反向抵押贷款是可以规避利率风险的，但这一论断必须基于以下两个前提：一是反向抵押贷款的利率调整，总能与特设机构的资金成本保持同步变化；二是按照贷款合同有序进行，不存在提前还贷或违约现象。这两个前提在现实生活中往往并不成立，即使采取浮动利率，反向抵押贷款仍然面临着较大的利率风险。

（四）反向抵押贷款利率风险与其他风险之间的关系

在反向抵押贷款中，诸如自然风险与利率风险之间并不存在任何必然联系，但在探索利率风险的影响因素中，我们不得不提到制度风险、长寿风险与房价波动风险这三个对该产品定价关系最密切的因素。对于前者，由于我国的利率体制还没有完全市场化，利率在很大程度上取决于政府管制，利率风险在很大程度上受到来自制度的影响，两者呈现制约与被制约的关系。针对后两者，下文将做出简单的分析。

1. 利率风险与房价波动风险的关系

国内外已有很多学者对利率与房价波动之间的关系做了研究，得出房价与利率之间存在某种相关关系。在黄书雷、张洪的《房价房租利率相互关系实证研究》中，通过面板数据的模型建立，得出利率的提高对城市房价起到推动作用。下面笔者针对 2008 年至 2010 年几次贷款利率波动的月份和相应的北京市房价指数进行一个实证分析，来探索房价与利率是否存在一定的相关性。

表 3　人民币贷款利率和北京房价指数(2008 年 8 月—2010 年 12 月)

日期	人民币贷款利率(短期 6 个月内,%)	北京市房价指数(%)
2008 年 8 月	6.57	108.9
2008 年 9 月	6.21	106.9
2008 年 10 月	6.12	105.2
2008 年 11 月	6.03	102.9
2008 年 12 月	5.04	101
2009 年全年	4.86	104
2010 年 10 月	5.1	111.1
2010 年 11 月	5.1	109.1
2010 年 12 月	5.35	106.3

资料来源:中国人民银行网站 & 北京统计信息网

直观看来,在短期中,利率降低,房价指数也随之回落,但由于 2009 年和 2010 年时间段的序列性,本文作实证研究只截取 2008 年 8 月—12 月的数据进行一个最简单的线性回归,结果如下:

表 4　贷款利率与房价指数线性回归

Dependent Variable:P		Sample:15		
Method:Least Squares		Included observations:5		
Date:02/23/11　Time:15:11		$P=C(1)+C(2)*I$		
	Coefficient	Std. Error	t-Statistic	Prob.
C(1)	75.49752	8.422442	8.963852	0.0029
C(2)	4.918666	1.400066	3.513166	0.0391
R-squared	0.804463	Mean dependent var		104.9800
Adjusted R-squared	0.739283	S. D. dependent var		3.133209
S. E. of regression	1.599829	Akaike info criterion		4.066845
Sum squared resid	7.678362	Schwarz criterion		3.910621
Log likelihood	−8.167114	Durbin-Watson stat		1.810395

可以看出,两者的相关系数达到 80%,且估计参数都通过了 T 检验,我们可以得出结论,房价风险受到利率风险的影响,而利率风险也会因房价的波动而产生。

2. 利率风险与长寿风险的关系

长寿风险是指反向抵押贷款中借款人的实际寿命长于预期余命,使得贷款机构遭受了较大损失。其与利率风险的关系主要体现在,当借款人实际寿命超出预期时,造成了贷款业务的期限过长,根据金融学原理,期限越长,利率波动越大,利率风险也就越高。所以说,长寿风险和利率风险是正相关的,机构承受的长寿风险增加,利率风险也相应增加。

以实际计算利率 5%,每年支付额 1 万元,贷款期限 10 年为例,贷款本息额为 132061 元,如果利率上升到 6%,那么本息额为 139716 元,相差 7655 元。现在由于长寿的原因,贷款期限变为 20 年,利率为 5% 时,本息额为 347193 元;利率上升为 6% 时,本息额上升至 389927 元,相差 42734 元。由上述运算可见,同一份反向抵押贷款,利率波动幅度相同,期限增加了 1 倍,导致的本息额损失却增加将近 5 倍,长寿风险导致的利率风险差异相当巨大。

(五)盈亏平衡年金模型下贷款利率对特设机构收益的影响

1.模型假设

在对反向抵押贷款做价值衡量时,我们需要考虑到各种因素,并对这些因素之间的相互作用加以估计。为了简化,我们作出如下假设:

(1)假设养老金按月发放,且每个月发放的金额都为 A,发放的时间为每月月初。

(2)假设人的死亡都在每年的中期发生,即每年的 6 月底。

(3)死亡率假设。保险中都存在着逆向选择问题,由于信息不对称,保险公司可能不能正确地预计真实的死亡率,采用一般人口的死亡率,将会夸大领取养老金者死亡率。目前,老年群体的死亡率数据不足,我们无法进行合适的调整。在模型分析中,笔者采用 2000 年人口普查关于我国人口的平均寿命作为投保人的死亡年龄。我们假设死亡事件在概率上是相互独立的。

(4)房屋增值率假设。房屋增值率用 g 来表示,这个比率是指考虑折旧后的长期平均增值率,对年度之间的波动不予考虑。由于道德风险的存在和其他各项原因,老年人可能没有足够的激励维修自己的房屋,这个增值率应该适当下调。同样,当经济发展速度放缓时,这个比率也要下调。房屋的起初评估价值用 P 表示。

(5)所有的交易费用都是房屋价值的一定百分比,用 f 表示这个费用率。这些费用包括房产估价费用、律师费、手续费等。

(6)利率假设。我们需要用利率将老人历年所得的年金总额计算出来,还要用利率来计算房屋的评估价值。因此,采用合适的利率是十分重要的。

我们区分以下几种利率:①资金成本为 r;②现金流的贴现率为 y;③机构实际计算利率为 i,养老金支付总额据此计算。资金成本我们采用无风险短期利率表示,并且由模型的假设给定。贴现率表示与未来的现金流相匹配的风险利率,保险机构实际计算利率则反映了与所承担的最高风险下的必要利润率。在下面的例子中,假设 $y=r+0.01,i=r+0.02$。利率均采用复利计算法。

2.盈亏平衡年金计算

要计算盈亏平衡年金,所依据的公式是,当合同到期时:

合同到期时房屋预计可变现净值=合同期内累计养老金支付总额

假设该老人在第 t 年死亡,在考虑房屋增值并减去交易及其他费用累计后,被抵押房屋的净值为:

$$P_t = P\left[1 + g^{(t-0.5)} - f \times (1+\frac{i}{12})^{12(t-0.5)}\right] \tag{1}$$

那么贷款到期时,特设机构共向老人支付:

$$L_t = A(1+\frac{i}{12})^{12(t-0.5)} + A(1+\frac{i}{12})^{12(t-0.5)-1} + \cdots + A(1+\frac{i}{12})$$

$$= A \times \frac{(1+\frac{i}{12})^{12(t-0.5)}-1}{1-/(1+i/12)} = A \times S_t \tag{2}$$

当 $P_t = L_t$ 时,从公式 1 和公式 2 中,我们可以得到盈亏平衡年金(用 B_t 表示):

$$B_t = P_t/S_t \tag{3}$$

这表明,当办理反向抵押贷款的老人在第 t 年离世时,使得养老金的累计支付额等于房产净值的月度支付年金为 B_t,这是一种较为合理的支付状况,因为在此状态下,双方都不会发生损失。定义盈亏平衡年 m,m 是累计的养老金支付首次超过房产净值的年份,即 $L_m > P_m$ 的最小整

数 m。

3.特设机构的收益分析

特设机构的收益涉及很多因素,这些因素往往是不确定的,比如说支付期限,这跟老年人的寿命有关。这里先不讨论个中过程,单从结果来分析。如果 $P_t < L_t$,说明养老金的累计支付额大于住房的净值,则保险机构遭受损失,其收益部分只是房产价值 P_t;如果 $P_t > L_t$,说明养老金支付累计额小于房屋净值,那么根据规定,特设机构须把住房的剩余价值返还给老人或其家属,于是,特设机构可以得到的收益是 L_t。从中我们可以归纳,特设机构的收益总是 P_t 和 L_t 中较小的一个。所以,如果投保人在 t 年死亡,特设机构能得到的总收益为:

$$Q_t = \min\{P_t, L_t\} \tag{4}$$

再计算特设机构的净收益 π_t,为将问题简化从而无须考虑到再投资收益等问题,因此将总收益 Q_t 和总成本用贴现率 y 贴现到现值来计算。第 t 年贴现系数为 $Y_t = (1+y/12)^{12(t-0.5)}$,从而总收益的现值为 Q_t/Y_t。而总成本的现值则为各期年金支付的现值总和,即

$$C_t = A + \frac{A}{(1+y/12)} + \frac{A}{(1+y/12)^2} + \cdots + \frac{A}{Y_t} - 1 \tag{5}$$

最终我们得到净收益 π_t 的计算公式为:

$$\pi_t = \frac{Q_t}{Y_t} - C_t \tag{6}$$

4.实证分析

下面是用数据来说明利率变动对特设机构的影响,在利率是唯一变量的情况下,首先得对其他数据做出合理的假定。首先,房屋的初始评估价值,假设 30 万元,房屋增值率 g 为 6%(不考虑与利率的相关关系),费用率 1%。根据 2010 年 11 月 1 日全国第六次人口普查,我国人口的平均寿命为 72.7 岁。考虑到投保人的逆向选择风险,笔者将平均死亡年龄定为 75 岁,也即 $t=15$。

表 5　特设机构净收益实证结果

无风险利率 $r/\%$	贴现率 $y/\%$	特设机构实际计算利率 $i/\%$	盈亏平衡年金 A(元)	$P_t = L_t$ (万元)	总成本现值 (万元)	特设机构总收益 Q_t 现值(万元)	特设机构净收益 π_t 现值(万元)
3	4	5	2705.30	69.21	35.94	38.79	2.85
4	5	6	2488.67	69.11	31.18	33.73	2.55
5	6	7	2285.27	69.01	26.93	29.18	2.25
6	7	8	2094.67	68.88	23.12	25.24	2.12
7	8	9	1916.44	68.73	19.92	21.84	1.92
8	9	10	1750.13	68.56	17.35	18.89	1.54

图 2 是根据表 5 实证结果中利率 r 与净收益 π_t 部分画成的折现统计图,它更直观地说明了这一现象。与理论分析的情况一样,在利率上升的时候,特设机构的净收益呈下降趋势,同时,投保养老者每月所获得的年金也下降了。原因是显而易见的,利率的增加使得特设机构的成本加大而收益减少,同时房屋的价值增长速度相对放缓,使得房屋净值下降。但从净收益现值大体可观的情况可预见,特设机构若开办反向抵押贷款业务,在设定合理的利率和期限并采取一定的风险防范措施时,还是有利可图的。

(六)考虑提前偿付行为的合同利率的确定

1.反向抵押贷款的提前偿付模型

Thomas P. Boehm 和 Michael C. Ehrhardt(1994)认为,反向抵押贷款的借款人年龄较大,收

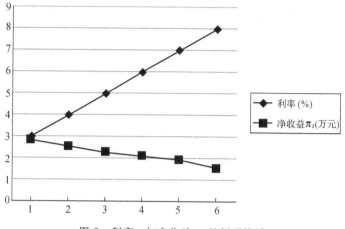

图 2　利率 r 与净收益 π_t 的折现统计

入却较低,提前还贷的可能性并不大,但当市场条件对其非常有利时,借款人重新考虑筹资还款还是有可能的。并且市场利率越低,其提前还贷的收益也就越大,故提前还贷的可能性也越大。Linda S. Klein 和 C. F. Sirmans(1994)通过对美国康涅狄格州反向抵押贷款项目进行详细评估,找出了会影响借款人提前偿付行为的各种因素,认为提前偿付率与贷款的特点、借款人自身因素都有关系,并且该比率对借款人的婚姻状况、年龄及贷款存续期等都很敏感。

本文将基于理性人假设,研究在何种情况下,借款人将选择提前还款。在反向抵押贷款业务中,会影响借款人提前偿付行为的最主要因素包括:借款人自身状况(包括资金周转状况、婚姻状况等)、抵押房产的增值率及贷款利率。其中后两者是可计量的。下文通过研究借款人提前偿付的条件来提出反向抵押贷款中合同利率的确定问题。

在只考虑利率波动及房产增值率因素的前提下,借款人在第 t 年重新申请反向抵押贷款,若可获得的贷款额度(以第 t 年房产评估值和房产增值率重新计算抵押房产的贷款期末预期价值,并按照第 t 年的贷款利率计算出可获得的贷款额度)大于当前贷款余额,借款人就将选择提前还贷。

2. 确立提前还贷的条件利率

本文分析中假设房产的预期增值率一直保持常量 g,为简化计算忽略各种费用,且当前贷款的合同利率为 i,第 t 年合同利率为 i_t,贴现率始终为 r。借款人预期余命为 T,房屋初期评估价值为 P。

在最初办理反向抵押贷款业务时:

$$A = \frac{P_1 + g^T}{S_T} \text{,其中,} S_T = \frac{(1 + \frac{i}{12})^{12(T-0.5)} - 1}{1 - 1/(1 + i/12)} \tag{7}$$

于是,第 t 年时,贷款余额为

$$L_t = \frac{A \times \left[(1 + i/12)^{12t} - 1 \right]}{i/12} \tag{8}$$

此时,若借款人重新申请反向抵押贷款所能获得的月度年金支付 A_t 为:

$$A_t = \frac{P(1+g)^t \times (1+g)^{T-t}}{S_{T-t}} \text{,其中,} S_{T-t} \frac{(1 + \frac{i_t}{12})^{12(T-t-0.5)} - 1}{1 - 1/(1 + i_t/12)} \tag{9}$$

对于借款人来说,将这些年金的限制按照市场贴现率进行贴现所得,即:

$$PV_t = \frac{A_t \times \left[(1+r)^{t-T} - 1 \right]}{(1+r)^{-1} - 1} = \frac{A_t \times \left[1 + r - (1+r)^{t-T+1} \right]}{r} \tag{10}$$

当 $PV_t > L_t$ 时,借款人会选择提前偿付;而当 $PV_t \leqslant L_t$ 时,借款人选择继续贷款合同。从公式 8 到公式 10 可以看出,在 P、g、i、T、r 都已知的情况下,只有 A_t 为未知数,因此根据 $PV_t = L_t$ 可以求出 A_t,再根据 A_t 表达式中,只存在 i_t 是未知量,即可确定借款人提前偿付的条件利率 i_t。

在实际操作中,特设机构可根据市场贷款利率的动态调整来预测提前偿付的可能性,从而对该风险采取合理的防范措施。

(七)反向抵押贷款利率风险分类及测度

随着利率市场化的不断深入,利率波动水平越来越大,在成熟的金融市场,利率风险已成为最主要的金融风险。利率风险一般会被定义为利率的不利变动对银行造成的损失。巴塞尔委员会(BIS)在 1997 年 9 月公布的利率风险管理原则中指出,利率风险是银行外部环境和内部环境对利率的逆向(负面)波动所形成的暴露。美国储蓄机构监管办公室(OTS)则定义利率风险是机构(主要是银行)的金融条件和环境对利率变动的易损性和脆弱性。本文对反向抵押贷款利率风险的观点是,它是一个微观范畴,不存在同一水平的利率风险,它是特定时期、特定机构在利率发生不利变动的背景下,利率冲击对其资产敞口(房产净值与贷款余额之差)及其环境所造成的压力和损害的可能性及严重程度。当然,在我国现行利率体制背景下,研究此问题并不能排除它的宏观背景。下文就对反向抵押贷款利率风险进行分类,然后在此基础上层层深入进行风险测量。

1. 重新定价风险——基于久期的利率风险测量

重新定价风险是反向抵押贷款利率风险的最基本形式,起因于反向抵押贷款期限长,初始贷款较少,但随时间推移和贷款数额逐渐增加,重新定价风险也逐渐加大。重新定价风险也称为期限错配风险,是最主要和最常见的利率风险形式,来源于银行资产、负债和表外业务到期期限(就固定利率而言)或重新定价期限(就浮动利率而言)所存在的差异。这种重新定价的不对称性使银行的收益或内在经济价值会随着利率的变动而变化。如果特设机构以固定利率和终身年金形式开展反向抵押贷款业务,当利率上升时,由于合同利率不变,贷款所获利息就减少了,换言之,特设机构此时所支付的年金高于当前利率下的盈亏平衡年金而发生损失。

"久期"是债券平均有效期的一个测度,它被定义为到每一债券距离到期时的加权平均值,其权重与支付的现值成比例。形象生动地打个比方:一个跷跷板,一端按照离中点的远近放着各期还款的现值,我们在另一端找出一个"点"使跷跷板平衡,这个点就是久期。特设机构的资产负债结构的久期(duration)往往差别很大。两者差异越大,对利率的波动就越敏感。久期直接给出了利率敏感性的度量,由一阶导数反映了函数值的变化,得出债券的价格为收益率的一个函数。

假设反向抵押贷款每年支付 m 次,第 k 期的支付额是 C_k,y 为到期收益率,n 为到期时间,则

$$PV = \sum_{k=1}^{n} PV_k = \sum_{k=1}^{n} \frac{C_k}{(1 + y/m)^k} \tag{11}$$

求 y 的一阶导数可得到:

$$\frac{\mathrm{d}PV}{\mathrm{d}y} = -\frac{1}{1 + y/m} \left(\sum_{k=1}^{n} \frac{(k/m)C_k}{(1 + y/m)^k} \right)$$

$$= -\frac{k/m}{1 + y/m} PV_k = -\frac{1}{1 + y/m} DPV = -D_M PV \tag{12}$$

其中 D 为麦考利久期(Macaulay Duration),它是债券现金流的到期期限的加权平均值与现金流的价格(即权重)的乘积,即:

$$D = \frac{\sum_{k=1}^{n} \left((k/m)C_k / (1 + y/m)^k \right)}{PV} \tag{13}$$

D_M 为修正久期(Modified Duration)。它是麦考利久期与 $\dfrac{1}{1+y/m}$ 的乘积。将 公式 13 改写得到：

$$\frac{1}{PV}\frac{dPV}{dy}=-D_M \tag{14}$$

等式左边变为价格的相对变动(或者是微小的变动)。因此 D_M 表示预期现金流不随利率变化时,债券价格对于利率变化敏感度的衡量方法。

一份合同利率为 8%、现值 100 元、期限为 10 年、每月支付年金的反向抵押贷款,其麦考利久期为 472.86,远大于同样面值期限和利率的普通抵押贷款(4.38),且其修正久期为 469.73。

2. 收益曲线风险——基于有效久期的利率风险测量

收益曲线(Yield Curve,也称利率结构曲线),通常是向右上方倾斜的,但在经济周期的繁荣阶段,由于货币政策的反向操作,短期利率有时会高于长期利率。这样长短期利率倒挂,会对银行的信息收入和经济价值产生负面影响,这种利率风险叫作收益曲线风险。由于反向抵押贷款的长期性和经济周期的变动性,发生收益率风险的可能性是相当大的。

公式 14 中的 D_M 为修正久期,其表示预期现金流不随利率变化时,债券价格对于利率变化敏感度的衡量方法。但由于反向抵押贷款的借款人可提前还款(基本上没有任何罚金),新的价格将基于预期的现金流,故修正久期并不适合,因而,引入有效久期(Effective Duration)的概念,有效久期考虑由于嵌入期权的存在,在预期现金流将随利率变化而变化的基础上,衡量反向抵押贷款价格的变化。有效久期的公式如下：

$$D_{eff}=\frac{P_--P_+}{2P_0\Delta r} \tag{15}$$

其中 P_+ 表示利率上升后的价格,P_- 表示利率下降后的价格,P_0 表示初始价格,Δr 表示利率变动情况。在计算时,可根据上文中公式 12 和公式 14 来计算利率上升(下降)后的借款人可获得的贷款额现值,从而计算出 D_{eff}。D_{eff} 有效度量了反向抵押贷款对利率变化的敏感度。上文表 5 中已有对不同利率的价格计算,选取 r 为 4%,5% 和 6% 时的不同价格,我们得出此时 D_{eff} 为 87.29。

3. 基差风险——基于净收益的利率风险测量

基差风险也是一种较常见的利率风险,它产生于不同金融工具所收到和支付的利息流的非完全相关性。当利率变动时,这种差异性将会导致具有相同期限的资产和负债间的利差发生变化。国外许多大银行在制定存贷款利率时,都钉住几种重要的基准利率,如 LIBOR(伦敦同业拆借利率)、美国三个月国库券利率等,这样即使不存在重新定价风险和收益曲线风险,只要基准利率变化幅度不同,就会产生基差风险。

简单而言,反向抵押贷款每一份合同的实际计算利率和贴现率的差异,也将存在由此带来的一定风险,这种风险反映在特设机构的净收益 π_t 上。由表 5 得知,在实际利率为 4%,贴现率为 5% 的情况下,即利率差为 1% 的时候,特设机构总成本现值为 35.94 万元,总收益现值为 38.75 万元,净收益达到 2.85 万元;而当实际利率不变,贴现率为 5% 的情况下,利率差为 0,特设机构总成本现值为 33.89 万元,总收益现值为 33.78 万元,此时净收益为负值(-0.11 万元)。当然,这个例子的数据过于极端,但至少说明了,当利率差上升 1% 的时候,对特设机构的净收益影响是深刻的。

4.隐含期权风险——应用期权调整利差模型的利率风险测量

在反向抵押贷款中,特设机构面临的再投资风险和期末被抵押房屋的变现风险[①],从根本上说,都是由于利率变动引起的。特设机构在贷款到期时获得的现金流入,就是房屋期末的变现价值,一般存在两种情况,一是房屋期末的变现价值大于贷款总额,二是房屋的变现价值小于贷款总额。根据范子文(2006)设计的以期权为基础的反向抵押贷款定价模型,贷款到期时累计贷款总额为 L_t,房产净值 P_t,若 $L_t < P_t$,借款人将归还贷款总额 L_t 并赎回住房,此时特设机构收支相抵;若 $L_t > P_t$,借款人以房抵债,此时特设机构将承受 $(L_t - P_t)$ 的损失。这种损失被称为隐含期权风险。范子文认为,为避免这种损失,特设机构应该购入一个以房产价值为标的物,执行价为 S 的看跌期权,此时特设机构可能获得收益的期望值为 $E(W_t) = qP_t + (1-q)L_t$,其中 q 为期末房屋净值大于累计贷款余额的概率。

期权调整利差模型(option-adjusted spread,简称 OAS)综合考虑了利率的波动,并对期权引致的风险加以补偿,是一个综合考虑了期限结构和隐含期权的收益率指标。OAS 模型的基本思想用数学式表达为:

$$P = \frac{1}{N} \sum_{n=1}^{N} \sum_{t=1}^{T} \frac{cf_t^n}{\prod_{i=1}^{t}(1+r_i^t+\text{OAS})} \tag{16}$$

其中 N 是模拟得到的利率路径总数,i 是进行模拟时设定的时间步长分隔点,r_i^t 则是每个时间步长中的基准利率水平,cf_t^n 是第 n 条模拟利率路径中 t 时刻的可能现金流。这就是说,计算 OAS 是在每一条模拟利率路径中,对未来 t 时刻的可能现金流 cf_t^n(注意这是已经过期权调整的现金流)进行贴现加总得到现值,各条路径现值的均值即含权债券的理论价值 V,由于 V 往往不会等于含权债券当前的市场价格 P,需要对当前的整条利率期限结构统一进行平移,通过单变量求解找到一个使 V 等于 P 的平移量,这就是 OAS。

为测量基于期权调整利差模型的利率风险,下面我们进行利率情景制造。为了简单起见,假定市场利率的变动发生第 t 年,利率变动有三种情况:利率保持 r 不变的概率为 k,上升至 ur 的概率为 h,下降至 dr 的概率为 g,则 $k+h+g=1$,且 $\bar{r} = kr + hur + gdr$。

于是在三种利率情形下的净收益分别为:

(1)当利率上升至 ur 时:

$$\pi_1 = -[A/(1+r+\text{OAS}) + \cdots + A/(1+r+\text{OAS})^{t-1} + A/(1+ur+\text{OAS})(1+r+\text{OAS})^{t-1}$$
$$+ \cdots + A/(1+ur+\text{OAS})^{T-t+1}(1+r+\text{OAS})^{t-1}] + E(W_t)/(1+ur+\text{OAS})^{T-t+1}(1+r+\text{OAS})^{t-1}$$

(2)当利率下降至 dr 时,此时借款人提前偿付,特设机构面临再投资风险:

$$\pi_2 = -[A/(1+r+\text{OAS}) + \cdots + A/(1+r+\text{OAS})^{t-1} + A/(1+dr+\text{OAS})(1+r+\text{OAS})^{t-1}$$
$$+ L_t/(1+dr+\text{OAS})^{T-t+1}(1+r+\text{OAS})^{t-1}$$

(3)当利率保持 r 不变:

$$\pi_3 = -L_t + E(W_t)/(1+r+\text{OAS})^T$$

假设反向抵押贷款市场是一个完全竞争的市场,则特设机构的净利润都将为零,即令 $\bar{\pi} = k\pi_3 + h\pi_1 + g\pi_2 = 0$,并利用内插值法可以求出反向抵押贷款中的 OAS。令特设机构的期望收益

[①]　当利率下降时,借款人很可能提前还贷,而使特设机构面临再投资的风险。当利率上升尤其是利率处于较高位置时,由于房价与利率之间存在着滞后的联动效应,房地产市场很可能处于调整或低迷状态。此时,如贷款到期,特设机构拿到住房,就很难以高价或按原本预期的价格将房屋出售,而面临房屋变现的风险。

率为 $E(y)$，则 $E(y) = \bar{r} + \text{OAS}$。此处的期望收益率考虑了期权引致的利率风险之后的收益率，对特设机构而言更具参考价值。

在求得 OAS 后，反向抵押贷款的定价就变为：

$$P_x = \sum_{n=1}^{t}(1-f) \times P \times \left[\frac{1+g}{1+E(y)}\right]^n \times_{n/}q_x = \sum_{n=1}^{t}(1-f) \times P \times \left[\frac{1+g}{1+\bar{r}+\text{OAS}}\right]^n \times_{n/}q_x$$

$$(17)$$

其中 P_x 表示初始年龄为 x，房屋初始价值为 P 的借款人获得的反向抵押贷款的价值；x 表示申请人的初始年龄；f 是一比例值，它表示反向抵押贷款初期发生的各项费用占房屋初始价值的比例；g 表示房屋增值率；$_{n/}q_x$ 表示借款人在第 n 年去世的概率。

对于应用 OAS 模型的反向抵押贷款，利用有效久期和有效凸度来衡量机构面临的利率风险是十分有用的。将定价公式 17 分母中的 $\bar{r}$ 上升一个 Δr，并保持其他各项不变，计算出 P_x^+；再将利率 $\bar{r}$ 下降一个 Δr，计算出 P_x^-。由此得到反向抵押贷款中的有效久期和有效凸度。基于期权调整利差模型的有效久期和有效凸度综合考虑了利率的波动和期权引致的风险，更有利于特设机构衡量和防范利率风险。

三、反向抵押贷款利率风险的防范

(一)基于现行利率体制对反向抵押贷款产品进行合理的定价

在国内现有的涉及反向抵押贷款的产品定价与利率变动研究中，通常采用 Cox, Ingersoll, Ross(1985)提出的离散短期模型(CIR model)理论来构造短期随机利率模型。但笔者认为，该模型仅适用于成熟和完善的国外利率市场，却不适用于受政府管制的中国利率市场。林海，郑振龙在《中国利率动态模型研究》中提到，中国的政府利率由中央银行决定并保持一段时期不变，它完全不同于漂移过程或漂移—跳跃过程[1]。它类似于一个单纯跳跃过程。跳跃过程的波动率是可变的，与利率水平相关：

$$dr_t = K_t dP \tag{18}$$

其中，dP 服从参数为 λ 的泊松分布，K_t 服从均值为 0、波动率为 σr_t 的条件正态分布，即 $K \to N(0, (\sigma r_t)^2)$。跳跃的波动率随着利率水平的变动而不断地发生变化。为得出反向抵押贷款基准利率未来可能的变动路径，首先要估计出单纯跳跃过程的参数。对具有相对较短时间的离散数据的单纯跳跃过程，矩方法可以用于参数估计。我们先将公式 18 变形，两边都除以 r_t，得到 $dr_t/r_t = (K_t/r_t)dP$，因 $K_t/r_t \to N(0, \sigma^2)$，于是得到 $\sigma^2(dr_t/r_t) = \lambda\sigma^2$，从而估计出波动率 σ。

下面进行实证分析，数据采用从 1991 年元月至 2011 年 2 月人民币贷款利率月度数据，样本总量为 242，表 6 所列为这期间所有贷款基准利率变动情况，共计 30 组非零数据，代表跳跃次数。

---

[1] 在考虑跳跃情况下，单因子瞬时短期利率均值回归漂移—跳跃模型可以表示为：$d\gamma(t) = k(u(t) - \gamma)dt + \sigma(t)dWt + JdP$。其中 $d\gamma(t)$ 表示向均值调整的速度，$u(t)$ 表示时刻 t 的利率长期均值，$\sigma(t)$ 则表示波动率，$w(t)$ 代表布朗运动，J 代表服从某些分布的随机变量，一般是正态分布，dP 代表强度为 λ 的泊松分布。

表 6　1991 年至 2011 年 3 月金融机构人民币贷款基准利率　　　单位：年利率%

调整时间	1 年	1～3 年（含）	3～5 年（含）	5 年以上	调整时间	1 年	1～3 年（含）	3～5 年（含）	5 年以上
1991.04.21	8.64	9	9.54	9.72	2006.08.19	6.12	6.3	6.48	6.84
1993.05.15	9.36	10.8	12.06	12.24	2007.03.18	6.39	6.57	6.75	7.11
1993.07.11	10.98	12.24	13.86	14.04	2007.05.19	6.57	6.75	6.93	7.2
1995.01.01	10.98	12.96	14.58	14.76	2007.07.21	6.84	7.02	7.20	7.38
1995.07.01	12.06	13.5	15.12	15.3	2007.08.22	7.02	7.20	7.38	7.56
1996.05.01	10.98	13.14	14.94	15.12	2007.09.15	7.29	7.47	7.65	7.83
1996.08.23	10.08	10.98	11.7	12.42	2007.12.21	7.47	7.56	7.74	7.83
1997.10.23	8.64	9.36	9.9	10.53	2008.09.16	7.20	7.29	7.56	7.74
1998.03.25	7.92	9	9.72	10.35	2008.10.09	6.93	7.02	7.29	7.47
1998.07.01	6.93	7.11	7.65	8.01	2008.10.30	6.66	6.75	7.02	7.20
1998.12.07	6.39	6.66	7.2	7.56	2008.11.27	5.58	5.67	5.94	6.12
1999.06.10	5.85	5.94	6.03	6.21	2008.12.23	5.31	5.40	5.76	5.94
2002.02.21	5.31	5.49	5.58	5.76	2010.10.20	5.56	5.60	5.96	6.14
2004.10.29	5.58	5.76	5.85	6.12	2010.12.26	5.81	5.85	6.22	6.40
2006.04.28	5.85	6.03	6.12	6.39	2011.02.09	6.06	6.10	6.45	6.60

资料来源：中国人民银行网站。

差分序列 dr_t 有 241 组数据，则 λ 的估计值为 28/241＝0.116；由于利率具有期限结构，不同期限的贷款有不同的基准年利率，相应的 σ 估计也不同，表 7 显示对 5 年以上基准利率的 σ 的估计过程：

表 7　5 年以上贷款基准利率波动率 σ 的估计

序号	r_t	dr_t	dr_t/r_t	序号	r_t	dr_t	dr_t/r_t
1	8.64	0	0	16	6.39	0.27	0.042254
2	9.36	0.72	0.076923	17	6.57	0.18	0.027397
3	10.98	1.62	0.147541	18	6.84	0.27	0.039474
4	12.06	1.08	0.089552	19	7.02	0.18	0.025641
5	10.98	−1.08	−0.09836	20	7.29	0.27	0.037037
6	10.08	−0.9	−0.08929	21	7.47	0.18	0.024096
7	8.64	−1.44	−0.16667	22	7.2	−0.27	−0.0375
8	7.92	−0.72	−0.09091	23	6.93	−0.27	−0.03896
9	6.93	−0.99	−0.14286	24	6.66	−0.27	−0.04054
10	6.39	−0.54	−0.08451	25	5.58	−1.08	−0.19355
11	5.85	−0.54	−0.09231	26	5.31	−0.27	−0.05085
12	5.31	−0.54	−0.10169	27	5.56	0.25	0.044964
13	5.58	0.27	0.048387	28	5.81	0.25	0.043029
14	5.85	0.27	0.046154	29	6.06	0.25	0.041254
15	6.12	0.27	0.044118		$\sigma^2(dr_t/r_t)$		0.007107

由表中数据可知，$\sigma^2＝\sigma^2(dr_t/r_t)/\lambda＝0.063455$，$\sigma＝25.19\%$。

表 8　不同年限 σ 的估计

期限	1 年	1～3 年(含)	3～5 年	5 年以上
dr_t / r_t 的方差	0.007107	0.009455	0.012128	0.012
$σ$ 的估计	24.75%	28.03%	31.75%	31.58%

由于反向抵押贷款长期性的特点,在定价中利率一般采用五年以上贷款基准利率的游走模型。故在我国现行利率体制下,若要开展反向抵押贷款业务且为更好规避利率风险所导致特设机构损失的可能性,在进行定价时可以采取单纯跳跃性游走过程:$dr_t = K_t dp$,其中,dp 服从参数为 0.116 的泊松分布,K_t 服从正态分布 $N(0, 31.58\% \times r_t)$。

(二)开发基于 GSA 形式的反向抵押贷款产品

同组自调节年金(Group Self-Annuitization,简称 GSA)可以根据同组人前期的死亡率及利率波动不断调整支付的额度,从而将系统性风险和特质性风险予以分离(Piggott, Valdez 和 Detzel 2004),其计量模型如下:

$$B_t^* = B_{t-1}^* \left(\frac{p_{x+t-1}}{p_{x+t-1}^*} \times \frac{1 + R_t^*}{1 + R} \right) = B_{t-1}^* \times MEA_t \times IRA_t \tag{19}$$

其中 B_{t-1}^* 是 $t-1$ 期年龄为 x 的借款人可拿到的资金,MEA_t 和 IRA_t 分别是从 $t-1$ 期到 t 期的死亡率的经验调整系数和利率调整系数。因借款人每期拿到的资金会随着每期的死亡率和利率的实际变动,而作出相应的调整,当在死亡率不变的情况下,实际利率高于预期时,支付金额会减少,实际利率超出预期值的风险,由购买 GSA 年金的组合共同承担。即借款人自己承担了系统性的利率风险和长寿风险,特设机构则通过大数定理来分散特质性风险。

假定死亡率在 t 期不发生改变,即 $MEA_t = 1$。

可见,以 GSA 为支付方式的反向抵押贷款,贷款的初始基金由同一年龄的群体基金构成,当群体中有人死亡或退出时,该老年人所拥有的房产余值将由组群中活着的人共享。可见,其最大好处是可以让同一群体分担特质性风险,而由个人承担系统性风险,并有可能因此而减少逆向选择风险(Valdez,Piggott 和 Liang Wang,2005)。特设机构如保险公司不用再担心无法分散的系统性风险,不用为了规避利率风险和长寿风险而预收各项费用或减少贷款额度,人们从 GSA 产品中获得的收入要比不同年金产品要高。这种产品对资本市场不够发达的国家或地区尤其具有吸引力(Piggott,Valdez 和 Detzel,2004)。

(三)政府的利率补贴政策

住房反向抵押贷款市场存在着诸多的信息不对称和不确定性问题,加大了特设机构的贷款风险,因而特设机构开办此项业务的动力不足。一个合理的风险分散机制就是引入政府的利率补贴政策。政府对市场上符合要求的特设机构提供担保,在特设机构因利率降低而面临借款人再投资风险之时,向借款人补偿贷款损失,确保特设机构贷款规模不受影响;在利率上升使借款人所得养老金减少时,其差额由政府提供,这样借款人的合法权益得到保障,同时特设机构在合理控制风险的前提下也不会缩小贷款规模,机构的收益增加,住房反向抵押贷款市场上的信贷配给现象减少,信贷市场上获得帕累托改进[①]。

---

① 所谓信贷配给,是指这样一种从表面上看起来与价格机制冲突的非均衡现象:在所有的贷款申请人中,只有一部分人能够得到贷款,另一部分人被拒绝,尽管被拒绝的申请人可能愿意为获得贷款而承担更高的利率水平;一个给定的贷款申请人的贷款要求只能部分被满足。

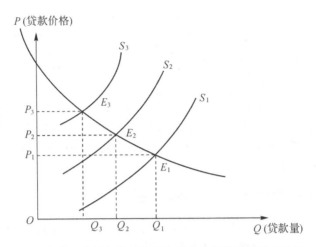

图 3　住房反向抵押贷款市场上供给曲线的比较静态分析

如图 3 所示,D 表示借款人的贷款需求曲线,S_1 表示符合市场基本假设的机构贷款供给曲线。假设信贷市场是信息对称、完全竞争的,则在市场机制的作用下机构提供的反向抵押贷款的一般均衡符合帕累托最优。此时的均衡点为 E_1,均衡贷款量为 Q_1,均衡市场利率为 R_1。

当利率上升至 R_3 时,贷款机构净收益将减少,出于自身期望收益的考虑宁愿收缩信贷规模以规避更大的风险,因此贷款供给曲线左移至 S_3,与不变的需求曲线相交于 E_3。此时机构的放贷量收缩为 Q_3。信贷融资缺口产生,部分需要获得住房抵押贷款的老年人难以如愿。此时,若政府介入,实行利率补贴政策,向特设机构提供借款人的养老金差额,特设机构就有了足够的动机扩大贷款供给。此时供给曲线从 S_3 右移至 S_2,与不变的需求曲线相交于 E_2,机构放贷量扩大为 Q_2,利率下降至 R_2。尽管信贷缺口不能完全消除,但与信息不对称条件下的均衡相比,机构贷款规模大幅上升,整个住房反向抵押贷款市场获得了帕累托改进。

从我国现实的国情出发,反向抵押贷款在我国必须采取政府主导与市场结合的模式,如果完全交由特设机构运作,可能会产生加拿大、新加坡那样的情形,参与人数不多,特设机构不积极,致使反向抵押贷款无法发挥应有的作用。在反向抵押贷款业务开办的过程中,政府参与会起到很大的激励和保障作用,既能降低借款人的贷款成本,又能降低特设机构开办此项业务承担的风险,从而保证反向抵押贷款的顺利开展,达到补充和巩固社会养老保障的最终目的。

(四)借鉴美国 HECM Saver 经验来开展反向抵押贷款业务

自 1989 年在美国推出反向抵押贷款以来,之所以"叫好不叫座",很大部分原因来自于其长期性风险及高昂费用。基于此,美国联邦住房管理局(FHA)于 2010 年 10 月 4 日推出了一款新的反向抵押贷款产品 HECM Saver[①],最大的吸引力就是期限短、费用低、可以抵押部分房产。这让借款人在找到合适的安置地之前,能够在不取消止赎权[②](Foreclosure)的情况下改善这一期间的现金流。HECM Saver 减免了很多费用,包括申请费、保险费、服务费以及交易费用(这几项费用在标准 HECM 中总计约有 15000 到 20000 美元不等),因而在贷款开始前期退出的沉没成本,比标准 HECM 要小得多,但能借到的额度没有标准 HECM 那样高,一般为房屋价值的 80%～90%[③]。

面对中国现实国情,如果反向抵押贷款要在中国得以开办,高费用的门槛必须要解决。除了政府的补贴,该产品本身的创新更具可行性。当然,HECM 方式更适合借款人计划出售房屋的情形,在房地产市场好转的情况下,借款人用出售住房的收入偿还贷款,并购买更适合养老的小一点的住房。

(五)利率衍生品的运用

除了运用久期缺口模型防范利率风险外,特设机构还可以利用和创新利率避险工具,如采取远期利率协议、利率期货、利率期权和利率掉期等,前两者适合短期利率风险管理,后两者更适合长期利率风险管理。无论采用何种工具,其基本原理都是通过市场交易抵补资产负债由于利率波动导致的价值变化。因此,特设机构可以根据"久期缺口"的现金流特点或者具体金融资产负债的现金流特点,来选择不同的衍生工具(数量相同、方向相反),实现"套期保值"和"对冲",以规避利率风险。

利率衍生品的出现为特设机构规避反向抵押贷款中的利率风险提供了有效的手段,但是金融衍生品的发挥作用是以发达的金融衍生品交易市场和规范的法律监管环境为前提的。我国目前资本市场各要素、机制还不大健全,金融衍生品还不是很成熟,所以应大力发展金融衍生品市场,使特设机构可以利用利率衍生工具来防范和规避利率风险。

(六)开拓基于反向抵押利率风险的保险业务

特设机构可以学习美国对 HECM 进行再保险的方式,对利率实施相应的保险措施,或者对可能发生的利率的增减变化,并对由此带来的损失或收益,建立一种在借款人和保险公司之间的收益分享和损失共担的新机制,以规避反向抵押贷款中的利率风险,如特设机构在反向抵押贷款合同签订时,向借款人收取一定的保险费用(可设定为贷款额的一定百分比),保证该贷款到期时利率的变化不超过一定幅度,如一或两百分点,若超过这一幅度,超出部分的损失则由特设机构承担。

四、结语

住房反向抵押贷款这一新的养老融资工具,今日已受到越来越多的人的关注,尤其是在我国人口老龄化日益严重的今天,反向抵押贷款不仅会大大减轻政府在社会养老方面的压力,对老年人来说也会是增加养老收入的很好来源。然而,除了养老体制在我国还不够健全外,传统观念的束缚及过多的风险,是限制该养老模式在我国发展的主要因素。

本文对住房反向抵押贷款中存在的利率风险进行了全面的介绍,特设机构只有找到防范和降低各种风险的有效工具之后,才能提高开展反向抵押贷款的积极性,才有望给我国的养老事业添砖加瓦。

反向抵押贷款利率风险管理的数理模型建立与运用

俞　敏

摘要：利率风险是指因市场利率波动而使特设机构的利润减少甚至损失的可能性，它与资产和负债的构成及两者间的关系密切相关，是反向抵押贷款中最难规避和管理的风险之一。本文建立了反向抵押贷款利率风险管理的数理模型，并对其顺利运用作出相应的说明。

一、反向抵押贷款的定价模型

（一）模型建立的基本思路

在反向抵押贷款业务中，通常以借款人在贷款持续期内收入的现值作为产品的定价。国内已有不少学者对反向抵押贷款的产品定价做出研究。本文借鉴浦舍予（2007）给出的一次性支付方式下的反向抵押贷款的定价公式[①]，如公式1所示。在该种支付方式下，借款人一次性能获得的贷款数额为：

$$LS_x = \sum_{n=1}^{T} (1-f) \times C \times \left[\frac{1+a}{1+r}\right]^n \times {}_{n/}q_x \qquad (1)$$

若反向抵押贷款采取定额年金支付方式，那么这些年金的现值之和应等于一次性支付方式下的贷款数额，也即已知现值来求取未来的年金。对公式(1)进行一定转化后，即可得到定额年金支付方式下反向抵押贷款的定价公式，如公式(2)所示。在该种支付方式下，借款人每期能获得的贷款数额为：

$$A_x = \sum_{n=1}^{T} (1-f) \times C \times \frac{(1+a)^n}{1-(1+r)^n} \times r \times {}_{n/}q_x \qquad (2)$$

其中：LS_x 表示初始年龄为 x 的借款人获得的一次性支付总额（Lump Sum，LS）；A_x 表示借款人按定额年金支付方式每年能获得的年金数额；f 表示反向抵押贷款期初费用占房屋初始价值的比例；r 表示贷款的基准利率，其中已包含特设机构能够获得的正常利润；a 表示房屋增值率；C 表示抵押住房的初始价值；T 表示借款人的最大平均余命，根据生命表，人的最大存活年龄为 105 岁，因此 T 的取值为($105-x$)岁；${}_{n/}q_x$ 表示年龄为 x 岁的借款人在反向抵押贷款合同开始后第 n 年内死亡的概率。

（二）主要参数分析

（1）死亡率 ${}_{n/}q_x$

死亡率 ${}_{n/}q_x$ 不能直接从生命表中获得，但可以从生命表中（如表1所示）给出的不同年龄的

---

① 浦舍予.以房养老对个人理财规划的完善与提升[D].杭州：浙江大学，2007 年 5 月，P36－37.

死亡概率 q_x，通过一定的关系式计算得出。$_{n/}q_x$ 和 q_x 之间存在以下的关系：

$$_{n/}q_x = (1-q_x) \times (1-q_{x+1}) \times (1-q_{x+2}) \times \cdots \times (1-q_{x+n-1}) \times q_{x+n}$$

表1　生命表中养老金业务男性各年龄段死亡率

年龄	死亡率 q_x	年龄	死亡率 q_x	年龄	死亡率 q_x	年龄	死亡率 q_x
60	0.006989	72	0.024911	84	0.083883	96	0.257666
61	0.007867	73	0.027668	85	0.092554	97	0.280553
62	0.008725	74	0.030647	86	0.102059	98	0.304887
63	0.009677	75	0.033939	87	0.112464	99	0.330638
64	0.010731	76	0.037577	88	0.123836	100	0.357746
65	0.011900	77	0.041594	89	0.136246	101	0.386119
66	0.013229	78	0.046028	90	0.149763	102	0.415626
67	0.014705	79	0.050920	91	0.164456	103	0.446094
68	0.016344	80	0.056312	92	0.180392	104	0.477308
69	0.018164	81	0.062253	93	0.197631	105	1.000000
70	0.020184	82	0.068791	94	0.216228		
71	0.022425	83	0.075983	95	0.236229		

数据来源：《中国人寿保险业经验生命表(2000—2003)》

（2）抵押住房的年均增值幅度 a

测算抵押住房的年均增值幅度，需要考虑两个因素：一是目前能够获知的近十年或者更长时期内住房价格的变动趋势，以住宅价格的年均波动率 b 表示；二是考虑住房的折旧情况。在反向抵押贷款业务的运作中，特设机构最终获得的抵押住房已是使用 10 多年或更长时间的旧房，不能按照新房的价格出售，必须考虑住房的折旧情况，以年折旧率 z 表示。因此，抵押住房的年均增值幅度 a，就应为住房未来价值年均变动率（b）与年折旧率（z）的差，即：

$$a = b - z$$

其中：b 根据 1998—2007 年全国住宅房地产指数价格（如图 1）的年平均变动率进行测算。从 1998 年到 2007 年，我国住宅价格指数年均增幅 5.04%，即 $b=5.04\%$。

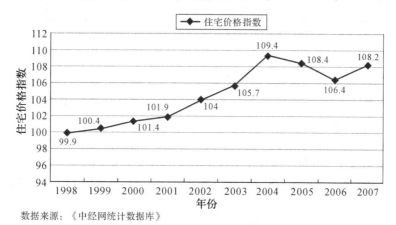

数据来源：《中经网统计数据库》

图 1　1998—2007 年全国住宅价格指数趋势

住房折旧情况应根据实际情况做具体分析，一般需考虑房屋折旧因素和环境折旧因素。前者与住房本身的套型、功能有关；而后者主要是指住房所处的地段和配套设施等。本文仅仅考虑住房自身因素引起的折旧。住宅折旧期限一般为 50 年，按照直线折旧法，年折旧率为 2%，本文取 $z=2\%$。

综合考虑，得 $a=5.04\%-2\%=3.04\%$。

（3）特设机构的预期收益率 r

在反向抵押贷款的业务运作中，要区分还款利率（即期利率）和特设机构的预期收益率。还款利率是用来计算借款人累计贷款总额的，而对借款人每期能够获得的年金数额没有影响。还款利率越高，贷款累计余额就越大。还款利率可以通过"贷款基准利率+差额利率"衡量。其中基准利率一般以一年期国债利率衡量，是可变动的，而差额利率则是固定的。

与贷款利率不同，特设机构的预期收益率是一个常量，它是用来计算特设机构每期向借款人支付的贷款数额，预期收益率越低，借款人能获得的贷款数额就越大。反向抵押贷款属于中长期贷款，贷款存续期一般都在 10 年以上，所以这里将 10 年期的国债利率作为基准利率，它是贷款存续期内利率平均水平的最佳代表。又因为反向抵押贷款面临着较大的风险，所以与美国反向抵押贷款的定价规则相似，在 10 年期国债利率的基础上，加上差额利率，作为反向抵押贷款中特设机构的预期收益率。对差额利率的测算，本文将参照美国反向抵押贷款业务的开办情况，如表 2 所示：

表 2　美国反向抵押贷款的差额利率

年份	10 年期国债利率	年预期收益率	差额利率
2002	5.02%	7.12%	2.10%
2003	4.42%	6.52%	2.10%
2004	4.05%	6.15%	2.10%
2005	4.29%	7.09%	2.80%
2006	4.35%	7.45%	3.10%
2007	4.83%	7.93%	3.10%
2008	4.45%	7.55%	3.10%
2009	3.67%	6.77%	3.10%

数据来源：http://www.reverse-mortgage-information.org/ratereport.php

从表中可以看出，美国反向抵押贷款的差额利率一般在 2%～3%，且该差额利率在 2005 年有明显的上升趋势，至 2008 年差额利率大都维持在 3.1% 的水平。考虑我国的具体情况，本文假定差额利率为 2%。我国目前 10 年期国债的利率为 3.42%。则特设机构的预期收益率为 5.42%，即 $r=5.42\%$。

（4）费用率 f

借款人为获得反向抵押贷款而需要支付的费用，包括发起费、保险费、第三方服务费、手续费等，表现为反向抵押贷款发起时抵押住房的一定比例。按照美国的相关记录，反向抵押贷款比普通贷款的手续费要多出很多，一笔 20 万元的贷款，可能需要 8000 元的成本，费用率占到贷款总额的 4%。简单起见，在文中，假定费用率为 4%，即 $f=4\%$。

（三）反向抵押贷款定价模型的计算结果

根据前文给出的定价模型，假设某 60 岁老人向特设机构申请反向抵押贷款，抵押住房的初始价值为 100 万元,即 $x=60$, $C=1000000$。结合前文给定的其他参数假设: $a=3.04\%$, $r=5.42\%$, $f=4\%$。将这些数据代入公式,就可以算得该老人在两种支付方式下分别能获得的贷款数额:

$$LS_{60} = 619323 , A_{60} = 68164$$

类似地,我们可以计算出各初始年龄的借款人在两种支付方式下,分别能够获得的贷款数额,假定其他条件一致,结果可如表 3 所示。

表 3 各年龄借款人在两种支付方式下能获得的贷款数额[①]

年龄	LS_x	A_x	年龄	LS_x	A_x	年龄	LS_x	A_x
60	619323	68164	67	684874	98584	74	733662	144771
61	629619	71711	68	693188	104127	75	738432	152879
62	639831	75498	69	701121	110008	76	742497	161403
63	648576	79536	70	708631	116240	77	745790	170348
64	658021	83846	71	715684	122833	78	748245	179712
65	658021	88460	72	722236	129787	79	749773	189491
66	676216	93367	73	728246	137075	80	750340	199674

从表中可以看出,当其他条件一致时,无论是一次性支付方式,还是定额年金支付方式,借款人能够获得的反向抵押贷款的数额,均随着其初始年龄的增大而减少。并且借款人的初始年龄越大,同等价值的抵押住房所能获得的贷款数额就越大。

二、OAS 模型在反向抵押贷款中的应用

OAS 模型的计算过程,包括利率模块、期权特征决定行为、现金流模块以及计算模块几部分。其中利率情景制造模块、期权特征决定行为和现金流模块是三大核心。

(一)运用二叉树模型制造利率情景

OAS 模型的核心之一,就是进行大量的利率情景的制造。利率情景制造需要确定瞬时利率遵循的随机过程。所有可能发生的利率路径,不但要遵循假定的随机过程,还要符合现实的初始期限结构。利率情景制造的主要方法有二叉树、三叉树和蒙特卡罗模拟法。下面用利率二叉树的方法来说明期权调整利差模型的利率情景制造过程。运用利率二叉树模型的一个前提假设,就是借款人总是会在有利的利率水平下全额提前偿付,一旦行权其未来的现金流量是固定的。

运用二叉树模型,首先要构造出利率二叉树,通过二叉树图形描述利率未来各种可能路径。在每个节点上,利率都有上升和下降两种可能。假设两种情况出现的概率相等,整个期间内利率变动服从对数正态随机游走过程,且变动率 σ 保持稳定,则 t 时期两种利率与 $t-1$ 时刻利率的关系为[②]:

$$\begin{cases} r_{t,H} = r_{t-1}e^{\sigma} \\ r_{t,L} = r_{t-1}e^{-\sigma} \end{cases}$$

---

① 具体计算详见附录一。

② 姚志伟.住房抵押贷款的利率风险和信用风险研究[D].武汉:武汉理工大学,2005 年 10 月,P30—32. 文中按需要做了一定调整。

其中：$r_{t,H}$ 表示 r_{t-1} 上升后得到的利率；$r_{t,L}$ 表示 r_{t-1} 下降后的利率。假定初始的基准利率为 r_0，则可以构造如图 2 所示的二叉树利率模型。

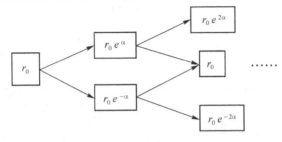

图 2　随机行走的多期利率二叉树模型

在本文构造的模型中，只需确定期初基准利率，以后各期的利率均可以根据期初利率确定。反向抵押贷款涉及还款利率和特设机构的预期收益率，所以在模型中，我们将对这种利率和收益率分别予以预测。其中还款利率以 1 年期国债收益率为基础，而特设机构的预期收益率以 10 年期国债收益率为基础。

(二)反向抵押贷款中的提前偿付模型

期权调整利差模型的另一个核心，就是对借款人的提前偿付行为的研究。反向抵押贷款是借款人将住房抵押给特设机构后，特设机构定期向借款人支付年金。所以，当借款人决定提前清偿贷款时，会将贷款一次性全部偿清。

Thomas P. Boehm 和 Michael C. Ehrhardt(1994)曾指出，在反向抵押贷款中，借款人的年龄较大，收入较低，提前偿还贷款的可能性不大，但当市场条件对其有利时，重新筹资还款还是可能的。而且市场利率越低，借款人提前偿还贷款的收益越大，提前偿还贷款的可能性也越大[1]。Linda S. Klein 和 C. F. Sirmans(1994)对美国康涅狄格州的反向抵押贷款项目做了详细评估，研究了影响借款人提前还贷行为的各种因素。他们认为提前还贷率与借款人自身和贷款的特点相联系，并且提前还贷对借款人的年龄、婚姻状况及贷款存续期非常敏感[2]。

本文假设借款人都是理性的，并从理性人角度出发，研究反向抵押贷款中的提前偿付行为。基于该假设，在反向抵押贷款中，影响借款人提前偿付行为的因素主要包括抵押住房的增值率、市场利率(以 1 年期国债收益率衡量)、借款人的资金周转状况等。此处主要考虑抵押住房的增值率和市场利率，对借款人提前偿付行为的影响。市场利率与反向抵押贷款合同利率的差额，以及抵押住房的增值率，都将激发借款人再融资的动机。一般地说，抵押住房的增值幅度越大，市场利率越低，借款人提前偿付行为发生的可能性就越大。

基于以上分析，我们可以建立如下反向抵押贷款的提前偿付模型，根据当前的市场条件判断借款人是否会选择提前还贷。具体模型如下：

(1)假设反向抵押贷款持续 T 年，并采取定额年金支付方式，每年年初支付的年金数额为 A；

(2)假设反向抵押贷款的还款利率等于"一年期国债利率＋差额利率"，其中差额利率保持不变，设为 m；第 t 年的即期利率为 $Y(t) = \mu t + B(t)$，则第 t 年的还款利率为 $(\mu t + m)$。则在第 t 年，借款人累计贷款总额为：

①　Thomas P. Boehm,Michael C.. Ehrhardt. Reverse Mortgages and Interest Rate Risk. Real Estate Economics, 1994,Volume 22 Issue2：387—408

②　Linda S. Klein,C. F. Sirmans. Reverse Mortgages and Prepayment Risk. Real Estate Economics,1994,Volume 22 Issue2：409—431

$$L_t = A \prod_{t=1}^{t} (1 + r_i + m) + A \prod_{t=2}^{t} (1 + r_i + m) + \cdots + A(1 + r_t + m)$$

（3）贷款结束后，借款人一律用抵押住房偿还。假设抵押住房的期初评估价值为 C_0，住房增值率为 a，则期末抵押住房价值 $C_T = C_0(1 + a)^T$；

（4）假设借款人期初一次性支付的费用占抵押住房的比例为 b，则第 t 年费用终值为：

$$F_t = C_0 b \prod (1 + r_t + m)$$

基于上述假设，判断第 t 借款人是否会提前偿还贷款的依据是：当抵押住房的期末价值扣除借款人已获得贷款数额和贷款费用后，如果按第 t 年的即期利率计算的未来可获得的年金数额大于当前借款人每年获得的年金支付时，借款人就会选择提前结束贷款，否则将继续执行贷款合同。

即当 $(C_T - L_t - F_t) \dfrac{r_t + m}{(1 + r_t + m)^{T-t} - 1} > A$ 时，借款人会选择提前偿付款；而当 $(C_T - L_t - F_t) \dfrac{r_t + m}{(1 + r_t + m)^{T-t} - 1} \leqslant A$ 时，借款人不会选择提前结束贷款。

根据这个模型，特设机构就可以判断，第 t 年借款人是否会选择提前偿还贷款，如果会提前偿贷，借款人应偿还的贷款数额是多少。这样就可以即时地对其未来的现金流作出判断，并做好相应的利率风险防范。

（三）反向抵押贷款中的 OAS 模型及 OAS 的具体计算

基于之前给出的二叉树利率模型和反向抵押贷款的提前偿付模型，可以得到反向抵押贷款中的 OAS 模型，如公式 3 所示：

$$P = \frac{1}{N} \sum_{n=1}^{N} \sum_{t=1}^{T} \frac{cf_t^n}{\prod_{i=1}^{t} (1 + r_i^n + OAS)} \tag{3}$$

公式中：P 表示反向抵押贷款的价格，即特设机构向借款人一次性支付的价款；

N 表示利率情景的数量；

T 表示反向抵押贷款持续的时间；

r_i^n 表示第 n 种利率情景下，第 i 年的即期利率；

cf_t^n 表示第 n 种利率下第 t 年的现金流入，主要表现为抵押住房期末的变现价值和借款人在贷款存续期内提前偿还的贷款。

对特设机构未来现金流的判断，主要基于反向抵押贷款的提前偿付模型。

下面将通过举例，说明反向抵押贷款中 OAS 的具体计算。假设有一份反向抵押贷款预期的持续时间是 5 年，即 $T=5$。给定其他数据：$A=2000$，$C_0=10000$，$a=1.5\%$，$b=5\%$，$m=3\%$。则抵押住房的期末价值为 10772.84。

第一步：利用二叉树模型构造利率情景

（1）假设 1 年期国债收益率期初为 1.15%，将其作为还款利率中的基准利率。并假设年波动率 $\sigma = 0.15$，得到还款基准利率的二叉树五期图形，如图 3 所示。

（2）假设 10 年期国债利率初始为 3.42%，将其作为特设机构预期收益率中的基准利率。并假设其年波动率 $\sigma = 0.1$，得到预期收益基准利率的二叉树利率图形，如图 4 所示。

为简单起见，假设 1 年期国债收益率的二叉树利率情景与 10 年期国债收益率相对应。

第二步：判断特设机构未来的现金流情况

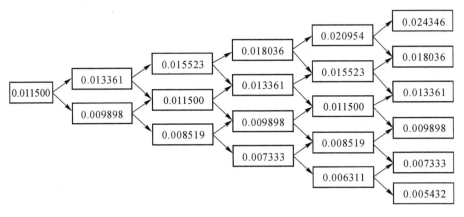

图 3　还款基准利率的二叉树五期模型

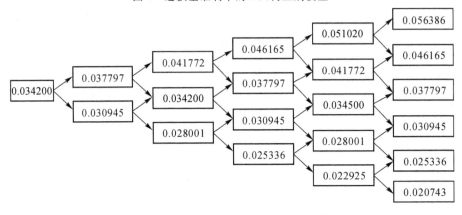

图 4　预期收益基准利率的二叉树五期模型

借款人的提前还贷行为会影响特设机构的未来现金流入。根据前面给出的提前偿付模型，设 $A' = (C_T - L_T - F_T) \dfrac{r_t + m}{(1 + r_t + m)^{T-t} - 1}$，则当 $A' > A$ 时，借款人会选择提前偿付贷款；当 $A' \leqslant A$ 时，借款人不会选择提前结束贷款。

结合第一步中构造的还款利率的二叉树利率模型，可以判断第 t 年借款人是否会选择提前偿还贷款，如借款人选择提前还贷时，并计算出应偿还的贷款数额也即特设机构的现金流入值。以其中的两个利率路径为例，说明具体的判断方法。

（1）利率路径 1：

在利率路径 1 下，根据提前偿付模型计算，按照各年的即期利率计算的 A' 均小于借款人实际获得的年金 A，因此理性的借款人不会选择提前结束贷款，如表 4 所示：

表 4　利率路径 1 下借款人的提前还贷行为分析

路径 1	期初	第 1 年	第 2 年	第 3 年	第 4 年	第 5 年
利率	0.011500	0.013361	0.015523	0.018036	0.020954	0.024346
各期还贷数额	—	2528.750	4589.259	6691.547	8848.304	11075.620
$C_5 - L_t$	—	8244.090	6183.581	4081.293	1924.536	—
A'	—	1931.710	1970.145	1992.784	—	—
是否提前还贷	—	否	否	否	否	否

（2）利率路径 2：

在利率路径 2 下,根据提前偿付模型计算,按照第 3 年的即期利率计算的 A' 大于借款人实际获得的 A,因此理性的借款人会选择提前结束贷款,如表 5 所示:

表 5　利率路径 2 下借款人的提前还贷行为分析

路径 2	期初	第 1 年	第 2 年	第 3 年	第 4 年	第 5 年
利率	0.011500	0.009898	0.011500	0.013361	0.015523	0.018036
各期还贷数额	—	2528.750	4573.576	6649.172	8764.735	10931.840
$C_5 - L_t$	—	8244.090	6199.264	4123.668	2008.105	—
A'	—	1941.696	1982.989	2018.081	—	—
是否提前还贷	—	否	否	是	—	—

经计算,在其中的 16 条利率路径下借款人会提前偿还贷款,且提前还贷行为均发生在第 3 年。而在另外 16 条利率路径下,借款人不会提前偿还贷款而会持有贷款到期末。[①]

第三步:计算特设机构的 OAS

根据前面给出的利率情景,可以计算出各个路径下特设机构的现金流情况。在反向抵押贷款中,特设机构的现金流入来自两个方面,一是期末抵押住房变现引起的现金流入,另一个就是借款人提前偿还贷款引起的现金流入。

(1)存在提前还贷时,根据第二步计算的借款人提前还贷的情况,借款人在第 3 年偿还贷款,所以特设机构的现金流入发生在第 3 年。某利率路径下特设机构的现金流入情况如表 6 所示:

表 6　某利率路径下特设机构的现金流入情况

	期初	第 1 年	第 2 年	第 3 年	第 4 年	第 5 年
利率	0.034200	0.030945	0.034200	0.037797	0.041772	0.046165
现金流入				6649.17		

(2)不存在提前还贷时,特设机构的现金流发生在第 5 年末。因为反向抵押贷款特殊的还贷机制,期末借款人可以选择以抵押住房还贷,或者以货币方式还贷,所以特设机构的现金流入为 $\min(L_5, C_5)$,其中 L_5 表示第 5 年末累计贷款数额,C_5 表示第 5 年末抵押住房的价值。经计算,在不存在提前还贷行为的 16 条利率路径下,借款人期末累计的贷款总额均大于抵押住房的期末价值,借款人会选择以抵押住房偿还贷款。某利率路径下的特设机构的现金流入情况如表 7 所示:

表 7　某利率路径下特设机构的现金流入情况

	期初	第 1 年	第 2 年	第 3 年	第 4 年	第 5 年
利率	0.034200	0.037797	0.041772	0.046165	0.051020	0.056386
现金流入	—	—	—	—	—	10772.84

根据 OAS 模型,令反向抵押贷款的理论价值等于其市场价值,将各利率路径下特设机构的现金流入折现,贴现率为"各利率路径下的 10 年期国债收益率+OAS"。在本例中,根据分析,特设机构的现金流入发生在第 5 年末或者第 3 年末,且这两种情况各占了 16 条路径。假设前 16 条利率路径下,特设机构的现金流入均发生在第 5 年末,而后 16 条路径的现金流入均发生在第 3 年末,则有:

$$P = \frac{1}{32}\left[\sum_{n=1}^{16}\frac{cf_5^n}{\prod_{i=1}^{5}(1+r_i^n+\mathrm{OAS})} + \sum_{n=17}^{32}\frac{cf_3^n}{\prod_{i=1}^{3}(1+r_i^n+\mathrm{OAS})}\right] \tag{4}$$

---

① 详细解说请看附录内容。

其中：P 表示该反向抵押贷款的市场价格；cf_5^n 表示第 5 年末的现金流入，也即抵押住房的期末价值；cf_3^n 表示第 3 年末的现金流入，也即借款人在第 3 年末累计获得的贷款总额。利用 EXCEL 进行单变量求解，特设机构可以求得各市场价格下的 OAS 值。在求得 OAS 值后，遵照公式 (5)，公式 (6) 和公式 (7) 就可以计算反向抵押贷款的有效久期、有效凸度和反向抵押贷款的利率价格弹性了，如表 8 所示。

$$D_{eff} = \frac{P_+ - P_-}{2P\Delta r} \tag{5}$$

$$C_{eff} = \frac{P_+ + P_- - 2P}{P(\Delta r)^2} \tag{6}$$

$$\frac{\Delta P}{P} = -D_{eff}\Delta r + \frac{1}{2}C_{eff}(\Delta r)^2 \tag{7}$$

其中：P 表示反向抵押贷款的初始价格，Δr 表示利率变动幅度；

$$P_+ = \frac{1}{32}\left[\sum_{n=1}^{16} \frac{cf_5^n}{\prod_{i=1}^{5}(1+r_i^n+\Delta r+\text{OAS})} + \sum_{n=17}^{32} \frac{cf_3^n}{\prod_{i=1}^{3}(1+r_i^n+\Delta r+\text{OAS})}\right]$$

表示利率上升 Δr 后的价格；

$$P_- = \frac{1}{32}\left[\sum_{n=1}^{16} \frac{cf_5^n}{\prod_{i=1}^{5}(1+r_i^n-\Delta r+\text{OAS})} + \sum_{n=17}^{32} \frac{cf_3^n}{\prod_{i=1}^{3}(1+r_i^n-\Delta r+\text{OAS})}\right]$$

表示利率下降 Δr 后的价格。

表 8　不同市场价格下的有效久期和有效凸度

P	OAS	P_+ (+1%)	P_- (−1%)	D_{eff}	C_{eff}	$\Delta P/P$
6500	0.03626	6243.64968	6770.62312	4.05364	21.95815	−0.03944
6600	0.03234	6338.50316	6876.12137	4.07287	22.15837	−0.03962
6700	0.02849	6433.33482	6981.64444	4.09186	22.35709	−0.03980
6800	0.02472	6528.14493	7087.19203	4.11064	22.55434	−0.03998
6900	0.02102	6622.93438	7192.76455	4.12920	22.75207	−0.04015
7000	0.01739	6717.70167	7298.35979	4.14756	22.94494	−0.04033

郑振龙（2007）曾对国家开发银行 2001—2004 年初发行的可赎回债券和可回售债券进行实证分析。指出可赎回债券和可回售债券的持久期不能为负，而可赎回债券的凸度在低利率时应该为负值，在高利率时应该为正值，可回售债券的凸度应该为正值[①]。从表 8 可以看出，反向抵押贷款的有效凸度大于零，即当利率下降时价格加速上升，利率上升时价格减速下降。这与反向抵押贷款业务中特设机构特殊的现金流方向有关，在反向抵押贷款中特设机构的现金流入，仅表现为借款人的提前归还的贷款和期末抵押住房的变现价值，而现金流出则表现为每期以固定的数额流向借款人。此外，从表中还可以看出，反向抵押贷款的价格与利率呈反向变动，即利率上升，反向抵押贷款的价格下降。通过计算反向抵押贷款的有效久期和有效凸度，特设机构就可以将反向抵押贷款的利率风险定量化，并以此为基础，建立久期缺口模型，对利率风险加以防范。

反向抵押贷款业务尚未在我国开办，不存在市场价格，这里只能通过模拟假设来求得 OAS 值。若反向抵押贷款已经在我国正式推出，并形成一定的市场，特设机构就可以根据它的市场价格来计算 OAS 值。与原模型中的 OAS 值的意义不同，在反向抵押贷款中，OAS 是指将特设机构

---

① 郑振龙. 我国可赎回债券利率风险的模拟检验和实证分析[J]. 甘肃金融，2007 年 10 月. P13—14

的预期收益率中的基准利率,也就是 10 年期国债收益率向上平移 OAS 个单位,从而揭示隐含期权引致的风险。

在求得 OAS 后,反向抵押贷款的定价就变为:

$$LS_x = \sum_{n=1}^{105-x} (1-f) \times C \times \left[\frac{1+a}{1+r_0+\mathrm{OAS}} \right]^n \times_{n/} q_x \tag{8}$$

其中:r_0 表示反向抵押贷款申请时 10 年期国债收益率,是反向抵押贷款定价的基准利率。据此,特设机构就可以计算各年龄段的借款人一次性能获得的贷款数额。这个定价公式考虑了隐含期权的因素(借款人的提前还贷行为),能够综合反映特设机构面临的风险。

三、利率保险对反向抵押贷款业务的影响

杨明和张亚男(2007)曾指出,可以通过利率保险的方式防范反向抵押贷款中的利率风险,并提出这一保险险种的大致操作思路[①]。即由保险公司收取一定的保险费用(通常为住宅总值或抵押贷款额的一定百分比)后,保证该合同期满时的利率不超过一定的幅度,如一或两百分点。当未来利率超过这一幅度时,超出部分由保险公司承担。这是一种建立在被保险人和保险公司之间的收益分享或损失共担的新机制。

这里将通过建立简单的数理模型来说明利率保险的具体操作,并主要解决两个问题:第一,利率保险中,特设机构每年支付的保费额如何确定;第二,特设机构购买利率保险前后的风险变化。当未来市场利率上升时,特设机构的利率风险主要来自于累计贷款余额超过抵押住房价值引起的损失。如果不考虑抵押住房价值,特设机构只要锁定了期末的贷款余额,也就锁定了利率风险。因此,此处特设机构的风险状况是以其是否锁定了未来的贷款余额来衡量。在阐述模型前,先给出以下假设:

(1)假设每年年初支付 2000 元,市场利率期初为 2%,差额利率为 1% 保持不变,则还款利率为 3%;

(2)保险公司只对利率的 1 百分点内(包括 1 百分点)的变动进行保险,也即当利率变动幅度超过 1 百分点时,保险公司应对特设机构作出相应的赔偿;

(3)假设特设机构可以将保费完全转嫁给借款人,且保费表现为年金的一定比例,设为 c。

简单起见,此处仅考虑反向抵押贷款前 2 年的情况。基于上述假设,特设机构支付保费的终值,应等于利率上升 1 百分点导致的贷款总额的变动数额,即:

$$Ac(1+r)(1+r') + Ac(1+r') = [A(1+r)(1+r') + A(1+r')] - [A(1+r)^2 + A(1+r)]$$

$$\tag{9}$$

其中:A 表示特设机构每年支付的年金数额;r 表示期初还款基准利率;r' 表示第 2 年初变动后的利率,此处 $r' = r + 1\%$。则等式左边表示特设机构每年支付的保费的终值,等式右边表示利率上升 1 百分点导致的贷款总额的增加值。

将 $r=3\%$,$A=2000$,$r'=r+1\%$ 代入,即可以计算出 c 的值为 0.0385,每年支付的保费为 76.92 元。这就是特设机构每年愿意支付的最高保费数额。如利率保险的保费超过 76.92 元,特设机构就不会购买利率保险。根据前面的假设,保险公司只对利率的 1 百分点内(包括 1 百分点)的变动进行保险,对特设机构来说,只有当它支付保费的终值小于或等于利率变动 1 百分点

---

① 杨明,张亚男.保险业在住房反向抵押贷款的作用.华商,2007 年 10 月 B 版

所导致的贷款总额的增加值时，购买保险才是划算的，当利率变动超过 1 个百分点时，对利率变动超过 1 个百分点的部分导致的贷款总额的增加部分，保险公司会做出赔偿。特设机构每年愿意支付的最大保费额已经确定。下面对特设机构购买利率保险前后的风险状况进行分析。先给出相关公式如下：

$$L_{\Delta r} = A(1-c)(1+r)(1+r+\Delta r) + A(1-c)(1+r+\Delta r) \tag{10}$$

$$P_{\Delta r} = L_{\Delta r} - L_{1\%} (\Delta r \geqslant 1\%) \tag{11}$$

$$C_{\Delta r} = Ac(1+r)(1+r+\Delta r) + Ac(1+r+\Delta r) \tag{12}$$

其中：r 表示反向抵押贷款的还款利率；$L_{\Delta r}$ 表示利率上升 Δr 后第 2 年年末累计的贷款数额；$P_{\Delta r}$ 表示利率上升 Δr 后保险公司应赔偿的数额；$C_{\Delta r}$ 表示利率上升 Δr 时，特设机构第 2 年年末累计缴纳的保费；$EI_{\Delta r}$ 表示特设机构因参与利率保险而增加的收益；L_2 表示期末特设机构实际支付的数额。

按照假设，保费可以完全转嫁给借款人，特设机构因保险而增加的收益 $EI_{\Delta r} = P_{\Delta r}$。将 $A=2000$，$r=3\%$，$c=0.0385$ 代入公式 10、公式 11 和公式 12，得到特设机构购买利率保险后的风险状况，如表 9 所示：

表 9   保费可以转嫁情况下特设机构的风险状况

Δr	$L_{\Delta r}$	$P_{\Delta r}$	$C_{\Delta r}$	$EI_{\Delta r}$	L_2
1%	4060	0	162	0	4060
2%	4099	39	164	39	4060
3%	4138	78	166	78	4060

从表中可以看出，特设机构通过购买利率保险，锁定了未来的贷款余额。按假设特设机构可以完全地把保费转嫁给借款人，所以特设机构每期支付的年金数额也减少，这对特设机构而言，利率风险大大降低了。如果特设机构不能把保费转嫁给借款人，等式 9 就变为：

$$C(1+r)(1+r') + C(1+r') = [A(1+r)(1+r') + A(1+r')] - [A(1+r)^2 + A(1+r)] \tag{13}$$

其中：C 即特设机构每年支付的保费。比较两个公式，可以发现其实质是一样的，在等式 13 中，相当于令 $C=Ac$。所以特设机构每年愿意支付的保费额不变，仍为 76.92 元。在保费不能转嫁给借款人的情况下，特设机构第 2 年年末累计支付的贷款数额变为：

$$L_{\Delta r} = A(1+r)(1+r+\Delta r) + A(1+r+\Delta r) \tag{14}$$

第 2 年年末累计缴纳的保费变为：

$$C_{\Delta r} = C(1+r)(1+r+\Delta r) + C(1+r+\Delta r) \tag{15}$$

特设机构因参与利率保险而增加的收益变为：

$$EI_{\Delta r} = P_{\Delta r} - C_{\Delta r} \tag{16}$$

将 $A=2000$，$r=3\%$，$C=76.92$ 代入公式 14，公式 15 和公式 16，得到特设机构的风险状况，如表 10 所示：

表 10   保费不能转嫁情况下特设机构的风险状况

Δr	$L_{\Delta r}$	$P_{\Delta r}$	$C_{\Delta r}$	$EI_{\Delta r}$	L_2
1%	4222	0	162	−162	4222
2%	4263	41	164	−123	4222
3%	4304	82	166	−84	4222

从表中可以看出,尽管保险费用不能转嫁给借款人,但特设机构购买了保险并锁定了未来的贷款余额,这对特设机构的利率风险防范是非常有利的。而且,当利率上升幅度较大时,特设机构因购买利率保险而增加的收益也增大了。相比保费可以转嫁的情况,特设机构承担的风险也相应增加。

保费能否转嫁,主要取决于反向抵押贷款供求双方的谈判地位和弹性状况。当特设机构占有优势地位,老年借款人对反向抵押贷款的需求弹性又较小时,特设机构可以较容易地把保费转嫁给借款人;而当借款人占据优势,且需求弹性较大时,保费就不易转嫁了。在具体操作中,特设机构可以与借款人协商,将保费部分转嫁给借款人,由双方共同承担利率风险。

将特设机构购买保险前后的风险状况进行比较,得到表11。

表 11　特设机构购买利率保险前后的风险状况比较

利率上升幅度	购买利率保险后期末实际贷款余额		未购买保险时期末实际贷款余额
	可以转嫁	不能转嫁	
1%	4060	4222	4222
2%	4060	4222	4263
3%	4060	4222	4304

从表11可以看出,当特设机构购买利率保险时,其锁定了未来的贷款总额。而当特设机构未购买利率保险时,期末贷款总额将随着利率的上升而上升,特设机构承担了较大的利率风险。所以,利率保险可以用于防范利率上升带来的风险。基于本模型,若特设机构不能转嫁保费,当预期未来利率上升幅度较大时,可以购买利率保险;当预期利率上升幅度不大时,则不需要购买利率保险。如果特设机构可以完全或者部分地转嫁保费,那么购买利率保险对特设机构来说是有利的,可以降低未来利率上升带来的风险。

附录　判断各利率情景下借款人的提前还贷行为

根据本文构造的还款基准利率二叉树五期模型,将其展开,共获得32条利率路径。给定相关数据:$T=5,A=2000,C_0=10000,a=1.5\%,b=5\%,m=3\%$。根据提前偿付判断模型,计算按各期即期利率,借款人可获得的年金数额 A',将其与借款人已获得的 A 进行比较。若 $A'>A$,借款人会选择提前还贷;若 $A'\leqslant A$,借款人不会提前还贷。

各利率路径下的借款人的提前还贷行为如附表1到附表4所示。

附表 1　利率路径 1—8 下借款人的提前还贷情况

路径	1	2	3	4	5	6	7	8
1 期	0.013361	0.013361	0.013361	0.013361	0.013361	0.013361	0.013361	0.013361
2 期	0.015523	0.015523	0.015523	0.015523	0.015523	0.015523	0.015523	0.015523
3 期	0.018036	0.013361	0.013361	0.013361	0.018036	0.018036	0.018036	0.013361
4 期	0.020954	0.015523	0.011500	0.011500	0.015523	0.015523	0.020954	0.015523
5 期	0.024346	0.018036	0.013361	0.009898	0.018036	0.013361	0.018036	0.013361
L_1	2528.750	2528.750	2528.750	2528.750	2528.750	2528.750	2528.750	2528.750
C_5-L_1	8244.090	8244.090	8244.090	8244.090	8244.090	8244.090	8244.090	8244.090
A'	1931.710	1931.710	1931.710	1931.710	1931.710	1931.710	1931.710	1931.710

续　表

路径	1	2	3	4	5	6	7	8
是否提前还贷	否	否	否	否	否	否	否	否
L_2	4589.259	4589.259	4589.259	4589.259	4589.259	4589.259	4589.259	4589.259
$C_5 - L_2$	6183.581	6183.581	6183.581	6183.581	6183.581	6183.581	6183.581	6183.581
A'	1970.145	1970.145	1970.145	1970.145	1970.145	1970.145	1970.145	1970.145
是否提前还贷	否	否	否	否	否	否	否	否
L_3	6691.547	6691.547	6691.547	6691.547	6691.547	6691.547	6691.547	6691.547
$C_5 - L_3$	4081.293	4081.293	4081.293	4081.293	4081.293	4081.293	4081.293	4081.293
A'	1992.784	1997.343	1997.343	1997.343	1992.784	1992.784	1992.784	1997.343
是否提前还贷	否	否	否	否	否	否	否	否
L_4	8848.304	8807.675	8807.675	8807.675	8848.304	8848.304	8848.304	8807.675
$C_5 - L_4$	1924.536	1965.165	1965.165	1965.165	1924.536	1924.536	1924.536	1965.165

附表 2　利率路径 9－16 下借款人的提前还贷情况

路径	9	10	11	12	13	14	15	16
1 期	0.013361	0.013361	0.013361	0.013361	0.013361	0.013361	0.013400	0.013400
2 期	0.011500	0.011500	0.011500	0.011500	0.011500	0.011500	0.011500	0.011500
3 期	0.013361	0.013361	0.013361	0.013361	0.009898	0.009898	0.009900	0.009900
4 期	0.015523	0.015523	0.011500	0.011500	0.011500	0.011500	0.008500	0.008500
5 期	0.018036	0.013361	0.013361	0.009898	0.013361	0.009898	0.009900	0.007300
L_1	2528.750	2528.750	2528.750	2528.750	2528.750	2528.750	2528.750	2528.750
$C_5 - L_1$	8244.090	8244.090	8244.090	8244.090	8244.090	8244.090	8244.090	8244.090
A'	1931.710	1931.710	1931.710	1931.710	1931.710	1931.710	1931.710	1931.710
是否提前还贷	否	否	否	否	否	否	否	否
L_2	4589.259	4589.259	4589.259	4589.259	4589.259	4589.259	4589.259	4589.259
$C_5 - L_2$	6183.581	6183.581	6183.581	6183.581	6183.581	6183.581	6183.581	6183.581
A'	1977.972	1977.972	1977.972	1977.972	1977.972	1977.972	1977.972	1977.972
是否提前还贷	否	否	否	否	否	否	否	否
L_3	6665.036	6665.036	6665.036	6665.036	6665.036	6665.036	6665.036	6665.036
$C_5 - L_3$	4107.805	4107.805	4107.805	4107.805	4107.805	4107.805	4107.805	4107.805
A'	2010.317	2010.317	2010.317	2010.317	2013.730	2013.730	2013.730	2013.730
是否提前还贷	否	否	否	否	否	否	否	否
L_4	8780.810	8780.810	8780.810	8780.810	8750.803	8750.803	8750.803	8750.803
$C_5 - L_4$	1992.030	1992.030	1992.030	1992.030	2022.037	2022.037	2022.037	2022.037

附表 3　利率路径 17－24 下借款人的提前还贷情况

路径	17	18	19	20	21	22	23	24
1 期	0.009898	0.009898	0.009898	0.009898	0.009898	0.009898	0.009898	0.009898
2 期	0.011500	0.011500	0.011500	0.011500	0.011500	0.011500	0.011500	0.011500
3 期	0.013361	0.013361	0.009898	0.009898	0.009898	0.009898	0.013361	0.013361
4 期	0.015523	0.015523	0.011500	0.011500	0.008519	0.008519	0.011500	0.011500
5 期	0.018036	0.013361	0.013361	0.009898	0.009898	0.007333	0.013361	0.009898
L_1	2528.750	2528.750	2528.750	2528.750	2528.750	2528.750	2528.750	2528.750
$C_5 - L_1$	8244.090	8244.090	8244.090	8244.090	8244.090	8244.090	8244.090	8244.090
A'	1941.696	1941.696	1941.696	1941.696	1941.696	1941.696	1941.696	1941.696
是否提前还贷	否	否	否	否	否	否	否	否
L_2	4573.576	4573.576	4573.576	4573.576	4573.576	4573.576	4573.576	4573.576
$C_5 - L_2$	6199.264	6199.264	6199.264	6199.264	6199.264	6199.264	6199.264	6199.264
A'	1982.989	1982.989	1982.989	1982.989	1982.989	1982.989	1982.989	1982.989
是否提前还贷	否	否	否	否	否	否	否	否
L_3	6649.172	6649.172	6649.172	6649.172	6649.172	6649.172	6649.172	6649.172
$C_5 - L_3$	4123.668	4123.668	4123.668	4123.668	4123.668	4123.668	4123.668	4123.668
A'	2018.081	2018.081	2021.507	2021.507	2021.507	2021.507	2018.081	2018.081
是否提前还贷	是	是	是	是	是	是	是	是

附表 4　利率路径 25－32 下借款人的提前还贷情况

路径	25	26	27	28	29	30	31	32
1 期	0.009898	0.009898	0.009898	0.009898	0.009898	0.009898	0.009898	0.009898
2 期	0.008519	0.008519	0.008519	0.008519	0.008519	0.008519	0.008519	0.008519
3 期	0.009898	0.009898	0.009898	0.009898	0.007333	0.007333	0.007333	0.007333
4 期	0.011500	0.011500	0.008519	0.008519	0.008519	0.006311	0.006311	0.008519
5 期	0.013361	0.009898	0.009898	0.007333	0.009898	0.007333	0.005432	0.007333
L_1	2528.750	2528.750	2528.750	2528.750	2528.750	2528.750	2528.750	2528.750
$C_5 - L_1$	8244.090	8244.090	8244.090	8244.090	8244.090	8244.090	8244.090	8244.090
A'	1941.696	1941.696	1941.696	1941.696	1941.696	1941.696	1941.696	1941.696
是否提前还贷	否	否	否	否	否	否	否	否
L_2	4573.576	4573.576	4573.576	4573.576	4573.576	4573.576	4573.576	4573.576
$C_5 - L_2$	6199.264	6199.264	6199.264	6199.264	6199.264	6199.264	6199.264	6199.264
A'	1988.829	1988.829	1988.829	1988.829	1988.829	1988.829	1988.829	1988.829
是否提前还贷	否	否	否	否	否	否	否	否
L_3	6629.579	6629.579	6629.579	6629.579	6629.579	6629.579	6629.579	6629.579
$C_5 - L_3$	4143.261	4143.261	4143.261	4143.261	4143.261	4143.261	4143.261	4143.261
A'	2031.112	2031.112	2031.112	2031.112	2033.669	2033.669	2033.669	2033.669
是否提前还贷	是	是	是	是	是	是	是	是

房地产价格波动对反向抵押贷款业务开办的影响分析

丁　阳[①]　柴效武

摘要：面对我国日益严峻的老龄化趋势，我国金融机构引入住房反向抵押贷款势在必行。金融机构在开展该业务时将面临诸多风险，本文从理论到风险模型讨论到实证分析，对于反向抵押贷款开展所面临的房价波动风险做出了深入研究。房产价值的波动风险存在于两个方面，即微观个体住房的价值波动风险和我国宏观房地产市场的波动风险。

一、绪论

（一）研究背景与意义

目前反向抵押贷款市场在全世界蓬勃发展，美国、日本、新加坡等发达国家均推出了反向抵押贷款及类似产品。虽然我国推出反向抵押贷款的相关产品尚在初步运行阶段，但全面推行这种产品能够改善老年人晚年生活，减轻社会保障体系压力，促进社会稳定；促进金融机构特别是商业银行、保险公司业务的多元化发展；活跃房地产二级市场，增加二手住房需求，促进房地产市场健康发展。

根据已有的针对反向抵押贷款的研究，诸多因素会影响到贷款市场的发展。从需求的角度分析，传统的养老理念、借款人与金融机构的信息不对称以及面临的高额费用等，会影响到反向抵押产品的推广。而金融机构作为供给者也面临着一系列的风险，如宏观经济风险、政策风险、住房价值波动风险、利率风险、借款人长寿风险及逆向选择和道德风险等。其中房价波动的风险会对我国开展反向抵押贷款造成巨大的影响。从宏观的角度来说，我国房地产价格受政策影响较大，推行反向抵押贷款将使金融机构面临巨大的系统风险；从每一笔贷款的角度来看，房屋价值的变动直接决定了金融机构在该笔业务中能否赢利。因此，房价波动会如何影响我国反向抵押贷款推行以及必要的应对机制，是目前亟待研究的课题。

本文采用了住房反向抵押贷款中的房价波动风险模型，利用我国东南沿海五个城市北京、上海、天津、杭州、深圳的房价数据得出金融机构在这些城市开展反向抵押贷款的风险程度。通过该房价风险模型，并用全国房价指数进行计算发现，如果金融机构能进行广泛的跨地区资产组合，则能够有效规避房价波动所引起的非系统风险。

通过实证检验，本文发现我国房地产市场不满足弱式有效的条件，房地产市场的历史价格对未来有预测作用。本文进一步对房价收益率建立了 ARIMA$(1,1,1)$模型。实证研究的结果给金融机构防范反向抵押贷款房价的系统风险带来启示，即通过对过去房地产市场的研究能够在一定程度上减小反向抵押贷款的风险。

[①]　丁阳，女，浙江大学竺可桢学院 2012 届金融专业本科生，主要研究方向为金融投资。

(二)研究重点、框架与创新点

本论文将对反向抵押贷款的概念以及其涉及的风险进行简要介绍,随后重点分析反向抵押贷款中住房价值波动风险一项。根据国外学者 Edward J. Szymanoski (1994)所提出的反向抵押贷款定价模型,并结合中国房地产价格实际数据计算反向抵押贷款这一金融产品在中国多地区开展所涉及的损失概率。接下来本文将针对反向抵押贷款定价模型中房价变动的假设进行进一步讨论。对我国房地产价格的弱有效性进行检验,讨论房价是否能够按照模型的假定被设定成随机游走,并建立房价收益率的预测模型。最后给出房价波动影响反向抵押贷款问题的总结并提出相应风险防范建议。

(三)研究思路与内容

(1)介绍反向抵押贷款的概念、特征及基本风险类型。重点介绍反向抵押贷款中的住房价值波动风险。通过总结国内外现有的学术研究,得出分析房价波动影响反向抵押贷款业务开展的重要性,以及进一步分析房价波动可能会造成的影响。

(2)从宏观及微观两个方面引入房价波动对我国开展反向抵押贷款业务可能带来的影响。首先结合我国房地产价格波动的特点,对房价波动对于反向抵押贷款业务造成的系统风险进行阐述,并提出建议。其次讨论房产价格波动对反向抵押贷款造成的非系统风险,并给出相应建议。

(3)引入反向抵押贷款(HECM)定价模型和住房价值波动模型,并根据多个地区的房价数据,计算房价波动带来的损失概率。同时探讨跨地区的房产组合方式能否降低反向抵押贷款带来的风险,检验其风险分散作用。结合模型给出的结论,进一步讨论非系统风险的其他规避方式。

(4)针对反向抵押贷款定价模型中房价变动的假设进行进一步讨论。对我国房地产价格的弱有效性进行检验,讨论房价能否按照模型假定被设定成随机游走,并利用实际的房价数据和模型假设的数据进行对比,建立房价收益率时间序列预测模型,进一步探讨房价对于我国开展住房反向抵押贷款的影响。

(四)本文的基本结构

1.绪论

介绍选题的背景以及我国引入反向抵押贷款的意义,说明本文的研究重点、难点、创新点以及研究框架。介绍反向抵押贷款的概念、特征及风险,以及我国引入反向抵押贷款的意义;对已有的国内外文献进行概括,得出研究房价波动对反向抵押贷款影响的意义。

2.住房反向抵押贷款与房价波动风险

住房价值波动的概念以及对反向抵押贷款产生的影响;讨论住房价值波动涉及的系统风险,提出相应建议;讨论住房价值波动涉及的非系统风险并提出防范建议。

3.建立住房价值波动模型并对资产组合分散风险的方式进行建模研究

首先根据 Edward J. Szymanoski (1994)提出的反向抵押贷款(HECM)定价模型和胡滨、柴效武(2007)建立的住房价值波动模型,分析反向抵押贷款损失概率的住房价值波动模型。

其次,利用多地区的房价数据,采用区域资产组合的方式,对模型进行计算,检验资产组合对反向抵押贷款风险的分散作用。

再次,总结并提出风险防范建议。

最后,根据反向抵押贷款的住房价值波动风险模型,分析反向抵押贷款损失概率。结合我国东南沿海城市北京、上海、天津、杭州、深圳的房价数据,对模型进行计算,估计金融机构开展反向抵押贷款的风险情况。

4. 对我国房价的有效性进行检验,并分析其对反向抵押贷款的运作造成的影响

首先,采用序列相关检验来检验房地产价格收益序列是否呈现随机游走的特征。并探讨我国房地产市场的弱式有效性。

其次,根据单位根(ADF)检验及 ARIMA 模型等测定房地产价格收益率的序列平稳性以及建立预测模型,并将预测模型所得数据与原收益率进行比较。

最后,探讨当房价不能有效反映信息时对反向抵押贷款运作造成的影响,以及进一步讨论业务运作对各关联方可能产生的启示。

5. 反向抵押贷款中房价风险的防范建议

针对房价波动给反向抵押贷款带来的非系统风险和系统风险提出防范建议。金融机构开展反向抵押贷款可采用区域资产组合方式来分散非系统风险,通过合理预测房价信息来防范系统风险。

6. 总结

总结房价波动对反向抵押贷款产生的影响,给出住房价值风险的防范建议及今后相关研究中的展望。

本论文的研究难点在于反向抵押贷款住房价值波动模型的推导和建立,以及利用该模型进行损失概率的计算,同时对房价有效性的实证性检验和模型预测,也是本文的难点所在。在创新性方面,国内研究缺乏对于反向抵押贷款住房价值风险的模型分析,而更加偏重理论及宏观风险分析。本文采用了利用具体模型的研究方式来讨论反向抵押贷款所面临的风险以及可能的防范措施,并且探讨模型的假设条件"房价有效"而对反向抵押贷款的风险问题的解决带来贡献。

二、反向抵押贷款风险研究概述

(一)国外研究现状

William A. Phillips 和 Stephen B. Gwin (1992)在文章中主要描述了反向抵押贷款的基本特征,并对反向抵押贷款涉及的主要风险以及规避风险的措施进行了探讨。Phillips 和 Gwin 将反向抵押贷款的风险分为五大类:借款人寿命不确定性、利率风险、宏观房产价值波动风险、个别房产价值波动风险和费用风险。在谈到宏观和个别房产价值风险的时候,Phillips 和 Gwin 提出,如果房产的总价值不能像事先预计的那样升值,那么贷款人将面临总体风险,即使总体的房价按照预期升值,贷款人的个别反向抵押业务所涉及的房产,也可能会达不到预期升值目标,使金融机构面临损失。

Edward J. Szymanoski (1994) 分析了反向抵押贷款保险合同(HECM)涉及的风险,并阐述了相关定价模型。他们提到借款人的寿命、利率及住房价值的变化都会影响到合同的定价,文章中得出了反向抵押贷款模型的基本关系。

$$\sum_{t=0}^{\infty} E[L(t)](1+i)^{-t} \leqslant \sum_{t=0}^{\infty} E[MIP(t)](1+i)^{-t} \tag{1}$$

其中:$E[°]$ 表示期望算子,$L(t)$ 是在 t 期发生的损失,i 是贴现率,$MIP(t)$ 是 t 期收取的保险费用。经过一系列的计算,可以大体估计金融机构的期望损失以及相应的溢价收益。住房价值

的变化是引起 HECM 模型不确定性的主要因素，Szymanoski 用几何布朗运动来模拟房价，即：$dH/H = \mu dt + \sigma dz$，其中，$\mu$ 表示名义通货膨胀率，σ 是随机项。同时他们也提到，房价的波动不完全是随机游走的。Case 和 Shiller(1989) 提出，美国单身家庭的房地产市场并不是有效的，房价不能及时反映市场信息，也就是说房地产价格波动不能用随机游走来表示。因此，房价对反向抵押贷款的影响还有待进一步的探讨。

Roberto G. Quercia(1997) 对美国房产转换抵押贷款（HECM）中运用的房产价值数据进行了实证性检验，评估了 HECM 所运用假设的准确性，美国联邦住房管理局（FHA）假设房产价值变动是基于几何布朗运动，即

$$H(t) = H_0 e^{\mu t + B(t)}, [B(t) \text{ 是标准布朗运动，均值为 } 0，\text{标准差为 } \sigma\sqrt{t}]。$$

通过对 1968 年到 1989 年的数据分析和研究发现，总体而言，62 岁以上老年人的实际房产价值与反向抵押贷款 HECM 所预计的基本一致。但是，FHA 对于房产价值的假设并不适合那些 71 岁以上的房产价值高但收入低的老年人群，这些老年人恰恰是反向抵押贷款的目标客户群体。

David H. Zhai(2000) 从投资者的角度对反向抵押贷款的资产证券化进行了风险分析，同时探讨了多种计量相关风险的方法。作为证券化的贷款资产，反向抵押贷款产品的主要风险并非来自信用风险，其主要风险包括该资产持续的不确定性、反向抵押借款人情况的不确定性以及房产价值的不确定性。在谈到房价风险时，Zhai 提出在分析反向抵押贷款的房价风险时，要注意房产的地理位置、房屋维护情况等因素，房产在地理位置上的多元化对资产组合有益处，能够降低资产的总体波动情况。

Andrew Caplin(2000) 提出反向抵押贷款的潜在市场与现有市场之间存在差距，并进一步探讨了阻碍反向抵押贷款市场发展的潜在原因。昂贵的交易成本、潜在的道德风险、未来医疗费用的不确定性、支付医疗费用、可能更换住房等因素，都会阻碍本贷款市场的发展。还有老年人从心理上不愿意背负债务，这导致他们不愿意使用反向抵押贷款这种金融工具。同时，设计反向抵押贷款产品的金融机构不能获得足够的佣金支持，政府政策上的不确定性使得他们不愿意推出这样的产品。

Ashok Deo Bardhan 和 Samir K Barur(2003) 分析了反向抵押贷款中利率、房价及借款人寿命和金融机构收益的情况。图 1 中，O_t 表示贷款在 t 时刻的价值，V_t 表示房产在 t 时刻的价值，P_t 表示借款人的欠款。当 $O_t > V_t$ 时，贷款机构会产生损失，即当 $t > t_2$ 时，贷款机构会产生一定损

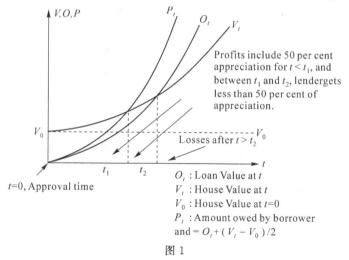

图 1

失,图 2 中的时间与图 1 相对应。在图 2 中,当借款人的寿命大大超过预计期限的时候,损失发生。因此,Bardhan 和 Barur 告诉我们,借款人的寿命长短在决定反向抵押贷款的价值时也发挥了一定作用。Liang Wang、Emiliano A Valdez 和 John Piggott(2007)提出用资产证券化的方式来分散金融机构的反向抵押贷款长寿风险,特别提出用"幸存者债券"和"幸存者掉期"两种证券来设计反向抵押贷款产品。

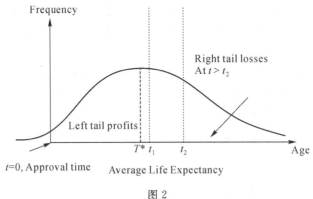

图 2

(二)国内研究现状

杜鹃、陈茗(2003)将反向抵押贷款定义为"期货化"的老年人住宅,并分析了我国开展住房反向抵押贷款的市场前景。他们提出了反向抵押贷款在我国发展所需的三个基本条件:发展成熟的金融机构是"期货"的购买者,遵循市场规律的房产经营商是老年房产的最终消化者,大规模拥有住宅的老年人是最重要的基础。如果反向抵押贷款可以真正在我国展开,它将成为解决金融机构资金使用矛盾的新型手段,为金融机构找到新的赢利点。

柴效武教授(2007)对反向抵押贷款的多种风险及防范进行探讨,认为虽然我国推行反向抵押贷款业务具有现实的必要性及理论的可行性,但在具体的营运实践中仍面临诸多风险。在反向抵押贷款业务的运作过程中,涉及的风险有 20 余种,包括长寿风险、利率风险、房屋估价风险、住房价值变动风险、传统观念束缚等。涉及房价变动的风险有住房价值波动风险和房价贬值风险,原因包括区域经济规划带来的住房价值下降,以及宏观经济变动带来的整体房地产行业波动等。

孟晓苏和赵丽秋(2007)对反向抵押贷款营运中的系统风险及房地产周期的影响进行了分析。反向抵押贷款所面临的房价波动风险既包括针对特定区域及借款人的非系统风险,也包括由经济周期等宏观因素导致的系统风险。非系统风险可以通过资产组合的方式来减小,但系统风险却让金融机构难以规避。通过分析发现,中国的房地产市场是存在周期的,我国的房地产发展大约为 7 年一个周期,周期频率大都是 5 年发展,2 年低落。同时,我国房地产市场有明显的政策性特征,每一个周期都受到宏观政策的影响。国家的宏观政策难以预期,中国房地产周期波动的政策性特征使房价波动风险有更大的系统性。

胡滨与柴效武教授(2007)建立了反向抵押贷款的房价波动模型,在假设房地产市场价格随机游走的基础上,对金融机构开展住房反向抵押贷款可能产生的损失进行模拟计算。从模型的结果可以看到,反向抵押贷款业务的风险很大,并且贷款期限越长,损失的概率越大,另外住房的新旧程度和房产、地产价值比例都会影响损失概率。为此,他们提出了相应的规避方式,如加强抵押房产的价值评估、控制贷款—房产价值比例等。

柴效武教授(2007)对反向抵押贷款运作中的信息不对称风险进行了探讨。个人身体的信息直接影响到借款人的寿命,金融机构无法准确掌握,造成了信息的不对称,而金融机构也拥有一定的信息优势,如对房价及经济增长有一定的预测能力。防范不对称信息造成的风险,需要对反向抵押贷款合同进行更加完善的设计,尽量使其做到最优化。

总体来看,反向抵押贷款在国外特别是美国已经有了成熟的发展,美国金融市场对于反向抵押贷款产品的运作有着更多的经验,国外学者对于反向抵押贷款的相关风险及防范,有着更加深入的研究。而对于住房价值波动因素对反向抵押贷款的影响,国外学者主要是通过建立模型来分析房价变动对反向抵押贷款可能造成的损失。国内学者在国外研究的基础上对反向抵押贷款的理论研究也有了一定的突破,对于反向抵押贷款所面临的宏观风险、信息不对称及逆向选择问题、道德风险等也有了深入的探讨。

我国还未正式推出反向抵押贷款这一金融产品,国外成熟的运作经验和相关理论需要在符合我国国情的基础上,进行更进一步的讨论。尤其是我国的房地产市场周期性更明显,受到宏观政策的干预更多,这加大了金融机构推出反向抵押贷款产品的系统风险。在我国的房地产市场环境下,国外的反向抵押贷款模型是否能够很好地运用是值得考虑的。不论是从宏观经济环境上,还是微观理论模型上,房价波动对我国开展住房反向抵押贷款的影响,都需要进一步探讨。

三、住房反向抵押贷款与房价波动风险

(一)住房反向抵押贷款的概念

在住房反向抵押贷款产品运作最为成熟的美国,这项业务已经开展了 20 余年。如今在西方发达国家,住房反向抵押贷款已经成为金融机构一种成熟的融资方式,更是国际上解决老年人养老问题的一种有效方法。对于住房反向抵押贷款这个概念一个比较全面的描述是:已经拥有房屋产权的老年人将房屋产权抵押给银行、保险公司等金融机构,机构对借款人的年龄、预计寿命、房屋的现值、未来的增值折损情况及借款人去世时房产的价值进行综合评估后,按其房屋的评估价值减去预期折损和预支利息,并按人的平均寿命计算,将房屋的价值按月支付现金给借款人,一直延续到借款人去世。

以美国最早推出的住房反向抵押贷款(HECM)为例,美国法律规定,该种贷款适用于以下人群:62 岁及以上的房产所有者。他们拥有主要房产或者可以在整个贷款过程中偿还以前的房产负债。最大贷款额度主要取决于三个方面:住房价值、期望的平均贷款利率以及借款人年龄。对于反向抵押贷款的借款人来说,他们在不丧失住房所有权的情况下,不需要搬离房产就可以利用住房产权取得收益。对于金融机构而言,他们能够拓宽业务渠道,并在房地产市场处于上升阶段中获得收益。

(二)住房反向抵押贷款风险概述

由上述关于反向抵押贷款的描述我们得知,住房反向抵押贷款的价值主要受到三个方面的影响:住房价值、利率和借款人寿命。住房价值是直接影响贷款额度的重要因素——住房价值越高,贷款额度越大。利息支付是在贷款过程中应该考虑的因素,对任何一个给定的房产,较低的利率意味着借款人可以取得较高的贷款额度。对老年人来说,年纪越大,预期余命越短,其所能获得的贷款时期就越短,每年可获取贷款额度也越大。William A. Phillips 和 Stephen B. Gwin(1992)分析了反向抵押贷款的基本特征,并对反向抵押贷款涉及的主要风险进行了探讨。

浙江大学柴效武教授出版的专著《反向抵押贷款风险与防范》中,详细阐述了住房抵押贷款开展所面临的风险。住房反向抵押贷款业务不仅包括了寿命风险、利率风险、住房价值波动风险等传统风险,还涉及了信息不对称及逆向选择问题[①]、道德风险[②]、政策法律风险等一系列贷款实践中可能面临的问题。全面了解和分析反向抵押贷款所面临的风险,有助于我国实际开展这项业务时更好地运作,以及采取相应的风险防范措施。

反向抵押贷款业务面临的诸多风险中,住房价值波动带来的不确定性直接影响到金融机构提供的贷款价值,对反向抵押贷款而言是最基础的风险。房价的巨大波动和不可预测性,使得住房价值风险对反向抵押贷款业务的影响非常重大。对于房产价值风险,Phillips 和 Gwin(1992)提出,如果房产的总价值不能像事先预计那样升值,那么贷款人将面临总体风险,即使总体的房价按照预期升值,贷款人的个别反向抵押业务所涉及的房产,也可能会达不到预期升值目标,使金融机构面临损失。

(三)我国对于反向抵押贷款住房价值风险的研究

国内诸多学者对反向抵押贷款这种金融产品在我国开展的前景、风险及可行性做了深入探讨。我国要开展这项业务,成熟的金融机构需要具备一定的风险防范能力,同时要求我国的房地产市场能够平稳发展,房产价值不存在巨大波动。

房产价值的波动风险实际上存在于两个方面,微观个体住房的价值波动风险,以及我国宏观房地产市场的波动风险。个体住房风险包括房屋价格波动风险、房屋长期使用带来的折旧问题、由于区域经济规划等地方政府政策所导致的地价变动等。个体住房风险种类繁杂,金融机构在防范此类风险时,可以通过签订合约维护住房、跨区域的贷款运作等减小可能的损失。个体住房风险又可以被看作非系统风险,能够通过资产组合的方式进行分散。但是国家宏观房地产政策改变或经济萧条带来的系统风险却难以消除(柴效武,2007)。

开展住房反向抵押贷款的房价系统风险,主要包括我国房地产发展的周期性特征、国家政策风险、房价增长过快可能引发的房地产泡沫问题等。非系统风险可以通过资产组合的方式来减小,但系统风险却让金融机构难以规避。我国房地产市场的政策性特征明显,每一个周期都受到宏观政策的影响。政策风险在房价波动的系统风险中占据重要地位,而国家的宏观政策难以预期,使得我国开展住房反向抵押贷款业务的系统风险更加明显。

发达国家的住房反向抵押贷款业务自20世纪开展以来,已经有着成熟的运作和经验。国外学者对反向抵押贷款的相关风险及防范有着更加深入的研究。住房价值波动因素对反向抵押贷款的影响,通过建立模型来分析房价变动对反向抵押贷款可能造成的损失,同时还进一步引入了更加复杂的金融衍生工具来探讨如何规避房价波动给反向抵押贷款带来的风险。我国学者在国外研究的基础上对反向抵押贷款的理论研究有了一定的突破。国内学者结合国情对反向抵押贷款所面临的宏观房价风险进行了深入研究,却缺乏数学模型的量化分析。在我国的房地产市场环境下,国外的反向抵押贷款模型是否能够很好地运用是值得考虑的。接下来,本文将结合反向抵押贷款定价模型,同时结合我国房地产价格数据,进一步探讨房地产价格波动对我国开展住房反向抵押贷款业务的影响。

---

① 信息不对称和逆向选择将使得借款人需要让银行了解其房产真实情况而付出成本。

② 道德风险指金融机构可能面对借款人故意隐瞒真实信息的情况,如住房、身体健康状况等。

四、反向抵押贷款的房价风险模型及应用

在这里,本文首先简要说明金融机构开办住房反向抵押贷款业务时要考虑的基本因素。首先,反向抵押贷款是在借款人死亡时到期,于是金融机构需要根据预期的借款人寿命确定贷款期限;第二,金融机构需要对借款人房产的未来价格进行预测,根据房产价值确定贷款的最大金额。最大贷款金额相对于房地产价值的比例称作贷款—房地产价值比例(Loan-to-Value ratio, LTV)。LTV 的计算是根据房地产现有价值、预期未来升值和借款人的年龄来确定;第三,金融机构需要根据贷款的最大金额以及贷款期限和一定的利率确定每期支付的年金。

(一)房价风险模型概述

在反向抵押贷款运行过程中,由于借款人寿命、未来住房价值以及利率的不确定性,金融机构面临的直接损失来源于:在贷款到期时,住房资产的价值低于累计贷款额。为不失一般性,假设房地产价值 V 服从如下随机过程[①]:

$$V_t = f(Z_t) \tag{2}$$

其中 V_t 为 t 时刻房地产价值,Z_t 为随机变量,f 为一特定函数。

到反向抵押贷款到期日 T 时,如果房地产价值低于累计贷款本金及利息 B_T,金融机构就会面临损失。本业务发生损失的条件可以表示为:$V_T < B_T$,若损失概率用 p 表示,则为:

$$p = p[V_T < B_T] = P[f(Z_T) < B_T] = P[Z_T < f^{-1}(B_T)] \tag{3}$$

若公式 2 中,$Z_T \sim N(0,1)$,即标准正态分布时,该公式可变为:

$$p = P[Z_T < f^{-1}(B_T)] = N[f^{-1}(B_T)] \tag{4}$$

假设房地产价格 S 可视为一个连续性随机变量的过程,遵循一般化的维纳过程,也就是说,它具有以房地产价格改变比例表示的期望漂移率和方差率。其中隐含的假设是房地产的市场价格随机游走,利用历史价格不能预测未来的价格走势,当前的价格走势是对未来价格状况的最好估计。即房地产价格 S 服从几何布朗运动:

$$dS_t = \mu S_t dt + \sigma S_t dz_t \tag{5}$$

其中 μ 是房地产某一时点增长率的均值,σ 是房地产价值增长率的波动率,z_t 为维纳过程 $dz_t \sim N(0,dt)$。此时,房地产价格 S_t 服从对数正态分布:

$$S_t = S_0 \exp[(\mu - \sigma^2/2)t + \sigma\sqrt{t}Z_t] \tag{6}$$

在估计 t 时刻反向抵押贷款业务中的房产价值时,可以采用房地产价值评估中的成本重置法,即用估价对象在估价时点的重置价格(可看作 S_t),扣除折旧额 D,以此估算估价对象的客观合理价格或价值。所以在 t 时刻,房产价值 V 可以表示为:

$$V_t = f(Z_t) = S_0 \exp[(\mu - \sigma^2/2)t + \sigma\sqrt{t}Z_t] - D \tag{7}$$

为了简化问题,我们假设在反向抵押贷款业务开办时,住房价值 $V = S_0$。也就是说在办理业务时需要考虑的住房资产评估、公证、资信、签证等费用支出,在这里不予考虑。同时我们也不考虑住宅的装修、维护等借款人对于住房价值的投资行为。在这里我们还假设每个具体住房的价值波动概率,与整个地区的概率分布一致,且房产价值可以完全代表该地区的房地产价值。

[①] 本文关于住房反向抵押贷款中的房价风险模型的推导,基于胡滨与柴效武(2007)的文章《反向抵押贷款实施中住房价值波动的风险模型评析》,并在文中提到模型上简化得来。

对于公式 7 中的住房折旧 D 一项,我们做出如下假设。开办反向抵押贷款业务时,住房是全新的,初始时折旧为零。房屋采用 50 年直线折旧方式计算,50 年以后房屋价值为零。于是住房价值每年折旧的比例为初始价值的 2%。

在上述假设条件下,公式 7 可以重新表示为:

$$V_t = f(Z_t) = V \exp\left[(\mu - \sigma^2/2)t + \sigma\sqrt{t}Z_t\right] - 2\% V \times t \tag{8}$$

其中 $Z_t \sim N(0,1)$。

根据前面对于金融机构开展住房反向抵押贷款所要考虑因素的描述,在办理反向抵押贷款业务时,金融机构一般会先设定好固定的贷款期限,或通过估计贷款申请人的预期寿命,来预期贷款期限。再根据贷款期限决定贷款价值比例(loan-to-value,LTV)。贷款价值比例是在贷款开始时刻,预期贷款折现额占房地产价格的比例。在贷款支付方式是一次性支付的情况下,也可以看作是贷款额占房地产价值的比例。

$$LTV = U/V,U \text{ 为预期贷款折现额}, \tag{9}$$

假设在贷款期限内,金融机构要求的期望收益率为 i,则:

$$B_T = U(1+i)^T, \tag{10}$$

B_T 是在 T 期限末贷款本金及利息累计额。i 等于 T 期限内的无风险即期利率加上利差(interest spread)。利差也可以看作风险溢价,是对反向抵押贷款风险的报酬。

由公式 2、3 中 $p = P[V_T < B_T]$

$$\Rightarrow p = P\{V\exp\left[(\mu - \sigma^2/2)t + \sigma\sqrt{t}Z_t\right] - 2\% V * t \leqslant LTV * V(1+i)^T\}$$

$$\Rightarrow p = P\left[Z_t \leqslant (\ln[LTV(1+i)^t + 2\% * t] - \mu t + \sigma^2 t/2)/\sigma\sqrt{t}\right] \tag{11}$$

因为 $Z_t \sim N(0,1)$,因此:

$$p = N\left[(\ln[LTV(1+i)^t + 2\% * t] - \mu t + \sigma^2 * /2)/\sigma\sqrt{t}\right] \tag{12}$$

从公式 12 中我们可以看出,贷款价值比例越大,金融机构预期收益率越高,贷款期限越长,反向抵押贷款的损失概率就越大。

(二)房价风险模型应用的数据选取

本文选用了 2001 年 6 月至 2010 年 12 月份国家统计局发布的全国房屋销售价格指数的季度同比统计数据。房屋销售价格指数是反映一定时期房屋销售价格变动程度和趋势的相对数,它是通过百分数的形式来反映房价在不同时期的涨跌幅度。房屋销售价格指数的优点是"同质可比",这种方法反映的是排除房屋质量、建筑结构、地理位置、销售结构因素影响之后,由于供求关系及成本波动等因素带来的价格变动。房屋销售价格指数包括了商品房、公有房屋和私有房屋的销售价格变动情况。商品房又可细分为经济适用房、普通住房、高档公寓等各类住宅以及商业用房、写字楼等非住宅。房屋销售价格总指数是以一年内某地区各类房屋的销售额作为权数,采用加权算术平均方法求得。

我国的东南沿海地区经济发达,金融机构业务开展更加全面而且承受风险能力更强,同时老年人面临更加严峻的养老问题并且相对观念开放。反向抵押贷款引入我国时,东南沿海地区的发达城市更适合开展这项业务。本文选取了北京、天津、上海、杭州和深圳五个经济发达城市的房屋销售价格数据。

在运用公式 12 所得出的损失概率模型前,本文还需要对金融机构的期望收益率 i 和贷款住房价值比例 LTV 采取一定假设。如前文所述,反向抵押贷款利率为无风险利率与风险溢价的加总。我国国债利率品种多,市场化程度较高,可以用同期限国债的收益率较好地模拟无风险利率。我国的国债收益率期限结构如图 3 所示：

图 3　我国国债收益率期限结构

来源：中国债券信息网

我国尚未开展反向抵押贷款业务，这里的风险溢价先采用美国的标准。美国联邦抵押协会 (Fannie Mae) 规定反向抵押贷款对国债名义收益率的利差为 2.1%。我国的反向抵押贷款利率假定为相同期限国债到期收益率，再加 2.1 百分点。由图 3 可得，5 年期的反向抵押贷款利率可设定为 5.2%，10 年期的利率为 5.6%，30 年期的利率为 6.2%。本文为了简化问题，我们统一将金融机构开办反向抵押贷款的期望收益率设定为 5.5%。

贷款住房价值比例 LTV 由房地产价值、预期升值和借款人的年龄来确定，LTV 越大，金融机构面临损失的概率就越大。我国金融机构开办普通抵押贷款业务时，这一比例一般采用 70% 到 80%。鉴于反向抵押贷款的收益有着更大的不确定性，本文适当调低 LTV 并将这一比率设定为 60%。

（三）模型结果与探讨

对于公式 12 所得出的模型，通过带入我国的房价数据，可以大致估算出在一定假设条件下我国金融机构开展住房反向抵押贷款产生损失的概率。

通过数据，可以得到每个地区房价连续增长率，进而得到房价增长率的均值与方差。通过计算，得到五个地区的房价增长率的均值和方差如下：

表 1　五城市房价增长率均值及方差

城市	北京	上海	天津	杭州	深圳
μ	0.056	0.073	0.059	0.069	0.053
σ	0.046	0.074	0.035	0.042	0.079

根据表 1 所得到的各地区房价增长率的均值与方差,以及预期收益率 $i=5.5\%$,贷款住房价值比例 $LTV=60\%$ 的假定,利用 excel 软件计算可以得到不同贷款期限下各地区反向抵押贷款的损失概率:

表 2　五城市反向抵押贷款不同年限损失概率

城市	北京	上海	天津	杭州	深圳
5 年	0.02%	0.65%	0.00%	0.00%	4.42%
10 年	2.31%	4.03%	0.09%	0.07%	19.90%
15 年	7.25%	5.84%	0.67%	0.23%	28.35%
20 年	10.92%	6.06%	1.29%	0.28%	32.20%

从表 2 可以看出,反向抵押贷款是一项非常有风险的业务,随着贷款年限的增长,反向抵押贷款的损失概率在逐步增大。一般而言,一项贷款业务的损失概率超过 5%,该项贷款可以被认为风险过高,不宜实行。上述五个城市当中,天津和杭州两个城市的金融机构更加适合开展反向抵押贷款的业务。从表 2 的数据可以看出,这两个城市从 5 年期贷款到 20 年期贷款所面临的损失概率都不会超过 5%。从两个城市房价的特征来说,比较平稳的房价增长和相对较小的房价波动率,使得金融机构面临的风险大大降低。而北京和深圳开展住房反向抵押贷款业务将会面临较大的风险。就这两个城市的房价波动特点来说,二者的房价增长率偏低而房价的波动率又偏高。因此,如果较大的房价波动不能伴随着房价的快速上涨,金融机构开办反向抵押贷款业务将会面临更大的损失可能性。

五、反向抵押贷款中房价风险的实证检验

(一)房价风险模型的进一步讨论

在前文描述的反向抵押贷款的房价风险模型中,对住房价格的假设是房地产市场价格的随机游走。利用历史价格收益不能预测未来的价格走势,当前的价格走势是对未来价格的最好估计。并假设房地产价格 S 服从几何布朗运动:

$$dS_t = \mu S_t dt + \sigma s_t dz_t \tag{13}$$

其中 μ 是房地产某一时点增长率的均值,σ 是房地产价值增长率的波动率,z_t 为维纳过程 $dz_t \sim N(0, dt)$。如果房地产价格是随机游走的并且符合几何布朗运动,那么房地产价格连续收益率则能够表示为:

$$d\ln(S_t) = dS_t/S_t = \mu dt + \sigma dz_t \tag{14}$$

本公式表示房价连续收益率 r 的分布只取决于它的收益率期望 μ 和波动率 σ,时间序列 r_t 在时间上应是相互独立不存在可以预测的趋势,即房价收益率序列不应表现出序列相关性。

这里将采用实证检验的方法对反向抵押贷款房价风险模型的房价随机游走这一假设进行探讨,并进一步对房价收益率序列进行预测。

(二) 时间序列相关概念

1. 时间序列平稳性与序列相关 ACF 检验

一个时间序列的平稳性表现为随着时间的推移,时间序列随机变量的一阶矩和二阶矩不发生改变。对于随机过程 $x = \{x(t), t \in T\}$,若满足条件:

a. $E[x(t_t)] = E[x(t_i + h)] = \mu < +\infty$ (15)

b. $E[x(t_i)^2] = E[x(t_i + h)^2] = \sigma^2 < +\infty$ (16)

c. $E[x(t_i)x(t_j)] = E[x(t_i + h)x(t_j + h)] = \sigma_{ij}^2 < +\infty$ (17)

那么我们将这个序列称作弱平稳的,接下来谈到的序列稳定性均满足这一定义。

序列 x_t 和它的 k 阶滞后序列 $x_{t-1}, \cdots, x_{t-i}, \cdots, x_{t-k}$ 之间的相关关系被称为序列的自相关性,它们之间的自相关系数 ρ_k 可以表示为:

$$\rho_k = \frac{\sum_{t=1}^{n-k} [x_t - \bar{x}(x_{t+k} - \bar{x})]}{\sum_{t=1}^{n} (x_z - \bar{x})^z} \quad (18)$$

其中 n 为样本量,k 为滞后期,$\bar{x}$ 为样本均值。ACF 检验中的 Q 统计量能够用来判断在一定概率下的序列相关性情况。如果房价的收益率序列表现出显著的序列相关性,则表明房价不是随机游走的。ACF 检验可用来初步判断时间序列的稳定性。一个平稳时间序列过程的自相关系数应该很小,很快趋向于零,表现出截尾的特点。

2. 单位根与 ADF 检验

如果一个时间序列可以用下式表示,$y_t = \rho y_{t-1} + \varepsilon_t$,其中 $\varepsilon_t \sim idd(0, \sigma^2)$,即 ε_t 是独立同分布的平稳随机序列。当 $|\rho| < 1$ 时,该序列是平稳的随机序列;当 $\rho = 1$ 时,该序列是不平稳的随机序列,并且称为这个随机序列有单位根;当 $|\rho| > 1$ 时,该随机序列是发散的,表现为随时间持续上升或持续下降。

ADF(Augmented Dickey-Fuller) 检验是检验序列单位根的常用方法。根据时间序列是否带有截距项和趋势项,可采用下列三种回归形式:

$$\Delta y_t = \varphi y_{t-1} + \sum_{t=1}^{p} \theta_i \Delta y_{t-i} + \varepsilon_t \quad (19)$$

$$\Delta y_t = a + \varphi y_{t-1} + \sum_{t=1}^{p} \theta_i \Delta y_{t-i} + \varepsilon_t \quad (20)$$

$$\Delta y_t = a + bt + \varphi y_{t-1} + \sum_{t=1}^{p} \theta_i \Delta y_{t-i} + \varepsilon_t \quad (21)$$

其中 $\varphi = \rho - 1$,p 为滞后阶数。原假设和备择假设分别为:

$$\begin{cases} H_0: \varphi = 0(\rho = 1) \\ H_0: \varphi \neq 0(|\rho| < 1) \end{cases}$$

3. 单整与 ARIMA 模型

如果一个随机序列为非平稳的序列,但经过一次差分计算的序列是平稳的,那么我们称该时间序列为一阶单整,用 $I(1)$ 表示。ARIMA 模型中的变量 I,就是对时间序列单整阶数的描述。

一个时间序列经过差分后的平稳序列,可以用自回归 AR(Auto Regression) 过程和移动平均 MA(Moving Average) 过程描述。自回归过程 AR(p) 可以用如下形式表示:

$$y_t = \sum_{i=1}^{p} \theta_i y_{t-i} + \varepsilon_t \quad (22)$$

其中 $\varepsilon_t \sim idd(0, \sigma^2)$,且 $\theta_i \neq 0$。自回归模型的含义是仅通过时间序列变量的自身历史观测值来反映有关因素对预测目标的影响和作用。移动平均过程 MA(q) 可以表示为:

$$y_t = \varepsilon_t - \sum_{i=1}^{q} \varphi \varepsilon_{t-i} \quad (23)$$

其中 $\varepsilon_t \sim idd(0, \sigma^2)$,且 $\varphi_i \neq 0$。移动平均过程的含义是用过去各个时期的随机干扰或预测误差的线性组合来表达当前预测值。

ARIMA 模型是在时间序列差分平稳的条件下,运用自回归移动平均模型 ARMA。本文将通过建立时间序列的 ARIMA(p, i, q) 模型,对房价时间序列进行模拟和预测。

(三)实证结果分析

1.数据选取

这里用来实证检验的我国房价数据,仍然来源于国家统计局发布的房屋销售价格指数。与前文略有不同,这里取用了 2005 年 7 月至 2010 年 12 月的全国月度房屋销售价格指数环比数据(以前一个月的价格为基准指数),共 66 个样本点。对这些数据取自然对数从而得到房价在每个月的连续收益率。

2.房价随机游走与房价收益率 ACF 检验

利用房价的连续收益率序列进行自相关回归分析,得到如下结果:

LAG	AC	PAC	Q	prob>Q	−1　　　0　　　1 [Autocorrelation]
1	0.8392	0.8419	48.63	0.0000	
2	0.6273	−0.2685	76.228	0.0000	
3	0.4762	0.1307	92.382	0.0000	
4	0.3485	−0.1148	101.17	0.0000	
5	0.2124	−0.0798	104.49	0.0000	
6	0.0386	−0.2720	104.6	0.0000	
7	−0.0817	0.1375	105.11	0.0000	
8	−0.1440	−0.1154	106.71	0.0000	
9	−0.2088	−0.2088	110.15	0.0000	
10	−0.2937	−0.1194	117.06	0.0000	
11	−0.3963	−0.4553	129.87	0.0000	
12	−0.4743	−0.1012	148.57	0.0000	
13	−0.5285	−0.3034	172.22	0.0000	
14	−0.5345	0.2416	196.88	0.0000	
15	−0.4854	0.0035	217.61	0.0000	

图 4　房价连续收益率的序列自相关分析

来源:STATA 统计软件数据

从图 4 中可以看出,房价连续收益率序列与其一阶、二阶滞后变量的相关系数都大于 0.5,而且 Q 统计量很大,p 值远小于 5%。这反映出房价连续收益率序列在 5% 的显著性下是高阶序列相关的。

由上述分析可以看出,我国房地产价格收益率序列并不是相互独立的,过去的收益情况与未来收益率有一定相关性,所以不能认为我国房地产市场符合弱式有效的假设。这就是说,我国房地产的市场价格并不能完全反映历史信息,过去的市场收益情况对未来有一定影响。

3.房地产收益率的 ARIMA 模型预测

通过统计数据的检验,我们知道我国房地产价格并非弱势有效的,接下来将进一步探讨房价收益率序列的特征以及预测问题。上文对房地产收益率序列的自相关检验中,图 4 自相关函数图像称拖尾,并且没有很快趋向于零,可以初步判断,该时间序列并不是稳定的随机过程。

接下来本文将进一步利用 ADF 检验判定房价收益率序列是否存在单位根。本文分别对房价收益序列和一阶差分后的收益序列进行了单位根检验,STATA 显示结果如下(图 5、图 6):

Dickey-Fuller test for unit root		Number of obs	=	65

	Test statistic	1% Critical value	Interpolated Dickey-Fuller 5% Critical value	10% Critical value
z(t)	−2.317	−3.559	−2.918	−2.594

Mackinnon approximate p-value for z(t) = 0.1667

图 5　房价收益序列的 ADF 检验

Dickey-Fuller test for unit root			Number of obs	=	64
			Interpolated Dickey-Fuller		
	Test statistic	1% Critical value	5% Critical value	10% Critical value	
z(t)	−6.709	−3.560	−2.919	−2.594	

Mackinnon approximate p-value for z(t) = 0.0000

图 6　房价收益一阶差分序列的 ADF 检验

资料来源：STATA 统计软件

从 ADF 检验的结果来看，房价收益序列的 p 值大于 5%，即我们不能拒绝该时间序列存在单位根的假设。一阶差分后的房价收益序列 p 值已经显著小于 5%，我们可以判定差分序列 95% 的概率下不存在单位根。所以，房价收益率序列是一阶单整的，即满足 $I(1)$。

在判断房价收益率序列为一阶单整序列后，本文建立了房价预测的 ARIMA(1,1,1) 模型。同时运用 STATA 软件可以得到如下回归结果（图 7）：

Sample: 2 - 66			Number of obs	=	65	
			Wald chi 2 (2)	=	15.81	
Log likelibood	=	0.0004	Prob > chi 2	=	0.0004	

D.rate		coef.	OPG std. Err.	z	P>|Z|	[95% conf. Interval]	
rate							
	_cons	−.000018	.0004907	−0.04	0.971	−.0009796	.0009437
ARMA							
	ar L1.	−.4639348	.2722454	−1.70	0.088	−.997526	.0696564
	ma L1.	.7371946	.219236	3.36	0.001	.3074999	1.166889
/sigma		.0026111	.0001604	16.28	0.000	.0022968	.0029254

图 7　房价收益序列的 ARIMA(1,1,1) 模型

资料来源：STATA 统计软件

由图 5 可以看出，该模型的 p 值远小于 5%，即模型可以很好地拟合房价收益曲线。对该模型的残差进行序列相关性 Q 检验可以发现，残差序列在 5% 的概率下不存在自相关性，这进一步说明模型对房价收益时间序列拟合的可信性。

图 8 给出了 ARIMA(1,1,1) 模型的预测结果与原时间序列的比较（见图 8）：

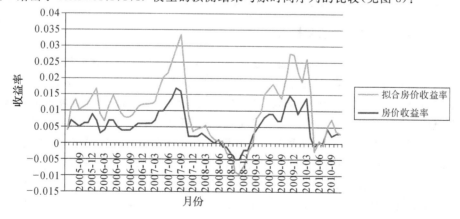

图 8　ARIMA(1,1,1) 模型预测结果

从结果可以看出,ARIMA(1,1,1)模型的预测与原房价收益率曲线大体一致。该模型是对房价收益率的一个比较有效的预测模型。

六、反向抵押贷款中房价风险的防范建议

(一)房价波动非系统风险的防范建议

由住房反向抵押贷款房价波动风险模型的相关计算,我们可以看到,在我国金融机构开展这项业务所面临的风险很大,但房价波动的风险可以通过资产组合的方式实现部分分散。我国地域广阔,地区经济结构差别大,不同区域的房地产价格波动相关性小。所以跨地区的房产组合可以在一定程度上消除单个地区的房价波动风险。虽然单个房产的波动难以预测,但通过资产组合的方式,能够合理地分散非系统风险。图9显示了房价波动模型中全国房屋销售数据给出的结果和其他城市贷款损失概率的比较。

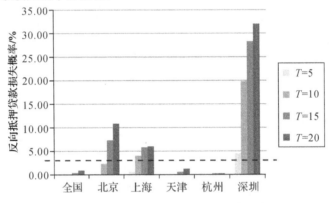

图 9　不同年限反向抵押贷款损失概率分布图

从图9可以看出,将全国房屋销售价格代入模型所得到的结果明显小于其他五个城市的损失概率。这从一定程度上说明通过地区分散投资的方式可以控制房价波动的风险。但是从长期看,整体的房地产升值率依赖于宏观经济、人口等因素,通过资产组合的方式难以分散住房反向抵押贷款中房价波动的系统风险。

(二)房价波动系统风险的防范

通过对我国房地产价格指数的实证性分析,本文发现我国房价不满足随机游走这一条件,也就是说我国房地产市场并不能满足有效市场假说中的弱有效性。有效市场假说(EMH)最早由美国学者 Paul Samuelson 在1965年提出,该理论强调市场是有效的,并且市场价格能够充分反映相关信息的市场状态。按照市场有效性强度的不同,可分为弱势有效市场、半强势有效市场以及强势有效市场。弱势有效市场的含义在于市场价格已经完全可以反映该对象的所有历史信息,所以现在的价格对未来的房价不能够产生预测作用。半强式有效市场的含义是价格已经反映了所有已经公开的信息,强式有效市场的含义是价格能够包含所有内部信息以及外部公开信息。如果我国的房价变动符合随机游走的假设,房地产市场满足弱式有效的条件,则检验房地产市场的历史价格能够对未来价格产生影响。

房地产市场价格不能有效反映市场的历史信息,房地产市场收益率可以在一定概率下通过

ARIMA(1,1,1)进行预测。通过本文的实证分析可以看到,房地产市场价格指数在一定程度上是可以被预测的,这意味着,金融机构开展反向抵押贷款时的损失概率比前文根据住房价值风险模型所求得的概率要小。事实上,一个国家房地产价格的波动与许多因素相关,包括该国的经济增长率、人均收入水平、房地产投资情况及土地开发等。当然房地产市场的价格也与国家政策以及地方政府区域发展政策息息相关。按照反向抵押贷款住房价值风险模型的假设,我国房地产市场弱式有效,那么房地产价格波动的宏观系统风险就完全无法规避。本文对房价的实证研究并不能认同这种观点,本文认为研究过去的宏观经济情况以及国家地方政策对房价的影响,是可以对未来房价走势进行一定预测的。

本文的实证研究对于金融机构防范房价波动的系统风险有一定的启示。房价波动的风险并非完全无迹可寻,金融机构应该对过去的房价走势进行仔细研究,并合理预测房价走势,采取相应的避险方法。如此,就能够在反向抵押贷款业务开展中有效减弱房价波动带来的损失,从而在一定程度上减小系统风险。

七、研究总结

（一）房地产价格波动对开展住房反向抵押贷款的影响

从理论上来说,我国金融机构开展住房反向抵押贷款时,房产价值的波动风险实际上存在于两个方面,微观个体住房的价值波动风险和宏观房地产市场的波动风险。前者包括房屋价格波动风险、房屋长期使用带来的折旧问题、区域经济规划等地方政府政策导致的地价变动等。后者主要包括我国房地产发展的周期性特征、国家政策风险、房价增长过快可能引发的房地产泡沫问题等。

本文采用了住房反向抵押贷款中的房价波动风险模型,主要计算由于房价波动,金融机构开展反向抵押贷款时面临损失的概率,以及当金融机构所获得的房产价值低于到期贷款总额时的概率。利用我国东南沿海五个城市北京、上海、天津、杭州、深圳的房价数据得出金融机构在这些城市开展反向抵押贷款的风险程度。通过模型的计算发现,城市房地产价格的收益率和波动率的大小会影响损失概率,收益率相对房价波动率高的城市如杭州、天津更加适合开展这项业务。通过该房价风险模型,并用全国房价指数进行计算发现,如果金融机构有广泛的跨地区资产组合,则能够有效规避房价波动所引起的非系统风险。

按照房价波动风险模型的假定,房地产市场价格是随机游走的,就是说我国的房地产市场是有效的,能够很好地反映历史信息。本文对我国房地产市场的弱有效性进行了检验,并且对房价收益率建立了 ARIMA(1,1,1)模型。发现房地产价格并不能完全反映历史信息,历史的价格对未来有预测作用。本文实证研究的结果对于金融机构防范反向抵押贷款房价的系统风险带来提示,即通过对过去房地产市场的研究,能够在一定程度上减小反向抵押贷款的风险。

（二）研究展望

人口老龄化问题已经成为我国必须面对的重大问题,住房反向抵押贷款提供了改善老年人晚年生活的一种有效途径。同时,减少了老年人社会保障体系的压力,为房地产市场增加了房源的供给,也为金融机构开拓了业务方向。我国借鉴国外的反向抵押贷款运作经验,开展这项业务是非常必要的。同时也要注重该业务的风险防范。

　　本文所重点探讨的房价波动风险与利率、老年人寿命等其他风险,在反向抵押贷款的运作中是相关联的,它们之间的关系需要在今后的研究中深入探讨。同时,本文在论述房价的实证研究结果时,并没有对之前的房价风险模型做出解析公式的修正,怎样建立更有效的数学模型,是在今后的研究中需要做出进一步讨论的话题。

反向抵押贷款的利率风险分析

托马斯·波伊姆　麦克尔·艾尔哈特

我们建立了一个价值模型，用它来定量分析固定利率反向抵押贷款业务中的利率风险。与直觉一致，我们的测算结果显示反向抵押贷款的利率风险，比任何一种公债或抵押贷款的风险都要大。令人惊奇的是，我们发现这种利率风险的差异性非常大。事实上，反向抵押贷款的利率风险比其他固定收入保障品种大了几倍。

一、前言

反向抵押贷款本质上是一种金融产品，它允许房屋持有者在仍然拥有房屋居住权的基础上消费房屋部分的权益价值。在一个典型的反向抵押贷款的合约中，一般明确规定在一定时间内向房屋持有者支付约定的价款，包括本金和增长利息在内。当借款人不再拥有房屋的时候，这笔贷款就宣告到期。

与传统抵押贷款相比，反向抵押贷款的业务主办机构只需要一小笔初始投资，也就是给借款人一个月的应支付额，累计贷款余额增长刚好与传统抵押贷款相反。反向抵押贷款的小额初始投资其实是不确切的。如果市场利率高于反向抵押贷款的固定利率，它会制造出大量表外债务。反向抵押贷款还会使得贷款机构要面对利率风险引起的住房实际价格的波动。

对于金融机构的投资者和管理者来说，理解和测量利率风险是非常重要的。对于银行领导阶层来说也一样重要。在 1987 年，巴塞尔银行规范和监管委员会制定了银行风险资本充足率的标准。这些标准强调信用风险，但忽视了利率风险。然而，这种状况在将来很可能发生变化，通货审计办公室目前正在把利率风险加入到这些资本评估标准当中。

我们的主要目的是帮助金融机构的投资者和管理者更清楚地认识反向抵押贷款的利率风险。我们建立和应用一个价值模型来定量分析反向抵押贷款的利率风险。与其他固定收入保障品种相比，我们发现反向抵押贷款的利率风险要高得多。

二、反向抵押贷款

反向抵押贷款一般有三种支付形式：(1)定额支付(每月定额支付一笔款项，直到借款人过世为止)；(2)定期支付(确定合同期限，在合同期内持续支付)；(3)确立总信用额度(确定支付总额做一次性支付)。贷款直到借款人死亡、搬出或者出售房屋之后中止。

即使支付完结，这笔贷款一般也直到借款人不再拥有房屋之后才能中止。余额按照约定利率增加。房产一般都在升值，但这种升值速度可能比贷款的约定利率要低。因此，将来某个时间点的余额很可能超过房产的升值额，这将会导致贷款机构附加一笔新的损失。

在 HUD(美国房地产和城市开发部)的一个项目中，FHA(联邦住房管理委员会)将给贷款机构提供保险,以抵御可能发生的应付贷款余额超过贷款到期时的房产净升值的风险。这个保险措施避免了贷款违约行为的发生。这个保险是可选择的,贷款机构可以选择投保全部或者部分。

有些反向抵押贷款设定有"分担保障"条款,贷款机构在房屋出售时取得利息。如果房屋出售价值超过贷款,按照事先确定的公式,超出部分在房屋持有者和贷款机构之间再行分配。像其他浮动利率贷款一样,浮动利率反向抵押贷款也是可行的,利率也可以与市场利率保持协同。

出于编制金融报表的目的,贷款机构一般把贷款余额记为资产,未来贷款机构的支付不会显示在金融报告中。因此,反向抵押贷款增加了表外债务,即使贷款机构没有取得现金流,贷款机构的利息收入也需要征税。借款人需承担的所有利息都在贷款得到支付时予以确认,不允许扣除所生利息。

三、反向抵押贷款利率风险的测量

固定利率反向抵押贷款和其他固定收入保障的金融品种,在某些方面是相似的。和它们一样,反向抵押贷款的价值会受到当前市场利率和未来利率变化的影响,此外还受到借款人可能在利率下降时再融通贷款的影响。

反向抵押贷款与其他固定收入保障品种有两方面不同:

(一)违约风险的实质

反向抵押贷款的余额,随着时间推移是递增的,不像传统抵押贷款或者债券的余额随着时间推移呈现下降趋势。如果反向抵押贷款不给予保险,将会导致贷款机构面对潜在资产(房产)的价值,在贷款到期时不足以支付抵押贷款。因此,违约风险将会增加而不是减少。

违约风险的增加会由于合同条款的制订而加剧。定额抵押贷款中,只要借款人还住在房子里,就必须对其每月进行房款支付。在定期抵押贷款中,尽管在固定期限的期末会中止贷款支付,但贷款本息必须等到房屋持有者不再在该房屋中居住后才会得到偿付。不像其他固定收入保障品种,本贷款合同没有提前中止的条款。

考虑到房产升值速率低于反向抵押贷款利率的可能性,如果借款人身体非常健康且居住了很长时间,那么贷款总额将会超过房屋的价值,这将导致贷款机构在贷款支付时会有部分拖欠。如果有"分担保障"条款,贷款机构的部分期望回报取决于反向抵押贷款到期时的房屋价值,房屋增值速度就会变得更加重要。

不幸的是,这里有一个道德风险的问题。房屋持有者是否有金融支持对房屋进行改善和维护。换句话说,合约本身会极大地影响房屋的升值速度,即使借款人愿意维护房屋,也未必有这个能力。毕竟这些借款人的年龄一般都比较老迈而且很需要钱,不可能拿出太多的钱财用于房屋的维修。

(二)"不可预期的终止"的可能性

举一个定期反向抵押贷款的例子:借款人很可能在固定期限之前不再在这个房屋居住,可能搬迁、死亡或住进护理院。不管怎样,此时贷款都必须偿付。因此,这个期限其实并非真正固定,它可能很长也可能极短,一切都跟随借款人的寿命而定。

如前所述,反向抵押贷款的价值应该是利率环境(包括所有贷款预付条款)、房屋价值和不可预期终止的可能性。房屋价值风险非常重要,但其他测量利率风险也很重要。在这里,我们假设反向抵押贷款都是有保险的,而且没有"分担保障"条款。

四、期限固定并随附加期限转换的利率风险

在这部分,我们假设反向抵押贷款的期限结构固定,市场利率是8%,且贷款期限只是随着固定附加期限做出改变,然后在下一部分再逐步放宽本假设条件。

举一个简单例子,某金融机构分别以公债、普通抵押贷款和反向抵押贷款的形式借出资金,每个产品都有一个固定10年期限和固定约定利率。尽管期限和利率都一样,公债现金流模型与普通抵押贷款和反向抵押贷款很不一样。对面值100美元、利率8.13%的公债,债权拥有者开始付给借款人100美元,然后接受20次,一年两次的4.01美元的利息回报和第10年末100美元的本金。对于100美元利率8%的一般抵押贷款,抵押贷款所有者支付给借款人100美元本金,然后接受120次,每月1.21美元的利息支付。注意,8.13%的公债利率与8%的抵押贷款利率相等,因为,债券一年付息两次,抵押贷款一年只付息一次。

利率8%的反向抵押贷款的现金流模型则完全不同。合约初始,贷款机构只需支付1.21美元给借款人。接着的119个月的每个月,贷款机构继续每月支付1.21美元给借款人。在第10年末,贷款机构收到221.96美元(注意,221.96美元是以利率8%投资的100美元的远期价值)。

这三种合约对于贷款机构来说都是未来现金流的现期价值,按照市场利率8%贴现。过了合约初始,公债和普通抵押贷款的价值是100美元。而反向抵押贷款的实际价值是1.21美元。

假设公债和抵押贷款是贷款机构的唯一资产,且唯一的负债是当前市值190美元的金融债务。贷款机构的净资产(E)是资产价值(A)和负债价值(L)的差值,如下所示:

$$E = A - L = 100 + 100 - 190 = 10 \tag{1}$$

记 r 为市场利率,A_r 与 L_r 的差值表示贷款机构对利率的敏感程度。许多贷款机构通过套利机制来规避利率风险。对套利机制的探讨已经超过本文论证的范围,但有一种常用的规避方式就是买进金融期货合约,合约价值波动(F_r)刚好与 E_r($A_r - L_r$)相等。

假设贷款机构把负债增加到191.205美元,并将其中的1.205美元投资反向抵押贷款。公式(1)变为:

$$E = A - L = 100 + 100 + 1.205 - 191.205 = 10 \tag{2}$$

尽管净资产的价值没有变,但风险程度发生了变化。考虑到反向抵押贷款的小额市值,可能错误认为在控制利率风险时,能轻易规避反向抵押贷款业务带来的风险,这将和下面的例子一样犯个大错误。

表1是三种资产市场利率下的价格。在8%的市场利率下,三种资产按照票面价值定价。如果利率下降到7%,三种资产价值都上升。反向抵押贷款上升6.04(7.25-1.21),公债和普通抵押贷款分别上涨7.30和4.50。注意,反向抵押贷款的增加值和另外两种都差不多,尽管另外两种金融产品的价值是反向抵押贷款的近100倍。这说明初始投资的每一美元的风险程度不一样,反向抵押贷款的风险要大得多。我们在下面将要证明,即使在多次投资之后,反向抵押贷款的风险仍然会大出很多。

表 1　固定收入保障品种价格

当前市场利率	价　　格		反向抵押贷款
	公债	普通抵押贷款	
7%	107.30	104.50	7.25
8%	100.00	100.00	1.21
9%	93.31	95.78	−4.11

注:每种固定收入保障品种都是 10 年的期限。

表 2　风险测量

A:三种资产的价格和波动幅度

公　债		普通抵押贷款		反向抵押贷款	
价格	波幅	价格	波幅	价格	波幅
100.00	7.03	100.00	4.38	1.21	472.86

B:套利风险测量:市场利率下的价格派生性

公债	普通抵押贷款	反向抵押贷款	年金	最后支付
−8379.66	−5226.19	−6793.68	5126.85	−11920.53

注:每种品种都是 10 年期限,波幅按照麦考利波幅公式计算。年金和最后支付把反向抵押贷款的现金流按照两种独立的流动方式分为两部分。

贷款机构如何控制反向抵押贷款的利率风险呢? 麦考利波幅公式是风险的标准测量公式。它是一种弹性测量工具,表 2 的 A 部分反映了三种资产的波幅。

麦考利波幅公式:$D = \left[\sum(-tCF_t)/(1+r)^t\right]/P$

式中:D—— 波幅(期间);CF_t—— 随时间 t 的现金流;P—— 品种价格 。

理解反向抵押贷款风险的最好方式,是把它视为一种包含资产和负债的有价证券。资产是最后的支付,负债是贷款机构对借款人的每期的固定年金支付。反向抵押贷款被独立地分为两部分,这能解释为什么反向抵押贷款的利率风险会如此之大。资产和负债对利率的敏感程度很不一样,反向抵押贷款的资产价值对市场利率非常敏感,而负债价值对利率不敏感。

现在返回到起先的问题,为什么金融机构要测量和控制反向抵押贷款的利率风险呢? 一种解释是反向抵押贷款分为对利率敏感程度很不一样的资产和负债两部分。鉴于本贷款的初始额度较小,机构很可能简单地把它们加总到其他金融资产和负债中一并考核,并使用同样的测量风险和控制方法加以管理。

第二种解释就是直接结算套利机制中所需要的利率敏感性的测量。套利风险的正确测量公式是 dP/dr,这是关于利率的价格派生品。将其表示为 dP/dR 显得更为便利,R 是名义利率。这样风险测量公式就变成:

$$dP/dR = \sum(-tCF_t)(1+r)^{t+1} \tag{3}$$

表 2 的 B 部分反映了三种产品的套利风险。注意它们的期限都一样,都是 10 年期限。因此,我们在看到表 1 反向抵押贷款价格的大幅变动并不必惊奇。

五、更符合现实的价值模型

前一部分的解释非常有用,但过于简化,反向抵押贷款的期限结构并没有那么简单。而且,反向抵押贷款本身是一种非常复杂的金融产品,它易受再融资预付或借款人死亡的影响。在这一部分,在更符合现实的期限结构和更实际的预付行为下,我们建立和应用一种新的价值模型来测量反向抵押贷款的利率风险。下面是我们测量利率风险的假设条件:

1.现期无风险利率符合 Cox,Ingersoll 和 Ross(CIR)公式随机过程

$$dr = \beta(\mu - r)dt + \sigma \sqrt{r dr} \tag{4}$$

公式中,r 是现期点利率,β 是调整速度,μ 是 r 收敛长期利率,$\sigma\sqrt{r}$ 是点标准差,dz 是高斯 - 维勒变量。

2.由于借款人的死亡或搬迁而造成的反向抵押贷款的非预期终结,是符合伯努利过程的。这可参见 Dunn 和 Mcnell(1981)关于除利率下降外其他因素造成的抵押贷款预付行为相关联的相似变量的有关文献。假设泊松随机变量的 y 在非预期终结发生之前为 0,发生时变为 1。而 $E[dy] = \delta dt$,其中 δ 表示每单位时间内非预期终结行为发生的可能性;δ 是时间 t 的函数。非预期终结与利率无关,即 $cov[dy, dz] = 0$。

3.在 CIR 模型中,期望回报等于 $r + \lambda r P_r / P$,其中 λ 是一个常数,P 是名义价格,P_r 是关于利率 r 的价格。

按照这些假设,价值模型表示如下:

$$P_t + P_r[\beta(\mu - r) - \lambda r] + \frac{1}{2}P_{rr}r\sigma_r^2 + C + \delta[F(t) - P] - rP = 0 \tag{5}$$

公式中,$F(t)$ 表示未付的贷款余额,C 表示反向抵押贷款的现金流。

在期限内的某个时间,抵押贷款的价值必须等于未付余额,无穷利率下这个价值趋向为 0。趋向边界条件如下所述:

$$P(r, T) = F(t)$$
$$P(\infty, t) = 0 \tag{6}$$
$$P_r \beta\mu + P_t + C - \delta P + \delta F(t) = 0$$

假设在一般的反向抵押贷款借款人的年龄和环境条件下,部分预付款是不可能发生的。但有可能在市场条件有利的情况下,借款人将对反向抵押贷款进行再融资。这对贷款机构来说,等于给了借款人一个可以按照与贷款余额相等的购买价格进行购买的选择权:

$$P^m(r, t) = \min[P(r, t), F(t)] \tag{7}$$

寻找反向抵押贷款价格需要解出在公式(6)的边界条件下的差值公式(5);如果反向抵押贷款可以随时支付,公式的解还取决于公式(7)。

我们的最初目的是在相同期限结构内比较反向抵押贷款的相对利率风险。对于模拟余项,我们可使用 Dunn 和 McConnell(1981)的数据:$\beta = 0.8$,$\mu = 0.056$,$\sigma^2 = 0.008$ 和 $\lambda = -0.247$。

老年人有很高的死亡率,这会导致非预期终结发生的可能性很大。事实上,定额抵押贷款就是一个一直要等到合同终结才停止支付的抵押贷款。像舒尔茨和托勒斯(1989)的方法是不适用的,历史终结率是不可知的。与 HUD 对反向抵押贷款进行保险定价的过程相似,我们用实际死亡率来定义 δ,有条件的可参照借款人的年龄。假设在贷款初始,借款人年龄是 75 岁。

表3　债券的时间价格

市场利率	公债			普通抵押贷款			反向抵押贷款		
	价格	套利	弹性	价格	套利	弹性	价格	套利	弹性
1%	111.51	−446.03	0.02	110.16	−220.31	0.01	3.32	−92.90	0.14
3%	108.06	−1080.59	0.05	107.12	−856.98	0.04	2.38	−237.78	0.57
4%	106.38	−1276.54	0.06	105.64	−1267.70	0.06	1.94	−356.04	0.92
5%	104.73	−1675.60	0.08	104.18	−1458.56	0.07	1.50	−431.42	1.44
6%	103.10	−1855.78	0.09	102.75	−1643.94	0.08	1.07	−505.51	2.36
7%	101.50	−2232.98	0.11	101.33	−2026.64	0.10	0.66	−575.09	4.39
8%	99.93	−2398.22	0.12	99.94	−2198.68	0.11	0.25	−640.50	12.81
10%	96.86	−3099.46	0.16	97.22	−2722.10	0.14	−0.53	−760.02	−7.17
15%	89.62	−4122.47	0.23	90.77	−3812.34	0.21	−2.31	−997.49	−2.16
20%	82.96	−5143.33	0.31	84.80	−4579.09	0.27	−3.86	−1159.20	−1.50

注:每种品种都是10年期限。套利是指关于利率的价格派生品,弹性是指关于利率的价格弹性。

表3显示公债、普通抵押贷款和反向抵押贷款的价格是现期利率的函数。每种品种的合约利率都是8%;每种产品都不可以随意购买,期限都是假设10年。特别的是,如果利率足够高,反向抵押贷款的市场价值可能无效。换句话说,反向抵押贷款可能导致其表外债务比资产更高。

表3还显示套利中的风险测量(dP/dR)和弹性(定义为价格波动的百分比),通过利率的百分比变化得以区分。在弹性测量的基础上,表3显示反向抵押贷款比其他两种金融资产对利率的敏感性要强得多,假设当前利率为8%,反向抵押贷款的弹性达到12.81,而其他两种金融资产分别是0.12和0.11。市场利率如超过8%,反向抵押贷款的弹性甚至超过其他两种产品的100倍。正如表3所示,反向抵押贷款的套利小于其他两种产品,尽管它们的期限相同。事实上,相对于反向抵押贷款产品,这些套利的派生品是非常巨大的。

反向抵押贷款的高利率风险不仅因为是小额价格,表4显示5年之后的价格消失,其实反向抵押贷款有一个比票面价格高出很多的潜在价格,这是可以预期的。当接近贷款合同期末时,无效现金流存在的数额会减少,最终的积极支付将导致结果更接近于实际。这个价格超过了普通抵押贷款,尽管它的总额按照递增利率减少。关于利率风险,反向抵押贷款的弹性仍然比其他两种大得多,套利派生值也比其他两种大得多。

表4　反向抵押贷款在发行时的价格表

市场利率	不能预付,不能随时偿还			不能预付,可随时偿还			可预付,不能随时偿还			可预付,可以随时偿还		
	价格	套利导数	弹性	价格	套利导数	弹性	价格	套利导数	弹性	价格	套利导数	弹性
1%	3.32	−92.90	0.14	−0.02	−62.16	−20.72	3.04	−85.04	0.14	0.25	−17.20	0.34
3%	2.38	−271.78	0.57	−0.66	−197.40	−1.50	2.21	−239.00	0.54	−0.14	−152.15	−5.32
4%	1.94	−356.04	0.92	−0.99	−265.05	−1.34	1.82	−312.52	0.86	−0.41	−217.34	−2.67
5%	1.50	−431.42	1.44	−0.13	−32.98	−1.25	1.43	−383.24	1.34	−0.68	−278.66	−2.04
6%	1.07	−505.51	2.36	−1.65	−391.99	−1.19	1.05	−446.47	2.12	−0.96	−337.40	−1.75
7%	0.66	−575.09	4.39	−1.97	−449.39	−1.14	0.69	−509.64	3.72	−1.25	−393.74	−1.58
8%	0.50	−640.50	12.81	−2.29	−508.60	−1.11	0.33	−567.24	8.70	−1.53	−448.94	−1.47
10%	−0.53	−760.02	−7.17	−2.91	−611.73	−1.05	−0.37	−673.06	−9.22	−2.08	−545.22	−1.31
15%	−2.31	−997.49	−2.16	−4.36	−819.49	−0.94	−1.95	−887.38	−2.28	−3.39	−745.14	−1.10
20%	−3.86	−1159.20	−1.50	−1.50	−959.65	−0.85	−3.33	−1039.90	−1.56	−4.56	−885.22	−0.97

注:各种品种期限都是10年。

我们模拟可随时支付的受非预期终结影响的反向抵押贷款的价格,表 5 显示的结果正如预期的那样,购买选择权对价格有很大的负面影响。这就是说为什么购买选择权只是在当前利率低于贴现利率的时候实施,这种状况对贷款机构是很不利的。

表 5   定期抵押贷款与 10 年期的抵押贷款

市场利率	定期抵押贷款(每月定期支付,直至合同终止)						10 年期抵押贷款					
	不能随时偿还			可随时偿还			可预付,不能随时偿还			可预付,可以随时偿还		
	价格	套利导数	弹性	价格	套利导数	弹性	价格	套利导数	弹性	价格	套利导数	弹性
1%	2.18	−56.71	0.13	−0.03	−40.38	−6.31	3.04	−85.04	0.14	0.25	−17.20	0.34
3%	1.64	−157.73	0.48	−0.43	−119.56	−1.40	2.21	−239.00	0.54	−0.14	−152.15	−5.32
4%	1.38	−204.83	0.72	−0.63	−159.00	−1.27	1.82	−312.52	0.86	−0.41	−217.34	−2.67
5%	1.13	−249.04	1.10	−0.82	−195.87	−1.19	1.43	−383.24	1.34	−0.68	−278.66	−2.04
6%	0.89	−292.05	1.65	−1.02	−232.10	−1.14	1.05	−446.47	2.12	−0.96	−337.40	−1.75
7%	0.65	−332.82	2.58	−1.21	−266.20	−1.10	0.69	−509.64	3.72	−1.25	−393.74	−1.58
8%	0.41	−370.72	4.51	−1.40	−299.17	−1.07	0.33	−567.24	8.70	−1.53	−448.94	−1.47
10%	−0.04	−442.80	−54.00	−1.76	−356.13	−1.01	−0.37	−673.06	−9.22	−2.08	−545.22	−1.31
15%	−1.07	−579.42	−2.70	−2.61	−474.47	−0.91	−1.95	−887.38	−2.28	−3.39	−745.14	−1.10
20%	−1.98	−676.82	−1.71	−3.35	−556.60	−0.83	−3.33	−1039.90	−1.56	−4.56	−885.22	−0.97

注:各种品种期限都是 10 年。

在检验受非预期终结影响的反向抵押贷款的时候,我们发现终止合同倾向于包括可能价格的所有范围。非预期合同终止的发生,对贷款机构有利也有害,这不像购买选择权只对贷款机构有害。当利率很低时,对贷款机构也有利。低利率下的资产价格导致的提前支付特征,要比一般的反向抵押贷款为弱。当利率很高时,则对贷款机构很不利。

在同时存在购买选择权和非预期终结行为的时候,贷款资产的价格通常比一般反向抵押贷款要低。但要比只有购买选择权的情形为高,比只有非预期终结情形要低。然而,这个价格不仅仅是两个因素的线性组合。表 5 清楚地反映了金融机构非预期终结的风险是主要因素。

表 5 还显示了 10 年期的定额抵押贷款的价格。在低利率下,定额抵押贷款的价值要比 10 年期短期抵押贷款要低,这和经济假设是一致的。贷款机构因长期面对一个不利的经济环境,定额抵押贷款在低利率下,风险也很低;高利率下情况则正好相反。

六、结论

反向抵押贷款市场增长得相对缓慢,可归因于:(1)潜在贷款机构和借款人对这种产品尚不是很熟悉;(2)贷款合约设计不标准;(3)缺少相应的保险机制。然而,就像本篇文章阐述的那样,还有一个巨大的障碍阻碍着这一市场的扩大:固定利率的反向抵押贷款有很高的利率风险,这对于很多金融机构的套利尝试是很不利的。

文中的主要研究结果,证明反向抵押贷款具有巨大的利率风险。事实上,这种风险要比传统产品大得多。除非金融机构正确测量反向抵押贷款的风险,并且采用合适的套利工具来规避风险。否则,很可能遭受无法预期的损失。投资者和管理者也应该认识到这个风险,要不然反向抵押贷款就会大幅增加表外债务。

房产价值波动与反向抵押贷款风险防范

周　佳　柴效武

摘要：房产价值波动是影响反向抵押贷款开展的重要因素,本文从这一风险的概念入手,介绍了国内外相关课题的研究情况,分析了影响房产价格波动的主要因素、房产价值风险对反向抵押贷款推出和定价的影响,提出了防范我国房产价值过度波动风险的建议。

反向抵押贷款是海外一个比较成熟的专为老年人提供的住房融资工具,为老年人的晚年生活保障和维持生活质量提供了一种解决办法。国内许多媒体对这一模式进行了较广泛的报道,某些房产公司也通过各种渠道反映了市场对该类产品的期待和展望。

一、城市居民的住房状况

(一)城市居民住房拥有率不断提高

在计划经济时期,我国传统的住房制度无视住房的商品性,住房没有作为消费资料进入商品交换领域,总的来说,国家和单位拥有住房的所有权,居民拥有住房的使用权。这种住房制度在计划经济体制下,虽然在一定程度上解决了人们的居住困难问题,保证了住房消费的基本公平,却给国家和单位带来了沉重的经济负担,剥夺了居民自主决定住房消费的权利,从根本上堵住了发展住房抵押贷款和反向抵押贷款的可能性。

随着改革开放的不断深化,这种状况逐渐发生了改变。1994年,《国务院关于深化城镇住房制度改革的决定》明确提出住房改革的目标,即"建立与社会主义市场经济体制相适用的城镇住房制度,实现住房商品化、社会化;加快住房建设,改善居住条件,满足城镇居民不断增长的住房需求"。对于存量公房,主要通过出售方式推向市场;对于增量住房,通过住房公积金制度和住房抵押贷款制度来实现住房的货币化分配,从而使我国的住房商品化程度大大提高。

经过近十几年的住房制度改革和商品房的发展,城市居民住房的拥有率稳步上升,我国城市居民的住房拥有率已高达91%,绝大多数城市居民都拥有了自己产权的住房。

(二)房地产二级市场越来越发达

反向抵押贷款的开展离不开房地产二级市场的发展。反向抵押贷款到期后,贷款机构获得了住房的所有权,它要实现收益,收回贷款本息,必须将住房出租或销售。如果有一个交易灵活、费用低廉的房地产二级市场,将会大大增加贷款机构开展反向抵押贷款业务的积极性。反之,如果没有房地产二级市场,或房地产二级市场混乱无序,则会使贷款机构面临很大风险而不愿开展反向抵押贷款业务。

经过近几年的发展,我国二手房市场交易火爆。据统计,2008年,长沙二手房成交面积217.79万平方米,成交金额43.37亿元,成交套数19218套;与上年同期相比分别增长16.13%、

28.66％和12.09％。2006年一季度，深圳市二手房交易面积为231.66万平方米，比上年同期增长35.32％;2006年1～2月北京市存量住房交易9558套，比上年同期增长16％;1月广州二手房交易量为91.54万平方米，同比增长7.58％。

二手房大力畅销的同时，二手房中介数量也在突飞猛进地增长，房地产估价从业人员日益增多，形成了具有一定规模和专业水准的房地产估价师队伍。国内各主要城市也都成立了专业的房地产中介机构，专门从事房地产交易买卖，还有数量众多的经营机构开办了房地产的交易业务。

总的来说，我国的二手房交易市场正在逐步走向透明化、规范化、诚信化，即交易程序基本规范化，交易合同基本标准化，交易信息基本透明化，而国家也一直致力于加强对二手房市场的监管。二手房市场的逐步规范，解除了贷款机构的后顾之忧。我国住房制度的改革，房地产市场的建立和繁荣，物业价值的提升，为发展房屋反向抵押提供了良好的市场运作条件和物质保证。

(三)房地价增值呈现必然趋势

住宅能否担负养老保障的功用，关键在于住房蕴含的巨大价值。随着时间的推移，在住房外表已逐步磨损陈旧的同时，住房自身仍然能维持相当的价值，或因地价的增值使房屋价值大幅提高，这正是住房能用来养老的关键所在。住宅反向抵押贷款能够推行的关键因素，在于地价、房价的增值。从近年来房地产市场的发展来看，房地价的增值呈现必然趋势。城市化进程加快。未来十数年乃至更长的时间里，将有近半数或更高份额的农村居民要迁移至城市居住，这必将对城市的房地价起到极大的推动作用。

我国的土地资源极为匮乏，尤其是可供居住、耕种的土地资源更为稀缺。当大量农村人口进入城市居住，而城市圈的占用土地面积却不能以同等的比例上升时，必然使城市房地产的价格以加速上涨的方式加以回应，呈现长期、持续、快速增长。党的十五届三中全会提出我国国民经济20年翻两番的宏伟目标，要求持续保持每年7％～8％的高增长速度。这一目标的实现必将对居民收入增长、房地价的增长等起到极大的拉动作用，也给住宅反向抵押贷款的推行提供了充分的理论依据和条件保证。

从居民的思想观念和经济意识来看，居民思想观念的改变，使他们更容易认同住宅反向抵押贷款的理念。随着社会主义市场经济的发展，人们生活水平提高，居民的观念、生活方式正在发生剧烈变革，遗产继承、养儿防老虽说仍为大家信奉并实际操作，但在现实生活中，遗产留给儿女是必然的，依靠儿女来养老，却已是相当多的老年人难以再做此奢望，这就迫使众多的老年人另谋养老方式，试图使自己现有的住房发挥更大的功用。住宅反向抵押贷款的理念将逐渐被社会公众所认同并接受。

住宅反向抵押贷款的理念很好地适应了现代社会要求的一面，即父母和子女虽然是血浓于水，刀割不断的血缘关系，但在生命体上则是完全独立、经济物质利益也相对独立的两个个体。两代人相互扶持提携、养育反哺，又要相对独立、自立自强。家庭内部的经济意识增强，使老年人自我处理所拥有的房产成为可能。住房产权意识的增强，不仅广泛出现于社会，也将在家庭内部萌生。家庭财产在相当程度上向个人财产的形式转化，至少也是由大家庭对财产的共有共用，转向为各个小家庭对自有财产的自用自有。对自我拥有财产的数量及具体状况变得明晰起来。老年人能够对自己名下所有的财产自主分配，是当今社会的一大主流。在许多经济发达国家，老年人的消费购买即"银发市场"，已成为众多厂商竞相追逐的对象。

二、反向抵押贷款房产价值波动风险

(一)反向抵押贷款房产价值波动风险

房产价值波动风险,是指参与反向抵押贷款的抵押房产,因所处地段的土地价格出现升值或贬损,造成贷款到期价格与预期价格的不一致,而可能导致业务开办机构或参与贷款业务老年人发生损失的风险。我国目前房地产市场持续火热,市场对房价前景的预期日趋两极化。在这种情况下,反向抵押贷款中抵押房产的正确估价,就成为一大难题。无论未来房地产市场走向如何,都将对开办反向抵押贷款业务产生巨大的影响。

当老年人最终交还抵押房产来还债时,如房产出售价格大于房产预期价格时,参与业务的老年人的利益就会遭受损失;而房产出售价格小于预期价格时,贷款开办机构则会遭受损失。贷款业务开办顺利,需要建立在双方共赢的基础之上,任何一方的损失都不是本贷款业务开办机构所希望的,因而化解此项风险的意义重大。

在分析房产价值波动风险时,可以将其分为普遍性房产价值变动和个别房产价值变动两种情况。从本质上说,普遍房产价值波动风险,或称为房地产周期变动的风险属于系统性风险,如全国性的乃至全球性的经济不景气所带来的房产贬值,保险公司就很难避免并消除;个别性房产价值波动则属于非系统性风险。贷款机构可以通过拥有多种类的、地理位置不同的抵押资产,来有效地防范局部经济不景气带来的房地产贬值。

抵押住房未来价值的变动与保险预期的价值不相符,会给保险公司造成损失。在反向抵押贷款的产品定价中,保险公司对住房未来价值的预期,直接决定了其愿意向投保人支付的价款总额,继而影响到老年人每期可领取的养老金数额。对保险公司来说,用于反向抵押贷款业务的住房价值以及未来的增幅,是个不确定数值,最终能否赢利,必须基于住房未来的可变现净值。

(二)住房价值波动影响

房产价值波动是保险公司开办反向抵押贷款业务面临的重要风险,也是特有的风险。贷款机构在贷款合约签订之初,根据住房的市场价值和贷款利率等因素,计算抵押品将产生的未来现金流的现值,再乘以适当的给付系数,确定年金或一次趸领的金额。而本金将在贷款期满后通过二手房交易市场收回。因此,住房价值在贷款期内的波动导致住房的市场价格在借贷期前后的不一致,会影响贷款机构的盈亏状况,若房价波动过于激烈,反向抵押贷款的定价和操作都将很难进行。贷款机构的本息回收主要是通过二手房市场进行的,住房价值不仅受到国家政策的影响,还受到二手房市场盛衰的影响。当房价持续上升时,对住房价值的预期较高,反之亦反是。因此,为能规避此类风险,需要二手房市场长久的稳定发展,房市无论是过热或过冷,都会使房产价值波动风险上升。

(三)房产价值波动风险研究

反向抵押贷款对借款人除住房以外的别的财产没有任何追索权,在贷款到期时,如果房产贬值或增值幅度小于预期导致房产价值低于贷款本金、利息以及贷款期间发生的各种费用之和,反向抵押贷款的提供者就遭受了损失。规避房产价值波动风险的关键,是准确地预测房产未来的价格。房产价值的不确定性是一种可以部分分散化的风险。通过聚集(pooling)不同地区房地产市场上的足够数量的反向抵押贷款,可以降低房产价值波动风险。地区性经济不景气导致的房产价值降低风险,可以通过不同地区分布使其最小化,但全国性的经济衰退导致房产价值降低的风险,则是不可分散的。

房产价值波动风险同长寿风险以及利率风险的一个不同之处,在于房产价值不是一个固定的时间序列变量。单个房产价值围绕平均价值或者期望价值的变化,随着时间的推移而增大。换句话说,对房产未来价值的预测时间越长,预测的偏差越大。

房产价值预测定价模型是将房产价值的未来走向作为第一要素,通过对未来房产价值的预测,来确定应该给付的贷款额。一些学者例如 Cunningham 和 Hendershott(1984),Kau、Keennan 和 Muller(1993)设计模型把房产价值变动看作为"几何布朗运动过程"。这个过程也就是著名的"对数正态随机行走(log-normal random walk)"。假定相对量的变化(不是绝对量的变化)是独立同分布的,几何布朗运动在建立模型上是很有用的。Szymanoski 和 Edward J Jr 把房产看作为零息票实物资产。零息票意味着房产没有任何租金收入,这是一个合理的假设,因为贷款的提供者并没有取得租金。但是根据收益包括预期的名义价格上涨率 μ 和用来描述预期通货膨胀率偏离的随机变量 σ,得到微分方程

$$dH/H = \mu dt + \sigma dz \tag{1}$$

本方程描述了几何布朗运动过程。H 为房产价值,t 为时间,dz 是一随机变量,服从标准正态分布。假定 μ 和 σ 是常数,对微分方程积分,可以得到与几何布朗运动等价的方程:

$$H(t) = H_0 e^{Y(t)}$$

其中,$H(t)$ 为未来时间 t 的方程价值;H_0 为方程初始价值;$Y(t) = \mu t + B(t)$;$B(t)$ 为等于标准布朗运动或者 Wiener 过程,期望为 0,标准差为 $\sigma\sqrt{t}$,对于所有的 $t > 0$,标准布朗运动 $B(t)$,都是正态分布,$H(t)$ 为对数标准正态分布。

Szymanoski 和 Edward J Jr 认为单个房产的年升值率可以视为服从期望为 μ、标准差为 σ 的正态分布的一个独立观察值。随时间的增加累积的升值率也是服从正态分布的,但是期望和标准差分别增加为 μt 和 $\sigma\sqrt{t}$。随着时间 t 的增加,累积升值率的标准差随之增加。

Case 和 Shiller(1989)发现地方性房地产市场上存在着自相关的证据。但是他们认为潜在借款人利用自己对当地房产价格比较了解的信息优势,能够取得的额外收益是非常有限的。这是因为在单个住房水平上房产的价值受到许多因素的干扰,并在申请贷款之前发生的任何趋势的记忆效应有可能很快消失。Gau(1987)认为在一段较长的时间内拒绝房地产市场的有效假设是不可能的,也就是说从长期来看,房地产市场是有效的。这就意味着房产价值的自相关模型适合短期分析,在长期内随机行走模型还是比较合适的。

随机行走模型的另一个含义是,对未来房产价值的最好预测值是其当前价值,倾向于平均升值率。随机行走过程没有"记忆",也就是说当前房产价值之前的价值对于预测以后的房产价值演变没有任何帮助。随机冲击可能造成未来房产价值同预期价值相偏离,但事先没有办法预测这些冲击对房产价值的影响是正的还是负的。这遵循着随机行走规范排除了对于房产的逆向选择问题的规律。如果潜在的借款人对自己的住房未来价值比贷款提供者拥有更多的信息,就有可能发生逆向选择。这与长寿风险中的信息不对称是相似的。

如果房产未来的价值变化是一随机行走过程,对未来价值的最好预测就是其当前价值,这是贷款双方现在都知道的信息。特殊的、地方性的房地产市场具有周期性的变化特征,在一段时间内房地产价格上升到顶点,然后在一段时间内再下降。那么,现在的房地产价格就为预测未来房产价格提供了足够的信息。市场失灵有可能导致自相关,这实际上使得时间序列变量具有"记忆"。潜在的借款人根据当地房地产的周期可以知道房产价格已经达到顶点,将来的随机冲击更有可

能是价格下跌而非上升。如果这是可能的,只拥有现在房产价格信息的贷款提供者,就只能比借款人拥有更少的信息。这为房产价值波动风险防范的逆向选择打开了大门。

三、影响房产价格波动的主要因素

房地产价格的形成和波动,与诸多的经济社会因素有关,包括经济发展水平、行政法律政策、房地产行业的发展和公众对房地产行业的信心等,房地产市场供给、市场需求、财产属性、交易费用等也有较多影响。这些因素对房地产价格影响的方向和程度虽不尽相同,但彼此间的相互作用形成了一种共同影响房地产价格的合力。

(一)宏观经济走势

房地产价格波动与经济基本面有明显的正相关性,是一个随经济基本面波动而变动的敏感指标。当宏观经济基本面状况良好时,房地产价格容易出现上行波动;基本面恶化,房地产价格就极有可能出现下滑。值得注意的是,房地产价格和经济基本面之间的正相关,是动态均衡的关系,不仅经济基本面的变动会影响房地产的价格,房地产价格的波动也将反过来影响到宏观经济的走势。一旦后者的变动打破了原先的均衡关系,经济基本面势必发生与之相适应的变化,直到达成新的均衡关系。但如这种均衡缺乏真实基础,如房价的上行波动只是过度预期或投机造成的,即所谓的房地产价格泡沫,它作为投资和经济发展的重要先行指标,给出的就只是错误的市场信号,虚假繁荣的经济基本面很快将因失去支撑而回归真实,而且极有可能破坏原有基本经济面的真实回归。如表1、图1和图2所示。

表 1　GDP 增长率和房产价格

年份	2000	2001	2002	2003	2004	2005	2006	2007	2008
GDP 增长率(%)	8.0%	7.5%	8.3%	9.5%	10.1%	10.4%	11.6%	11.9%	9%
房价(元/m²)	2103	2226	2291	2691	2714	3242	3383	3885	3919

资料来源:各年统计年鉴

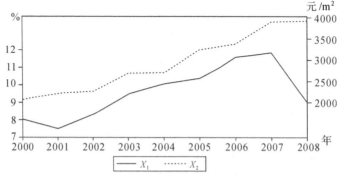

X_1－GDP 增长率(%)　X_2－房产价格(元/m²)

图 1　GDP 增长率和房产价格

2008 年以来,源于美国的金融危机已经严重影响到全球经济,我国也受到较为强烈的波及。在这种严峻的状况下,国民生产总值增长减缓、人民币升值的压力愈益增大,必要的经济调整已

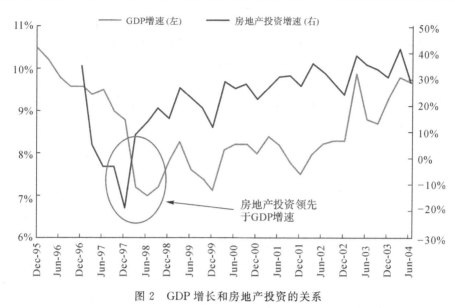

图 2 GDP 增长和房地产投资的关系

经开始,中央政府承受着巨大压力以抵御人民币的过快增值。在当前的通胀中至少还要增加两个新的因素:一是劳动力成本上升,二是房地产信心指数下滑,导致房价出现明显的下滑,如控制不力极有可能出现急速下滑和剧烈波动的情景。

(二)城市化进程

城市化进程被视为我国房地产市场繁荣发展的持久动力,长久以来成为房价持续上涨,尤其是一些发达省份房价居高不下貌似合理的借口。从潜在需求分析,我国现有城镇居民 6.8 亿人,首次超出了农村人口,到 2020 年基本实现全面小康,我国城市化水平将达到 55%～60%,这就要新增 2 亿～2.5 亿左右的城镇人口,需要解决住房问题。另一方面,原有城市居民同样存在着改善居住条件的需求。2003 年年末,中国城镇居民人均住房面积仅为 23.8 平方米,经初步预测,到 2020 年我国城镇居民的人均住房面积将达到 35 平方米。但潜在需求不是现实需求,这种居住需求如何转化和以何种形式转化为现实需求,是影响到大至宏观经济整体,小至房价波动的重要经济现象。

城市化进程的快速推进,将极大地带动房地产价格的走高,其主要原因是城市土地价格由于连续投入开发的不断升值和城市积聚效应,带来房产价值的不断增加。但城市化进程又是一个综合性过程,它因时因地因人发生变化,经济发展程度和国家政策的某一点细微变化,都会极大地影响到最终结果,这就是说城市化并非总是一个持续上升的过程,在过程中很可能会因为某种经济、政治的原因发生某些停滞或中断。即使整体状况是持续城市化的,但在某个时段或某个区域,也极可能会出现某种反向效应。

另外一种情况,就是城市化本身就蕴含着与之相反的逆城市化趋势,即在形成积聚的同时也不断地形成分散。从发达国家的经验来看,城市化发展到后期,在大城市或超大城市周围会出现很多卫星城市,形成一个城市群或城市带。从经济学的角度看,城市化进程有它的边际成本,城市化的边际收益等于边际成本之时,整个过程将延续较长时期,一旦边际成本值超过城市积聚所带来的边际效益时,再继续推进城市化就是很不合算的,城市化进程就将走向停滞。

同时,对于原有城镇居民新增的住房需求,从房地产需求角度来分析,可将需求划分为消费需求和投资需求,从需求能否得到实现的角度,还可以分为有效需求和潜在需求两种。按照供求理论,有效需求直接参与了当期房地产价格的形成;而潜在需求则通过影响房地产的预期价格和企业的预期利润,间接地参与当期房地产价格的形成。取消福利分房之后,我们对后者的基本判断是,居民对房地产的潜在需求很大,而且会越来越大,这在一定程度上决定了房地产价格上升的刚性。

基于以上分析,我国的城市化进程将会促进房产市场价格的走高,价格的增长趋势呈先上升再逐渐下降的过程,终止于城市化带来的潜在需求全部释放,在这段时期内,整个房产市场价格总体走高。

(三)政策因素

政策因素是一个宏大议题,房产价格的各类影响因素中,政策因素影响十分重要,特别是在我国现阶段的土地所有制下,国家政策因素往往左右了房地产发展的方向、规模、速度和程度。针对反向抵押贷款产品定价所涉及的政策因素,包括有:(1)国家有关土地法规的情况;(2)土地使用年限的有关规定;(3)土地出让标准金收取方式和收取标准的规定;(4)户籍制度;(5)其他相关法律法规。

我国城市的土地归属国家所有,单位、个人拥有的只是一定时期的土地使用权,而土地使用权的取得又并非是国家对单位、个人的无偿转移,而是土地转让期初以一次性总额缴付的形式作为代价。我国物业法的出台,已经将居住用地70年使用权的政策隐性废除,到期自动免费续期,将在很大程度上带动我国房地产市场的持续健康发展。我国目前土地转让标准金是采用一次性征收方式的,若能将收取方式改为按年度分征物业税,将会是土地出让标准金影响最大最为深远的变革,此举必将能大幅降低房价,清理目前房价中虚高的部分。

今日我国的房价远远超出国际社会通行的居民年均收入3～6倍,甚至超出6～10倍。若能将土地出让金的一次性缴付改为每年缴纳物业税,按未来收益折现法的资产估价方法衡量,必然会使目前的房价降低15％～20％,在上海、北京、广州、杭州等楼价畸高的城市,这一"费改税"的变更,可能使房价下跌20％～30％或更多。同时,城市规划和户籍制度改革等政策的变动,都会对房价的走势带来极大影响,如果购房的同时能获得房屋所在地的户口,对那些想获得当地户籍的外来人口来说就是一大福音,而对当地房产价格则是一大激励因素。国家的法律法规也会对房产价格带来较大的影响,如国家正式出台征收遗产税的法规,可能会改变一些人的消费理念,选择不购买房产而是将购房资金转变为当期消费,或是在临终前将房屋出售或抵押,用售房款或抵押借款来抵补养老金的不足。

政策因素对房产价值波动的影响尤为关键,对房地产价格的走势影响作用甚至可以位列各影响因素的首位。国家出台有利政策必将造成房产市场价格持续稳定;而不利政策的出台则可能造成房产市场价格的动荡。

(四)环境因素

环境因素是指房地产所在地段的自然条件和市政基础设施条件等因素,对房地产价格的影响十分显著,这是房地产作为一种特殊商品的独特之处。自然环境条件是指房地产所在地周围的空气和水源质量、清洁度、噪音污染程度、交通便利程度及自然景观等。市政基础设施即各种配套设施条件是人们对土地投资的物化体现,该项投资对其周围房地产价格也有着直接影响。市政基础设施包括交通运输、给排水、供电和邮电通信设施,对企业经营效果和人们居住的生活条件影响极大。城市中心房地产价格之所以高,就是因为市中心的交通、通信、水电气等市政基础设施完善的缘故。公用建筑配套设施为居民日常生活服务,这些设施的完善与否,影响到居民消费和受教育的方便性及文化娱乐生活丰富与否,对其周围住宅房屋价格影响也较大。

(五)房地产开发投入

房产开发商的投入价值主要指开发房产的质量。房地产价值的高低,首先取决于房地产内在价值量的大小。一般情况下,房地产商品的设计标准和建造质量越高,它的价值就越大,相应其价格就越高。随着科学技术的发展,住宅现代化被逐步提到重要议事日程上来。宽带网络、环保节能、智能化供水、供电、供热、保安等设施,为房地产升值提供了较大空间。房地产的品质越来越依靠于房产本身的质量、功能及蕴含的科技要素等。

随着城市经济的发展和科技的进步,房产周围环境和投入价值因素的完善,总体上会带动居住环境的改善,并促进房地产市场价格的走高。

(六)房地产坐落区位

反向抵押贷款产品定价的研究中,住房要实现价值的提前变现以达到养老保障的目的,同区位理论及具体内容运作等有着很密切的关系。区位是个经济地理学的概念,按一般解释是指"某一经济事物或经济活动所占据的空间场所,以及该场所与周围事物之间的经济地理关系"。

区位理论是关于人类社会经济活动的场所及其空间经济联系的理论,主要研究人类经济活动的空间选择与设计的基本法则,探索一定空间内经济活动分布、组合以及区位演化的基本规律。住宅的区位理论则是研究住宅的空间分布规律,探讨住宅开发和建设活动所应遵循的空间经济法则的理论,或可简称为研究土地的住宅区位利用规律的理论。这主要是指不同区域性的住房具有差异的保值和增值功能。区域性房地产的自身保值增值因素的存在,将带动房产价值的上涨。

区位或相对较通俗的用语"地段",抵押房产所处地段的优劣,同地价的增、贬值有密切的关系,并在一定程度上决定着反向抵押贷款业务开办的成败。房产之所以能发挥养老保障的功用,关键就在于稀缺性造成地价持续不断的增值。尤其在我国当前乃至今后较长一段时期内,地价增值都是一个不可逆转的长期趋势。

在什么情况下,区域性的住房会保值和增值呢?一是该城市受地理限制,可利用的土地已开发完毕,城市已无法向周边发展,土地价格和新开楼盘的楼价会有所上升,从而导致原购住房的保值和增值;二是区域性配套设施的改善,如周边环境绿化、文化教育和市场配套的改善等;三是交通状况的明显改善,如地铁的开通等;四是城市中心的偏移,使新的区域住房得以保值和增值;五是城市经济发展与旧城改造带来的需求变化。城市建设的发展不断给房地产投资带来新的商机,房屋购买者可以低价买旧房,以待获取高价拆迁赔偿。

(七)建筑行业的发展

当前我国建筑市场发展取得了很大成效。中国处于经济建设快速发展时期,近年来投资建设了一大批举世瞩目的特大型建设项目。已投入运营的如长江三峡工程、黄河小浪底水利枢纽、西气东输、高铁交通工程、青藏铁路等,正在建设的南水北调、西电东送等。这些项目的开发建设带动了建筑市场的快速发展。再加上包括能源、交通、通信、水利、城市基础设施、环境改造、城市商业中心、住宅建设等,还有卫星城开发、小城镇建设等,使中国的建筑业进入了快速发展的阶段。

目前,我国建筑行业的快速发展呈现出以下特征:首先,总产值逐年增长,2010年,中国建筑企业完成总产值突破5.5万亿元,发达地区的建筑业生产水平和能力的强势地位进一步巩固、发展;大中型建筑业企业的结构调整进一步深入开展;对国外建筑市场的开拓快速发展,市场层次和区域范围更加优化。其次,建筑行业投入产出量大幅上升。2007 年上半年,全国建筑业企业房屋建筑施工面积 30.8 亿平方米,同比增长 16.9%。全国建筑业企业总收入 16471 亿元,同比增长 26.1%。全国建筑业企业实现利润总额 345 亿元,同比增长 47.4%。建筑行业的快速增长必将带来房地产行业的繁荣,作为一项有利因素将刺激房产价格的持续走高和反向抵押贷款的快速推出。

(八)金融市场发展

目前,全球经济金融一体化趋势越来越明显。国际热钱短期套利和投机的特点,决定了其追求高报酬、低风险并迅速在国际金融市场上流动。一般认为,国际热钱等于外汇储备增量减去外贸顺差及对外直接投资增量。近年来,国际货币市场上美元一直在贬值,人民币加速升值预期使国际热钱大量进入中国市场,尤其在美国次贷危机及美国经济放缓预期之下,美元快速贬值,原本投入美国市场的热钱为了维持高额回报,大量买入高速成长中的中国房地产已是一个全球动向,同时由于人民币对欧元由贬值转为升值,使得世界普遍对中国经济和市场看好,也极大地刺激了来自欧盟的热钱涌入中国的房地产业。

银行信贷的扩张是房价推升的重要方面。投资者运用信贷资金投资房地产时,资产的价格往往会偏离基础价格,银行使用的是债务契约并且无法观察借款人的投资行为,所以存在道德风险,即风险转移或资产替代的行为。一个偏好风险的投资者,在投资情况变坏时并不需要承担所有的成本。这正好与我国的现实情况相符,我国大量的储蓄可以支持大规模的信贷,而银行贷款并没有完全脱离计划经济下与国有企业的关系。此外,大额贷款的流向仍然受各级政府政策的影响,银行贷款对象的选择并非完全基于成本收益分析,取得贷款的单位并不完全承担接受贷款后无法偿还的责任。研究信贷扩张和资产泡沫的关系,在我国有着很强的现实意义。

各项研究表明,房地产市场中几乎所有的泡沫大多是银行过度融资的结果。以我国为例,商业性房地产贷款在金融机构人民币贷款中的比重,已由 2004 年的 13% 上升到 2007 年 6 月底的 17%,其中部分国有大型商业银行的房地产贷款余额甚至占其贷款总额的 20% 以上。个人住房抵押贷款占商业银行新增贷款的比重在 25% 左右,见表 2。这说明,银行信贷能将房地产的潜在需求转化为有效需求,将消费需求转化为投资需求甚至投机需求,从而不断提高房地产的价格。同时,刺激企业通过信贷融资增加建立在利润预期基础之上的供给,进一步扩大房产价格中的泡沫成分。

表 2   四家银行贷款总额中房地产贷款占比情况

名称	房地产业(%)	建筑业(%)	个人贷款(%)	个人住房贷款(%)
中国银行	11.69	2.14	25.68	78.85
工商银行	10.4	0	18.4	71.3
建设银行	9.71	3.1	22.12	80
交通银行	7.03	4.44	15.63	80.8

资料来源:四大国有商业银行 2007 年年报。

(九)非理性因素

这里主要考察将住房视为一项投资品,通过研究可以观察到,投资品市场上的不完全信息和对声望的关心,往往会产生"羊群行为"。行为金融学对此的解释是:羊群行为是金融市场中一种非常特殊的非理性行为,它是指投资者在信息环境不确定的情况下,行为受到其他投资者的影响,模仿他人决策,或者过度依赖于舆论(及市场中压倒多数的观念),而不考虑自己信息的行为。从荷兰的郁金香热到日本、泰国、马来西亚的房地产泡沫,每一次金融狂热都包含着大众幻想及群众性癫狂。

在经济金融一体化的今天,国际热钱的流动充当了房产市场"羊群效应"中的"领头羊"的效用。本着趋利避害原则的国际热钱在国际金融市场中所起到的作用越来越大,它的流动冲击着一国的资产市场,加剧了资产价格的不稳定性。房地产市场是国际热钱投资的重要领域,它的进入和撤离,都可能伴随着一国房产市场泡沫的产生和破裂。

房地产业是我国经济发展的支柱产业,由房地产业创造的 GDP 已达到全国的 7%,就业人数达到 8700 万人。房地产业在国民经济中占举足轻重的地位,房地产商完全有理由相信国家对房地产业是大力支持的。而出于对自身居住生活质量的要求和土地稀缺性的考虑,人们也预期房产价格在长期内必将持续走高。房地产商对于行业前景的乐观估计和人们对房产价格普遍预期走高的相互影响,最终可能导致房地产泡沫的形成。

四、房产价值风险对反向抵押贷款推出和定价的影响

近年来,我国房地产市场发展态势良好,总体呈现上升趋势,尤其是在经济发达地区异常火爆繁荣。自从 2007 年金融危机以来,房地产市场呈现出前所未有的剧烈动荡,这是房地产市场过热现象的初步显现。房产价值波动风险作为反向抵押贷款定价的首要风险,房产价格的走势,将对反向抵押贷款产品能否在我国市场上顺利推出,在什么时间推出,推出后的反响如何,以及对老年人养老资源的改善等,都有着直接的影响。

(一)房产价值波动对反向抵押贷款推出的影响

以美国、日本、新加坡等已推出反向抵押产品或相关产品的国家的经验来看,产品的推出时机,一般都选在经济形势较好、房产价值普遍走高、居民对房地产市场信心指数较高之时。既是出于推出机构资金来源充裕度的考虑,也是基于对抵押房产能否顺利变现的担心。这给尚未推出此项金融产品的国家提供了一些参考。

同时可以看出,房产价值波动的状况是反向抵押贷款能否顺利推出的重要因素,它在较大的程度上影响着机构开办这项贷款业务的信心。比如,我国反向抵押贷款业务的迟迟未能开办,就与近几年来房价上涨过于迅速,机构担心房价将会大幅下跌有密切关系。如房产价格下跌,就会造成一次性支付和定额年金支付的贷款机构的经营损失,降低机构开办此类贷款业务的热情;而以每期不等额支付为主要支付方式的反向抵押贷款,房价的下降将减少参与反向抵押贷款的老年人每期会获得的贷款额,也会降低这项贷款的市场占有率,造成老年人养老环境的恶化。

如果房产价格一直走高,则为推出反向抵押贷款产品提供了较大的动力。这项产品的最初定价是基于房产到期出售的余值来计算的,抵押房产价值的走高,意味着参与贷款的一方将获得额外收益。如果贷款采取一次性支付或年金方式支付,在贷款结束后开办机构收回抵押房产时所能获得房屋余值,将高于贷款开办机构支付的贷款额,这将会极大地促进贷款开办机构推出此项金融产品的热情。如果采用不等额支付为主要贷款支付方式,房价上涨将增加参与反向抵押贷款的老年人每期获得贷款的额度,能极大地改善老年人的生活环境,带来正面的舆论宣传作

用,也会在很大程度上促进此项产品的推出。

我国推出反向抵押贷款时,一定要充分估计到可能出现的房地产价格波动的影响,如果反向抵押贷款产品中的抵押房产在房地产市场泡沫破裂的时候大量到期,贷款机构就有可能遭受重大损失,甚至有可能引发破产倒闭。

(二)房产价值波动对反向抵押贷款定价的影响

抵押房地产价格影响到贷款机构和借款人双方的利益,房产价值波动风险作为反向抵押贷款产品定价中最为关键的因素,能否对这一风险做好评估,是关系这项新兴金融产品推出成功与否的关键。正确评估房产价格,关系到反向抵押贷款定价的成功与否,产品定价中要对房地产价格波动风险和房地产价格走势做出正确的评估。在抵押房产到期出售时,价格如果低于累积的贷款本息和,贷款机构此时面临较大的风险。而房屋出售价值高于累计贷款本息额时,借款人则会遭受损失。

反向抵押贷款运作期限长,受宏观经济因素波动影响大,在推出此项产品之前,需要对各方面因素有较为全面和准确的把握,尤其是在反向抵押贷款产品定价方面。产品定价过低,申请人得到的贷款数额将会减少,难以维持其养老需求,申请人将失去参与本贷款业务的兴趣,反向抵押贷款则面临着需求不足的问题[①]。反之,如产品定价过高,则贷款机构面临到期后贷款收不回来的风险,这项业务就很可能出现亏损,贷款机构将缺乏开办这项业务的积极性。

五、防范我国房产价值过度波动风险的建议

通过以上模型建立和实证分析可以看出,在没有突发政策因素的情况下,我国房产价格经过多年来的过快上涨之后,目前正面临着高位盘整,在一定的状况下适度下跌也是必要的。但从长期走势来看,则是稳中有升,但存在着某些不确定的因素可能对其走势造成较大影响。

房产价格关系国计民生,也关系到反向抵押贷款推出的成功与否。通过历次金融危机中房地产业对整个宏观经济的影响可以看出,房地产价值波动对整个国民经济的走势有着重要的影响作用。房产价值在合理的波动范围内,将使整个房地产行业平稳波动,从而使国民经济健康发展。房产价值处于较稳定且合理上升的状态,也有助于反向抵押贷款产品的推出。如何有效控制我国的房产价值波动风险,预防出现影响房产价值过度波动的因素,就成了反向抵押贷款推出成功与否的关键。从分析影响房产价值波动的因素来看,防范房产价值过度波动要从以下几个方面着手:

(一)建立合理的土地受让制度与定价机制

我国房地产价格不断上升的根本原因是土地资源的稀缺性,要想有效控制房价,必须要建立合理的土地受让和定价制度。正如郎咸平教授在 2008 年指出的:"当前中国的房地产有三个特征:第一,政府控制了两大核心权利——土地开发权和银行信贷权,对这两个权利的垄断直接带来了开发商寻租的可能性;第二,房地产市场的长流程管理,同样带来了巨大的寻租空间;最后是地方政府期望土地价格高位运行的心态。"一旦土地受让定价不够合理,政府应该采取一定的手

---

① 人们对是否参与反向抵押贷款业务的选择上,观念是个重要因素。但是否参与这一业务,将住房抵押到机构里,每期可以向机构申请到多大数额的款项,即参与本业务经济上合算与否,则是更为重要的因素。

段加以调控。但只要地方政府追求 GDP 高增长的激励机制不变,政府经营土地单纯追求经济效益的目标定位不变,土地价格的继续上涨,就有了足够的外部动力。

自从 2004 年 8 月我国开始实施土地出让的"招拍挂"制度以来,土地出让价格迅速升高,开发商投机炒作土地之风日益盛行。为了保证宏观经济的平稳运行,我国政府采取了一系列政策限制房地产价格的大起大落,这变相地告诉开发商未来的房价不会大幅下跌,其实是在无意中降低了开发商未来所需要承担的风险,反而在某种程度上助长开发商的投机心态。

虽然土地价格上涨的部分原因是供求关系造成,但不容忽视的是土地价格的急剧上升中,的确存在着一定的不合理因素,土地受让价格偏高将会损害中低收入人群的利益。解决这一问题较为有效的方法之一,是政府相关部门采取行政、立法等措施强制性地细分房地产市场,明确每年审批的房地产开发用地中有多大比例用于经济适用房和廉租房建设。把低收入群体"隔离"在土地价格波动的风险之外,这将有助于降低开发商对未来市场的过高预期。要有效控制房地产价格的大幅波动,不是要放弃市场调节,而是要求政府在保证好低收入群体的住房需求的前提下,以合理区分公共住房和商品住房,对于商品住房,放手由市场规律调节,由投资者和开发商承担应有的风险。

(二)规范和完善房地产市场

规范和完善房地产市场,主要是指规范和完善房地产市场的开发机制和销售机制,建立一个理性的房产开发市场,改变以往我国房地产市场中的投机性过重,供应结构不合理的现象。

房地产市场投机性过重的现象,与最近几年我国房地产市场蓬勃发展,且房产投资贷款较为宽松的现状分不开。房地产市场是拉动国民经济增长的主要动力,各地相关部门也对房地产市场的发展持支持和鼓励态度,但房地产的投资和开发绝对不能盲目,房地产开发商任何时刻都要保持理性的思维,要了解房产市场发展的规律并分析经济发展情况对房产价格的影响。同时改变房地产市场开发的融资模式,减少间接融资,增加直接融资的比重;其次是加大融资渠道多样性;最后要在融资机构和融资工具方面有所创新。

我国的房地产开发市场存在着"重商品房,轻经济适用房;重一手房,轻二手房"的现象,需要改变已有的房地产市场供应结构。国家"十一五"规划发展纲要明确提出"调整住房供应结构,重点发展普通商品住房和经济适用住房,严格控制大户型高档商品房",并将调整房地产市场的供应结构列入目标。同时规划也提出要加强对房地产一、二级市场和租赁市场的调控,以促进住房梯级消费。房地产一级二级市场应该要均衡发展,对过去二级市场中监管和调控较为薄弱的产权关系不明晰、信息不透明、偷税漏税、私下交易等问题进行限制和规范,并促进房产租赁市场的发展,加强租赁市场的调控力度。

(三)银行信贷控制

从前文的分析可以得出,银行对房地产行业信贷量的过快增加,同样是房价上升的重要原因。银行信贷供给量的扩张,从来源上讲,由于我国社会主义市场经济体制尚不完善,投资渠道有限以及其他各种原因,导致我国储蓄率过高,大量货币资产以储蓄的形式存放在银行等金融机构;从去向上讲,房地产行业对国民经济的拉动作用,我国中央和地方政府在一段时间内偏好性地扶持该行业,加之房地产作为一种投资品本身所具有的特殊性,引起了大量储蓄以信贷及其他形式流向该行业,促使房地产价格在短时间内迅速攀升。

银行信贷对房地产价格有着显著而直接的影响,国内经济学家建议应该从控制银行信贷着手有效控制房价。政府实际上也采用了相同的思路,央行先后多次提高贷款利率,实施强制性结汇制度、高储蓄率、投资渠道有限等一系列举措，并要求严格控制商业银行信贷，但收效甚微，问题仍不能得到很好解决，这很可能是一种治标不治本的方法。强制性政策只会导致两个结果，或作用有限，或扭曲了资源配置的状况和结果。举例来说，利率提高是一视同仁的，过高的利率水平会带来某些中小企业的破产，这些企业破产只会进一步加剧国内房地产企业的垄断程度，无益于政府调控房地产价格。

本文认为，频繁提高利率水平不是降低房产价格的有效途径，只要边际收益大于边际成本，商业银行的逐利行为都会将更多的资产投入这个领域。政府更有效的措施是通过各种有效渠道解决好房产价值波动问题，金融市场要做好导向作用。从美国金融危机中获得的教训来看，商业银行出于防范风险的必要，也不应该把款项过多集中在房产抵押贷款市场。

(四)外资的控制

对于外资在房地产中的作用，国内学者的看法主要分为两派，一派学者认为外资流入房地产业直接推动了房价的上涨，应该严格控制外资流入；另一派学者则认为，出于控制风险的角度考虑，在房价高位运行、风险过大的情况下，外资的流入可以部分承担房价上涨的风险，进而减小我国金融系统的风险。

我们认为，要解决外资大量的涌入对我国房产市场造成的冲击，必须从两方面入手，首先要改革现有的外汇管理体制，尤其是强制结汇制度；其次要利用政府引导强制区分房地产市场，把外资炒作的房地产集于中高档商品房及写字楼等，这样既可以控制外资炒作对居民生活带来的风险，又可以避免外资流入造成房价过高影响到中低收入阶层的生活。同时，改革相关经济制度，界定好市场和政府对外资涌入各自应管辖的范围，是应对外资流入房地产业的根本办法。

(五)政府提供公共住房

政府为特殊群体提供公共住房，是控制房价过速增长，减弱房价增长过快对中低收入阶层负面影响的重要措施。尽管土地价格和货币供应量直接造成了房地产价格的上升，但直接调控土地价格和银行的住房信贷量，在政策执行上存在很大的难度，也并非最有效的方法。要想解决我国房地产价格中存在的诸多问题，最根本的方法还是界定好政府的公共责任，政府主动做好自己应当做好的事情，担负起自己应当担负的责任。

国家房地产市场发展的政策，是在保证居民合理居住要求的基础上，有序发展商品房市场。当前我国房地产业的主要问题在于：政府未对房地产业进行合理区分，作为消费品的房地产和作为投资品的房地产，混同一起无法区分，房地产的定价全部依靠不完善的市场机制。同时，在开发商、地方政府及外资等各方面寡头利益的博弈中，居民的居住权无法得到很好的保障。而纵观整个发达国家房地产业发展的历史，共同点是：政府对房地产业的市场进行了区分，承担保证居民基本居住权的公共责任，把社会弱势群体对住房的需求当作政府福利政策应承担的义务，发挥政府在提供公共品方面的职能，同时适度放开商品房市场的发展。

(六)开办住房价值保险

美国著名经济学家罗伯特·希勒教授曾在 2000 年举办的"中国金融：走向理性繁荣——建立开放条件下的金融新秩序"的主题论坛上提出住房价值保险的概念。住房价值保险是对房屋再出售时的价格波动风险的防范而提供的一种保险，它独立于其他保险之外，房主可以在任何时间购买这一保险。这种保险的保额可以是房屋出售时的实际价格，并同当时的市场价或购进价相比，是升值还是贬值。这一保险业务的开办中，被保险人既可以是特设机构，为承揽的抵押房产的价值予以保险；也可以是老年人个人，为自己抵押的住房价值予以保险。

保险人则是开办这一业务的保险公司。在开办住房价值保险业务后，对住房价值的波动如房价的上涨或下跌，是由保险人和被保险人双方共同分享收益和承担损失。住房价值上升时，投保人可因此于每期多得到相应的款项，保险公司也在其中赚取了较多收益；房价下跌时，则保险公司要赔偿一定的损失，投保人或说抵押房产人每期可以从机构处领取的年金，就只能是大为减少。以这次的金融危机为例，如果贷款开办机构参与这项保险，在国际房产市场价格普遍走低的情况下，就可以化解部分风险，减少损失。

住房保险作为财产保险的重要项目，是就住房的使用价值受到毁坏损伤而给予的保险，以保障住户对所拥有住房的切身利益。目前，房屋价值保险尚处于理论探索阶段，还没有一家保险公司正式推出该险种。推出这项保险所需要考虑的问题还很多，比如以何种方式予以表现，保险的过程和大致模式应当是怎样运作，具体作用如何，在多大程度上能够规避房产价值波动风险。通过合理解决这些问题，房产价值保险必将能有效减弱特设机构面临的风险。

六、政府干预房地产市场的方式

从国外经验来看，政府通常会采取各种手段干预房地产市场，而不同国家之间采取的政策有很大差异。即使是同一个国家内部，在不同时间段应当采取的措施也不会完全相同。国外政府干预房地产市场的方式，大致分为以下两个阶段：

第一阶段，政府利用手中的土地直接建房提供给当地居民，新加坡政府的公共组屋就是这类方法中最成功的案例。采用这种方法的前提条件是政府可以控制大量的土地资源，我国土地属于国家所有，这使得我国在实施这种政策时具有先天优势。同时，另外一个重要前提，就是政府需要有足够的资金来保证工程的顺利运行。从西方发达国家的经验来看，所需资金通常由发行财政债券和成立专用银行贷款两者组成专门的基金来提供。建成的房屋一般分为出租和出售两种类型，在政府提供住房的初期，一般采取出租政策，随着建成房屋数量的增加，逐渐将出租改为出售。另外，西方国家的政府还通过建立相关的政策性银行，专门以较低的利率放贷给相关的弱势群体，保证房屋的需求。

第二阶段，政府针对弱势群体，提供各种形式的直接补助，这种方法也被称为"人头补助"，以区别于政府直接建房的"砖头补助"。在市场经济比较完善的国家，政府更倾向于对弱势群体直接补助，而不是兴建公共住房，这主要是因为政府兴建公共住房具有诸多弊端。具体来讲，公共住房的建设在发达国家都面临着许多相同的问题，首先是政府财政政策的巨大压力，对新加坡这种所谓的"城市国家"来讲，政府或许可以承受这种压力；但对于美国及我国这种幅员辽阔，人口众多的国家来说，政府直接兴建公共住房带来的巨大财政压力是难以承受的。其次，政府兴建公共住房是一个庞大的系统工程，需要各个方面的协力配合，而其中的权力分配本身就会导致寻租问题，比如说当前我国经济适用房的建设就面临着这个问题。而且，政府兴建公共住房只是一定历史阶段内的政策，西方发达国家在随后的经济发展中，很多公共住宅都实行了一定程度的私有化，政府政策也逐渐由"砖头补助"转向"人头补助"。

针对我国的实际情况，本文认为我国目前还处于第一阶段，即由政府提供廉价住房。同时，在房地产"数量"和"价格"的问题上，我国政府当前更应该偏重于解决"价格"问题。目前房产闲置面积达到 1.64 亿平方米，由于价格的居高不下，普通老百姓还是无法购买这些房屋，在这种情况下，单纯调控"数量"的政策效果会非常有限。

　　笔者认为政府还可以通过鼓励发展非营利组织解决住房问题。采用这种方法最成功的案例是瑞典,瑞典非营利组织建造的房屋占到战后国内建房总量的 2/3。非盈利组织建设房屋同样需要国家补贴,发达国家一般的做法是政府提供各种政策优惠和低息贷款。

　　必须强调的是,建立多层次的住房供应体系是一个复杂的系统工程,需要包括政府、金融机构、房地产商和专业机构各个方面的协调配合。从 1998 年国务院 23 号文件《国务院关于进一步深化城镇住房制度改革加快住房建设的通知》算起到 2008 年,我国经济适用房和廉租房的建设已经历了近 10 个年头,其中的问题也逐渐凸现,包括公共住房建设的计划性、相关法律体系、专业机构的建设、享受相关政策对象的区分和公平性等问题都急需解决。可以说,我国政府建立多层次住房供给体系还有很长的路要走。同时,结合本文讨论的反向抵押贷款问题,可以规定在若干年以后公共住房归属权归购买者所有。

七、本项研究的局限及未来展望

　　反向抵押贷款涉及多学科知识领域,包括:微观经济学(如博弈论、生产理论)、宏观经济学(消费理论、生命周期)、金融学(利率、通货膨胀)、房地产学、人口学、保险学、精算学、公共政策及税务会计等理论,由于我国对于反向抵押贷款的研究还较少涉及定价方面,特别是基于房产价值预测的定价研究少之又少,所以本文是在研究了大量外国文献的基础上形成,由于各国自身住房政策、金融制度、养老保障体制等背景存在较大差异,使得该课题的研究难度较大,加上笔者学识所限,论文存在相当多的局限性,需要以后进一步研究改进。

　　(1)我国房产价格指数的统计开始时间较晚,相关模型建立的准确性不是太高,鉴于没有特殊政策出台,房地产价格市场没有遭受巨大冲击的情况,这与现实情形不太相符,很可能会降低模型预测的准确性。特别是受到此次金融危机的启发,模型虽然会对价格变化有所反映,但由于时滞作用,业务开办机构将不能充分化解风险。贷款开办机构在利用模型进行数据预测时,应该不断根据实际情况调整预测模型和预测值。

　　(2)反向抵押贷款的产品定价涉及了相当多的因素,本文仅仅分析了住房价值因素,其他如利率、支付方式、溢出率、成本费用等只是假设为固定而非随机变量来计算,模型的精准方面还需要深入分析,可以通过不断放宽假设条件,以求更符合实际情况。

　　(3)反向抵押贷款的定价中,还需要结合我国具体国情研究贷款定价的原理,充分借鉴国外成熟的产品定价经验,为我国反向抵押贷款定价服务。

　　(4)反向抵押贷款的成功推出将会有效缓解我国养老资源不足的问题,因此,政府相关部门应该积极出台一些有力政策,如住房价值保险等。

　　以房养老作为一项造福于民的课题,我们希望有更多的有识之士,争相加入反向抵押贷款的研究队伍,为这项研究早日从理论变为现实添砖加瓦。

反向抵押贷款业务开办中房产价值预测与产品定价

周　佳

摘要：住房价值变现的方式主要有出售和出租两种，无论采取何种方式实现抵押房产的变现，房地产市场的走向都将起到决定性作用，并最终决定着贷款开办机构能否获取一定的盈利。通过影响反向抵押贷款的住房价值波动风险的研究和分析，本文主要通过预测房产价值，对反向抵押贷款的定价问题做进一步的研究。

借款人用于反向抵押贷款的抵押房产，一般都是已使用了数十年的房产，其价值是土地价格连同建筑物折旧后余额的总和。建筑物磨损是指建筑物随着使用时间的延长而出现的物理状态的陈旧损坏，并带来建筑物本身的价值贬低，但土地是稀缺资源，地价在持续的上升之中，两者抵消之后，住宅价格总的来说呈现上升趋势。机构在业务开办初期接受住房的大量抵押时，就要考虑最终收回住宅并将其变现时，所取得的变现收入在弥补各项成本费用消耗后，能否实现一定的盈利。

一、房产价值评估和预测

（一）房产价值评估和预测的主要方法

对房屋未来价值的预测主要有三种方法，其一是建立住房价格指数来预测未来的价格走向；其二是随机游走模型，这是国外预测房价研究时主要采用的模型；其三是通过分析影响房地产价格的各种因素，如选取 GDP、CPI 指数、建筑行业总产值、金融保险业增加值、房地产行业增加值、房地产投资等指标，通过建立多元统计模型进行回归预测。

住房价格指数模型理解起来比较简单，但需要搜集到全面、翔实的住房价格的原始资料。在随机游走模型中，住房价值变动被视为"几何布朗运动过程"，随机冲击可能造成未来住房实际价值同目前预期价值的偏离，但事先无法预测这些冲击对住房价值的影响是积极或是消极的。由于影响房价的因素较多，多元线性回归模型很难对这些因素的未来走势做出正确估测，会大大影响最终预测结果的准确性。

（二）我国房产市场的分类

国家统计局对我国房产市场统计，可分为全国性市场和地方性市场。房产价格走势的指标，较有代表性的是两组指标值：一是中国房地产价格指数，主要以全国为统计范围的指标体系；二是中房指数，以全国主要城市房地产市场为统计对象的指标体系。本文将我国的房产市场分为全国和地方，地方选取房地产市场发展比较完善的两个代表性城市——北京和上海，分别采集两组的指标值，并对京沪两个房地产市场进行价格分析。

（三）全国房产价格分析预测

1. 数据采集、整理与分析

目前可反映我国房地产价格的指标主要是中国房地产价格指数，包括三个具体指标值：土地交易价格指数 GI、房屋销售价格指数 SI 和房屋租赁价格指数 LI。收集整理我国的房地产价格指数，选取分析全国从 1999 年一季度开始到 2008 年四季度结束的数据，如表 1。可借此分析我国的房地产价格指数是否具有序列相关性。

表 1　数据采集

时期	全国土地交易价格指数	全国房屋销售价格指数	全国房屋租赁价格指数	时期	全国土地交易价格指数	全国房屋销售价格指数	全国房屋租赁价格指数
1999.1	—	99.7	—	2004.1	107.5	109.8	100.6
1999.2	—	99.6	—	2004.2	111.5	108.0	102.7
1999.3	—	99.9	—	2004.3	111.6	106.1	102.1
1999.4	—	100.7	—	2004.4	110.0	106.5	102.0
2000.1	99.2	100.7	99.4	2005.1	107.8	109.8	101.9
2000.2	100.2	101.1	102.7	2005.2	110.7	108.0	101.9
2000.3	100.9	105.2	102.2	2005.3	109.6	106.1	102.1
2000.4	100.5	101.2	105.2	2005.4	107.9	106.5	101.6
2001.1	101.4	101.9	105.7	2006.1	105.7	105.5	101.4
2001.2	100.4	102.5	103.1	2006.2	106.4	105.7	101.7
2001.3	101.1	102.7	101.6	2006.3	104.9	105.5	102.1
2001.4	104.1	101.8	101.7	2006.4	106.1	105.3	101.4
2002.1	107.9	101.3	100.0	2007.1	109.8	105.6	101.8
2002.2	105.4	102.8	101.2	2007.2	113.5	106.3	102.5
2002.3	106.6	104.0	101.1	2007.3	115.0	108.2	103.0
2002.4	107.8	103.5	100.8	2007.4	110.7	110.2	103.1
2003.1	108.5	107.7	101.7	2008.1	116.5	111	102.9
2003.2	107.1	110.4	101.9	2008.2	110.8	109.2	103.2
2003.3	108.8	109.9	101.8	2008.3	106.9	105.3	102.1
2003.4	108.9	110.8	102.4	2008.4	103.6	100	100

注：上年同期为 100。

数据来源：国家统计局，数据整理：国研网数据中心。

2. 数据平稳性检验

现在对全国土地交易价格指数、全国房屋销售价格指数、全国房屋租赁价格指数三组时间序列数据进行平稳性检验。这一检验主要是看数据序列的时序图与单位根检验值。当原始数据并非平稳序列时，可以进行差分操作，以便充分提取序列中可供预测的有用信息。然后检验序列数据是否纯随机性，也即数据序列是否存在显著相关性。检验方法是看样本自相关系数的 Q 统计量以及其 P 值，当 P 值小于 $\alpha(\alpha=0.05)$ 时，认为样本存在显著的相关性，属于非纯随机序列，如图 1、图 2 和图 3。

现在对全国三个住宅价格指数的时间序列进行平稳性检验，常用的检验方法是单位根 ADF 检验法，见表 2。

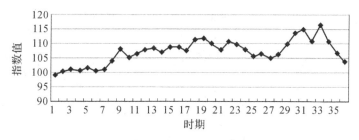

图 1   全国土地交易价格指数的时序图

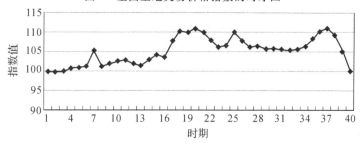

图 2   全国房屋销售价格指数的时序图

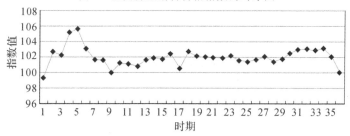

图 3   全国房屋租赁价格指数的时序图

表 2   三个指数 ADF 检验结果

变量	ADF 值	1% 临界值	5% 临界值	是否平稳
全国土地交易价格指数	−2.173508	−3.6353	−2.9499	不平稳
全国房屋销售价格指数	−2.233886	−3.6117	−2.9399	不平稳
全国房屋租赁价格指数	−2.698816	−3.6353	−2.9499	不平稳

很明显,对全国三个住宅价格指数时间序列进行 ADF 检验,都显示出序列不平稳的特征。因此还需要对变量再进行差分变换,经过一阶差分变换以后的三个指数仍有不平稳的特征,现进行二阶差分变换,得到结果如表 3:

表 3   全国房屋租赁价格指数三个指数二阶变换 ADF 检验结果

经过差分变换的变量	ADF 值	1% 临界值	5% 临界值	是否平稳
全国土地交易价格指数	−7.293181	−3.6496	−2.9558	平稳
全国房屋销售价格指数	−6.669559	−3.6228	−2.9446	平稳
全国房屋租赁价格指数	−7.101905	−3.6496	−2.9558	平稳

接下来检验样本是否具有纯随机性,也即进行差分变换后的数据序列是否存在显著的相关性,检验方法是看样本自相关系数的 Q 统计量及其 P 值。当 P 值小于 $\alpha(\alpha=0.05)$ 时,认为样本存在显著的相关性,属于非纯随机序列,见表 4。

表 4　三个指数二阶变换值的平稳性检验

二阶差分变换的全国 土地交易价格指数			二阶差分变换的全国 房屋销售价格指数			二阶差分变换的全国 房屋租赁价格指数		
延迟	Q 统计量	P 统计量	延迟	Q 统计量	P 统计量	延迟	Q 统计量	P 统计量
1 期	11.400	0.001	1 期	6.2636	0.012	1 期	10.757	0.001
2 期	11.434	0.003	2 期	6.8072	0.033	2 期	10.791	0.005

通过观测上述处理后的全国土地交易价格指数,经表格分析可以得出,全国房屋销售价格指数和全国房屋租赁价格指数的自相关系数的 Q,P 统计量可以发现平稳序列存在明显的短期相关性,属于非纯随机序列,可对其建立 ARMA 模型。

二、相关模型建立

(一)ARMA 模型介绍

ARMA 模型的全称是自回归移动平均(auto regression moving average)模型,是用于分析平稳且非纯随机性序列的一种模型,这是目前最常用于拟合平稳序列的模型,简记为 ARMA(p, q),其表达式如下:

$$x_t = \varphi_1 x_{t-1} + \varphi_2 x_{t-2} + \cdots + \varphi_p x_{t-p} + \varepsilon_t - \theta_1 \varepsilon_{t-1} - \theta_2 \varepsilon_{t-2} - \cdots - \theta_q \varepsilon_{t-q}$$

令
$$\Phi(B) = 1 - \varphi_1 B - \varphi_2 B^2 - \cdots - \varphi_p B^p,$$
$$\Theta(B) = 1 - \theta_1 B - \theta_2 B^2 - \cdots \theta_q B^q,$$

模型 $x_t = \Theta(B)/\Phi(B) \times \varepsilon_t$ 　　　　　　　　　　　　　　　　　　　(1)

其中(1)$\varphi_p \neq 0, \theta_q \neq 0$;(2)$\Phi(B)$ 和 $\Theta(B)$ 无公共因子;(3)$\Phi(Z) = 0$ 和 $\Theta(B) = 0$ 的根在单位圆外。

ARMA 模型的定阶是确定其参数 p, q 的数值,也即利用样本偏自相关系数和自相关系数图的性质,选择适当的 ARMA 模型拟合观察值序列。在实际操作中,因为样本的自相关系数和偏自相关系数,不会呈现出理论上截尾的完美情况,这个定价原则具有一定的困难,本应截尾的样本自相关系数或偏自相关系数,仍会出现小数值振荡的情形。同时,平稳时间序列通常具有短期相关性,随着延迟数的增加都会衰减至零值附近做小幅波动。所以,在实际操作中,如样本自相关系数或偏自相关系数,在最初的 d 阶明显大于 2 倍标准差范围,而后几乎 95% 的自相关系数都落在 2 倍标准差的范围以内,而且有非零自相关系数衰减为小值波动的过程非常突然,这时通常可视为自相关系数 d 阶截尾。如果有超过 5% 的样本相关系数落入 2 倍标准差范围之外,或者是由显著非零的相关系数衰减为小值波动的过程比较缓慢或非连续,通常视为相关系数不截尾。

当确定了模型的阶数 p, q 值后,也即确定了待估计的模型 ARMA(p, q),见表 5。然后就可以对其进行估计,估计方法采用最小二乘法记为:

$$\beta = (\varphi_1, \cdots, \varphi_p, \theta_1, \cdots, \theta_q)'$$
$$F_t(\beta) = \varphi_1 x_{t-1} + \varphi_2 x_{t-2} + \cdots + \varphi_p x_{t-p} - \theta_1 \varepsilon_{t-1} - \theta_2 \varepsilon_{t-2} - \cdots - \theta_q \varepsilon_{t-q},$$
$$\min Q(\beta) = \sum_{t=1}^{n} \varepsilon_t^2 = \sum_{t=1}^{n} X_t - F_t(\beta)$$
　　　　　　　　　　　　　　　　　　　　　　　　　　　　　　　(2)

ARMA 模型定阶的基本原则如表 5 所示：

表 5   ARMA 模型的模型定价表

自相关系数	偏自相关系数	模型定价
拖尾	p 阶截尾	ARMA$(p,0)$ 模型
q 阶截尾	拖尾	ARMA$(0,q)$ 模型
拖尾	拖尾	ARMA(p,q) 模型

资料来源：刘次华，随机过程，华中科技大学出版社，2008 年版。

(二)ARMA 模型建立

通过对全国土地交易价格指数处理后的序列自相关系数和偏自相关系数的观测，可以选择不止一个模型对其进行回归。针对本文模型做预测的目的，综合考虑了系数的显著性（t 统计量），模型的拟合优度（R^2 值），模型的显著性（AIC 值，SC 值）以及模型是否能最优提取数据中的信息等情况，选出最合适的模型对其进行回归，回归的结果如下：

$$GI_t = 109.4022 + 0.826931 GI_{t-1} + \varepsilon_t - 0.235418 \varepsilon_{t-1} - 0.320107 \varepsilon_{t-2} - 0.422550 \varepsilon_{t-3}, \quad (3)$$

     S. E   0.651509   0.166754   0.166754   0.155573   0.165779

     t 167.9213 -1.411772 -1.411772 -2.057593 2.548875

     $R^2 = 0.741286$，Adjusted $R^2 = 0.706791$，AIC$=4.576515$，SC$=4.576515$

运用同样的方法，得出全国房屋销售价格指数和全国房屋租赁价格指数的回归方程为：

1. 房屋销售价格指数

$$SI_t = 106.4209 + 1.520788 SI_{t-1} - 0.610651 SI_{t-2} + \varepsilon_t - 0.613522 \varepsilon_{t-1} - 0.344525 \varepsilon_{t-2}, \quad (4)$$

     S. E   0.587581   0.210758   0.192953   0.210988   0.211971

     t 181.1168   7.215804 -3.164767 -2.907848 -1.625338

     $R^2 = 0.741353$，Adjusted $R^2 = 0.710002$，AIC$=4.157939$，SC$=4.373411$

2. 房屋租赁价格指数

$$LI_t = 102.0375 - 0.406103 LI_{t-1} + \varepsilon_t + 1.042468 \varepsilon_{t-1} + 0.334271 \varepsilon_{t-2}, \quad (5)$$

     S. E   0.283893   0.260765   0.288335   0.209987

     t 359.4222 -1.557353 3.615475   1.591867

     $R^2 = 0.318609$，Adjusted $R^2 = 0.252668$，AIC$=2.935198$，SC$=3.112952$

(三)ARMA 模型预测

经过上面的计算分析，得到全国房屋销售价格指数、全国房屋租赁价格指数及全国土地交易价格指数的 ARMA 模型，并运用这些拟合模型对房地产价格的指数序列进行预测。以房地产价格指数 2009 年第一季度至 2010 年第四季度为例，预测土地交易价格指数、房屋销售价格指数及房屋租赁价格指数的未来值，并得出三个指数的预测均方根误差（RMSE）分别为：2.959089，2.825781 和 1.128557；预测平均绝对误差（MAE）分别为：2.196763，2.174525 和 0.756604。可见预测精度较高，模型具有一定的参考价值，预测结果见表 6。

表 6   三个指数预测值表

时期	土地交易价格指数	房屋销售价格指数	房屋租赁价格指数
第一期	106.6451	100.5019	100.8485
第二期	108.6835	102.7596	101.9283
第三期	109.5612	104.4673	102.0818
第四期	109.5337	105.6857	102.0195
第五期	109.5109	106.4958	102.0448
第六期	109.4921	106.9837	102.0345
第七期	109.4766	107.2311	102.0387
第八期	109.4637	107.3093	102.037

(四)小结

根据所建模型及对房地产价格指数未来几期的预测,可以看出,未来在没有相关突发政策出台的情况下,土地交易价格指数小幅下降,房屋销售价格指数呈上升趋势,房屋租赁价格指数平稳震荡。可能出现的原因是:前段时间的房地产市场紧缩开始发挥作用,短时间内房屋销售价格是不会大幅下降的,下降趋势首先在土地交易市场发挥作用。房屋租赁价格指数的预测值在前期突然走高的水平上有小幅振荡,但仍然处于比较平稳的水平,没有出现大幅滑坡,这是由于我国居民对租赁房屋的认同普遍单一,再加租住的短期性和需求稳定等,符合我国居民对租赁房屋的需求特性,估计房屋租赁价格指数会在这个水平上停留一段时间。长期来看,土地交易价格指数不可能一直延续下降趋势,从土地资源稀缺性的特点可得知,未来仍然会呈现周期上涨趋势。由于土地交易价格指数变动趋势的带动,房屋销售价格指数和房屋租赁价格指数也会呈现一个循环波动上升趋势,这在后面的房产价值预测中可以看出。总体而言,这三个指数的走势会在周期波动中呈现总体上涨趋势。

ARMA 模型主要运用于平稳性时间序列,这类时间序列的特征是假定整个序列数据的未来走势,是参照已知数据值的变动而来的,且经济运行相对平稳,这并非否认特殊突发事件对实际数值的影响。以中国房地产价格指数的预测为例,假设国家的政策出台是以保证房地产价格平稳波动为目的,且会以原先的政策为指导,对房产价格造成冲击的突发性因素,当然会造成房产价格指数的剧烈震荡,但这并非本文讨论的主要内容。

三、北京、上海两地房产价格分析预测

(一)数据采集、整理、分析

本部分使用的数据是 1997 年一季度至 2002 年四季度的中房北京和上海住宅价格季度指数(见表 7)。我国的房地产市场真正开始市场化运营的时间很短,1995 年之前,国内缺乏权威的房地产价格指数。中房指数(CREIS)即中国房地产价格指数,是一套主要以价格指数形式来反映全国各主要城市房地产价格水平及变动情况的指标体系和分析方法。它采用抽样调查法在对市场商品房项目进行调查的基础之上,采用聚类分析法确定样本,然后对样本进行较长时间的跟踪调查,具有重复交易法的思想。

中房指数将物业按用途分为四大类:以 1994 年 11 月北京物业的比较价格为基值,基期指数定为 1000 点。以各城市的四类物业的销售价格为依据,分别定为高、中、低三档,以各类各档次物业的销售量为权重计算四类物业的平均价格。最后将这四类物业的平均价格以竣工量为权数求得加权平均价格,并以此平均价格作为各城市的物业比较价格,计算各城市的房地产价格指数。中房指数考虑了物业结构变动对房地产价格指数的影响。由于市场对物业结构的喜好变动很快,原住房的重置价格上涨速度跟不上新型的住房,从而使得中房指数有时和住宅平均销售价格不一致。对反向抵押贷款而言,鉴于住房类型无法变动,住房重置价格并不完全跟随住宅的平均销售价格同步变动。而平均销售价格受商品房类型、开发地段等非市场化因素影响,使得中房指数比住宅平均销售价格更有参考价值。

表 7　北京、上海两地中房住宅价格指数表

时　　期	中房北京住宅价格指数	中房上海住宅价格指数	时　　期	中房北京住宅价格指数	中房上海住宅价格指数
1997.1	839	808	2000.1	861	642
1997.2	847	800	2000.2	858	651
1997.3	847	769	2000.3	859	659
1997.4	853	754	2000.4	867	664
1998.1	859	738	2001.1	872	671
1998.2	883	704	2001.2	876	693
1998.3	882	683	2001.3	876	693
1998.4	879	669	2001.4	895	731
1999.1	874	653	2002.1	892	792
1999.2	872	646	2002.2	895	778
1999.3	869	643	2002.3	906	807
1999.4	869	641	2002.4	904	844

资料来源:国研网,以 1994 年 11 月北京物业的比较价格为基值。

假设地方性房产价格呈现随机游走特征,而与之紧密相关的房产价格指数也呈现随机游走的特征,只要证明房产价格指数呈现随机游走特征,即可证明房产价格也呈现此特点。[①]

根据定义,$(y_t=1,2,\cdots)$ 是随机游走过程,

若 $y_t=\rho y_{t-1}+\varepsilon_t, \rho=1, t=1,2,\cdots$ 　　　　　　(6)

其中 $\{\varepsilon t\}$ 独立同分布,且 $E(\varepsilon t)=0, Var(\varepsilon t)=\sigma^2<\infty$。

根据随机游走过程的性质,若随机过程 $\{p_t\}$ 的一阶差分过程 $\{\Delta p_t=p_t-p_{t-1}\}$ 为一稳定过程,则 $\{p_t\}$ 服从随机游走过程,对地方性的房产价格指数进行稳定性检验。

稳定性检验:通过对中房北京、上海住宅价格季度指数的一阶差分过程的图像观察,可以初步判断它们均呈现出稳定过程的特征。通过对中房北京、上海住宅价格季度指数走势观察,发现两个市场的住宅指数序列显示出了明显的时间趋势,现对两个市场的住宅指数序列进行检验,见图 4 和图 5:

建立随机游走时间序列模型考虑限制条件最弱的模型,

$$p_t=a+\rho p_{t-1}+bt+\varepsilon_t \qquad (7)$$

① 说明:数据自 2002 年以后由中房指数系统公布,对外不公开,因此不能获得。由于数据量较少,进行 ARMA 模型分析的准确性较差,且相关检验结果不理想,这里放弃 ARMA 模型对此部分数据的建模分析及模拟。虽然数据较少且较旧,但这部分只是一个随机游走过程的检验,数据问题并不影响模型的实质性效果。

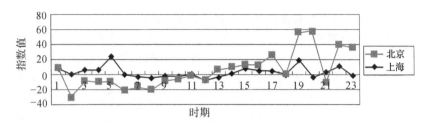

图 4　北京、上海住宅指数一阶差分图

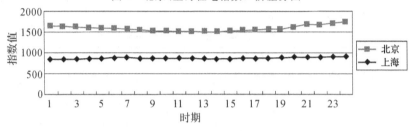

图 5　北京、上海住宅指数图

若残差通过稳定性检验,则说明指数服从随机游走模型,如表 8。

表 8　模型稳定性检验

变量	北京	上海
住房指数拟合模型	$p_t = 193.18 + 0.78p_{t-1} + 0.39t$	$p_t = -33.01 + 1.00p_{t-1} + 2.66t$
残差的 $D-F$ 统计量	-3.942908	-5.350364
临界值(5%)	-1.957204	-1.957204
结论	稳定	稳定

(二)模型建立

经检验分析,我国房产价格指数服从随机游走的特征,假设房产价值服从随机游走的特点,即利用历史价格不能预测未来的价格,当前的价格是对未来价格的最好估计。在不考虑折旧的情况下,房地产价格服从几何布朗运动:

$$dV_t = \mu V_t dt + \sigma V_t dz_t \tag{8}$$

其中:σ 为房地产价值波动率;μ 为房地产价值的瞬时增长率;dz_t 为维纳过程的增量。更长期限 t 的累计升值率也符合 $N(\mu t, \sigma \sqrt{t})$ 的正态分布。

令 $t=0$,$V_0 = V$,按照房地产评估中的成本法,取估价对象在估价时点的重置价格或重建价格,扣除折旧,以此估算估价对象的客观合理价格或价值。$t > 0$ 时,房地产价格可表示为:

$$V_t = V\exp(\mu t + B_t) \tag{9}$$

其中 $B_t \sim (0, \sigma\sqrt{t})$。此时称房地产价值符合对数正态分布,其均值和方差分别为:

$$E[\ln V_t] = \ln V + \mu t$$

$$Var[\ln V_t] = \sigma^2 t$$

假设中房上海住宅指数符合对数正态分布,求出各个季度中房上海住宅指数的增长率 $\mu_{i+1} = \ln(V_{i+1}/V_i)$,并求出其均值和标准差:

$$\bar{ub} = \frac{1}{n}\sum_{i=1}^{24}\ln(V_{i+1}/V_i) = 0.003$$

$$\bar{us} = \frac{1}{n}\sum_{i=1}^{24}\ln(V_{i+1}/V_i) = 0.002$$

$$\sigma b = 0.009$$

$$\sigma s = 0.031$$

以季度升值率的分布推出年升值率的分布：

$$\mu b - year = 0.013$$

$$\mu s - year = 0.008$$

$$\sigma b - year = 0.017$$

$$\sigma s - year = 0.062$$

(三)模型预测

根据计算可以得到房产价格的平均预测值：北京 2007 年年末每平方米房产均值为 11875.77 元/平方米，上海为 8491.00 元/平方米。表 9 为接下来几期两地房价的平均预测值。

表 9　北京、上海房价预测平均值

时期	北京(元/平方米)	上海(元/平方米)
第一期	12031.1572	8559.1999
第二期	12188.5833	8627.9482
第三期	12348.0693	8697.2486
第四期	12509.6422	8767.1056
第五期	12673.3292	8837.5238
第六期	12839.1580	8908.5075
第七期	13007.1567	8980.0614
第八期	13177.3536	9052.1900

这里每期的价格 V_t 是根据 $E(\ln V_t) = \ln V_0 + \mu_{year}$ 计算所得，而方差值见表 10：

表 10　北京、上海房价预测方差

时期	北京房价预测方差	上海房价预测方差
第一期	0.017	0.062
第二期	0.034	0.124
第三期	0.051	0.186
第四期	0.068	0.248
第五期	0.085	0.310
第六期	0.102	0.372
第七期	0.119	0.434
第八期	0.136	0.496

这说明，随着预测时间的加长，预测误差越来越大，预测准确度也越来越低，且北京、上海两地的房价受经济因素和房地产自身周期的影响，不可能一直呈现上升趋势，需要对该模型做出改进。

(四)模型改进

中房指数的创始人孟晓苏博士曾提出房产周期波动理论，他认为从国外的房地产开发经验看，房地产业呈现周期性发展，从历史发展的轨迹来看，我国的房地产开发也是有周期性的。美国的房地产涨落周期为 18～20 年，日本为 10～12 年，我国香港为 7～8 年。我国内地的房地产业发展近 20 年来，经历了 3 个高涨期和 2 个低落期。通过对中国房地产开发周期的研究，中国的房地产周期是 7 年一个周期,5 年高涨期,2 年低落期,与国外有所不同,呈现为高涨期长、低落期短的特点。房地产从 1998 年起进入"第三个发展期",到 2002 年依据周期性发展理论,一个上升周期结束,开始调整期;2004 年开始又是一个新的发展期开始,这个过程大致会持续到 2008 年,房价波动的历史证明了"周期理论"的准确性。

依据该理论对模型调整,将情况进行简化:从 2009 年开始,以两年为一个调整期,房价升值率以 $\mu - \sigma$ 进行调整。以五年为一个上升周期,升值率保持变为 $\mu + 2/5\sigma$。经调整后的预测值见表 11:

表 11　北京、上海房价预测平均值

时期	北京(元/平方米)	上海(元/平方米)
第一期	11828.36	8044.646
第二期	11781.14	7621.756
第三期	12016.73	7875.895
第四期	12257.04	8138.507
第五期	12502.14	8409.876
第六期	12752.15	8690.294
第七期	13007.16	8980.062
第八期	12955.24	8507.999

(五)小结

根据随机游走模型预测出的北京、上海每平方米房产平均价值均呈上升趋势,主要因为近年来住宅价格指数升值率总体走高,导致平均数值为正,但这是在一定假设条件下给出的期望值,是承认有误差的,与实际情况有所出入。特别是因金融危机带来房产市场价格的颓势,因此引入房产周期理论,在整个周期升值率不变的情况下,对房产价格上升率进行调整,使其更接近现实情况。长期而言,房产价格呈上升趋势是符合实际情况的。

四、反向抵押贷款产品定价的实证分析

(一)公式列示

金融机构在计量经营反向抵押贷款业务的保本点时,可以列示的一个基本公式是:

预期房产价值的可变现净值的现值=每期支付房款×(年金终值系数,实际执行利率
＋业务开办实际发生费率,实际期限)　　　　　　　　　　　　　　　　　　　　(10)

对上述公式可以做如下解释:根据每期支付贷款贴现值的和,等于最终抵押房产变现值给出,公式中实际执行利率即贷款开办利率加上风险升水和必要的收益率,是计算净值时使用的贴现率。

将上式进行变化:

每期支付房款=预计到期房产价值的可变现净值的现值/(年金终值系数,实际执行利率＋业务开办实际发生费率,实际期限)　　　　　　　　　　　　　　　　　　(11)

这部分计算需要考虑的因素有:用于贴现计算的利率水平;贷款开办年限,即为实际期限,其中涉及生存率的计算问题;金融机构开办反向抵押贷款的费率问题,其中包括住房反向抵押贷款的发起费,保险费如房屋价值保险和其他交易费用,即除利率、发起费和保险费之外的其他交易

费用,如第三方服务费、手续费等。

(二)指标数值的设定

在反向抵押贷款产品定价的系列计算中,首先需要计算利率。房屋反向抵押贷款面临着较大的风险,如未来还款期的不确定、住房资产价值的不确定等。为此,需要在无风险利率的基础上,加上一定的风险升水成本(包括平均通胀率和额外风险,本文取 2%)和必要的利润率(本文取 1%),作为反向抵押贷款的利率。

其次是生存率和死亡率的计算,它不能从生命表中直接查取,但可以利用生命表中给出的不同年龄的死亡概率,通过推导出的关系式计算得出。生命表是根据以往一定时期内各种年龄的死亡统计资料编制的由每个年龄死亡率所组成的汇总表,分为国民生命表和经验生命表。《中国人寿保险业经验生命表(2000—2003)》是我国最新的经验生命表,本文的死亡率数据也取自该表。

根据生命表的构成和书写习惯,有以下几个重要指标和关系式:

p_x——生存率,表示 x 岁的人在 1 年后仍生存的概率,即到 $x+1$ 岁时仍生存的概率;

q_x——死亡率,表示 x 岁的人在 1 年内死亡的概率;

$_tp_x$——x 岁的人在 t 年后仍生存的概率;

$_tq_x$——x 岁的人在 t 年内死亡的概率;

$_{t|n}q_x$——x 岁的人在 $x+t$ 岁与 $x+t+n$ 岁的 n 年内死亡的概率。如果 $n=1$,则表示为 $_{t|}q_x$,其含义为 x 岁的人在生存 t 年后的那一年死亡的概率。

显然,有以下几个等式关系:

$$p_x + q_x = 1 \tag{12}$$

$$_tp_x + _tq_x = 1 \tag{13}$$

$$_{t|}q_x = _tp_x - _{t+1}p_x \tag{14}$$

根据生存率 $_tp_x$ 的定义,有:

$$_tp_x = p_x \cdot p_{x+1} \cdot p_{x+2} \cdots p_{x+t-1} = (1-q_x)(1-q_{x+1})(1-q_{x+2}) \cdots (1-q_{x+t-1}) \tag{15}$$

将式(15)代入(14),有:

$$_{t|}q_x = _tp_x - _{t+1}p_x$$
$$= (1-q_x)(1-q_{x+1})(1-q_{x+2}) \cdots (1-q_{x+t-1})$$
$$\quad - (1-q_x)(1-q_{x+1})(1-q_{x+2}) \cdots (1-q_{x+t-1})(1-q_{x+t})$$
$$= (1-q_x)(1-q_{x+1})(1-q_{x+2}) \cdots (1-q_{x+t-1})q_{x+t} \tag{16}$$

在相关费用的计算中,发起费用全部由借款人支付,假定其为反向抵押贷款发起时住房资产价值的一定比例,取 1%;保险费为反向抵押贷款发起时住房价值的一定比例,取值 2%。这部分保险费既包括对抵押房产的一般财产保险,更重要的一项是对房屋价值的保险。在当前金融危机对房产市场价格造成严重冲击下,这项保险费的收取显得尤为重要,可适当加大这部分费率的比重。除利率、发起费和保险费之外的其他各类交易费用,如第三方服务费、手续费等,取值为房产价值的 3%,三者合计,可得相关费用率为房产价值的 1%+2%+3%=6%。

$$\sum(每年评估抵押房产的预期的价格的现值×贷款机构的生存率)-房产初始价格×费率$$
$$水平 = \sum 每期支付房款×(年金终值系数,贴现率,年限)×死亡率 \tag{17}$$

公式解释:式 17 由式 10 变化得出:

$$\sum(每年评估抵押房产的预期的价格的现值×贷款机构的生存率)=抵押房产最终变现值$$
的期望

$\sum$ 每期支付房款 × (年金终值系数,贴现率,年限) × 死亡率 = 参与人获得贷款额现值的期望

最终变现抵押房产变现值的期望现值 - 初始费用 = 参与人获得贷款额的期望现值

众多的反向抵押贷款资产的汇集,构成了一个资产池,其中每个参与人在开办贷款后的每一年生存率和死亡率都服从大数定律,贷款开办机构根据一定概率分布计算的是一般情况。

将公式(17)进行变化:

每期支付房款 = [$\sum$(每年评估抵押房产的预期价格的现值 × 贷款机构生存率) - 房产初始价格 × 费率水平] / $\sum$ (年金终值系数,贴现率,年限) × 死亡率   (18)

(三)根据反向抵押贷款年金支付的模型计算年金支付额

由以上公式计算得出基于房产价值预测的反向抵押贷款年金支付模型的年金支付额。将上述各有关参数的数值代入公式,得出在假定房产初始价值下,一定年龄的老人能获得的基于房产价值预测的反向抵押贷款年金支付的数额,通过数据计算,可以得知老年人参与反向抵押贷款对每期可支配收入的改善情况。

1. 假设条件

(1)假设一个参与反向抵押贷的男性老年人现年 65 岁(假设为国家规定可以开始申请贷款的时间),从老人 66 岁时开始获得年金收入。

(2)房屋初始价值为 100 万,所在位置 A 市(非北京、上海采用全国房屋销售价格指数的走势来预测房产价值,其他两地的情况单独举例)。

(3)无风险利率水平为 4.17%,则利率水平则为 4.17% + 2% + 1% = 7.17%。

(4)假设费率水平为房屋初始价值的 6%,并在贷款开办之初就已全部缴纳。

(5)假设人的最大存活寿命为 105 岁(根据《中国人寿保险业经验生命表(2000—2003)》),即最大可能余存年限为 40 年。

(6)用房屋销售价格指数作为房产价值预测的基础,该指标比另外两个指标更具有代表性。

(7)每年的折旧忽略不计①。

公式计算中涉及一些指标的数据值,见表 12。

表 12   计算中涉及的其他一些数据的数值列表

年份	生存率	死亡率	贴现率	年金系数
2009	0.981725	0.018275	0.933097	0.933097
2010	0.961985	0.038015	0.87067	1.803767
2011	0.940715	0.059285	0.812419	2.616186

---

① 应当说明,按照国家有关方面的规定,混合一等结构房屋的折旧期限为 50 年。按照理论折旧率,假设采用直线折旧法,并不考虑残值,即 50 年后住房建筑物部分价值为 0,则每年房产部分折旧率为 2%。房地产的价格包括房产价格和附带的地产价格。折旧主要是房产价值的减少。这里假设地皮没有物理性折旧,每年的房地产折旧额与购置房屋时房产价值、折旧年数有关。假设房产价值占房地产价值的 40%,假设房屋购买时价格为 Y,则每年的折旧额为 Y × 40% × 2% = 8 × 10^{-3}Y。参与反向抵押贷款的一般是处于地段较好,使用了较多年,升值空间较大的房产,通常这些房屋购买时价格较低,价位在 2000 元/平方米左右,即使 100 平方米的房产,购买时价格也就 20 万元,每年的折旧额为 1600 元,与高达几十万的房产价值乃至房价增值相比,可以忽略不计。

年份	生存率	死亡率	贴现率	年金系数
2012	0.917842	0.082158	0.758066	3.374252
2013	0.893333	0.106667	0.70735	4.081602
2014	0.867163	0.132837	0.660025	4.741627
2015	0.839282	0.160718	0.615868	5.357495
2016	0.809651	0.190349	0.574664	5.932159
2017	0.77828	0.22172	0.536217	6.468376
2018	0.74523	0.25477	0.500343	6.968719
2019	0.710516	0.289484	0.466868	7.435587
2020	0.674225	0.325775	0.435634	7.871221
2021	0.636518	0.363482	0.406488	8.277709
2022	0.59754	0.40246	0.379293	8.657002
2023	0.55753	0.44247	0.353917	9.010919
2024	0.516779	0.483221	0.330239	9.341158
2025	0.475528	0.524472	0.308145	9.649303
2026	0.434066	0.565934	0.287529	9.936832
2027	0.392785	0.607215	0.268288	10.20512
2028	0.352072	0.647928	0.25035	10.45547
2029	0.312296	0.687704	0.23359	10.68906
2030	0.27387	0.72613	0.21797	10.90703
2031	0.23719	0.76281	0.20338	11.11041
2032	0.202648	0.797352	0.18978	11.30019
2033	0.170614	0.829386	0.17708	11.47727
2034	0.141337	0.858663	0.16523	11.6425
2035	0.11509	0.88491	0.15418	11.79668
2036	0.091961	0.908039	0.14386	11.94054
2037	0.071982	0.928018	0.13424	12.07478
2038	0.055105	0.944895	0.12516	12.20694
2039	0.041152	0.958848	0.11897	12.32591
2040	0.029943	0.970057	0.10906	12.43497
2041	0.021181	0.978819	0.10176	12.53673
2042	0.014516	0.985484	0.09496	12.63169
2043	0.009632	0.990368	0.0886	12.72079
2044	0.006183	0.993817	0.08267	12.80346
2045	0.003825	0.996175	0.07714	12.8806
2046	0.002274	0.997726	0.07198	12.95258
2047	0.001297	0.998703	0.06717	13.01975
2048	0.000708	0.999292	0.06267	13.08242

2.全国房产市场价格预测

根据公式18,计算得出表13:

表 13 全国性市场具体计算值   单位:万元

年份	全国房屋销售价格指数预测值	每年房屋评估价格	每年评估房产预期价格的现值
2009	100.5019	100.5019	93.7780
2010	102.7596	103.2754	89.9187
2011	104.4673	107.8890	87.6510
2012	105.6857	114.0232	86.4371
2013	106.4958	121.4299	85.8935
2014	106.9837	129.9102	85.7440
2015	107.2311	139.3042	85.7930
2016	107.3093	149.4863	85.9044
2017	107.2773	160.3649	85.9904
2018	107.1807	171.8802	85.9991
2019	107.0535	184.0038	85.9055
2020	106.919	196.7350	85.7045
2021	106.792	210.0973	85.4020
2022	106.6812	224.1350	85.0126
2023	106.5901	238.905	84.5525
2024	106.5193	254.4799	84.0392
2025	106.4672	270.9376	83.4881
2026	106.4312	288.3621	82.9125
2027	106.4083	306.8413	82.3218
2028	106.3954	326.4650	81.7305
2029	106.3899	347.3258	81.1318
2030	106.3893	369.5175	80.5437
2031	106.3917	393.1359	79.9560
2032	106.3958	418.2801	79.3812
2033	106.4006	445.0525	78.8099
2034	106.4053	473.5595	78.2462
2036	106.4132	536.2297	77.1420
2037	106.4161	570.6347	76.6020
2038	106.4183	607.2598	76.0046
2039	106.4199	646.2452	76.8838
2040	106.4209	687.7400	75.0049
2041	106.4216	731.9039	74.4785
2042	106.4219	778.9060	73.9649
2043	106.422	828.9274	73.4430
2044	106.4219	882.1603	72.9282
2045	106.4218	938.8108	72.4199
2046	106.4217	999.0984	71.9151
2047	106.4215	1063.2556	71.4189
2048	106.4213	1131.5304	70.9130

计算得全国房产市场的年金支付额约为4.9665万元,每月可以拿到4150元左右。

3. 北京、上海房产市场价格预测

如果房屋位于北京和上海，其他条件假设不变，则评估结果如表14：

表14 北京、上海两地市场具体计算值   单位：万元

年份	北京每年房屋评估价格	北京每年评估房产预期价格现值	上海每年房屋评估价格	上海每年评估房产预期价格现值
2009	99.6008	92.9372	94.7432	88.4046
2010	99.2032	86.3732	89.7628	78.1537
2011	101.1870	82.2062	92.7558	75.3566
2012	103.2105	78.2403	95.8486	72.6596
2013	105.2744	74.4658	99.0446	70.0592
2014	107.3796	70.8732	102.3471	67.5517
2015	109.5269	67.4541	105.7598	65.1341
2016	109.0897	62.6899	100.2002	57.5814
2017	108.6542	58.2622	94.9329	50.9046
2018	110.8270	55.4515	98.0983	49.0828
2019	113.0432	52.7763	101.3693	47.3261
2020	115.3038	50.2302	104.7493	45.6324
2021	117.6095	47.8069	108.2421	43.9991
2022	119.9614	45.5005	111.8513	42.4244
2023	122.3603	43.3054	105.9715	37.5051
2024	121.8719	40.2468	100.4008	33.1563
2025	121.3853	37.4043	103.7486	31.9696
2026	123.8127	35.5998	107.2079	30.8254
2027	126.2887	33.8817	110.7827	29.7217
2028	128.8141	32.2486	114.4766	28.6592
2029	131.3900	30.6914	118.2937	27.6322
2030	134.0175	29.2118	112.0752	24.4290
2031	133.4825	27.1477	106.1837	21.5956
2032	132.9496	25.2312	109.7242	20.8235
2033	135.6082	24.0135	113.3829	20.0778
2034	138.3200	22.8546	117.1635	19.3589
2035	141.0861	21.7527	121.0702	18.6666
2036	143.9074	20.7025	125.1071	17.9979
2037	146.7852	19.7044	118.5305	15.9115
2038	146.1992	18.2983	112.2996	14.0554
2039	145.6156	17.3239	116.0441	13.8058
2040	148.5275	16.1984	119.9134	13.0778
2041	151.4977	15.4164	123.9118	12.6093
2042	154.5272	14.6739	128.0435	12.1590
2043	157.6173	13.9649	132.3130	11.7229
2044	160.7693	13.2908	125.3576	10.3633
2045	160.1275	12.3522	118.7678	9.1617
2046	159.4882	11.4800	122.7280	8.8340
2047	162.6776	10.9271	126.8202	8.5185
2048	165.9307	10.3989	131.0489	8.2128

根据公式 18,计算得北京房产年金支付额约为 3.3677 万元,每月可以拿到 2806 元左右。同理,计算得上海房产年金支付额约为 3.0733 万元,即每月可以拿到 2560 元左右。

通过以上的实证检验得知,全国和北京、上海两地相同年龄,拥有相同房产价值的老年人参与反向抵押贷款所能获得的每期年金支付额,还是有较大差距的,这主要是因为北京、上海两地如同前文分析的那样,已出现了高度的城市化,城市化的边际收益即将等于边际成本,因此相同价值的房产在这两地的升值空间,已经没有在其他城市,如新兴发展城市的上升空间大。但总体而言,反向抵押贷款仍可以给老年人带来可观的现金流入,这对老年人的生活质量提高将会起到很大的作用,从而缓解我国养老资源严重不足的问题。

(四)小结

本文在对全国和地方两个市场分别建立模型预测房产价值的基础上,合理假定了利率水平、贷款业务开办年限、金融机构开办反向抵押贷款的费率,通过对房屋销售价格模型进行数据预测,给出拥有一定房产价值的老人在参与反向抵押贷款后,在不同情况下所能获得年金和月支付额。通过实证分析可以看出,参与反向抵押贷款可以有效增加每月可供支配的收入,有效提高老人的生活质量,缓解养老资源不足的问题。这部分论证为我国开办反向抵押贷款的合理性,提供了充分的实际支撑。

以上模型的建立和数据的预测,都是基于过去已有数据的基础之上,认为过去的数据对于现在和将来具有指导性作用,即假定无论是政策制定方、房产流动资金的供给方和房产开发商等都是较为理性的,不以房价的暴涨暴跌为追求目标,而是追求房产价格的平稳变动逐步上涨。这一假定虽有一定的合理性,但不排除一定会造成房价较大范围波动的可能性的存在,如突然性的房地产市场泡沫造成的房产市场动荡。为防范此类风险对贷款开办机构造成的损失,贷款开办机构除提出部分房产价值作准备金外,还可以实行一系列的防止房价过度波动的举措。

反向抵押贷款业务开办中长寿风险的状况与防范

柴效武

摘要：在如今人口寿命大幅延长，老龄化日益严重的态势下，反向抵押贷款业务的运作提上议事日程，长寿风险就是业务开办中很值得认真关注的风险。本文就长寿风险的状况、解说、防范等发表自己的一些意见，以期有助于反向抵押贷款业务在我国的顺利开办。

一、长寿与长寿风险的解说

（一）反向抵押贷款的提出

人口急剧老龄化和家庭空巢化问题的加剧，引发了养老资源的稀缺问题。20 世纪 70 年代末我国严格实施的计划生育政策，造成越来越多的"四二一"结构的家庭出现，子女抚养的负担不断加重。同时，家庭空巢化问题也在不断加剧，根据全国老龄委公布的《我国城市居家养老服务研究》报告，目前我国城市老年人空巢家庭的比例已达到 49.7％，大中城市的老年空巢家庭比例更高，达到 56.1％。

在这些情况下，传统的养儿防老前景堪忧，养老资源严重短缺，亟待新的养老模式的补入。值得关注的是，随着住房政策的不断完善和住房商品化的广泛实施，越来越多的老年人拥有了自己的住房，截至 2009 年，我国已有 86％的老年人拥有自有住房，这些住房的价值占据了老年人拥有资产的较高比例。对"房产富人，现金穷人"的老年人来说，能将这部分房产的价值在自己生前提前变现，就可以带来十分可观的养老资源。反向抵押贷款为实现以房养老，解决养老资源短缺的问题提供了新的思路，作为一种有效的养老方式被提上议程。

反向抵押贷款将人寿保险和住房按揭贷款捆绑起来并逆向操作，以解决居民的养老问题。该模式下购房者以购买相应年限金额的养老保险作为借款抵押，在我国具有巨大的潜在市场。

（二）长寿现象的出现

随着生活水平的提高和医疗保健事业的进步，人们的寿命逐步延长。我国人口的平均期望寿命已从改革开放之初的 68 岁提高到 73.7 岁，在沿海经济发达地区，人均寿命已经达到或接近 80 岁之多。人的寿命延长固然是个大好事，但对反向抵押贷款的业务开办机构而言，寿命的延长又会使机构面临长寿风险。尤其是当借款人的实际存活寿命大于预期寿命时，特设机构就将面临贷款本息累计余额超出抵押住房最终价值的风险。虽然特设机构可以将某些标准下的平均寿命作为反向抵押贷款中借款人预期寿命的基准，但就单个借款人而言，其实际寿命是无法确切预测的，这种寿命差异所导致的风险就无法避免。

美国经济学家 Adam Creighton，Henry Jin，John Piggott 和 Emiliano A. Valdez 在 2005 年 9 月发表的《长寿保险：一个缺失的市场》一文中如此断言："除了偶尔活得长的希腊悲剧演员，在古代,人的预期寿命非常短。事实上,一个人从出生开始能活 40 年就已经很罕见了,活得太长也不会带来很多麻烦。然而,在很多国家预期寿命都超过 80 岁的今天,我们可以理智而自信地说我们明天还会活着。退休时间也变长了:在 19 世纪末,一个工人能退休 30 年,被认为是一种富于想象的事,而现在却很常见。人们在退休中因为长寿而耗尽自己资产的风险正在成为现实,并随着寿命不断延长而持续发生。与此同时,政府撤销或缩减由政府赞助的退休计划的这种行为,将会加剧这类问题,并把长寿风险转移到个人身上。"

(三)长寿风险的测定

长寿风险是指当借款人的实际寿命超过预期寿命时,给特设机构造成的损失。对于老年人来说,长寿风险是指活得过长而没有足够的资金来保证晚年生活的幸福安康(Valdez, Piggott 和 Liang Wang,2005)。Yaari(1965)认为年金产品可以完全对冲这种长寿风险。对保险机构及其他提供这种年金产品的机构来说,长寿风险是指实际存活年龄超过预期年龄的风险。

国外普遍认为可以把长寿风险分为偶然性风险和系统性风险,例如 Ignazio Visco 和 Banaca d'Italia,2006),前者可以通过多项政策来分散,后者则属于人类寿命的普遍延长,是不可能被分散的。系统性风险又包括由科技进步带来的死亡率下降(Piggott, Valdez 和 Detzel,2004),以及由于信息不对称带来的逆向选择(Valdez, Piggott 和 Liang Wang,2005),使借款人的死亡率普遍下降。

长寿风险可以从如下三个方面测定:(1)社会总体状况,老年人的寿命逐步延长,人均寿命显著提高,上海、北京等大城市的人均寿命已达到或超过 80 岁,全国人均寿命也达到了 73 岁左右,上升幅度很快;(2)某群体的人均寿命状况,明显好于其他群体,如城市居民相比农村居民、投保居民相比较非投保居民等;(3)个体状况,如某个长寿明星的寿命明显超出其他老年人。

长寿风险可以通过借款人参与反向抵押贷款时的死亡概率加以测算。如保监会发布的生命表《中国人寿保险业经验生命表(2000—2003)》,特设机构可以暂时将其作为反向抵押贷款产品定价的基础。等反向抵押贷款业务正式推出后,再搜集相关数据,形成反向抵押贷款业务专用的生命表,以提升产品定价的准确性。

美国经济学家 Adam Creighton 讨论了人口及政策变化情况下的保险理论以及长寿风险的实践。其中解释了妨碍长寿保险市场发展的因素,强调能在私人部门和公共部分两方面给市场带来活力和成功的产品和市场的创新。这些现今的发展包括风险共担、"特制"年金、住房反向抵押贷款及资产证券化等。

二、住房反向抵押贷款下的长寿风险

一般地说,反向抵押贷款在借款人自然死亡、永久搬离及出售住房时宣告到期。长寿风险一般对永久搬离及出售住房两种情况没有直接影响,但对借款人自然死亡这种情况则有较大影响。当采取定额年金支付方式时,老年借款人每期能获得的年金数额,是根据房屋的价值乘以适当的系数再除以借款人的预期寿命得出,然而在实际运作中,反向抵押贷款却是以借款人的死亡作为合同结束的标志。借款人的寿命越长,贷款的存续期越长,特设机构收不抵支的可能性也越大。

值得注意的是,只有年金形式的住房反向抵押贷款提供了完整的长寿保险。一次性支付和按信用随时支付,必然会使款项提取方式阶段化。然而有趣的是,年金式的住房反向抵押贷款被证明是最不流行的,在美国发生的住房年金形式的反向抵押贷款,只有大约 1/5 的数额,而澳大利亚则几乎没有提供任何年金形式的反向抵押贷款产品。反向年金抵押贷款与自发的、暗含着的家庭年金合同最为接近：如果他们长寿，年轻的一代将赡养他们，假如他们短命，年轻的一代则继承余剩的财产。住房反向抵押贷款年金的特征是，遗产的减少与初始的年金购买无关，与年金支付的时间长短有关。

尽管美国和澳大利亚的住房反向抵押贷款有着初期蓬勃发展的苗头，但是住房反向抵押贷款的不利因素会限制最终的市场大小。在供给方，住房反向抵押贷款使借款人担负着显著的风险。相当的长寿风险会因贷款支付依赖借款人的死亡而产生。考虑到住房反向抵押贷款合同自身的潜在长期性，借款人必须估计潜在 30 年甚至更长时间的动态的房产价格和利率。道德风险和逆向选择问题仍然存在：潜在的借款人能更好地预期自己是否长寿，并在签订合同后较少地维护住宅。美国的 HECM 计划至少给潜在的借款人以保险保障。在借款方，潜在的借款人可能对在后半生再次抵押他们的房产有一种厌恶感；减少的房产资本使遗产继承变得困难；且预防性储蓄的欲望，把房产作为最后一种救助工具，会阻碍反向抵押贷款市场的增长。

反向抵押贷款市场的快速发展，充分显示这些限制中的某些因素是可以克服的。美国等反向抵押贷款业务发展较为成熟的国家，通常将本项贷款设定为"无追索权"贷款，并由政府部门为贷款提供最终担保以部分化解长寿风险。当借款人与特设机构订立反向抵押贷款合同后，不论借款人的实际寿命是否超出其预期寿命，累计贷款余额是否超过抵押住房的价值，贷款机构都应按月付款，直至借款人死亡。当反向抵押贷款结束时，借款人也只需要按抵押住房出售时的价格偿还贷款额即可，其间的经营损失则由政府"兜底"。

三、长寿风险的研究文献

随着全球人口老龄化问题日益严峻，长寿风险已经成为很多保险机构推出年金产品时极为头疼的问题。国内很少研究长寿风险的专门文献，只是在住房反向抵押产品的设计中，长寿风险才被较多地提及，国外的长寿风险研究则主要集中在寿险年金产品的研发与运作上。

（一）国外相关论述

反向抵押贷款最早出现于荷兰，通过将人寿保险和住房按揭贷款捆绑操作的方式以解决居民的住房问题。该模式下，购房者以购买相应年限金额的养老保险作为借款抵押，只需支付全部房款的 15％～20％即可购买住房，人寿保险期满后恰好足以偿还本金。随着反向抵押贷款市场不断发展。众多国外学者的研究也随之展开。

Yarri（1965）在消费者面临未来寿命不确定性这一问题时，对其最优消费路径的探讨过程中引入了人寿保险和年金问题，并且探讨了多种情况下的最优消费路径，在考虑遗产动机的情况下，他得出了最优消费路径是边际消费效用等于边际遗产效用的结论。虽然并未涉及反向抵押贷款问题，但反向抵押贷款又可被视为一种房产养老的寿险产品，产品设计中涉及的寿险以及寿命不确定性问题，为反向抵押贷款长寿风险的研究奠定了一定的理论基础。

Miceli 和 Sirmans（1994）讨论了房屋维护风险对反向抵押贷款的影响，提出了一个理论模型。他们认为因"无追索权"的设定，反向抵押贷款的债务数额是有限制的，仅限于抵押房屋本身的价值，借款人缺乏对房屋做出很好维护的必要动力，从而导致抵押品的价值降低，给贷款机构造成损失。他们认为贷款机构应限制反向抵押贷款的总额，或收取保险年金以维持房屋维护的必要支出。

Chinloy,Peter,Megbolugbe 和 F. Issac（1994）等人对长寿风险进行探讨。他们认为,反向抵押贷款对借款人的收入状况没有特定要求,还款的最高限额就是到期房产的价值。一旦借款人的寿命超出机构预期寿命,那么贷款累计额会大大超出抵押房产价值,这使得贷款机构面临很大的风险,即"交叉风险"（crossover risk）。基于此,他们设计了反向抵押贷款的定价模型,同时设计了数学模型测度反向抵押贷款的利率风险,认为无风险利率的瞬间水平服从 Cox、Ingersoll 和 Ross（C）IR 随机过程：

$$\mathrm{d}r = \beta(\mu - r)\mathrm{d}t + \sigma\sqrt{r}\,\mathrm{d}r$$

得出确定反向抵押贷款价值的基本偏微分方程：

$$P_t + P_r[\beta(\mu - r) - \lambda r] + \frac{1}{2}P_\pi r\sigma_r^2 + C + \delta[F(t) - P] - rP = 0$$

Liang Wang,Valdez 和 Piggott（2007）认为反向抵押贷款业务中存在的交叉风险,主要受死亡率、利率、房产价格三个因素影响,死亡率是其中最重要的因素。他们提出通过资产证券化的方式来分散贷款机构和借款人的长寿风险,并对逆向选择问题做了测定。他们以 Lin 和 Cox（2005）的资产证券化模型来解除反向抵押贷款中的长寿风险因素,认为证券化将对反向抵押贷款日后的发展起到重要的推动作用,并提出幸存者债券（survivor bonds）和幸存者掉期（survivor swaps）两种金融衍生工具用于规避长寿风险。

Thomas Davidoff 和 Gerd Welke（2005）分析了 HECM 这一机制中的逆向（顺向）选择和道德风险问题。他们通过研究参与反向抵押贷款的老年人在搬迁前后间接效用最大化的问题,得出道德风险在老年人打算"拖延"的情况下更可能发生,房屋维护方面的道德风险不被保证,以及风险厌恶的变化似乎能够促进没有拖延时的顺向选择,却在计划拖延时促进逆向选择等结论。

Kee-Lee Chou,Nelson W. S. Chow 和 Iris Chi（2005）调查并分析了香港 45 岁至 59 岁居民对未来参与反向抵押贷款这一业务的意愿。他们通过调查发现在 629 个接受调查者中,11% 的人有参与这一业务的意愿,而 56.4% 的人则没有参与这项业务的意愿。同时他们运用计量模型分析了性别、年龄、有无子女、配偶、经济和健康状况的自我评价等一系列因素,及其参与反向抵押贷款意愿的相关性。

澳大利亚在缓解反向抵押贷款的附带风险和遗产动机方面,已取得有利的进展。澳大利亚信贷公司（Bluestone）引入一种"受保护的资本选择权",可以让借款人保障他们房产未来价值的20%,这使得退休者可以更精确地决定他们想要遗留的遗产;另一个澳大利亚公司（XCapital Health）提供的反向抵押产品,则还包括了最终在养老机构的住宿及长期的健康护理。因为退休者在移到 XCapital 健康养老村前,只能在自己家里居住 8 年,XCapital 可以更好地预期在这种时间框架下的未来房产价值,从而减少附带的风险。最后,反向抵押贷款的资产证券化,可以减少借款人面临的潜在长寿风险及产权价值风险,从而促进贷款市场的发展。目前至少有两大券商已经展开了这一贷款的进程:Lenman 兄弟于 1999 年,花旗银行在 2001 年分别在美国和欧洲促进了反向抵押贷款的资产证券化。

国外学者 Phillips 和 Gwin（1992）在反向抵押产品的各种风险中提到了长期居住的风险,类似国内学者们所指的长寿风险,包括死亡和住房搬迁或出售因素。Di Lorenzo 和 Sibillo（2002）把长寿风险定义为人口统计风险的一部分,源于死亡率趋势变动,属于系统性风险,而把死亡率偏于预期值的风险称为保险风险。Ling Wang,Valdez 和 Piggott（2007）则指出长寿风险是指由于退休早,活得长,老年人可能面临着无法获得足够养老金的风险。国外学者普遍认为长寿风险可以分为系统性风险和非系统性风险,而其中的系统性风险是不可分散的。一些再保险机构甚至视长寿风险为"毒性太强的" 或"危险的"（ Wadsworth, 2005）。

(二)国内相关论述

国内学者对反向抵押贷款长寿风险的研究还处于起步阶段,研究这一领域的学者较少,大多数文献只是在分析中简单提及,普遍认为长寿风险是可以分散的。

笔者(2006)对反向抵押贷款业务开办中诸多风险进行介绍,并总结了各种影响风险产生的因素下的风险规避问题。柴效武和徐智龙(2006)对售房养老模式中的"柠檬市场"、住房养老保险模式及其微观经济效应分析和反向抵押贷款的供给机构选择与评析。柴效武、张海敏和朱杰(2007)运用不完全信息动态博弈的方法,分析了业务开办中因卖方身体健康状况评价的信息不对称而引发的种种事项,并针对交易双方在房产养老寿险市场的博弈构建了几种模型,给出了该模型可能存在的均衡,对比了几种均衡的效率,并提出将寿险公司和反向抵押贷款机构合作的方案以改进效率。

柴效武(2008)出版的《反向抵押贷款运作及风险防范》一书,较为系统地探讨了长寿风险的概念和问题,把反向抵押贷款中面临的有关长寿方面的风险细分为长寿风险、逆向选择风险和预期寿命风险,指出长寿风险主要来源于信息不对称和借款人的逆向选择。同时还说明长寿风险的存在会限制反向抵押贷款产品市场的拓展,导致"柠檬市场"的出现。

中国农业大学范子文博士(2006)认为长寿分险是指由于借款人的实际寿命比预期平均寿命长,而给贷款机构带来的风险,而信息不对称和借款人的逆向选择则加重了长寿风险,同时,长寿风险是可以通过一定的机制和手段予以分散的。范子文总结了国外住房反向抵押贷款发展经验和规律,分析了反向抵押贷款产生的时代背景、理论基础,探讨了把反向抵押贷款引入我国的必要性、可行性、意义和存在的主要障碍,研究了我国发展住房反向抵押贷款应采取的组织模式、运行机制,进行了产品设计,利用保险精算办法和期权定价方法建立了反向抵押贷款的产品定价模型:

$$LS_x = \sum_{t=1}^{T} (1 - \alpha - \beta - \gamma) \times H_0 \times \left(\frac{1+g}{1+r}\right)^t \times {}_{t|}q_x$$

陆颖(2008)在其本科生论文中对 GSA 产品应用过程中的系统性风险、逆向选择问题、市场需求不足等问题的改善做了具体分析。将同组自调节年金(Group Self—Annuitization,GSA)引入反向抵押贷款产品的定价模型,分析了 GSA 对逆向选择问题的改善作用。并将运用 GSA 情况的与普通年金情况的进行对比,得出此种年金在贷款机构可获收入和老年人可获年金方面都更具优势,同时在放宽假设的条件下可以较大幅度地扩大反向抵押贷款市场需求的结论。

华东师范大学周斌、奚俊芳(2007)对反向抵押贷款的产品定价问题进行了研究,构建了年金给付逐年递增的定价模型,同时应用了期权理论。

(三)对以上综述的评价

长寿风险是由逆向选择引致的风险,贷款机构在为借款人办理反向抵押贷款之前,应首先将有关借款人的健康状况、生活习惯等相关信息搜集齐全,以控制长寿风险带来的损失。

总体看来,国外反向抵押贷款的长期发展,为国外学者提供了较为充足的实际经验。同时,由于研究起步早,国外学者在反向抵押贷款这一领域积累了较为雄厚的理论基础,在分析更为复杂的一系列风险问题方面也有所建树。国内学者在国外已有理论经验的基础上,对反向抵押贷款问题的研究有了一些进展,然而缺乏本国的实际例证,对风险问题的涉及并不多。

国内外学者对长寿风险问题提出若干解决方案,然而对于长寿风险中由于信息不对称导致的逆向选择问题的分析较少涉及。当反向抵押贷款的需求方较少时,通过大数定律的方法对长寿风险进行控制便存在缺陷；如何使借款人较真实的反映身体健康状况，改善逆向选择问题等，仍有待进一步研究。

现阶段的国内外研究较多地考虑反向抵押贷款的系统性风险，对健康状况的信息如何真实披露这一比较重要的问题研究较少。当反向抵押贷款的需求方较少时，通过大数定律的方法对长寿风险进行控制便存在较大缺陷，不能达到有效控制长寿风险中产生的"交叉风险"问题，信息的不对称问题将会对贷款机构造成极大损失。

对借款人的健康状况、生活习惯等相关信息搜集，需要支付一定的成本，过高的信息搜集成本同样会给放贷机构带来沉重的负担。因此，以尽可能少的成本来揭示借款人真实的健康状况，为放贷机构以较为有效的方式获取真实的信息，控制因信息不对称带来的长寿风险，是本文展开研究的目的。

四、有关长寿风险研究文献的简评

(一)国外生存年金研究的文献简评

国外研究长寿风险的文献，基本上都是围绕生存年金展开的，国内对这类问题的研究还处于起步阶段。住房反向抵押贷款的实质作用与生存年金相同，都是为了保障老年人退休阶段的收入。但其性质与年金贷款不同，前者属于一种贷款形式，后者则是一种纯粹的保险方法。因面临的长寿风险都源于老年人非预期寿命的延长，可以把两个问题中的长寿风险放在一起讨论。

长寿风险的防范中，死亡率的测算是运行的基础，这是各个国家的保险业界都应强化的部分。GSA 恰好为亟待解决的长寿风险问题，提供了一种有效而又可行的解决方法。值得注意的是，这种产品的研究目前还处于起步阶段，只有较少的人做了这方面的研究，如 Valdez, Piggott, Liang Wang 和 Detzel 等等。而且这种产品的实施还需要更深入的研究，事实上，Piggott, Valdez 和 Detzel(2004)的论文只讨论了同一年龄组群的情况，而 Creighton, Jin, Piggott 和 Valdez(2005)指出这一产品运用的关键，在于允许更多的人不断进入这个组群以达到"大数"的效果。这样一来，如果参与反向抵押产品或生存年金的人不多，或者某一年龄段的人参与率很低，无法达到用大数定理对冲风险的效果，人们就会为这种方法的有效性画上问号。不过，当人们认识到这种产品的好处后，产品的需求量增大，就会自然而然地解决这一问题。

(二)长寿风险的处理：理论与实践

随着退休时间的延长，政府和公司对退休供给不断减少，长寿风险必将逐渐转移到个人。经济学家 Yaari 在 1965 年，还有更近的 Davidoff 等人(2003)，已经证明生存年金为退休老人提供了最优的收入结构。生存年金是在某一天按总数购买，之后获得一系列特定的有保障的支付直至死亡的金融产品。Kingston 和 Piggott (1999) 提供了一种由有效生存年金市场中获得的几何式处理福利。这些产品转移了长寿风险并可以在传统生命周期理论的条件下，满足人们的消费模式。事实上，Panis(2003)证明了拿年金收入的人要比那些间隔性取钱的人更感到满意，也更符合以房养老的本意。

Phillips 和 B. Gwin(1992)模拟不同的场景，证明了在不同长时间居住的风险下，保险公司的现金流状况。Davidoff 和 Welke(2005)则定义了反向抵押贷款中的两种逆向选择问题：一是人们会长时间居住在住宅内的相关特征，与人们愿意接受反向抵押产品这个事实相关；二是居住在具有低增值率的住宅中的人，更倾向于接受反向抵押金融产品。

Valdez，Piggott 和 Liang Wang(2005)通过最大化两期的消费效用模型求证了一般的年金产品中，人们的存活率与年金产品的需求正相关，即存在逆向选择问题。而 GSA 产品的引入减少了逆向选择，并降低了年金成本。Jay H. Hong 和 José-Víctor Ríos-Rull(2006)给出包含利他因素的效用函数，以便解释遗产动机和有伴侣的效用问题。

然而，长寿风险只是退休的人面临的风险之一。投资和通货膨胀风险也与长时间的退休有关。生存年金能转移投资和长寿风险，但名义支付的实际价值会在一个不断延续的时间内遭到通货膨胀的显著影响。为此，通货膨胀指数年金已经正式开办并推向市场。

（三）供给约束

基本供给问题与未来死亡率的不确定性有关，这种不确定性会使生存年金产品的定价十分困难。为此产生了各自提出持续进步学说和抑制学说(Lin 和 Cox，2005)两个学派。持续进步学说预期未来时代的死亡率将可能会通过先进的科技水平而降低。抑制学说把人的预期寿命看作基本的、生物学的固定在某一时代，但仍认为死亡率会在某一宽泛的时代范围内持续下降。尽管持续进步学说预示着生存年金的发行者将承担更多的风险，在每一个情景中预期寿命的变化率，都将严重地影响盈利能力和最终的清偿能力。

尽管如此，再保险市场还是提供了一种分担长寿分险的可能性。但因为上面提到的某些原因，实际上也不复存在。在标准人寿保险合同中，再保险的作用是年金合同的 10 倍。再保险人和直接生存年金提供者对长寿风险的看法不同，很多再保险人甚至不以与零售市场收取的相一致的利率来承担长寿风险。如果长寿风险有可能被资产证券化，如年金产品能为因预期寿命的开办而偶发的可复查的支出提供保障，如保险人愿意为这些产品支付更多的资金，再保险人对发行大量的生存年金将会产生更多的兴趣。

长寿保险市场的失败可以从两方面说起：一方面，为家庭提供更多的金融产品可能会鼓舞长寿保险市场的发展；另一方面，再保险市场的发展有可能会促成保险机构聚集起来的风险分散化。

五、同组自调节年金(GSA)产品的介绍

GSA 为亟待解决的长寿风险问题，提供了一种有效而又可行的解决方法。

（一）同组自调节年金

同组自调节年金的最大好处，是可以让保险公司分担组内的特质性风险，而由个人承担系统性风险。这个主意被 Wadsworth 在 2001 年简单地加以讨论，由 Piggott 等人在 2005 年正式提出模型。这种年金可以让保险公司分散长寿风险，并有可能减少逆向选择(Valdez，Piggott 和 Liang Wang 2005)，其总价值要比一般年金多一些，因为保险公司不用为了规避风险而预留价值。这种金融产品对金融市场不发达的国家或地区尤其具有吸引力(Piggott，Valdez 和 Detzel 2004)。

本方法由同一年龄组或同一期参与本项贷款业务的个人作为一组，共同承担系统性风险，如此将有可能减弱逆向选择现象。金融机构为规避长寿风险而预收各项费用或减少贷款额度，从而使反向抵押贷款市场需求的减少问题得以改善。老年人每期能够拿到的资金，会随着每期的存活率和死亡率的实际变动而做出相应调整，老年人自己承担了系统性的长寿风险，保险公司则

可以通过大数定理来分散特质性风险(Creighton,Jin,Piggott 和 Valdez,2005)。这不仅消除了保险公司对系统性长寿风险的担忧,同时 Valdez,Piggott 和 Liang Wang(2005)也证明了该产品有助于减少逆向选择的问题,保险公司不需要为长寿风险预收各项费用或减少贷款额,人们从GSA 产品中获得的收入要比不同年金高一些(Piggott,Valdez 和 Detzel,2004)。

正如我们上面指出的,人们不愿意供给或接受年金产品。虽然不愿供给或接受的原因还没有被严格分析,若干事件或者医学的发现,可能引起寿命出乎意料的增加,这是一个主要因素。也就是说,保险公司关注系统性的长寿风险,而个人则更关注特质性的长寿风险。这就使得一个可以让保险公司承担特质性风险,而让个人承担系统性风险的年金产品,可能会受到市场供求两方面的欢迎,且其价格水平可能会鼓励购买。

美国教师退休基金会和退休股权基金学会已经在提供这种 GSA 年金了。考虑到死亡率经验值和投资的表现,这些年金和 GSA 计划很相像。年金的"股息"会阶段性地支付,以反映投资表现和参与年金的人们的死亡率经验值。实际上,大多数调整反映在投资表现中,来源于死亡率的推算很少有误差,并且没有资金形式的公式应用在死亡率的调整与支付变化中。

在发展这种产品的过程中,新成员被允许进入保险组是重要的。否则,一段时间之后,每个封闭的小组都会产生"小数"问题,因而违背了可以分散风险的"大数定理"。同样,支付公式必须保证新成员面临资金形式的实际公平支付的期望。Piggott 等人(2005)得出了能够提供死亡率调整后的支付公式,并满足这些要求。对于 GSA,他们证明在弱需求条件下,只有当众多的组合合并成一个时,才能得出支付路径的唯一解。这依靠组内实际比预期的存活率的协和均值。他们证明了在一个组合年金里各段时期的支付金额,取决于因死亡率和利率偏于预期而引起的之前的支付调整。GSA 可能会在那些采取国家意义上的贡献计划或在人寿保险市场非竞争及欠发达的国家广受欢迎。这种产品创新的实际履行在未来也是一大挑战。

(二)同组自调节年金模型的建立

同组自调节年金根据同组人前一期的死亡率及变动的利率不断调整支付金额,因而分离出系统性风险和特质性风险(Piggott,Valdez 和 Detzel,2004),其模型如下:

$$B_t^* = B_{t-1}^* \left(\frac{p_{x+t-1}}{p_{x+t-1}^*} \times \frac{1+R^*}{1+R} \right)$$

其中 B_{t-1}^* 是 $t-1$ 期可拿到的资金,$\frac{p_{x+t-1}}{p_{x+t-1}^*}$ 是存活率的调整项,这种产品被 Piggott 等人(2005)正式称为 GSA,与可变年金很像。类似可变年金的支付金额,可随着市场回报情况调节。一个长寿调节年金的支付金额,可随着与死亡率相关的未预期的变化而调节,方程如下:

$$y_{t+1} = y_t \times (1+\pi_t) \times \left(\frac{1+R_t^M}{1+AIR} \right) \times \left(\frac{_1 p_{x+t-1}^*}{_1 p_{x+t-1}} \right)$$

其中,$\left(\frac{1+R_t^M}{1+AIR} \right)$ 是死亡率的经验调整值,是 $\left(\frac{_1 p_{x+t-1}^*}{_1 p_{x+t-1}} \right) t-1$ 到 t 期内的利率调整值。这些调整考虑了实际死亡率、利率($_1 p_{x+t-1}$ 和 R_t^M)和预期死亡率、利率($_1 p_{x+t-1}^*$ 和 AIR)经验值的比较。

值得注意的是,有关这种产品的研究还是刚刚处于起步阶段,只有较少的人做了有关方面的研究,如 Valdez,Piggott,Liang Wang 和 Detzel 等。而且这种产品的实施还需要做更深入的研究。事实上,Piggott,Valdez 和 Detzel(2004)的论文中只讨论了同一年龄组群的情况,而 Creighton,Jin,Piggott 和 Valdez(2005)指出这一产品运用的关键,在于允许更多的人不断进入这个组群以达到"大数"效果。这样一来,如果参与反向抵押产品或生存年金的人不多,或者某一年龄组的人参与率很低,无法达到运用大数定理对冲风险的效果,人们就会为这种方法的有效性画上问号。也许当人们认识到这种产品的好处后,产品的需求量增大,就会自然而然地解决这一问题。

六、长寿风险的规避方法

国内外学者对长寿风险问题的控制与防范已进行了大量研究,我们在前人研究成果的基础上,总结了以下几种规避长寿风险的方法:

(一)贷款业务充分分散化

就单个反向抵押贷款项目来说,蕴涵的潜在风险以及风险造成的损失是很难预测的,而当数量足够多,分布足够广泛的贷款组合在一起时,这些风险就会被分散化,"大数定理"在其中发挥了作用。道德风险、寿命风险、房产价值波动风险属于非系统性风险,在反向抵押贷款数量足够多,分布足够广泛的情况下,风险可以被分散。开办反向抵押贷款业务要有足够数量的贷款数目,尽可能地扩大贷款的相关市场。

此外,反向抵押贷款也要有跨地区的分布。房地产的价格在很大程度上取决于地段,地区之间的关联度要比其他商品小,这就为分散风险提供了有效途径。同时,不同地区老年人的死亡率也会有所不同,通过在不同地区发放贷款,可以起到将死亡率差异"抹平"的效果。贷款机构有必要通过建立跨地区的分支机构,吸引各个地区的反向抵押贷款,以此减少房产价格波动和死亡率差异的风险。

(二)设计反向抵押贷款产品防范长寿风险

1.调高反向抵押贷款的费率

在贷款业务实践中,一般是按照房屋当前评估价值的一定比例来确定贷款总额。根据前文的介绍,该比例的确定需要考虑各种相关因素,可以调高反向抵押贷款的费率,降低贷款支付金额,以期降低贷款累计余额超过抵押住宅最终价值的可能性。

2.定期对贷款重新估价

对老年人的长寿风险,反向抵押贷款机构可以根据所获得的健康信息对申请人的预期寿命做出详细预测(如申请人预期寿命太长,可以考虑放弃),然后根据申请人的预期寿命结合住房的价值以及增值潜能,计算每期应当给借款人支付的贷款额度,并定期或不定期(每隔三至五年)对房屋的价值予以重新评估。这样做首先可以促使借款人维护、保养房屋,促使其永久处于完好状态;其次,如果房屋实体折旧得太快,可以根据评估结果重新确定贷款额,如果借款人不同意重新确定贷款额,可以允许中途退出,从而将贷款风险降低到最小。

3.固定期限收回房屋

如规定一个固定的年金领取年限(比如15年),以保证支付。如果借款人15年之内死亡,剩余未支付的年金一次性支付给其继承人,贷款机构将收回房屋并给予处理。如果借款人15年之后继续存活,贷款机构将收回房屋并给予处理,而借款人由贷款机构安排住所,如住进养老院、养老基地或借款人自己解决住房,贷款机构继续支付保费直到借款人死亡。

(三)业务开办之后的风险分散和转移

1.平衡产品结构

如果反向抵押贷款的提供机构为保险公司,那么保险公司可以通过调整反向抵押贷款与定期死亡保险的比率对长寿风险进行控制。

定期死亡保险也叫定期寿险,是以被保险人在约定的保险期限内,因保险责任范围内的原因死亡而由保险人依据保险合同的规定给付受益人定额保险金的一种保险。在定期寿险业务中,如果被保险人生存至保险期满,保险合同即宣告终止,保险人既不退还已交保费,也不给付任何金额。

长寿风险增加了反向抵押贷款中年金支付的数量,但由于死亡率水平的降低,同时也降低了保险公司定期死亡保险的负债。因此,保险公司可以根据反向抵押贷款业务的规模,相应发展定期死亡保险业务的规模,使死亡率风险对二者的影响可以相互抵消,即对长寿风险进行"对冲"。

2.为借款人购买生存保险

反向抵押贷款机构可以借款人为被保险人,向保险公司购买生存保险,而自己作为受益人。这样,当某时刻借款人仍然存活时,保险公司支付保费给反向抵押贷款机构,可以部分分散长寿风险。鉴于购买生存年金保险的费用是一项较大支出,反向抵押贷款机构在发放贷款时,可以通过提高费率或降低贷款额度的办法,来提前为保费融资。

3.进行房屋价值保险或引入房产价值的期权市场

房产经常会受到某些不可抗力的因素影响而毁坏,如地震、台风。这时到期房产的价值低于累计贷款及利息的可能性就会急剧增大,反向抵押贷款机构面临着遭受损失的风险。房产价值保险的目的是,房屋一旦由于自然灾害或意外事故造成经济损失时,保险机构就可以根据保险合同,对投保人支付一定比例的赔偿金额,使投保人减少经济损失,反向抵押贷款机构面临的风险将会大幅度减小。

为降低贷款运作的风险,还可以考虑引入房产价值期权市场,如贷款机构可以购入以房屋价值为标的的看空期权,当机构收回房屋时,如房屋价值下跌,机构可以行使看跌期权将房屋按照事先约定的较高价格出售,从而减少损失。

4.再保险

Wai-Sum Chan(2002)指出,长寿风险可以通过再保险或购买相关的衍生品来分散。但目前还没有具体的再保险产品出现。

5.资产证券化——保险期货与死亡率期权

鉴于反向抵押贷款的年金支付性质,可以将其看作类似于保险公司的养老保险。保险期货、期权等是在长期(不低于 20 年)经验数据的基础上,以指数化条件在时间或空间维度上对冲风险。从技术上讲,保险期货、期权与一般的金融衍生产品没有大的区别。只不过它的交易对象是某种与保险有关的指数。如某种保险的总损失、总赔付率等。当然,处理长寿风险可以特定人群的死亡率为指标。如一份以过去一年内特定人群(某地区 60 岁以上老人)的死亡率为参考指标的年金看跌期权,如果参考指标值为 r,即当死亡率低于 r 时,期权持有者有权将自己的年金支付义务转给期权的出售者,以此可以将长寿风险转移出去。

长寿风险证券化是通过将反向抵押贷款产品在资本市场发行证券的方式出售,从而把长寿风险从贷款机构转移到资本市场。Liang Wang,Valdez 和 Piggott(2007)提出了通过证券化的方式来分散贷款机构和借款人的长寿风险,他们以 Lin 和 Cox(2005)的资产证券化模型来解决反向抵押贷款中的长寿风险因素。其中幸存者债券和幸存者掉期是他们提出用于规避长寿风险的两种金融衍生工具。

存在长寿风险的机构既可以尝试通过证券卖出风险,也可以通过购买一项资产来保值(Roberts,2005)。生存债券(Black 和 Burrows,2001)提供了这种证券的最好例子。Liang Wang,Valdez 和 Piggott(2007)给出了基于住房反向抵押贷款的生存债券模型及其定价。

把长寿风险证券化的方法,虽然看似有效,但真正实施起来甚为复杂,而且各种金融产品中的长寿风险和被证券化的长寿风险,如果要真正地实现对冲,还需要更多的相关研究,对像我国这样的资本市场还不够发达的国家,尤其困难重重。

6.资产证券化——死亡率指数债券

死亡率指数债券构造方法如下:发行标准债券,以死亡率指数为参考,来确定债券本金与利息的支付。当债券到期前死亡率低于某值,息票价值将减少直至为零;当债券到期时,若死亡率低于某数值时,本金将减少或直至为零。息票和本金的减少额将用来补偿保险公司的保险损失,从而降低长寿风险的影响。

2003 年 12 月,瑞士再保险公司首次发行了面值为 4 亿元人民币的死亡率指数债券,该债券由名为"生命资本"的特设机构(SPV)发行,期限为 3 年。这是一种标准的息票复合本金型债券,SPV 承诺在债券有效期限内每年向债券持有人支付 LIBOR 以上 135 个基点的年息票率。参考的死亡率指数依赖于美国、英国、法国、瑞士和意大利五国当年死亡率的加权平均指数,若有效期内的死亡率指数没有超出 2002 年死亡率指数的 1.3 倍,本金全额偿付。否则,本金只能得到部分偿付,甚至得不到任何偿付。[①]

相对较少的学术研究直接分析基于死亡率的证券,尽管这种金融工具为长寿保险的供给者提供了一种潜在的方式分担风险。正如 Shiller(2005)所指出的,长寿保险市场的增长缓慢,也许是因为目前的主要群体,是跟着政府推出的步伐进入长寿保险的。

存在长寿风险的公司既可以尝试通过证券卖出风险,也可以通过购买一项资产来保值(Roberts 2005)。生存债券(Black 和 Burrows 2001)提供了这种证券的最好例子。

设计合适的保值产品(包括部分保值)是解决长寿风险的重要一步,但期望这些保值产品有一个活跃的市场,既需要卖者也需要买者。定义买者是一个问题,尽管 Shiller(2005)定义了一些潜在的买者,如制药公司等。政府是长寿债券的可能发行人,但生存债券和所谓造福社会的债券一样,政府希望减少它们的发行量。有了某种程度的长寿再保险或某种政府保障,私人部门可能更愿意设计并发行长寿保险产品,让风险在长期运营中更有效地得到配置。然而,发行生存债券暗含的保险费用还无法确定。

(四)政府提供补贴[②]

养老保障是社会保障的重要内容,金融机构推出此类产品,在一定程度上丰富了居民的养老方案,为社会减轻了负担,政府在政策上一般会对此类业务有所支持。具体可以提供一定的补贴,或提供一定的保证,如美国联邦住房管理局就为金融机构提供保证,防止由于合同期末房产处置价格低于贷款价值的情形给金融机构带来的损失。

(五)其他一些较好方法

对于反向抵押贷款业务开办中的长寿风险,学者们还提出了以下几种防范措施:

---

① 秦桂霞、王永茂、张建业:《关于长寿风险证券化的思考》,《统计与决策》,2008 年第 14 期
② 刘江涛、张波:《住房反向抵押贷款中的不确定性因素分析》,《经济问题探索》,2008 年第 4 期。

1. 改进死亡率的计算方式

Lee-Carter(LC)模型(1992)突破了传统的计算方法,已成为人口统计学中计算死亡率的主要模型(Deaton 和 Paxson, 2001)。Lee(2000)用美国数据检验了 LC 模型,发现该模型对以往数据的模拟表现很好,但在未来有低估预期寿命的趋势。Wohlfart(2006)在 LC 模型的基础上进一步讨论了计算死亡率过程中遇到的问题,如由于死亡率的计算方式,所使用数据的最低年龄将对结果有较大影响,即所谓的边界效应;男女的死亡率有显著区别;老年人的死亡率应单独计算等等。

2. 运用大数定律的方法分散风险

Szymanoski 和 Edward J. Jr (1994)通过对反向抵押贷款深入分析,认为长寿风险可以通过大数定律分散并有效控制,因此贷款机构或保险人可通过死亡率表来估计将来贷款的终止期。根据他们的调研发现,虽然可能会存在逆向选择的问题,许多借款人关注特定的反向抵押贷款支付方式,是因为他们患有病症需要一次性获取大量的钱财,期望能够从住房的抵押中得到解决,而非预期寿命期间的养老金不足。这种方法也称为"资产组合",通过将相互独立的、相关性较低的资产组合在一起,可以将单个风险有效分散。

3. 养老村

一个澳大利亚的公司(XCapital Health),提供的反向抵押贷款产品,包括了老人最终在养老机构的住宿及长期的健康护理。因为退休者在转移到 XCapital 健康养老村前,只能在自己家里居住 8 年,XCapital 可以更好地预期在这种时间框架下的未来房产价值,从而减少了附带的风险(Creighton, Jin, Piggott, Valdez 2005)。

4. 部分住房产权抵押

当借款人仅将住房的部分产权进行抵押(如只抵押房产价值的 50%~80%)等,虽然每期得到的款项减少,但这样做可以在死后为子女留下部分遗产,也是防范长寿风险的重要保障,当老年人寿命超出预期时,这部分未抵押的房产便可以为金融机构继续发放贷款提供保证。

本文讨论了人口统计的变化导致人们目前最需要的长寿保险,在全世界范围内减少。缓解这一问题有两种方法:提供家庭更多的长寿保险产品以供选择,以及让保险公司通过再保险来分散长寿风险。政府已经撤回他们所谓的养老承诺,保险公司等私人部门由于担心医疗技术的进步对人们寿命的影响,而不愿提供真正的生存年金,除非基于对老年人很不利的条款。在很多国家,相对于想要购买年金的潜在退休家庭的数量来说,年金市场已经萎缩。然而更有甚者,政府和产业部门一致倾向于供给退休者比平时少的退休金。养老问题由于人们缺乏对养老融资的远见而变得愈加严峻。

反向抵押贷款长寿风险防范机制设计

何泳萱①　柴效武

摘要：本文从信息披露这一角度出发，对反向抵押贷款长寿风险的防范机制进行设计。为解决以较少成本使借款人与预期寿命相关的健康状况信息充分披露这一问题，在研究中引入了有成本的信息披露模型(CSV)模型，并进一步运用博弈论中委托—代理人理论，对 CSV 模型中的假设进行补充。通过对引入这一机制的前后情况对比的实证分析，验证了该信息披露机制可以用较少的成本，有效地披露反向抵押贷款申请者的健康信息；并针对不同健康情况的借款人进行不同金额贷款的发放，从而有效改善逆向选择的问题，减少放贷机构所面临的长寿风险。

一、引 言

（一）研究背景

美国开办反向抵押贷款业务以来，尽管该贷款市场规模是翻番增长，但市场运行状况仍然远远小于预期，许多潜在的需求者并没有参与到这项业务中来。美国学者为此展开了大量分析，总结出一系列影响反向抵押市场发展的因素。对借款人来说，高额费用、遗产动机、通货膨胀等，阻碍了潜在需求者向现实需求者的转变；而对贷款机构而言，由于大量现金被长期占用，其间主要面临着利率调整风险、房价波动风险和预期长寿风险等，同时又面临着逆向选择、道德风险等一系列问题。这些因素都阻碍着住房反向抵押贷款市场的快速发展。而长寿风险又是其中最为显著的因素，由于对借款人的健康信息状况缺乏充分的了解，以及对放贷机构"无追索权"的限制，即当借款人实际寿命超过预期寿命，导致总借款额超出房产价值的情况发生时，贷款机构不得向借款人所要抵押房产之外的其他资产还债，随着借款人实际寿命超过预期寿命，贷款累计额会大大超出房产价值，使贷款机构面临"交叉风险"。

寻找一种能够使借款人较真实的反映自身健康状况信息的机制，从而改善逆向选择问题，有效地控制长寿风险，减少由此带来的损失，维护贷款机构的利益，减少反向抵押贷款开展过程中的障碍，使得本贷款业务能够较为顺利的推广，为老年人晚年健康幸福的生活提供一种有效的保障，是目前亟待研究的课题，对该项贷款业务在我国的开展也有积极的作用。

反向抵押贷款业务开办中，长寿风险是各类风险中最为显著的因素，某些贷款机构为了减少因长寿风险引起的损失，在借款人申请反向抵押贷款的过程中可能会设置重重关卡，如提高事前交易费用，收取高额保证金等，将一些由于对自己身体状况预期较差从而认为不能获得多少年金的借款人排除在外，而一些预计自己寿命较长的借款人会参与进来，从而产生了反向抵押贷款中借款人的实际死亡概率，以及低于平均死亡概率的逆向选择问题，进一步抑制了反向抵押贷款市场的业务拓展。因此，个人健康信息的真实披露，对改善逆向选择现象，促进反向抵押贷款市场

---

① 何泳萱，女，浙江大学经济学院 2007 级学生。

的发展，具有重要的意义。

(二)研究思路与内容

(1)全面具体地分析长寿风险，包括其成因、分类、对反向抵押贷款市场的影响，国内外学者对反向抵押市场中长寿风险控制进行研究，对反向抵押贷款中借款人拥有自身健康状况这一私人信息，从而产生的逆向选择问题，对反向抵押贷款市场的抑制作用进行分析。

(2)运用有成本的信息披露(Costly State Verification,CSV)模型，以信息披露成本最小化为目标函数，设计激励借款人真实反映其自身健康状况信息的机制。将借款人的身体状况量化，并设定一个代表身体状况的未知变量，作为信息披露的临界点，通过模型设定，将房屋价值等若干因素考虑入约束条件，得到不同年龄老年人需要披露身体健康状况的区间，以及披露和不披露情况下借款人获得的年金。

(3)分析反向抵押贷款市场中存在的寻租行为。运用完全且完美信息动态博弈的分析方法，分析为老年人提供健康证明的医疗机构和反向抵押贷款机构间的博弈问题，在CSV模型的基础上对信息披露机制做进一步完善。研究金融机构应如何控制对医疗机构的报酬给付，以达到真实披露信息的效果。

(4)在该信息披露机制的基础上，运用CSV模型设定过程中提出的与个体老年人相关联的生存年金产品定价模型，计算出信息充分情况下的冠领金额和年金，同普通生存年金进行对比，分析不同情况下反向抵押贷款市场的需求变化情况，并分析该机制下逆向选择问题是否得到相应的改善。

本文总结了反向抵押贷款长寿风险的概念、风险防范及其影响因素，并在已有研究成果的基础上，重点集中于个体信息不对称引起的非系统性因素对长寿风险的影响。同时，依据有成本的信息披露模型和完全且完美信息动态博弈的模型，对以较低成本披露老年人真实信息的问题进行机制设计和分析，在已有研究成果的基础上，将重点从群体长寿风险的防范转向个体，提出更为完善的建议，为反向抵押贷款业务在我国的开办提供理论和运作的依据。

二、反向抵押贷款长寿风险及逆向选择问题概述

(一)反向抵押贷款年金产品的概念

本文主要分析年金支付式反向抵押贷款产品，该种贷款产品具有无限期和按年等额支付的特征，金融机构按其房屋的评估价值减去预期折损和预支利息，并按人的平均寿命计算每期应给付金额，将借款人的房屋价值化整为零，以年金的形式分摊到预期寿命的余存年限中去，直到借款人去世、迁出或房产出售时终止。

在本项贷款的实际运作中，贷款期限随着老年人的预期寿命而定，参与反向抵押贷款业务的借款人，可能拥有较长的余命，这一金融产品的运营周期很长，而漫长的期间极可能会经历房价和利率的多次上下波动，贷款机构将面临房价波动和利率风险。同时，反向抵押贷款又是一种无追索权的金融合同，当借款人的实际寿命长于预期寿命时，贷款机构不得向借款人索要抵押房产之外的其他资产还债，并要继续向借款人支付款项，这时贷款机构将面临长寿风险。随着借款人实际寿命超过预期寿命，贷款的累计本息额将会大大超出抵押房产的价值，这一问题使贷款机构面临很大的风险，即"交叉风险"(crossover risk)。

(二)反向抵押贷款中的长寿风险

长寿风险表现为借款人的寿命预期与实际存活寿命的差异,是反向抵押贷款业务开办中非常重要的风险。当反向抵押贷款采取终身年金方式支付时,贷款机构将面临长寿风险,即借款人实际寿命超过预期寿命时给贷款机构造成的损失。

长寿风险可以从以下三个方面分别测定:第一,社会总体状况,老年人寿命逐步延长,人均寿命显著提高;第二,某群体的人均寿命状况明显好于其他群体,如城市市民与农村居民比较等;第三,个体状况,个体寿命差异的特殊影响,如 Thomas Davidoff 和 Gerd Welke(2005)提到的一个著名案例,一名在 80 岁参加反向抵押贷款业务的法国妇女活到了 121 岁,给贷款机构带来了巨大损失。

我们运用系统性风险和非系统性风险的概念,对长寿风险的影响因素进行分析。系统性风险又称整体性风险,是由政治、经济、社会等整体环境因素产生的影响。在长寿风险的影响因素中,社会总体状况属于系统性风险,如医疗技术的发展,社会生活水平的整体提高等,都会对老年人整体的平均寿命产生积极影响,属于不可分散的风险,其造成的后果带有普遍性。非系统性风险也称为个别性风险,是指对某特定区域或个体产生的影响,一般由某些特殊因素引起,与整体不存在系统的全面联系。如某群体的人均寿命状况明显好于其他群体和个体的状况,如某地区的经济状况或自然环境的差异,导致人均寿命与其他地区的人均寿命出现较大差异,某个体借款人因个别因素与整体的平均寿命差异,以及金融机构因对借款人信息不了解造成的死亡率预计的误差等。对如上由个体或区域、群体的状况差异,以及因信息不对称而产生的逆向选择引致的长寿风险等,均属于非系统性风险。

长寿风险可以通过死亡率加以计量,在实际操作中,保险公司会采用经验生命表来计算借款人的预期余命。预期余命是反向抵押贷款产品定价的重要基础,在利率费率相同的情况下,较长的预期余命会使每期给付的年金较少,而较短的预期余命则会使年金给付的额度相应增大。通常的情形下,利率费率的设定会较高,预期年限较长,则给付比例相应较低;当利率费率设定的较低,预期年限较短时,则给付比例相应较高一些。

反向抵押贷款的业务开办中,尤其是终身年金形式支付的反向抵押贷款,由于借款人每年可以获得一笔款项用于养老,直到借款人死亡,贷款机构才可以停止支付贷款并回收抵押房产来还贷,该项业务参与者的寿命长短会直接影响到贷款的总额。当借款人的实际寿命小于用于计算年金支付额的平均寿命时,贷款机构会由于回收房产的价值大于贷款总额而受益;反之,如借款人的实际寿命超过了平均寿命,贷款机构会由于无法回收贷款总额而蒙受巨大损失。因此,如何准确合理地估计借款人的预期余命,是本项业务产品定价的重点。

对某个具体的申请人,其实际寿命可能会小于或大于预期平均余命,但当参加该业务的投保人足够多时,他们的寿命分布一般会符合"大数定理",寿险公司通过一定时期一定人群的生命表预测人群的死亡概率,并根据精算结果来为产品定价,以减少长寿风险带来的损失。然而,个体老年人的身心健康状况、居住环境、生活方式及质量等与个体预期寿命,亦存在密切的相关性。当除身体健康状况外,其他条件完全相同的老年人一同参与反向抵押贷款业务时,根据平均预期寿命,二者将会获得相同的年金。在这种情况下,身体健康状况差、预期自己寿命不会太长的老年人很可能不会选择该业务,而那些相信自己能比平均寿命活得长久的老年人,才会参加此项业务,逆向选择问题便会产生,贷款机构将蒙受较大损失。同时,当参与反向抵押贷款业务的老年人较少时,个体实际寿命的差异较大,"大数定理"即不再适用。

（三）长寿风险的一般状况

寿险业务最大的风险是保户预期存活期限同实际存活期限差异的风险，保险公司对寿命风险控制有较好的经验，并通过"大数定理"的办法较好地消除了这一风险。这一点同房产养老业务的风险有较大的相似性，是寿险公司开办这一业务的最大好处。

当投保人的实际寿命超过预期寿命时，会给寿险公司造成损失。一般而言，反向抵押贷款合同在投保人自然死亡、永久搬离及出售住房时到期。长寿风险对后两种情况没有直接影响，但对第一种情况则有较大影响。当采取定额年金支付方式时，投保人每期获得的养老金数额，是根据房屋的价值乘以适当的给付系数，再除以借款人的预期寿命得出。然而在实际运作中，反向抵押贷款业务却以投保人的死亡作为合同结束的标志。投保人的寿命越长，贷款的存续期也越长，保险公司收不抵支的可能性也越大。

反向抵押贷款业务中，保险公司面临着投保人预期寿命的风险。投保人寿命越长，寿险合同的期限越长，保险公司面临的风险越大。人寿保险可分为生存保险、死亡保险、生死合险三种。生存保险是指在保险期届满时，被保险人仍然健在，保险人将支付约定的保险金。投保人可向其他的保险公司投保生存保险。保险公司可采用这种保险方式减小投保人的预期寿命风险，保险的受益人为保险公司，投保金额为超过预期期限可能造成的房屋价值减损的预期，保费由投保人承担，可采取保险公司预防最后在房屋出售所得中扣除的形式。保险公司从生存保险中获得收益应计入借款人还款金额中，如果保险所得收益和出售房屋所得收益超过贷款总额，超过的金额应一次性付给投保者的遗产继承人（肖隽子，2006）。

采用这种保险方式可以使多方受益。从投保人的角度来看，虽然增加了额外的费用负担，但相当于增加了一份生命保障；从开办反向抵押贷款业务的保险公司来看，可以把预期寿命的风险转移给其他保险公司。从投保人投保生存保险的保险公司来看，随着反向抵押贷款业务的扩展，可以大大拓宽此项业务，增加收益，还能减少政府对贷款业务开办机构提供的担保。

（四）长寿风险中的逆向选择问题

长寿风险与逆向选择问题密切相关，逆向选择源于信息不对称。参与反向抵押贷款业务的借款人，比金融机构更能准确地对自己的健康状况等私人信息和预期寿命做出判断，就可能利用这种信息优势获得信息租金，逆向选择便不可避免。当借款人认为他的实际寿命会大于计算年金支付额的平均寿命时，更有可能申请反向抵押贷款业务。在此情况下，如借款人的平均寿命大于平均预期寿命，就会出现反向抵押贷款的"柠檬市场"。

在买卖双方拥有信息不对称的情况下，作为卖方的特设机构只能按照预期的平均寿命，对两类卖方每年支付金额相等的年金。第一类卖方的预期寿命小于平均寿命，如果与买方发生交易，是在标准化的合同规定下，每年获得与第二类买方均等的养老年金，该类卖方获得养老年金终值就会小于房产余值。显然，这类卖方将会退出反向抵押贷款模式。因卖方的预期寿命大于平均寿命，买方承诺持续支付养老年金至卖方寿命终结。卖方得到的养老年金总额会大于应得数额，是有利可图的。这类卖方会纷纷进入市场，致使买方机构出现亏损，以致退出以房养老市场。

将预期寿命具体到死亡率，陆颖（2008）利用范子文（2006）的研究成果给出了如下定价模型：

$$LS_x = \sum_{t=1}^{T} (1 - \alpha - \beta - \gamma) \times H_0 \times \left(\frac{1+g}{1+r} \right)^t \times {}_{t|}q_x$$

根据中国人寿保险业养老金业务表男表计算出死亡率实际值，以各年龄基础上每 100 名申请人为例，得出借款人死亡率保持在预期水平和低于平均预期的实际死亡率时，成本收益的比

较。（见表1）

表1　金融机构成本收益表（60～85岁）

年龄	净现值收益（万元）		收回成本年限（年）		总交易年限	年龄	净现值收益（万元）		收回成本年限（年）		总交易年限
	预期	实际	预期	实际			预期	实际	预期	实际	
60	2012.454	1383.939	15	23	45	73	2703.111	1954.593	7	14	32
61	2067.824	1442.712	15	22	44	74	2752.421	1971.616	7	13	31
62	2122.424	1500.08	14	21	43	75	2801.428	1992.589	6	13	30
63	2176.902	1555.878	13	21	42	76	2850.2	2017.812	6	12	29
64	2231.321	1609.975	13	20	41	77	2898.885	2047.739	5	11	28
65	2285.435	1661.87	12	19	40	78	2947.73	2083.027	4	11	27
66	2339.47	1711.53	11	18	39	79	2996.953	2124.423	4	10	26
67	2393.042	1758.337	11	17	38	80	3046.869	2172.949	3	9	25
68	2446.536	1802.323	10	17	37	81	3097.85	2229.909	3	8	24
69	2498.651	1841.62	10	16	36	82	3150.247	2296.898	2	8	23
70	2550.652	1877.031	9	15	35	83	3204.527	2376.054	2	7	22
71	2601.979	1907.818	8	15	34	84	3259.354	2470.117	1	6	21
72	2652.794	1933.955	8	14	33	85	3320.711	2575.728	1	5	20

从表1可以看出，发生逆向选择行为后，金融机构的净现值收益减少，且收回成本的年限推迟，同时导致金融机构的供给减少，不利于反向抵押贷款市场的发展。从长期来看，当金融机构将预期寿命按照实际情况进行调整后，短期内又会有一轮新的逆向选择产生，继续减少反向抵押贷款业务的供给。逆向选择的产生导致年金给付金额不断减少，从而导致反向抵押贷款业务的需求不断减少，市场不断萎缩，极大地阻碍了贷款市场的拓展。

三、CSV 模型对借款人健康状况评价的应用

CSV 模型在今天的金融工程中得到广泛应用，其观点始于以下假定：当公司的业绩和信息披露需要担负相应的成本时，金融合同设计中将在很大程度上是为了最小化信息披露成本。在该方法下，承诺部分的、状态依存的披露规则一般是最优的。

在反向抵押贷款业务开办之前，金融机构了解借款人的健康状况等可能影响寿命的条件，根据个人实际情况设计年金，改善逆向选择问题，这对促进反向抵押贷款市场的发展具有重要作用。然而对于不同健康状况的个体进行区分，会耗费高昂的成本。因此，运用 CSV 方法，设定一个信息披露规则，以在最小化信息披露成本的情况下，能够获得借款人更多的真实信息，是本部分研究的重点。

（一）模型假定及健康状况的量化

1. 模型假定

（1）老年人健康状况的好坏与其预期寿命存在密切的关系，而申请反向抵押贷款的借款人对个人健康状况比金融机构掌握了更多信息；金融机构通过设计特定的问卷以了解与借款人寿命相关的健康状况信息，对老年人的健康状况做出合理的判断。

（2）简化起见，根据借款人问卷反映的信息，金融机构指定验证借款人真实信息的概率 $p(D)$

$\in\{0,1\}$。设申请人年龄为 x,当没有验证时,老年人属于健康范围,金融机构以低于平均预期的死亡率指定一个偿付 $LSx(D)$;当对借款人情况验证,金融机构根据老年人汇报情况 $D*$ 和实际情况 D 指定一个偿付 $LSx(D*,D)$。当 $D*$ 与 D 的差距很大时,金融机构会对借款人采取某种惩罚措施,如要求借款人负担部分信息披露成本 m,使得 $LSx(D*,D)-m<LSx(D)$,从而激励借款人讲真话。在这种惩罚制度下,说假话没有任何好处。

(3)金融机构通过花费成本 K(如对借款人进行全面体检),可以真实地了解借款人的健康状况,从而知晓相关联的预期寿命。

(4)除特殊状况外,老年人的健康状况是保持稳定的,即健康的借款人在未来仍保持健康状况,而身体较差的借款人在未来仍身体较差。本模型主要以最初申请参与反向抵押贷款时的信息披露问题为主,为简化问题进行该假设,事实上借款人的健康状况是会发生变化的,需要定期进行信息披露。

2. 健康状况的量化

健康状况的量化以失能状态及其测度为依据。如表 2 是 8 个领域的失能严重情况和参与统计调查的人口各种领域失能情况的分布,从表 2 中可知,多数人为完全健康状态,非健康状态中,轻度失能占主要部分,重度和极度失能占极少数。

表 2 各领域失能严重情况统计①

领域	完全健康	轻度失能	中度失能	重度失能	极度失能
活动	88.5	7.9	2.6	0.9	0.1
自理	96.2	3.0	0.7	0.2	0.0
疼痛	69.5	23.5	6.0	1.1	0.0
睡眠和精力	71.7	22.7	4.6	0.9	0.0
人际关系	94.3	4.6	0.8	0.2	0.1
视力	85.4	10.7	2.9	0.8	0.2
认知	63.4	27.6	7.3	1.6	0.0
情绪	81.9	15.3	2.3	0.5	0.0

采用 2000 年 WHO 世界卫生报告初步建议值作为失能严重程度权重(severity-weights),设健康状况为 D,用 $[0,1]$ 区间表示健康状况的范围,0 代表完全健康,1 代表死亡。各领域采用统一权重:无失能权重为 0,轻度失能权重为 0.1,中度失能权重为 0.25,重度失能权重为 0.5,极度失能权重为 0.7。通过验证性因子分析,回归法分析可获得总人群、不同性别人群各年龄段的失能测度(见表 3)。借款人的健康状况以概率密度 $f(D)$ 分布于 $[0,1]$ 区间,且由于失能严重程度人口的分布比例随着失能情况的加重而减少,因此 D 不属于正态分布。

表 3 不同性别各年龄段人群失能测度②

年龄(岁)	男	女	合计	年龄(岁)	男	女	合计
20~24	0.0289	0.0282	0.0271	55~59	0.0701	0.0832	0.0747
25~29	0.0342	0.0354	0.0335	60~64	0.0728	0.0877	0.0771
30~34	0.0431	0.0382	0.0384	65~69	0.0823	0.0977	0.0884
35~39	0.0468	0.0558	0.0505	70~74	0.0956	0.0958	0.0931

① 苏晶:《成都市居民慢性病相关危险因素与失能调整期望寿命研究》,四川大学硕士学位论文,2007 年 5 月。

② 同上。

年龄(岁)	男	女	合计	年龄(岁)	男	女	合计
40～44	0.0453	0.0638	0.0538	75～79	0.1746	0.1578	0.1619
45～49	0.0416	0.0597	0.0508	80～身故	0.2114	0.1323	0.1639
50～54	0.0659	0.0779	0.0701				

(二)模型的构建及解释

1.模型的构建

最优合同问题可以简化为一个使反向抵押贷款申请人讲真话的激励约束和金融机构参与约束下最小化期望审计成本的问题,即:

$$\min K \int_0^1 p(D) f(D) \mathrm{d}D$$

满足:金融机构的个人理性约束:

$$E[LSx(D) \mid \text{no monitor}] + E[LSx(D), D^* \mid \text{monitor}] \leqslant LSx \Rightarrow$$

$$\int_0^1 (1 - p(D)) LSx(D) f(D) \mathrm{d}D + \int_0^1 p(D)[LSx(D, D*) + K] f(D) \mathrm{d}D \leqslant LSx$$

① 一组激励约束:

$Ax(D_1, D_1*) \geqslant Ax(D_2)$,对所有 $D_1 \neq D_2$,使得 $p(D_1) = 1, p(D_2) = 0$;

$Ax(D_1) = Ax(D_2) = LSx(D)/ax$,对所有 $D_1 \neq D_2$,使得 $p(D_1) = 0 = p(D_2)$

② 一组有限财富约束:

$LSx(D, D^*) < HEQ$,对所有 D 使得 $p(D) = 1$;

$LSx(D) < HEQ$,对所有 D 使得 $p(D) = 0$

2.参数的说明

(1)各参数代表的内容

x:年龄为 x 岁的借款人,并假设在其生日当天投保;r:无风险投资回报率;g:房屋资产投资风险回报率;m:反向抵押贷款风险利率;HEQ:房屋资产现值;$_t q_x$:x 岁的借款人在反向抵押贷款合同开始后第 t 年内死亡的概率;$_t P_x$:x 岁的借款人在反向抵押贷款合同开始后第 t 年内存活的概率;eX:x 岁的借款人平均预期余存寿命;T:借款人的最大平均余命,即借款人生存至生命表中人可能生存的最大年龄所经过的年度,我国现有的经验生命表中最大年龄为 105 岁;α:费用占房产现值的比例;β:房屋的年折旧率;LSX:趸领金额;AX:年金领取金额,年金在期初领取。

(2)定价公式和死亡率计算公式的说明

$$LSx = \sum_{t=0}^{T} HEQ \times (1 - \alpha) \times (1 - \beta)^t \times \left(\frac{1 + r + g}{1 + r + m} \right)^t \times {}_{t|} q_x \qquad (1)$$

该定价模型参考了 Olivia S. Mitchell 和 John Piggott(2003)提出的趸领计算公式,在此基础上借鉴邹小芃教授所做的修改,考虑了初始费用和房屋的折旧问题。

其年金产品定价模型为:$\sum_{t=0}^{T} \dfrac{Ax}{(1 + r)^t} \times {}_t p_x = LSx \qquad (2)$

令 a_x 表示 x 岁申请人在投保日及之后的每个保单周年日领取 1 元,直至其死亡为止的精算现值,精算学上称为首付终身生存年金的精算现值,则

$$a_x = \sum_{t=0}^{T} \frac{1}{(1 + r)^t} {}_t p_x \qquad (3)$$

终身年金形式支付的贷款可以表示为：

$$Ax = \frac{LSx}{a_x} = \frac{LSx}{\sum\limits_{t=0}^{T} \frac{1}{(1+r)^t}{}_t p_x} \tag{4}$$

同时，死亡率 ${}_t|q_x$ 和生存率 ${}_t p_x$ 依据以下等式根据生命表计算得出：

$$p_x + q_x = 1 ; \qquad {}_t p_x + {}_t q_x = 1 ;$$

$${}_t|q_x = {}_t p_{x-t} + {}_1 p_t ; \qquad eX = \sum\limits_{t=1}^{\infty} {}_t p_x$$

$${}_t p_x = p_x p_{x+1} p_{x+2} \cdots p_{x+t-1} = (1-q_x)(1-q_{x+1})(1-q_{x+2})\cdots(1-q_{x+t-1})$$

$${}_t|q_x = {}_t p_x - {}_{t+1} p_x$$

$$= (1-q_x)(1-q_{x+1})(1-q_{x+2})\cdots(1-q_{x+t-1})$$

$$\quad - (1-q_x)(1-q_{x+1})(1-q_{x+2})\cdots(1-q_{x+t-1})(1-q_{x+t})$$

$$= (1-q_x)(1-q_{x+1})(1-q_{x+2})\cdots(1-q_{x+t-1})q_{x+t}$$

3. 对模型约束条件的讨论

(1)引入失能调整预期寿命

首先我们引入调整计算预期寿命的一种重要方法——DALE，即失能调整预期寿命(Disability-adjusted Life Expectancy)，这是我们将个体健康情况引入反向抵押贷定价模型的关键。本文中其计算公式如下：

$$DALEX = \Big[\sum\limits_{i=x}^{maxage-x} (L_i \times (1-D_i))\Big]/l_i ; [①] \tag{5}$$

$$DLEX = LEX - DALEX$$

$DALEX$ 为年龄组 x 岁的失能度；　　　LEX 为年龄组 x 岁的期望寿命

$DLEX$ 为因失能而损失的期望寿命；　　l_i 为能活到 i 岁的预期人数

(5)式为我们提供了失能调整预期寿命与失能情况(即健康状况)的代数关系。为了将个体健康情况引入定价模型，我们需通过 DALE 的计算公式进行进一步推算。

由 $LEX = \sum\limits_{t=1}^{\infty} {}_t p_x$，我们可以推断

$$DALEX = \sum\limits_{t=1}^{\infty} {}_t \bar{p}_x = \sum\limits_{t=1}^{maxage-x} {}_t \bar{p}_x \tag{6}$$

其中 ${}_t \bar{p}_x$ 表示 x 岁的借款人在反向抵押贷款合同开始后第 t 年内经过失能调整的存活概率；$max\ age$ 表示参与反向抵押贷款的老年人能够存活的最大寿命。

由(5)(6)式及死亡率和生存率的计算公式我们可以进一步推知：

$${}_t \bar{p}_x = (L_x + t \times (1-D_x+t))/l_x ;$$

$${}_t|\bar{q}_x = {}_{t+1} \bar{p}_x - {}_t \bar{p}_x = (L_{x+t} \times (1-D_{x+t}))/l_x - (L_{x+t+1} \times (1-D_{x+t+1}))/l_x \tag{7}$$

(7)式是我们推算出的所需要的结果，通过(7)式即可将借款人的失能严重程度即健康状况与存活率、死亡率相联系。

(2)个人理性约束的讨论

在获得了健康状况同存活率、死亡率的关系后，我们便可以讨论金融机构个人理性约束中，对借款人进行信息披露或不披露情况下趸领金额的设定及其与借款人健康情况的关系。

A. 健康状况较差情况下趸领金额的设定

---

① 公式出处同 1,2，作者运用 Sullivan 法计算求出。

(7)式即为 x 岁的借款人在反向抵押贷款合同开始后第 t 年内经过失能调整的死亡概率。将其代入(1)式,即建立起与失能严重情况即健康情况相关联的趸领金额函数:

$$LSx(D, D^*) = \sum_{t=0}^{T} HEQ \times (1-\alpha) \times (1-\beta)^t \times \left(\frac{1+r+g}{1+r+m}\right)^t \times {}_{t|}q_x$$

$$= \sum_{t=0}^{T} HEQ \times (1-\alpha) \times (1-\beta)^t \times \left(\frac{1+r+g}{1+r+m}\right)^t \times [(L_{x+t} * (1-D_{x+t}))$$

$$- (L_{x+t+1} * (1-D_{x+t+1}))]/l_x \tag{8}$$

考虑到 D_x 为年龄组 x 的老年人失能度,而非个体老年人的失能度,通过对年龄为 x 的老年人健康状况的披露,金融机构可以真实地了解个体老年人的失能度,同时也可以对个体未来失能度进行预测,如下式:

$$\underline{D}_{x+t} = \delta_t \underline{D}_x ; \qquad \delta_t = D_{x+t}/D_x$$

D_x 代表年龄组为 x 的失能度,已经通过统计测出(见表3), $\underline{D}_x$ 表示个体老年人通过披露得出的失能度,将 $\underline{D}_x$ 代入(8)即可求得被披露信息的老年人可获得的趸领金额。

B. 健康状况良好情况下趸领金额的设定

个人理性约束中,在一定范围下借款人报告的个人信息是无须进行披露的,这部分借款人属于身体健康状况良好者,预期寿命会高出平均值。我们首先对健康状况良好的老年人群体的死亡率进行调整,再设定统一的趸领金额 $LS_x(D) = \overline{LS}_x$ 。死亡率的调整公式为 $q_x^* = q_x^2 - \mu q_x^2/(q_x^1 \times 1000)$, q_x^1 :1990—1993年间的死亡率, q_x^2 :2000—2003年间死亡率,实际死亡率为 q_x^* 调整后的死亡率见表4:

表4 实际死亡率[①]

年龄	1990—1993	2000—2003	实际值	年龄	1990—1993	2000—2003	实际值
60	0.012198	0.006989	0.001259	83	0.099196	0.075983	0.053003
61	0.013403	0.007867	0.002056	84	0.107956	0.083883	0.059796
62	0.014725	0.008725	0.002918	85	0.117376	0.092554	0.067321
63	0.016175	0.009677	0.003874	86	0.127486	0.102059	0.075641
64	0.017766	0.010731	0.004932	87	0.138313	0.112464	0.089697
65	0.019509	0.011900	0.006105	88	0.149881	0.123836	0.103180
66	0.021420	0.013229	0.007424	89	0.162210	0.136246	0.118607
67	0.023513	0.014705	0.008889	90	0.175316	0.149763	0.13097
68	0.025804	0.016344	0.010517	91	0.189210	0.164456	0.144465
69	0.028311	0.018164	0.012326	92	0.203895	0.180392	0.159158
70	0.031054	0.020184	0.014269	93	0.219368	0.197631	0.175108
71	0.034052	0.022425	0.016366	94	0.235617	0.216228	0.192368
72	0.037327	0.024911	0.018704	95	0.252625	0.236229	0.210981
73	0.040901	0.027668	0.020903	96	0.270359	0.257666	0.230981
74	0.044801	0.030647	0.022438	97	0.288784	0.280553	0.261123
75	0.049051	0.033939	0.024252	98	0.307850	0.304887	0.294983
76	0.053680	0.037577	0.026377	99	0.327500	0.330638	0.335686

---

① 陆颖:《反向抵押贷款长寿风险控制与 GSA 年金的应用》,浙江大学本科毕业论文,2008 年。

续　表

年龄	1990—1993	2000—2003	实际值	年龄	1990—1993	2000—2003	实际值
77	0.058714	0.041594	0.028842	100	0.347669	0.357746	0.362376
78	0.064185	0.046028	0.031686	101	0.368280	0.386119	0.390837
79	0.070124	0.050920	0.034945	102	0.389253	0.415626	0.420431
80	0.076562	0.056312	0.038660	103	0.410497	0.446094	0.452614
81	0.083532	0.062253	0.042876	104	0.431920	0.477310	0.366800
82	0.091066	0.068791	0.047640				

个人理性约束的右边 LS_x 为普通情况下年龄为 x 的借款人可获得的趸领金额,在该定价模型下,无论健康状况好坏,老年人获得的年金是相同的,它等于未来房价的现值扣除一定的交易费用和房价、利率波动等因素后的结果。

(4)激励约束的讨论

激励约束有两层含义:

第一,对于任意两个不要求验证信息的借款人,金融机构提供的年金是相同的,否则,借款人可能会撒谎,提供能够获得更多年金的健康信息。

第二,一个需要验证信息的借款人不应该比无须验证信息的借款人获得更少的年金,否则,需要验证信息的借款人会撒谎从而无须验证并能获得更多年金。

(三)结果的讨论及实例分析

根据 CSV 模型的结果,我们可以得知,反向抵押贷款的 CSV 模型能够最小化期望检验成本的合同是:

① 有一个单一的连贯审计区间 $[\overline{D},1]$,$\overline{D}>0$;

② 在该区间上,信息披露后的趸领金额为 $LSx(D)$,D^*;

③ 对没有检验的借款人 $D<\overline{D}$(健康状况好于 $\overline{D}$),趸领金额为 $\overline{LS}_x$。唯一的临界点 $\overline{D}$ 可以从下面的参与约束中解得:

$$\int_0^{\overline{D}} \overline{LS}_x f(D)\mathrm{d}D + \int_{\overline{D}}^1 \left[\sum_{t=0}^T HEQ\times(1-\alpha)\times(1-\beta)^t\times\left(\frac{1+r+g}{1+r+m}\right)^t\times[(L_{x+t}\times(1-\delta_t D))-(L_{x+t+1}\times(1-\delta t+1 D))]/l_x + K\right]f(D)\mathrm{d}D = LS_x$$

由于 $_tp_x=(L_{x+t}\times(1-D_{x+t}))/l_x = {}_tp_x\times(1-D_{x+t})$,上式也可写作:

$$\int_0^{\overline{D}} \overline{LS}_x f(D)\mathrm{d}D + \int_{\overline{D}}^1\left[\sum_{t=0}^T HEQ\times(1-\alpha)\times(1-\beta)^t\times\left(\frac{1+r+g}{1+r+m}\right)^t\times[{}_tp_x\times(1-\delta_t D)-{}_{t+1}p_x\times(1-\delta_{t+1}D)]+K\right]f(D)\mathrm{d}D = LSx$$

令 $Mt = HEQ\times(1-\alpha)\times(1-\beta)^t\times\left(\frac{1+r+g}{1+r+m}\right)^t$,

上式经整理为:

$$\overline{LS}x(F(\overline{D})-F(0))+(K+\sum_0^T M_t({}_tp_x-{}_{t+1}p_x))[1-F(\overline{D})]+(\sum_0^T M_t(\delta_{t+1}-\delta_t))\int_{\overline{D}}^1 D\times f(D)\mathrm{d}D = LS_x \tag{9}$$

同时,期望验证成本为 $K[1-F(\overline{D})]$。

现在我们举一个具体例子进行讨论。

首先对定价公式中的一些变量给定具体值,需要注意的部分是,无风险利率 r 对产品定价的影响较为复杂。考虑一次性趸领的情况,当 $g>m$ 时,r 增加会使公式中含有 r 的项减小,减小支付额;r变小会使公式中含有r的项变大,从而使支付额增加。当$g<m$时,情况相反。当$g=m$时,r的变化不会引起支付额的变化。我国近几年房价上升较快,可以认为$g>m$。

我们假设借款人参与该反向抵押贷款的年龄为60岁,$\alpha=1\%$,$\beta=2\%$,$g=6\%$,$m=3\%$,$r=4\%$,$HEQ=100$万元,$K=500$元,

经计算,我们可以将(9)式化为以下形式:

$$72.64(F(\overline{D})-F(0))+50.6[1-F(\overline{D})]-68.44\int_{\overline{D}}^{1}D\times f(D)\mathrm{d}D=74.62 \tag{10}$$

根据式10可以看出,当知道参与反向抵押贷款的老年人的失能测度,即健康状况的概率分布时,我们根据模型假设部分的讨论,便可以求解出信息披露的临界点$\overline{D}$。我们已经知道,在以失能测度为标准的情况下,完全健康的老年人占绝大部分比例,而极度失能的老年人所占比例很小。我们可以其中的活动及睡眠和精力这两个领域的失能严重情况为例绘制折线图。通过图1显示的情况,可以了解失能严重情况呈一种分段的线性关系。其中在完全健康至轻度失能这一范围内的斜率,要大于重度失能至极度失能范围的斜率。简化起见,我们可以将折线进行平滑,得出图2的平滑曲线。

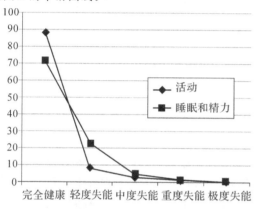

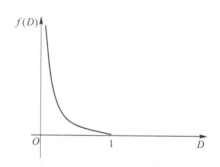

图1　两种领域失能情况比例分布折线图　　　图2　失能严重情况分布平滑曲线图

根据图2概率密度反映的形状,我们可以判断老年人的失能测度情况近似地服从于指数分布,指数分布的概率密度可用函数表示如下:

$$f(D)=\begin{cases}\lambda e^{-\lambda D},D>0\\0,其他\end{cases}, \qquad 其中\lambda>0$$

根据各领域的失能严重情况表(表2)中的完全健康一栏的数据,我们可以估计λ的大小,计算出8个领域完全健康的老年人平均值为81.3625,简化起见设λ为80。当$D\in[0,1]$时,老年人失能严重情况(健康状况)的概率密度为:$f(D)=80\mathrm{e}^{-80D}$

将$f(D)$代入(10)式,可以得到下式:

$$(46.4-68.44\overline{D})\times \mathrm{e}^{-80\overline{D}}=1.98$$

上式可进一步化简为:$80\overline{D}=\ln(46.4-68.44\overline{D})-\ln 1.98$

由上式我们可以计算出$\overline{D}$约为0.04。在上述具体数值给定的情况下,60岁的借款人需进行健康状况披露的临界点为0.04,当借款人反映的健康情况低于0.04(即比0.04代表的健康情况更好)时,则金融机构将不再对其进行检验,而当其反映的信息大于0.04时,贷款机构会进行信息披露。

现在我们进一步将$\overline{D}=0.04$代入D的分布函数:

$$F(D) = \begin{cases} 1 - e^{-80D}, D > 0 \\ 0, 其他 \end{cases},$$

可以得出 $F(0.04) = 95.92\%$，无须进行披露的老年人占借款总数的 95.92%，需披露信息的老年人占 4.08%。对于每一个借款人，其期望验证成本为：

$$K[1 - F(\overline{D})] = 500 \times 0.0408 = 20.4（元）。$$

（四）结论

在这种披露规则下，我们可以得到以下结论：

（1）金融机构可以用较低的成本，成功地区分不同类型的借款人，并针对不同借款人提供不同的年金和趸领金额，身体状况好于平均水平的借款人每年获得较少的年金，身体状况较差的借款人每年则能获得更多的年金给付。

（2）在该规则下，借款人会真实提供自己的健康信息，提供虚假信息对借款人来说没有任何好处，金融机构通过花费 $K[1 - F(\overline{D})]$ 的期望成本来实现对不同状况借款人的区分。

（3）通过一系列较强的约束，金融机构期望付出的总金额不会超过在普通规则下付出的金额，保证了贷款机构的收益。

四、对借款人健康状况评价中寻租行为的控制

（一）寻租行为的产生和分析

有成本的信息披露模型的设定过程中，我们假设当金融机构通过花费成本 K（如对借款人进行全面体检），可以真实地了解借款人的健康状况，从而知晓相关联的预期寿命。但实际情况中，在医疗机构对借款人身体检查的过程中却可能出现寻租行为，使检查结果可能不会真正反映老年人真实的状况。

寻租是指社会成员通过游说、行贿等活动，促使权利拥有者帮助自己确立垄断地位以获得经济租金的活动。在反向抵押贷款业务开办前的健康信息披露过程中，借款人预期可获得年金，因贷款额度与房屋价值和所有者的剩余寿命有极大的相关性，贷款机构通过医院的健康证明向借款人支付年金。因此，对借贷双方而言，对借款人预期寿命的评价都是极为重要。然而，由于市场信用机制的不完善，借款人可能会花费一定成本伪造健康证明，以期获得超出实际应得的年金。因此，在信息披露过程中借款人便可能贿赂拥有提供健康证明权利的医生，使其为自己提供健康状况较差的凭证，从而获得更多年金。这一寻租行为的产生，使得贷款机构面临更多的长寿风险损失，从而为防范这一问题更多地控制放贷金额，阻碍了反向抵押贷款市场的发展。

柴效武、张海敏、朱杰在《房产养老寿险业务老年人健康状况评价的不完全信息博弈》一文中，从老年人和金融机构的博弈角度对这一问题展开充分的探讨，运用信号博弈模型分析并得出加入一般寿险市场后通过双方市场对健康信息的共享来提高效率的结论，为寻租行为这一问题的解决提供了十分有价值的建议。

在本文中，我们将以第三部分中讨论的 CSV 模型为基础，对这一行为的控制展开更为细致的研究，即当借款人未参与寿险或寿险和反向抵押贷款机构合作存在障碍时，金融机构从医院入手以控制寻租行为的问题。并将该部分博弈模型分析作为对以上部分模型的补充。

(二) 贷款机构和医疗机构间的博弈

1. 委托—代理人理论的介绍

在这一部分,我们将运用"委托—代理人理论",通过尽可能简洁的,完全且完美信息动态博弈模型,对金融机构如何控制医疗机构的造假问题进行理论分析,为该问题的改善提出较为合理的理论框架。

在委托—代理人理论中,委托方委托代理方完成特定的工作,但因其不能直接控制被委托方的行为,甚至存在监督上的一定困难,只能通过报酬给付等间接影响被委托方的行为。委托人如何促使代理人行为符合其利益,即"激励机制设计"是这一理论的重要课题。

运用该理论时,我们可以将博弈双方中的委托人视为金融机构,而代理人视为医疗机构。委托关系基于一种标准合同,金融机构选择是否提供这份合同,而医疗机构选择是否接受,当其选择接受后,医疗机构进一步选择讲真话还是做假(如同代理人选择努力或偷懒),而委托人根据其最后结果支付报酬。

2. 假设

在模型建立前,我们首先做出一些假设:

(1)通过对各年龄失能测度情况的事先了解,金融机构知道处在信息披露临界点以下的借款人的大致比例和人数。这一点在 CSV 模型的实例分析中已得到验证,在该实例中,通过计算可知实际健康状况处于信息披露临界点以下的借款人占总人数的 4.08%。

(2)申请反向抵押贷款的借款人的健康状况和分布情况,与金融机构经过统计测算出的情况相符。

(3)代理人即医疗机构的工作成果没有不确定性,这就是说,代理人对需要信息披露的借款人出具的健康证明为其是否做假的确定性函数。当医疗机构真实汇报老年人的健康信息时,处于披露临界点以下的老年人的人数比例,应与金融机构的事前预期相符,或者说出入不大;而当医疗机构做假时,将会使处于合格状态的老年人数,与金融机构的预期相差较大,或远大于预期。因此,委托人即金融机构可以根据成果(健康证明披露的信息)掌握代理人的工作情况,不存在监督问题。

(4)假设委托关系基于一种标准合同,委托人选择是否提供合同,不选择支付给代理人的报酬或报酬函数。

(5)对于需要披露信息的借款人,有 50% 的老年人在问卷中反映了虚假信息,并且有动机通过贿赂医生为其做假。如实际健康状况低于正常的借款人为 5%,而通过问卷反映的情况有 10% 的借款人,都要通过医疗机构进行信息披露。如果所有的借款人都能真实反映自己的信息,即需要进行信息验证的老年人为总人数的 5%,医疗机构便没有机会做假,只能选择讲真话,也不存在金融机构与院方的博弈。

(6)当金融机构按照问卷反映情况进行支付时,每个说谎的借款人为贷款机构带来的损失是相同的。

3. 博弈模型

我们现在建立反向抵押贷款市场上关于信息披露的委托—代理人博弈模型。

该博弈的参与者为委托人金融机构和代理人医疗机构。图 3 是该动态博弈模型的扩展形。

以下是对博弈中各得益方的参数表示含义的具体说明:

l 为对借款人的撒谎行为按照问卷反映情况支付冒领金额时,为金融机构带来的损失;

m 为当医疗机构披露出某借款人做假时,金融机构对其进行惩罚 m(在 CSV 模型构建前已

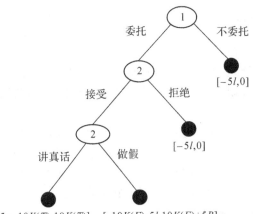

图 3　无不确定性的委托—代理人模型

提到过,如要求其支付部分或全部信息披露的费用);

$K(T)$为当医疗机构反映的信息代表其讲真话时,金融机构为其支付的报酬;

$K(F)$为医疗机构反映的结果表示其做假时,金融机构支付的报酬。

同时,我们假设一家金融机构收到 100 人申请反向抵押贷款,实际需要信息披露的借款人为 5％即 5 人,但有 5 人说谎,参与信息披露的人数为 10 人。金融机构事前了解这一点,但不知是谁说谎,需要医疗机构予以披露。

下面对这一动态博弈过程进行文字表述。上述扩展形中,博弈方 1 代表委托人,博弈方 2 代表代理人。

博弈的第一阶段是委托人的选择阶段,选择内容为是否向医疗机构提出一个合同。如果是选择不委托,则不能得到医疗机构的服务,借款人的实际信息不能得到真实的披露,只能按照其反映的信息进行给付,在实际应付金额上产生 $-5l$ 的损失。

第二阶段医疗机构选择是否接受委托。若其选择不接受,则得益与第一阶段委托人选择不委托时的得益相同。若选择接受,则在下一阶段选择讲真话或做假。

第三阶段医疗机构选择讲真话或是做假。如果其选择讲真话,金融机构会得知谁是说谎者,并对说谎者处以罚金 m,且获得总罚金 $5m$;如果机构做假,金融机构对谁是说谎者仍无法判断,信息披露无效,其损失为披露成本与应付金额损失之和($-10K(F)-5l$),而医疗机构得益为 $10K(F)+5B$。

4. 模型分析

在该博弈中,双方都清楚自己和对方的得益情况,也能观察到对方的选择,因此本博弈是一个完全且完美信息的动态博弈,我们可以用逆推归纳法对此进行分析。

首先讨论第三阶段,医疗机构选择信息披露是真实还是做假,也即当给定金融机构选择委托,医疗机构选择接受的情况下,其对第三阶段的选择。根据理性博弈方决策原则,当

$$10K(T) > 10K(F)+5B$$

也即　　　　$K(T)-K(F) > 1/2B$　　　　　　　　　　　　　　　　　　　　　　　　(11)

当满足(11)式时,医疗机构会选择讲真话,即为医疗机构讲真话的激励相容约束(IC 约束)。若金融机构给付医疗机构的报酬满足 $K(T)-K(F) < 1/2B$ 时,医疗机构将会选择做假。

考虑第二阶段,该阶段代理人选择是否接受委托。考虑第三阶段代理人的收益,可知,当第三阶段两种选择下代理人得益满足 $10K(T) > 0$ 和 $10K(F)+5B > 0$,即两种情况下的参与约束(IR 约束)时,愿意接受委托。

如果医疗机构在第二阶段选择接受,则其得益根据第三阶段代理人的选择存在两种情况。由于金融机构清楚代理人的选择,可以针对两种情况分别进行选择。在医疗机构选择讲真话的情况下,委托人选择委托的得益为 $5m-10K(T)$,选择不委托的得益为 $-5l$。因此,当 $5m-10K(T)>-5l$,即 $K(T)<1/2(m+l)$ 时,金融机构会选择委托。而在医疗机构做假的情况下,委托人选择委托时得益为 $-10K(F)-5l<-5l$,因此委托人不会委托。

(三)博弈结果的讨论

根据上述分析我们可以看出,当金融机构对于医疗机构的行为选择相应的报酬 $K(T)$,$K(F)$ 满足 $K(T)-K(F)>1/2B$ 和 $K(T)<1/2(m+l)$,即当两种报酬的差额大于借款人贿赂医院金额的一半,以及讲真话时的报酬少于 $1/2(m+l)$ 时,该博弈的子博弈完美纳什均衡是金融机构选择委托,医疗机构选择讲真话。当 $K(T)-K(F)>1/2B$ 这一条件不能满足时,金融机构选择不委托,医疗机构选择做假。当 $K(T)<1/2(m+l)$ 不满足时,金融机构选择不委托。

当金融机构在两种情况下给付报酬的差额足够大,且在医疗机构讲真话情况下的给付不超过一定数值时,通过医院进行健康信息的披露是有效的,金融机构花费一定的成本 $K(T)$ 就可以了解借款人的真实健康情况,第三部分第 5 条假设成立。

当对医疗机构报酬的设定满足上述两个条件,从而使花费一定成本的信息披露结果真实可靠时,反向抵押贷款的借款人会真实地反映自己的信息。因为说谎者预期到说谎会导致审计,通过医疗机构的验证必然会被披露出说谎行为,并且要交付罚金 m,该种情况下说谎对于借款人是没有任何好处的。

在金融机构设定对医疗机构合理报酬的情况下,该信息披露机制会达到理想状态,即所有借款人都会真实反映自己的健康状况。

五、反向抵押贷款信息披露机制和作用的检验

(一)普通年金下的反向抵押贷款

在普通年金的计算中,我们运用范子文(2006)设定的反向抵押贷款定价模型:

$$LS_x = \sum_{t=1}^{T} (1-\alpha-\beta-\gamma) \times H_0 \times \left(\frac{1+g}{1+r}\right)^t \times {}_{t|}q_x$$

以及年金定价模型:

$$\sum_{t=1}^{T} \frac{A_x}{(1+R)^t} \times {}_tP_x = LS_x$$

其中,T 表示申请人的最大平均余命。根据《中国人寿保险业经验生命表(2000—2003)》,人的最大存活年龄为 105 岁,T 的取值为 $(105-x)$ 岁;α 表示反向抵押贷款的发起费,假设为 1%;β 表示反向抵押贷款的保险费,假设为 2%;γ 表示反向抵押贷款的其他交易费用,即除利率、发起费和保险费之外的其他交易费用,如第三方服务费、手续费等,假设为 3%;H_0 表示贷款的最高金额,假设给付系数为 80%;g 表示住房价值的年均波动率,假设为 3%;r 表示反向抵押贷款年利率,也即包含贷款机构正常利润的年利率,假设为 8%;假设贴现率 R 为 2.5%。以男性为例,假设评估房产价值为 100 万元,各年龄段可贷款金额及年金数额的相关计算已由前人计算得出(见表5):

表 5 期初每百万元评估房产（男表）[①]

年龄	死亡率	趸领金额（万元）	年领（万元）	年龄	死亡率	趸领金额（万元）	年领（万元）
60	0.006989	28.5604	1.7594	73	0.027668	42.2251	4.2121
61	0.007867	29.5660	1.8765	74	0.030647	43.2300	4.5184
62	0.008725	30.5909	2.0023	75	0.033939	44.2095	4.8492
63	0.009677	31.6305	2.13759	76	0.037577	45.1583	5.2067
64	0.010731	32.6831	2.2830	77	0.041594	46.0713	5.5932
65	0.0119	33.7465	2.4396	78	0.046028	46.9430	6.0111
66	0.013229	34.8160	2.6080	79	0.05092	47.7675	6.4631
67	0.014705	35.8896	2.7893	80	0.056312	48.5389	6.9520
68	0.016344	36.9644	2.9846	81	0.062253	49.2507	7.4808
69	0.018164	38.0369	3.1948	82	0.068791	49.8967	8.0528
70	0.020184	39.1033	3.4213	83	0.075983	50.4699	8.6714
71	0.022425	40.1598	3.6655	84	0.083883	50.9635	9.3402
72	0.024911	41.2019	3.9286	85	0.092554	51.3704	10.0630

（二）个体信息充分情况下的反向抵押贷款

1. 借款人信息披露情况下的趸领金额和年金分析

针对表 3 反映资料不同性别的各年段人群的失能测试进行分析，得到性别年龄失能测试折线图，见图 4 所示：

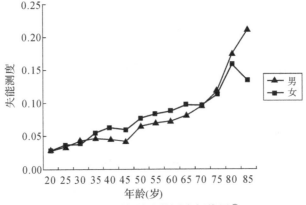

图 4 性别年龄失能测度折线图[②]

根据表 3 数据和图 4，我们可以近似得出 60 岁至 85 岁男性的失能测度。由图 5 可知，每个五年的范围内，失能度和年龄的关系均为线性的，我们可以通过求解每个年龄范围的线性函数计算每个年龄的近似失能测度。

当借款人在 60 岁至 65 岁时，我们可以通过已知的年龄和失能测度的点（60，0.0728），（65，0.0823），计算出该范围的线性函数为 $Dx = 0.0019x - 0.0412$，将年龄范围在 $[60,65]$ 间的年龄代入，即可求出不同年龄借款人的失能测度。其他范围同理，经计算求得失能测度见表 6：

① 陆颖：《反向抵押贷款长寿风险控制与 GSA 年金的应用》，浙江大学本科毕业论文，2008 年。

② 苏晶：《成都市居民慢性病相关危险因素与失能调整期望寿命研究》，四川大学硕士学位论文，2007 年。

表6　各年龄失能测度①

年龄	失能测度	年龄	失能测度	年龄	失能测度	年龄	失能测度
60	0.0728	67	0.08762	74	0.11256	81	0.18196
61	0.0747	68	0.09028	75	0.1168	82	0.18932
62	0.0766	69	0.09294	76	0.12836	83	0.19668
63	0.0785	70	0.0956	77	0.13992	84	0.20404
64	0.0804	71	0.09984	78	0.15148	85	0.2114
65	0.0823	72	0.10408	79	0.16304		
66	0.08496	73	0.10832	80	0.1746		

已知失能测度后，我们便可由(7)式计算出需验证信息的借款人，当验证出其身体健康状况较差时，可获得的趸领金额和年金。假设健康状况信息披露临界点 $\overline{D}$ 低于平均失能测度，某个体借款人的失能测度即为以上统计出的失能测度，则 x 岁老年人在各期的存活率可由下面的公式得出：

$$_t\overline{p}_x = (L_{x+t} \times (1 - D_{x+t})) / l_x = {}_tp_x \times (1 - D_{x+t})$$

在通常情形下，健康状况差的老年人存活寿命要少于健康老人，假设身体健康条件差的老年人最大存活寿命为86岁，即在计算趸领金额和年金时，令 $T = 86 - x$ 为参与反向抵押贷款的年限，且因假定该部分身体条件较差的借款人最大存活年限为86岁，我们将86岁的死亡率视为1。最后假设当借款人其失能度恰为经统计得出的平均失能测度时，我们可推算出失能调整后的趸领金额和年金，见表7：

表7　以平均失能测度为标准的趸领金额和年金

年龄	a_x	趸领金额(万元)	年领(万元)	年龄	a_x	趸领金额(万元)	年领(万元)
60	13.61355	29.44244	2.162731	73	7.108483	42.35866	5.958889
61	13.12490	30.39882	2.316118	74	6.601846	43.31479	6.561012
62	12.63440	31.37873	2.483595	75	6.093393	44.28049	7.266968
63	12.14084	32.3781	2.666875	76	5.581949	44.72890	8.013133
64	11.64447	33.39692	2.868050	77	5.073249	45.17209	8.903977
65	11.14545	34.43389	3.089502	78	4.565679	45.61448	9.990733
66	10.64397	35.43019	3.328663	79	4.057097	46.06245	11.35355
67	10.14129	36.43914	3.593146	80	3.544677	46.52531	13.12540
68	9.63758	37.4603	3.886899	81	3.024701	47.31216	15.64193
69	9.132937	38.49255	4.214696	82	2.488095	48.15501	19.35417
70	8.627384	39.53536	4.582543	83	1.928015	49.07938	25.45591
71	8.120834	40.47168	4.983685	84	1.335402	50.11946	37.53137
72	7.614639	41.41271	5.438565				

通过将失能严重状况即个体借款人的健康状况引入定价模型，我们可以发现，对于身体条件较差的老年人来说，在其健康状况得到准确披露的情况下，这些借款人每年度可以获得比普通情况老人更多的趸领金额和年金，而这些数额是身体条件好的借款人无法得到的，一旦他们提供虚假的健康信息，金融机构必然会对其进行进一步的信息披露。

现在我们考虑，当年龄为 x 岁的借款人失能测度为 $\overline{D}_x > D_x$，即身体状况要差于统计得出的平均失能测度情况时，该借款人在各期的存活概率将会继续下降，通过计算我们可以观察健康状况更糟的借款人可获得趸领金额和年金情况。

---

① 注：以男性数据为依据计算，后面计算均以男性数据位依据。

首先假设借款人年龄为 60 岁,通过健康信息的披露,金融机构了解其失能测度为 0.08 > 0.0728,根据 $\delta t = Dx + t/Dx, \overline{Dx} + t = \delta t \overline{Dx}$,可计算出个体借款人的失能测度(表 8):

表 8　个体失能度的调整[①]

年龄	D_x	δ_t	$\overline{D}_x$	年龄	D_x	δ_t	$\overline{D}_x$
60	0.0728		0.08	73	0.10832	1.133054	0.119033
61	0.0747	1.026099	0.082088	74	0.11256	1.177406	0.123692
62	0.0766	1.052198	0.084176	75	0.1168	1.221757	0.128352
63	0.0785	1.078297	0.086264	76	0.12836	1.098973	0.141055
64	0.0804	1.104396	0.088352	77	0.13992	1.197945	0.153759
65	0.0823	1.130495	0.09044	78	0.15148	1.296918	0.166462
66	0.08496	1.032321	0.093363	79	0.16304	1.39589	0.179165
67	0.08762	1.064642	0.096286	80	0.1746	1.494863	0.191869
68	0.09028	1.096962	0.099209	81	0.18196	1.042153	0.199957
69	0.09294	1.129283	0.102132	82	0.18932	1.084307	0.208045
70	0.0956	1.161604	0.105055	83	0.19668	1.12646	0.216133
71	0.09984	1.044351	0.109714	84	0.20404	1.168614	0.224221
72	0.10408	1.088703	0.114374	85	0.2114	1.210767	0.232309

需要注意的是,在之前进行失能度计算的时候,是以 5 年为一个范围进行测度的,因此当借款人年龄在[60,65]这一范围内时,$\delta_t = D_{x+t}/D_x$ 中,D_x 即为 60 岁时的失能测度;当借款人年龄在[65,70]这一范围内时,D_x 为 65 岁的失能测度;依次类推可计算出表 8 的数据。

据此,可获得该种情况下老年人的趸领金额和年金(表 9):

表 9　60 岁老年人的趸领金额和年金

年龄	失能测度	a_x	趸领金额(万元)	年领金额(万元)
60	0.08	13.45347	29.34754	2.18141

考虑身体状况更差的老年人情况,假设一个年龄为 60 岁的借款人失能测度为 0.10,其调整后的失能测度如表 10:

表 10　个体失能度的调整[②]

年龄	D_x	δ_t	$\overline{D}_x$	年龄	D_x	δ_t	$\overline{D}_x$
60	0.0728	—	0.10	73	0.10832	1.133054	0.119033
61	0.0747	1.026099	0.10261	74	0.11256	1.177406	0.154616
62	0.0766	1.052198	0.10522	75	0.1168	1.221757	0.16044
63	0.0785	1.078297	0.10783	76	0.12836	1.098973	0.176319
64	0.0804	1.104396	0.11044	77	0.13992	1.197945	0.192198
65	0.0823	1.130495	0.11305	78	0.15148	1.296918	0.208078
66	0.08496	1.032321	0.116704	79	0.16304	1.39589	0.223957
67	0.08762	1.064642	0.120358	80	0.1746	1.494863	0.239836
68	0.09028	1.096962	0.124012	81	0.18196	1.042153	0.249946

[①]　假设个体借款人为 60 岁,经披露健康状况为 0.08。

[②]　假设个体借款人年龄同上,经披露健康状况为 0.10。

年龄	D_x	δ_t	$\overline{D}_x$	年龄	D_x	δ_t	$\overline{D}_x$
69	0.09294	1.129283	0.127665	82	0.18932	1.084307	0.260056
70	0.0956	1.161604	0.131319	83	0.19668	1.12646	0.270166
71	0.09984	1.044351	0.137143	84	0.20404	1.168614	0.280276
72	0.10408	1.088703	0.142967	85	0.2114	1.210767	0.290386

据此我们可以计算出年龄为 60 岁的借款人，在健康状况更差的情况下参与反向抵押贷款业务可获趸领金额和年金的大小（表 11）：

表 11　60 岁健康状况更差的老年人趸领金额和年金

年龄	失能测度	a_x	趸领金额（万元）	年领金额（万元）
60	0.10	13.00882	29.08407	2.235719

通过比较我们发现，在以上两种不同失能测度的情况下，借款人所获趸领金额和年金是有区别的，健康状况越差的借款人，可以获得更多的年金，但一次性领取的趸领金额逐渐减少，当反向抵押贷款以提供终身年金的方式发放时，身体条件差的借款人能够获得更多的年金，对他们而言参与这项业务是有利的，他们可以获得的年金已经通过身体状况进行区分。针对不同情况老年人设定的反向抵押贷款产品，使得金融机构保留了他们更加中意的身体状况较预期寿命为短的这部分客户群体，改善了由于信息不对称，使"橘子"纷纷退出而"柠檬"纷纷进入的"柠檬市场"的局面。

2. 借款人无须信息披露情况下的趸领金额和年金分析

在借款人无须披露信息的情况下，金融机构将直接认为该借款人属于健康状况良好的范围，并依据激励约束中"$A_x(D_1)=A_x(D_2)=LS_x(D)/a_x$，对所有 $D_1\neq D_2$，使得 $p(D_1)=0=p(D_2)$"这一条件，对所有无须信息披露且所有其他条件相同的借款人，设定相同的年金和趸领金额 $LS_x(D)=\overline{LS}_x$。

在 CSV 模型构建的约束条件讨论部分，我们已经讨论过，对这部分健康状况良好的群体，他们的预期寿命要长于平均期望寿命，因此可以根据调整后的实际死亡率计算该群体借款人的年金给付，结果如表 12 所示：

表 12　以实际死亡率为标准的 LS 和年金[①]

年龄	死亡率	a_x	趸领金额（万元）	年领金额（万元）
60	0.001259	17.97922	23.87112	1.322684
61	0.002056	17.45194	26.047	1.492499
62	0.002918	16.92509	27.14849	1.604038
63	0.003874	16.39899	28.25843	1.723181
64	0.004932	15.87433	29.37459	1.850446
65	0.006105	15.35184	30.49423	1.986357
66	0.007424	14.83229	31.61272	2.131345
67	0.008889	14.31681	32.72714	2.285924
68	0.010517	13.80634	33.83272	2.450521
69	0.012326	13.30191	34.92523	2.62558
70	0.014269	12.80462	36.00485	2.811864

---

①　也即无须信息披露的借款人可获得的趸领金额和年金。

续　表

年龄	死亡率	a_x	趸领金额(万元)	年领金额(万元)
71	0.016366	12.31472	37.06871	3.010114
72	0.018704	11.83261	38.10841	3.220626
73	0.020903	11.35960	39.1483	3.446275
74	0.022438	10.89217	40.23774	3.694189
75	0.024252	10.42073	41.33582	3.966691
76	0.026377	9.94673	42.43637	4.266364
77	0.028842	9.471607	43.53313	4.596171
78	0.031686	8.996723	44.61953	4.959531
79	0.034945	8.523400	45.68873	5.360388
80	0.038660	8.052836	46.73434	5.803464
81	0.042876	7.586095	47.74948	6.294342
82	0.047640	7.124076	48.72797	6.8399
83	0.053003	6.667455	49.66382	7.448692
84	0.059796	6.216645	50.49251	8.122148
85	0.067321	5.777318	51.24864	8.870663

　　经济发展、医疗水平改善等系列原因,使得人口整体的平均寿命处于不断增长趋势,死亡率的实际数值在不断下降。通常情况下,健康老年群体的平均寿命要长于非健康老人,因此将健康老年群体作对象进行分析时,其平均寿命应该高出将所有老年人作为对象得出的结果。考虑到这一问题,我们将实际降低的死亡率作为健康借款人定价的基础。

　　由表12可以看出,对于这一群体,反向抵押贷款的趸领金额和年金都减少了。一方面,该定价方法改善了反向抵押贷款市场中面临的逆向选择问题,使得定价的基础更接近健康群体的现实状况;另一方面,年金的减少会使相当于对这部分卖方提供的价格减少,减少其由于信息优势获得的剩余,需求曲线回到使这一群体平均寿命等于预期寿命的位置从而使供给也回到相应位置。我们以柴效武、徐智龙(2006)在反向抵押贷款"柠檬市场"讨论中的图为基础,以买卖双方的剩余(即消费者和生产者剩余)为依据对这一问题进行分析。

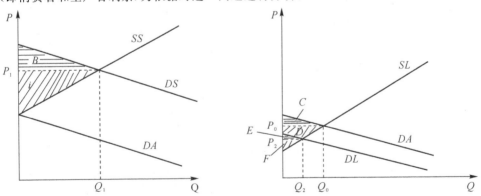

图5　信息披露机制下反向抵押贷款"柠檬市场"及剩余

　　如图5,左图是寿命较短的借款人与金融机构的交易情形,这里将借款人视为供给者,机构为消费者;右图是寿命较长的借款人在反向抵押贷款市场的交易情形。两种不同类型的借款人未得到区分时,金融机构将对两种供给者提供统一的价格 P_0,这一价格下平均寿命长于短寿老年人而短于长寿借款人,这使得短寿借款人纷纷退出市场,产生"柠檬市场"。在该情况下,消费者(金融机构)剩余为 $CS=C$;而生产者(借款人)剩余为 $PS=D+E+F$,而这部分剩余完全被长寿借款人占据,短寿借款人不占有市场份额。

现在我们考虑当有成本的信息披露机制引入后,健康条件好和差的借款人得到了区分,进一步而言,鉴于借款人寿命同其健康状况密切相关,因此该机制使寿命长短不同的借款人得以区分。此时,金融机构为预期寿命短的老年人提供的价格为 P_1,而其为预期长寿的借款人提供的价格是根据其实际死亡率制定的价格 P_2。此时,$CS'=B+E$, $PS'=A+F$。

比较以上两种情况,我们可以得出以下结论:

(1)当 $CS'>CS$,即 $B+E>C$ 时,信息披露机制可使金融机构获得更多的剩余;

(2)当 $PS'>PS$,即 $A>D+E$ 时,信息披露机制可使借款人获得更多的剩余,同时,短寿借款人在该机制下获得的剩余必然增加 A,而长寿借款人剩余减少 $D+E$;

(3)当 $CS'+PS'>CS+PS$,即 $A+B>C+D$ 时,信息披露机制使社会整体福利得到提高。

(三)对以上实证分析的总结

通过以上对普通定价方式和在 CSV 机制下借款人无须披露信息的定价方式及信息披露条件下的定价方式的比较,我们可以认为,在该信息披露机制下,金融机构可以成功地将不同类型的借款人加以区分。

针对不同借款人提供有差异的年金和冠领金额,在无须披露信息的情况下,身体状况较好的借款人将获得与其实际死亡率较符合的冠领金额和年金,少于以平均预期寿命为标准的定价。因此,在信息披露较充分的情况下,按照个体的实际预期寿命定价时,因之前价格高于实际预期寿命价格而纷纷进入"柠檬市场",将退出反向抵押贷款市场;而身体状况较差的人能够获得更多的年金,愿意参与到此项业务中来,逆向选择问题得到改善。

六、总结

反向抵押贷款的长寿风险问题,一直以来是阻碍反向抵押贷款市场发展的重要原因,也是反向抵押贷款体系中较为复杂的论题。从 20 世纪 80 年代末开展业务至今,学者们一直在探讨并尝试引入各种金融工具来改善这一事项。CSV 模型的引入,对非系统性风险引起的长寿风险问题提供了理论参考和现实构想。通过该模型的应用,个人信息不对称引起的逆向选择问题可以得到相应的缓解,金融机构将根据借款人的实际情况给付年金,这一举措在吸引身体条件较差的老年人加入的同时,也控制了机构面临的长寿风险问题。

在理想的状况下,通过这一信息披露机制,所有借款人都会真实反映自己的信息,CSV 模型中对说假话的威胁将不会被执行,所有人将真实反映自己的信息。放贷机构只需花费较少成本,对少部分失能情况高于信息披露临界值的借款人进行检验,即可保证这一机制的实施,有效缓解逆向选择问题。在信息较充分的情况下,放贷机构还可以进一步放宽条件,如提高死亡率的计算基数等,使借款人能够获得更多的年金,并促进反向抵押贷款市场需求的扩大。

同时,这一机制也存在某些缺陷。首先,该模型是在通过花费一定成本信息就会被真实披露的假设下构建的,而现实生活中可能会存在某些老年人对医生贿赂造假的行为,这一问题在本文已进行了讨论;第二,本文的模型没有考虑借款人身体状况会发生改变的情形,仅在申请贷款前进行一次披露,而现实中需要隔一段时间进行一次新的检查,使年金按照身体情况的变化而变化,这是本文没有涵盖的;第三,CSV 模型自身存在一个问题,即审计这一承诺是否可信的问题,因为当得知所有借款人都会真实反映自己的情况时,金融机构会缺少花费成本进行检验的动机,使检验的承诺不可信,如何使检验这一承诺可信,需要进行更为深入的探讨。

附录 1 失能调整期望寿命计算方法

基本思想是对不同个体健康状况进行详尽描述后,将其在非完全健康状况下生活的年数,按伤残严重性的权重转化成相当于在完全健康状况下生活的年数。本文使用的公式运用了沙利文(Sullivan)法。这是在普通寿命表的基础上,将寿命表上各年龄的期望寿命分为两部分:相当于在完全健康状态下的期望寿命(DALE)和相当于死亡状态下的损失期望寿命。

期望寿命的计算公式为:

$$LE_x = \Big[\sum_{i=x}^{\max age-x} L_i\Big]/l_i \tag{12}$$

其中 l_x 是假想寿命队列中 x 岁的尚存人数,L_i 是 x 岁至 w 岁间寿命表队列存活人数。

$DALE$ 的计算公式为

$$DALE_x = \Big[\sum_{i=x}^{\max age-x} (L_i \times (1-D_i))\Big]/l_i \tag{13}$$

D_x 是年龄组 x 的失能现患率。由(12)(13)式可以计算因失能损失的健康期望寿命为:

$$DLE_x = LE_x - DALE_x$$

由于 Sullivan 法是用观察到的失能率代替失能概率,而观察到的失能率受各年龄队列历史健康状况的影响,因此其具有一定偏性,有学者称 Sullivan 法产生的是一个有偏差的失能调整期望寿命估计值。

附录 2 死亡率、存活率对失能调整期望寿命的表达

死亡率与存活率两者关系的公式:

$$_tq_x = 1 - {}_tp_x = 1 - l_{x+t}/l_x \tag{14}$$

$$e_x = \sum_{k=0}^{\infty} k + {}_ip_x = (l_{x+1} + l_{x+2} + \cdots)/l_x \tag{15}$$

$_tp_x$:x 岁的借款人在反向抵押贷款合同开始后第 t 年内存活的概率;

e_x:x 岁的借款人平均预期余存寿命;

l_z:平均能活到 z 岁的预期人数。

考虑(12)(13)式中 LE_x,L_i 与(14)、(15)式中变量关系。可以认为 LE_x 即为 e_x;l_z 当 $z = x$ 时,即代表平均能活到 x 岁的预期人数,当 $i = x+1, x+2, \cdots$ 时,L_i 即为 $l_{x+1}, l_{x+2}, \cdots$

因此根据以上推断并由(14)式可知,

$$_tp_x = l_{x+t}/l_x = L_{x+t}/l_x \tag{16}$$

根据(15)式,并将(16)代入(13),可知

$$DALE_x = \sum_{k=1}^{\max age-x} {}_kp_x = \sum_{k=1}^{\max age-x} {}_kp_x \times (1-D_k), {}_k\bar{p}_x$$ 为失能调整的 x 岁老年人在申请反向抵押贷款业务第 k 年的存活率。

附录 3 CSV 模型最小化期望验证成本的标准债务合同

Townsend(1979)与 Gale-Hellwig(1985)考虑的金融合同问题,涉及两个风险中性代理人,一

个有投资项目但无资金的企业家,另一个是有无限资金的融资者。金融合同问题可简单描述如下:在 $t=0$ 时刻,固定投资需启动成本 $I>0$,$t=1$ 时刻产生一个概率密度为 $f(\pi)$ 的随机现金流 $\pi \in [0,+\infty)$。随着 π 的实现,企业家真实披露 π,合同指定确定性的验证原则 $p(\pi) \in \{0,1\}$。当无验证时,合同只能指明一个偿付 $r(\pi)$;当存在验证时,合同可指定一个依赖于所宣称的现金流 π^* 和审计后得到的真实现金流 π 的回报。当 $\pi^* \neq \pi$ 时,合同将规定一个不同的偿付作为威胁。容易看到,因为在均衡中威胁不会被执行,因此项目的最优合同问题就简化为一个在使企业家讲真话的激励约束和融资者参与约束下最小化期望审计成本的问题,即:

$\min K \int_0^\infty p(\pi) f(\pi) \mathrm{d}\pi$,满足投资者的个人理性约束

$$\int_0^\infty [(1-p(\pi)]r(\pi)f(\pi)\mathrm{d}\pi + \int_0^\infty p(\pi)[r(\pi^*,\pi)-K]f(\pi)\mathrm{d}\pi \geq I$$

一组激励约束:$r(\pi_1^*,\pi_1) \leqslant r(\pi_2)$,对所有 $\pi_1 \neq \pi_2$ 使得 $p(\pi_1)=1, p(\pi_2)=0$;$r(\pi_1)=r(\pi_2)=r$,对所有 $\pi_1 \neq \pi_2$ 使得 $p(\pi_1)=p(\pi_2)=0$;另满足一组有限财富约束。

激励约束有一个特别简单的结构,对任意两个不需验证的现金流,融资者所获偿付必是相同的。类似地,一个需要验证的现金流不应比不需验证的现金流具有更高的偿付比率。最优合同的特征可从下面的观察中归纳出来:首先,审计子集中必然包含现金流 $\pi=0$;第二,任何最小化期望审计成本的合同一定对审计子集中任一个现金流实现 π,有 $r(\pi^*,\pi)=\min\{\pi,r\}$;第三,任何不连贯的审计子集 $[0,\pi'] \cup [\underline{\pi},\bar{\pi}]$ 的合同可能是无效率的,因为通过移动到一个有同样概率分布的连贯审计子集,可以有明显的效率改进。因为这样的移动有可能提高 r,从而提高期望审计回报,更高的期望回报将放松参与约束并能节约期望成本。

这些观察综合起来,可以得出如下结论:唯一能够最小化期望审计成本的最优合同是:(1)有一个单一连贯的审计区间 $[0,\bar{\pi}]$;(2)该区间上,审计回报为 $r(\pi^*,\pi)$;(3)对没有审计的现金流 $\pi > \bar{\pi}$,偿付为 $r=\bar{\pi}$。唯一的临界点可从下面参与约束得出:

$$\int_0^\infty [1-p(\pi)]r(\pi)f(\pi)\mathrm{d}\pi + \int_0^\infty p(\pi)[r(\pi*,\pi)-K]f(\pi)\mathrm{d}\pi \geq I$$

反向抵押贷款中的缔约和违约风险分析

彼得·钦罗伊　　伊萨克·麦格鲁伯

一、前言

我们针对反向抵押贷款合同建立了一个产品定价模型。按照反向抵押贷款的合同,借款人通过一次性支付或年金等形式从贷款机构处获得一笔贷款,同时贷款机构拥有对房产的要求权。目前还没有关于这项业务的保险业标准,这就存在一个违约风险,即借款人很可能在贷款总额超过房产价值之后仍然住在这个住宅中。通过这个反向抵押贷款定价模型,让我们能对这种违约的可能性进行评估。同时,我们还会将寿险合同中涉及的替代方法和二级市场渠道进行比较。

在传统的抵押贷款中,房屋拥有者首先一次性从贷款机构那里借到一笔钱,然后分期归还。但是,随着国内老年房屋拥有者比例的增大,传统抵押贷款的需求相对减少,通常被称为“房屋富人、现金穷人”的老年人,对反向抵押贷款的需求增大。通过反向抵押贷款,老年人可以获得贷款,但仍然保留对自有住宅的居住权。老年人选择反向抵押贷款而非把住宅出售的原因很多,如住所靠近自己的家庭和朋友,不愿承受出售时的高额交易费用、税收和中介费用,对家的依恋情结等。

反向抵押贷款不像传统的抵押贷款,借款人必须达到一定的收入、财富和信用保险标准,还需要有合适的房产。反向抵押贷款业务的广泛开展,从宏观层面上影响到资本财富的积累和储蓄。按照储蓄生命周期模型的假设,随着年龄增长,老年人的资产积累也在增加。这与传统的设想是不相同的。对这种现象的解释主要有:对未来生活不确定性的规避,为子女留取遗产的动机和退休后的支出保障等。但这些积累资产中有很大一部分是流动性很差的房产。1989 年,全国62 岁以上的 1210 万老年房屋拥有者的平均收入只有 21266 美元,远比平均水平要低。但他们的平均房产价值却高达 86692 美元,比全国的平均水平要高出两倍多。大多数老年人倾向于选择自己的家作为养老场所,而不愿意到其他地方养老。再者,中年人对生命周期的预为规划、不可预期的失业或收入中断等,也增大了对反向抵押贷款的潜在需求。

尽管有政府保障或私人违约保险的反向抵押贷款业务已经出现,但该市场仍然发育的不够完善。反向抵押贷款还没有像普通抵押贷款那样有发达的转售、有价证券和衍生品市场。部分原因就在于市场规模狭小,参与者无法取得规模经济效应和分散经营的便利。

本文试图建立一个反向抵押贷款的定价模型,来分析定价模型选择权的结构和特征。这个结构代表了发展反向抵押贷款转售和衍生交易市场的第一步。一旦合同中的这些选择权得以定价的话,它们就能像普通证券一样在市场上重新打包出售。

本文讨论反向抵押贷款市场结构和美国现有的相关产品,这些产品既包括政府担保,又包括私人为防止违约风险而保险的产品。本文将对反向抵押贷款的违约风险的本质进行检验,建立贷款产品的定价模型,对借款人的支付予以指数化,并对房产抵押品的价值进行调整。本文还评估了在不同房产价格增长和期限的合同说明书下,选择其他反向抵押贷款的违约选择权的价值,同时得出对反向抵押贷款合同进行定价和结构化的相关结论。

二、反向抵押贷款市场

在反向抵押贷款业务运作中,贷款机构主要通过固定年金或一次性给付的形式向借款人预付一笔资金。如果这种预付采用一次性给付时,借款人获得一定的信用额度。贷款债务加上利息作为一种远期价值逐渐积累。合同期限或是指约定的固定期限,或是指贷款机构知道借款人停止对住宅的使用权之时。这种使用权期限结束的主要形式有:(1)住宅的转售;(2)住宅用作非住宅的其他用途;(3)贷款偿付;(4)借款人死亡。如借款人对自己住宅的使用情况非常了解,贷款机构将不得不面对因为借款人的道德风险而导致的超额给付。

对于借款人来说,参与反向抵押贷款业务的唯一抵押品就是住宅,机构对该项贷款没有追索权,无法采用保险业的行业标准,也没有合格的房产估价证明及贷款标准比可资运用。机构对借款人的支付基于房产的价值、利率及其对生活的期望。反向抵押贷款中机构向借款人的支付不需要纳税,不会导致权益收入的损失,因而被认为是整个贷款过程的一部分。对贷款机构来说,附加在贷款余额上的利息和任何可分利润部分都要作为现期收入征税,即使没有从借款人处得到现金,也是如此(这显然是很不公平的,不能促进反向抵押贷款业务的正常增长)。贷款机构直到合同期限结束时才会得到恰当的贷出款项的偿付。

1979年,美联邦住房贷款银行委员会允许开办反向抵押贷款业务以来,只有几家银行(有一些还是和市政局一起)提供这项业务。1980年,在认真调查了圣弗朗西斯科的反向抵押贷款业务开展情况后,Weinrobe(1983,1987)认为开办反向抵押贷款增加了房产净值,减少了收入占房产净值的比重。参与程度随着年龄增大而增加,那些年龄超过75岁的老人尤其希望参与这个业务。Garnett和Guttentag(1984a,b)分析了在巴伐罗地区开展反向抵押贷款的经验,发现住房所有者的年龄和婚姻状况是两个最主要的参与决策因素,参与程度随着年龄增长和单身而增加。

对于借款人来说,反向抵押贷款允许他们取得固定收入保障,即使贷款总额更大一些,同时可以把自己的住宅以市场价值出售给贷款机构。美国住房和城市发展部(HUD)对反向抵押贷款提供公共担保,这就是广为称道的住房价值转换抵押贷款(HECM)。HUD在保障贷款购买和交易选择权的同时,允许贷款机构向借款人收取一定的额外费用,贷款机构还拥有委派选择权将借款人的违约风险出售给HUD。

有公共担保的反向抵押贷款在1989年推出之后,很快得到了广泛开展。初始目标是通过50家贷款机构向老年人相对聚集地区的2500个家庭提供反向抵押贷款。在1991年,HUD把目标贷款总数量提高到25000个。在HECM项目中,借款人的最低年龄必须为62岁,并且拥有自己独立产权的住宅。HUD向贷款机构提供了两种规避借款人违约风险的方式:在贷款机构行事委派选择权时,HUD必须向贷款机构购买贷款,无论贷款总额是否超过规定的限制,贷款机构都可以获得住宅增值的部分利润分享权,HUD保障贷款机构行使这项权利。

1989年,美国政府和第一发起机构——房利美公司制定了从贷款机构购买HECM贷款的标准,一个改进的二级市场得以形成。标准合同包括一次性支付形式的合同、固定利率和贷款机构向借款人固定支付的合同。但贷款余额积累过程中的利率是可以调整的。这个利率的调整与一年期国库券的利率保持一致,且贷款合同必须包括委派选择权。整体出售承销商和HECM贷款的零售发起人协议安排已经建立。零售发起人、整体出售承销商以及二级市场购买者共同组成了市场渠道。到1993年,超过95%的HECM贷款通过这一渠道得以流通出售。

Prudential 保险公司是有私人保险的,在 20 世纪 80 年代中期提供房屋反向抵押贷款,但在提供 1400 份反向抵押贷款后自行停止了这项业务。

HECM 项目已经产生了与事前对反向抵押贷款预测分析相似的结果。科斯和希勒(1994)认为参与者的年龄中值是 76.7 岁。HECM 借款人的平均年收入是 7572 美元,其中 7005 美元来自于社会保障收入,只有所有老年人收入水平的一半。但 HECM 借款人的房产平均价值高达 97850 美元,是所有房屋拥有者的两倍。

三、反向抵押贷款结构

反向抵押贷款中的违约风险与传统抵押贷款不一样。传统抵押贷款中,如果借款人不能偿还抵押贷款,他的这种违约行为将迫使他出售住宅给贷款机构,以偿还贷款的账面价值。而反向抵押贷款业务运作中,借款人在贷款本利累计超过房产净值时仍然居住在住宅里,很可能持有一种消极态度,这时的贷款总额将继续增加。而且本贷款业务对反向抵押贷款没有追索权,贷款机构不允许对借款人住宅之外的其他资产或现金收入有要求权,这就进一步扩大了贷款机构的经营风险。

为了避免这种违约行为的发生,贷款机构将被迫采用成本高昂的措施来规避风险。其实,最有效的规避方式就是对这种选择权进行定价,然后把风险扩散到借款人当中,一套允许贷款机构向投资者或借款人分散风险的机制,将会有效地降低经营风险和违约成本。

借款人能从反向抵押贷款中获取的贷款总额,取决于以下公式:

$$L = \min(V, \lambda) \tag{1}$$

公式中,V 表示房产的评估价值,λ 表示贷款比例限制。借款人可以借出的最大额度是 vL,没有住宅价格和收入的限制。这里的 v 表示贷款额度与住房价值的比例。利率 α 主要用来将远期支付折算成现期数据。房产评估价值 L 假设以通货膨胀率 h 上升。借款人债务的当前价值是 $vLe^{(h-a)\gamma}$,这里的 γ 是指支付次数的最大限制(美国规定合同允许借款人最大年龄是 100 岁,从 62 岁算起,最大支付期数不超过 456 个月)。

换算成贷款机构的债务,借款人将按照 $t = 0, 1, \cdots, \gamma$ 即借款人从贷款机构获得一系列的持续定期支付。这个支付系列不需要名义固定的美元,但需要包括可能因通货膨胀引起的指数化的调整变量。如果 $q(t)$ 表示借款人在时间 t 存活的可能性,在年龄性别比例和借款人特征给定的前提下,存活的可能性将满足以下密度方程:

$$\int_{t=0}^{\gamma} q(t)\,\mathrm{d}t = 1 \tag{2}$$

在时间 t 调整后的贷款机构支付是 $q(t)A(t)$,这是借款人存活可能性的函数和年金函数的结合。假设用来指数化反向抵押贷款支付序列的通货膨胀率为 g,把当前借款人贷款的债务价值和贷款机构反向抵押贷款支付假设相等时,得到现金流量方程:

$$vLe^{(h-a)\gamma} = \int_{t=0}^{\gamma} q(t)A(t)e^{-(\alpha-g)t}\,\mathrm{d}t \tag{3}$$

这里的真实利率是 $\alpha - g$,即正常利率减去通货膨胀率。

如反向抵押贷款实行每期固定支付,额度为 A,且事实上的调整变量是从绝大多数合同中统计出来的常量 q,那么公式(3)可简化为:

$$vLe^{(h-a)\gamma} = qA \int_{t=0}^{\gamma} e^{-(\alpha-g)t}\,\mathrm{d}t \tag{4}$$

这样反向抵押贷款中对借款人的每期支付就是：

$$
\begin{aligned}
A &= \left[(\alpha - g)vL\,e^{(h-a)\gamma}\right] / \left[q(1 - e^{-(\alpha-g)\gamma}\right] \\
&= \left[(\alpha - g)vL\right] / \left[qe^{-h\gamma}(e^{\alpha\gamma} - e^{g\gamma})\right] \\
&= bvL
\end{aligned}
\tag{5}
$$

这里的 b 是指反向抵押贷款的支付因子。

$$
b = (\alpha - g) / \left[qe^{-h\gamma}(e^{\alpha\gamma} - e^{g\gamma})\right]
\tag{6}
$$

反向抵押贷款支付因子依赖于：利率 α，期数 γ，住宅增值率 h，通货膨胀率 g 及反映事实调整变量 q 中的借款人年龄和性别组成。其他因素都相等时，借款人参与反向抵押贷款的初始年龄越大，每期支付额就越高。

方程（6）是基于约束条件能用来特征化现有合同而得出的总的支付系数。如果合同在 q 里有一个生活期望调整变量，并且在住宅价格膨胀率 h 的基础上能指数化主要限制系数 λ，但不能指数化养老金，这个支付系数的函数可变为：

$$
b = \alpha / \left[qe^{-h\gamma(e^{\alpha\gamma-1})}\right]
\tag{7}
$$

HECM 是一种有生活期望调整但没有养老金通货膨胀率调整的反向抵押贷款项目。而且，它将住宅的价格按通胀指数化来计算违约保险金。作为事实调整变量 q 的替代，有条件的借款人的存活可能性 $q/(1-Q)$ 得以运用，这里 Q 表示 q 的累积密度。

如果没有存活可能性的调整变量或 $q = 1$，而且不允许住宅价格出现通货膨胀，那么：

$$
b = \alpha / \left[(e^{\alpha\gamma} - 1)\right]
\tag{8}
$$

公式（8）表示反向抵押贷款被视为传统抵押贷款相类似的品种时的支付系数，这个公式没有事实调整变量和住宅价格通胀的限制。

反向抵押贷款没有价值摊销的进度表，只有贷款本息积累的进度表。在公式（8）的支付基础上，积累进度表如下：

$$
D(t) = (e^{\alpha t} - 1)/(e^{\alpha\gamma} - 1) \quad D(0) = 0 \quad D(\gamma) = 1
\tag{9}
$$

$D(t)$ 表示在时间 t 积累贷款总额的分数。

反向抵押贷款的违约风险取决于积累进度表和住宅价格走势。假使住宅的价格变动是随机的，反向抵押贷款的定价需要一个固定的住房价格波动走势。制度约束包含产生定价等式的边界条件。

任何抵押贷款的价格 $M(r,Y,t;\theta)$ 取决于：利率 r，借款人收入 Y，住宅抵押品 H 和时间 t，合同结构参数 θ。

在反向抵押贷款业务中，M 与借款人的收入 Y 无关。反向抵押贷款的机构没有足够的与其他房屋所有者资产和收入相比较的权利。在一个有代表性的反向抵押贷款合同中，支付 $A = bvL$ 是固定的。然而用来累计支付作为抵押债务的利率则是可变的，它与市场利率相连接。把抵押作为一项资产引起有限的利率风险 r。结果，反向抵押贷款的价格仅仅依赖于住宅价格或者说：

$$
M(r,Y,H,t;\theta) = M(H,t;\theta)
\tag{10}
$$

拥有一套住宅的回报率，就是以利率 h 出租所有者占有权获得的资本收益率。资本收益是 $hH = \mu H\,\mathrm{d}t + \sigma H\,\mathrm{d}z$，这里的 μ 是指住宅价格增长平均率，σ 是 Weiner 的 $\mathrm{d}z$ 标准背离。期望总收益是：

$$
\mu H + \kappa H = \gamma H + m\sigma
\tag{11}
$$

这里的 m 表示房产风险的市场价格，$m\sigma$ 表示风险保险金。

贷款机构持有一项反向抵押贷款的成本是：

$$
cM = rM + m\sigma\partial H
\tag{12}
$$

（12）式与无风险收益 rM 和风险金构成相类似，包含了房产价格风险对贷款的影响。借款人持有一项反向抵押贷款的回报，就是现金流动支付额和资本收益额。现金流量支付是 $pM - A$。这个支付总是反向的（从贷款机构流向借款人），直到最后归还。以比例 p 的预付是基于住宅出售或借款人死亡。这种预付因债务总额以浮动市场利率增加，没有融资再融资的动机。贷款机构另一项回报是资本收益，它是 M 的随机导数。持有反向抵押贷款的回报等式是：

$$gM = pM - A + \partial M/\partial t + \mu H \partial M/\partial H + (1/2)H^2\sigma^2\partial^2 M/\partial H^2 \tag{13}$$

公式（12）与公式（13）相等，得到持有反向抵押贷款的定价结构和边界条件：

$$0 = (p - r)M - A + \partial M/\partial t + (\kappa - \gamma)H\partial M/\partial H + (1/2)\sigma^2 H^2\partial^2 M/\partial H^2 \tag{14}$$

$$M(H, 0) = 0$$

$$M(H, T) = vL$$

$$M(H, t) \geqslant 0$$

反向抵押贷款中，γ 期的违约选择有一个远期价格 $A[(e^{\alpha\gamma} - 1)]/\alpha$，它是一个参变量。这个价格的当前价值是：

$$X(t) = e^{-\alpha t}A(e^{\alpha\gamma} - 1)/\alpha \tag{15}$$

反向抵押贷款的违约选择权在时间 t 的价格是：

$$P(t) = \max[0, X(t) - M(H, t; \theta)] \tag{16}$$

这一指数由住宅价格随机水平 H、支付 A、合约利率 α 和期数 γ 决定。

假设保险业标准不适用于借款人和不考虑住宅价值而购买合约的再保险者，委派选择权将不依赖于借款人收入和住宅价值。相反，委派选择权相对于一种债券 $B(r, t; \theta)$ 而签订合约，它表示养老金合同的市场价值，合同利率是 α，期数是 γ，支付与生命期望相一致。贷款机构向借款人支付固定养老金，这一固定支付有一个远期价值 vL。反向抵押贷款是固定利率和浮动利率的整合：固定利率决定养老金支付，而浮动利率则复合计算贷款。

反向抵押贷款的委派选择权可以规避利率风险。贷款机构可以选择在合同终结期 γ 以 vL 的价格把贷款卖给保险人。贷款机构可以选择在 γ 后卖，但价格限制在 vL。如利率上升，反向抵押贷款合同的转售市场价值将会下降。委派选择权的市场价值定价如下：

$$S(r, \gamma; \theta) = \max(0, vL - B(r, \gamma; \theta)) \tag{17}$$

公式中，S 表示保险人承担利率风险而收取的保险金。如果贷款余额在 $t < \gamma$ 期达到 vL，委派选择权将被行使，除非贷款机构想继续持有这项反向抵押贷款。

反向抵押贷款的委派选择权是一种把违约风险由贷款机构向保险人转移的有效方式。因反向抵押贷款有与指数相连接的浮动利率，委派选择权是有价值的。这并非贷款本息总额将超过住宅价值。违约选择的基本风险仍然存在，再保险程序适用于作为 HECM 反向抵押贷款的保险组织 HUD。

将反向抵押贷款形成的资产实施再保险，是分散违约风险的一种途径，其他替代程序也存在。其中一种分散风险的方式是发行一定份额的反向抵押贷款债券，它包含一系列到期期限不同的零息债券。这种债券的购买者将分担部分预付风险。

另一种有保证的方式就是将反向抵押贷款和其他有类似特征的证券相匹配。寿险公司从事道德风险定价和提供养老金合同，以换取投保人的整笔支付。在反向抵押贷款的初期，这笔支付总额可以先支付给提供养老金的保险公司。如果住宅卖掉的话，这个抵押即不必偿付，因为保险公司要匹配生命期望风险，而非预付风险。为了增加远期贷款的供应，这笔一次总付的钱可通过信用强化的渠道出售，获得违约保险的保障。

四、总的效果和政策建议

为了深入分析和调查反向抵押贷款中的违约行为,我们首先确定违约选择权的价格。为了达到基准定价的目的,现将借款人的住宅评估价暂时定位为 10 万美元,在 HECM 中,由贷款与房产价值比 v 来决定最大贷款的额度,表 1 显示了反向抵押贷款在不同支付期的支付额度。

对死亡率和生命期望的修正,将减少贷款机构向借款人的支付额或者最大贷款额。运用 HECM 中的限额因子(v)0.41,借款人只能得到不超过 41000 美元的贷款额度。从表 1 可看出,反向抵押贷款支付额的减少是非线性的。在 15 年期的贷款中,借款人将每月获得 107 美元或者 $0.41 \times 3127/12$。

借款人 41000 美元的 HECM 贷款的交易费用是 1500 美元。而 Capital Holding 公司的私人保险抵押贷款的交易费用则高达 3000 美元。这些不包括法律和财产费用的直接交易费用超过了借款人第一年所获得的支付额。这暗示着如贷款期限超过 10 年,反向抵押贷款将因每年支付额太小而变得不可行。对于使用期限型合同,比较合适的参与年龄是 75 岁。

表 1 反向抵押贷款每期支付(基于房产评估价值在 10 万美元,限额因子为 0.41)

年数	5	10	15	20	25
每期支付(美元)	16378	6274	3147	1746	1017

这些预测有大量的观察数据支撑。1993 第一季度结束时,2/3 的 HECM 借款人超过 75 岁,有 7% 超过 90 岁。因 1500 美元的交易费用,只有 4.4% 的贷款是以评估价值低于 5 万美元的住宅为抵押的。而且有 3.6% 的住宅评估价值高于 30 万美元,7.7% 在 20 万美元和 30 万美元之间。在推行反向抵押贷款的私人保险公司里,Providential 公司把目标定位于加利福尼亚的价值更高的住宅,住宅评估价值平均达到 289000 美元,且借款人的平均年龄达到 75 岁。主要采用 10 年期定额支付或者递增支付的贷款形式。

如果借款人是 75 岁,房产评估价值为 10 万美元,合同期为 10 年,借款人将每年获得 6274 美元给付额。事实上,使用期限型的合同期限并不固定,期限长度也不一样,但它的折现率都是 10%。

反向抵押贷款的定价需要确定住宅价格的平均增长率和标准差,也就是(μ, σ)。HUD 使用的住宅价格平均增长率是 4%,私人保险公司也是用这个数据。标准差通常用的是 10%,这个数据是对以往反向抵押贷款合同统计出来的。起先在 1992 年,证监会(SEC)把住宅价格增长率定为 0。但面对反向抵押贷款中的可变性威胁,证监会修改了这个规定,允许贷款机构使用合适的住宅价格通胀率来取代零增长率。

住宅价格变化还依赖于老年房屋拥有者的特征。如果老年房屋拥有者拥有住宅,并倾向于住在临时街区的话,房屋价格增长率很可能会背离预先估计的 4% 的数据。另外,反向抵押贷款的参与者,都知道住宅的所有权在未来将不属于他,他们将会因此而减少对住宅的维护保养,导致住宅以比正常情况更快的速度折旧。所以,更适用的价格指数只建立在对老年人房产的增长率预测,而非所有的房产。

五、推论

人口老龄化和老年人拥有私有房产的比例增加,以及老人的财富大部分沉淀在流动性差的房产等原因,导致了人们对反向抵押贷款需求的增加。据 1989 年美国房产年度调查报告,65 岁以上的房产拥有者的 95% 的权益资产沉淀在住宅上,大大超过了一般人员 47% 的平均水平。

把这些沉淀资产激活有很多方式,反向抵押贷款就是其中的一种。在反向抵押贷款中,借款人倾向于选择一次性支付形式,而非年金支付的形式。这同人们的设想有很大不同。它暗示着人们拥有对自己生命预期的充分信息。在 HECM 的所有借款人中,51.2% 的人员选择一次性支付形式,22.7% 的人员选择一次性支付和年金混合形式,只有 15.7% 的人员选择年金形式。在两年内,选择一次性支付方式的借款人一般都用去了总额中的一半。

结果显示,给反向抵押贷款的违约风险定价是可行的。一旦它得到正确的定价,反向抵押贷款的衍生证券和套利机制就将会大量建立起来,这将大大提高贷款资产的流动性。

反向抵押贷款的风险控制和定价分析

余　莹[①]

摘要：本文在介绍和分析反向抵押贷款保险产品的基础上，结合中国的实际情况，分析了保险业界开办反向抵押贷款业务时，应如何积极有效地控制相应的风险，以及在有效控制风险的前提下，如何利用房地产定价理论、房地产证券化模型及利息、精算理论等，对这一产品做出合理定价等。

一、反向抵押贷款市场运作流程

　　反向抵押贷款是指已经有现金需求的老人向保险公司抵押自住房产的产权，保险公司根据投保人的年龄、预计寿命、健康状况、房屋现值、未来的增值折损情况及借款人去世时房产的价值做综合评估，按月或按年支付定量的保险金给投保人，一直延续至投保人去世。保险公司可以在投保人去世后正式获得房屋的产权，用于销售、出租或者拍卖，同时享有房产的升值部分[②]。

　　反向抵押贷款是指拥有房产的老年人将房产抵押给银行或保险公司等金融机构，经相应金融机构综合评估后按月或按年支付现金给借款人，借款人辞世后房产由金融机构收回还贷的业务[③]。对保险公司而言，该险种是通过分期付款或一次性付款的方式，收买投保人拥有的房屋产权；对那些拥有房屋产权但缺乏其他现金收入来源的老年人来说，提前支用该房屋的销售款用于补充养老金不足，等于提供了一种以房养老的方式。

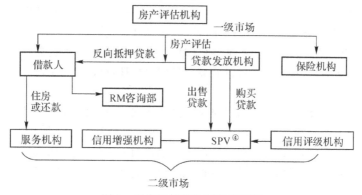

图1　反向抵押贷款运作流程图

反向抵押贷款市场的运作流程包括了一级市场和二级市场（见图1），一级市场是反向抵押

　　①　余莹，中南财经政法大学 2005 级保险学专业。
　　②　蔡玲，王丹丹，《浅析住房反向抵押贷款保险产品开发条件》[J]，载《保险职业学院》，2007(2)。
　　③　杨明，《住房反向抵押贷款及保险行业优势作用研究》[J]，载《河南金融管理干部学院学报》，2007(6)。
　　④　SPV(Special Purpose Vehicle)指特殊目的的载体，其职能是购买、包装证券化资产和以此为基础发行资产化证券。在此指为贷款发放机构提供住房反向抵押贷款的证券化产品，以分散贷款发放机构的风险。

贷款发起市场,二级市场主要是反向抵押贷款资产的证券化,为一级市场筹措资金。

图1中,贷款发放机构不同,保险公司在住房抵押贷款保险中的地位也不同。根据国际经验,贷款发放机构一般为银行或保险公司。如系银行时,保险公司主要为反向抵押贷款的借款人和银行提供信用保证保险;如是保险公司独立运作时,则以开发反向抵押贷款的保险险种为主。

二、反向抵押贷款运作风险的研究

国内学者在对反向抵押贷款风险的研究上,主要关注风险的识别和度量及风险的防范和管理。在风险识别和度量方面,柴效武(2004)、范子文(2006)认为贷款机构主要面临预期寿命风险、利率风险、住房价格波动风险、逆向选择和道德风险以及流动性风险;认为借款人主要面临信息不对称风险、分期付款风险、贷款机构破产风险、税务风险和社会福利风险。柴效武、岑惠(2004)对反向抵押贷款进行分析,得出反向抵押贷款运作的风险比住房抵押贷款运作的风险要大得多的结论。

Milevskyand Young(2001)指出延后领取年金的时点,可以避免老年人将其投资在风险较高的资产上,如此便可以在领取年金前积累一笔财富。Dus,Maurer,和Mitchell(2005)则提出一种自给式年金,让退休人士依据不同时间提领不同年金来消费,分配他们的财产在各种不同的投资产品,接着就在不同期间提取足够的年金作为消费使用。和一般的寿险年金相较,拥有更大的流动性和更高的消费能力,并有更多的机会在很早就辞世时遗赠财产给下一代。

在风险防范和管理方面,柴效武(2008)认为需要开展住房保险、反向抵押贷款保证保险、抵押贷款寿险、住房价值保险共四种保险来防范风险。柴效武(2004)、范子文(2006)认为在反向抵押贷款运行中,寿命风险应采用保险与政府介入的方式分散;利率风险应采用浮动利率制度来规避;房屋贬值风险采用住房价值保险、多次评估住房价值等方法来加以防范;前期的费用风险在某些情况下是无法补偿的。柴效武、张海敏、朱杰(2007)认为开办反向抵押贷款业务时,要防止借款人身体健康状况评价的信息不对称而引发的逆向选择,必须从人为提高掩饰成本与改变博弈顺序两个方面,加强对本金融产品条款的设计,达到规避逆向选择和道德风险的目的。詹绚伟、曾光(2005)和范子文(2006)从资产证券化的角度出发,对住房抵押贷款和反向抵押贷款两种资产的质量给予比较分析,提出反向抵押贷款可像住房抵押贷款一样,采取资产证券化的模式来降低流动性风险。

同其他保险业务相比,鉴于反向抵押贷款自身的特点,它对运行环境尤其是经济金融环境有着较高的要求。将其与人的寿命相关的寿险业务和与房产相关的财险业务结合起来,更凸显出它蕴含的较大风险。同样,如果保险公司不能很好地控制运作风险,导致大量的失败个案必将影响投保人的选择。从某种程度来说,反向抵押贷款双方面临的风险是相对的,但以保险公司的风险控制更为重要。

按照Phillips和Gwin(1993)的分析,开展反向抵押贷款业务存在着五大风险,分别是:利率风险、预期寿命与实际寿命偏差风险、房产减值或损失风险、合约终止风险和产品开发风险。面对不同的风险,保险公司应采取不同的控制策略。

Mayer、Simmons(1994)和Caplin(2002)指出,美国反向抵押贷款市场不够旺盛的原因,在于道德风险和逆向选择的问题。其他还有产品制度设计、信息取得容易度、捐赠遗产动机和某些心理因素。

澳洲发展反向抵押贷款产品,除了结合多种选择权和资产证券化外,将更有助于反向抵押贷款市场的活跃。澳洲老年人财务公司(Australian Seniors Finance)已在 2006 年促成第一批反向抵押贷款资产的证券化。

Szymanoski,E. Jr.(1994)分析有关反向抵押贷款的风险问题,同时也探讨 HECM 商品的定价模型。借款人的长寿、利率、房屋价值,将会影响产品定价,而且房价将为此商品模型中主要不确定性因素的来源。本文再以随机漫步来预测房价,说明在 HECM 中付给借款人款项的本金限制因子是如何计算的。

一般认为年金类贷款产品的定价是昂贵的,但 Brown,Mitchell,Poterba 和 Warshawsky(2001)的研究,则显示出许多年金贷款产品实际上是公平定价的。过去的讨论已开始谈到将死亡风险证券化的可能性。而针对此课题新设计出来的一些金融产品,包括死亡率指数和其证券化的产品。目前由于再保险市场对长寿风险的容纳有限,故将其转移到其他金融市场,不失为一种可行做法。不过事实上,关于以死亡率为标的开发出来的法人产品,目前仍然处于早期萌芽阶段,并在缓慢地成长中。不过针对此类产品定价的研究有助于业务的开展,这个题目由 Cox 和 Lin(2005)、Cairns,Blake 和 Dowd(2004)等人提出。再者,还有许多以死亡率为标的的其他衍生性契约,已被提出或是仍处于未开发阶段,包括 survivor bonds,其中所付的票息计算是联结到既定世代中,仍在世者的人数;其中交换的一方以一系列的固定年金,交换一系列联结到既定世代仍在世者人数的年金;年金期货,价格联结到设定好的期货市场年金利率;死亡率选择权,选择权契约的一种,其中的报酬与标的的死亡率表有关。

三、老年人的风险控制

对于老年人来说,参与反向抵押贷款的风险主要归纳为以下几点:

(一)房产减损风险

房产减损风险包括房产减值和房屋受损两方面内容,前者指因为房地产市场的价格波动导致保险合同到期时房产的价值,小于保险公司承保时对房产的预期价值;后者指房屋在合同有效期内发生火灾、水灾、地震等自然灾害或因人为原因导致房屋损失,以及老年人投保后因道德风险等导致的房屋损失。这一风险对房产价值的影响较大,直接关系到保险公司的收益率水平。

为有效规避这种风险,财险公司可以开发反向抵押贷款产品保证保险和房屋保险。前者主要是保障保险人的利益,由财险公司承担因老年人的故意或疏忽行为导致的房屋损失,保障保险公司发放的贷款或给付不受损失;后者主要是保障老年人的利益,当老年人的房屋遭受火灾、爆炸、自然灾害等事故导致损失,保险人负责赔偿超过还贷责任部分的财产损失。

除此之外,由于房产增值与否的不确定性,而各地的房产价值又有着很大的差异,根据大数法则,保险机构应尽量在不同地点和时点大规模开办此项业务,以减弱房产减值的损失风险。对于老年人的道德风险,保险公司应加强监督和核查。

(二)利率风险

保险公司开展反向抵押贷款业务面临的利率风险,主要表现在两个方面:一是利率变化导致保险公司预期利息收入的减少或保险金支付增加;二是因利率变化导致借款人抵押房产的减值。保险公司对未来的利率走向很难科学合理预期,这就需要对利率实施相应的保险,以对可能发生的利率增减变化,并对由此带来的收益损失,能够建立一种在借款人和保险公司之间收益分享或损失共担的新机制。

保险公司控制利率风险的方式可分为固定利率制和浮动利率制两种。实行固定利率可以有效地防止房地产的贬值，但也失去了因房产抵押拍卖而获利的机会，且对第一种风险不能给予很好的防范；实行浮动利率制，可以有效规避第一种风险，但不能规避房产减值的风险。以目前房地产业快速发展、房价有增无减的势头来看，实行浮动利率制对保险公司更有优势。

基于这种思路，保险公司将浮动利率制与固定利率制结合起来，不失为一种明智的选择。具体做法是：保险公司收取一定的保险费用后，保证该合同期满时的利率不超过一定幅度，若有超出，超出部分由保险公司负责承担。

(三)预期寿命与实际寿命偏差风险

保险公司在设计反向抵押贷款的贷款额或支付额时，都会对借款人的寿命进行估计，以借款人的余命作为贷款的年数。这样，预期寿命与实际寿命的不相符，会直接导致借款额或给付额或大或小，当预期寿命大于实际寿命时，保险公司支付的金额会大于预期金额，并在一定程度上给保险公司带来损失。

对健康的借款人来说，他们有更强烈的动力接受甚至要求这种保险险种，身体不够健康的借款人则会在一定程度上抵制这种保险险种，这种逆选择行为在预期寿命与实际寿命之间存在偏差时，是极有可能发生的，必将给保险公司带来巨大损失。保险公司要规避这种风险，必须拥有成熟的精算技术，能够对大多数人的寿命进行准确的估计，同时，在核保时也应更加谨慎，防止逆向选择行为的出现。除此之外，可以借鉴国外采用政府组织介入的方式来分散并降低这种风险：当保险公司付款额接近或达到房产余值时，可以选择由政府机构接手，或者由政府为保险公司的业务损失买单。

(四)合约终止风险

合约终止风险是指房产所有者可能会因为一些很现实的原因而提前终止合约，如搬出该抵押住房和子女一起居住或是接受医疗服务等。这将直接导致保险公司开发新险种的成本不能及时收回，并使保险公司的资金流动性受到影响，严重时甚至无法收回贷款。

借鉴国外的先进经验，保险人可以在核保时要求老年人先购买部分保险或者要求老年人支付相当于房产价值2%或更多的费用进行专门保险。保险公司面对这种风险并没有很好的应对方法，只能靠优质的服务和物美价廉的产品来吸引更多的老年人，以避免单个合约终止导致的风险。

(五)产品开发风险

保险公司的产品开发风险主要表现在费用方面。根据美国和其他一些已经初步推行了反向抵押贷款的国家相关经验，预期的承贷方可能在以下方面招致相当数量的前期费用：(1)多数老年人对反向抵押贷款保险所知有限，保险人不得不花费大量费用用于市场营销，或对犹豫不决的老年人进行说服；(2)因相关法律、法规的特殊规定而产生的费用，如房产价值评估费等；(3)先期的探索性工作以确定行之有效的监管和出售的方式。

这些前期费用对保险公司是一种风险，反向抵押贷款保险业务一旦未能推行成功，这些费用是无法得到补偿的。为此，保险公司应在明确自己实力的情况下，在不影响公司正常运营的基础上，大胆尝试住房反向抵押贷款保险业务，同时开源节流，尽量避免不必要的开支。作为一项新兴业务，反向抵押贷款的市场和利润空间是巨大的。

(六)信息不对称风险

这一风险是指一些老年人可能并不真正了解他们是以房产的净值作抵押,或者说,他们并未真正理解在此后他们居住在已抵押的房产全部时间范围内,贷款累计本息的总值一直在以复利的形式快速增加着。有鉴于此,借款人有必要接受详细的贷款前咨询,而且要求保险人清晰、明确地告知借款人所有相关的费用数额。

(七)分期付款风险

这一风险是指当老年人倾向于选择年金支付而非一次性支付时,其实际寿命短于预期寿命时产生的损失。这就要求产权所有人选择反向抵押贷款保险年金支付前,应仔细权衡自身能否存活足够长的时间以"耗尽"其房产的净值。另外,老年人也可以将房屋净值转化为几个不同部分,如选择部分贷款以年金形式支付,而其他部分一次性支付。这不仅综合了提前支付现金和寿命差异风险的防范,而且给老年人提供一种方式保留部分房屋净值作为以后可能的大额医疗费用,或作为遗产直接留给继承人。

(八)保险机构破产风险

对老年人来说,保险机构破产风险是一种很大的风险。事实上,对于选择一次性支付的老年人来说,这种风险并不存在;而选择年金支付的老年人,保险人的信用记录是至关重要的。显而易见,提高选择年金支付的老年人对这一风险的了解程度,促使他们选择具有良好信用记录的保险公司,是规避这一风险的主要手段。

(九)社会福利风险

这种风险主要存在于那些收入水平较低的老年人中。他们可以享受政府的生活津贴以及医疗津贴,但条件是其收入必须低于某一固定水平。如果将反向抵押贷款保险的给付额或贷款额作为收入,其总收入就有可能超过可以享受津贴的水平,从而丧失这笔福利津贴,造成生活水平下降。由此导致是否申请反向抵押贷款,以及获得现金的形式等,都会在很大程度上影响低收入者的福利。对低收入老年人来说,反向抵押贷款的申请手续显得更为复杂。

从以上分析可以看出,反向抵押贷款的风险呈现多层次、多角度的特点,有些风险受国家政策的影响,有些受国家乃至世界金融市场的影响,还有些受个人健康状况及个人偏好的左右。但只要有效控制各方面的可控风险,对保险机构来说,则可以获得由贷款或房产带来的巨大收益,对老年人而言,则可以有效解决养老问题,减轻国家社会养老保险的压力,同时增加房产的流动性,对房地产市场起到优化的作用。

以上多赢的局面从根本上取决于保险机构对反向抵押贷款业务的把握,而其核心则在于贷款产品的合理定价。不解决好这一问题,就不能吸引广大老年人,保险公司难以取得应有的盈利,也不能因之减轻国家养老保障的压力。

四、反向抵押贷款定价的成本—收益分析

这里从保险公司的角度出发,在假定保险双方都能够有效控制风险的基础上,对反向抵押贷款的产品定价问题进行分析。在探讨这个问题之前,有必要分析保险公司开展此项业务的动力,

只有保险公司获得的收益大于支出时,该业务才可能大量出现并得到迅速的推广。

首先,假设保险公司和老年人都是理性经济人,保险公司以利润最大化为目标,可以根据以下的成本—收益分析对反向抵押贷款的净收益进行衡量:

$$L_i = \sum_{t=0}^{n} \frac{I_i(t) - O_i(t)}{(1+r)^t} - K_i$$

公式中,L_i 指反向抵押贷款的净收益现值;$I_i(t)$ 指 t 年从反向抵押贷款中得到的收益;$O_i(t)$ 指 t 年反向抵押贷款业务的变动成本;$1/(1+r)^t$ 指利率水平在 r 时的贴现因子;n 为反向抵押贷款业务的年限,多数情况为投保人的余命;K_i 指开展反向抵押贷款业务的初始成本。

在此,对以上变量进行逐项分析:

(1) $\sum_{t=0}^{n} I_i(t)$ 即保险公司开展反向抵押贷款业务的收益总和较高,保险公司开展反向抵押贷款的收入主要来源于利息收入及房产的升值收入。从目前金融市场的利率变化以及预期房地产价值升值分享来看,保险公司开展此项业务的收入是很可观的。

(2) n 的相对确定性。其他金融机构如银行开办反向抵押贷款业务时,都会面临借款人的余命不确定性的风险,但保险公司却可以利用自己已经很成熟的精算技术大致估计出借款人的寿命,从而使 n 具有相对的确定性。

(3) $O_i(t)$ 的有效规避。其他金融机构开办反向抵押贷款,不能很好地规避由于人为或自然的力量导致的该业务期间的成本变动,尤其是由于自然灾害或借款人的不道德行为使得房屋受损,从而增加了业务营运的成本。保险公司开展本项业务,可以充分发挥保险的保障功能,创造性地开发反向抵押贷款保证保险和房屋保险,有效规避开展反向抵押贷款的变动成本。

(4) K_i 的相对值较小。保险公司尤其是寿险公司,在日常的业务经营中具有巨大的业务人员储备;同时,保险公司特有的精算部门,为保险险种的开发提供着相应的技术支持。反向抵押贷款初级阶段的开发和推广,可充分采取"搭便车"现象,即利用保险公司现有的精算和业务优势,有效控制初始成本。

以上对保险公司经营反向抵押贷款业务的净收益组织分析,可以看出,保险公司开展此项业务有着巨大的利润空间,且依靠其他金融机构不可比拟的优势,可以有效避免各种可控风险。

五、反向抵押贷款产品定价分析

既然保险公司开展反向抵押贷款业务具有巨大优势,那么,应如何对这一金融产品完成定价呢? 下面将进行具体分析:

(一)相关因素分析

根据以上反向抵押贷款的风险控制和成本—收益分析,保险公司开展反向抵押贷款的制度设计和产品的定价,涉及如下因素:保险公司的收益、成本,房产的价值,贷款期限的长短,利率的变化,借款人年龄以及借款人的身体健康状况。保险公司可以控制的因素是公司的收益和成本、贷款期限的长短;由市场决定的因素有房产的价值和利率变化;借款人年龄关系到借款人的余命,可以由保险公司的精算技术来测算;而借款人的健康状况则属于保险公司的不可测算因素,只能在业务开办时通过谨慎承保来防范,在此不作为考虑因素。

除此之外,如借款人的道德风险、"逆选择"等,保险公司不能在事前预测的风险不作为定价的考虑范围。

(二)定价理论分析及假定

(1)保险公司根据成本—收益关系及市场需求,拟定贷款—房产价值的比例;

(2)老年人用自有房产作抵押,能够申请到的贷款数量一般取决于三个因素:房产价值、贷款利率和借款人年龄;

(3)假定老年人的余命经精算技术测算等于贷款期限;

(4)假定不同时期的实际利率,以当期市场利率扣除通货膨胀率为准;

(5)房产的价值变动,根据房地产市场的定价模型以及服从的分布决定;

(6)根据利率计息状况,借款人可以选择一次性支付也可以选择分期支付,假定为连续支付,而分期支付为连续支付的特殊形式;

(7)假定合同签订时即发生首付,没有观察期。

(三)总定价模型

(1)首先做出下列符号的假设:

V 为房产的评估价值;λ 为贷款上限;

∂ 为贷款—房产价值比例,保险公司根据其成本—收益分析制定,一般 $0 < \partial \leqslant 1$,当 $\partial = 1$ 时,表示按房产的实际价值进行贷款;

i 为市场利率;h 为房产升值率,当 $h < 0$ 时表示房产贬值;

δ 表示某一瞬时的利息率,因系连续支付可视为 $\delta \approx i - h$;又因市场利率和房产升值率大部分由市场决定,可视为外生变量,因此 δ 为常数利息率;

k 为贷款支付的总次数,当 $k = 1$ 时表示一次性支付;T 为借款人的余命;

t_k 为第 k 次贷款与合同签订时的时间差,此时 $t_1 = 0$,$t_k = T$;

$a^{-1}(t)$ 为贴现函数,则 $a^{-1}(t) = \mathrm{e}^{-\delta \cdot t}$;

$s(t)$ 为借款人的生存函数[①],即借款人存活的概率密度;

$A(k)$ 为借款人在第 k 次借款中从保险公司实际获得的借款额,在不同的次数中额度可以不等。

(2)反向抵押贷款的估算值为:$L = \min(V, \lambda)$,则借款人能够借到的最大金额为 ∂L,所以借款人债务的现值为 $\partial L \cdot a^{-1}(t) = \partial L \mathrm{e}^{(h-i)t}$;

根据精算的相关知识,生存函数满足关系式:$\int_0^T s(t)\mathrm{d}t = 1$,在 t 时刻经过调整的支付额为 $s(t)A(k)$,即生存概率与年金的乘积。

(3)贷款债务的现值应等于一系列贷款支付数额的现值,即:

$$\partial L \mathrm{e}^{(h-i)T} = \int_0^T s(t)A(k)\mathrm{e}^{-(i-h)t}\mathrm{d}t \tag{1}$$

从中可以求得每期支付的贷款数额 $A(k)$。设 g 为通货膨胀率,则经过调整的实际利率水平为 $i - g$。

$s(t)$ 是根据借款人年龄和生命表经精算调整的统计结果,可视为常数;如果每期支付额 A 也为常数,则(1)式可简化为:

---

① $s(x) = p\{X \geqslant x\}(x \geqslant 0)$ 为生存函数,表示 0 岁的人活过 x 岁的概率。这里指借款人还能存活 t 年的概率密度。

$$\partial L e^{(h-i)T} = sA \int_0^T e^{-(i-h)t} \mathrm{d}t \qquad\qquad (2)$$

进而，$A = [\partial L e^{(h-i)T}] / [s(e^{(i-h)T} - 1)] = b\partial L$ (3)

式中，$b = e^{(h-i)T} / [s(e^{iT-hT} - 1)]$（将 i 换为 $i-g$ 即为实际利率）。

我们称 b 为反向抵押贷款的支付系数，取决于市场利率或实际利率、生存函数、房产升值率和贷款期限（余命）。b 是房产升值率的增函数，是实际利率、生存函数和贷款期限的减函数。利率作为外生变量，保险公司不能很好控制；生存函数可以根据借款人的寿命和生命表基础确定；贷款期限可以由精算技术确定；只有房产升值率作为不确定性因素，有待于进一步的讨论。

(四)房地产定价模型

考、基南和马勒(Kau,Keennan and Muller,1993)设计模型将房产价值变动看作"几何布朗运动"(Geometric Brownian Motion Process)[①]。下述微分方程描述了几何布朗运动过程：

$$\mathrm{d}H/H = \mu \mathrm{d}t + \sigma \mathrm{d}z \qquad\qquad (4)$$

其中，H 为房产的价值；μ 为预期的名义价格上涨率；σ 是用来描述预期通货膨胀率偏离的随机变量；t 为时间；$\mathrm{d}z$ 是一随机变量，服从标准正态分布。b 中的 h 即为这里的 $\mathrm{d}H/H$。

假定 μ 和 σ 是常数，对式(4)两边分别在 0 至 T 上进行积分，可以得到以下等价公式：

$$H(T) = H(0)e^{\mu T + B(T)} \qquad\qquad (5)$$

其中，$H(T)$ 表示在 T 时刻的房产价值；$H(0)$ 表示在 0 时刻的房产价值；μT 表示预期通货膨胀率；$B(T)$ 为标准布朗运动或者维纳(Wiener)过程，期望值为 0，标准差为 $\sigma \sqrt{T}$，对于所有的 $T > 0$，标准布朗运动 $B(T)$ 都是正态分布。

这样，当根据精算技术确定余命 T 时，只要在初期评估出房产的价值 $H(0)$，就可以根据式(5)确定 $H(T)$，同时计算出房产升值率 h，将相关数据带入式(3)，就可以初步计算出每期贷款额 A，可视为反向抵押贷款产品的价格。

---

①   Kau,Keennan,Muller,《Equity Release Mortgages》[J],《Housing Finance International》,1993(4).

反向抵押贷款的精算模拟与敏感性分析

张　鑫[①]

摘要:反向抵押贷款实施方案的提出,须建立在模型精算与方案模拟的基础上,考察各种影响反向抵押贷款项目的变量,并判断各变量取值的合理性,从而设计出具有较强操作性的反向抵押贷款产品。本文借助不动产理论、投资学模型和精算模型,对抵押的不动产进行价值评估,计算出年金的固定给付额度,对市场利率、通货膨胀率、申请人年龄和留存房产的价值进行敏感性分析,确定申请人的年龄条件和房产价值留存的比例,预测不同利率水平和通货膨胀率对反向抵押贷款产品定价影响的程度。

一、房产现值折算与年金给付

房地产的价值评估是由未来可获得利益的预期产生的,一方面是对现有房产价值进行估价,另一方面是对房产未来预期的现值进行测算。房产现值的折算与年金的给付,是反向抵押贷款产品设计的核心环节,本文将建立相关模型对房产现值和年金的给付水平做出深入分析。

(一)房产价值评估方法的选择

房产价值评估方法主要有三种,即成本法、市场比较法和收益资本化法。

运用成本法计算房产价值,是将土地的评估价值加上当前重建或重置成本,再减去各种原因造成的建筑物折旧(如退化、损坏等),在评估非平常交易或接近全新改良物时,这种方法较为常用;市场比较法适用于标的不动产市场上,有许多相似不动产在最近出售或求售的情况;收益资本化法是用来度量不动产所有权的未来利益之现值,不动产的收益流量和再出售价值可以资本化为现值总额,主要包括直接资本化法和报酬资本化法两种方法。本文将采用收益资本化方法中的折现现金流量分析(Discounted Cash Flow Analysis,简称 DCFA),既能有效评估房产价值,又能清晰反映出现金流量的水平,有助于判断反向抵押贷款的基本运行情况。

(二)房产现值评估的变量设计和基本假设

本文在分析房产现值与年金给付的模型中,均采取租金价格作为参考变量。这样做的目的是能较好地反映出一个较为平稳而理性的房产市场,同时由于租金价格一般包括了折旧和通货膨胀等影响因素,因而能起到简化模型构建而又准确反映实际市场情况的作用。各变量的设计和基本假设,如下所示:

CF:房产租金的现金流量;PV:房产现值;n:计划期限;Y:收益率/贴现率,即市场利率;R:租金增长率;i:贷款利率;τ:通货膨胀率;x:借款人的年龄;x_0:借款人在申请时的初始年龄;S:房产留存价值;$Dmac$:麦考利存续期;l_x:存活到确切整数年龄 x 岁的人口数,$x=0,1,\cdots,\omega-1$;

---

①　张鑫,厦门大学经济学硕士,本文是张鑫硕士论文《反向抵押贷款的精算模拟与实证研究》的第三部分。

d_x:在 x 岁死亡的人数;v:贴现因子,$v=11+i$(这里的 i 为市场利率);P:趸缴保费,即未来缴费现值;m:一年内给付终身生存年金的次数;$a_{x:n}^{(m)}$:(x) 的 n 年期每年一单位元给付 m 次的期首付终身生存年金;$_n a_x^{(m)}$:(x) 延期 n 年,每年一单位元给付 m 次的期首付终身生存年金。

以上是对各个变量的解释,接下来的模型分析将在以下假设条件基础上进行:(1)产品类型为终身型反向抵押贷款(在一些情况下也可以一次性给付);(2)申请人的初始年龄为 55 岁;(3)住房面积为 $100m^2$;(4)租金价格为 20 元/m^2;(5)计划期限为 15 年,即从申请之日起的 15 年内由反向抵押贷款进行年金给付;(6)从申请之日起购买商业生存年金,在第 16 年后,由于商业生存年金给付;(7)市场利率为 3%;(8)租金增长率为 5.5%;(9)贷款利率为 7%;(10)通货膨胀率为 2%;(11)房产价值留存比例为 15%;(12)年金给付为 1 年 12 次,即每月 1 次。

(三)房产现值折算的模型分析

计算房产现值主要考虑三个变量的影响:(1)CF 是房产租金的现金流量;(2)Y 是收益率/贴现率,即市场利率;(3)R 是租金增长率。通过折现现金流量分析($DCFA$),测算房产现值总值与年金的给付,其中房产现值总值 PV 为:

$$PV=\frac{CF}{1+Y}+\frac{CF(1+R)}{(1+Y)^2}+\frac{CF(1+R)^2}{(1+Y)^3}+\cdots+\frac{CF(1+R)^{n-2}}{(1+Y)^{n-1}}+\frac{CF(1+R)^{n-1}}{(1+Y)^n} \tag{1}$$

公式(1)是计算房产现值的总值,第一年租金的现金流量为 CF,并根据 6% 的租金增长率计算 15 年计划期内各期房产租金的现金流量值,再经过贴现求和从而得出房产的总现值。根据假设,当 65 岁加入反向抵押贷款项目,计划期限为 15 年,住房面积为 $100m^2$,租金为 24000 元/年,租金增长率为 5.5%,市场利率为 3% 时,则有式(2):

$$PV=\frac{24000}{1+3\%}+\frac{24000(1+5.5\%)}{(1+3\%)^2}+\frac{24000(1+5.5\%)^2}{(1+3\%)^3}+\cdots+\frac{24000(1+5.5\%)^{14}}{(1+3\%)^{15}} \tag{2}$$

计算得出房产现值总值为 415624.04 元,则在假设条件下房产的现值,如表 1 所示。

表 1 根据假设条件计算的房产现值　　　　　　　　　　单位:元

计划期限	房产租金的现金流量	房产租金的现金流量现值	计划期限	房产租金的现金流量	房产租金的现金流量现值
1	24000.00	23300.97	9	36832.48	28229.03
2	25320.00	23866.53	10	38858.26	28914.20
3	26712.60	24445.81	11	40995.47	29616.00
4	28181.79	25039.16	12	43250.22	30334.83
5	29731.79	25646.90	13	45628.98	31071.11
6	31367.04	26269.40	14	48138.57	31825.27
7	33092.23	26907.01	15	50786.20	32597.73
8	34912.30	27560.09	房产现值	415624.04	

(四)年金给付的模型分析

年金给付的模型分析主要包括两个方面:一是根据假设条件,计算 15 年计划期内,借款人每月可以领取的年金;二是从借款人申请之日起开始购买商业生存年金,在 15 年计划期满之后,由商业生存年金进行支付,为此需要计算在维持原有计划期内领取年金水平不变的情况下,从房产现值留存中提取的年均衡保费额应为多少。

(1)计划期内的年金给付。考虑到通货膨胀以及年龄增长带来的医疗、护理等费用支出增加的影响,本文对反向抵押贷款的设计采取渐进式的年金支付,经过前面的计算得到房产现值 PV,在假设条件下,可以通过公式(3)计算出期初月给付年金 A 值,如下:

$$(1-S)PV = \frac{12A}{1+Y} + \frac{12A(1+\tau)}{(1+Y)^2} + \frac{12A(1+\tau)^2}{(1+Y)^3} + \cdots + \frac{12A(1+\tau)^{n-1}}{(1+Y)^n} \tag{3}$$

如表 2 所示,根据期初月给付年金 A 值可以得到计划期内每年的月给付年金额度。

表 2　计划期内每年的月给付年金　　　　　　　单位:元

计划期限	给付年金额度现值	计划期限	给付年金额度现值
1	2162.51	9	2533.73
2	2205.76	10	2584.40
3	2249.88	11	2636.09
4	2294.87	12	2688.81
5	2340.77	13	2742.59
6	2387.59	14	2797.44
7	2435.34	15	2853.39
8	2484.04	扣除留存的房产现值	353280.43

(2)商业生存年金给付。终身型的反向抵押贷款模式将年金给付分为两个阶段,当计划期限期满时,通过购买的商业生存年金进行支付,直到受益人去世为止。根据表 3 的测算,第 15 年的每月给付额为 2853.39 元,从第 16 年开始由商业生存年金支付,通货膨胀率仍为 2%,则下面计算需要从房产现值留存中提取的年均衡保费数额。在精算中需要遵循以下原则:$A_{16} > A_{15}$,以保证第 16 年后借款人的生活水平不降低。因此,商业生存年金的水平和年均衡保费额,同计划期内的年金给付相关联。如公式(4)所示,x 岁开始申请反向抵押贷款,到 $x+n$ 岁的未来缴费现值,即 x 岁时须缴纳的年均衡保费为:

$$P \cdot \ddot{a}_{x:n}^{(m)} = A \cdot {}_{n|}\ddot{a}_x^{(m)}$$
$$P \cdot \ddot{a}_{55:15}^{(12)} = 12 \times 3000 \, {}_{15|}\ddot{a}_{55}^{(12)} \tag{4}$$

当 $A_{15} = 2853.39$ 时,设 $A_{16} = 3000$,即在 80 岁后,所购买的商业生存年金每月定期支付 3000 元,根据公式(4)有:

$$P = \frac{36000 \, {}_{15|}\ddot{a}_{55}^{(12)}}{\ddot{a}_{55:15}^{(12)}} = \frac{36000 \left(N_{70} - \frac{11}{24}D_{70}\right)}{(N_{55} - N_{70}) - \frac{11}{24}(D_{55} - D_{70})}$$

$$= 36000 \times 0.2998 = 10792.685(元)$$

可知,65 岁时申请反向抵押贷款,并在期初购买 15 年期的终身生存年金,需支付的年均衡保费为 10792.69 元,则 15 年缴纳的总保费额为 161890.27 元。按照 15% 的留存比例,房产现值的留存额为 62343.61 元,可见不足以支付 80 岁后每月 3000 元的年金给付,因此在后面的敏感性分析中,将对留存比例、利率、年龄及商业生存年金月给付额进行敏感性分析,重新界定留存比例以及年金给付额。

二、租金增长率的敏感性分析

租金价格相对于房产市场价格来说更为理性,因此在本文的模型分析中均采用租金价格计算房产现值和年金给付。国际上发达国家的租金增长率一般在 6%～7%,根据我国的实际情况,本文假定的租金增长率基点为 5.5%。如表 3 所示,反映了不同租金增长率下的房产现值水平。

表 3　不同租金增长率下的房产现值　　　　　　　　　　　　　　单位:元

计划期限	5.5%		6.0%		6.5%		7.0%		7.5%	
	房产租金价格的现金流量	房产租金价格的现金流量现值	房产租金价格的现金流量	房产租金价格的现金流量现值	房产租金价格的现金流量	房产租金价格的现金流量现值	房产租金价格的现金流量	房产租金价格的现金流量现值	房产租金价格的现金流量	房产租金价格的现金流量现值
1	24000.00	23300.97	24000.00	23300.97	24000.00	23300.97	24000.00	23300.97	24000.00	23300.97
2	25320.00	23866.53	25440.00	23979.64	25560.00	24092.75	25680.00	24205.86	25800.00	24318.97
3	26712.60	24445.81	26966.40	24678.08	27221.40	24911.44	27477.60	25145.90	27735.00	25381.45
4	28181.79	25039.16	28584.38	25396.85	28990.79	25757.94	29401.03	26122.44	29815.13	26490.35
5	29731.79	25646.90	30299.45	26136.57	30875.19	26633.21	31459.10	27136.90	32051.26	27647.70
6	31367.04	26269.40	32117.41	26897.83	32882.08	27538.22	33661.24	28190.76	34455.10	28855.61
7	33092.23	26907.01	34044.46	27681.26	35019.42	28473.99	36017.53	29285.55	37039.24	30116.29
8	34912.30	27560.09	36087.13	28487.51	37295.68	29441.55	38538.76	30422.85	39817.18	31432.05
9	36832.48	28229.03	38252.35	29317.24	39719.90	30441.99	41236.47	31604.32	42803.47	32805.29
10	38858.26	28914.20	40547.50	30171.14	42301.69	31476.43	44123.02	32831.67	46013.73	34238.53
11	40995.47	29616.00	42980.34	31049.92	45051.30	32546.02	47211.63	34106.69	49464.76	35734.39
12	43250.22	30334.83	45559.17	31954.28	47979.63	33651.95	50516.45	35431.22	53174.61	37295.60
13	45628.98	31071.11	48292.72	32884.99	51098.31	34795.46	54052.60	36807.19	57162.71	38925.02
14	48138.57	31825.27	51190.28	33842.80	54419.70	35977.83	57836.28	38236.59	61449.91	40625.63
15	50786.20	32597.73	54261.69	34828.52	57956.98	37200.38	61884.82	39721.51	66058.66	42400.54
房产现值	415624.04		430607.61		446240.14		462550.41		479568.42	

从表 3 可以看出,随着租金价格的调高,房产现值明显增加,在 5.5% 和 7.5% 的租金增长率的水平下,房产现值相差 64304.48 元,若取中值 6.5% 的租金增长率,房产现值为 446240.14 元。由于很难获得我国房产租金价格的历史数据,给本文的测算分析带来了困难,只能通过租金价格的历年数据进行假设估计,即便是这样,能够准确反映租金市场价格的数据仍然不足。

三、利率水平的敏感性分析

市场利率是反向抵押贷款的重要精算因子,直接影响到房产现值的评估和年金给付的计算。2007 年 3 月 18 日,中国人民银行对我国金融机构的人民币存贷款利率进行了调整,调整后的一年期存款利率上调至 2.79%,5 年以上的贷款利率上调至 7.11%。剔除利息税后,1 年存款利率仅 1.8%,而 5 月份消费者物价指数(CPI)上涨 1.4%,生产者物价指数(PPI)上涨 2.4%。本文的基本假设根据中国人民银行的数据,选取 3% 的市场利率水平,测算出房产现值的流量和房产现值的总值。在利率风险的敏感性分析中,麦考利存续期(Macaulay's duration,MAC)是用来考察利率风险影响程度的有效工具,下面借助麦考利存续期对利率水平做敏感性分析。如表 4 所示,分别取 3%、3.5%、4%、4.5% 和 5% 的市场利率水平,利用麦考利存续期经过测算可以看出,房产现值的总值随着市场利率水平的上升而降低,这主要因为市场利率水平的提高导致贴现因子水平降低,房产现值下降。通过计算加权期数,从而得出各市场利率水平下的麦考利存续期,在 3% 的市场利率水平下,为 8.447 年,而在 5% 的市场利率水平下,为 8.089 年,缩短了 0.358 年,与 William A. Phillips 和 Stephen B. Gwin 给出的结论一致,因此必须防范反向抵押贷款在利率水平波动方面的影响。

表 4 利率水平的敏感性分析(房产现值) 单位:元

计划期限	3.0%			3.5%			4.0%			4.5%			5.0%		
	房产租金价格的现金流量现值	房产租金价格的现金流量现值占房产现值比例	加权期数	房产租金价格的现金流量现值	房产租金价格的现金流量现值占房产现值比例	加权期数	房产租金价格的现金流量现值	房产租金价格的现金流量现值占房产现值比例	加权期数	房产租金价格的现金流量现值	房产租金价格的现金流量现值占房产现值比例	加权期数	房产租金价格的现金流量现值	房产租金价格的现金流量现值占房产现值比例	加权期数
1	23300.97	0.056	0.056	23188.41	0.058	0.058	23076.92	0.060	0.060	22966.51	0.062	0.062	22857.14	0.064	0.064
2	23866.53	0.057	0.115	23636.49	0.059	0.118	23409.76	0.061	0.122	23186.28	0.063	0.126	22965.99	0.065	0.130
3	24445.81	0.059	0.176	24093.23	0.060	0.181	23747.40	0.062	0.186	23408.16	0.064	0.191	23075.35	0.065	0.195
4	25039.16	0.060	0.241	24558.80	0.062	0.246	24089.91	0.063	0.251	23632.16	0.064	0.256	23185.23	0.065	0.262
5	25646.90	0.062	0.309	25033.37	0.063	0.314	24437.37	0.064	0.319	23858.31	0.065	0.324	23295.64	0.066	0.329
6	26269.40	0.063	0.379	25517.11	0.064	0.384	24789.83	0.065	0.388	24086.62	0.065	0.392	23406.57	0.066	0.396
7	26907.01	0.065	0.453	26010.19	0.065	0.456	25147.37	0.066	0.459	24317.11	0.066	0.462	23518.03	0.066	0.464
8	27560.09	0.066	0.530	26512.80	0.066	0.532	25510.08	0.067	0.532	24549.81	0.067	0.533	23630.02	0.067	0.533
9	28229.03	0.068	0.611	27025.13	0.068	0.610	25878.01	0.067	0.607	24784.74	0.067	0.605	23742.54	0.067	0.603
10	28914.20	0.070	0.696	27547.35	0.069	0.690	26251.25	0.068	0.685	25021.91	0.068	0.679	23855.60	0.067	0.673
11	29616.00	0.071	0.784	28079.67	0.070	0.774	26629.87	0.069	0.764	25261.36	0.069	0.754	23969.20	0.068	0.744
12	30334.83	0.073	0.876	28622.27	0.072	0.861	27013.96	0.070	0.846	25503.09	0.069	0.830	24083.34	0.068	0.815
13	31071.11	0.075	0.972	29175.36	0.073	0.950	27403.58	0.071	0.929	25747.14	0.070	0.908	24198.02	0.068	0.887
14	31825.27	0.077	1.072	29739.13	0.075	1.043	27798.83	0.073	1.015	25993.52	0.071	0.987	24313.25	0.069	0.960
15	32597.73	0.078	1.176	30313.80	0.076	1.139	28199.77	0.074	1.103	26242.27	0.071	1.068	24429.03	0.069	1.034
房产现值	415624.04			399053.13			383383.92			36558.98			354524.95		
D	8.447			8.357			8.267			8.178			8.089		

利率水平除了对房产现值产生影响,对年金给付同样会有所影响。如表 5 所示,反映了利率水平对年金给付的影响。在不同利率水平下,按照对应的房产现值水平,随着市场利率的提高月年金给付额度呈现出较为平稳的下降趋势。

表 5 利率水平的敏感性分析(年金给付下月给付年金额度现值) 单位:元

计划期限	3.0%	3.5%	4.0%	4.5%	5.0%
1	2162.51	2155.93	2149.41	2142.93	2136.51
2	2205.76	2199.05	2192.40	2185.79	2179.24
3	2249.88	2243.03	2236.25	2229.50	2222.83
4	2294.87	2287.89	2280.97	2274.09	2267.28
5	2340.77	2333.65	2326.59	2319.58	2312.63
6	2387.59	2380.32	2373.12	2365.97	2358.88
7	2435.34	2427.93	2420.58	2413.29	2406.06
8	2484.04	2476.49	2469.00	2461.55	2454.18
9	2533.73	2526.02	2518.38	2510.78	2503.26
10	2584.40	2576.54	2568.74	2561.00	2553.33
11	2636.09	2628.07	2620.12	2612.22	2604.39
12	2688.81	2680.63	2672.52	2664.46	2656.48
13	2742.59	2734.24	2725.97	2717.75	2709.61
14	2797.44	2788.93	2780.49	2772.11	2763.80
15	2853.39	2844.70	2836.10	2827.55	2819.08
扣除留存房产现值	353280.43	339195.16	325876.33	313275.13	301346.21

四、通货膨胀率的敏感性分析

通货膨胀一方面影响着反向抵押贷款的宏观经济环境,另一方面对房产市场,特别是对月给付年金的精算产生直接影响。如表6所示,在不同的通货膨胀水平下,年金给付水平随之波动。

表6　通货膨胀率的敏感性分析(年金给付下的月给付年金额度现值)　　　单位:元

期限	2.0%	2.5%	3.0%	3.5%	4.0%
1	2162.51	2091.13	2021.55	1953.74	1887.70
2	2205.76	2143.41	2082.20	2022.12	1963.21
3	2249.88	2196.99	2144.66	2092.90	2041.74
4	2294.87	2251.92	2209.00	2166.15	2123.41
5	2340.77	2308.22	2275.27	2241.96	2208.34
6	2387.59	2365.92	2343.53	2320.43	2296.68
7	2435.34	2425.07	2413.84	2401.65	2388.54
8	2484.04	2485.70	2486.25	2485.70	2484.08
9	2533.73	2547.84	2560.84	2572.70	2583.45
10	2584.40	2611.53	2637.66	2662.75	2686.79
11	2636.09	2676.82	2716.79	2755.94	2794.26
12	2688.81	2743.74	2798.30	2852.40	2906.03
13	2742.59	2812.34	2882.25	2952.24	3022.27
14	2797.44	2882.65	2968.71	3055.56	3143.16
15	2853.39	2954.71	3057.78	3162.51	3268.89
扣除留存房产现值	353280.43				

由表6可以看出,通货膨胀率的提高会带来月给付年金现值的增加,对比反向抵押贷款对市场利率水平的敏感性,通货膨胀率和市场利率都会引起年金现值的增加,并且通货膨胀率的影响水平相对于市场利率的影响水平更为明显。

五、借款人年龄的敏感性分析

根据美国安联公司《2007,安联全球退休生活角度调查(中国地区)》报告,中国居民的退休准备心态和实际退休年龄均低于世界平均水平,统计分析显示大多数人从37岁就开始准备退休,而我国法定退休年龄(男性60岁,女性50岁/55岁)也明显要早于美国(男性和女性均为67岁)、德国(男性65岁,女性60岁)等国家规定的退休年龄,因此本文所选取的申请年龄也相应低于美国、新加坡等国家规定的标准。

下面对申请人年龄进行敏感性分析,年龄因素主要影响着贷款的支付期限和支付额度,特别是在现有生命表下,生存余寿风险对反向抵押贷款来说具有显著影响。本文在模型精算中假定的申请人年龄55岁,计划期后商业年金给付为每月3000元。根据公式(4)和表7所示,反映了不同申请年龄水平下购买生存年金的保费总额。

表 7   不同申请年龄的敏感性分析（商业生存年金）   单位：元

年龄	商业生存年金的年保费 P 值	商业生存年金的保费总额	年龄	商业生存年金的年保费 P 值	商业生存年金的保费总额
55	10792.69	161890.28	61	7681.64	115224.60
56	10276.60	154149.05	62	7170.44	107556.63
57	9757.67	146365.01	63	6665.82	99987.24
58	9237.21	138558.20	64	6169.55	92543.25
59	8716.70	130750.50	65	5683.47	85252.08
60	8197.64	122964.60			

可见，申请人年龄越高，用于购买商业生存年金的保费额越低，本文将结合后面对房产现值的留存进行分析，从而确定相对可行的申请年龄。

六、房产现值留存的敏感性分析

房产现值留存是反向抵押贷款设计的重要环节，房产现值的留存主要是为了应对房产市场波动、生存余寿延长以及交易费用等风险或成本的发生。本文假设房产留存的比例为 15%，接下来将对房产现值留存比例进行敏感性分析。如表 8 所示，分析房产现值留存比例在 15%、20%、25%、30% 和 35% 水平下的月给付年金现值流量。

表 8   房产现值留存的敏感性分析（年金给付下的月给付年金额度现值）   单位：元

计划期限	15%	20%	25%	30%	35%
1	2162.51	2035.30	1908.10	1780.89	1653.68
2	2205.76	2076.01	1946.26	1816.51	1686.75
3	2249.88	2117.53	1985.19	1852.84	1720.49
4	2294.87	2159.88	2024.89	1889.89	1754.90
5	2340.77	2203.07	2065.39	1927.69	1790.00
6	2387.59	2247.14	2106.70	1966.25	1825.80
7	2435.34	2292.08	2148.83	2005.57	1862.31
8	2484.04	2337.92	2191.81	2045.68	1899.56
9	2533.73	2384.68	2235.64	2086.60	1937.55
10	2584.40	2432.37	2280.36	2128.33	1976.30
11	2636.09	2481.02	2325.96	2170.89	2015.83
12	2688.81	2530.64	2372.48	2214.31	2056.14
13	2742.59	2581.25	2419.93	2258.60	2097.27
14	2797.44	2632.88	2468.33	2303.77	2139.21
15	2853.39	2685.54	2517.70	2349.85	2182.00
房产留存现值	62343.61	83124.81	103906.01	124687.21	145468.40
扣除留存房产现值	353280.43	332499.23	311718.03	290936.83	270155.60

在前面的模型精算中,假设申请人 65 岁时申请反向抵押贷款,计划期内房产现值按 15% 的留存计取,如表 8 所示,反映了不同房产现值留存比例下的月给付年金现值流量。通过对申请人年龄、房产现值的敏感性分析,根据 A16＞A15 的原则进行精算,调整后的方案为:(1)申请人的初始年龄规定为 68 岁;(2)房产现值留存比例规定为 30%;(3)从第 16 年开始,每月支付的终身生存年金额度为 2500 元,满足不小于第 15 年 2349.85 元的精算条件。那么,其余假设条件不变的情况下,利用精算公式(3)得出,需缴纳的 15 年期终身生存年金保费总额为 115465.16 元,与124687.21 元的房产现值留存大体相当,结余部分则用于支付交易费用和风险基金积累。

七、反向抵押贷款实施方案的效果模拟

下面通过替代率水平来评价反向抵押贷款的实施效果。2005 年 12 月,国务院颁布了《关于完善企业职工基本养老保险制度的决定》,就养老保险的缴费积累、养老金待遇等方面规定了基础养老金新的计发办法:"统筹部分为企业工资总额的 20%,由企业缴纳,个人账户为个人缴费工资的 8%,原企业缴费部分不再划入个人账户;基础养老金以退休前一年的社会平均工资和指数化个人平均工资的平均值,每缴费一年按 1% 计发,个人账户养老金为个人账户积累额除以实际计发月数。"如表 9 所示,反映了通货膨胀和利率差变化对替代率的影响。在同一通货膨胀水平上,针对利率差为−0.15%、0%、0.15%、1%、1.5%、2% 的情况进行测算,反映出实际利率水平对替代率影响的显著性。利率差在 0～2% 变动,实际利率从 1.5%～3.5% 变动,替代率从51%～64% 波动;当利率差为−0.5%,即实际利率低于 1% 时,替代率低于 50%;与目标替代率59.2% 相适应的实际利率水平约为 3%。

表 9   通货膨胀和利率差变化对替代率的影响

通胀率	2%	2.5%	3%	3.5%
$\tau=-0.5$	49.44	49.51	49.58	49.64
$\tau=0$	51.61	51.68	51.74	51.81
$\tau=0.5$	54.10	54.17	54.23	54.30
$\tau=1$	56.97	57.03	57.09	57.15
$\tau=1.5$	60.28	60.33	60.38	60.44
$\tau=2$	64.09	64.13	64.17	64.21

注:τ 代表利率差[①]。

这里以厦门市为例,测算了新计发办法对个人待遇的影响,从测算结果来看,替代率水平基本在 64.5% 左右,高出国家规定方案公布的 59.2%,如表 10 所示:

---

① 资料来源:林东海,丁煜,《养老金新政:新旧养老保险政策的替代率测算》,人口与经济,2007(1),第 73 页。

表 10　养老保险新办法测算数据

计算方法	计算指标	1972.12(参保)/ 2006.2(退休)	1975.11(参保)/ 2005.9(退休)
个人指数化 月平均工资 计算	总月数	206	201
	指数求和	136.406	170.826
	平均工资指数	0.662	0.850
	退休上年度月平均工资	1712	1712
	指数化月平均缴费工资	1133.63	1455.00
社会平均工资		1881	1881
基础养老金 计算	实际缴费年限	17.667	16.75
	视同缴费年限	16.083	13.167
	累计缴费年限	33.75	29.917
	基础养老金	508.718	499.015
个人账户养 老金计算	个人账户额	11363.57	18901.05
	计发月数	195	195
	个人账户养老金	58.275	96.928
过渡性养 老金计算	调整系数 1	0.013	0.013
	指数 1	1	1
	过渡 1 年限	16.083	13.167
	过渡性养老金 1	393.278	321.973
	调整系数 2	0.013	0.013
	指数(89.1～97.6)求和 2	70.806	93.426
	指数(89.1～97.6)2	0.694	0.916
	过渡 2 年限	8.500	8.500
	过渡性养老金 2	144.285	190.379
	过渡性养老金总计	537.563	512.351
养老金待遇		1104.555	1108.295
替代率		64.52%	64.74%

资料来源:根据厦门市社会保险管理中心计发办法进行假设数据测算。

以厦门市测算为基础,若在 68 岁申请反向抵押贷款,其余假设条件不变,根据表 10 的数据,在 3% 的市场利率水平下,申请人分别获得期初为 1780.89 元的年金给付,则加上原有的退休金总计为 2885.45 元和 2889.19 元,是原来的 1.6854 倍和 1.6876 倍。可以看出反向抵押贷款能够明显提高老年人的生活水平,即使申请人无收入来源,只要其拥有房产依然可以借助反向抵押贷款项目获得充足的现金收入,安享晚年生活。

金融危机对美国反向抵押贷款价格影响和风险评估

杨晨韵[①]

摘要：反向抵押贷款在我国能否取得较好的进展，控制好房屋价值涨跌和利率波动所产生的风险是非常重要的。本文将在分析美国2007年发生金融危机的基础上，解释它对反向抵押贷款市场所产生的影响，并进一步探讨利率和房价对反向抵押贷款产品定价的问题。研究通过保险精算的方法建立反向抵押贷款的产品定价模型，分析和讨论参数以及数据的取舍。再通过计算并与现实中的市场变化比较，提出一些理论及实务方面的经验，为中国推广此项业务提供参考。

一、前言

反向抵押贷款业务的推进中，房价和利率的波动被视为关键性要素。自从2007年以来发生的全球金融危机，造成了美国房地产市场和金融市场的激烈震荡，房价一改以往的增长趋势而剧烈下跌，利率也相应跌至谷底，这必然会对反向抵押贷款业务的开办产生众多的波及影响。在这种房价和利率的大起大落下，美国的反向抵押贷款业务将何去何从，又是否真的适合中国的市场借鉴呢？

(一)研究的目的

反向抵押贷款业务作为一种特殊的金融衍生产品，在解决家庭的跨期收支预算，提高全社会的养老保障方面有着无可比拟的优势；但同时也蕴涵了巨大的风险性，尚未健全的市场机制也对业务的开办产生众多的负面影响。如何才能扬长避短，使得反向抵押贷款运作风险能大大降低呢？因美国房产次贷危机首先作俑而引发的金融危机，为此提供了很好的研究素材。

笔者希望通过对金融危机的观察，解释金融危机对房价和利率所产生的影响，进而从利率和房产价格波动的角度对反向抵押贷款市场进行研究。通过对已有的反向抵押贷款定价模型的理论分析和进一步的改进，结合美国的市场数据进行计算和推论，对反向抵押产品的特点做出推断。

结合反向抵押贷款市场的实际变动与计算结果的比较，笔者将对利率和房价对反向抵押贷款的影响进行研究，并结合中美两国金融和房地产市场的对比，以期对在中国开办反向抵押贷款提供借鉴和启迪。

(二)研究重点和难点

本文属于实证性研究，研究重点是对反向抵押贷款定价模型的探讨及对模型计算结果的验证和分析。

---

① 杨晨韵，浙江大学经济学院2010届学生。本文是杨晨韵同学的本科毕业论文，有删节。

本研究的难点在于对数据的选择。在美国的市场上，具有多种利率数据和房价数据的测度模式，通过比较和讨论，选择最合适本研究模型的数据，是取得准确的实验结论的关键。

二、美国金融危机简介

（一）美国金融危机的形成

美国住房市场的剧烈波动和因此引发的次贷危机，导致各种财务机构的巨额亏损，并导致几乎前所未有的席卷全世界的金融危机。根据学者的研究 Mian 和 Sufi（2008），这场危机的起源，是美国房地产市场和证券市场上过度运作的大量金融衍生产品所致。

2000 年到 2007 年，原来严格审核的住房抵押贷款的标准被大大放松，原本被银行拒绝放贷的高风险区域里，住房贷款的数量逐渐增加，借款人的信贷分数逐渐降低。Krinsman 指出，在 2005 年和 2007 年运作的贷款政策，使得借款人获得次级抵押贷款更加容易。信用评分在 450 和 680 之间的次级借款人，仅仅提供很少或根本没有收入或资产的记录证明，或在仅仅支付很少定金甚至无须任何定金的情况下，就能轻易地获得初始利率很低的"特惠"贷款，购买到经济能力根本无以支撑的豪华住宅。

美国的房贷市场对个体审查的放松，加大了银行和金融业的风险，而证券市场又强化了这种风险。Keys 等人（2008）的研究结论表明，一个基于房地产的 ABS（Asset Based Security）通过 CDO（Collaborate Debt Obligation）创造出金融衍生商品。通过销售这些衍生产品给投资者，创建和信贷的风险被大幅度低估了。

当最初的"特惠"利率到期后，大部分还款人无法偿还贷款，导致大量的房屋通过银行进入二级交易市场，房价由于供应量的急剧上升开始下跌。当房价的下跌已低于长期贷款合约的价值时，能够还款的业主也会选择违约，使得房价的下跌开始加速。根据美国统计中心每月公布的房屋价格指数，从 2007 年 5 月至 2008 年 11 月，美国的房屋价格平均下跌了 12%。

2007 年，贝尔斯通（Bear Stearns）投资基金出现了大额亏损，调动了 32 亿美元的资金挽救这些基金。同年 8 月，American Home 申请破产，德国银行宣布停止对其付款，这标志着长期抵押贷款市场的动荡。金融市场中一切以次级按揭贷款为基础的证券（如次级 MBS 债券），以及在这些证券之上进一步衍生出的新金融产品（如 CDO）出现了严重贬值，以这些金融资产为抵押向银行以 15～30 倍杠杆贷款的各类基金，被迫竞相变卖资产来缓解银行催债的压力。2007 年年末，终于出现了次级贷款危机。高盛（Goldman）调动了 30 亿美元资金支持该项基金，汇丰银行（HSBC）停止了正常业务开办，美联储（Federal Reverse）把贴现率调低至 5.75%，并向银行提供 20 亿美元贷款来缓解信用危机。

2007 年第 3 季度开始直至 2008 年年末，各大金融机构账面上的 CDO 价值已大大高于实际价值，各大金融公司的财务报表均出现了大幅亏损。美林公司（Merrill）宣告 55 亿美元的次级贷款损失，且资产价值下降了 84 亿美元。花旗银行的账面价值下跌了 180 亿美元，汇丰银行损失了 170 亿美元，贝尔斯通宣告破产，中央银行调度了 2000 亿美元进入市场。

由于市民们不再信任金融机构，这些 CDO 无法在市场上顺利成交，而金融机构因自身难保，导致机构和机构之间的交易市场被迫关闭。这些通过房产抵押衍生出来的 CDO，数额庞大，充斥在各大机构的资产之中，形成"毒资产"（张五常，2008）。因"浮沙指数"远高于"1"，卖家的价格持久地高于买家的价格无法成交，这些"毒资产"的数额庞大，无法统计出总的数额。

（二）美国政府采取的措施——危机救助的货币政策

次贷危机恶化升级之后，美国政府为拯救市场，财政部和美联储出台了一系列危机救助政策，这些政策直接影响到了利率市场和房地产市场的状况，对反向抵押贷款业务的走向是非常重要的。

1. 传统的调控工具

2008 年 9 月中旬，次贷危机恶化升级之后，美联储分别于 10 月 8 日、10 月 29 日和 12 月 16 日 3 次调降基准利率累计 175 个基点，自次贷危机爆发经过 3 次调降，美联储已累计下调基准利率 500 个基点，并将基准利率与贴现利率的差距由 100 个基点降至 25 个基点。基准利率居于 0%～0.25% 之间。此外，美联储在危机恶化之前还曾多次放宽可接受贴现票据的范围，帮助受困的金融机构以更低的成本获得所需要的流动性。

2008 年 10 月 15 日，为增加受困金融机构的收入并减小公开市场业务的压力，美联储宣布向商业银行的存款准备金支付利息，将法定存款准备金利率与同期联邦基金平均利率水平的利差始终维持在 10 个基点，向超额存款准备金支付的利率为 0.75%，与同期基准利率的利差为 75 个基点。到 12 月 16 日调降基准利率至 0.25% 后，美联储又将法定存款准备金利率调降至 0.79%，将超额存款准备金利率调降至 0.25%。为了刺激市场的流动性，基准利率、贴现率、法定准备金率，均处于美国历史的最低水平。

2. 设立新的调控工具

2008 年 9 月中旬，次贷危机剧烈恶化之时，美联储将短期标售工具（TAF）的拍卖规模从之前的每次 750 亿美元提高到 1500 亿美元。9 月 15 日～11 月 10 日，美联储通过 4 次短期标售工具拍卖，向市场注入了共 4653 亿美元的流动性资金，截至同年 11 月 10 日，次贷危机以来的 23 次短期标售工具拍卖，累计注入的流动性资金将达到 14803 亿美元。

2008 年 3 月，美联储首次推出了一级经纪商信贷工具（PDCF）和定期证券贷款工具（TSLF）。2008 年 9 月中旬，次贷危机恶化升级后，美联储宣布扩大一级经纪商信贷工具和定期证券贷款工具适用的抵押品范围。9 月 15 日以后，每周更新的美联储资产负债表上，一级经纪商信贷工具项下的数值，由之前接近于零的低水平，上升至 800 亿美元左右。到 11 月 10 日，美联储通过 15 次定期证券贷款工具操作向市场注入了共 4300 亿美元流动资金，次贷危机以来的 39 次定期证券贷款工具操作，累计注入流动性资金达到 12832 亿美元。

为解决商业票据发行者和货币市场共同基金的资金困难，更直接地向商业票据发行者提供融资支持。美联储于 2008 年 9 月和 10 月推出资产支持商业票据——货币市场共同基金流动性工具（AMLF）和商业票据融资工具（CPFF），向存款类金融机构和银行控股公司提供贷款，帮助他们购买货币市场共同基金持有的资产支持商业票据。2008 年 9 月 19 日后，每周更新的美联储资产负债表上，新增资产支持商业票据货币市场共同基金流动性工具项下的数值，一直保持在 1000 亿美元左右。

美联储为向货币市场共同基金提供直接的融资支持，帮助其应对赎回压力，于 11 月 10 日推出了货币市场投资者的融资计划（MMIFF）。纽约联储将向一系列符合条件的私人特殊目的机构（PSPV）提供融资，这些私人特殊目的机构将在货币市场购买货币市场投资者（主要是共同基金）意欲出售的资产，包括定期存单、银行汇票及期限在 90 天内的商业票据等。美联储计划通过货币市场投资者融资计划向货币市场注入 5400 亿美元的流动性资金。

这些新设立的货币资助政策，通过不同机构向市场注入了大量资金，在传统的货币政策之外帮助恢复市场的流动性。

（三）美国政府采取的措施——美国危机救助的财政政策

2008 年 9 月，次贷危机恶化升级后，美国财政部会同美联储紧急制订了 7000 亿美元救助法案。根据美国国会预算办公室的分类，这个救助法案包括三个部分：第一部分是 2008 经济稳定紧急法案，内容包括问题资产救助计划和存款保险调整计划等；第二部分是 2008 能源改进延长法案，主要为有关能源和燃料的生产和能源节约提供税收优惠；第三部分是税务豁免和最低税负制的期限延长计划，主要内容是为期 10 年、总规模 1505 亿美元的减税计划。

为挽救受困的金融机构，避免大范围银行倒闭损坏金融体系和经济体系的运转，美国财政部联合美联储开展了一系列紧急注资救助活动。2008 年 9 月初，美国财政部向两大住房抵押贷款公司房利美（Fannie Mae）和房地美（Freddie Mac）提供多达 2000 亿美元的资金，并提高其信贷额度，买进"两房"发行的抵押贷款支持证券，以便降低购房者的信贷成本。

2008 年 9 月中旬，次贷危机剧烈恶化之后，美国加大了对危机中金融机构的财政救助力度：9 月 16 日，美联储向陷入困境的 AIG 提供 850 亿美元紧急救助；10 月 14 日，财政部宣布将动用 7000 亿美元金融救援资金中的 2500 亿美元专项购买受困银行股票，以增加这类银行机构用于放贷的资本金；10 月 26 日，财政部与 9 家主要银行[①]签订协议，陆续注资 1250 亿美元，同时，财政部通过购买优先股的方式向第一资本金融公司、太阳信托银行公司、键盘银行公司、PNC 金融服务集团等 19 家地区性金融机构注资 350 亿美元；10 月底，财政部表示将向非上市银行和寿险公司提供资金援助；11 月 10 日，财政部公布救助 AIG 的新计划，将 9 月提供的两年期的 850 亿美元贷款替换为 5 年期的 600 亿美元贷款，并下调了贷款利率，此外，从美国财政部出台的 7000 亿美元问题资产救助计划中拿出 400 亿美元购买 AIG 的优先股，并提供 500 亿美元的注资，救助总金额达到 1500 亿美元[②]。

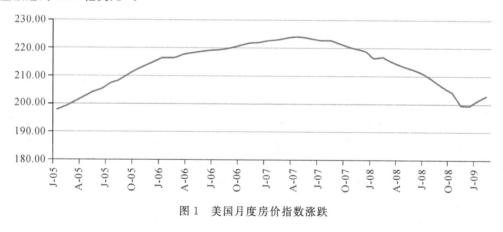

图 1　美国月度房价指数涨跌

（四）美国金融危机对房价的影响

2007 年度次贷危机发生之前，美国的房价保持着连续增长，年增长率为 3％～5％。房价的走势将会直接影响反向抵押贷款业务 HECM 的情况。美国政府实施大量的金融政策和财政政策后，房价在 2009 年 1 月以后开始回升，保持稳定。次贷危机发生后，美国的房价出现了大幅下跌，从 2007 年 4 月至 2008 年 10 月，房价跌幅超过 10％。相关状况请参照图 1。

---

①　分别为美国银行、美林公司、纽约梅隆银行、花旗集团、高盛、摩根大通、摩根士丹利、道富银行和富国银行。

②　资料来源 United States Statistics Census。

（五）美国金融危机对利率的影响

从美联储提供的利率数据看，2007 年次贷危机爆发开始，联邦利率由于美联储的数次调息以及财政政策中大量货币的发放。利率大幅下降，几乎接近谷底（见图 2）。货币政策工具近乎失效，再加上美联储创新实施的各种新的调控工具，投放大量货币于金融市场。联邦利率在可预期的未来仍将保持在较低的水平上。[1]

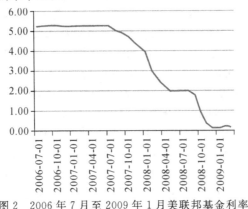

图 2　2006 年 7 月至 2009 年 1 月美联邦基金利率

三、反向抵押贷款介绍

通过前面对美国金融危机的讨论，我们能够了解其运行的机理及对房地产市场和利率市场产生的巨大影响。在建立模型讨论利率和房价对反向抵押贷款业务的具体影响之前，先来讨论该贷款的理念和实务应用是有必要的。

（一）反向抵押贷款的概念和应用

反向抵押贷款是一种可以让老年人依据他们现有并居住的住房取得贷款，来补充晚年养老金的不足。根据 AARP[2]（2007），美国反向抵押贷款提供了以下几种服务：一是 HECM（Home Equity Convension Mortage），这是由美国政府支持，由 AARP 提供的金融产品，占据了全美各州90％的市场；二是 DPLs（Deferred Payment Loan），由州立政府或地方政府提供，服务仅限于房屋的装修和改善；三是 PTD（Property Tax Deferral），同样由州立政府提供，用税收的减免来支付房产抵押的利息；四是私营公司提供的独立产品，收益较高，但没有来自国家的支持和保障。

反向抵押贷款因业务开办复杂、时期长、涉及面广泛、缺乏严格的监控体系等，故具有相当的风险。其中主要的风险有：长期居住风险、寿命预期风险、利率风险、房产增值风险和高费用风险。金融危机对反向抵押贷款造成的最大影响，是房产价格变动风险和利率风险。

鉴于房产的实际功能与住户对这些功能实际需求之间存在的巨大差异，如空间过大、功能过多、使用期限过长的住宅，与养老生活满足的各方面综合需要之间产生了较大矛盾，因而产生了以房养老的需要。以房养老是家庭拥有的各种资源根据不同时期的需要进行融合并实现有效的

---

①　资料来源：Board of Governors of the Federal Reserve System。

②　Founded in 1958，AARP is a nonprofit，nonpartisan membership organization that helps people 50 and over improve the quality of their lives.

跨期配置,以使个人的资源效用最大化的手段(Wai-Sum Chan,2002)。

柴效武(2003)提出在中国借鉴美国开办反向抵押贷款的形式,来增加新的养老资源,加固已很脆弱的养老保障体系。反向抵押贷款适宜城市已经拥有住房产权的老年家庭。其运营方法可以通过银行、保险公司或通过社会保障机构开办,与银行或保险公司、房地产公司的相互协作。

(二)美国 HECM 介绍

我国现在正处于包括住房体制、养老保障体制改革的转型期,社会养老保障制度的市场化亟待建立,借鉴和引入国外房产养老的成功运作模式,探讨以房养老模式在我国引入的发展前景,意义重大。

美国最早开办了住房反向抵押贷款业务(Home Equity Conversion Mortgage,HECM),又称为反向年金抵押贷款。经过 20 年的发展,其市场运作已经相当完善,同时政府部门又给予相应的财力支持,相关的监管体制也很成熟,有专门的政府机构如联邦住房协会(Federal Housing Association,FHA)监管。

1990 年前,全美一共只办理了 3000 份反向抵押贷款。HECM 引进后,从 1990—1992 年,新增加了 5000 个用户。1992 年后,增长速度加快,1993—1998 年间增加了 46750 份贷款,占到反向抵押贷款总数的 80%[①]。1995 年,该市场由于房利美(Fannie Mae)公司的加入而兴旺,该机构作为政府担保贷款的购买商身份进入贷款二级市场,同时开发了一种称为房屋保留计划(Home Keeper)的反向抵押贷款产品。1998 年 HECM 项目经常化以后,最终被确认为永久保留项目,其贷款上限也被增加到 15 万个用户。截至 2011 年 9 月,美国市场共办理了 70 多万份反向抵押贷款业务。

为促进反向抵押贷款的实施,国会为反向抵押贷款授予一种 FHA 保险程序。在住房净资产转换贷款(HECM)程序下,FHA 批准银行、抵押贷款公司和其他私人贷款机构能够贷款给他人,当贷款额超出住房资产价值时,能够得到 FHA 保险以避免这种风险。万一贷款机构不履行责任时,FHA 也保证借款人获得持续的年金支付。FHA 保险抵押贷款现在占据美国反向抵押贷款业务的 90%(HUD,2000)。

四、反向抵押贷款定价的基本公式

(一)基本公式中的重要因素

根据 DiVenti 和 Herzog 两人的研究,以美国的 HECM 为例,反向抵押贷款的产品定价中应该考虑的主要因素有:(1)房价增值。私人住房的年增值率是 HECM 模型的关键因素;(2)住户死亡率;(3)住房搬迁率;(4)组织费用和其他相关成本;(5)交易成本;(6)薪金和管理费用;(7)利率;(8)房价,其中死亡率,房价和利率是反向抵押贷款定价中必须考虑的重要因素。

根据 HECM 的经验模型,柴效武在 2007 年度提出反向抵押贷款产品的具体定价计算,涉及到房产价值、利率水平、贷款期限、通货膨胀率、预计房产升值率等因素,其中最关键的是房价、预期寿命和利率三大因素。据此又可以构成计算年金的一般公式:

---

① Victoria Wong and Norma Paz García: "There's No Place Like Home: The Implications of Reverse Mortgages on Seniors in California", August 1999, p. 15.

1. 预期房产价值的可变现净值的现值＝每期支付房款×(年金终值系数,实际执行利率＋业务开办实际发生费率,实际期限)

2. 每期支付房款＝预期房产价值的可变现净值的现值/(年金终值系数,实际执行利率＋业务开办实际发生费率,实际期限)

这部分计算需要考虑的因素有:用于计算贴现的利率水平;贷款开办年限,其中涉及生存率的计算问题;金融机构开办反向抵押贷款的费率问题,其中包括住房反向抵押贷款的发起费、住房反向抵押贷款的保险费和其他交易费用,如第三方服务费、手续费等。

无论是在 DiVenti,Herzog 的研究中,还是在柴效武教授的定价模型中,关于产品定价涉及因素的测算中,房价、预期余命和利率三大关键因素的设定,不仅是静态指标,还是个动态指标。它不仅是在业务发生当时就一直固定不变,还会随着漫长时期的逐步推移而发生较大波动,这些波动影响必须在三大关键因素的运行中得到相应的体现。

(二)模型的说明

本文采取一次性支付的方式来计算反向抵押贷款的价格。一次性支付是指在申请人与贷款机构签订贷款合同后,贷款机构将贷款总额一次性交付给申请人,之后不再发放贷款。等到申请人去世后,贷款期限结束,贷款机构将住房收回拍卖变现。一次趸领(Lump Sum,LS)模型是反向抵押贷款定价模型中构造最为简单的。根据收支平衡的原理,保险公司在未来可能发生的收支的现值要求为零,即借款人一次性得到的金额应与其住房未来价值的现值相等。

根据趸领的定价理论,笔者参考了 Olivia S. Mitchell 和 John Piggott(2003)提出的趸领计算公式之后,在此基础上借鉴了邹小芃教授所做出的修改,考虑了房屋的增值和折旧问题。另外,假设贷款归还日为死亡发生后的第一个生日。采用以下公式计算趸领金额:

$$LS = \sum_{t=0}^{t_0} \frac{HEQ \times (1-\alpha) \times (1-\beta)^t \times \left(\frac{1+r+g}{1+r+m}\right)^t \times {}_{t|}q_x}{Z}$$

(三)年龄和死亡率参数的讨论

在以上模型中,最难以确定的是对该老年人(可能是单身,也可能是老夫妻同时健在)的尚存活余命的合理判断。预期借款人的存活余命,也即借款人预期还可以存活的年份有多长。既有社会平均预期寿命可资参考,又需要特别考虑老人的个案要素。大致需要考虑的因素有:(1)借款人现在的年龄;(2)当地人均预期存活寿命;(3)针对该老年人的身心健康状况、居住环境、生活方式及质量等,给予个案调整,得出该老年人预期存活余命的指标。当老年人自己提出预期存活余命年份的指标,且同上述计算结果差异不大时,也可以参照或直接认同。当然还应适当考虑当地生活费用水准的高低,赡养老人的人数等,做出多因素的考虑。

养老金支付是在该成员尚可存活年限内按年或按月支付,但这个尚可存活年限或者说老人预期余命的长短,是决定老年人抵押住房后,每个月可以拿到抵押款数额的基本要素。老人的年龄越高,预期寿命越短,每期可拿到的养老金就越多,反之则相反。在美国,如拥有一套价值 25 万美元的住房,假如由一名 75 岁的老人抵押,每月可以获得 917 美元;如果是 70 岁或 80 岁的老人办理抵押,每月获得的款项将分别是 791 美元或 1099 美元①。从寿险的角度看,借款人保持住房的期限,是指借款人参与反向抵押贷款业务后尚可存活的期间。这一期限的时期长短,显然无法事先预料清晰。

---

① 根据 AARP 提供的反向抵押贷款计算器计算的结果。

　　本贷款业务的期数确定,应当将其等同于业务开办的预期存活寿命。如某老人于 65 岁时申请参与反向抵押贷款业务,预期生存寿命尚有 12 年,即以 12 年作为贷款期数。已贷款期数指从该业务开始伊始,迄今共贷放款项的期数。同时比较双方签订合约时的期数,目前距离这个期数还有多长时间。

　　"预期该成员存活余命"同"预期该住房的余存价值"两者间的函数关系非常重要。前者存活的余命越长,后者存余的价值就会越低,反之亦然。对住户未来"存活余命"的判断是不容易的,对住房未来预期"存余价值"的判断则更不易。本研究通过对经验生命表的计算,来获得预期该成员的存活余命,作为参数计算预期该住房的余存价值。

　　生命表是根据以往一定时期内各种年龄的死亡统计资料编制的由每个年龄死亡率所组成的汇总表。生命表是过去经验的记录,通常用于预测那些和过去情况完全相同的未来事件。

　　经验生命表中重要的指标包括:

q_x:x 岁的人在未来一年内死亡的概率

p_x:x 岁的人在未来一年内仍活着的概率

$_t p_x$:x 岁的人在 t 年后仍活着的概率;

$_t q_x$:x 岁的人在 t 年内死亡的概率;

$_{t|n} q_x$:x 岁的人在 $x+t$ 岁与 $x+t+n$ 岁的 n 年内死亡的概率。

　　根据寿险精算中生存函数的性质,以下等式成立:

$$_t p_x + {}_t q_x = 1$$

$$_{t|} q_x = {}_t p_x - {}_{t+1} p_x$$

　　根据 $_t p_x$ 的定义,得:

$$_t p_x = p_x p_{x+1} p_{x+2} \cdots p_{x+t-1} = (1-q_x)(1-q_{x+1})(1-q_{x+2}) \cdots (1-q_{x+t-1})$$

$$_{t|} q_x = {}_t p_x - {}_{t+1} p_x$$

$$= (1-q_x)(1-q_{x+1})(1-q_{x+2}) \cdots (1-q_{x+t-1})$$

$$\quad - (1-q_x)(1-q_{x+1})(1-q_{x+2}) \cdots (1-q_{x+t-1})(1-q_{x+t})$$

$$= (1-q_x)(1-q_{x+1})(1-q_{x+2}) \cdots (1-q_{x+t-1}) q_{x+t}$$

　　x 岁的借款人在反向抵押贷款合同开始后第 t 年内死亡的概率 $_{t|} q_x$,无法从生命表中直接得到,因此我们通过对生命表中数据的计算来求得这一结果。

　　根据 HECM 对 1997 年和 1999 年反向抵押贷款业务数量的统计发现,HECM 借款人的年龄分布中,60、70、80 岁的借款人大致占到了 96% 和 98%,因此,将借款人的年龄假设为 60、70、80 岁,是具有代表性的(见表 1)。

表 1　HECM 借款人的年龄分布

年龄	62～64 岁	65～69 岁	70～74 岁	75～79 岁	80～84 岁	85～89 岁	90 岁及以上	平均年龄
1999 年	6%	17%	28%	24%	14%	7%	4%	75
1997 年	14%	24%	23%	20%	12%	5%	2%	72[①]

　　附录一是在《Life table for the total population：United States，2002》中对 60 岁及 60 岁以上人的死亡率数据的节录。将附录 1 中第二列数据，即养老金业务中女性投保人的死亡率数据代入上式，可以分别得到 60 岁、70 岁、80 岁的女性在此后每一年的死亡率值及其变化规律（见附录一）。由此我们得到美国 60、70、80 岁女性的死亡率计算结果，见图 3：

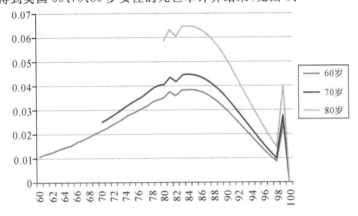

图 3　美国 60、70、80 岁公民的死亡率

（四）房屋资产的价格变动率

　　房屋资产投资收益率可以用房屋价值的市场变化率衡量，它等于无风险投资回报率加上房屋资产投资风险回报率，即 $g+i$。

　　美国各地区的城市化进程相差不大，住房价值的波动呈现为相近趋势。在反向抵押贷款的定价过程中，本文对抵押房产的价格涨跌，采用了没有经过季度调整的全美国房价指数作为计算数据。

　　房产市场价值的波动可以看作"几何布朗运动"，即 $dH/H = \mu dt + \sigma dz$。房屋资产的价格变动率可以认为是 dH/H 的期望值，等于 μ。本文通过计算美国历年来住宅平均成交价格指数的变化率（见图 4、图 5）估计 μ。

　　反向抵押贷款业务中用于抵押的房产大多数都是已居住过的，因此，采用二手房的数据较为合理。本文采用美国 20 年来房屋交易的数据，其中二手房占到 50% 以上的比例，较为合理。

　　通过附录二计算得出的年均变动率做近似代替房屋资产的投资风险回报率 g 等于 5.91%。

（五）房屋的折旧率

　　为消除计算偏差，本文采用的定价模型考虑了住房折旧因素。这里拟定住宅的使用年限为 100 年，采用直线折旧法，每年的折旧率为 1%。因住宅价格包括地上建筑物的价格和土地使用权的购买价格，鉴于土地的稀有性，地价通常呈现为只升不降的态势，应适当调低住宅的年折旧率，本文取 $\beta = 0.8\%$。

---

　　①　资料来源：HECM2000 评估报告。

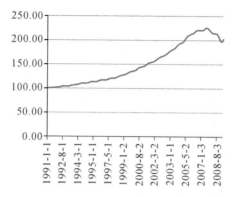

图 4　美国 1991—2008 年度房屋价格指数波动

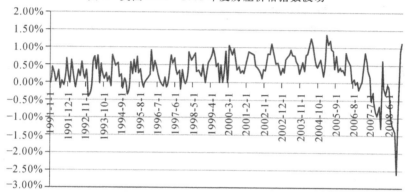

图 5　美国 1991—2008 年房屋价格指数变化率

（六）反向抵押贷款的费用

从附录三的数据可以发现，贷款 5 万美元、10 万美元和 20 万美元的费用率分别达到 10.35%、6.26% 和 4.20%。资料表明，2003 年新增的 7 万多件反向抵押贷款业务中，费用率（Closing cost/Property value）的中值是 6.8%，相对普通贷款来说无疑是很高的。同时也说明，反向抵押贷款对住房的价值有一定的要求，住宅的价值越低，贷款的费用数额就相对越高。如住宅价值只有 5 万美元者，贷款费用率高达 10.35%；而住宅价值达到 20 万美元时，贷款费用率就降低到 4.20%，尚可以为人们接受，在此我们取 7% 的费用率是合适的。

（七）反向抵押贷款风险利率

反向抵押贷款业务面临着较大的风险，如还款期限不确定、住房资产价值不确定、利率变动不确定等。因此，需要在无风险利率的基础上加上一定的风险升水成本和必要的利润率，本文中反向抵押贷款的风险利率取 6%。

（八）模型合理性的讨论

从反向抵押贷款定价公式可以看出，一次性领取的贷款额 LS 和房产的初始价值 HV 成正比。反向抵押贷款业务中，贷款机构付出的是用现金形式支付的贷款，回收的是借款人的房产，即用房产来偿还债务。通常来说，目前现值较大的房产，在未来也具有较高的价值，因此合同到期时用于偿还的金额越多，贷款机构愿意借出的金额即支付的贷款额也越大。

房屋资产投资风险回报率 g 和支付额是呈正比的，其经济含义也基本相似。房产的升值潜力越大,贷款合同终止时的房产价值就越大,借款人所能得到的款项也越多。

折旧率 β 与支付额成反向关系的原因,与上述分析的原理恰恰相反。折旧率越高就意味着房产贬值得越快,到期时抵押住房余剩的价值就越少。

反向抵押贷款风险利率 m 与贷款额成反比,利率 m 较高,意味着贷款成本较高,贷款数额会减少;费用 α 与贷款额成反比,贷款额中越高的比例用于该项业务的费用支出,那么借款人能得到的贷款额就会相应减少。

无风险利率 i 对产品定价的影响较为复杂。考虑一次性冠领的情况,当 $g>m$ 时,i 增加会使公式中含有 i 的项减小,减小支付额;i 变小会使公式中含有 i 的项变大,从而使支付额增加。当 $g<m$ 时,情况相反。当 $g=m$ 时,i 的变化不会引起支付额的变化。在美国,房价上升已经基本稳定,同时,住房衍生的金融产品市场非常活跃,反向抵押贷款作为一种新兴产品的风险很大。可以认为 $g<m$ 的条件是能够满足的。

本产品定价模型的研究中,对寿命风险、利率变动、房产价值波动、折旧和业务费用等主要因素进行了考虑,虽然仍有一些因素无法加入模型并加以估计,但该模型的形式较为简单,在分析中使用起来较为方便,也是其他相关模型的基础。

五、数据计算和结果

(一)无风险回报率

通常意义上,无风险回报率等于联邦储蓄存款的利率。对政府债券(T-bills)的交易利率代表了市场对短期利率的预期。但在本研究对象中,反向抵押贷款呈现为长期行为,交易所根据的市场利率往往是长期的,采用联邦储蓄利率是不合适的。

长期利率和短期利率对市场的反应往往不同,在金融危机中,政府大幅度调整联邦储蓄率和贴现率,并大幅度地向市场投放货币,联邦储蓄的利率已跌至 0% 附近,而长期利率市场只是下跌了 40%。因此,本文采用 10 年固定期限的债券利率(G-10 见附表四)作为数据进行核算是合适的。

(二)HV 房屋资产的现值

房地产价格涉及财务上的估价,通过比较类似的资本收益率以及通过贴现的现值预计未来现金流量。本研究并不采用住房价格的具体估计方法,而采用以往实际运行的报告作为观察房地产价格的数据。房地产价格报告中,价格的表述方式有中位数和平均值,使用平均和中位数价格,房价既需要计算总值,也需要计算每平方米单价。美国政府衡量房价的最重要指标是房屋价格指数。全国房地产经纪人协会负责报告私营地区的房地产价格,本研究的房价数据就来自于此。

房屋中位数价格是将整体的房地产市场分隔为两个相同的一半时表现的价格,用于测量不同市场、地区、时期的房地产价格时,中位数价格是最常见的。相对于平均水平而言,因为它不考虑顶端住宅的交易情形,因而具有更小的偏差。其中一半家庭在市场上出售的价格高于这个价格,而另一半家庭则低于这个价格。例如,美国在 2005 年第四季度的住宅价格为 21.390 万美元,这意味着有一半家庭的房价高于这个数值,另一半家庭的房价则低于这个数值。

一般而言,反向抵押贷款业务主要面向中产阶级,本研究将采用由全国房地产经纪人协会提供的中位数价格测度的美国房地产指数作为房价数据。

(三)数据计算

根据以上对参数的讨论,笔者设定了以下数值:

$$g = 5.91\% \qquad m = 6\% \qquad \alpha = 7\% \qquad \beta = 0.7\%$$

根据第五部分对数据的讨论,我们代入 2007 年 1 月至 2009 年 2 月的长期利率 i 和房屋价值指数 HV(见附表四和附表五),得到结果如图 6 至 8 所示(详见附表六):

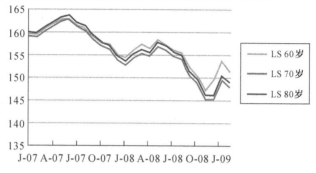

图 6 房屋价值指数图式

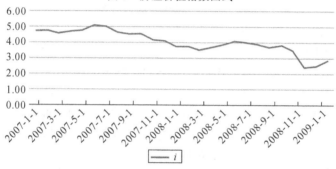

图 7 利率变动图式

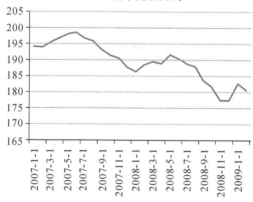

图 8 60、70、80 岁 LS 金额计算数据和结果

自 2007 年以来,由于房价的持续下跌及 10 年期固定债券利率的下降,反向抵押贷款的价格在 60、70、80 岁年龄段的家庭都有所下降,最高降幅达到 14.6%。这意味着同样的房屋产权和年龄状况,只能换取比以前更少的养老金。与此同时,由于住房资产价值的下降,原来已经参与反向抵押贷款业务的客户,也需要重新评估原设定的价值。

在这样的状况下,反向抵押贷款业务的增长将受到严重影响。个人选择退出或不参与反向抵押贷款的数目在增加。据统计,2005 年全美共发放 HECM 贷款 43131 份,比 2004 年增长 77%。2007 年,HECMs 的发行量是 108293 份,到 2008 年的金融危机之后,经联邦政府担保的 HECMs 共计发行了 115176 份,同比仅仅增长了 6.4%。

(四)结论和事实的比较以及一些结论

根据附表七中 HECM 2009 年的年度报告计算已经签署并且在履约的 HECM 数目,得到图 9。[①]

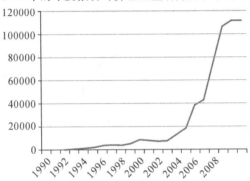

图 9　截至 2009 年已经签署的 HECM 业务数额

1990 年推出 HECM 以后,HECM 得到了大幅增长。但 2007 年金融危机之后增长速度明显放缓,2008 年甚至出现了负增长。HECM 在市场中的表现和上文的报告表现相一致。由于金融危机的影响,利率和房价大幅度下跌,导致 HECM 的价格也出现了一定下降。我们对市场观察的结果和理论预测的结果是相一致的。

房产养老金融产品理应具有规避房价和利率市场变动导致风险的双重作用。但经过相关研究模型和金融危机的实际市场反应,发现反向抵押贷款能够部分规避无风险投资利率带来的市场风险,却没有办法消除房价变动产生的收益风险。

此结论在曾经做出的敏感性分析中也得到进一步的验证。房屋资产投资风险回报率 g,对支付额的影响是正向的,g 越大,房产的升值空间就越大,相应的贷款额也越大。利用给出的定价公式计算不同房屋资产投资风险回报率的情况下,贷款额的变化如表 2 所示。

表 2　不同房屋资产投资风险回报率情况下女性申请人的贷款支付额

60 岁	房屋资产投资风险回报率	4.80%	5%	5.20%
	贷款给付额度	33.52%	35.01%	36.33%
65 岁	房屋资产投资风险回报率	4.80%	5%	5.20%
	贷款给付额度	35.58%	36.87%	38.22%
70 岁	房屋资产投资风险回报率	4.80%	5%	5.20%
	贷款给付额度	37.61%	38.70%	39.83%
75 岁	房屋资产投资风险回报率	4.80%	5%	5.20%
	贷款给付额度	39.55%	40.44%	41.35%
80 岁	房屋资产投资风险回报率	4.80%	5%	5.20%
	贷款给付额度	41.33%	42.02%	42.72%

从表 2 可以看出,房价波动对贷款支付额的影响很大。对 60 岁的申请人,g 从 4.8% 增加到 5%,增加了 0.2%,相应的贷款支付额增加了 1.49 个百分点。在其他条件保持不变的情况下,随

[①]　其中 2009 年的财务数据从 10 月算起,为 5 个月的数据;在本图中已经折算为年度数据。

着申请人年龄的增加,房屋资产投资风险回报率 g 对贷款额的影响逐渐减小。这是由于年龄大的申请人平均余命短,房价波动的积累效应就相对较小,对支付额的影响较小。

无风险投资回报率 i 的变化对支付额的影响,要远远小于房屋资产投资风险回报 g 的影响。这是因为 i 的变动对房产价值的现值和累积贷款总额的限制,有着同向的影响,所以会有部分的抵消。但 g 的变动只对房产价值产生影响,累积效果较大。

反向抵押贷款产品的特征在此次金融危机中也得到了证实。在考虑房产价值变化率不变的情况下(依旧保持在 5.91%),从 2007 年 1 月自 2009 年 1 月,G-10 的利率下降了 40%,房价指数下降了 7%;同时反向抵押贷款趸领金额下降了 7%,并未能完全消除房价波动产生的影响。

六、对中国反向抵押贷款市场的参考和建议

(一)潜在的市场需求

反向抵押贷款在我国的潜在市场需求规模是很可观的。与潜在市场需求规模息息相关的有住房拥有比例、老龄人口比例两个因素。这两个变量与市场需求是正相关的。我国实行货币化分房政策之后,人们购房的积极性得到了极大的激发。据资料显示,人们拥有完全住房产权的比例在逐年提高,特别是 50 岁到 60 岁临近退休的年龄段,拥有独立产权房产的比例要高于其他年龄阶段。另外,我国老龄人口比例逐年提高,再加上人口基数的增大,绝对规模很是可观。还有,随着我国市场经济体制改革的深入,人们头脑中"子承父业""养儿防老"等传统思想观念正在慢慢发生着变化,两代人自立自主的观点逐渐树立强化,观念的演进在无形中促进了人们对房产养老寿险的需求。

中国的市场现状和美国是一致的。在 1990 年推出 HECM 以来的 18 年里,HECM 呈现出大幅增长,尤其是在人口密度高的加利福尼亚州和佛罗里达州。人口密度的增加,预示着对房屋需求的持续上升。这与中国上海、北京、杭州等特大城市的状况是一致的。而且我国城镇居民约有92%的家庭拥有住房,住房资产占家庭总资产的比例高达半数以上,在世界上也属于高水平行列,这为反向抵押贷款在中国的实施提供了坚实的物质基础。

其次,反向抵押贷款的人群主要集中在 65~80 岁。根据 1982、1990、2000 和 2010 年的全国人口普查数据来考察老年人居住的变化,60 岁以上的老年人与子女同住的比例在下降。故反向抵押贷款在中国的实施具有较好的可能性。

(二)运营的风险分析

根据有关资产定价公式,保持反向抵押贷款的稳定增长,首先要保证其价格的稳定。此次金融危机对美国的 HECM 市场是个很大的打击,其原因就是剧烈波动的房屋价格导致了 HECM 价格的下跌。在此,笔者将就公式中的参数和数据对中国的运营风险进行分析:

1. 房屋产权使用年限直接影响折旧率 β

住房是反向抵押贷款合同债权的基础资产,要完全实现这种债权,用于保障这种债权的抵押住房本身的权属,应当被证明是充分的。目前我国的土地法律制度的建设及运行,正处于一个快速变革的时期。我国的宪法明确规定了城市土地归国家所有的制度。随着市场化的发展,土地的所有权和使用权将会逐渐分离,使用权进入市场,形成以政府调控和主导的土地市场。我国城市私房用地的权利性质,按现行法律奉行"地随房"的原则,在房屋所有权的存续期间,房屋所有者

享有土地使用权,在政府无须收回的情况下,土地使用权的期限(住宅附着土地的最长使用年限为70年)可自动延展,公共利益、实施城市规划和没有履行出让合同等情况,将导致土地使用权的收回。

2009 年,国家提出了对原有房屋资产 70 年到期自动免费续签的合同条款提出了修改。一旦住房使用年限发生变动,将直接影响房屋的折旧率 β 和折现的价值 HV。这是反向抵押贷款的最大法律风险之一,也是国家正在大加改革调整的法律制度。

2.利率和房价的影响

我国实行和美国相同的中央利率调控制度,有中央银行直接调控市场的储蓄利率,银行的贴现率和再贴现率。从上文的计算中可以看出,利率变动对反向抵押贷款价格并没有直接的影响,但利率对房屋价格变动的间接影响却是巨大的。

观察上海市房屋价格从 1996 年至 2006 年 10 年间的变动(见表 3),根据这些年份的商品住宅平均价格,计算得到上海地区年均房价变动率为 9.31%。

表 3　上海市房屋价格 1996—2006 年变化

年份	1996	1997	1998	1999	2000	2001	2002	2003	2004	2005	2006
每平方米(元)	2968	2791	3026	3102	3326	3658	4007	4989	5761	6698	7039
变动率(%)		—5.96	8.42	2.51	7.22	9.98	9.54	24.5	15.5	16.3	5.09

从上文关于 g 的计算中可以看出,g 的变动将放大 LS 价格的变化。因此,稳定房屋价格,保持房价和居民收入的同步增长,是保证反向抵押贷款市场开展的必要条件。

七、总结和展望

本文首先简单介绍了美国金融危机发生的机理和现状,及其对过去两年房地产市场和金融市场所造成的影响。之后本文讨论了反向抵押贷款的理念和功用以及其在美国的市场发展。通过保险精算方法笔者引入对了一次性趸领金额的定价模型,并对模型的参数进行了探讨和估计。在对数据的选择进行说明和探讨之后,笔者根据模型进行了计算,并和美国 HECM 市场的表现进行了比较。分析结果表明各参数变化对贷款额度的影响与定性分析的结果是一致的。同时反向抵押贷款业务能够减弱利率市场带来的风险,但却不能消除房价所带来的影响。根据这一特征,笔者对其在中国的发展,提出了两点建议。

鉴于反向抵押贷款所涉及的多学科性,包括微观经济学、宏观经济学、货币银行学、人口学、保险学、公共政策等理论,另外反向抵押贷款在国内研究基本处于概念介绍阶段,故笔者的研究主要基于美国的运营体制和研究文献,和国内市场的不同加大了研究的难度。受笔者学识所限,论文存在相当多的局限性并需要以后进一步研究:

(1)本课题研究还是以实证的定性分析为主。模型中的折旧率、费率、房屋价格变化率,都选择了相对平均的数值,模型的精准方面还需要深入探讨。

(2)本研究没有考虑个人收入对反向抵押贷款业务的影响。而个人收入很大程度上决定了个人的消费预算线,也决定了其跨期预算线。本研究成果只利用利率、房价的变动,来间接反映个人收入水平的变化,是不够确切的。

(3)本文主要分析美国在金融危机中反向抵押贷款市场的表现。由于中美两国政治制度、法律制度、经济制度以及经济水平等各方面的差异,还需要进一步考察才能确认我国实施反向抵押贷款业务的可行性,计量反向抵押贷款能在多大程度上提高老年人的生活水平。

附录一

X 岁	Q(X)	P(X)	t=	P(X=60)	Q(X=60)	t=	P(X=70)	Q(X=70)	t=	P(X=80)	Q(X=80)
60	0.009747	0.990253	1	0.99	0.01						
61	0.010877	0.989123	2	0.98	0.01						
62	0.011905	0.988095	3	0.97	0.01						
63	0.012956	0.987044	4	0.96	0.01						
64	0.014099	0.985901	5	0.94	0.01						
65	0.015308	0.984692	6	0.93	0.02						
66	0.016474	0.983526	7	0.91	0.02						
67	0.018214	0.981786	8	0.90	0.02						
68	0.019623	0.980377	9	0.88	0.02						
69	0.021672	0.978328	10	0.86	0.02						
70	0.023635	0.976365	11	0.84	0.02	1	0.98	0.03			
71	0.025641	0.974359	12	0.82	0.02	2	0.95	0.03			
72	0.027663	0.972337	13	0.79	0.02	3	0.93	0.03			
73	0.030539	0.969461	14	0.77	0.03	4	0.90	0.03			
74	0.033276	0.966724	15	0.74	0.03	5	0.87	0.03			
75	0.036582	0.963418	16	0.72	0.03	6	0.84	0.03			
76	0.039775	0.960225	17	0.69	0.03	7	0.80	0.03			
77	0.043338	0.956662	18	0.66	0.03	8	0.77	0.04			
78	0.047219	0.952781	19	0.63	0.03	9	0.73	0.04			
79	0.052518	0.947482	20	0.59	0.03	10	0.69	0.04			
80	0.057603	0.942397	21	0.56	0.03	11	0.65	0.04	1	0.94	0.06
81	0.06226	0.93774	22	0.53	0.04	12	0.61	0.04	2	0.88	0.06
82	0.071461	0.928539	23	0.49	0.04	13	0.57	0.04	3	0.82	0.06
83	0.073437	0.926563	24	0.45	0.04	14	0.53	0.04	4	0.76	0.06
84	0.084888	0.915112	25	0.41	0.04	15	0.48	0.04	5	0.70	0.06
85	0.093123	0.906877	26	0.38	0.04	16	0.44	0.04	6	0.63	0.06
86	0.101914	0.898086	27	0.34	0.04	17	0.39	0.04	7	0.57	0.06
87	0.11127	0.88873	28	0.30	0.04	18	0.35	0.04	8	0.50	0.06
88	0.121196	0.878804	29	0.26	0.03	19	0.31	0.04	9	0.44	0.06
89	0.131694	0.868306	30	0.23	0.03	20	0.27	0.04	10	0.38	0.05
90	0.142761	0.857239	31	0.20	0.03	21	0.23	0.04	11	0.33	0.05
91	0.15439	0.84561	32	0.17	0.03	22	0.19	0.03	12	0.28	0.05
92	0.166569	0.833431	33	0.14	0.02	23	0.16	0.03	13	0.23	0.04
93	0.179282	0.820718	34	0.11	0.02	24	0.13	0.03	14	0.19	0.04
94	0.192507	0.807493	35	0.09	0.02	25	0.11	0.02	15	0.15	0.03
95	0.206215	0.793785	36	0.07	0.02	26	0.08	0.02	16	0.12	0.03
96	0.220375	0.779625	37	0.06	0.01	27	0.07	0.02	17	0.10	0.02
97	0.234947	0.765053	38	0.04	0.01	28	0.05	0.01	18	0.07	0.02
98	0.249887	0.750113	39	0.03	0.01	29	0.04	0.01	19	0.05	0.01
99	0.265146	0.734854	40	0.02	0.02	30	0.03	0.03	20	0.04	0.04
100	1	0		0.00	0.00		0.00	0.00		0.00	0.00

附录二　　Average Yearly Rate of change of American House Value Over 18 Years[①]

计算方法：

房价涨跌的差异是一种风险。反向抵押贷款是一种跨时期很长的业务，相对值的变化在时间很长的范围内将低估风险，因此取涨跌的绝对值作为风险的测度量是较为合理的。

笔者根据每季度房价的变化率计算出绝对变化率，再通过对 20 年来绝对变化率的平均值计算年度的变化率。

计算结果：

Average rate of seasonal change＝0.48%

Average yearly rate of change over the past 18 year＝5.91%

原始数据：

日期	美国房价指数	房价变化率	日期	美国房价指数	房价变化率	日期	美国房价指数	房价变化率
1991-1	100.00	—	1995-1	109.98	−0.19%	1999-1	128.33	0.35%
1991-2	100.44	0.44%	1995-2	110.60	0.56%	1999-2	129.07	0.58%
1991-3	100.74	0.30%	1995-3	110.89	0.26%	1999-3	129.91	0.65%
1991-4	100.78	0.04%	1995-4	111.59	0.63%	1999-4	130.89	0.75%
1991-5	100.85	0.07%	1995-5	111.95	0.32%	1999-5	132.18	0.99%
1991-6	101.20	0.35%	1995-6	112.76	0.72%	1999-6	133.15	0.73%
1991-7	101.04	−0.16%	1995-7	113.09	0.29%	1999-7	133.79	0.48%
1991-8	101.08	0.04%	1995-8	113.50	0.36%	1999-8	134.52	0.55%
1991-9	101.01	−0.07%	1995-9	113.51	0.01%	1999-9	134.55	0.02%
1991-10	101.14	0.13%	1995-10	113.36	−0.13%	1999-10	135.23	0.51%
1991-11	101.83	0.68%	1995-11	113.40	0.04%	1999-11	135.23	0.00%
1991-12	102.01	0.18%	1995-12	113.48	0.07%	1999-12	135.62	0.29%
1992-1	102.01	0.00%	1996-1	113.67	0.17%	2000-1	136.81	0.88%
1992-2	102.65	0.63%	1996-2	113.92	0.22%	2000-2	136.83	0.01%
1992-3	102.77	0.12%	1996-3	114.96	0.91%	2000-3	138.26	1.05%
1992-4	102.63	−0.14%	1996-4	115.35	0.34%	2000-4	139.54	0.93%
1992-5	102.76	0.13%	1996-5	116.07	0.62%	2000-5	140.67	0.81%
1992-6	103.12	0.35%	1996-6	116.59	0.45%	2000-6	142.01	0.95%
1992-7	103.32	0.19%	1996-7	116.87	0.24%	2000-7	142.67	0.46%
1992-8	103.93	0.59%	1996-8	116.95	0.07%	2000-8	143.21	0.38%
1992-9	104.15	0.21%	1996-9	116.89	−0.05%	2000-9	143.84	0.44%
1992-10	104.27	0.12%	1996-10	116.80	−0.08%	2000-10	144.25	0.29%
1992-11	104.63	0.35%	1996-11	116.98	0.15%	2000-11	144.75	0.35%
1992-12	104.22	−0.39%	1996-12	116.85	−0.11%	2000-12	145.14	0.27%
1993-1	103.86	−0.35%	1997-1	116.73	−0.10%	2001-1	145.74	0.41%
1993-2	103.63	−0.22%	1997-2	117.14	0.35%	2001-2	146.75	0.69%
1993-3	104.29	0.64%	1997-3	118.04	0.77%	2001-3	148.04	0.88%
1993-4	105.04	0.72%	1997-4	118.69	0.55%	2001-4	149.32	0.86%
1993-5	105.45	0.39%	1997-5	119.51	0.69%	2001-5	150.57	0.84%

①　数据来源《Monthly House Price Indexes for Census Divisions and U. S.》，2009。

续　表

日期	美国房价指数	房价变化率	日期	美国房价指数	房价变化率	日期	美国房价指数	房价变化率
1993-6	106.24	0.75%	1997-6	119.96	0.38%	2001-6	151.79	0.81%
1993-7	106.23	−0.01%	1997-7	120.25	0.24%	2001-7	152.54	0.49%
1993-8	106.78	0.52%	1997-8	120.65	0.33%	2001-8	153.20	0.43%
1993-9	107.00	0.21%	1997-9	120.44	−0.17%	2001-9	153.78	0.38%
1993-10	107.12	0.11%	1997-10	120.88	0.37%	2001-10	154.17	0.25%
1993-11	107.39	0.25%	1997-11	120.93	0.04%	2001-11	154.38	0.14%
1993-12	107.44	0.05%	1997-12	120.91	-0.02%	2001-12	154.97	0.38%
1994-1	107.62	0.17%	1998-1	121.03	0.10%	2002-1	155.52	0.35%
1994-2	107.52	−0.09%	1998-2	122.07	0.86%	2002-2	156.42	0.58%
1994-3	108.36	0.78%	1998-3	122.95	0.72%	2002-3	157.72	0.83%
1994-4	109.00	0.59%	1998-4	123.72	0.63%	2002-4	159.02	0.82%
1994-5	109.53	0.49%	1998-5	124.68	0.78%	2002-5	160.79	1.11%
1994-6	110.13	0.55%	1998-6	125.72	0.83%	2002-6	162.20	0.88%
1994-7	110.31	0.16%	1998-7	126.13	0.33%	2002-7	163.27	0.66%
1994-8	110.56	0.23%	1998-8	126.57	0.35%	2002-8	164.12	0.52%
1994-9	110.39	−0.15%	1998-9	126.94	0.29%	2002-9	165.05	0.57%
1994-10	110.52	0.12%	1998-10	127.20	0.20%	2002-10	165.73	0.41%
1994-11	110.55	0.03%	1998-11	127.86	0.52%	2002-11	166.13	0.24%
1994-12	110.19	−0.33%	1998-12	127.88	0.02%	2002-12	166.85	0.43%

附录三　　HECM 贷款业务中不同价值房屋申请贷款所需费用①

成本	费用计算	贷款 50000 美元	贷款 100000 美元	贷款 200000 美元
初始费用	贷款额的 2% 或 2000 美元执高	2000 美元	2000 美元	3000 美元
FHA 保险费	最高为当地 FHA 规定贷款额或住宅价值的 2%	1000 美元	2000 美元	3000 美元
鉴定费	350～500 美元	500 美元	500 美元	500 美元
信用报告	50 美元	50 美元	50 美元	50 美元
水灾保险证明	18～20 美元	20 美元	20 美元	20 美元
快递费	30 美元/次	20 美元	20 美元	20 美元
契约费	250～300 美元	300 美元	300 美元	300 美元
产权证明办理	125～150 美元	150 美元	150 美元	150 美元
资格审查	125～130 美元	130 美元	130 美元	130 美元
文件准备	125 美元	125 美元	125 美元	125 美元
资格保险—借款人	150～200 美元	500 美元	500 美元	500 美元
资格保险—贷款机构	250～300 美元			
签署	借贷款机构各 50 美元	100 美元	100 美元	100 美元
记录谈话	每次抵押记录费 25～30 美元，谈话费 5 美元	35 美元	35 美元	35 美元
抵押登记税	每贷款 100 美元交 0.23 美元	115 美元	230 美元	345 美元
绘图	60 美元	60 美元	60 美元	60 美元
估价费	30 美元	30 美元	30 美元	30 美元
总计		5175 美元	6260 美元	8405 美元

---

①　资料来源于：Minnesota Housing Finance Agency。

附表四   **10-Year Treasury Constant Maturity Rate**①

日期	价值	日期	价值	日期	价值
2007-01	4.76	2007-10	4.53	2008-07	4.01
2007-02	4.72	2007-11	4.15	2008-08	3.89
2007-03	4.56	2007-12	4.10	2008-09	3.69
2007-04	4.69	2008-01	3.74	2008-10	3.81
2007-05	4.75	2008-02	3.74	2008-11	3.53
2007-06	5.10	2008-03	3.51	2008-12	2.42
2007-07	5.00	2008-04	3.68	2009-01	2.52
2007-08	4.67	2008-05	3.88	2009-02	2.87
2007-09	4.52	2008-06	4.10	2009-03	2.82

附表五   **房屋价格指数**

Monthly House Price Indexes for Census Divisions and U. S.

Purchase—Only Index (Only Index available with Monthly Frequency)

SA＝Seasonally Adjusted

Month	USA (SA)	USA (NSA)	Month	USA (SA)	USA (NSA)
2006-1	216.25	215.06	2007-8	222.47	224.43
2006-2	216.36	215.58	2007-9	221.67	223.05
2006-3	217.27	217.43	2007-10	220.51	221.08
2006-4	217.99	218.95	2007-11	219.55	219.01
2006-5	218.32	220.25	2007-12	218.66	217.56
2006-6	218.74	221.25	2008-1	216.24	214.78
2006-7	218.87	221.30	2008-2	216.83	216.15
2006-8	219.61	221.52	2008-3	215.23	215.63
2006-9	220.04	221.47	2008-4	213.64	214.88
2006-10	220.93	221.57	2008-5	212.63	214.78
2006-11	221.49	221.14	2008-6	211.85	214.61
2006-12	221.82	220.97	2008-7	210.22	212.70
2007-1	222.49	221.11	2008-8	208.25	210.12
2007-2	222.70	221.94	2008-9	206.09	207.36
2007-3	223.52	223.83	2008-10	203.95	204.45
2007-4	224.01	225.16	2008-11	199.76	199.17
2007-5	223.70	225.85	2008-12	199.33	198.21
2007-6	223.38	226.15	2009-1	201.42	200.00
2007-7	222.50	225.06	2009-2	202.83	202.25

---

①   数据来源 Board of Governors of the Federal Reserve System。

附表六　60、70、80 岁趸领金额的计算结果

Date	i	HV	LS(60)=	LS(70)=	LS(80)=
2007-1	4.76	194.17	153.449886	159.153437	159.985080
2007-2	4.72	193.97	153.288388	158.987113	159.818837
2007-3	4.56	195.52	154.498939	160.247582	161.089865
2007-4	4.69	196.9	155.601224	161.386839	162.231848
2007-5	4.75	198.12	156.570643	162.390488	163.239287
2007-6	5.10	198.67	157.034285	162.861447	163.704706
2007-7	5.00	196.74	155.500896	161.273847	162.111057
2007-8	4.67	195.81	154.738073	160.492200	161.333015
2007-9	4.52	193.38	152.804242	158.491087	159.325153
2007-10	4.53	191.49	151.311725	156.942711	157.768375
2007-11	4.15	190.65	150.610875	156.228469	157.060616
2007-12	4.10	187.86	148.401603	153.938577	154.759966
2008-1	3.74	186.44	147.239462	152.746896	153.573079
2008-2	3.74	188.48	148.850535	154.418230	155.253454
2008-3	3.51	189.61	149.713312	155.323417	156.171719
2008-4	3.68	188.87	149.151110	154.732589	155.571563
2008-5	3.88	191.61	151.339291	156.994307	157.838808
2008-6	4.10	190.62	150.581889	156.200210	157.033667
2008-7	4.01	188.97	149.268764	154.841408	155.670290
2008-8	3.89	188.05	148.528644	154.078243	154.906741
2008-9	3.69	183.79	145.140638	150.571622	151.387699
2008-10	3.81	181.68	143.488401	148.852753	149.655634
2008-11	3.53	177.40	140.074994	145.323066	146.116054
2008-12	2.42	177.42	139.907184	145.211763	146.054842
2009-1	2.52	182.76	144.139951	149.597542	150.460052
2009-2	2.87	180.89	142.732102	148.113454	148.948895

附表七　HECM[①] Cases Endorsed for Insurance by Fiscal Year 2009. 02

财政年度	承保例数	平均利率	平均房产价值	平均最大索偿额	平均初始本金限制	平均借款者年龄	借款人性别		
							单身男性%	单身女性%	夫妇
1990	157	9.8	108.7	84.2	39.0	76.7	57.3	16.6	26.1
1991	389	9.3	126.4	97.5	43.5	76.5	56.0	13.9	30.1
1992	1019	8.9	124.7	97.4	48.6	76.6	57.7	15.0	27.3
1993	1964	7.6	119.7	97.9	52.6	75.7	55.0	14.3	30.7
1994	3365	7.6	124.9	103.8	58.0	75.2	54.8	14.5	30.8
1995	4166	8.6	124.8	105.4	54.3	76.0	56.5	13.5	30.0
1996	3596	6.8	117.2	103.3	57.3	75.9	56.4	12.5	31.1
1997	5208	8.1	117.5	105.2	58.0	75.9	56.6	13.2	30.2
1998	7895	7.4	118.7	107.0	64.3	75.7	56.0	14.1	29.9
1999	7923	6.5	131.9	117.8	81.6	75.3	54.8	14.5	30.7
2000	6637	7.3	141.7	124.6	78.6	76.0	56.8	13.0	30.2
2001	7789	6.7	167.1	140.6	97.4	75.5	54.4	13.6	31.9
2002	13049	6.4	178.0	151.3	110.0	75.1	51.3	14.0	34.7
2003	18084	5.4	197.6	165.9	131.3	74.3	48.6	14.2	37.2
2004	37790	5.8	219.4	182.2	133.9	74.3	48.6	15.2	36.2
2005	43081	5.7	254.9	206.0	144.4	73.8	46.0	16.1	37.9
2006	76282	6.0	289.7	235.6	158.9	73.8	44.5	16.7	38.8
2007	107367	6.0	261.9	229.3	155.7	73.5	44.6	18.2	37.2
2008	115176	5.5	243.1	218.8	155.1	73.1	44.8	18.4	36.8
2009	46582[②]	5.4	255.7	233.6	165.4	72.9	40.2	20.1	39.6
总计	507519								

①　HECM is the only reverse mortgage program insured by the federal government.　HECM loans are insured by the Federal Housing Administration (FHA), an agency of the U. S. Department of Housing and Urban Development (HUD).

②　2009 年资料为 2008.10.1～2009.02.28 之间的状况。

老龄化与住房资产:新视角[①]

Steven F. Venti 和 David A. Wise

一、摘要

除了社会保障和单位或雇主所提供的养老金,住房资产是大部分美国老年人的主要资产。很多退休老人基本上没有什么金融资产,可用来应付退休后的开支。我们使用关于健康和退休的研究(HRS)、老年人口的资产和健康之间的动态的相互作用(AHEAD)、收入和反向抵押贷款项目参与情况的研究(SIPP)的数据,来了解家庭运用住房资产来应付退休后开支的程度。本文运用的第一种分析方法,是基于被调查者自我评估的住房价值上的,自我评估的价值往往夸大了住房的实际价值。第二种分析方法,主要是建立在最近刚售出房屋的卖价,以及最近刚购置房屋的价格之上。卖掉自己的住房或另外购买一个价值更高或更低的住房,会改变家庭的住房资产。我们发现如果没有突如其来的事件发生——如配偶死亡或者家庭成员住进了私人疗养所,人们不再拥有住房的可能性很小。即使有不可预测的事件发生,出售住房也只属于少数例外情况。一般说来,那些搬至新居的家庭更倾向于增加他们的住房资产。我们发现"现金穷人、住房富人"这类家庭,在搬家后比较可能降低住房资产,而"现金富人,住房穷人"的家庭更可能会增加住房资产。

总的来说,包括那些卖掉住房或者卖掉后又购置新居的家庭在内,住房资产随着年龄的增加而增加,但当年龄超过 75 岁时,住房资产会有少许下降。老年家庭(AHEAD 的研究对象)每年住房资产价值的下降率大约是 1.76%,而这主要可以由那些遭遇了突发事件的家庭会减少 7.84% 的住房资产来解释。家庭成员始终健在的家庭几乎不会减少他们的住房资产,两位老人同在的家庭每年住房资产价值的下降率仅为 0.11%,独居老人的家庭每年住房资产价值的下降率也仅为 1.15%。我们的结论是,随着户主年龄的增加,家庭通常不会将住房转换为流动资产来应付非住房性消费的支出。

除了社会保障和某些人的雇主所提供的养老金,住房资产是大部分美国老人的主要资产。原则上讲,这些资产均可能被用来应付退休后的消费支出。在这篇论文中,我们从老人即将退休的年龄开始,从另一个角度来审视老年人年龄增长和住房资产的变化。我们使用的数据来源是:关于健康和退休的研究(HRS)、老年人口的资产和健康之间的动态的相互作用(AHEAD)、收入和反向抵押贷款项目参与情况的研究(SIPP)。我们把那些将住房资产当作退休后消费重要来源从而导致的住房资产的变化,与那些因无法预测的事件(如死亡或严重的疾病)而导致的住房资产的改变区别开来。

这篇论文拓展了我们 2001 年所写论文的结论(Venti, Wise, 2001),我们发现如果家庭结构

① 此文是为老年经济学的会议(2001 年 5 月 17 日)所准备。我们感谢国家老年研究机构以及胡佛(Hoover)机构提供的财政资助。

没有发生变化,那么大多数老年家庭就不太可能会搬家。我们也发现即使搬家,那些重新购置住房的家庭也大多不会减少其资产。然而,突如其来的事件——如一个配偶死亡或住进了私人疗养院,有时会导致住房的变现。住房资产一般是不会被变现从而用于支付一般的非住屋消费。本篇论文的分析也是建立在 HRS 和 AHEAD 两者的数据基础之上,同时还包括了来自 SIPP 的八组面板数据(即时间序列数据与横截面数据的结合)。虽然这个分析所用的数据更为广泛,但我们要研究的主要问题仍然是:随着年龄的增长,住房资产会否被用来应对老年人的一般消费支出。本文也对因售出住房而导致的资产变化和搬至新居而导致住房资产的变化(可能变大也可能变小),做了一个更为规范也更有条理的分析。除此之外,我们也简略地考虑了随着年龄的增长,老年家庭的其他非住房资产的变化。

在以前的一些论文中,我们使用了一些较早的数据或低龄老人的数据,对随着年龄增长导致住房资产的变化进行了分析。在 Venti 和 Wise(1989,1990)的论文中,我们得出的结论是当人们变老时并不希望减少住房资产。我们发现住房资产的大幅减少,大都与配偶的退休、死亡或者其他突发事件有关。这些分析以 RHS 为基础,以 58 岁到 73 岁这个年龄段的人为调查对象。Merrill(1984)基于 RHS 数据,发现若家庭状态没有发生改变时,随着年龄的增加,住房资产只会有轻度减少。Feinstein 和 McFadden(1989),基于收入的动态研究(PSID)调研(包括户主的年龄超过 75 岁的家庭),也得出若家庭状态不变,住房资产大都不会减少的结论。Megbolugbe,Sa-Aadu 和 Shilling(1997)运用 PSID,发现住房资产的改变会因年龄的差异而各不相同。最年老的家庭(75 岁以上)在搬家时既可能增加也可能减少他们的住房资产。Sheiner 和 Weil(1993)发现,在老年家庭中,住房资产会有所下降,这些下降主要与突如其来的事件对家庭状态和健康造成的冲击有关。Hurd(1999)分析了 AHEAD 的前两轮调查得出的家庭财富变化,得出的结论是:在这两轮调查间隔的两年中,夫妻均健在的家庭的住房财富和住房拥有率只有适度的下降,但对于此次减少了一个成员的本有两人的家庭来说,住房财富和住房拥有率下降的幅度比较大。他也发现对所有年龄的各种类型的家庭来说,在这两轮调查间隔的两年中,他们的总财富都是增加的。

老年人是否把住房资产当作年老后消费支出的来源,是一个重要课题,下面我们列举其中的原因。一些人认为老年家庭的大部分财富都是非流动资产,并希望释放这部分资产。如果这个"问题"真的存在,可以使用反向抵押贷款的年金支付方式,让户主继续住在自己房屋的同时,在年老的过程中逐渐将住房资产变现。值得注意的是,人们对此表现出来的兴趣却不大。究竟是反向抵押贷款提供的融资方案不好,或者只是人们对住房资产变现的需求不大,其原因我们尚不清楚。Venti 和 Wise(1991),Mayer 和 Simons(1994),Merrill、Finkel 和 Kutty(1994)的研究结论,表明大部分老年人都是"现金穷人,房屋富人",而且是可以从反向抵押贷款中受益的。我们在早期的分析中得出的结论却发现,老年人的资产选择与这些产品可能带来的巨大利益不一致。然而,弄清楚老年家庭是否希望将住房资产变现将帮助我们评估反向抵押贷款的潜在市场的大小,为此有必要研究以下课题。

考虑老年人是否打算把住房资产变现,来应付一般消费支出的第二个理由是,了解储蓄是否足够用于退休支出。如果住房资产和金融资产一样被来支付退休后的消费,那么在考虑老年人的财富时,它就可以被视为金融财富的替代。另一方面,如果家庭不打算在年老过程中将住房资产变现,更现实的情况是,他们年老时的一般消费开支主要是来源于平常积累的金融资产,包括社会福利和其他年金。分析家们在考虑家庭如何为退休做准备时,通常从几个不同的方面来考虑住房资产。摩尔(MOORE)和米契尔(MITCHELL)(2000)把住房资产包括在能用来支付退休消费的金融资产之内。国会预算办公室(The Congressional Budget Office)(1993)也把住房资产与其他资产归为一类。另一方面,Bernheim(1992)在考虑"处于生育高峰的一代人是否为退休做好了充分的准备"时,将住房资产排除在外。Engen 和 GALE(1999)包括了 0％、50％和 100％的住房资产。Gustman 和 Steinmeier(1999)运用 0％和 100％的住房资产来进行分析。

在这篇论文中我们首先基于来自 SIPP 的数据,考虑家庭生命周期中年龄和住房资产之间的关系。这项分析主要是从 Venti 和 Wise(2001)得来的。按小组分类进行分析,并将结果以图解的形式表现出来。然后,我们再基于 HRS 和 AHEAD 的数据,按小组分类对老年家庭进行更详细的分析。

接下来,我们把研究重心集中在家庭住房资产的变化上,尤其是在无法预测的事件给经济上造成了冲击的情况下。我们发现,一般说来,那些继续拥有自己房产的人的住房资产价值不会减少,即使他们进入 80 岁甚至是 90 岁的年龄段里。的确,卖掉旧的房屋又重新购置新居的家庭,一般都趋向于增加他们的住房资产。大幅度减少住房资产大都与出卖了住房但又不购买新居的家庭有关。出售房产通常是与配偶死亡或进入私人疗养院相联系。在这些情况下,家庭资产被用来支付医疗费用或直接维持尚健在的另一配偶的消费支出。我们发现,住房资产大都不会被系统性地转换为流动资产来维持非住房消费。

最后,我们分析 HRS 和 AHEAD 数据的两个特征。第一个特征是在分析面板数据时采用估算分析法。我们对 AHEAD 数据的早期分析是以 AHEAD 第二轮和 HRS 的第四轮调研(即 A-HEAD 的第三轮)数据为基础。在这篇论文中我们使用由 HRS 的工作人员提供的,较新的数据包含了老人死亡和进入私人疗养院的信息。

包括估算资产(含住房资产)的 AHEAD 第二轮和 HRS 的第四轮(即 AHEAD 的第三轮)的数据,将估算后的数据制成表格,与在 Venti 和 Wise(2001)没有运用估算制成的表格相似。然而,我们发现,在多数情况下,估算将增加数据的"随机性"。也许这并不令人惊讶,因为估算值是对同时期的横截面数据的推算。在运用面板数据时,估算值是建立在时间序列数据和横截面数据上的。在这篇论文中,所有使用"销售价格"数据进行的分析都不考虑估算值。

第二个特征是调研得来的数据有太大的不一致性,特别是当比较"搬家"和"没有搬家"时,比较"拥有自己的住房"和"租房"时。举例来说,许多家庭在第一轮调查中说拥有自己的住房,在下一轮调查中又说是租房住,然后第三轮调查中又拥有住房,但实际上他们在第一、二轮调查之间与第二、三轮调查之间均没有搬过家。这样的家庭在开始和结束时拥有的其实是同一个住房。显然,这些异常现象大都是调查时产生的误差引起的。这些错误将造成同一住房资产的两个变化,两个变化的大小相等,只是符号相反,并会对住房资产变化的计算产生较大影响。在分析中,我们将剔除掉那些实际上没有搬过家,但却反映其居住方式发生了改变(如从自己拥有住房到租房,或者从租房到自己拥有住房)的家庭。我们也发现一些其实一直住在同一房屋的家庭,他们的住房资产的价值在几轮调查之间有着不切实际的大幅波动。这些明显的错误在数量上甚至与那些确实搬过家的人的住房资产的变化差不多。HRS 现在正在使用"追溯"的方法来解决这些问题。

这篇论文的许多分析是建立在最近的销售价格和刚购买新居的价格基础上的。我们相信这些数据可能是关于住房资产的最可靠的数据。我们也关注对自我评估的住房资产价值偏差幅度的评估。总而言之,虽然数据仍待于进一步的改良,但我们相信本文所得出的主要结论还是非常有说服力的。

二、按年龄段分成不同的小组进行分析

(一)生命周期中的住房拥有率和住房资产上的 SIPP 数据[①]

SIPP 提供住房资产(从住房价值和抵押贷款中获得的数据)7 年的数据——1984,1985,1987,1988,1991,1993 和 1995 年。从每年的横截面数据的随机样本中,我们获得每一小组的数据。举例来说,为了找出在 1984 年是 26 岁的人的住房资产,我们先由 1984 年的调查的随机样本中 26 岁的人的平均住房资产开始。然后我们再获取 1985 年的 27 岁的人的平均住房资产,1987 年调查的 29 岁的平均住房资产,并以此类推。我们按 1984 年的接受调查的人的年龄进行分组。我们按年龄将他们共分为 17 个组,分别以第一年即 1984 年各组的年龄命名。事实上,为了获得更加准确的住房资产的估计值,每一组的数据,如 26 岁这一组,是用 25 岁,26 岁和 27 岁的平均数据来表示的。用同样的方法,我们共得到了 26 岁,29 岁,…,71 岁,74 岁各个小组的数据。在 SIPP 中,所有小组都被跟踪调查到 80 岁。

图 1 表示每组的两个家庭成员均健在的家庭(以下简称"两人家庭")拥有住房的百分比。这些数据能被不同的死亡率所影响。举例来说,假设每个年龄阶段,户主的死亡率均比承租人的死亡率低。在这种情况下,住房拥有率将随着年龄一起增加,缘由是房屋的所有者仍健在而承租人却先行死亡。为了剔除掉这种可能性,我们给数据做一个死亡率修正,并在附录中做出解释。图 1 是两人家庭的经过死亡率修正的数据。为使图表便于阅读,只挑选出部分小组的数据显示。图 1 透露出的主要信息是,在 79 岁以前,住房拥有率不随年龄增加而减少。除此之外,70 岁以前的各小组之间没有显著的差异。也就是说,一个小组的数据与另一个小组的数据之间没有大幅跳跃。然而在较老的年龄阶段,小组间确实有比较明显的差别。最后两个小组的住房拥有率较低。但仍和其他小组的趋势一样,随着年龄的增加,住房拥有率并没有减少。

图 2 表示的是只有一个成员的家庭(以下简称"单身家庭")拥有住房的百分比数据。在 79 岁之前,拥有率并没有随年龄而明显下降。实际上,数据表明年龄最大时,住房的所有权有所增加。

图 3 是每个小组的两人家庭的住房资产数据。这些数据以 1995 年的美元计价而且已经进行过死亡率的修正。随着年龄的增加,每个小组的住房资产都没有减少。数据表明 65 岁到 79 岁的小组,随着年龄的增长,他们的住房资产甚至有所增加。这些小组之间存在着住房资产的差异,因为一组数据和另外一组数据之间有较大差异。

在 Venti 和 Wise(2001)的分析中,我们指出小组之间表现出相当系统性的差异。这些分析表明,较老的小组——那些在 1984 年时年龄在 70 岁之上的和较年轻的小组——那些在 1984 年年纪小于 36 岁,他们的住房资产均比平均值低,而介于他们年龄之间的小组有比平均数要高的住房资产。小组之间的差异主要是由随时间变化的住房价格的差异引起的。举例来说,人们平均在 35 岁时买房,然后将 1984 年 50 岁的小组与 1984 年 38 岁的小组相比较。较老的那个小组平均在 1969 年买了房,那么他们就将在 70 年代住房价格的大幅度增长中获利。而较年轻的那个小组平均在 1981 年买房,然而在 80 年代和 90 年代期间住房资产只有相对较低的增值。之所以不用那些 80 岁以上家庭的数据,是因为我们假定 80 岁为最大年龄。

---

① 为便于比较分析,这里提到的图表资料数据统一在本文文末显示。

图 4 表示每个小组的一人家庭的住房资产数据,已进行过死亡率和通货膨胀率修正。和两人家庭一样,在 79 岁之前,他们的住房资产并未随年龄增大而下降。

(二)较大的年龄:HRS 和 AHEAD

为确切了解较大年龄组老人的住房资产的趋势,我们结合使用 AHEAD 和 HRS 数据。两者都是面板数据。HRS 调查的是户主的年龄在 51 岁到 61 岁之间的家庭的住房资产。这些家庭的成员在 1992 年接受调查,然后在 1994,1996 和 1998 年分别再次接受调查。在 1998 年,户主年龄是 57 岁到 67 岁。而这个年龄范围也被包含在 SIPP 之中。AHEAD 研究的是在 1993 年时户主年龄为 70 岁及以上的家庭。这些家庭接受调查的时间分别是 1993 年、1995 年、1998 年(HRS 的第四轮调查的一部分(Juster 和 Suzman(1995)提供调查设计方面的详细内容)。AHEAD 的年龄范围与 SIPP 的较大年龄段相重叠。因此 HRS 和 AHEAD 两者都可以与调研时间较长的 SIPP 数据比较。JUSTER 和 Suzman(1995)对调查的方案有所叙述。

在这项分析中,我们跟踪调查 AHEAD 和 HRS 两者中的家庭。随着时间的流逝,跟踪调查家庭是很困难的。一个家庭可能因为离婚或分居,成员死亡或进入了私人疗养院而分裂。为了便于分析,我们做以下假定:在每种调研(如 HSR 和 AHEAD)的第某轮调查开始时,即将家庭分成两类——一人或两人的家庭(置于公共机构照料之下的人被排除在最初的样本之外)。在后来的调查中,依照前一轮调查之后家庭发生的变化,我们按每个家庭的状态共分为六类:

"1"代表仍为一人家庭;"2"代表仍为两人;"T"代表家庭中的两个成员都已经死亡;

"N"代表一个或两个成员住进了私人疗养所;

"S"代表家庭成分已经因一些其他的原因改变(通常是因为离婚或分居而导致家庭破裂或有新的成员加入);

"0"代表家庭拒绝调查或者因为其他理由失去联系。

表 1 中是 HRS 和 AHEAD 的各个不同的组合,并被用来区别下面分析中的家庭。在下一小节对各个小组的分析中,我们把分析限制为那些仍为两人或仍为一人的家庭,即 HRS 中的"2222"或"1111",和 AHEAD 中的"222"或"111"。在下一部分我们考虑每轮调查之间的住房资产和其他资产的变化。对于这一项分析,我们使用每两轮调查的序列数据(两轮之间有一个"间隔"),而且我们集中分析家庭的住房资产和住房拥有率与家庭成分变化之间的关系。我们首先分析小组住房拥有率的数据,然后分析小组的住房资产数据,以及家庭的非住房性净资产。

(三)住房

为了获得可与 SIPP 小组数据比较的小组数据,我们将 HRS 和 AHEAD 数据按两年间隔来将若干家庭分成小组。这些小组是以下显示的小组数据的基础。

图 5 是 50 到 93 岁的两人家庭的住房拥有率的小组数据。为使每个小组的数据更容易看懂,只挑选主要是非交叠的小组数据显示。图 5 的最初三个小组来自 HRS;最后五组来自 A-HEAD。总的来说,每个小组的数据表明在 70 岁之前,住房拥有率有所增加,70 岁以后住房拥有率则有轻微下降。对这些数据的更详细的分析表明,在 ΛHEAD 调研中的初始年份年龄为 70 岁到 78 岁的小组中,两人家庭的住房拥有率每年大约下降率 0.66%,在初始年份年龄为 80 岁及以上的小组的下降率为 0.34%。图 1 中对 SIPP 数据与这些数据的比较表明,SIPP 和 AHEAD 的 50~79 岁的各个小组的数据非常相似。两组数据均表明在 60 岁之上的家庭大约 90% 拥有自己的住房。但 SIPP 的数据表明 79 岁后住房拥有率并没有减少。

图 6 表示,各个小组的仍然为单人家庭的住房拥有率是非常不同的。这再一次表明小组之

间存在差异。数据表明,单人家庭在 50 和 75 岁之间的住房拥有率有显著提高,而在较大的年龄如 70 岁及以上时住房的拥有率有所下降。

仍为一人的 AHEAD 的家庭的住房拥有率每年下降略超过 1%(图 5 和 6 中使用的数据在某些方面与这篇论文接下来的计算有所不同)。首先,图表是建立在调查的各轮中均为一人或两人的家庭基础上的。接下来的一些计算是以连续的两轮调查中仍为一人或两人家庭的基础上的。其次,图表考虑了从"拥有"到"租房"(或其他形式)或者从"租房"到"拥有"自己住房的转变。租用到拥有的转变,在某些程度上抵消了从拥有到租房(或其他形式)的转变。接下来的计算只以从拥有到租房(或其他形式)为基础。第三,在并没有搬家的情况下,家庭反映出来的居住方式(如租房或自己拥有资产)却有很大不同。我们认为这些变化主要是调查和整理数据时产生的误差,举例来说,图 6 的 AHEAD 部分表示,直接使用调查数据得出,仍然为单人家庭的年住房拥有率下降 1.29%。当调查结果显示其居住方式改变但实际上并没有搬家的家庭不被计算在内,每年下降率则只有 0.98%。使用后者数据,仍为单人家庭在 70 岁的住房拥有率为 74.7%。在每年 0.98% 的降幅下,到 90 岁时仍然有 61.28% 的家庭拥有自己的房产。

(四)住房资产

图 7 表示的是两人家庭的小组住房资产数据的平均数(SIPP 和 AHEAD 中的数据单位已经根据物价指数转换为 1998 年的美元)。这些数据表明在大约 70 或 75 岁前,住房资产将增加。在更大的年龄时,数据的随机性使我们看不出明显的变化趋势,虽然小组内部的家庭的住房资产有所下降。事实上,以下呈列的数据表明每年的平均下降金额大约为 2100 美元。

图 8 中显示的是一人家庭住房资产的小组数据。关于两人的家庭,小组内部的家庭在 70 或 75 岁前,家庭资产有明显增加。在较大的年龄,各小组内部家庭的变化趋势是不明显的。小组之间的住房资产确实存在显著差异,虽然数据的随机性使我们很难区分到底是小组间的差异还是小组本身的住房资产的改变。

图 9 和图 10 中分别显示两人和一人家庭的小组数据的中位数。中位数比平均数的随机性要小,在这些图表中小组本身的变化趋势更容易辨别。举例来说,对于比较年长的两人家庭,从大约 75 岁开始,中位数表明小组本身的住房资产有轻微下降,但是小组间的变化不是很明显。另一方面,对于比较年长的单人家庭来说,小组的中位数表明小组本身的住房资产几乎没有什么下降,而小组之间的变化很大。较老的小组的住房资产逐次下降。接下来,我们对小组本身的住房资产的变化做定量估计。

(五)非住房性资产

在考虑这些小组在年老过程中的住房资产价值,把住房资产与其他资产相比较是有益的。图 11 到图 14 显示的是非住房资产上的小组数据。和住房资产数据一样,分别列出两人和一人的家庭小组数据的平均值和中位数。AHEAD 的较年老家庭的数据在其他图表中显示。和住房资产数据一样,HRS 家庭的非住房性资产的数据变化趋势相当清楚。但是数据的随机性使我们很难对 AHEAD 家庭的小组数据做出解释。然而,从小组数据中还是能看出一些清楚的趋势。下面我们表示小组本身的非住房性资产和住房资产的定量变化。

1. 对于 HRS 家庭,住房资产以及住房拥有率都随着年龄而增加,但是非住屋资产增加得更多。举例来说,从图 7 我们可看出,持续的两人家庭的平均住房资产从 50 岁的大约 8 万美元增加到 70 来岁的大约 12 万美元,似乎小组间没有明显的差异。从图 11 我们可以看出,HRS 家庭的非住屋资产从 50 岁的大约 20 万美元增加到 74 岁的 40 万美元,大约是住房资产增长的 5 倍。

这个年龄范围中小组间的差异也不明显。在未来的分析中，我们将会试着找出导致非住房性资产大幅度增加的决定因素。

2. 对于较老的 HRS 家庭，他们小组本身的非住房性资产也有大幅度增加。然而对于较老的家庭，也有较大的小组差异，年龄较大的小组的非住房性资产依次下降。并且，对于年龄较大的小组，小组本身的住房资产有所下降。

在几轮调查之间，住房资产与非住房资产实际上可能有非常大的波动。然而我们相信，这些数据可能也反映了大量调查和整理数据时产生的误差。若对数据进行进一步的"验证"和"筛选"，包括通过复查来纠正以往的信息，可能使小组模式更为一致。这些步骤必须以 HRS 和 A-HEAD 调查各轮中的所有资产的联合评估为基础，考察每个家庭的 XxY 的数据矩阵。

三、家庭状态及住房资产：HRS 和 AHEAD

我们现在转向分析住房资产改变和家庭结构变化之间的关系。我们也分别考虑两人和一人的家庭，并分别为 HRS 和 AHEAD 的家庭做出估计。表 2 中按年龄和家庭结构（一人或两人）显示家庭居住方式（自己拥有或租用或其他形式）的横截面数据。54～74 岁的两人家庭的住房拥有率超过 90%，在 85 岁及以后降到大约 80%。70～74 岁的单人家庭拥有住房的比例增加到大约 68%，然后在 85 岁及以后下降到大约 50%。单人家庭的住房拥有率在 70～74 岁的年龄段达到巅峰，在未来十年有轻微下降，然后随着年龄提升迅速下降。

（一）家庭内部的变化

我们把重心放在那些导致住房拥有率和住房资产突然变化的事件。表 3 显示的是相邻的两轮调查之间（一个"间隔"）的住房拥有率的变化。该表的前两部分记录的是期初即拥有自己住房资产的家庭。第三和第四部分表示的是那些期初时没有自己住房的家庭。该表还表明在相邻的两轮调查之间家庭改变住房状况的百分比。举例来说，"22"表明，在间隔的期初即两轮调查的第一轮和在间隔结束的时候（在接下来的一轮中）两人均健在的家庭。HRS 家庭可能会三次改变居住方式（第一轮到第二轮，第二轮到第三轮和第三轮到第四轮时），并且都有二年的间隔。A-HEAD 有两次转变。第一次间隔二年，第二次间隔三年。这些数据结合起来就可以分别得到 HRS 和 AHEAD 的结果。

首先要分析的是表格的第一部分的 HRS 中在间隔期初即拥有自己住房资产的家庭。第一纵行表示在间隔结束的时候，拥有住房的百分比和租房（或有一些其他的生活安排）的百分比。在仍为两人的家庭中，98.3% 在间隔结束的时候仍然拥有自己的住房；1.7% 不再拥有。住房的拥有率每年下降约 0.85%。现在考虑表格的第三部分中的在间隔期初没有自己的房产的两人均一直健在的 HRS 家庭。这些家庭中 22.3% 在间隔结束的时候变成房产拥有者，每年大约为11.1%。总而言之，屋主的数目增加：一些开始时拥有住房的人变成了非拥有者，但是更多的开始时没有拥有住房的人变成了有房者。图 5 图解式地表达了年纪较小的 HRS 小组的屋主团队的壮大。然而这些数字只属于在 HRS 调查的四轮中均为两人的家庭。但持续为两人家庭的数据，是基于任何相邻的两轮调查中持续为两人家庭的所有家庭。

表 3 的其他行表明如果配偶死了（2D），住房的拥有率仍然很高，为 95.6%。配偶进入私人疗养院（2N），住房拥有率下降的幅度会大一些，降为 88.6%，虽然样本中的较年轻并进入私人疗养院的 HRS 家庭数目较少。仍为一人的 HRS 家庭的住房拥有率也仍然很高，为 95.2%。只有

三个单人家庭在调查的间隔内进入了私人疗养院。

　　表 3 的搬迁比例纵列里显示在毗邻的两轮调查中搬家的百分比。在两次调查中均拥有自己住房的两人 HRS 家庭中,有 7.1% 的家庭在这两年的间隔内搬了家。对于那些从拥有自己住房到租房住或是选择其他居住形式的两人家庭来说,搬家率不可思议地低到 65.7%。很可能是因为住房从父母转移给了孩子,父母不用搬出去住,但也不再拥有房产。如此低的搬家率,更多缘由应该是报告错误引起的。调查表明,家庭在四轮调查中的三轮调查都拥有基本稳定价值的房产。这与没有搬家(由被调查者核实)的证据结合起来,表明在这些调查中的某一轮中或者是调查或者是分析时产生了错误。这些家庭总共的数目不多,因此,小的错误就能对搬家率产生非常大的影响。

　　该表的第二与第四部分表明对于 AHEAD 家庭,结果也是相似的。一开始就拥有房产的家庭大多持续拥有房产(除非家庭状况发生变化)。举例来说,96.9% 的持续为两人的家庭仍然拥有房产。但如果其中一个成员死亡,住房拥有率就降为 88.8%。如果一个成员进入私人疗养所,住房拥有率就降为 75%。对于持续拥有房产的单人家庭而言,91.3% 仍然为房主。但如果这个人进入了私人疗养所,住房拥有率就降为 39.9%。和较年轻的 HRS 家庭一样,在没有无法预测事件的冲击下,许多 AHEAD 家庭仍然拥有房产。但若有突发事件发生,较老家庭的住房拥有率的下降幅度比较年轻家庭要大,单人家庭的下降幅度比两人家庭要大。

　　在两轮调查中都拥有房产的较大年纪的 AHEAD 家庭的搬家率非常低,两人家庭为 3.9%,单人家庭为 4.5%。因为 AHEAD 调查的两轮之间的间隔为两年半,每年的搬家率分别为 1.6% 和 1.8%。报告误差是导致如此低的搬家率的一个原因。

　　总的来说,表 3 意味着,HRS 的家庭很可能仍然为屋主。即使某个家庭成员死亡或者进入了私人疗养院,住房拥有率仍然很高。AHEAD 中的家庭也很可能继续拥有房产,除非家庭状态发生了变化,尤其是对于两人家庭来说。当较年老家庭中的一个成员死亡或者进入私人疗养院,住房拥有率的下降比较年轻家庭要大。

　　住房拥有率下降最大的是进入了私人疗养院的单人的 AHEAD 家庭。即使对这类人群来说,大约 40% 的人还是持续拥有房产。

(二)住房资产的变化

　　接下来我们分析与表 3 中的变化相对应的住房资产方面的变化。家庭住房资产的变化以两种形式体现。第一种形式包括所有家庭的变化(包括最开始即拥有住房或租房等其他方式居住的家庭)。它表明了从拥有到租房的变化以及从租房到拥有的变化。而且它表明了这两组人合并起来的家庭资产的净变化。第二种形式是我们分析的重点,期初即拥有住房家庭的住房资产的变化。在这种形式中,我们主要关注在与未曾搬过家的家庭相比较时,搬家后仍然拥有自己住房家庭的住房资产的变化。虽然我们的讨论是基于自我评估的住房资产的变化基础之上的,接下来考察自我评估的住房价值对住房资产实际价值的较大的误差。然后我们考察基于房屋售价和新近购买房产的价格变化。我们相信后者的数据更为可靠,接下来就讨论后者。

　　搬家者与继续居住者的比较中,被数据的不稳定性弄得更加复杂。一些家庭在并没有搬家的情况下反映住房资产的拥有情况的变化。虽然这些变化是可能的,但我们相信大多数的类似情况是由报告或分析错误引起的。但家庭是否搬家的信息应该是正确的,因为在反映是否搬家的调查问卷上的问题是包括先前住址这一项的。举例来说,在 HRS 的第四轮调查(也是 A-HEAD 调查的第三轮),发放给没有进入私人疗养院的人的调查问卷的问题有“你仍然住在,全年或者部分时间,相同的公寓或者房子里‘以前的住址和城市’吗?”发放给在私人疗养所的人的调查问卷包括:“你还依然拥有‘以前的住址和城市’的公寓或者房子吗?”如果他们回答得很肯定,那么他们很可能仍然是户主，不被归入到搬家者的行列之中。在接下来的许多计算中，我们删除那些没有搬家但其住房资产却明显变化的调查数据。这样，将删除掉 HRS 家庭中的 1.1% 以及 AHEAD 家庭中的 3.4%。把那些没有搬家却说住房方式改变的人删去，降低了从拥有住房到租房住的转变的概率。这会影响到以上的 HRS 和 AHEAD 的小组数据。特别是，对单人的 A-HEAD 家庭的小组描述线变得平坦了。

表 4 中列出运用第一种形式计算的住房资产的变化。家庭状态的表示符号与表 3 中的一样。共有四个状态代表量：OO，OR，RO 和 RR，这里 "O" 表示拥有，"R" 代表租房或有其他住房安排。住房资产的大量减少主要是由于售出房产之后租房造成的。那些从租房变为拥有房产的家庭当然增加了住房资产。不管家庭情况如何变化，HRS 家庭的平均住房资产增加（除了少数的 1N 家庭之外）。另一方面，不管家庭情况如何变化，AHEAD 家庭的平均住房资产有所下降。当家庭中某个成员进入私人疗养院，这时下降的幅度最大。对于所有仍然为两人的家庭而言，平均的住房资产变化额为 6192 美元（HRS）和 −5241 美元（AHEAD）。每个调查家庭的中位数的增加量几乎为零。一般说来，中位数的变化在量上比平均值的变化要小，但因家庭状态和居住方式而改变的模式是相似的。

表 5 表示第二种形式的期初即为户主的住房资产的变化。这里主要的问题是，搬家后又买了新居的家庭的住房资产，是否会比那些不搬家的人的住房资产低得多。如果搬家的人想要用部分住房资产里积累起来的财富来应付非住房性开支，那么搬家的人的住房资产与不搬家的人的住房资产比较起来，下降得更多。表 5 的前两部分表示了 HRS、AHEAD 的住房资产的平均变化，接下来的两个部分表示的是中位数。

家庭状态的变化表示在左边的区域。这个表的上面部分的前三行是关于 HRS 中的两人家庭的。间隔结束时，一个家庭可以仍然拥有住房或者变成租房者（或者有其他的住房安排）。仍然拥有住房或租房者（包括其他形式），以及这两组人的家庭资产变化的合计都表示了出来。每一组开始时的住房资产表示在表的右栏。仍然为两人家庭的平均住房资产增加了 3305 美元。那些仍然为户主的人的房产增加 6569 美元。由户主转变为租房者或者其他，则平均降低房产 54155 美元。仍然为两人家庭的期初平均住房资产是 102310 美元。因此，卖掉房屋的家庭的住房资产，大约只有仍为两人家庭平均住房资产的一半。

仍然拥有住房的人当中，部分是根本就没有搬过家，剩下的搬过家并且买了新的房子。没有搬家者的住房资产增加了 6686 美元，那些搬家并买了新房者的住房资产增加了 5074 美元。在下面比较规范的估计中，我们把没有搬家者的住房资产的变化作为衡量那些搬家者的住房资产的增加（即如果这些人没有搬家的话）。在这种情况下，搬家人的住房资产减少了 1612 美元，大约是以前这一组的人期初时住房资产的 1.7%。因此，这些搬家后并购买了新住房的人大都没有把住房资产中蕴含的大量钱财用来支付其他消费。这样看来，住房资产最大的下降在于那些家庭成员去世的搬家家庭，因为这些家庭所占的样本量很少，测量的数据可能不太准确。比如说，那些因家庭成员去世而搬家并又重新拥有房产的两人家庭的住房资产，减少了 21935 美元。

均为一个人的 HRS 家庭的平均住房资产下降了 697 美元，这与刚开始的住房资产 95555 美元比起来只是一小部分。均为一人的搬家后又拥有新房产的家庭的住房资产降低了大约 3739 美元，而不搬家者的住房资产增加了 935 美元。把不搬家者作为一个衡量标准，搬家者降低了这一小组最初资产的 4.8%。

总的来说，两人家庭的平均住房资产在此期间增加了。这对那些家庭成员死亡或者进入私人疗养院的家庭也是符合事实的。一人家庭的住房资产只是稍微有所下降。那些搬家后又有新住房的人，与没有搬家的人比起来，一般都只是略有降低住房资产。只有那些家庭成员死亡仍然拥有住房的家庭的住房资产有大幅度下降。

对那些较年老的家庭来说,住房资产的变化主要与突如其来的事件给他们经济上造成较大冲击有关,这些没法预测的事件可能发生得更为频繁。先考虑一下一直均为两人的家庭。那些没有搬家的人的住房资产降低了 4103 美元,我们将此作为一个与其他小组比较的基准。这个下降额,如果以名义数额来计算的话,显然表明了那些仍然拥有房产的老年家庭的住房资产有所下降,但他们并没有直接把钱从住房资产中抽取出来应付其他消费(住房资产价值的估计是建立在住房价值稳定上的,并非同一座住房的价值就一直不变)。这个下降只比那些持续为两人家庭的平均住房资产下降额 5367 美元稍微小一点。我们得出的结论是,几乎没有住房资产被变为流动资产来支持其他的消费。

那些搬家后仍然拥有房产的家庭降低了 15877 美元的房产,这比那些没有搬家者的住房资产下降额要大 11322 美元。我们把这看作是从住房资产中抽取出来用于支付其他非住房性开销的资产。但这仅仅相当于这些家庭期初房产价值的 10.5%,不到他们刚开始时拥有非住房性财富的 4%。我们要知道,一般年老家庭顶多搬一次家。所以,这是释放住房资产来支付其他消费的唯一机会。下面我们将证明,即使这个小的下降额也可能是被夸大了,平均变化可能是正的(即非负的,住房资产有所增加)。

对于那些家庭成员死亡或者进入私人疗养院的仍为两人的家庭来说,搬家后的人均住房资产减少 5821 美元,这比那些不搬家者的下降幅度要大。个人家庭住房资产的下降幅度更小,特别是那些搬家后又拥有新住房的人只降低了他们以前住房价值的一小部分。

总的来说,在那些年老的 AHEAD 家庭中间,即使是那些又搬到新居的家庭,仍然拥有住房者的住房资产的下降额与以前的住房资产价值比较起来显得非常小。住房资产的大幅下降主要是由那些搬家后已不再拥有新房产的家庭所引起的。这种可能性在有无法预测事件的冲击下变得更大。从表 3 和表 4 中我们可以看出,即使是无法预测的事件对家庭状况带来了冲击,许多家庭仍然拥有房产并且没有从住房资产中换取金钱来满足其他需要。对所有的 HRS 的小组来说,那些卖掉房屋的人的期初住房资产比那些持续拥有住房的人要低。对于年老的 AHEAD 家庭而言,卖掉房屋的期初住房资产,要比那些持续为房主的住房资产低,虽然这个差异比起 HRS 家庭而言更小。

表 5 的下半部分表示的是住房资产的中位数变化。这些变化的形式与平均数的变化形式非常相似。但这些变化比平均值的变化要小,尤其是对于较年老的 AHEAD 家庭而言。比如说,对于 HRS 中的持续为两人的家庭来说,他们的中位数增加了 1474 美元。对那些搬家后仍拥有房产的人来说,这个增加额只比那些不搬家的人的增加额大 2105 美元。对于那些仍然为单人的家庭来说,中位数的增加为 222 美元。那些搬家后仍拥有住房者的住房资产的下降额只比不搬家的人大 1028 美元。对于那些一直均为两人的 AHEAD 家庭而言,搬家者的住房资产大约降低 6184 美元。那些持续为一人的家庭降低了 695 美元的住房资产。结论仍然是,只有在无法预测的事件的冲击下,住房资产才有大幅度的下降。在没有这些事件冲击的情况下,搬家者的住房资产的下降额只是期初住房资产的一小部分。

(三)被调查者对房屋资产的估价与房屋售价的对比

在我们开始更简单的估计之前,需要强调被调查者对住房的估价大大超过了住房的价值。因此,当住房所有者搬家时,基于被调查者反映的住房资产可能夸大了该资产的减少额。大量证据表明房主夸大了他们住房的价值。KIEL 和 ZABLE(1999)考察了这种情况,并且总结道自我反映的住房价格超过了实际售价或鉴定价格的 2% 到 16%。这个分析表明户主平均夸大他们的住房资产达 8％，而且长期住在同一房屋没有搬家者更会夸大他们的住房资产。换句话来说，当一个家庭搬家时，实现的售价通常比他们以前对自己房产的估价要低。这使得我们在估计搬家者的住房资产的变化时有偏差。在搬家之前对住房资产的估计值被夸大了。搬家后的价格是正确的，因为买房子的交易刚刚结束。

表4和表5是建立在 HRS 和 AHEAD 的自我估价基础上的几轮调查之间的住房资产的变化，这些变化都受到对住房资产高估的影响。这种高估混淆了我们对搬家家庭与没有搬家的家庭的比较，近期搬家者可能知道他们住房的市场价值。但没有搬家者可能高估了他们的住房价值。因此，住房资产的变化额度对搬家者来说，要比不搬家者的变化额度要大。因此，在前面的那些表格里，搬家者与不搬家者比较起来，更可能将部分住房资产用来支付其他费用，而实际上却不是这种情况。我们认为当房屋价格并没有很快上涨时尤其如此。另外一个可能导致没有搬家的人对住房高估的因素是，许多房屋只知道他们的街坊邻居卖房时的开价，但并不清楚实际的售价。

从 HRS 和 AHEAD 中得到的信息让我们可以对这种偏差的大小进行测量。对那些刚搬过家的人来说，调查要求他们写出其拥有房屋的售价。这个售价可以与以前调查时房主对房屋的估价相比较。这个调查也询问关于出售房屋的月份和年份，调查的时间即为自我估价的月份和年份。我们把搬家者搬家前的估价和搬家后的住房资产的价格相比较做成指数，用1998年的美元计价。由此我们可以估计因高估而引起的偏差。估价和售价之间的平均值和中位数的差异反映在表6中。建立在对其平均值的比较结果表明，HRS 和 AHEAD 的调查者大约分别将他们的房产高估了15％到20％，若比较中位数，住房价值被高估了6％至7％。住房资产的平均差异是2万美元到3万美元，而中位数的差异是6000美元到8000美元。这表明我们计算得出的搬家后仍然拥有房产者的住房资产的降低额度，可能主要是因为估计导致的偏差引起的。比如说，A-HEAD 的搬家后仍然拥有房产的两人家庭的住房资产的平均下降额为15887美元（或者是以不搬家的家庭为基准计算得出的11322美元），可以更多地用这些偏差来解释。

(四)对住房资产变化的估计

现在我们更加规范地分析搬家者和不搬家者的住房资产的变化。和上面提到的一样，一种分析的方法就是把不搬家者当作"基准"小组。两者拥有住房资产在间隔的期初和期末可以表述如下：

分类	开始	结束
不搬家者	.	$. + t$
搬家者	.	$. + t + m$

在这种情况下，自我估计值与实际价值的差异用 m 表示。我们可以分别对每一组人进行估计，也可以把他们综合起来估计：

$$\Delta E = t + mM \tag{1}$$

这里的 t 是一个常量，表示时间因素（通胀）的影响，m 是对搬家者的额外影响，M 是用来辨别搬家者的虚拟变量。

表7表示按照家庭状态的变化对这个等式的估计，是对在间隔期初和结束时均拥有房产的家庭的估计。数字是用间隔末的期初住房拥有者的状态表示。表的左边表示的是普通最小二乘法(OLS)的结果，表的右边部分显示的是中位数的回归分析。比起最小二乘估计法(OLS)，中位数的回归分析受到的调查误差或其他外在原因的影响较小。

m 测量的是没有搬家者与搬家者的住房资产之间的差异。最小二乘估计法(OLS)表现的是搬家会对资产产生负的影响,但只有 HRS2D 和 AHEAD11 这些组的搬家影响在 0.05 的显著水平。而且,除了 2 到 D 的 HRS 家庭,搬家产生的影响要比表 6 中的偏差要低。比如说,仍为两人家庭的搬家之后影响的估计值为 -1612 美元。参考图 6,我们可以看出,HRS 家庭的偏差估计为 2 万美元到 33000 美元。很多家庭仍然为两人家庭,从这些数据可以得出的一个合理推断是,继续为两人家庭的住房资产实际增加了大约 25000 美元。可巧的是,这个增长与建立在售价基础上的家庭增长估计额相符,这在下面会讨论到。对其他小组来说,除了 2 到 D 的 HRS 家庭之外,搬家的估计影响比表 6 的偏差估计要小得多,这表明住房资产价值有较大增加。

对 HRS 家庭来说,中位数的回归分析得出的关于搬家的影响很小,通常不是很显著地区别于 0。而且,这些估计要比表 6 的中位数偏差估计要小。因此,将搬家的估计效果和偏差估计相结合,我们得出的结论是,搬家后买个新房时其资产可能会增加。

对 AHEAD 家庭的中位数估计比对 HRS 的中位数估计要来得准确,而且可以更准确地测量。对 2D 和 2N 小组来说,估计值要比表 6 的偏差估计值要大,尤其是对 2N 这个小组来说。这些数据表明,对那些有成员死亡或进入私人疗养院的家庭来说,他们在搬家并购买新房时的住房资产将降低。以下分析是建立在售价基础上的,但也表明了这些组的住房资产的中位数的增加。

(五)基于售价的推测

在 HRS 和 AHEAD 中再次接受调查的家庭,会被询问到他们是否在前面一次被调查以后卖掉自己住房的问题。许多家庭的售价也都记录下来。在这部分,我们估算那些卖掉房屋之后又重新购置住房的家庭房产的变化,以及那些卖掉之后没有重新再买房的家庭的房产变化。表 8 表示的是 HRS 和 AHEAD 的相邻两轮调查房产的总数据。第一栏是两轮调查中的第一轮调查所得的住房资产。第二栏是调查所得的售价(从第二轮调查中得到)减去在前一轮的调查中记录的抵押额。出售房屋发生在两轮调查之间的某个时间,但抵押用的是在出售之前的最后那次调查的数据。第三栏表示的是这两轮调查中后面那一轮调查所得到的住房资产。对那些搬家后又购置了新居的家庭(表的第一和第三部分),其中的数据表示购买住房的价值。对那些没有再购买住房的家庭(表的第二和第四部分),这一栏为零。和表 6 中那些建立在被调查者的估价与实际售价相对比的基础数据一样,这些数据表明,那些卖掉并重新买了住房的家庭大大高估了出售房屋之前的住房价值。对于那些卖房后没有购买新住房的家庭,高估不是那么明显。这些小组中调查得出的一些住房价值数据(售价减去抵押),好像低估了实际变现的价值。我们认为,与对住房资产在出售之前的估价不同,调查中得到的卖价可能和实际售价很接近。最后一栏是在间隔末调查得出的住房资产。大体来讲,刚购买的住房资产的价格也很准确。对于每个间隔,在这个间隔结束时新购买的住房价值比卖掉以前住房的售价要高,这就表明,新家的价值比旧居的价值要高。

建立在同样的数据上,表 9 表示按照家庭状态的变化得出的,卖掉后又买新房的住房资产的变化估计值。这些估计是用最小估计二乘法和对下面式子的中位数的简单回归分析得出的。

(六)$\Delta E = m + \varepsilon$

这里的 E 是间隔末的新家的住房价值,减去先前住房售价的差额;m 是住房资产的估计增加额。除了两个小组外,其他小组的住房资产都有很大增加。但这些估计大多是对每个小组而言的,而且不是很显著地区别于零。

我们现在考虑家庭资产与收入的变化与住房资产的变化有关吗?大家可能认为那些相对来说收入比较低但住房资产相对较高的人,更可能将住房资产抽取出来用于其他消费。而那些资产较少收入较高的人更可能增加房产。我们先对那些搬家后又重新购买新房的可能性和那些搬家后不再购买住房的可能性（也就是说将住房资产全部转为流动资产）进行估计。这些结果尤其依赖于第一期的家庭资产的状况和收入的水平。然后我们表示的是在搬家的情况下住房资产的变化与期初的收入和住房资产水平的关系。

期初即拥有住房的家庭会长期呆在同一房产里，也可能搬到另外的住房，可能租房住或有其他的住房安排。后两种变化的可能性可以表示为：

$$P_r[\text{OmO}] = c(2D \text{ 或 } 2N \text{ 或 } 1N) + a_{11} + b_{22} + \alpha Y + \beta E + \gamma YE + \varepsilon \tag{2}$$

$$P_r[\text{OR}] = c(2D \text{ 或 } 2N \text{ 或 } 1N) + a_{11} + b_{22} + \alpha Y + \beta E + \gamma YE + \varepsilon$$

这里 OmO 是指那些卖掉房屋搬家后又买了新房的家庭（拥有—搬家—拥有），OR 指那些不再拥有住房的家庭（拥有—租房或其他）。变量 a 是仍然为单人的家庭影响，b 是指那些仍然为两人家庭的影响（当然，OmO 和 OR 这两个小组的变量估计值并不一定相同）。期初收入用 Y 表示，期初家庭资产用 E 表示。这里 γYE 表示的是 E 引起 Y 的变化（或者类似的，Y 引起 E 的变化）。

在发生搬家的前提下，按搬家后是否购买新住房又分成两组，我们估计一下这两个小组的住房资产的变化。结果是：

$$\Delta E(\text{OMO}) = C(2D \text{ 或 } 2N \text{ 或 } 1N) + A_{11} + B_{22} + \alpha Y + \beta E + \gamma YE + \varepsilon \tag{3}$$

$$\Delta E(\text{OR}) = C(2D \text{ 或 } 2N \text{ 或 } 1N) + A_{11} + B_{22} + \alpha Y + \beta E + \gamma YE + \varepsilon$$

给定住房资产变化和搬家的可能性，然后我们将住房资产的变化分成两个小组变化的和：

$$\Delta E = \Delta E(\text{OmO}) + \Delta E(\text{OR}) = P_r[\text{OmO}] \times E(\Delta E | \text{OmO}) + P_r[\text{OR}] \times E(\Delta E | \text{OR}) \tag{4}$$

下面我们表示的是对收入与住房资产分位数的分析。

表 10 表示几轮调查之间搬家的可能性。用来制作这个表格的搬家的概率估计值、资产与收入的分位数表示在附表 1 中。表 10 的前三部分表示的是 HRS 家庭，后面的三个部分表示的是 AHEAD 家庭。搬家后又购买别的住房的可能性表示在每个部分的左边，搬家后不再拥有住房的可能性表示在右边。模拟结果表明，期初收入和住房资产对搬家的可能性几乎没有影响，虽然在一些情况下，这些变量的估计值并非很显著地区别于 0。对 HRS 和 AHEAD 的家庭来说，"住房穷人，收入富人"的可能性与"住房富人，收入穷人"的可能性相差只有几个百分点。与上面的发现一致，对那些家庭结构趋于瓦解的家庭来说，搬家的可能性最高。比如说，在 AHEAD 家庭中，那些仍然为两人的家庭，搬家后不再拥有住房的可能性是 1.5%（按收入和住房资产的中位数的估计）；那些仍然为一人家庭的可能性为 4.4%；而那些一个家庭成员死亡或住进私人疗养所的家庭的可能性为 21.2%。

表 11 表示那些搬家后并购置新居的家庭的住房资产变化（在调查的几轮之间）。相关变量的估计值在附表 2 中表示，这些估计值表示期初收入和住房资产对变化的影响很大，在数值上非常显著。OLS 和中位数估计结果表示，期初住房资产（售价减去抵押）的水平越高，搬家时住房资产的增加也就越小。一开始时收入较高的家庭，搬家时住房资产的增加额度越大。但住房资产与收入的相互关系，并没有被很精确地测量出来。11 或 22 这两组住房资产的变化与 2D—2N—1N 小组结合起来比较，其住房资产的变化在数值上并不显著。这些估计是建立在对先前住房的卖价和他们现在住房的价值和抵押贷款数额的基础上的估计，旧房售价和新房价值和新家的抵押贷款额都是同一次调查得到的。这个调查没有询问关于偿还旧房的抵押贷款。要得到旧房的住房资产，我们使用前一轮调查中得出的抵押贷款数额。

按收入和住房资产的中位数（50TH 的分位数）来估算，表 11 建立在中位数回归分析的估计值上的住房资产变化表明，除了 AHEAD 的 11 家庭外，其他所有家庭状态的小组变化数额都是正的。包括所有家庭结构的小组在内,当资产位于 0.8 的分位数而收入位于 0.2 的分位数时,家庭资产下降最多。当收入位于 0.8 的分位数而资产位于 0.2 的分位数时,家庭资产增长最多。因此,当他们搬家并购买新居时,"住房富人,收入穷人"的家庭将降低他们的住房资产,而那些相对说来是"住房穷人,收入富人"的家庭将增加住房资产。举例来说,建立在对 22 个 HRS 家庭的最小二乘估计法的基础上,高住房资产而低收入的家庭资产降低了 15422 美元,低资产高收入的家庭资产增加了 54778 美元。中位数回归的估计结果与建立在 OLS 估计上的结果类似。

表 12 中为那些不再拥有住房的家庭资产变化(降低),其相关变量估计包括在附表 3 中。在这种情况下,资产下降额可以直接由售价减去抵押得到。因此不能像表 11 中的那些卖房又重新购买别的住房的家庭一样,我们不能用以前的住房资产来预测现有住房资产的变化,对降低额的估计只建立在收入的基础上。对于那些卖房后不再购买新住房的家庭来说,家庭资产与收入负相关。那些单个家庭成员死亡或者进入私人疗养院的家庭住房资产降低最多。

总结起来就是表 10 至表 12 的搬家的可能性和家庭资产变化的结果,被一起用来计算家庭资产变化。表 13 表示每年的这些结果。HRS 的两轮之间间隔的时间是两年。在 AHEAD 中,第一轮和第二轮之间间隔两年,第二轮和第三轮之间间隔三年。

表 13 的上半部分表示那些搬家后又购买住房的家庭,表的下半部分表示那些卖房后不再拥有房产的家庭。在这个表格中,资产变化分成了好几部分:搬家的可能性,在搬家的基础上住房资产的变化。比如说,考虑 HRS22 的家庭。按家庭资产和收入的中位数来估算,通过搬家而导致的住房资产的增加是 815 美元。只有 3.3% 的家庭每年这样做,但那些这样做的人的住房资产增加了 12531 美元。将其平均到所有 HRS 家庭,家庭资产通过出售并购买新住房者增加了 823 美元。按住房资产和收入的中位数估算,AHEAD 的 22 家庭的每年 1.5% 左右的人搬家并买了新房,结果是住房资产增加了 7426 美元。将其平均到所有种类的 AHEAD 家庭,住房资产的平均增加额是 399 美元。按中位数来看,HRS 和 AHEAD 家庭资产的变化,差异并不大:HRS 家庭的资产增加了 823 美元,而 AHEAD 家庭的资产增加了 399 美元。

对于那些一开始时拥有高住房资产和低收入(80 对 20)的 HRS 的 22 型家庭来说,每年资产降低 486 美元;其中有 3.2% 的人搬家,在这些搬家者中,住房资产降低了 7711 美元。平均到所有的 HRS 家庭中,通过卖掉房屋又购置新居的家庭的资产降低了 528 美元。AHEAD 家庭显示出类似的结果,虽然他们没有年轻的 HRS 的家庭搬家的可能性那么大。

表的下半部分是对那些卖掉房屋但不再购买新居的家庭的估算,用资产和收入的中位数来考虑 HRS 的 22 家庭,只有 0.7% 的家庭每年不再拥有住房,结果是资产平均降低 29162 美元。平均到所有的 HRS 的 22 家庭中来,那些不再拥有房产者的资产平均降低 379 美元。这个降低可以与那些重新买房家庭的平均增长额 815 美元相比较。总的来说,所有 HRS 家庭的平均资产在这方面降低了 610 美元,可以与重新买房而导致的增加额 823 美元相比较。卖掉住房不再买房的家庭,导致所有的 AHEAD 家庭的平均资产下降 1918 美元,这可以与那些搬家后又重新买房者所导致的 AHEAD 家庭的平均资产增加额 399 美元相比较。

表 14 简单列出了期初即为住房拥有者的所有的 HRS 家庭和 AHEAD 家庭的总变化。第一栏表示那些搬家后又购买新居的家庭的住房资产变化(回想一下,资产变化等于搬家的可能性乘以搬家情况下住房资产的平均变化)。那些搬到新家的 HRS 和 AHEAD 家庭普遍都增加了住房资产。第二栏表示的是那些不再拥有住房家庭的住房资产的减少额。那些经受了突发事件对经济冲击的家庭资产降得最多。第三栏即前面两栏的综合是住房资产的年净变化额(表 13、表 14 只考虑了那些一开始即为住房拥有者的家庭情况,没有考虑那些一开始是租房住后来买了自己住房的家庭资产增加)。

一般说来，HRS家庭每年增加214美元资产。AHEAD家庭每年平均降低1519美元，相当于开始时住房资产的1.76%。最后一栏的百分比可以用来说明那些突发事件对于AHEAD家庭结构变化的重大影响，比如仍为两人家庭的住房资产仅仅下降0.11%。平均来说，这些家庭期初的住房资产为94257美元，要知道这是年龄为70岁的两人家庭的平均资产。每年的下降率为0.11%，94257美元只降低了2052美元，即变为90岁时的92205美元。仍然为单人家庭的资产下降额稍微大点。70岁的单人家庭的平均住房资产为78496美元，每年的下降率为1.15%，仍然为单人家庭的住房资产将降低16211美元，变为90岁的62285美元。1.76%的下降额主要可以用那些经历了突发事件的其他小组（2N，2D，或者1N）的资产下降来解释。这些家庭每年的住房资产下降7.84%。如果每年这个小组的资产按这个比率下降的话，70岁时的平均资产87777美元将降低到90岁的17149美元。但是，这个组只有大约12%的家庭是这样的。对所有家庭来说，下降额实际上大大低于这个数额。正如表13中显示的那样，即使这个小组内的家庭，在突发事件发生时也只有8.8%会搬家。这表明仍然为单人家庭的住房资产的下降，可能是由先前的两人家庭转变为一人家庭的滞后影响造成的。

正如这篇论文前面部分得出的结论，表14的总结性结果表示，在没有突发事件冲击的情况下，随着年龄的增加，住房资产几乎不会发生整体性的下降。那些搬到新家者的住房资产普遍增加。资产降低主要是那些卖掉房屋之后就不再拥有住房的家庭带来的。而且这些搬家大都是由对家庭状态造成影响的突发事件引起的。我们没有发现将住房资产抽取出来用于非住房性消费的系统性特征。

四、结论

住房资产是大部分美国老年人的主要资产。在这篇论文中，我们使用健康和退休研究（HRS）和老年人口的资产和健康动态研究（AHEAD）的面板数据、收入和反向抵押贷款项目参与情况的研究（SIPP）数据，来了解这些家庭随着年龄的增加，其住房资产的变化。我们尤其注重住房资产变化和家庭结构变化之间的关系。

以下两种方式都会改变家庭的住房资产：不再拥有住房或卖掉住房后又购置了新居。总的来说，我们发现人们不再拥有住房的情况比较少。只有在发生突如其来的事件时——如某个配偶死亡或者家庭成员住进了私人疗养所，户主才比较可能不再拥有住房。但即使有不可预测的事件发生，出售住房也只属于少数例外情况。在没有不可预测的事件发生时，人们在出售掉住房后更可能会重新购买新的住房。而且，那些卖掉住房购置新居的家庭一般都会增加他们的住房资产。也就是说，其他资产转移到了房产中。

总的说来，把卖掉住房后购置新居或者不再购买新居，这两种情况的效果综合起来考虑，我们发现HRS家庭的住房资产随着年龄而增加，AHEAD家庭的住房资产稍有下降。较年老的AHEAD家庭总的降低住房资产的可能性为每年1.76%，这主要由那些经历了不可预测的事件冲击的家庭，有7.84%的降低住房资产的可能性来解释。那些成员始终健在的家庭几乎不会降低他们的住房资产，两位老人家庭每年住房资产的下降率仅为0.11%，单个老人家庭每年住房资产的下降率也仅为1.15%。

我们用两种方法来考察老年户主是否会随着年龄增加而降低他们的住房资产。一种方法是将那些搬家者住房资产的变化与没有搬家者的住房资产变化做比较。如果人们在卖掉房屋并购置新居时会从住房资产中抽取部分钱财的话，那么搬家者的住房资产应该比那些不搬家者的住房资产减少得更多。但这些比较会因为人们在接受调查时经常夸大住房的实际价值（实际价值用售价衡量）。一个对房屋卖价和出售之前对房屋的自我估价的比较表明，出售前对房屋的自我估价远远超过了实际卖价。把搬家者的住房资产变化和非搬家者住房资产的变化相比较，把因高估而导致的偏差剔除掉，我们得出结论，那些卖掉住房并购置新居的家庭一般都会增加他们的住房资产。

第二种方法是建立在以前所拥有住房的售价（需减去该住房的抵押贷款数额）与最近刚购买住房资产的价格。我们相信，这是衡量一个家庭搬到新的住房资产变化的最可靠数据。从这些"卖价"上的数据我们发现，当人们搬至新家时一般都会增加住房资产。但我们也发现那些属于"收入穷人、住房富人"的家庭在卖掉自己的住房并购置新居时更可能降低住房资产，而那些"收入富人，住房穷人"更可能增加住房资产。比如说，对于那些仍然为两人的 HRS 家庭，我们发现资产位于 0.8 的分位数和收入位于 0.2 的分位数的家庭，在几轮调查中住房资产的下降额为 15422 美元；那些资产位于 0.2 的分位数和收入位于 0.8 的分位数的家庭大约会增加 54778 美元的资产。

这些结果都表明，在考虑一个家庭是否有足够多的储蓄使他们在退休之后依然保持他们以前的生活水准时，一般来说，住房资产一般都不会用来支持非住房性的开支。人们可能会用 401(K)计划或者其他的储蓄手段为退休后的生活做打算，但却并不打算通过投资住房的形式为退休之后的消费做准备。我们认为这篇文章的结论，和我们以前得出的结论一样，表明人们购买住房只是为了提供一个居住环境，即使退休了也依然一样。在这种情况下，老年家庭一般不会通过反向抵押贷款将住房资产变为流动资产。但是把住房当作发生意外事件从而导致家庭结构变化时的备用资产和缓冲器是正确的。在这种情况下，如果已经开始逐渐使用住房资产了（如已办理反向抵押贷款），就没办法达到未雨绸缪的目的了。

虽然这些结果主要是建立在新的 HRS 和 AHEAD 的数据基础上的，并采用了不同的分析方法，得出结果与我们以前的论文中基于不同的数据来源的结果很接近。这些结果也与由美国老年人协会（AARP）发起的一个对老年家庭调查的结果非常符合，较年长的家庭大都同意这种说法："我真正希望做的就是尽可能长的居住在我现在的住所。"这和我们的调查结果很一致，AARP 调查的结果也表明大多数家庭都没有随着他们年老，将住房资产转变为流动资产并用来应付退休后的非住房支出的打算。

附录：死亡率的修正

这些使用 SIPP 数据的分析以横截面调查的样本分组为基础。例如，一个样本组的住房所有权（或者住房资产）分布图是初始调查年份 A 年龄段所有家庭的数据与 T 年后 $A+T$ 年龄段所有家庭数据的结合。如果从 A 到 $A+T$ 的存活概率与财富相关，这些样本组分布图可能受到不同死亡率的影响。我们通过重新定义样本权重来解决这个问题。家庭将被赋予一个与从 A 到 $A+T$ 的存活概率反向相关的调整权重。

单身或者两口家庭的存活概率的基线估计，可以从 AHEAD 的波 1 和波 2 取得。如果两个家庭成员目前都位于第二波次内，那么这个两口家庭定义为"存活"。存活概率可以通过 AHEAD 的五个年龄段和住房净资产四分位数来具体估计。成员年龄越大，拥有房产财富越小，这个家庭就越不可能存活。因为 AHEAD 只包括了 70 岁及以上年龄段的家庭，因此，NCHS 所公布的死亡率可以用来把 AHEAD 的存活概率估计回推到 50 岁年龄段。

最后一步是给这些数据重新赋重。对于年龄段 A 和住房净资产的四分点 Q，SIPP 频率权重是累计存活概率的倒数。这个累计存活概率对于年龄段 50 岁以下家庭假定为 1。那些不可能存活的家庭被赋予更高的权重。对于年龄段 A 和住房净资产的四分点 Q 的存活概率可以定义为：

$$S(A,Q) = \prod_{a=50}^{A} S(a,a+1;Q)$$

这里的 $S(a,a+1;Q)$是在住房净资产四分点 Q 家庭的一年存活率。对每个家庭而言，SIPP 频率权重即 $S(A,Q)$的倒数。

附表：

表 1　HRS 和 AHEAD/HRS 中的家庭状态序列统计

HRS 中的序列				AHEAD/HRS 中的序列			
序列编号	数目	全部比例(%)	组内比例(%)	序列编号	数目	全部比例(%)	组内比例(%)
2222	3311	43.75	68.39	222	1203	19.93	55.75
2220	225	2.97	4.65	22D	293	4.86	13.58
222D	156	2.06	3.22	220	133	2.2	6.16
222S	42	0.55	0.87	22N	33	0.55	1.53
222N	10	0.13	0.21	22T	27	0.45	1.25
2200	307	4.06	6.34	2DD	234	3.88	10.84
22DD	131	1.73	2.71	200	112	1.86	5.19
22SS	47	0.62	0.97	2DT	47	0.78	2.18
22D0	10	0.13	0.21	2ND	26	0.43	1.20
2000	377	4.98	7.79	2TT	20	0.33	0.93
2DDD	116	1.53	2.40	2D0	19	0.31	0.88
2SSS	94	1.24	1.94	2NN	11	0.18	0.51
2D00	15	0.2	0.13	小计	2158		100.00
小计	4841		100.00				
1111	1832	24.21	68.61	111	2217	36.74	57.70
1110	119	1.57	4.46	11D	405	6.71	10.54
111D	52	0.69	1.95	11N	186	3.08	4.84
111S	12	0.16	0.45	110	142	2.35	3.70
111N	10	0.13	0.37	1DD	462	7.66	12.02
1100	179	2.37	6.70	100	266	4.41	6.92
11DD	69	0.91	2.58	1ND	98	1.62	2.55
11SS	10	0.13	0.37	1NN	66	1.09	1.72
1000	323	4.27	12.10	小计	3842		100.00
1DDD	64	0.85	2.40				
小计	2670		100.00				
其他	57	0.74		其他	35	0.6	
总计	7568	99.98		合计	6035	100.02	

表 2   按年龄划分的房产所有、租赁和其他比例分布(来源于 HRS 和 AHEAD 的波 1)   单位:%

年龄	单身家庭			两口家庭		
	所有	租赁	其他	所有	租赁	其他
51~53	58.3	34.0	7.7	87.7	10.8	1.5
54~56	54.5	37.0	8.4	90.9	7.7	1.4
57~61	62.5	29.5	8.0	90.5	7.1	2.4
70~74	67.5	22.8	9.8	91.1	7.0	1.9
75~79	64.0	25.6	10.3	87.8	8.6	3.7
80~84	60.3	25.3	14.4	81.1	12.8	6.0
85+	48.4	31.8	19.9	78.7	15.1	6.2

表 3   按照初始所有权和家庭状态变化划分的 HRS 和 AHEAD 家庭的房产所有权转变状况

HRS 中的初始私有住房的户主				
家庭状态变化	所有权	状态(%)	搬迁比例(%)	数量
22	所有	98.3	7.1	9173
	租赁或者其他	1.7	65.7	165
2D	所有	95.6	8.4	316
	租赁或者其他	4.4	55.6	13
2N	所有	88.6	18.9	12
	租赁或者其他	11.4	0	1
11	所有	95.2	6.1	3150
	租赁或者其他	4.8	54.5	169
1N	所有	100	0	3
	租赁或者其他	0	0	0
AHEAD 中的初始私有住房的户主				
家庭状态变化	所有权	状态(%)	搬迁比例(%)	数量
22	所有	96.9	3.9	2332
	租赁或者其他	3.1	38.5	75
2D	所有	88.8	9.4	358
	租赁或者其他	11.2	76.1	51
2N	所有	75	6.4	35
	租赁或者其他	25	79.9	14
11	所有	91.3	4.5	2841
	租赁或者其他	8.7	47.2	269
1N	所有	39.9	0	57
	租赁或者其他	60.1	92.6	79
HRS 初始租房户				
家庭状态变化	所有权	状态(%)	搬迁比例(%)	数目
22	所有	22.3	51.3	220
	租赁或者其他	77.7	21.1	822
2D	所有	12.4	46.8	8
	租赁或者其他	87.6	40.2	64
2N	所有	0		0
	租赁或者其他	100	47.5	5

续　表

HRS初始租房户				
家庭状态变化	所有权	状态(%)	搬迁比例(%)	数目
11	所有	11.4	46.5	239
	租赁或者其他	88.6	22.2	2002
1N	所有	0		0
	租赁或者其他	100	43.6	3
AHEAD中的初始租房户				
家庭状态变化	所有权	状态(%)	搬迁比例(%)	数量
22	所有	11.9	8.8	31
	租赁或者其他	88.1	10.4	253
2D	所有	14.5	49.5	11
	租赁或者其他	85.5	22.1	77
2N	所有	5	0	1
	租赁或者其他	95	34.3	17
11	所有	7.4	12.6	128
	租赁或者其他	92.6	14.4	1744
1N	所有	3.4	0	7
	租赁或者其他	96.6	89.1	204

注：这些是基于作者对 HRS 和 AHEAD 的估计。所有百分比都建立在加权样本上。然而，样本容量没有加权处理过。在前两个面板数据中的初始租房户也包括其他居住安排的家庭。

表4　所有者和租房者的住房净资产的变化表

家庭状态	所有权变化	平均值		中值		数量
		住房净资产变化	初始住房净值	住房净资产变化	初始住房净值	
HRS						
22	OO	6565	102893	1695	81326	8919
	OR	−61073	61073	−50905	50905	164
	RO	64117	0	35000	0	215
	RR	0	0	0	0	822
	All	6192	92472	0	72721	10120
2D	OO	6223	84329	1734	72721	296
	OR	−75575	75575	−52281	52281	12
	RO	45707	0	6000	0	8
	RR	0	0	0	0	64
	All	3345	69176	0	56928	380
2N	OO	4203	83650	250	79994	12
	OR	0	0	0	0	1
	RO	—	—	—	—	0
	RR	0	0	0	0	5
	All	2850	56727	0	34854	18

续 表

| 家庭状态 | 所有权变化 | 平均值 | | 中值 | | 数量 |
		住房净资产变化	初始住房净值	住房净资产变化	初始住房净值	
HRS						
11	OO	642	96874	621	62333	2961
	OR	−50716	50716	−40663	40663	161
	RO	51883	0	36361	0	228
	RR	0	0	0	0	2002
	All	1126	57784	0	20897	5352
1N	OO	−44095	77747	−3971	33971	2
	OR	—	—	—	—	0
	RO	—	—	—	—	0
	RR	0	0	0	0	3
	All	−25501	44964	−3971	33971	5
AHEAD						
22	OO	−4555	116475	−2217	90242	2309
	OR	−80472	80472	−67682	67682	74
	RO	79697	0	45000	0	31
	RR	0	0	0	0	253
	All	−5241	103938	−207	80217	2667
2D	OO	−7182	107705	−2631	80217	354
	OR	−80749	80749	73322	73322	50
	RO	70915	0	0	0	11
	RR	0	0	0	0	77
	All	−10956	86415	62042	62042	492
2N	OO	−18869	122320	−9941	95882	35
	OR	−97003	97003	−84602	84602	14
	RO	13369	0	13369	0	1
	RR	0	0	0	0	17
	All	−29941	90771	−9782	62042	67
11	OO	−4675	103232	−1739	74869	2801
	OR	−81412	81412	−67682	67682	266
	RO	73623	0	50269	0	128
	RR	0	0	0	0	1744
	All	−5265	64540	0	37434	4939
1N	OO	−13013	82910	−6040	69521	57
	OR	−72546	72546	−56401	56401	79
	RO	57386	0	65000	0	7
	RR	0	0	0	0	204
	All	−18043	30229	0	0	347

表 5　家庭状态变化和所有权变化引起的住房资产净值的变化表

状态变化		平均变化						初始房产净值
		期内所有权变化			样本数量			
		所有	租赁或其他	全部	所有	租赁或其他	全部	
HRS								
22	所有	6569	−54155	5855	8918	106	9024	102310
	停留者	6686	—	6686	8295	0	8295	102852
	搬迁者	5074	−54155	−3305	623	106	729	96335
D2	所有	6288	−28079	5547	294	7	301	83212
	停留者	8997	—	8997	266	0	266	83939
	搬迁者	−21935	−28079	−23169	28	7	35	77158
2N	所有	4203	—	4203	12	0	12	83650
	停留者	4750	—	4750	9	0	9	88372
	搬迁者	1863	—	1863	3	0	3	63426
11	所有	642	−48476	−697	2961	86	3047	95555
	停留者	935	—	935	182	0	2779	96012
	搬迁者	−3739	−48476	−17549	2	86	268	90829
1N	所有	−44095	—	−44095	2	0	0	77747
	停留者	−44095	—	−44095	0	0	2	77747
	搬迁者				0	0	0	0
AHEAD								
22	所有	−4555	−73974	−5367	2309	30	2339	115978
	停留者	−4103	—	−4103	2213	0	2213	115103
	搬迁者	−15877	−73974	−29557	96	30	126	132706
2D	所有	−7182	−81900	−13805	354	39	393	105418
	停留者	−5777	—	−5777	322	0	322	102228
	搬迁者	−20432	−81900	−51390	32	39	71	120352
2N	所有	−18869	−105730	−37168	35	12	47	118825
	停留者	−18498	—	−18498	33	0	33	123456
	搬迁者	−24319	−105730	−90020	2	12	14	105715
11	所有	−4675	−92350	−8446	2801	126	2927	102764
	停留者	−4011	—	−4011	2671	0	2671	102209
	搬迁者	−18500	−92350	−55077	130	126	256	108598
1N	所有	−13013	−73671	−48315	57	72	129	77533
	停留者	−13013	—	−13013	57	0	57	82910
	搬迁者	—	−73671	−73671	0	72	72	73671
HRS								
22	所有	693	−50905	1474	8918	106	9024	81033
	停留者	1745	—	1745	8295	0	8295	81326
	搬迁者	−360	−50905	−4946	623	106	729	72721
2D	所有	−1632	−32530	1474	294	7	301	71491
	停留者	2217	—	2217	266	0	266	73193
	搬迁者	−5481	−32530	−10999	28	7	35	42594
2N	所有	6794	—	2450	12	0	12	79994

续　表

状态变化		中值变化						初始房产净值
		期内所有权变化			样本数量			
		所有	租赁或其他	全部	所有	租赁或其他	全部	
	停留者	−2311	—	−2311	9	0	9	79994
	搬迁者	15899	—	15899	3	0	3	87989
11	所有	125	−40633	222	2961	86	3047	60493
	停留者	639	—	639	2779	0	2779	62333
	搬迁者	−389	−40633	−8854	182	86	268	49376
1N	所有	−3971	—	−3971	2	0	0	33971
	停留者	−3971	—	−3971	2	0	2	33971
	搬迁者	—	—	—	0	0	0	—
AHEAD								
22	所有	−5179	−64173	−2348	2309	30	2339	90242
	停留者	−2087	—	−2087	2213	0	2213	89114
	搬迁者	−8271	−64173	−16869	96	30	126	101608
2D	所有	−10008	−73322	−4869	354	39	393	80090
	停留者	−2303	—	−2303	322	0	322	76706
	搬迁者	−17712	−73322	−50761	32	39	71	80217
2N	所有	−26230	−90242	−13978	35	12	47	90242
	停留者	−9941	—	−9941	33	0	33	95882
	搬迁者	−42520	−90242	−54145	2	12	14	90242
11	所有	−2087	−73322	−2434	2801	126	2927	73799
	停留者	−1739	—	−1739	2671	0	2671	73322
	搬迁者	−2434	−73322	−37434	130	126	256	74869
1N	所有	−6040	−64173	−39921	57	72	129	64173
	停留者	−6040	—	−6040	57	0	57	69521
	搬迁者	—	−64173	−64173	0	72	72	64173

表 6　住房估算价值和销售价值对比

调查	时间跨度 样本容量	住房初始 估算价值	下一年预计 销售价格	平均差	百分比差
		平均数			
HRS	1992—1994	135607	115665	19942	14.7
	N＝250				
	1994—1996	157068	123883	33186	21.1
	N＝233				
	1996—1998	162264	138206	24048	14.8
	N＝236				
AHEAD	1993—1995	101568	81625	19943	19.6
	N＝163				
	1995—1998	131382	109447	21935	16.7
	N＝179				

续　表

调查	时间跨度 样本容量	住房初始 估算价值	下一年预计 销售价格	平均差	百分比差
中值					
HRS	1992—1994 N250	106151	96208	7117	6.7
	1994—1996 N＝233	109838	98347	8083	7.4
	1996—1998 N＝236	140159	122276	8290	5.9
AHEAD	1993—1995 N＝163	83848	69094	5888	7
	1995—1998 N＝179	89445	77081	6546	7.3

数据来源：作者根据 AHEAD 和 HRS 计算得出，所有数值都基于 1998 年美元价值。

表 7　针对单身或者两口家庭搬迁者的净值效应评估（假定停留者为"控制组"）

家庭状 态变化	OLS 评估				中值回归评估			
	时间效应	T 统计	迁移效应	T 统计	时间效应	T 统计	迁移效应	T 统计
HRS								
2 对 2	6686	2.26	−1612	0.15	1745	6.98	−2104	2.24
2 对 D	8997	2.62	−30931	2.67	2216	1.66	−7698	1.76
2 对 N	4750	0.26	−2887	0.07	−2311	0.2	18210	1.16
1 对 1	935	0.45	−4674	0.57	639	1.8	−1028	0.73
1 对 N								
AHEAD								
2 对 2	−4103	2.46	−11774	1.38	−2087	4.05	−6185	2.46
2 对 D	5777	1.5	−14656	1.18	−2303	1.51	−15409	3.16
2 对 N	−18498	2.61	−5821	0.21	−9941	3.77	−32579	4.49
1 对 1	−4011	2.57	−14489	1.99	−1739	5.28	−696	0.47
1 对 N	—	—	—	—	—	—	—	—

注：1 对 N 转移这种情况可观察样本太少。

表 8　初始住房净值、售出价格和期末住房净值的比较

时　间	初始住房净值	售出价格	期末住房净值	样本量
购买其他住房的家庭平均值				
HRS				
1992—1994	76518	64940	89317	181
1994—1996	112382	86599	126228	174
1996—1998	108412	89038	120990	166
AHEAD				
1993—1995	108821	89284	110690	71
1995—1998	154104	114388	123737	61

时　间	初始住房净值	售出价格	期末住房净值	样本量
不购买其他住房的家庭平均值				
HRS				
1992—1994	61851	55697	0	55
1994—1996	52308	57226	0	48
1996—1998	72408	86769	0	38
AHEAD				
1993—1995	75857	61543	0	44
1995—1998	78005	72313	0	51
购买其他住房的家庭中值				
HRS				
1992—1994	57679	49806	65903	181
1994—1996	74941	69045	88852	174
1996—1998	82636	72082	110964	166
AHEAD				
1993—1995	78258	67826	79590	71
1995—1998	95013	70606	96000	61
不购买其他住房的家庭中值				
HRS				
1992—1994	55137	39649	0	55
1994—1996	32819	42664	0	48
1996—1998	69561	85949	0	38
AHEAD				
1993—1995	72668	65244	0	44
1995—1998	79590	73213	0	51

注:1. 没有使用估算变量。2. 所有值都是以1998年美元价格为基础。3. 数据没有加权处理。

表9　购买其他住房的迁移者的住房净值变化估计

时间	住房净值变化估计	T统计	样本量
OLS估计			
HRS			
1992—1994	24377	3.54	181
1994—1996	39629	2.86	174
1996—1998	31952	4.55	166
OLS估计			
AHEAD			
1993—1995	21406	1.37	71
1995—1998	9349	0.59	61
中值回归估计			
HRS			
1992—1994	6303	1.86	181
1994—1996	15455	2.35	174
1996—1998	19803	3.42	166

续 表

期间	住房净值变化估计	T统计	样本量
AHEAD			
1993—1995	1066	0.24	71
1995—1998	9818	1.12	61

表 10　选定收入水平和住房净值条件下的模拟搬迁概率

购买其他住房				放弃其他所有权			
HRS 2 对 2 家庭							
收入	净值			收入	净值		
	第 20 位	第 50 位	第 80 位		第 20 位	第 50 位	第 80 位
第 20 位	0.063		0.063	第 20 位	0.015		0.013
第 50 位		0.065		第 50 位		0.013	
第 80 位	0.069		0.070	第 80 位	0.011		0.009
HRS 1 对 1 家庭							
第 20 位	0055		0.056	第 20 位	0.031		0.027
第 50 位		0.058		第 50 位		0.026	
第 80 位	0.061		0.062	第 80 位	0.023		0.020
HRS 其他家庭(2D,2N,1N)							
第 20 位	0.090		0.091	第 20 位	0.031		0.027
第 50 位		0.094		第 50 位		0.027	
第 80 位	0.099		0.099	第 80 位	0.024		0.021
AHEAD 2 对 2 家庭							
第 20 位	0.034		0.041	第 20 位	0.017		0.015
第 50 位		0.037		第 50 位		0.015	
第 80 位	0.037		0.043	第 80 位	0.014		0.011
AHEAD 1 对 1 家庭							
第 20 位	0.039		0.047	第 20 位	0.049		0.044
第 50 位		0.043		第 50 位		0.044	
第 80 位	0.042		0.049	第 80 位	0.041		0.035
AHEAD 其他家庭(2D,2N,1N)							
第 20 位	0.049		0.059	第 20 位	0.228		0.211
第 50 位		0.054		第 50 位		0.212	
第 80 位	0.053		0.062	第 80 位	0.204		0.182

表 11　选定收入水平下购买其他住房的家庭的住房净值变化模拟

OLS				中值回归			
收入	净值			收入	净值		
	第 20 位	第 50 位	第 80 位		第 20 位	第 50 位	第 80 位
HRS 2 对 2 家庭							
第 20 位	38176		−15422	第 20 位	24353		−23870
第 50 位		25061		第 50 位		11929	
第 80 位	54778		1854	第 80 位	37810		−9537
HRS 1 对 1 家庭							
第 20 位	36090		−17508	第 20 位	13825		−34397
第 50 位		22975		第 50 位		1402	
第 80 位	52692		−232	第 80 位	26982		−20065
HRS 其他家庭（2D，2N，1N）							
第 20 位	36041		−17557	第 20 位	14588		−33635
第 50 位		22926		第 50 位		2164	
第 80 位	52644		−280	第 80 位	27744		−19303
AHEAD 2 对 2 家庭							
第 20 位	34548		−28386	第 20 位	29758		−46091
第 50 位		17970		第 50 位		5337	
第 80 位	52781		−9021	第 80 位	38129		−33449
AHEAD 1 对 1 家庭							
第 20 位	27834		−35099	第 20 位	8974		−66874
第 50 位		11256		第 50 位		−15447	
第 80 位	46067		−15735	第 80 位	17345		−54233
AHEAD 其他家庭（2D，2N，1N）							
第 20 位	43547		−19386	第 20 位	29536		−46323
第 50 位		26970		第 50 位		5105	
第 80 位	61781		−22	第 80 位	37897		−33681

表 12　选定收入水平下不购买其他住房家庭的住房净值变化模拟

OLS				中值回归			
收入	净值			收入	净值		
	第 20 位	第 50 位	第 80 位		第 20 位	第 50 位	第 80 位
HRS 2 对 2 家庭							
第 20 位	−53822		−53822	第 20 位	−37994		−37994
第 50 位		−58323		第 50 位		−43176	
第 80 位	−65153		−65153	第 80 位	−51040		−51040
HRS 1 对 1 家庭							
第 20 位	−59492		−59492	第 20 位	−46077		−46077
第 50 位		−63993		第 50 位		−51258	
第 80 位	−70823		−70823	第 80 位	−59122		−59122

OLS			中值回归			
HRS 其他家庭（2D,2N,1N）						
第 20 位	−72577		−72577	第 20 位	−56630		−56630
第 50 位		−77077		第 50 位		−61811	
第 80 位	−83907		−83907	第 80 位	−69675		−69675
AHEAD 2 对 2 家庭						
第 20 位	−54127		−54127	第 20 位	43203		−43203
第 50 位		−60653		第 50 位		−50522	
第 80 位	−72544		−72544	第 80 位	−63859		−63859
AHEAD 1 对 1 家庭						
第 20 位	−54039		−54039	第 20 位	51688		−51688
第 50 位		−60565		第 50 位		−59007	
第 80 位	−72455		−72344	第 80 位	−72344		−72344
AHEAD 其他家庭（2D,2N,1N）						
第 20 位	−78865		−78865	第 20 位	−78698		−78698
第 50 位		−85391		第 50 位		−86017	
第 80 位	−97281		−97281	第 80 位	−99354		−99354

表 13　初始住房所有者住房净值每年变化表

分解为搬迁概率和搬迁条件下的净值变化，基于搬迁概率或然概率估计和 OLS 净值变化估计，净值—收入四分位数：50−50；80−20；20−80；80−80；20−20。

针对出售住房并且购买新住房的搬迁者							
HRS	22	或然率	0.033	032	0.035	0.035	0.032
		净值变化	12531	−7711	27389	927	19088
		期望变化	815	−486	1890	65	1203
	11	或然率	0.029	0.028	0.031	0.031	0.028
		净值变化	11488	−8754	26346	−116	18045
		期望变化	667	−490	1607	−7	993
	其他	或然率	0.047	0.046	0.050	0.050	0.045
		净值变化	11463	−8779	26322	−140	18021
		期望变化	1078	−799	2606	−14	1622
	所有	期望变化	823	−528	1935	42	1221
AHEAD	22	或然率	0.015	0.017	0.015	0.018	0.014
		净值变化	7426	−11730	21810	−3728	14276
		期望变化	275	−481	807	−160	486
	11	或然率	0.018	0.019	0.017	0.020	0.016
		净值变化	4651	−14504	19036	−6502	11502
		期望变化	200	−682	800	−319	449
		或然率	0.022	0.024	0.022	0.026	0.020
		净值变化	11145	−8011	25529	−9	17995
		期望变化	602	−473	1353	0	882
	所有	期望变化	399	−528	1045	130	650

续 表

		针对出售住房并放弃继续拥有其他所有权的搬迁者					
HRS	22	或然率	0.007	0.007	0.006	0.005	0.008
		净值变化	−29162	−26911	−32577	−32577	−26911
		期望变化	−379	−350	−359	−293	−404
	11	或然率	0.013	0.014	0.012	0.010	0.016
		净值变化	−31997	−29746	−35412	−35412	−29746
		期望变化	−832	−803	−815	−708	−922
	其他	或然率	0.014	0.014	0.012	0.011	0.016
		净值变化	−38539	−36289	−41954	−41954	−36289
		期望变化	−1041	−980	−1007	−881	−1125
	所有	期望变化	−610	−576	−588	−502	−662
AHEAD	22	或然率	0.006	0.006	0.006	0.005	0.007
		净值变化	−25063	−22367	−29977	−29977	−22367
		期望变化	−376	−336	−420	−330	−380
	11	或然率	0.018	0.018	0.017	0.014	0.020
		净值变化	−25027	−22330	−29940	−29940	−22330
		期望变化	−1101	−983	−1228	−1048	−32589
	其他	或然率	0.088	0.087	0.084	0.075	0.094
		净值变化	−35286	−32589	−40199	−40199	−32589
		期望变化	−7481	−6876	−8200	−7316	−7430
	所有	期望变化	−1918	−1743	−2116	−1849	−1907

表 14　HRS 和 AHEAD 中初始住房所有者住房净资产总变化的会计核算

调查和家庭结构	期望每年住房净值变化				
	搬迁并买新住房	放弃住房所有权	全部	初始净值	占初始净值比例
HRS					
22	815	−379	436	75128	0.58
11	667	−832	−166	81105	−0.20
其他	1078	−1041	37	79858	0.05
全部	823	−610	214	76952	0.28
AHEAD					
22	275	−376	−101	94257	−0.11
11	200	−1101	−901	78496	−1.15
其他	602	−7481	−6879	87777	−7.84
全部	399	−1918	−1519	86445	−1.76

附表 1   搬迁概率或然估计和用来模拟概率的四分位数

变量	买其他住房		放弃所有权	
	估计	T 统计	估计	T 统计
1 对 1	−0.256	−3.24	−0.007	0.06
2 对 2	−0.194	−2.64	−0.303	2.71
净资产	−0.001	0.37	−0.006	3.22
收入	−0.008	4.09	−0.020	2.66
净资产−收入	−0.000	−1.59	0.000	0.37
常量	−1.354	−18.92	−1.808	16.81

HRS 取样家庭

选定收入四分位数和初始住房净值

	收入	净值
第 20	17871	30796
第 50	42986	68192
第 80	81105	131984

AHEAD 取样家庭

变量	买其他住房		放弃所有权	
	估计	T 统计	估计	T 统计
1 对 1	−0.113	1.34	0.907	13.57
2 对 2	−0.175	1.99	1.367	15.47
净资产	0.009	3.24	0.004	0.74
收入	0.014	1.87	0.024	1.09
净资产−收入	−0.000	2.27	−0.001	0.61
常量	−1.699	20.83	−0.701	8.89

选定收入四分位数和初始住房净值

	收入	净值
第 20	17871	30796
第 50	42986	68192
第 80	81105	131984

附表 2   住房净值 OLS 和中值回归估计用来模拟住房净值变化四分点（家庭购买其他住房条件下）

HRS 取样家庭

变量	OLS		中值回归	
	估计	T 统计	估计	T 统计
1 对 1	48.4	0.00	−762.6	0.08
2 对 2	2134.4	0.16	9765.2	1.04
净资产	−5315.7	10.91	−4798.4	8.53
收入	2593.1	4.40	2024.1	2.33
净资产−收入	10.5	1.20	18.4	0.57
常量	47719.4	3.64	25646.6	2.60

选定收入四分位数和初始住房净值

	收入	净值
第 20	17871	30796
第 50	42986	68192
第 80	81105	131984

AHEAD 取样家庭

变量	买其他住房		放弃所有权	
	估计	T 统计	估计	T 统计
1 对 1	−15713.5	0.49	−20551.8	0.80
2 对 2	−8999.6	0.29	231.9	0.01
净资产	−6234.6	5.21	−7619.1	4.56
收入	5998.9	1.83	2289.0	0.60
净资产－收入	37.5	0.36	141.5	0.64
常量	60189.0	1.82	54972.1	1.77

选定收入四分位数和初始住房净值

	收入	净值
第 20	10909	37434
第 50	21433	74869
第 80	40609	139042

附表 3　住房净值的 OLS 和中值回归估计和用来模拟住房净值变化四分点（家庭放弃住房所有权）

HRS 取样家庭

变量	OLS		中值回归	
	估计	T 统计	估计	T 统计
1 对 1	13084.3	0.86	10552.8	0.48
2 对 2	18754.4	1.37	18635.4	0.85
净资产	0.0	0.00	0.0	0.00
收入	−1791.8	2.40	−2063.0	1.46
净资产－收入	0.0	0.00	0.0	0.00
常量	−69374.6	5.16	−51943.1	2.63

选定收入四分位数和初始住房净值

	收入	净值
第 20	17871	30796
第 50	42986	68192
第 80	81105	131984

变量	AHEAD取样家庭			
	买其他住房		放弃所有权	
	估计	T统计	估计	T统计
1对1	24825.9	1.81	27010.7	2.30
2对2	24737.6	1.66	35495.2	2.47
净资产	0.0	0.00	0.0	0.00
收入	−6200.7	2.47	−6954.9	1.43
净资产−收入	0.0	0.00	0.0	0.00
常量	−72100.7	4.79	−71111.1	6.05

选定收入四分位数和初始住房净值

	收入	净值
第20	10909	37434
第50	21433	74869
第80	40609	139042

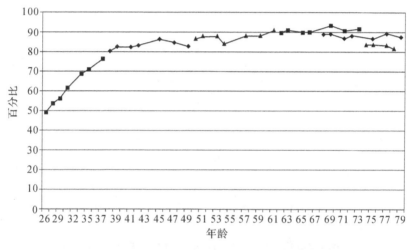

图1　两口家庭住房拥有比例（来自SIPP死亡率调整数据）

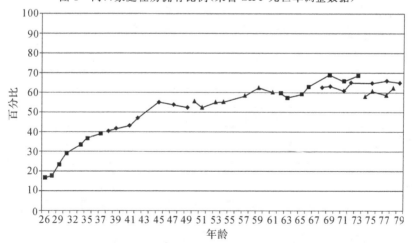

图2　单身家庭住房拥有比例（来自SIPP死亡率调整数据）

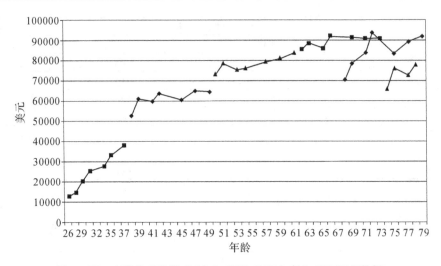

图 3　两口家庭住房净资产（来自 SIPP 的死亡率和 CPI 调整数据）

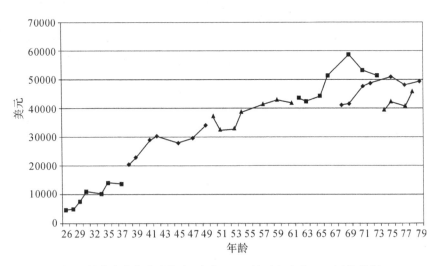

图 4　单身家庭住房净资产（来自 SIPP 的死亡率和 CPI 调整数据）

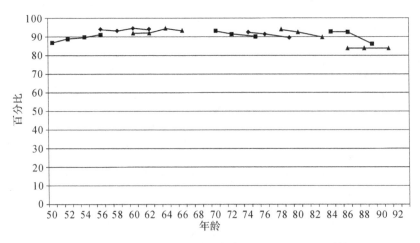

图 5　两口家庭住房拥有比例（来自 HRS 和 AHEAD 数据）

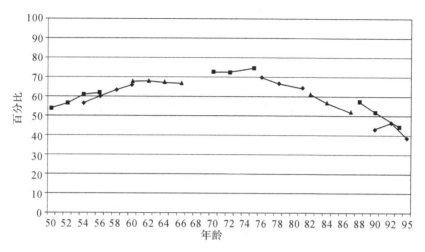

图 6　单身家庭住房拥有比例（来自 HRS 和 AHEAD 数据）

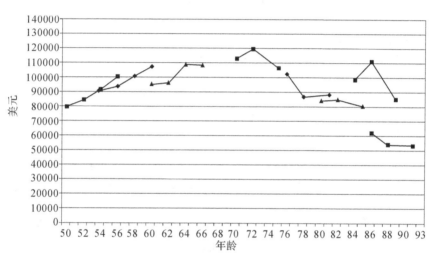

图 7　两口家庭住房净资产（来自 HRS 和 AHEAD 数据）

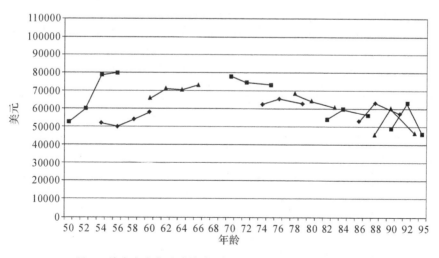

图 8　单身家庭住房净资产（来自 HRS 和 AHEAD 数据）

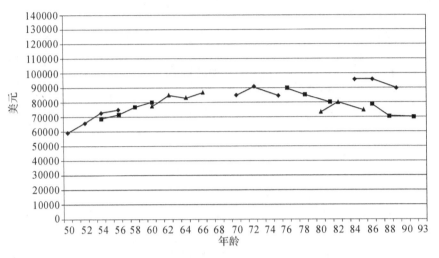

图 9　两口家庭住房净资产中值（来自 HRS 和 AHEAD 数据）

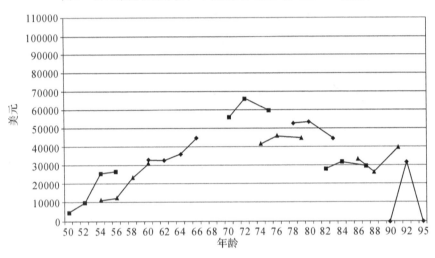

图 10　单身家庭住房净资产中值（来自 HRS 和 AHEAD 数据）

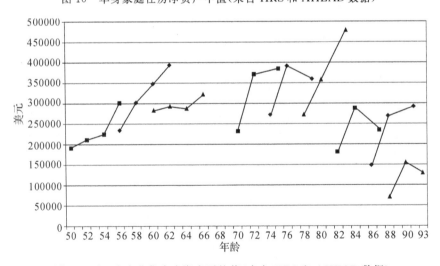

图 11　两口家庭非住房净资产平均值（来自 HRS 和 AHEAD 数据）

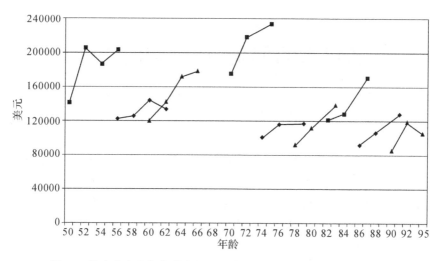

图 12　单身家庭非住房净资产平均值（来自 HRS 和 AHEAD 数据）

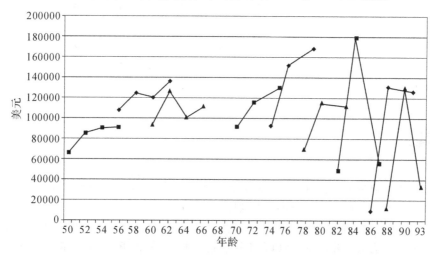

图 13　两口家庭非住房净资产中值（来自 HRS 和 AHEAD 数据）

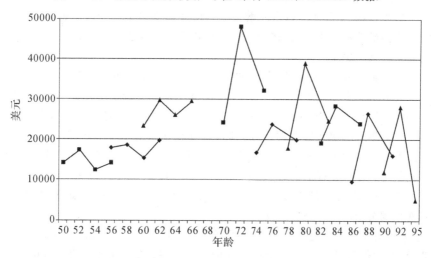

图 14　单身家庭非住房净资产中值（来自 HRS 和 AHEAD 数据）

老年人的健康、住房和流动性

Jonathan S. Feinstein

摘要:本文通过建立动态经济模型来研究老人是否会随着健康状况的变化而考虑搬家的问题。这个模型包括三种健康状况(好、有点差、很差),以及与之相应的三种住房状态(普通住房、过渡性住房和社会公共机构住房),并包括几种不同类型的搬家成本(包括直接成本,搬家对健康造成的间接影响,较复杂的模型中还包括金融交易成本)。

我的第一个模型是在简单的环境中考虑年老者的流动性,该模型的效用仅仅由住房与健康的匹配情况和遗产所决定。第二个模型还考虑了住房价格、家庭财富和老年人的消费决策等因素,是对第一个模型的扩展。

对两个模型的大量模拟结果表明,即使搬家的成本很大,仍然表现出老年人晚年生活具有较强的流动性。从这些结果中也可以看出过渡性住房的重要性,以及住房、流动性、住房财富和消费之间的相互关系。

一、简介

美国老年人口数目的增长,使国家、社会和政策制定者面临着许多挑战,其中最重要的就是为那些身体健康状况开始变差的老年人提供适宜的住房。

老年人很容易遭受病痛的侵袭,从而使身体变差,从而产生对不同种类的老人住房和社区服务的需求——从具有某种建筑特色(如有轮椅通道)的住房的需求,对家庭卫生保健和基本社区服务的需求,身体非常差的人对疗养院医疗护理的需求。在过去的几十年里,人们已广泛地认可了对这类住房的需求,而各类住房数目的增长似乎向我们承诺了一个能使每个老年人都能住到与他最匹配且让他最满意的住房状态的到来,从而当某个人的健康状况发生改变时,就会搬迁到更加偏好的另一类型的房屋中去。

虽然这个景象很诱人,但是却忽略了一些重要因素,如流动性成本和影响老年人住房决策的经济因素。Feinstein 和 McFadden(1989)、Venti 和 Wise(1989)、Sheiner 和 Weil(1992)的研究成果表明,如果老人已经在他们的住房里居住了很长时间,晚年生活的流动性是非常低的,一般都不大喜欢搬家。老年人不愿意搬家的部分原因,是对现有住房的情感依恋(Danigelis 和 Fengler 1991),部分原因是搬家的成本太高,包括心理的、健康的和金融的成本。老人往往更能忍受现有居住环境给他们每天生活造成的不便,也不乐意承担高的搬家成本。事实上,一个老人在健康恶化的时候可能不会搬家。这就使得我们对住房类型与健康状况相匹配的设想,由简单变得复杂,并建议我们在数据分析时应考虑相关的流动性成本等。

另外,老人不管是购房还是租房居住,都是很费钱财的,而许多与家庭有关的医疗卫生服务,如医疗护理等,费用也是很昂贵的。因此,老人的住房决策总是由各类住房的价格及价格预期变化、家庭财富、消费和遗产决策,以及他们自身的一些复杂因素所决定,Hurd(1999)对此做出广泛的调查。对老年住房的更加深入的分析，也考虑了价格、老年家庭的其他经济因素对住房决策的影响。

本文的目的是研究老人的健康状况和住房决策的关系，尤其是研究流动性成本和其他经济因素对这一关系的影响。笔者建立了一个动态经济模型，并运用已发表的文献资料来确定模型的参数，然后通过计算机对数据进行模拟，并对模拟的结果进行分析。实际上，笔者建立了两个模型，第一个简单点，用来解释老人健康状况和住房类型之间主要的相关性；第二个模型还包括了经济因素，是对第一个模型的扩展。

这两个模型有一些共同特点，都是从老人 65 岁开始，一直跟踪调查到 90 岁，都用性别、健康状态和前一年住房状态的函数，来模拟每一年老人是否搬家以及选择何种住房，这是本文研究的重点。两个模型都引入了发病率和死亡率参数，并用一个年龄、性别和现在身体健康状况的函数来预测未来的健康状况。在最后模拟时，两个模型都考虑了三种不同的身体健康状况，分离出"好、有点差、很差"三种情形，而且必定居住在以下三种住房状态中的一种：普通住房、过渡性住房（包括退休老人社区的多种住房）、社会公共机构类住房（包括疗养院和收容所等）。

在这样的背景下，第一个模型主要考虑了两个因素：(1) 引进一个简单的效用函数，即当某个人住房的类型与其健康状况相匹配时，感觉效用最高，但如不匹配时就是较低。这就是说，身体有点差的人住在过渡性住房的效用最高，住在普通住房和社会公共机构住房中的效用则要低一些；身体健康的人更喜欢住在普通住房里，身体很差的人居住在社会公共类住房状况最好。(2) 第一个模型考虑了几种不同的流动性成本，包括离开原住房的分离成本（情感依恋成本），一个直接但只是暂时性的效用成本和健康成本。

对模型的分析表明，当没有流动性成本时，人们一般都会随着健康状况的变化而搬到更加偏好的另一类型的住房中，但搬家成本降低了老年人的流动性，成本越高，积极性降低的幅度就越大。更有趣的是，从分析中我们还可以看出过渡性住房的重要性。笔者发现，对大多数人来说，在其健康状况由好变坏时，会马上搬迁到过渡性住房去。即使搬家的成本相对较低，那些身体状况很差的人也不会选择搬进公共机构住房，尤其是当这些老年人年龄相对较轻的时候。总的来说，在多数数据的模拟中，过渡性住房起到一个"吸收并吞"的作用，一旦老年人搬到这种住房后，就将一辈子住在那里，很少有人会跳过过渡性住房。即当他们的健康状况开始变差时，并不从普通住房搬入过渡性住房，而是当身体变得很差时，直接搬入公共机构类住房。

第二个模型是对第一个模型的扩展，更多地关注了家庭财富和遗产，并包括了住房价格，更重要的是，它还模拟了每个人每期的消费决策和住房决策。这个模型的模拟结果与第一个模型的结论基本一致，也表明了过渡性住房的重要性。这一结果解释了消费、储蓄、资产消耗与住房选择之间的关系。举例说，财富较少的老年人很可能采取"破产"策略，他们消费掉现存的财富，然后搬入社会公共机构成为社会的负担。总的来说，这两个模型都能够较好地模拟现实中的老人流动性状况，并为笔者的经济模型提供支持。

二、两个模型介绍

第一个模型——详述和参数化

在这一部分，我用一个关于老年人健康状况和流动性的相对简单的模型。这个模型假定老人每年的效用状况，取决于该年他的住房类型和健康状况的匹配情况，以及在该年度或前一年度是否搬过家来决定。而整个一生的总效用，则假定为每一年度效用的现值与遗产效用的现值之和。因为主要是研究健康状况和住房之间的关系，本模型很适合研究健康状况的变化与住房的流动性以及住房特征之间的关系，我将在第三部分对该模型的模拟状况进行分析。这个模型不能告诉我们，老人的健康状况和流动性成本是怎样发挥作用，又是怎样受到金融政策和经济决策的影响，因为它只考虑家庭财富中遗产动机的影响，并没有考虑年金收入、住房价格和消费决策的影响。第四部分讨论的是第二个模型，就包括了这些因素在内。

在介绍这一模型时，这里首先介绍了计量分析中要用到的各种健康状况的类型、健康状况变化的概率和住房类型。然后介绍了两种流动性成本和效用——搬家的直接效用、成本和间接的健康成本。最后详细分析了老年人的决策过程。本文通过计算机来模拟这个模型，必须将该模型的几个不同函数和分布参数化，如健康状况变化的概率、死亡率和效用等。为了更好更完整地理解该模型的结论对参数值变化的敏感度，对男人和女人设定了不同的参数值。

第二个模型——健康状况和住房类型

考虑一个单独居住的 65 岁老人，假定这个老人的身体状况非常健康，拥有自己的住房，当他死亡之后有后代来继承财富，包括住房财富。

从 66 岁开始，以及以后尚健在的每一年度，他都面临着身体健康变坏或死亡的风险。为了衡量该风险和健康变坏的不同程度，现假定他尚健在的每一年度，都处于以下三种健康类型"身体健康状况好、有点差和很差"中的某一种。根据受到限制的日常活动（activities of daily life－ADLs）和需要外界帮助的日常活动（instrumental activities of daily living－IADLs）两个指标对身体健康状况进行分类，从而与标准的老年医学术语相同。因此，当 ADLs 为 0，IADLs 为 0～2 时，代表该老人身体健康。当 ADLs 为 1 或者 2，还有几个 IADLs 时，代表该老人的身体健康状况有点差。他继续住在普通住房中会有一些不便，尤其是有楼梯和其他障碍物的时候。当他搬到老年社区、合适的退休公寓或建筑设计良好且交通、购物等都很便利的住房时，会过得更为舒适（Altman，Lawton，Wohlwill 在 1984 年对此有详细的论述）。当有几个 ADLs 和许多 IADLs 时，代表该老人的身体状况很差，在日常生活中会受到很多限制，给日常生活带来很多不便。身体很差的人长期住在提供医疗设施的地方如疗养院中会比较好。事实上，与标准的老年医学的术语一致，对这里的分析很重要，本文用于参数化的公开资料，几乎都是用 ADLs 和 IADLs 对健康状况进行分类的。

一个年龄为 t 的老人，在 t＋1 岁时的健康状况必定是以上三种健康状况中的一种，要不就是已经去世了。另外，老年人在年龄 t 时是否搬家，家搬到哪里，决定了他对自己在 t＋1 岁及以后各年龄的身体健康的预期。这个模型的一个主要特点，是对健康状况变化概率的参数设置，描述从 t 岁到 t＋1 岁的健康状况的变化。表 1 和表 2 列出了健康状况变化的概率。表 1 分别列出年龄为 t 的男人和女人各自的健康状况变化的概率，3×3 的变化矩阵中的九个数据，表示了从年龄 t 时的各个健康状况变为 t＋1 时的三种健康状况的概率。从表格可以看出，不同的年龄中这些概率是不同的。表 2 描述了年龄为 t＋1 时的死亡风险，是年龄为 t 时的健康状况的函数，男性和女性分别考虑。

表 1 和表 2 中的健康状况变化的概率，只对那些在年龄 t 时不搬家，或者虽搬了家但健康状况变坏和死亡的概率，却没有增加的人适用。笔者在搬家会使健康变坏和死亡的概率增加的模型中，如果一个老人选择在年龄 t 时搬家，那么表 1 和表 2 中的那些数字将会发生怎样的变化？

附录提供了构建表 1、表 2 的细节。这里只简单地介绍一下这两个表格。这些数据主要来源于：一是由 Manton 和他的合作者发表的一系列论文，其中有国家长期护理调查中得到的数据（Manton，1988；Liu，Manton 和 Liu，1990）。这些论文提供了"身体健康、身体状况有点差和死亡"两两之间发生变化的大量信息。另一个来源是在 Feinstein 和 Keating（1992）中的表格，这些表格是从国家疗养院调查(National Nursing Home Survey)和一些搬入和离开疗养所的数据的经济计量分析中推导出来的,这些表格提供了"身体健康变得很坏以及身体健康很坏的状况又重新变好"的信息。这些数据并不总是一致的,当出现差异时,表 1 和表 2 的数据一般都是对这两个数据来源的折中。另外,这些表格的概率值的变化是平滑的,以保证随着时间变化的一致性,比如一个在 t 时健康的人在 $t+1$ 时仍然健康的概率,随着 t 的增加而下降。这些表格中有个缺陷,就是表格中的数据对应的只是老年人中的一个代表而已,实际上,老年男人和老年女人在现实生活中身体变差以及死亡的概率,是不一样的,这些个人之间的差异在表格中却未能表示出来。

正如一个人每年必然为这三种健康状况中的一种一样,他的住房也必然为三类住房中的一种。一种住房是普通住房,如一栋独立式家庭住宅,适合身体健康的老人居住,但对身体健康有点差的人会带来一些困难;第二种住房是过渡性住房,可以看作是为那些身体状况有点差的老人准备的,包括退休老人社区等,它们能提供便利的服务,包括交通、购物等均很便利的其他老年公寓;最后,第三种住房是社会公共机构住房,包括疗养所、收容所等。

这里介绍的三种住房类型比先前老年经济学研究中的住房类型更为丰富,以前的研究只考虑了普通住房,或者只提供普通住房和社会公共机构住房两种选择。这里建立的模型更进了一步,还包括了老年人的"过渡性住房"。实际上,把许多住房都归类到"过渡性住房"之中,已经大大简化了老人住房的类型,但正如下面分析中会证明的那样,这种简化的方式依然能让我们很好地了解老人的流动性状况。

每一期,老人都会选择是继续住在以前的家中,还是搬至另一类型的住房中去。下面进一步研究决策的过程。

三、效用和遗产

以上介绍的健康状况和住房类型,是用一个效用函数联系的,某年的效用函数决定于健康状况和住房类型的匹配情况。这个函数有一个隐含的假定,就是每一种健康状况都对应着一种最优的住房类型。鉴于普通住房能很好地保护隐私,且大都面积宽敞并具有艺术价值,身体健康的人住在普通住房中最舒适。与之相对应的是,身体有点差的人住在过渡性住房中最好,在这里老人的日常生活将会变得更加容易和简单,且仍能拥有一定的自由和独立。而身体最差的人最好住到提供长期医疗设施的社会公共机构住房中去。

效用函数反映了健康状况和住房类型的最优搭配,因为每年的效用都决定于健康状况和住房类型的匹配情况。当老人住在与他健康相匹配的最优类型的住房中时的效用最大,住在其他住房中时的效用就会降低。

表 3 给出了许多模拟的基准效用值。假定身体健康的人住在普通住房中的效用为 1,住在过渡性住房中的效用为 0.9,住在社会公共机构住房中的效用为 0.5。类似地,身体健康有点差的人住在过渡性住房中的效用最大,为 0.7,住在其他类型住房中的效用为 0.4。身体健康很差的人住在社会公共机构住房中的效用为 0.4,住在普通住房和过渡性住房中的效用分别降为 0.1 和 0.2。注意效用是在年末时计算的,如果该年搬家的话,效用就由年终时他的健康状况和住房状态的匹配情况来决定。

效用矩阵对角线上的三个数值对应的是每种身体健康状况所能取得效用的最大值。第一个数是 1.0,是一个正常标准,剩下的两个数表示效用随着健康状况变差而降低,即使老人住在与他的健康状况最匹配的居住环境中。Torrance(1986)、Viscusi 和 Evans(1990) 、Walker 和 Rosser(1993)的一系列论文给出健康状况变差时的效用为 0.7。Torrance 给出了使用质量调整生命指数(Quallity Adjusted Life Year —QALY)来估算身体健康状况变坏带来的负效用,他认为健康有点差的人的 QALY 相当于身体健康的人一年效用的 0.7。Viscusi 和 Evans 发现收入的边际效用大约为 0.7 或 0.8;假定效用函数是一个简单的乘数形式,而其他形式的消费保持不变,那么,身体有点差的人一年的效用是身体健康的人一年效用的 0.7 或 0.8。Walker 和 Rosser 介绍了用来衡量生活质量的最有名的几个指数。

选择 0.4 这个数值,是因为考虑到伴随着各种疾病引起的生活质量下降,详见 Walker 和 Rosser(1993)、Birren,et. al.(1991)的论文集。

从效用矩阵的对角线以外的数字可以看出,因老人没有住在和他的健康状况匹配的住房从而使居住效用降低。因为没有办法直接获得这些数值,我给出了它们的合理估计值,同时衡量了研究结论对这些对角线以外的最重要元素(2,1)的数值变化的敏感度。该数值描述了一个身体健康有点差的人住在普通住房中的效用。这个元素之所以重要,是因为:第一,(2,1)是现实生活中最常见的非最优搭配。一个在 65 岁时身体健康且住在普通住房中的老人在接下来的年份中健康状况有可能会变得有点差,如果他的身体变得有点差了,但他决定不搬家,那么他的效用就是(2,1)。第二,与身体健康状况很差的人比较起来,在确定元素(2,1)时还有较大的弹性。这是因为一个身体状况有点差的人住在过渡性住房中时的效用高达 0.7,当该老人住在其他类型的住房中时的效用,能够下降的尺度还很宽。而身体健康状况很差的人的最高效用也才为 0.4,效用能够下降的空间很小。

元素(2,1)的单位效用为 0.4,比身体状况有点差的人能得到的最大效用 0.7 下降了 47%。有人会认为下降的幅度太大了,我在模拟的时候假定了好几个参数值,分别是 0.5(28% 的下降幅度),0.6(15% 的下降幅度),0.63(10% 的下降幅度)。同时,一生的效用值是各年效用现值之和,模拟时的折现率为 0.9 或 0.95。

老人能留给后代的遗产将给他带来效用,与 Feinstein 和 Keating 一样,假定一生的总效用是各年效用现值的和再加上遗产带来效用的函数。

$$B(W) = [\beta(W - ec)]^{\alpha}$$

W 是总财富,ec 是总的健康成本,β 和 α 是参数,遗产和年效用值的折现率相同。假设老人在 65 岁时的财富为 W_0,在本文第三部分的模型中,W_0 设为 50 万美元,在第四部分的模型中,W_0 设为 25 万美元。在第四部分的模型中,财富只是一个小角色。假定财富每年减少的幅度相同,均为 θ,这只是对资产消耗的一个粗略估计,设 $\theta = 0.9$。与 Scitovsky(1998)相同,不同年龄和性别的 HC 均为 2 万美元。最后,β 设为 0.2,α 设为 0.5。在这样的假定下,100 万美元遗产的效用大约相当于身体健康的老人在普通住房住 4.5 年的效用,10 万美元相当于 1.5 年。

四、流动性成本

在这一部分的模型中,我考虑三种流动性成本,第一种是暂时的效用成本,如果老人在该年或者是之前一年搬家的话,该年的效用会降低一个固定的额度。第二种是健康成本,因为搬家使身体变坏或死亡的概率加大。第三种流动性成本是分离成本,即如果该老人已经在原住房住了很长一段时间,那么搬家将对情感上造成负效用。假定老人在 65 岁时已经在该住房中住了很长一段时间,当他搬离该住房时,他的余生中的每一年都会遭受固定的效用损失。

要确定这些成本的值是很难的,所以给出了一组数值以供选择,而非确定唯一的一个数值。

但健康成本的情况更加复杂,而且也不能用一组数值来表示。为了得出健康成本的大致变化幅度,我将分两种情况来考虑,一种是健康成本只持续一年,一种是持续两年。下面更详细地介绍以上这三种成本的参数化过程。

首先考虑搬家的暂时效用成本。我将这种成本分为两类:一是成本固定型,即假定三种健康状况的效用成本都是一样的。将该成本的一组值设为 0,0.1, 0.2, 0.3, 0.4。注意这 5 个数值覆盖的范围很广。二是假定搬家的成本是每种健康状况对应效用最大值的一个百分比。这些成本为:0.1,0.08,0.04;0.2,0.16, 0.08;0.3,0.24, 0.12;0.4,0.32,0.16,每一组中的三个数字分别代表身体健康、身体状况有点差、身体很差的老人的负效用。分别讨论直接效用成本持续一年(搬家的那一年)和两年的情况。

与流动性有关的健康成本的结构比其他成本更加复杂。搬家对死亡和身体健康变坏的影响与年龄、性别和开始时的健康状况有关。为了描述流动性和健康之间的关系,设想建立一组乘数,乘以表 1 和表 2 的发病率和死亡率,就得到表 4 和表 5 两个新的表格,这是用来描述搬家老人的。从表 4 和表 5 可以看出,乘数使健康恶化和死亡的概率增加,身体变好的概率降低。乘数值的大小是变化的,一般说来,基数越大,则乘数越小,而且那些开始时身体就有点差或者很差的人的乘数要大一些,实证表明搬家对这些人带来的负效用更大。我是这样来确定乘数值的,先确定好 65 岁和 90 岁的乘数值,然后用线性插值法平滑地得出这两个年龄之间的其他年龄的乘数值。

考虑一个身体健康的男性的情况。我们借助对健康男性的分析来看看乘数是如何决定的。65 岁的人的乘数值,使身体状况变得有点差的概率变为以前的两倍(从 0.051 到 0.102),身体变得很差的概率为以前的三倍(从 0.0158 到 0.0474),死亡的概率变为原来的 3 倍(从 0.015 到 0.045)。该老人在 66 岁时身体依然健康的概率就为剩下的概率值,即 1 减去其他三个概率值的差。在 90 岁时,这三个乘数的值下降为 1.5,2.0 和 2.0,身体变得有点差的概率从 0.22 变为 0.33,身体变得很差的概率从 0.1125 上升到 0.225,死亡的概率从 0.104 上升到 0.208。在 65 岁到 90 岁之间,用线性插值法平滑地得出 65 岁与 90 岁之间的其他年龄的乘数值,但要注意的是,除了身体依然健康的概率外,其他的概率值都不会随着年龄增加而减少。在模拟的过程中,我分别考虑搬家带来的成本只持续一年和持续两年两种情况。

最后,考虑分离成本。当一个老人搬离他居住了很久的住房时,搬家给他精神上带来了负效用。搬家所带来的这种巨大的痛苦在老年医学文献中被广泛认可。比如说,在《没有地方像家一样》,Danigelis 和 Fengler 写道:"住房对老年户主有很大的吸引力。归宿感和家族传统、因居住了很长时间产生的熟悉感和安全感、隐私等因素结合起来,使家成为一直度过余生的场所。"他们还引用了一些通过调研和采访证明了老人对住房有深厚感情。

五、分析决策的方法

分离成本可以用如下方式分析。假定有一个 65 岁住在普通住房中的老人,如老人搬家就会有一个固定的负效用,并将持续很长的时间,他的余生都会受到影响,这与搬家带来的其他短期成本形成鲜明对比。一旦老人搬家,并且不管以后还是否搬家,每年都会有一个固定的负效用。负效用的一组数值是 0,0.1,0.2 和 0.3。

在前面建立的模型中,每个期间老人都会选择是继续住在现有住房中,还是搬到另外的两种住房中。如果他选择搬家,就面临着流动性成本。决策过程不光要考虑本期间的效用和搬家带来的流动性成本,更要考虑对他将来预期效用的影响。我用动态法对这个决策过程建模,得出老人的最优决策。

让 i 代表现有住房状态,j 代表现在的健康状况 ,k_1 和 k_2 代表另外两种住房,h_1、h_2、h_3 代表三种身体健康状况。$U(r,s)$ 表示身体健康为 r 的人住在 s 住房里的效用,$x(r)$ 代表搬家的效用或者分离成本(与健康 r 可能有关或者无关)。$q_0(r,z,t)$ 代表从 t 年的健康状况 r 变为 $t+1$ 年的健康状况 z 的概率,$q_m(r,z,t)$ 代表搬家的情况下,从 r 变为 z 的概率。$V(r,z,t)$ 代表以下定义的价值函数。

现在考虑搬家所带来的效用成本和健康成本只持续一年的情况,没有搬家的分离成本。一个健康状况为 j 和住房类型为 i 的老人如果不搬家,在 t 年年初的总期望效用就为:

$$U(j,i) + \delta \sum_{z=1,2,3} q_0(j,z;t)V(z,i;t+1) + \delta\left[1 - \sum_{z=1,2,3} q_0(j,z;t)\right]B(W_t - \mathrm{ec}_t)$$

δ 表示贴现率,$B()$ 为遗产函数,W_t 和 ec_t 是 t 年的财富和总生活成本。如果老人搬到住房 k_l 中,则他的总期望效用变为:

$$U(j,k_i) - x(j) + \delta \sum_{z=1,2,3} q_m(j,z;t)V(z,k_l;t+1) + \delta\left[1 - \sum_{z=1,2,3} q_m(j,z;t)\right]B(W_t - \mathrm{ec}_t)$$

这里比较三种住房的效用值并选择效用最高的那个,表示为 $V(j,i,t)$。

为了得出每期的最优选择,我使用了倒推法,从 90 岁开始往前推,分析每一年健康状况和住房类型的各种可能组合,一共有九组,并求出每一组的最优决策。

流动性成本持续两年的情况要复杂一点。在这种情况下,必须区分每个健康状况 i 和住房类型 j 的组合的两个不同的价值函数:一为 $V_1(i,j,t)$,代表在 t 年搬了家仍然会受到影响的情况;另一个为 $V_0(i,j,t)$,指的是在 $t-1$ 年没有搬家,在 t 年的 (i,j) 组合的效用。当 $t-1$ 年未搬家,则最优的预期效用为 $V_0(i,j,t)$,总期望效用为:

$$U(j,i) + \delta \sum_{z=1,2,3} q_0(j,z;t)V(z,i;t+1) + \delta\left[1 - \sum_{z=1,2,3} q_0(j,z;t)\right]B(W_t - \mathrm{ec}_t)$$

$$U(j,k_i) - x(j) + \delta \sum_{z=1,2,3} q_m(j,z;t)V(z,k_l;t+1) + \delta\left[1 - \sum_{z=1,2,3} q_m(j,z;t)\right]B(W_t - \mathrm{ec}_t)$$

若老人 $t-1$ 年搬家了,则上面的第二个表达式不变,但第一个表达式变为:

$$U(j,k_i) - x(j) + \delta \sum_{z=1,2,3} q_m(j,z;t)V(z,i;t+1) + \delta\left[1 - \sum_{z=1,2,3} q_m(j,z;t)\right]B(W_t - \mathrm{ec}_t)$$

此时最优的预期效用为 $V_1(i,j,t)$。

分离成本模型的总效用期望值的表达式有点不同。考虑既有分离成本又有健康成本(假设健康成本只持续一年)的情况。如果一个人从没有离开过他 65 岁时的家,即他一直住在原来的住房里,那么他的效用为:

$$U(j,i) + \delta \sum_{z=1,2,3} q_0(j,z;t)V(z,i;t+1) + \delta\left[1 - \sum_{z=1,2,3} q_0(j,z;t)\right]B(W_t - \mathrm{ec}_t)$$

这里的 V_0 指的是他一直住在他 65 岁时的家中的价值函数。但如他打算搬家,则效用为:

$$U(j,k_i) - x + \delta \sum_{z=1,2,3} q_m(j,z;t)V(z,i;t+1) + \delta\left[1 - \sum_{z=1,2,3} q_m(j,z;t)\right]B(W_t - \mathrm{ec}_t)$$

这里的 x 表示分离成本,V_1 为搬家后的价值函数。如果他已经不住在 65 岁的住房了,且不再搬家,则他的效用为:

$$U(j,k_i) - x(j) + \delta \sum_{z=1,2,3} q_0(j,z;t)V(z,i;t+1) + \delta\left[1 - \sum_{z=1,2,3} q_0(j,z;t)\right]B(W_t - \mathrm{ec}_t)$$

如果他选择搬家,则效用为:

$$U(j,k_i) - x + \delta \sum_{z=1,2,3} q_m(j,z;t)V(z,i;t+1) + \delta\left[1 - \sum_{z=1,2,3} q_m(j,z;t)\right]B(W_t - \mathrm{ec}_t)$$

六、第一个模型的模拟结果

在这一部分,笔者总结了前一部分的模拟结果。有趣的是,流动性状态和住房决策会随着流动成本大小的变化而变化。为了合理地测量出这种敏感度的大小,考虑了流动性成本参数的一系列取值。然后,这些流动性状态和住房决策是我们主要的兴趣所在,以下将主要考虑这些因素,就不怎么讨论关于效用和预期的价值函数计算了。

由模型得出,当流动性成本为 0 时,老人身体健康状况一旦发生变化,他就会搬家,这叫作完全流动状态。图 1 表示的是没有流动性成本时模型的一些模拟结果。假定有一个 65 岁的身体健康并住在普通住房中的老人。图 1 的前一部分表示搬家的概率,是年龄的函数。尤其应注意的是,不管该老人是男还是女,该老人有生之年的每年搬家的条件概率,是在 65 岁的身体健康并住在普通住房的人数的基础上估计出来的,这些人的身体健康状况变化的概率见表 1 和表 2。注意,搬家的概率随着年龄增长而增加。这主要是因为以下两个原因:一是随着年龄的增长,那些健康老人生病的概率变大;二是年龄越大,老人会生病的比例越大。在解释这个和接下来的图表时,要注意一个人可能搬家不止一次。该图表明每年的流动率为 14%,高于老人的实际搬家率(接近 7%,根据 Feinstein 和 McFadden(1989)得出)。

图 1 的下半部分表示老人住在普通住房、过渡性住房和社会机构住房中的百分比,这是年龄的函数,且男女分别考虑。我们可以看出,住在过渡性住房中的概率随着年龄增长而变大,表明随着年龄的增加,很多人都属于健康有点差的这类人,住在社会公共机构住房的概率增长得很慢,从较年轻时的 1% 上升到 90 岁的 15%。

在讨论这些模拟时,我先讨论既有暂时的效用成本又有健康成本的模型的模拟结果,然后讨论那些既有分离成本又有健康成本的模型,并考虑模拟结果对效用元素(2,1)变化的敏感度。效用元素(2,1)是测量身体有点差的老人住在普通住房中时效用下降程度的重要参数。

先考虑既有暂时的效用成本又有健康成本的模型的模拟结果。图 2 表示了该模型的模拟结果。搬家的效用成本定在 0.4 并持续两年,健康成本也持续两年,这个模型的流动性成本水平最高,与零流动性成本模型形成了鲜明对比。

图 2 的上半部分表明,这种情况下的流动性要比零流动性成本下的流动性低很多。低龄老人的流动性与零成本老人的流动性差不多,但却没有随着年龄增加而平滑增长。相反的是,老年妇女的流动性逐渐下降,只在最后那几年里才陡然上升。但老年男性的流动性在开始几年会增加,在 72 岁时突然一下子降为零,然后在 77 岁时又从零急剧上升,但以后又一直下降。

图 2 的下半部分表示每一年住在普通住房、过渡性住房和社会公共机构住房的人数的百分比。和图 1 中相对应,住在普通住宅的老人的百分比随着年龄而降低,住在过渡性住房中的老人的百分比随着年龄增加而增加。但与图 1 的显著区别是这种情况下老人住在社会公共机构住房中的概率在所有的年龄均为零。

年龄较小的老人,不管是男人还是女人,当他们的身体开始变差的时候,总是会立即搬到过渡性住房中居住。但是,在 74~78 岁这个年龄段和 87 岁以后的年龄段,那些依然住在普通住房中的身体有点差的老年男性却不选择搬家。这就解释了为什么 74~77 岁之间老人的流动性非常低而在 78 岁时流动性却突然变大。所有年龄段的老人即使身体很差也不会搬到社会公共机构住房中去,住在过渡性住房中的老人即使身体变好也不会搬回到普通住房。这些事实都解释了为什么该模型下的流动性要比零流动性成本模型下的流动性低,并能让我们更好地理解流动性没有随着年龄增长而变大的原因。最后,对于老年妇女来说,她们在85～87岁这个年龄段不会搬家,因此流动性降低,这个年龄段后因为会搬到过渡性住房中去,流动性会加强。

虽然假定搬家带来的效用成本和健康成本只持续一年,或者效用成本不到0.4的模型中得到的模拟结果,与以上讨论的模拟结果有一些不同,但是所有的模拟结果都有一个共同特征,就是随着流动性成本的增加,老年人口的流动性会减弱。但模拟的结果也表明要想大幅度降低流动性的话,流动性成本必须非常的高。在我们刚才讨论过的模型中,流动性就要比零成本模型下的流动性低很多,每年的平均流动性从大约14%降到了5%左右,5%与现实情况比较吻合。但是,这个模型包括了很大的流动性成本:直接效用成本是每年能得到最高效用的40%,对身体很差的老人来说还不止40%,并且假定效用成本和健康成本都持续两年。显然,只有这样高的流动性成本才会产生出现实生活中的流动性状态。

除了流动性随着成本增加而降低这个结论外,模型还得出了其他几个结论。第一是身体变得很差的人一般都不愿意承担搬到社会公共机构居住的高交易成本,大都会在现有住房中一直居住下去。有趣的是,结果也表明,那些身体很差的老人更可能在年纪很大时搬家,部分原因可能是那时他们身体状况已经不可能变好,如果不搬家的话生活效用会比较低。第二是那些身体状况变好的老人一般都不会再搬回普通住房,因为他们的身体很容易再次变坏。流动性成本存在的缘故使这种"逆流"搬家方式不太会发生。第三是一般说来,年龄越大,交易成本的影响也就越大(该结果可以通过比较图1和图2的上半部分得出)。

不管老人以前是身体健康还是身体状况很差,当他们健康变得有点差时,一般会马上搬回到普通住房。相反的是,在那些搬家交易成本非常高的模型中,当老人身体变得很差的时候,他们并不总是会搬到社会公共机构住房,而当他们身体变好时,也不大会重新搬回到普通住房。

这就使得老人在去世之前一直住在过渡性住房中。一旦老人搬进过渡性住房中,他或她就将在该住房中一直居住下去,即使他或她的健康状况发生了恶化。

我们能从老人大都会搬入过渡性住房的事实中得到几点重要的启示。首先,这个结果告诉我们过渡性住房的重要性。第二,从老年住房政策的角度来看,过渡性住房能够在提高老年福利方面起到很重要作用,尤其是在流动性成本非常高的情况下。

人们之所以愿意搬到过渡性住房,部分原因是人们若继续住在这种处于中间状态的住房类型中,不管他们的健康状况是进一步恶化还是变好,仍可以继续住在这种住房中,而且他们的效用也不会受到多少负面影响,我们不能用静态或非最优化的模型来研究这个问题,所以本文采用的是动态模型。

从模拟结果可以看出,流动性成本对搬入社会公共机构住房趋势的影响,比对搬入过渡性住房趋势的影响要大。当老人健康状况变得较差的时候,一般都会立即搬入过渡性住房中去,但当他们健康状况进一步恶化时,就不会再搬入社会公共机构住房了。与之相反的流动性状况,即当健康状况变得有点差时并不搬入过渡性住房,而是等到他们健康状况进一步恶化时,才直接搬入社会公共机构住房的现象,几乎不会发生。

除某种情况外,老人一般都不会搬到与其健康状况不匹配的住房类型中。唯一的特殊情况是,当老人身体变好时,一般也不会搬回到与身体健康相匹配的普通住房。

我们都知道,当老人搬离他65岁住的住房时,既会产生分离成本又会产生健康成本,下面我们就考虑分离成本在他的余生中一直存在,且健康成本只影响一年。图3描述了这个模型的模拟结果,分离成本为0.2。该表的前半部分表明,不管老人是男性还是女性,都只有在71岁时才会搬家,这个年龄的流动性会大大增加,然后又随着年龄的增长,流动性先是急剧下降然后会下降得比较缓慢。这并不难理解。低龄老人不愿意离开他们65岁时居住的住房,因为搬家会带来永久性成本。只有等到 71 岁时,搬家的好处才会超过搬家带来的负效用,因此很多老人都会选择搬家。在接下来的岁月里,当老人健康变差时,就会从普通住房中搬入到过渡性住房中去,但继续住在普通住房中的老年人口的数目会不断下降,这种流动对所有老人的总流动性状态影响不大。同时,不管处于什么年龄,当老人健康状况进一步恶化,即身体状况变得非常差时,一般都不会搬到社会公共机构住房。这两种现象解释了老人的流动性逐渐下降的原因。图 3 的下半部分描述了各个不同的年龄,老人住在每种住房类型中的百分比,与以上的分析结果非常吻合。

我们可以看出,分离成本的模型得出的流动性状况与暂时的效用成本模型得出的流动性模型有所不同,我们或许可以通过合适的数据来测量这两个模型在实证中哪个更重要。

以上分析结果都表明,当老人身体变得"有点差"时,一般都会马上搬入过渡性住房。不管老人以前的身体健康状况是"好"还是"非常差",这个结论都是成立的。但是老人的身体状况一般都是从健康变得"有点差",很少有人的身体健康状况是从"很差"转好到"有点差"的状态。既然老人的健康状况一般都是从"好"变为"有点差",与之相对应的是会搬到过渡性住房中去。我们还可以考虑一下住在过渡性住房所带来的效用变化,对老人搬入过渡性住房的积极影响。

回想一下,我们是把身体有点差的人住在过渡性住房中能得到的效用假定为 0.7,把身体有点差的人住在普通住房中能得到的效用假定为 0.4,我们已经探讨了第二个参数值的增加对老人搬入过渡性住房的积极影响。得出的结论是,当这个参数值足够小的时候,老人通常都愿意在他们健康由好变坏时搬入过渡性住房,这个参数值也就没有多大影响。如把该参数值由 0.4 提高到 0.5 时,老人在经历这种健康状况的改变时仍然会考虑搬家。

但如果把该参数值提高到 0.6 时,老人是否搬家就决定于搬家的交易成本。当搬家的健康成本只持续一年,效用成本等于或者小于 0.1 且只持续一年时,老人通常都会搬家;当效用成本位于 0.1 和 0.2 之间时,一些老人会搬家,另一些则不会,这主要是由他们的年龄和性别决定;当效用成本为 0.25 或更多时,就没有人选择搬家了。

现在考虑一下当矩阵中的非对角线元素(2,1)从 0.6 提高到 0.63 的情况,此时不搬家即继续居住在普通住房中所带来的负效用就只为 10%。同样假定搬家的健康成本只持续一年,即使搬家的效用成本为零,也不会表现出很强的流动性。对于老年男性来说,只有那些 81 岁及以上的人才会搬家;对于老年女性来说,在 65 岁与 69 岁之间,以及 71 岁以上的人才会搬家。当效用成本提高到 0.07 且只持续一年时(即效用成本为健康状况有点差的人能得到的最高效用值 0.7 的 10%),流动性将进一步减弱:男性老年都不会搬家;74 岁以上的女性老人才会考虑搬家。当效用成本提高到 0.1 时,只有 78 岁至 83 岁之间的老年女性会搬家(老年男性都不会考虑搬家)。当效用成本提高到 0.15 或者 0.15 以上时,就不会有老人会搬家了。

根据模型可以得出,如果住房不匹配带来的负效用等于或者超过 15%,那么即使搬家的交易成本非常高(持续一年的健康成本和适当的效用成本),老人还是会搬到过渡性住房中居住。

七、第二个模型

第二个模型是对第一个模型的扩展,考虑了住房价格、出售住房时的交易成本、利率、抵押贷款利率、年金收入、每一期的消费决策,和我们前面已经讨论论过的住房决策等因素的影响。

第二个模型的效用函数,包括了消费,还考虑了每位老人的最优消费和住房决策。在第一个模型中,效用主要取决于住房与健康状况的匹配情况,效用函数的表达式为 $U(j,i)$,j 代表老人的健康状况,i 代表老人的住房类型。第二个模型的效用函数为 $\log[c(t)]U(j,i)$,这里的 $c(t)$ 代表

t 时期的消费,用美元来计价。当老人搬家时,发生的效用成本或分离成本为 x,那么效用函数就应写为 $\log[c(t)][U(j,i)-x]$。需要注意的是,从这个函数可以得出,消费的边际效用决定于健康状况以及住房类型与健康状况的匹配情况。因此住在普通住房中的身体健康老人的边际效用最高,身体差的老人以及住房与健康状况不匹配的老人的边际效用要低一些。将消费的对数形式改为线性形式,则效用函数变为 $c(t)[U(j,i)]$,在下一部分中将简要地分析该模型的模拟结果。

这里用身体健康老人生活一年所能得到的效用值来换算遗产所带来的效用,将第一个模型的遗产函数的右端乘上 7,遗产函数就变为:$B(W)=7.0[\beta(W-ec)]^\alpha$

假定一生的总效用为每年效用值与遗产效用的贴现值之和,将效用函数与遗产函数相比较就可以得出,100 万美元的遗产大约相当于一位每年消费约 2 万美元的身体健康老人在普通住房中居住三年的效用。

现在将住房价格因素引入到该模型之中。假定三种住房的价格分别为 $P_1(t),P_2(t)$ 和 $P_3(t)$,$P_1(t)$ 和 $P_2(t)$ 分别为普通住房和过渡性住房在 t 年的价格,而 $P_3(t)$ 表示 t 年在社会公共机构住房中居住一年需要缴纳的费用。第一次模拟假定 $P_1(65)=200000$ 美元,稍稍超过美国独立式住宅价格的中值;假定 $P_2(65)=150000$ 美元,这是老年退休公寓和乡村住宅等过渡性住房一般都比普通住房小且更便宜;假定 $P_3(65)=25000$ 美元,这是在美国的私人疗养院里居住一年的平均费用。然后我假定 $P_i(t)=p_i(65)(1+\pi_i)^{t-65}$,这里的 π_i 表示三种住房的增值或者贬值率。

这里用近期发表的一些文献资料来确定 π_1 的值。Mankiw 和 Weil(1989) 以及 Poterba(1991) 都讨论了在接下来的几十年里普通住房的增值(贬值)率。他们认为,普通住房的价格既可能上升也可能下降。在他们讨论的基础上,我将 π_1 设为 0.01,代表着住房价格每年大约 1% 的实际上涨率。随着老年人口的增长,老年住房价格的上涨率至少应该达到普通住房的上涨率,因此我将 π_2 也设为 0.01。为了衡量一下不同的增值(贬值)率对模型结论的影响,我另外还做了几次模拟,这在下一部分会讲到,在那些模拟中,我将 π_1 的值变小而 π_2 的值变大。根据 Maple、Donham 和 Cowan(1992) 的文献资料,我认为在社会公共机构住房中居住一年需要缴纳的费用每年的上涨率为 2%,所以我把 π_3 定为 0.02。在其他的一些模拟中,我将 π_3 的值定为 0.04。为了计算方便,没有考虑住房价格的不确定性。

该模型有关家庭财富的计算,比第一个模型中家庭财富的计算还要复杂。这里会比较详细地介绍计算的过程,首先确定几个关键变量的值,然后列出算式计算每期家庭财富值的步骤。

用 r 来表示储蓄的实际利息率,用 r_m 来表示当住房的买价超过他们现有家庭财富从而导致贷款的利率。我假定 $r=0.02,r_m=0.04$。然后定义 $A(t)$ 为老人每年年初的实际年金收入,为 $A(t)=A_0(1+r)^{t-65}$,这里 A_0 为 65 岁时的年金收入,设为 18000 美元。与前面的假定一致,W_0 为 65 岁时的总财富,W_t 为 t 年的总财富。假定 $W_0=250000$ 美元,其中 200000 美元为老人的住房资产(假定为普通住房不欠债),余下的都是储蓄。这些数据与 Feinstein 和 McFadden(1989)、Venti 和 Wise(1990)、Feinstein、MaFadden 和 Pollakowski(1990) 的结论保持一致,即大部分老年人口的财富都集中在住房资产上。我还假定当老人出售普通住房或者过渡性住房时,都会发生交易成本,定为住房售价的 6%。

假定 t 年初的家庭财富为 W_t,要计算下一年初的家庭财富值 W_{t+1},我们必须将住在普通或过渡性住房中的老人与那些住在社会公共机构住房中的老人分开讨论。假定 t 年初老人的住房为普通住房或者过渡性住房,将此住房状态表示为 i。然后就得分两种情况讨论:一是总财富超过现有住房的价值,即家庭除了有住房外还有储蓄;二是总财富比现有住房的价值少,即家庭还有贷款尚未偿还。如果在 t 年不搬家,那么第一种情况(即有储蓄)下的 $t+1$ 年初的财富为:

$$P_i(t+1)+(W_t-p_i(t)+A(t)-c(t))(1+r)$$

这里的隐含条件为 $c(t)$ 要小于可支配收入 $W_1 + A(t) - p_i(t)$。在第二种情况下，定义 $y = \dfrac{p_i(t) - W(t)}{p_i(t)}$ 为贷款占家庭住房资产的百分比（即家庭实际上只拥有"$1 - y$"这个百分比的住房资产），如果家庭消费小于每年的年金收入，家庭财富就应该为：

$$(1 - y) p_i(t + 1) - y p_i(t) r_m + (A(t) - c(t))(1 + r)$$

如果家庭消费大于每年的年金收入，那么家庭财富就为：

$$(1 - y) p_i(t + 1) - y p_i(t) r_m - (c(t) - A(t))(1 + r_m)$$

其中第一项表示家庭真正拥有的部分住房资产，第二项表示贷款的利息额，第三项表示净储蓄（或贷款），该项等于年金收入与消费的差。如果 t 年搬家了，计算过程也是类似的，只是更加复杂一点。如果家庭搬到了普通住房或者过渡性住房中去（新住房状态表示为 k），则交易成本为 $d = 0.06 p_i(t)$。那么出售住房得到的收入就为 $S = (1 - y) p_i(t) - d$（隐含条件：$S > 0$），当原住房没有抵押贷款时，$y = 0$。用 $\hat{W}$ 表示售出住房后的家庭财富，如果家庭原来的财富超过 $p_i(t)$，则 $\hat{W}$ 为 $S + A(t) + W_t - p_i(t)$，否则 $\hat{W}$ 就为 $S + A(t)$。现在我们必须按 $\hat{W}$ 是否超过 $p_k(t)$（即新住房的价值）来分两种情况讨论。若 $\hat{W}$ 超过了新住房的买价，那么 W_{t+1} 为：

$$p_k(t + 1) + (\hat{W} - p_k(t) - c(t))(1 + r),$$

若 $\hat{W}$ 小于新住房的买价，那么 W_{t+1} 为：

$$\frac{\hat{W}}{p_k(t)} p_k(t + 1) - (p_k(t) - \hat{W} - c(t))(1 + r_m).$$

如果老人搬到社会公共机构住房中去，则当 $\hat{W}$ 超过 $p_3(t)$ 时，W_{t+1} 等于：

$(\hat{W} - p_3(t) - c(t))(1 + r)$，这里的 $c(t)$ 应该不超过 $\hat{W} - p_3(t)$。

如果 $\hat{W}$ 小于 $p_3(t)$，则 $c(t)$ 为 0（在模拟的时候，将其设为一个非常小的值），W_{t+1} 也为 0。

最后，让我们讨论一下老人在 t 年初住在社会公共机构住房的情况。假定一个老人的财富与年金收入的和仍然小于 $p_3(t)$，那么该老人就会一直居住在该社会公共机构的住房中，成为社会的负担。在这种情况下，$c(t)$ 为 0，W_{t+1} 也为 0，并且老人不会搬家。若老人的财富超过 $p_3(t)$，且不搬家，那么在 $t+1$ 年年初时，财富就为 0 和 $(W_t - p_3(t) + A(t) - c(t))(1 + r)$，（这里 $c(t)$ 的值应该不超过 $W_t - p_3(t) + A(t)$）之间的较大值。

如果老人搬到住房类型 κ 中，且 $W_t + A(t)$ 大于 $p_3(t)$，$c(t) < W_t + A(t) - p_k(t)$，那么 W_{t+1} 为 $p_k(t + 1) + (W_t + A(t) - p_k(t) - c(t))(1 + r)$；

如 $c(t) > W_t + A(t) - p_k(t)$，那么 W_{t+1} 为：

$$p_k(t + 1) - (c(t) - W_t - A(t) + p_k(t))(1 + r_m);$$

如果老人的财富小于 $p_3(t)$，那么 W_{t+1} 就应该为：

$$\frac{W_t + A(t)}{p_k(t)} p_k(t + 1) - (c(t) + p_k(t) - W_t)(1 + r_m).$$

接下来，我将大致说明应该怎样对第一个模型中运用的方法做出扩展，从而计算出第二个模型中老人的最优消费和住房决策。

第一个模型中，i 表示老人现在的住房类型，j 代表现在的健康状况，κ_1 和 κ_2 分别代表另外两种住房类型，h_1、h_2 和 h_3 代表模型汇总的三种身体健康状况。在第二个模型中，价值函数 V 不光由健康状况和住房类型决定，还将受到财富的影响，并表示为 $V(W, r, z, t)$，这里 W 表示 t 年年初时家庭所拥有的财富。

在第二个模型中,老人要就住房类型和消费水平等做出决策。为了得到老人的最优住房选择和消费水平,最好分两步来解决这个问题。第一步,依次考虑每一种住房类型,并计算出每种住房类型所对应的最优消费水平。因此,三种住房类型的暂定价值函数就为:

$$R_t = \max_{c(t)} \log[c(t)]U(j,i) + \delta \sum_{t=1,2,3} q_0(j,z;t)V(W_{t+1,z,i,t+1})$$
$$+ \delta[1 - \sum_{z=1,2,3} q_0(j,z;t)]B(W_{t+1} - ec_t)$$

$$R_{k_1} = \max_{c(t)} \log[c(t)][U(j,k_1) - x] + \delta \sum_{z=1,2,3} q_m(j,z;t)V(W_{t+1,z,k_1,t+1})$$
$$+ \delta[1 - \sum_{z=1,2,3} q_m(j,z;t)]B(W_{t+1} - ec_t)$$

这里 $l = 1,2$,W_{t+1} 为 $t+1$ 年年初所拥有的财富,它由 $c(t)$ 决定,并分别计算出三种住房类型对应的 W_{t+1} 的值。x 为搬家的效用成本,这在前面已经定义过了。第二步,比较 R_l、R_{k_1} 和 R_{k_2} 三者,然后选取最大的那个数值;消费取能使以上公式取得最大值的数值。

若模型中的流动性成本持续不止一年或者还考虑了分离成本,计算方法也与以上的方法类似,这里就不赘述了。

八、第二个模型的模拟结果

这部分将对第二个模型的模拟结果进行分析。首先分析只有交易成本但没有流动性成本时的模拟结果,然后分析有流动性成本时的模拟结果,这里先讨论有暂时效用成本和健康成本时的模拟结果,然后再讨论既有健康成本又有永久性分离成本时的模拟结果。最后,我还分析了模拟结果对遗产函数、效用公式、房屋未来价格上涨率中参数值变化的敏感度。然后我将该模型的模拟结果与第一个模型的模拟结果进行比较分析。

该模型的模拟结果与第一个模型的模拟结果很吻合。它们都表明,流动性成本对流动性的影响很大,搬家时是否会带来短期的效用成本或长期的分离成本对流动性的影响是不一样的,过渡性住房对老年人来说显得非常重要,尤其是在年龄很大时,在一些模拟中,该种住房甚至成为人们在去世之前将一直住下去的住房类型。

图 4 表示流动性成本仅为普通住房或过渡性住房售价的 6% 时的模拟结果。它假定一位在 65 岁时身体健康并住在普通住房中(拥有完全产权)的老人,他的住房价值为 20 万美元,还拥有 5 万美元的流动性资产。该图的上半部分表示每个不同年龄的男性老人和女性老人各自的平均搬家率。老年男性和老年女性在 65 岁时的流动性均为 6% 左右,并随着年龄而逐渐增加,在 80 岁多一点时达到最大值(女人为 15%,男人为 17%),然后便急剧下降。该图的第二部分表示,住在普通住房、过渡性住房和社会公共机构住房中的老年人口的百分比,它是年龄的函数。正如预料的那样,住在普通住房的老年人数的百分比随着时间而逐渐下降,从约 100% 几乎降为 0%,住在过渡性住房的老年人数的百分比随着时间而逐渐上升,从约 0% 几乎上升到 100%,住在社会公共机构住房的老年人数的百分比随着时间的变化上升得很慢,65 岁时该百分比约为 0%,接近 90 岁时的百分比还不到 10%(从 90 岁开始该百分比会有下降)。该图的第三部分表示消费在财富中所占的百分比。从中可以得出,老年男性和老年女性 65 岁时的消费百分比均为 12%,然后随着年龄增长而下降,大约降为 90 岁时的 6%;老年女性在年龄较小时的消费百分比要大于男性消费的百分比,但随着年龄的增长,他们的百分比率相差不多。

　　图4的一、二部分可以直接和图1的两部分相比较,图1表示第一个模型中当流动性成本为0时的模拟结果。唯一的显著区别是在第一个模型中,流动性随着年龄的增长而单调增加,而在第二个模型中,流动性先是增加,在年龄很大时又开始下降。

　　为了更好地理解图4的形状,我们要注意以下几点:首先,在流动性为0的模型中,老人在健康状况发生变化时会马上搬到适合的住房类型中去,交易成本本身并不会使流动性降低;其次,老人之所以不愿意搬出普通住房,是因为他们想将更多的资产以储蓄的形式持有,因为这样回报率更高为2%,而住房的回报率为1%。当老人几乎没有什么财富时,一般不会搬入与他们的健康状况最匹配的住房中去,如果在这种情况下选择了搬家,也是搬入社会公共机构住房,由于他们所有的财富都已经耗尽了,也就成了社会的累赘。

　　与老年人口消费决策有关的结论有:对于大部分老人来说,他们在许多年份的消费都只比年金收入稍稍多一点。主要原因是为了给后代留下较多的遗产。实际上,遗产的重要性也从另一方面解释了,随着年龄的增长,消费在财富中所占百分比逐渐下降的原因:当老人的年龄非常大时,他们预期自己的寿命已经不是很长了(回想一下,我们在模型中已经假定所有的老人最多都活到91岁),更愿意把财富储存下来作为遗产留给后代,而不是把这部分财富消费掉。另一个原因是许多高龄老人的身体状况都非常不好,疾病缠身,消费带来的边际效用大大降低。最后一个原因是老人希望把财富储存下来,以用于支付搬家的交易成本或是住在社会公共机构的费用。

　　模型的模拟结果提供了关于财富、流动性和住房三者之间相互关系的信息。以老年男性为例。在68岁时,他们的平均财富为229000美元,这比65岁时的平均财富低21000美元。在这个年龄,那些搬过家的老人的平均财富为227000美元,住在普通住房的老人的平均财富为229000美元,住在过渡性住房的老人的平均财富为234000美元。在80岁时,平均财富下降到213000美元,那些搬过家的老人的平均财富为209000美元,住在普通住房和过渡性住房中的老人的平均财富为207000美元。值得注意的是,那些住在过渡性住房的老人的平均财富最高,对这些老人来说,消费的边际效用要比那些身体健康并住在普通住房中的老人的边际效用较低。对老年妇女的模拟结果与此类似,这里就不做详述了。

　　接下来讨论第二个模型除了金融交易成本,搬家同时会带来短期的效用成本和健康成本(效用成本和健康成本均持续两年)时的模拟结果。对健康成本的估值与第一个模型的估值相同。当效用成本定为0.4时(与图2所对应的模拟中的数值相当),模拟结果表明此时没有流动性。显然,如此高的健康成本、金融成本和效用成本,使得所有老人都决定不再搬家。当效用成本定为0.2,再加上流动性,这正是接下来要详细论述的。

　　图5表示有两年效用成本且其值定为0.2(当然还有健康成本和金融成本)时的模拟结果。有趣的是,该模型得出的流动性状况(见图5前一部分)与第一个模型中当效用成本为0.4时的流动性状况(见图2前一部分)非常类似。这两个模型中,老年男性在65岁到70岁出头的流动性约为6%,过了这个年龄段,流动性就突然降为0,然后在短短一年中又突然上升为25%,在紧接着的第二年,又突然降到10%以下,其后便一直下降,但在90岁时又急剧上升。而且该现象在其他模型的模拟结果也表现得很明显。对于老年妇女来说,流动性变化的幅度要小一些,在65岁与80岁之间始终保持在约6%的水平上,然后便开始平滑下降,直到90岁时才又急剧上升。图5的第二部分分别表示住在普通住房、过渡性住房和社会公共机构住房中的老人的百分比,这是一个关于年龄的函数,同样和图2中对应的部分相类似。图5的第三部分表示消费在财富中所占的平均百分比,这也是年龄的函数,且男性和女性分别讨论。与图4的对应中反映的情况一致,老人消费在总财富中的百分比随着年龄增加而减少,且女性对应的百分比要高一些,尤其是在年龄相对来说较年轻的时候。

对模拟结果的进一步分析告诉我们，老人通常都只从普通住房搬到过渡性住房，这其中隐含着当老人健康状况开始"由好变坏"这个条件。没有人会搬到社会公共机构住房，只有在财富水平非常低且老人采取"破产"策略（前面已经论述过）时才会偶有发生。而且即使老人健康状况变好，也不会从过渡性住房再搬回到普通住房。

正如第一个模型得出的结论一样，老人将在过渡性住房中一直居住下去，直到死亡为止。这表明将第一个模型扩展之后，即将经济变量和决策等因素考虑在内的第二个模型的模拟结果，同样表明了过渡性住房的重要性。

这两个模型表明老年妇女消费在总财富中占的百分比，要比老年男性消费在总财富中占比高一些。这可能是男人相对于女人来说死亡的概率要大一些，更愿意将较多的财富储存起来作为遗产留给后代。遗产带来的边际效用要比消费的边际效用更高，男人更倾向于将他们的财富储存起来。

图 6 表示的是既有分离成本又有健康成本的模型的模拟结果。该模型的分离成本设为 0.2，健康成本只持续一年（这与图 3 所对应的第一个模型中的参量设定值差不多）。图 6 的第一部分表明，老年男性直到 80 岁时才会搬家，其后他们的流动性急剧增加，且该流动性水平将持续好几年，这是因为那些居住在不匹配住房中的老人的流动性都释放出来了，然后又会下降到一个适当的水平。老年妇女从 77 岁起才开始搬家，然后流动性在一年之内急剧上升，其后便逐渐下降到一适当水平。这些流动性状况与图 3 的第一部分表现出的流动性状况非常相似，只是图 6 中流动性的起始时间较晚。图 6 的第二部分表示分别住在三种不同的住房类型中的老年人口所占的百分比，这与图 3 中对应的图表相类似。图 6 的第三部分表示消费在总财富中所占的平均百分比，与图 4 和图 5 中该百分比的情况相一致，它随着年龄增加而减少，在这个模型中，它从 12％ 降低到约 6％，且老年妇女的消费在总财富中占的百分比要比老年男性的消费在总财富中占的百分比高一些。

九、总结

本文得出了一些非常有意思的结论。重要的是，我发现包含了多种流动性成本在内的经济模型的模拟结果与现实生活中的流动性水平非常吻合。本项分析还表明过渡性住房的重要性，因为大部分老人在去世前都将在该住房中一直居住下去。

我们还可以沿着几个方向进一步展开分析。住房类型可能分成更多的类型而非三种，从而与现实更加贴近。一种方法就是定义一系列的住房属性，其中包括建筑式样变量、地理位置变量和公共医疗卫生服务变量。每一组变量就对应着一个可行的住房选项。如果给每一个属性估价，就可以用第四部分的框架来分析这个模型。

第二个扩展方向是将未来房价的不确定性考虑在内。第三个扩展方向就是改进对健康状况的定义，将人们衰老的过程分成几种典型的状况，且每一种状况都对应着一个决定于健康状况和住房类型的匹配情况的效用函数。

本文中相关的图表因篇幅较大，故略去。这将会对大家阅读理解本论文带来某些不便，鉴谅。

为保障退休发展反向抵押贷款的海外经验

Wai-Sum Chan[①]

一、绪 论

(一)研究的经济社会背景

如同世界上的许多地区一样,香港人口在迅速老化。年龄在 60 岁或以上的人口在 20 世纪末到 21 世纪初已达到 100 万人,预计到 2016 年,将达到全部人口的 20%(160 万左右),也就是说,每 5 个人中将有 1 个是老年人。而且年龄在 60 岁以上的人口到 2029 年,将增加到 26%。

据确认,多数老人只有很少的退休收入,对于持续增长的老年人口,却是确保财务安全的挑战。当重申个人和家庭在为晚年准备的责任的重要性时,2000 年 12 月,香港特区政府同时执行托管准备基金(MPF)计划,为将来几代老年人口提供较高的法人退休收入做保障。

虽然当前老年人通常只有较少的退休收入,但他们中约 24% 的人有私人房产。我们预计老年房产拥有者的比例在今后会有增加,不久将归入老龄人口(如目前年龄在 45 岁到 59 岁之间)中的 37%,现在是私有房产的拥有者。这些所有者中由于家庭的储蓄是既定的,相当部分人仅有住房财产但手头只有很少的现金。这种情形将持续好几代人,花费 30 至 40 年时间才算成熟。

此次研究计划探究了在香港引进反向抵押贷款的可行性。反向抵押贷款是一种依靠住房资产净值转换价值的无追索权的贷款。它允许年长的私有住房拥有者把房产净值转换为现金,而不用搬出或减少他们的居住条件。伴随着可任意使用的收入增加,他们能够提供更为得体的生活水平。这同样使更多的年长者在面临家庭资助减少时,也能依靠自己度过晚年生活。

(二)研究目的

反向抵押贷款是一种个人财务规划,它使得私有住房的拥有者能够在住房财产中提前支用部分资产。当他死亡或搬离该住房时,提前支用的资产能部分地偿还。偿还的款项可以延期至养恤金制受益人或未亡配偶死亡时。在一些规划中利息是每年支付的,但在另一些方案中,当本金被偿还时,利息可以延期支付。如果私有住房拥有者搬离该住宅时,多数反向抵押贷款可以被转换成其他财产。但是直到近来,反向抵押贷款仍然主要是为退休的私有住房拥有者设计的。

本论文的主要研究目的是:(a)反向抵押贷款开办的国际趋势和在这方面有相当经验的五个海外国家的反向抵押贷款的当前发展状况;(b)从如上经验中识别有用和相关的特征,香港地区可从以上国家的评析中,采取适当的措施发展反向抵押贷款业务;(c)在评论其他国家经验和方法的基础上,为在香港地区引进反向抵押贷款,推荐可能克服开办障碍的策略。

---

① Wai-Sum Chan,博士,F. S. A. 香港大学,2002 年 4 月。

二、反向抵押贷款的特性

反向抵押贷款是那些希望待在自己的住房里,但缺乏用于家庭日常生活费开支和住房维修、健康和长期照料支出的额外收入的中年以上的私有住房拥有者的唯一选择。反向抵押贷款是一种倚着借款人住房的贷款,只要他仍旧居住在那儿,就不需要偿还借款。贷款额包括应计利息和其他费用,一旦借款人死亡时(或借款人自愿偿还贷款时),将要求全部偿还贷款的累计本息。

在世界范围内,有许多类型的反向抵押贷款和相关产品。如英国的资产豁免机制(ERMS),苏格兰的共享增值抵押贷款(SAMS),法兰西的 Viager 和新加坡的基本反向抵押贷款。

虽然存在不同类型的反向抵押贷款,但在某些方面它们是相似的。在这个部分里,我们将叙述它们的共同特征。

(一)户主

采用反向抵押贷款的私有住房拥有者,对他们的房产仍然保持相应的权利,并且能够把这种权利留传给他们的继承人。不管怎样,继承人将不得不偿还未偿贷款,如果他们想要保持所有权的话。借款人可以通过在任何时候预付未偿贷款,选择反向抵押贷款(通常没有罚款)。

(二)占有

所有反向抵押贷款允许借款人保持所有权直到借款人(或最后的借款人——在夫妻间有协议时)死亡、出售住房或永久地搬离时。

(三)贷款成本

与普通的(即向前的)抵押贷款类似,为获得反向抵押贷款需要付出很多代价。这些代价一般包括申请费、起始费、第三者结束成本、服务费和利息。

(1)申请费用涵盖财产估计费和最小限定的信用检查费,估价确定财产价值的公平市价。

(2)信用检查确定是否申请者已往有从银行或信用卡公司那里未能偿还的任何贷款。

(3)起始费是支付给准备文件和处理贷款的业务开办机构的费用,也就是"起始运转"贷款。

(4)"结束"发生在有合法文件要求结束此交易,结清反向抵押贷款业务。结束反向抵押贷款需要各式各样的正当服务,不同于贷款机构发起时的情况。这些服务主要包括资格审查、保险、调查、住房检查、记录费、印花税和法律要求的其他任何条款,"结束"成本由借款人引起。

(5)"服务费"意味着贷款机构或他们的代理人在结束之后做的每件事情:安排贷款,发送账目清单,在私有住房拥有者的要求下,从贷款额中支付财产税和保险费,在贷款协议下,监视债务和适用性。通常,反向抵押住房的维修费由私有住房拥有者掌管。

事实上,所有贷款机构掌管反向抵押贷款的浮动(可调整的)利率。在美国,反向抵押贷款的利率通常受一年期美国国债利率的限制(通常受"顶"的限制,即"上要封顶")。

在美国,联邦法律需要贷款机构披露每种反向抵押贷款的全年成本(TALC)。TALC 联合所有贷款费用到单一的按年计算的费用,并且对各种类型的反向抵押贷款的利弊相比较,非常有用。

(四)贷款数量

可从反向抵押贷款业务中得到的贷款额,多数取决于反向抵押贷款程序和支付方式的具体安排。贷款总额通常限制在房产价值的20％到50％。在每种贷款程序中,能获得的贷款现金量通常取决于私有住房拥有者的年龄和财产价值。一般规则是:年龄越大,获得的现金越多;住房价值越高,获得的现金越多。

(五)贷款支付方式

在经核准的贷款额度范围内,私有住房拥有者可以选择一种由贷款机构提供的(或混合)支付方式。一般地说,可运用的支付选项包括:一次付清、信用贷款之最高限额、每月现金垫款和终身年金。

借款人可以在反向抵押贷款开办时,选择接受一次付清全部贷款。然后,他就有使用或投资这些贷款额的全部机动性。一次付清的方式在反向抵押贷款机构(主要是退休者)中不大流行。在发达国家,许多老年人十分清楚在退休时优先选择一次付清方式的相对优势。主要理由是多数普通老年人相对缺乏财务打理经验,不能很好地应用资金产生的收益。而且,在其他方面相同的情况下,各类支付方式中,纯粹的一次付清方式的利息通常是最高的。

信用贷款的最高额方式允许借款人控制贷款支付的时间和数量。在美国,也称作"credit-line"。即在贷款额的限制范围内,老年私有住房拥有者可以决定在什么时候从他的账户上提取现金及提取现金的数量,仅仅取出的贷款额影响利息。许多老年借款人视这种从未使用的信用贷款额为特殊情况的备用金。

最后,应该注意的是,每月的现金垫款不是"通货膨胀的保护方式"。它意味着每月贷款额设定在一定数量,一定期间内数量不增加不减少。但随着通货膨胀加剧购买力将大为减弱。

只要老年私有住房拥有仍旧依靠当前的房产生活,来自反向抵押贷款的不动产占有期间计划的每月现金垫款就能够持续下去,如果他出卖房产或搬离时则停止支付。反向抵押贷款业务开办机构提供的另一种支付方式是一种固定利益的固定年金。这类年金通常是与保险公司签订契约,私有住房拥有者从一次付清的反向抵押贷款额中抽出部分支付年金。作为回报,私有住房拥有者在余生之年,每月获得固定的年金支付(与最初的反向抵押贷款情况无关)。

实际上,多数反向抵押借款人选择组合的支付方式,如"每月现金垫款和一次付清方式的组合""一次付清和年金方式的组合""每月现金垫款和信用贷款方式的组合"和其他方式的组合。

(六)优先要求权

反向抵押贷款通常存在"第一"抵押权。它意味着相对于其他债务人,反向抵押贷款的业务开办机构依靠这笔房产有第一优先要求权。实际上,如果私有住房拥有者在房产上存在负债,他必须做好下列两件事情中的一件来清偿债务:在获得反向抵押贷款前还清全部债务;或者从反向抵押贷款中获得现金来偿还债务。借款人可以从反向抵押贷款业务开办的付费中,还清房产上的任何其他债务。

(七)无追索权保护

反向抵押贷款上的未偿还额,等于支付给私有住房拥有者的所有贷款金(包括所有贷款费用)加上利息。当老人死亡或自愿赎回房产时,贷款业务即宣告终止,如果债务额比房产价值低的话,私有住房拥有者或其继承人可以保留剩余的部分。但是,如果增加的贷款额已经超出房产价值,全部反向抵押贷款的债务额都会限制在房产价值范围内。换言之,私有住房拥有者在贷款额偿还时,亏欠额不能超出房产价值,这就称作无追索权的保护。贷款机构不允许从借款人或他们的继承人那里重新得到不足额部分。

(八)贷款期限

当借款人或最后幸存的借款人死亡、出售房产或永久搬离原住房时,多数反向抵押贷款就宣告到期,并结清应付的款项。

市场上存在一小部分固定期限的反向抵押贷款,这类贷款的有效期是固定的,如 10 年等。在贷款的最后期限,私有住房拥有者必须偿还贷款。不管怎样,这种形式的反向抵押贷款业务在多数贷款市场上是衰退的。私有住房拥有者关心的是他们将不得不搬出自己的住房,如果他们在最后期限不能偿还债务的话。

反向抵押贷款计划可能包括一些不履行责任的例外情况,使得债务未到期即需要立即偿还的特别条款。包括房主未能按时缴付房产税;房主未能适当地维修住房;房主未能从房产中获得火灾保险和其他保险;房主宣布破产;房主捐赠或抛弃房产;出租全部或部分住房给一些未授权的人;对房产权增加一个新的房主;改变房产的使用方式,如从住宅到商业用房等;凭借房产抵押取得新的债务等。

三、美国经验

(一)美国历史、趋势和当前的发展

在美国,第一笔反向抵押贷款可能是在 1961 年,由处理储蓄贷款的纳尔逊·海恩斯和杨内尔——他的高中足球教练协商出来的。

20 世纪 70 年代,美国发表了很多关于在美国老年人中引进反向抵押贷款的调查和研究。包括由 Yung-Ping Chen 教授在洛杉矶关于"住房供给的年金计划"的调查研究,和由 Ken Scholen 教授直接管理的"反向抵押贷款的研究工程"及 1978 年由威斯康星州资助的老龄人口研究。

1981 年,为住房资产价值转换的国家中心(NCHEC)作为一个独立的和非营利的组织存在。它的最初使命是教育消费者了解关于反向抵押贷款的明细情况。

1984 年,Prudential-Bache,一个私人保险公司,宣布美丽家园的上市协议,Prudential-Bache 是新泽西的第一个私人反向抵押贷款业务开办机构。

在国家住房供给行为下,住房资产转换抵押贷款(HECM)保险论证程序在 1987 年由美国国会创立。由联邦住房供给管理部门(FHA)提供的是一次公开的反向抵押贷款保险程序。FHA 确保由 FHA 批准的贷款机构发起的 HECM 贷款,保护贷款机构避免损失。如当资产出售,贷款额度超出房产净值的话,此程序就能有效地消除反向抵押贷款机构面临最后阶段的大部分风险。

现今,美国有超出 125 个贷款机构提供反向抵押贷款。许多政府机构和非营利组织,像美国退休人员协会(AARP)和美国的住房供给和城市发展部门(HUD),为美国退休的私有住房拥有者提供免费的辅导服务。

(二)美国反向抵押贷款的程序

1. HECM 程序

1987 年,在国家住房供给行为下,住房资产转换抵押贷款(HECM)保险程序被设计成,给老年私有住房拥有者提供通过转换住房资产获取现金的方式,而不用出售或搬离他们的住房。贷款机构给私有住房拥有者提供款项,与传统的抵押贷款支付方式是相反的,此贷款被称为"反向抵押贷款"。

HECM 程序下的反向抵押贷款在全联邦范围内是有保险的,这意味着美国政府保证 HECM 借款人将获得所有允诺的现金。这些贷款能用于任何用途,而不论收入情况如何,对年满 62 岁或以上的私有住房拥有者在全美国都是有用的。

最初,美国国会批准在 1990 年,确保 2500 个反向抵押贷款的 HECM 计划程序。第二年,国会通过 1995 年扩展计划程序,扩大限制范围确保 25000 个反向抵押贷款业务。1998 年 10 月,国会做出永久性反向抵押贷款程序并增加正当的贷款数量到 15 万个。一般而言,HECM 程序已在美国市场上占据了反向抵押贷款业务的最大部分。

HECM 保险程序受到美国住房供给和城市发展部门(HUD)的住房供给管理部门(FHA)的支持。HUD 负责保险程序的设计和修改。FHA 准许贷款机构收集不动产抵押贷款保险费用并管理保险资金。

到 1999 年 10 月止,38000 多个中年以上的私有住房拥有者选择了 HECM 贷款以应付财务上的急需,此程序持续稳定地增长。在全部的 38000 份 HECM 贷款中,有 9000 份左右贷款已成熟,有 28500 份贷款是迫于压力,仅有 400 份贷款宣告终结。迄今为止,终止通常在预期后发生,要求权很低,允许为未来权益构造物质储备资金。

应当强调的是,HUD 和 FHA 都不直接提供反向抵押贷款给借款人。相反,HECM 贷款由银行、抵押贷款公司或其他私人贷款机构发行。无论如何,这些公司实际上售出所有的 HECM 贷款资产给"房利美"。"房利美"是一个由政府赞助的实体,在联邦政府的常规照顾下运作。

"房利美"也在 HECM 程序上起到重要作用。"房利美"在处理那些像禁止使用过渡期贷款以支付超过程序允许范围的起始费问题上,起着导向性作用,为财产税和保险留出必要的资金,以防借款人会在处理这些贷款中发生不良行为,并且提供较好的咨询辅导的电话系统。

2. 住房保留计划程序

1995 年开始,"房利美"开创了自己的反向抵押贷款产品——住房保留计划。在住房保留计划程序下可利用的贷款选项与 HECMs 相似,虽然只有较少的支付方式可供选择。借款人只能选择每月的现金垫款,或信用贷款之最高限额或两者的组合,但不能使用一次付清方式或其间付款方式。住房保留计划是按月调整贷款利率,这与多数 HECM 反向抵押贷款程序是一样的。

"房利美"程序的主要优点,是拥有住房价值高的业主可以用房子借入更多的款项,因为贷款额不像在 HECM 程序中那样受到 FHA 的限制。"房利美"也有部分增值的选择权,随着住房价值的增值,允许借款人逐渐增加贷款的额度。

住房保留计划的贷款成本与 HECM 相似,虽然最初的保险费较低(在住房保留计划下是 1%,在 HECM 下是 2%)。

对于借款人来说,通常使用更加有利的设想,HECM 贷款经常为有资格的借款人提供更多的资金,因此是符合两个程序资格业主的首选。另一方面,住房保留计划程序在有高住房价值的业主中更加流行。结果是源于住房保留计划的贷款额数量比 HECMs 少得多。例如,1999 年仅发行了少于 1000 次住房保留计划的贷款额,而在 HECM 程序下则有将近 8000 份新的贷款。

3. 私人领域的产品

在 1996 年以前,有三个私人领域的反向抵押贷款产品可资利用,分别来自于贯穿美国的住房第一、有财务特权的年长者资金公司和家庭年长者服务。家庭年长者服务在 1997 年停止贷款程序,1999 年,"贯穿美国"也停止了贷款程序并出卖它的贷款特许权给雷曼财务基金公司。现在,除了 HECM 和住房保留计划程序外,雷曼财务基金是唯一一家提供反向抵押贷款产品的私人公司。

当贯穿美国的贷款程序广泛使用时,直到 1999 年,财务特权贷款仅在美国西部的几个州使用。无论如何,财务特权在另外八个州开始贷款业务实施的过程中,宣布它的意图是扩展业务到包括贯穿美国以前贷款的所有 35 个州。

财务特权贷款本来是处于"巨大贷款"位置上,它提供贷款额的最大数量是 70 万美元。与来自 HECM 和住房保留计划程序相比,来自财务特权的贷款有不同的结构。在财务特权程序下,借款人在贷款结束时收到一次付清的余款。他们可能使用这笔款项购买老年生活年金,并且转换这些资产为每月支付方式。

财务特权计划不动产资产有分享安排,等于住房资产价值的 80%,保证借款人能保留部分资产给他们的继承人。

财务特权计划不列出规定支付的利息或服务费,这些费用已经包含在决定贷款额的数量中。

4. 摘要

美国反向抵押贷款市场现在有三个部分。FHA 提供的是贷款额受限制的产品,"房利美"提供更自由的贷款产品,财务特权提供的是服务于高价值住房业主的产品。

在前两个细分市场中,美国政府起到重要作用。HUD 和 FHA 对联邦保险程序负责,此程序是 HECM 贷款的核心部分。"房利美"是由政府赞助的经济实体,开发了住房保留计划的反向抵押贷款。1987 年以来,美国国会开始监督反向抵押贷款市场的运作,住房供给和城市发展部门被要求定期向国会报告 HECM 运行的状况和程序。

四、政策和政府管理的环境

(一)美国政府对反向抵押贷款市场成长的维护

在国家住房供给行为下(1987 年),255 计划在反向抵押贷款上使美国政府的政策清楚地显示出来。该计划陈述 HECM 程序有三个目的:(1)允许住房资产转换成流动资产,满足过了中年的私有住房拥有者的特殊需要;(2)通过抵押市场鼓励和增加住房资产转换为流动资产的途径;(3)确定住房资产转换需求的程序和住房转换抵押贷款的类型,以更好地满足中年以上的私有住房拥有者的需求。

美国国会为反向抵押贷款的申请咨询、消费教育提供资金,并要求 HUD 找到关于培养反向抵押贷款潜在借款人的替换方式。

在美国,反向抵押贷款由综合银行业和贷款行为组织管制。1994 年前,没有为反向抵押贷款产品设计特别法规。1994 年 9 月 23 日,克林顿总统签署了关于 Riegle 1994 地区开发行为的法律。此法律在贷款行为上做出重大改变,美国立法机构注意到消费者在关于反向抵押贷款的事务上没有接收到足够的信息。为了确保借款人充分明晰关于反向抵押贷款的成本和风险,此次立法为这些事务创造出特别需求。反向抵押贷款贷款机构要求给借款人揭露贷款总额的善意的真实成本(TALC)。所有与反向抵押贷款有关的成本和费用都必须考虑,不管是否属于财务费用。TALC 应当按年平均计算利率,这在比较不同机构提供反向抵押贷款的利弊上,是有用的。

自 HECM 程序开始以来,要求给所有的借款人提供贷款前辅导,目的是确保借款人充分掌握反向抵押贷款的优势和劣势,贷款方式以及该项贷款将如何影响他们的生活条件。此辅导由 HUD 组织提供——一般是咨询中介和老龄化机构——他们是独立于贷款机构组织,以确保借款人获得没有偏见的信息。借款人可以亲自前来或打电话咨询。

1998年,作为立法结果转到保护程序上以避免给借款人带来不必要的费用,HECM程序顾问必须和私有住房拥有者讨论,他们是否需要和要求老年私有住房拥有者在结束时或结束后支付费用的不动产计划服务性公司签订合同或契约。该类公司经常通过控制多余的服务或建议来利用借款人。

在HECM程序下,国家住房供给行为203(b)计划定义用于反向抵押贷款的住房价值的限制。此限制在美国不同的县和州是不同的,至少每年变化一次。此规章的目的在于防止反向抵押贷款业务规模过度扩张。

(二)美国反向抵押贷款市场发展的障碍

在美国反向抵押贷款市场上,贷款机构参与的主要障碍之一是老年人缺乏对这些贷款的需求。没有较大的需求,贷款机构就不能产生充分的贷款量。

除简单地使较多的私有住房拥有者知道反向抵押贷款的实用性外,贷款机构设法促使这些贷款绝对有效,作为身无分文的中年以上家庭保持住房的最后求助方式。

克服需求障碍的另一策略,是扩展反向抵押贷款的用途。反向抵押贷款当前仅仅被视为增加贫穷的、中年以上家庭收入的方式。事实上,来自反向抵押贷款的金钱能用于其他有意义的目的,包括把住房资产转换成个人投资账户,使孩子们能够为他们丧失劳动力的父母提供照料,提供中年以上的家庭长期照料的保险费用和持续性生活消费。

美国反向抵押贷款发展的另一个主要障碍,是缺乏私人领域的竞争。对私人领域的反向抵押贷款产品的重要挑战,是为这些贷款业务发展取得一致的资金来源,保险公司是私人反向抵押贷款的长期财务支持者,包括贯穿美国的、财务特权和资本的所有物。他们是这个领域的早期进入者。无论如何,在许多情况下,为这些反向抵押贷款提供资金的保险公司开始关心这类事情的风险并且开始停止提供这些产品。结果是,许多私人领域的反向抵押贷款业务只能短期存在。

最近几年来,一个重大发展是反向抵押贷款资产证券化的出现。1999年,财务特权通过Lenman兄弟发行来自贯穿美国的反向抵押贷款证券。这项事务代表了为反向抵押贷款业务服务的第一个美国证券。随着资产证券化的运作,私人贷款提供者为创建反向抵押贷款产品有了更多的资金来源。这些贷款的开发者仍将不得不很好地提供资本。开发一个需要发行证券支持的大额贷款要花费很长时间,证券化的形式将用补充资本的有效方法提供给各个机构,以致他们能继续提供新的贷款项目。

(三)英国

1.历史、趋势和当前发展

反向抵押贷款产品在英国通常被称作资产释放机构(ERMs)。在英国,大多数人是在工作期间抵押贷款用于购买住房并还清抵押贷款,70%左右的人居住在有所有权的住所里。这些年来,由于住房价格的稳定增长(1964年到1999年,大约每年增长10%左右),仅出现有少数低迷时期,他们获得较大的资本增值。无论如何,虽然他们富有资产,但这些财富的状况仍受到房产价值的束缚。

资产释放机构在英国自从20世纪60年代以来就有存在,但市场仍旧很小,直到80年代早期。数千人被住房收入计划误导(没有担保的ERM产品),私有住房拥有者凭借他的房产获得可变的利息抵押贷款,以主要投资在住房资产上的投资债券作为回报。理想的结果是投资债券的收入应该超过抵押贷款,并留有可利用的现金给养恤金制收益人。不幸的是,在英国,后来的不景气和全球部分房地产市场的坠落,利率上升,资产债券的价值下降了。在许多情况下,债券未能给养恤金制的受益人带来收入,甚至或未能满足抵押贷款的利息支付。许多老年人在巨大的债务下离开人世。这些没有担保的金融产品在 1990 年被宣布为不合法,在投资者补偿方案下交付补偿费。

这种不法行为主要是由于产品设计的贫乏,使得 ERMs 的形象失去光泽。这些年来,消费者的信心有点恢复了,但仍然不是很高,许多老年人开始怀疑这种产品。

在关于长期照料计划的皇家专门调查委员会的报告中,英国政府强调英国公民将不得不为提供退休、偿还长期照料费用和继续教育承担更多的责任。2001 年 4 月,英国政府采取措施贯彻反向抵押贷款程序,当地权威部门可以在住房价值的基础上给予相应贷款,这一款项在老人死亡或房产最后出售时归还。这是 ERM 机制的一种新类型,政府在三年期间提供了 85 亿英镑的预算。

当前,市场上仅有几种类型的 ERM 产品,且市场占有率很低。无论如何,在政府的支持下,英国的 ERM 方案在未来几年内预计有显著增加。据估计,有 3600 多亿英镑未抵押资产锁在人们拥有的住宅上,银行、贷款机构还有政府迫切需要找到获得这些巨大资金的方法并投入实施,是不可避免的。

2. 英国的 ERMs 类型

(1)家庭收入计划

在家庭收入计划下,来自房产的全部或部分资金以即期年金支付方式投资在养恤金制受益整个生命期间,或直到最后一个幸存者死亡为止。

在 20 世纪 80 年代后期引发丑闻的早期案例中,抵押贷款的利率是依照短期货币市场的波动而变化。抵押贷款的利息通常被安排在以养恤金制受益人死亡时的住房销售收益偿还的贷款为基础。无论如何,使用有本金和利息偿还款项的贷款是可能的,即使这种安排明显减少了养恤金制受益人的净收入。

丑闻之后的新计划,通常反映在固定利率上,在契约的整个期间被担保。在老人死亡之前,年金也提供固定水平的收入。而且,养恤金制的受益人不需要以年金形式投资此计划释放的资金,并且当他或她高兴时再使用此项资金。这种计划的新品种通常被称作"安全的"家庭收入计划(SHIPs)。自从抵押贷款利息的税收减免几年前被废除后,SHIPs 已退出英国市场。

(2)滚动向上的抵押贷款

在滚动向上的方案下,不需要支付利息,利息是滚动的,并被加入到未偿还的贷款价值之中。抵押贷款不必偿还,直到养恤金制受益人死亡时,房产最终被出售偿债。

一些方案在抵押贷款上提供固定利率,而另一些提供的则是可变利率(经常是最高利率),当贷款机构认为投资风险对他们来说太高时。

养恤金制受益人有本金总额或收入的选择权。他或她可以选择总额固定的收入或每年增加的较低收入。

现代滚动向上的计划提供一个"无否定的资产公证"条款,以保证即使滚动向上的计划超过住房价值时,养恤金制受益人也能够继续待在住房里。

(3)共享增值部分

最近几年,购买由苏格兰银行和后来由巴克莱银行发行的共享增值抵押贷款(SAM)是可能的。最初的产品有两种情形。在第一种情形下,相对于市场利率来说,养恤金制受益人支付利息很低,但是贷款机构在抵押贷款期间分享部分比例的住房增值部分。第二种情形不需要支付利息,但是偿还的借款是最初的贷款额加上 3 倍的资本金增值部分。这种情形的最大款项是财产价值的 25％。例如,一个私有住房拥有者拥有 10 万英镑财产,他可以借入 25％的财产贷款即 25000 英镑。如果在贷款期间,财产价值增加到 15 万英镑,贷款机构将得到 62500 英镑,由增加的 5 万英镑的 75％(37500 英镑)加上最初的 25000 英镑组成。

SAM 最初实施的主要障碍是它不能转移到新的财产,如果他或她的境况改变时,就会限制养恤金制受益人搬家的自由。

由于提供者不能从长期机构投资者吸引像抚恤基金之类的资助方案,由苏格兰银行和巴克莱银行提供的两个方案已经撤销。SAM 是非常成功的产品,吸引了很多顾客。如果资金困难能顺利解决的话,在英国的反向抵押贷款市场上,又会重新出现变革后的共享增值抵押贷款。

(4)反向的 ERMs

在采用反向抵押贷款这种金融产品时,老年人可以出售他们的住房给反向抵押贷款公司或个人,一次付出相应的款项作为回报。然后,整个或部分的一次支付的款额可以用来购买即期年金。一些反向供应机构给予养恤金制受益人关于在几年内总额的分期付款的选择权。

反向抵押贷款方案经常以出售和售后回租的形式构建。养恤金制受益人靠房租费生活或在终身租赁期间获得象征性的年金报酬。当房产出卖时,通常在养恤金受益人死亡后,收益归属于反向抵押贷款机构。

来自这些方案的一次性付款额在计划的开始阶段是固定的,它意味着贷款机构不得不承担长期利率和财产通胀的风险。

反向计划在提供资本金或收入流方面是有效的。不管怎样,它意味着养恤金制受益人正在放弃住房的所有权,这使英国的一些老年人心里很难接受。

3.规章

当前,没有具体规章应用到英国 ERMs 上。但是存在不同的规章,或许可以用于部分 ERMS 上。基于 25000 英镑的贷款 ERM,受到 1974 年消费者信用行为的影响。有投资成分或年金的 ERM 受到金融服务行为的管制。无论如何,基于提供现金的反向 ERM 根本就不受管制。

1974 年消费者信用行为放弃最小的信息需求,包括总额和利率,涵盖撤销和取消权利、期后冷场的准备、债务执行和早期的终止。为了顺从,信用业务受到公证贸易办公室的许可和监视。

不幸的是,此类行为从未为 ERMs 规划过,增加批准 ERM 贷款的成本高而复杂。规章是刚性和说明性的,文件制订相当麻烦。由于这些原因,许多供给机构不发行低于 25000 英镑的 ERMs 以避免来自这些行为的限制。在英国,25000 英镑以下的 ERMs 的需求量很大,主要是用于住房修补和维护。

自愿仍是本规章制订的基础。抵押贷款委员会引进一种自愿抵押计划,多数而非全部的抵押贷款机构赞成这种做法。该计划应用到所有贷款项目,确保个人住处的安全和涵盖 25000 英镑以上的所有 ERMs 类型。

近来,英国政府决定财务服务权威机构(FSA)将为有关抵押贷款和 ERMs 的所有规章负责,并在 2002 年 1 月引进新的立法。商谈过程在 2000 年就开始了,具体给出抵押贷款的种类和规章的形式。商谈之后,FSA 决定将 ERMs 归并在新的立法中。

4.ERMs 发展过程中的缺陷和困难

(1)对 ERMs 效用的传统态度。直到现在,联合王国的多数年长私有住房拥有者对使用住房价值作为增加收入的一种方式还很犹豫。仅仅在收入变得很少时,使用住房换取金钱通常被看作最后的求助方式。

使用 ERM 提供收入的犹豫性,被 Don Preddy 记录在 1994 年的调查报告中。这种态度也被其他类似调查所证实。不管怎样,现存的养恤金制受益人通常使用 ERMs 来表达高水平的消费者满意度。

英国 ERM 业务在扩展,到 1999 年年末,规模合计达到 500 亿英镑左右,由供给者提出的强烈市场信息产生,特别是由额外收入提供的舒适度,沉湎于休闲活动的能力,和孙子们在一起的时间增多,在银行存款安全性的感知度等。由市场交易提供的正面案例,将改变联合王国老年人的传统态度。

(2)遗产。某些人有着强烈的愿望把住房作为遗产留给他们的子孙。目前,他们对遗产的态度正在发生改变,可能有多数人将住房留给孩子们,但并不是特意准备这么做。仅使用部分住房价值并且留下剩余物作为遗产的 ERMs,可以帮助克服让与住房资产时的犹豫性。

(3)资金供给问题。ERMs 的发展受到来自长期投资者抚恤基金和人寿保险公司获得资金困难的阻碍。对长期投资者来说,现有住房财产抵押的方式并非十分令人满意。在欧洲立法的解释上,税款的不规则和差异性,不得不在方案开展之前被解决。

(4)规章。涵盖 ERMs 产品和售卖方式的立法十分不协调,一些计划完全未做调节。全面的规章将改进客户的信心并增强 ERMs 市场的生长。一些潜在供给机构受到来自 ERMs 问题的阻止,直到合适的规章出现时。幸运的是,政府不久将引进一套特意为 ERMs 产品设计的新的规章。

(四)新加坡

在接下去的 30 年中,新加坡人口将快速实现老龄化。在 1999 年,60 岁或以上的人口在235000 人左右(占全部人口的 7%),预计到 2030 年将增加到 796000 人(占全部人口的 19%)。

新加坡人口增长的老龄化,主要是 1945 年到 1966 年间,婴儿繁盛期过后,人口出生率出现减少。对这一老化趋势所涉及经费问题之一,是政府必须为年老退休者提供足够的货币资金。

当前,多数新加坡人依靠中央准备基金(CPF)储蓄满足他们退休的生活需要。CPF 最小数额计划在 1987 年引进,确保退休者为晚年留有部分储蓄。在 1987 年首次执行时,最小数额定在S$3 万,到 2003 年 7 月,逐渐增加到 S$8 万。

依照 1993 年的 CPF 年度报告,新加坡大约有 427900 人有 S$3 万或以下的 CPF 余额。到他们退休时,多数员工未必能满足 S$8 万的最小数额需求。

政府任命的成本评论委员会在 1994 年提出建议,反向抵押贷款可能是帮助年长的新加坡人得到房产资金收入来满足退休开支的有效方式。

NTUC INCOME 保险合作社是 1997 年第一家介入反向抵押贷款业务的金融机构。最初,社会响应远远超出合作社的预期,但在最初的两个月内仅仅发行了 22 个反向抵押贷款项目。随后,市场快速的平静下来,到此为止,市场上仍旧没有其他机构参与本项业务。

NTUC 反向抵押贷款对年满 60 岁或以上的新加坡人或永久居住的退休者是公开的,被抵押的住房必须是坐落在新加坡的私人住宅。NIUC INCOME 根据贷款上的浮动利率收费。

NTUC INCOME 的反向抵押贷款没有担保条款,这意味着如果未偿还本金和累计利息比到期贷款额的财产价值大时,养恤金制受益人(或其继承人)对不足部分负有责任。

在新加坡,反向抵押贷款并不具有太多的吸引力,私有住房拥有者担心,如果他们的寿命比反向抵押贷款期限长的话,他们将被迫出售他们的住房。在另一方面,贷款机构面临将来房产价格波动的风险。近来新加坡房产市场价格的下跌,也使得许多潜在竞争者对反向抵押贷款市场失去信心。

2000 年,政府内部工作组建议在新加坡引进反向抵押贷款保险业务,它将给借款人提供无追索权的担保。工作组注意到反向抵押贷款现在仅仅提供给老年私有房产所有者。在新加坡,年满60岁或以上的私有住房业主大约为9000个。工作组建议,已保险的反向抵押贷款应当适用于三居室的公众住房供给发展部(HDB)公寓,同时允许未保险的反向抵押贷款用于更大的HDB公寓。由于81%的新加坡家庭拥有公共寓所,反向抵押贷款仍然有着光明的未来。

五、中国香港的境况

(一)中国香港退休金供给的不充分

在香港,将来退休的私有住房拥有者的财务收入主要来源于以下几个方面:家庭支持、自己的工资、退职存储(MPF)和社会资助。

香港多数老年人收入的主要来源,是他们的孩子和孙子。香港社会变得更加工业化,无论如何,人们之间的关系也受到不同社会价值的影响。香港老人退休后,孩子赡养父母的传统模式正在衰退,不再照料父母的人渐多。

在香港,中年以上的劳动力需求一直在下降。据1991年的人口普查显示,65岁以上劳动力的雇佣率仅有11%,而1981年是23%。这些中年以上的工人每月平均工资收入是3557港元,比人均5170港元工资还要少。因此,将来中年以上的人员不可能依靠被雇用维持正常生活。

自中国政府1997年7月1日恢复对香港行使主权,香港特区政府积极改革它的退休保障政策。最近确定的托管准备金(MPF)计划在2000年12月执行。

大众能够从MPF计划产生的收入水平,进行一次简单的保险精算和统计分析。表1公布了净替换率的结果。考虑到标准费用和所得税扣除,为了退休期间生活得舒适点,多数人相信对较高的收入者,大体需要退休前收入的60%～70%,中低收入者需要70%～80%。从简单分析来看,我们已经表明MPF计划仅能给退休者提供较少收入。

表1 由MPF计划提供的净替换率的估计数

年 龄(x)	男 性		女 性	
	中低收入者	较高收入者	中低收入者	较高收入者
20	65%	37.9%	51%	28.1%
30	40.6%	21%	37%	18.5%
40	28%	19%	28%	13%
50	18%	6.6%	12%	8%
60	7%	9%	2%	7%

主要假定:进入年龄是(x),退休年龄是65岁,工资增长平均7%,投资返回平均11%,中低收入的月工资平均为11400港元;较高收入者月工资平均为38525港元;一次支付的MPF好处是用来购买退休后的单独生活的年金(同水平支付)。

香港通过全面的社会安全补助和社会养老保障支付,来供给老年人的福利补助金的系统。无论如何,在当前的测试需求下,香港多数的私有住房拥有者不可能拥有CSSA资格,

总之,香港居民在退休后,不应该全部依赖于家庭支持、自己的收入或MPF计划。他们期望用自己的个人储蓄、投资和其他计划(如反向抵押贷款和保险计划)来补充退休收入。

(二)香港反向抵押贷款的潜在用途

1984年到1998年期间,香港住宅的价格一直在上升,住房资产价值的年平均增值率超过

13％。1997 年 10 月 8 日,香港特区政府宣称政府的目标是到 2007 年,私有住房拥有率为 70％。多数中产阶级的香港居民发现一旦退休,他们的大部分储蓄可以来自他们的住房资金,小部分来自辅助提供的退休收入。这种模式经常被称作"房产富有,现金贫穷"。退休者绝不贫困,但是他们的财富受到住房价值的限制。

"房产富有,现金贫穷"的退休者,并非香港地区特有的问题。从以上国家的回顾中可以看出,来自私有住房产生的退休收入问题,已经引起政策制订者和专家的注意。伴随着香港住房价值从 200 万港元到 600 万港元不等,今后的反向抵押贷款对退休者来说可能是一个重要的金融产品。

不同支付类型(如一次付清方式,年金给付和信用贷款)组合的无追索权的反向抵押贷款,对当前香港的境况是合适的。

在香港,用于资助中年以上的人员有关医疗和长期照料的政策将会发生改变,可能影响反向抵押贷款的潜在开办。对许多中年以上的家庭来说,住房资产可能是作为快速依靠医疗费或长期照料保险形式的最后缓冲器,如果今后健康和长期照料的费用是不完善、不普遍的,那么反向抵押贷款可能被用于支付这些费用。

(三)在香港引进反向抵押贷款的困难和障碍及克服策略

1. 寿命风险

如果借款人的寿命比假设情况更长,他或她将比预期待在住房的时间更长,贷款机构不得不继续支付给借款人。贷款额度最后可能超过住房出售的收益,贷款机构不被允许覆盖在无追索权条款下的差异性,就叫作寿命风险。

当建构一个计划时,供给者将决定是否在供给者自己的资金范围内保留寿命风险。如果发现实际居住期比预期长久,反向抵押贷款可能需要逐步增加寿险年金。

寿命风险可以通过再保险程序来减少,或者另外购买寿险年金。反向抵押贷款供给者首先估计贷款在将来被偿还的方式。如果养恤金制受益人比预期时间早死的话,供给机构将得益;如果客户寿命很长,供给机构将受到损失。通过再保险程序或其他形式,供给机构可以用已协商好的预期方式和再保险人交换当前的偿还款项的方式。香港是国际知名的金融中心,为反向抵押贷款的寿命风险开发财务管理工具应该是不难的。

2. 利率风险

贷款机构还会面临反向抵押贷款的利率风险。在一个利率上升的环境中,固定利率的投资者通常有把现金流再投资于更高利率债券的好处。这种好处对固定利率的反向抵押贷款机构来说是不可利用的,反向抵押贷款对贷款机构几乎不产生任何直接的现金流入。实行固定利率时,贷款机构对上升的利率环境是无能为力的。

关于利率,虽然浮动利率的反向抵押贷款对贷款机构更有吸引力,但它不是没有风险的。在一个利率上升的环境中,可调整利率的反向抵押贷款产生渐增的利息。如此,贷款机构面临来自负面的分期偿还的风险。这就是说,应计利息和本金可能将超过住房转售价值的增加。

就传统"正向的"抵押贷款来说,反向抵押贷款的利率风险有着多样性。这类抵押贷款的利率风险和现金流在相反的方向移动,使得联合风险多样化。

3. 一般和特殊的住房估价风险

为反向抵押贷款考虑,通常假定财产估计比率。此比率依靠经济的总发展趋势来确定。然而,目前的总估计比率可能与期望值不同,称为一般住房估价风险。不同地区和类型的住房将在不同的比率下估价,那种保护很好的住房也将以较高的价格出售。例如,在香港山峰顶处的房产可以比一般比率的估价要高,而在好地段的差条件的住房可能在比预期低得多的价格下出售,称为特殊住房估价风险。

控制住房估价风险的方法是可以多样化的。

4.名誉风险

在名誉风险下,贷款机构担心他们的形象在争辩事件中可能被影响。如果在法律判决之前被带来风险,相反的公共关系风险不可能被避免。不管事件的最终结果如何,贷款机构的形象可能受到损坏。

在反向抵押贷款引进香港之前,香港特区政府应该检查与这些金融工具相关的制度。清楚公正的制度应当向公众公布,以避免在贷款机构和借款人之间产生任何误解。如同 MPF 计划担保人,产品方案应当为出售反向抵押贷款产品的个人而设计。

5.需求风险

在经济方面受到很多因素的影响,反向抵押贷款的风险很难估计。在新加坡,NTUC IN-COME 预言反向抵押贷款的需求两年内可达到 200 份左右。当他们的金融产品在 1997 年首次发起时,最初的反应比预期要好得多,但又很快消失了。NIUC INCOME 在新加坡每一地区发行反向抵押贷款的项目都在 10 份以下。

反向抵押贷款市场的缺乏,使得工作人员在发起贷款的过程中训练有素是无利可图的。即使贷款机构可以完成相当重大的贷款额,也不可能为承担这一产品获得充分的利润。支持反向抵押贷款设计的基本原理是"大数定律"。贷款的数量越大,给定的利润水平越可能达到。

香港的潜在反向抵押贷款机构,应该在启动此金融产品前仔细研究这类贷款的需求情况。

6.遗产

使用住房提供收入的犹豫性是复杂的,取决于人们对遗产的态度。多数中国老年人希望给他们的子孙们留下遗产。

较少的香港家庭理性地讨论有关健康或父母亲死亡和遗产的问题。在多数中国家庭中,这一问题是禁忌。结果是双亲的生活标准降低,并且不知道对于遗产、谋生的货币甚至是房产释放可能性的广泛选择。

无论如何,人们的态度会随着时间而改变,比起那些当代更年长的人来说,退休人士感觉给他们的孩子提供遗产的压力较少,新的一代可能更加熟悉像 MPF 计划、与投资相关的保险政策、持有股权份额、捐赠、抵押贷款等金融产品。他们对反向抵押贷款比老一代人或许有更多的支持态度。

或许政府和潜在的贷款机构联合发起一次活动,使得更多的老年人士知道这些问题和选择权,以期快速地改变人们的态度。大约 5 年前,葬礼计划在英国也是受禁忌的,然而现在,已支付的葬礼业务在供给者发起的大规模活动后快速扩展。

7.香港的年金市场

海外的反向抵押贷款产品经常允许借款人选择支付方式:一次支付总款、终身年金支付或两者的组合。不幸的是,香港的年金市场很小。在 1998 年年末,仅有 247 个有效的年金类业务,并且每年的办公费少于 30 万港元。它们仅占据香港全部长期业务的 0.0008%。

香港的私有住房拥有者不可能将来自反向抵押贷款的一次性款项转换成年金收入。处理一次性付款的简单方法是存入银行。然后,退休者每月取出一定的数额。无论如何,当款额耗尽时,每个人都碰到收入流终结的风险。这称为"长寿风险"。同时,每月固定收回金额的购买力将会随着通货膨胀而逐渐减少,这称为"通货膨胀风险"。

为退休者提供获得稳定的不动产收入的选择权,是可行的。它可能通过购买来自人寿保险公司的终身年金来完成。寿命风险和通货膨胀风险可以加入保险来预先防范。人寿保险公司应当发展香港的年金市场,特别是在香港市场上引进与年金产品相关的内容。

(四)政府的角色

对这些公司减少风险的反向抵押贷款业务的发起、服务和投资,政府应当鼓励香港金融界参与并提供保护。十分清楚的是,反向抵押贷款保险的有效性,已经有助于美国反向抵押贷款市场的发展。香港抵押贷款有限公司(HKMC),在香港一直操作正常的抵押贷款保险业务,可能是给贷款机构提供反向抵押贷款保险的合适机构。

香港金融界参与的水平,对反向抵押贷款产品的发展是必需的。这将使贷款机构对借款人更加广泛地利用并在机构之间提供适当的竞争,消费者被提供最优惠的贷款成本和贷款期间。

影响反向抵押贷款产品的不是一个必需的复杂业务,理解财务运作的状况和结果是复杂的。这是多数退休者的主要财务事项。政府应当确保给潜在的消费者,提供来自专业人员的可以理解的解释。

为保护公众并鼓励香港反向抵押贷款市场的发展,需要一个有效的规章制度。此规章应当应用于销售过程和产品的设计中。立法者和有关的政府权威,应当为反向抵押贷款产品的运作设计一套特别的制度。

政府可能首先考虑类似于美国 HECM 计划的反向抵押贷款程序。在香港住房供给机构的住房售卖计划下,或在住房供给部门的私有住房者拥有的房产下,可能会涵盖对住房的所有权。

为反向抵押贷款产品融资是一个长期的业务,需要大量的资金。除了政府以外,在香港反向抵押贷款市场上,潜在的参与者一是银行——多数香港商业银行的抵押贷款经常是最大的投资产品。通过投资于反向抵押贷款,银行可以有效地避免部分风险;二是保险公司,专攻经营风险(如寿命风险和利率风险),反向抵押贷款产品是适合的;三是养老金资金管理机构,每月收集养老金来自个人的部分,反向抵押贷款计划每月给借款人支付现金,反向抵押贷款产品和养老金计划的现金流非常匹配。

六、结论

香港反向抵押贷款市场用合适的方法帮助年长者,有着巨大的潜力,用较低或中等的住房转换价值来补充其生活费收入,为日常资金需求和生活质量改善筹集资金。

不管怎样,英美等国经验表明在香港反向抵押贷款市场运作过程中,可能有许多风险和障碍。而且在过去的几年中,香港房产的价格一直在发生变化。当前,金融机构在香港开办反向抵押贷款可能不是一个好的时机。

当香港经济今后开始复苏时,可以进一步地组织反向抵押贷款可行性的研究分析,具体地说,就是研究香港反向抵押贷款市场的需求和供给情况。

澳大利亚反向抵押贷款的实情
——运用美国的经验①

一、报告概说

澳大利亚的反向抵押贷款市场目前还很小,但日益增多的老龄人口和日益增高的房产价值等系列因素,以及澳大利亚人的储蓄远远不能满足养老需求的迹象,都表明这个市场一定会扩大。反向抵押贷款市场应该怎么发展? 贷款机构应该进入这个市场吗? 这份简报将为你提供确切的答案。

(一)报告的范围

(1)涉及澳大利亚关于反向抵押贷款的所有产品;
(2)对反向抵押贷款市场大小和 60 岁及以上的老年人持有房产的价值总额的估计;
(3)立论基于对澳大利亚反向抵押贷款市场的经营管理人员的全面深入的采访。

(二)研究分析的重点

反向抵押贷款允许 65 岁以上的,完全拥有房屋产权的老年户主根据自己拥有房产价值的大小取得贷款。和普通抵押贷款一样,房产是贷款归还的保证。它与传统住房按揭贷款不同的是,反向抵押贷款是在贷款期末才要求偿还。

反向抵押贷款在 20 世纪 90 年代取得的成绩并不好,但现在人们对此又重新燃起了兴趣。这不光是已经有六家贷款机构提供这方面的产品,更应归功于共同为反向抵押贷款的发展营造有利环境的其他因素。

(三)本篇报告的作用

(1)更多地了解这个虽然只占据澳大利亚抵押贷款市场的一小部分,但注定将会扩大的反向抵押贷款市场。
(2)通过对英国、美国和加拿大的反向抵押贷款市场的调查,为澳大利亚反向抵押贷款市场的发展提供建议。
(3)通过对竞争对手的产品的考察,比较和改进自己的产品。
(4)随着澳大利亚反向抵押贷款市场的扩大,成立一个代表团体或机构,对反向抵押贷款的借款人是有利的。这个机构将帮助培育消费者意识和对本产品的理解,维护进入本贷款市场的

① 太平洋房地产行业研讨会(PRRES)第 9 期年报,2003 年 1 月 19 日至 1 月 22 日——澳大利亚布里斯班

借款人的标准。

这篇论文调查了美国反向抵押贷款的情况,认为在澳大利亚存有潜在的市场。正视这种产品的优势和弱点,并讨论反向抵押贷款的生存能力。虽然对部分社会群体有明显的好处,而反向抵押贷款是一种独特的产物,应该训练谨慎性以确保公众从一开始就是完全有见识的。

二、绪论

在美国,反向抵押贷款首先是作为一种锁定住房资产净值的方式被提出,尤其是在业主退休后。虽然养老方面存在一些问题,但在获得住房不动产所有权之后的反向抵押贷款有很多优点。通常情况下,资产富有的家庭必须依靠相对少的固定收入才能生存,而不能获得住房增值的收益。开办反向抵押贷款业务克服了这种缺陷。

对于多数老年家庭来说,最大的资产是他们原来的住所、祖传的房子和市郊的土地。近年来,澳大利亚的房产市场表明首都城市住房的升值,尤其是在澳大利亚的东海岸。这个归结于下列因素,如业主或居住者为寻找更好的住处、为业主选择持续的住房翻新而非重新购买住房。同时,人口统计学的改变给退休者的固定收入施加了压力,他们中的许多人没有养老基金。如由于平均寿命比率的持续上升,单身户主的比例增加,对退休者的财务资源施加了额外的压力,特别是对那些在住房上有较大投资而退休金相对较少的退休者来说,更是如此。

即使当前澳大利亚的经济繁荣引起许多人财富的剧增,众多的年老私有住房拥有者感到虽然拥有较大的住房资产但却只有很少的现金收入(惠特克,2002)。每日的生活费用开支增加了,但这些家庭中的大多数只有很少或根本没有建立起常规现金流入的弹性。在美国,多数老龄家庭都面临着类似的情况,市场上报道了一些组织提供反向抵押贷款作为解决这种困境的方法,这种观念也逐渐获得社会公众的承认(彼得斯,2002)。

简单地说,反向抵押贷款是专为老年私有住房拥有者设计的,以便他们获得住房财产价值的同时又能继续居住在原有的住房里。这种利益可以是物质的,且包括继续住在自己喜爱的住宅里,偿还长期照料保险或其他与健康相关的费用(基斯特纳,1999)。反向抵押贷款的变化在不同区域如新西兰等可能趋于一致,虽然带有某种程度的混合成功。新西兰在多数情况下能收回住房价值的 20%,虽然当房产升值时,这个比例也可能会增加(惠特克,2002)。

对澳大利亚财政部门来说,反向抵押贷款的概念并不陌生。20 世纪 90 年代,乔治·邦克提供了反向抵押贷款产品,但由于消费者需求的短缺而被很快撤销。无论如何,时间选择在 20 世纪 90 年代是不适当的,虽然最近的房屋价格上涨和频繁地成螺旋形增长的老年保健护理费用,大家赞成在这个国家实行反向抵押贷款的做法。相比较美国和澳大利亚的房产市场,可以提出许多的相似物。本论文建议,美国实施反向抵押贷款的一些经验教训,完全可以运用到澳大利亚的市场上。

三、反向抵押贷款的概念

反向抵押贷款被设计成,用来允许"住房富人、现金穷人"的老龄业主能获得他们住房资产的净值,以支付生活开支或紧急情况的费用,而不用出卖他们的住房。在美国,反向抵押贷款推出之前,老龄家庭获取他们房产净值的唯一选择是,采用传统的抵押贷款或者出售他们的住房。传统的抵押贷款需要经常从有限的收入中,以每月支付的形式偿还。此外,多数较年老的美国人经受过萧条期,趋向于避免债务,尤其是那种可能需要他们将住房作为留置物的债务,以及在他们不履行偿还债务时需要强制出售住房来偿还债务。对多数老年家庭来说,出售住房并搬进较便宜的住处,或者出租住房并非少数。美国多数老年家庭想在熟悉的环境中安度晚年,而非在退休后再搬家。这一问题的解决方案是采用反向抵押贷款,这一措施允许私有住房拥有者使用他们自己在住房里添置的资产。

随着时间的推移,住房资产净值在增加,反向抵押贷款变化受到影响。在阶段 1,开始常规住房抵押,需要通过住房抵押来保证留置权的安全;在阶段 2,随着时间的推移,通过财产和贷款的增加,住房资产净值上升;在阶段 3,完全拥有住房所有权,通常是在稍后几年的工作期间中完成的,那时抵押贷款已全部还清;在阶段 4,退休开始之后,定期贷款的现金流停止,此时,就可着手参与反向抵押贷款;在阶段 5,随着时间的推移,将减少住房资产净值的水平,虽然申请贷款并归还贷款,但并不是所有的住房资产都要出现产权转换。

在美国,多数反向抵押贷款机构需要最初的留置权位置。贷款的安全性是财产本身,对借款人没有追索权。假定借款人符合贷款合同的所有情况,当业主搬家或死亡时,业主或其继承人有责任通过出卖房产或其他资产来偿还债务。如果贷款债务少于住宅的售价,那么所有者或其继承人仍会保留剩余的价值。如果住房价值少于抵押住房的到期金额,住房的所有者和其继承人则不对任何不足部分负有偿还义务。

反向抵押贷款的业务开办机构,在整个贷期内可在任何时候加速偿还款项,如果借款人未能支付财产税、未能维持住房产、未能维持有效的风险保险单、放弃住房、把住房租给其他人或增加新业主的话。贷款机构可以选择支付这些费用,减少借款人的借入资金而非取消抵押品的赎回权。

现今在美国,按照反向抵押贷款的款项支付方式,通常可以将其区分为三种类型:年金支付、固定期间支付、一次付清或信用贷款之最高限额式支付。最初的规划主要是提供反向年金抵押贷款(RAM),采用这种方式,只要住房仍是业主原居住所,在他们终身的每个月都可以收到偿还款项。当最后的借入者永久离开住所或死亡时,债务宣告到期,出售住房或其继承人使用其他资产以偿还债务。

比较起来,反向抵押贷款在固定期间,通常是 10 年提供每月的偿还款项。在原来的规划方案下,贷款期满,业主预期要搬家并且出售住房以偿还贷款。在当前的方案下,期末停止款项支付,利息仍将继续产生,直到业主搬家或死亡时并不期待偿还款项。

反向抵押贷款的第三种类型是一次付清/信用贷款之最高限额,允许借款人在任何时候提取一定数量为止。当业主搬家或死亡时,利息自然增加,偿还款项期满。一些方案允许借款人选择支付类型的组合。美国最流行的方法是信用贷款之最高限额或信用贷款之最高限额和期间或土地使用期间的组合。

不管采用何种支付方式,贷款本金的数量是以住房资产的净值、财产价值的预期评估值、市场利率、最年轻借款人的年龄和平均寿命为依据的。资产净值越大、预期评估值越大,风险越小。当贷款到期时,贷款本金和应计利息将超过财产的市场价值。较高利率表明产生较多利息,增加了贷款债务超过担保价格的风险。业主居住期越长,贷款债务越大,不管借款人选择年金还是带有应计利息的一次付清方式。

四、反向抵押贷款的进展——在美国的情况

在美国,反向抵押贷款产品在 20 世纪 80 年代首次出现,允许年老者通过资产转换获取他们住房资产的净值,同时避免传统抵押贷款或蒙受出售住房的问题。据估计,2000 万个年老业主有 2 万多亿的住房资产净值(Panko,2002)。在达成反向抵押贷款协议后,贷款机构就会以业主住房资产净值为基准发行基金;当最后一个业主合作者永久性搬离原住房、出售住房或死亡时,业务开办机构就会收到贷款的偿还款项加上利息。反向抵押贷款的金额支付,对私有住房拥有者作为收入是不需要征税的,并不会影响多数社会慈善救济机构的适用性。

(一)美国反向抵押贷款的来源

无论如何,由于下列一些原因,贷款机构不会提供反向抵押贷款产品。首先,在一些地方,创造这样的贷款安排存在法律上的障碍,必需的会计技术使得贷款在财务核算上不利,创新的金融产品没有一个确定的消费者基础,某些人会不得不为反向抵押贷款支付市场开拓费用,培养类似产品的消费者和信贷人员。此外,当此种金融产品首次推出时,贷款机构不得不提供未保险的抵押单据,或自保抵押单据。如果借款人不履行责任,贷款机构将面临驱逐老年私有住房拥有者引致公众关系的事情。有资格的公司对以反向抵押贷款作为确保资格的事情不感兴趣。贷款机构面临借款人和以前不存在评估成本定价财产的额外风险。没有二级市场,他们不得不控制抵押贷款的单据。总之,成本是很高的,而回报则是不确定的。

当反向抵押贷款观念被提出后,一些州制订的法律要求抵押单据必须包括具体的到期日、最大的抵押数量或者两者同时存在,以不确定的死亡期来确定贷款的最大限额。其他的州限制复利计息、拒绝摊销和可调整比率的抵押单据。得克萨斯州的章程包括一次住宅预备,禁止这些贷款机构除了购买住房、为住房支付税收、支付修理费之外的任何理由而采用住房抵押贷款。在 1999 年,立法行动和公民表决排除了一些障碍,但在得克萨斯州仍然不允许超过信用贷款之最高限额(美国 HUD,2000)。

反向抵押贷款必须同时遵守联邦的规章,贷款受到作为住房资产净值贷款消费保护行动组织披露真实出借行为补偿的影响。当这些法律被写进当时的抵押单据时,一些揭发的措辞能引起反向抵押贷款行为的混乱。一些贷款机构感觉到,反向抵押贷款作为调和公共关系的机遇,这种机遇证明低收入个人和团体的服务设施,可能改进他们团体再投资行为(CRA)的额定值。

出于财务核算起见,贷款机构记录反向抵押贷款事项作为资产的余额。贷款机构对其将来的支付是不在财务报告上显示的,这会引起资产负债表不够平衡。加入贷款余额中的利息和任何增值部分作为经常收入是应征税的,即使贷款机构未从借款人那里得到任何报酬(Boehm 和 Ehrhardt,1994)。

(二)贷款机构面临的风险

反向抵押贷款机构面临寿命期、利率变化和未来财产价值的风险(Szymanoski,1994)。

借款人的寿命期间和不动产占有价值的不确定,使得估计偿还期很有困难,由此产生了贷款何时归还和如何归还的问题。为避免交叉风险,贷款额度必须设置得较低,确保抵押品能保持充分的价值以便代替在这个不确定期间的留置权(Rasmussen,Megbolugbe 和 Morgan,1997)。当私有住房拥有者在改善或房产价值维护方面花费很少时,就存在着投保风险(Schiller 和 Weiss

2000)。由于资产净值减少,私有住房拥有者在费用维护总额方面也逐渐减少。从长期来看,在高比例的租用房产类似方式上,可能对邻里关系有负面影响,导致更低的住房价值(里德和格林哈弗,2002)。

寿命风险是可控风险,可以通过大量贷款来有效地实施管理。于是,贷款机构或保险机构通过死亡率表来估计将来贷款的终止期。虽然有可能出现预期逆向选择的问题,期望更长寿命的借款人选择年金程序,但是经验表明许多借款人因为他们生病而关注特定的反向抵押贷款产品(Szymanoski,1994)。

为了减少利率风险,现在多数反向抵押贷款的利率设定,包括每月可调整期间、定期或终身的国库券的利率。通过房产市场,贷款机构根据一些不确定的房产价值集聚一定的贷款额,使贷款方式多样化。为避免各类房产的交叉风险,贷款机构根据借款人的年龄和当前利率的一定比例确定住房价值,根据住房价值的50%限定最初贷款的基本金(Szymanoski,1994;美国 HUD,2000)。

由于这些风险,当前可利用的唯一的贷款机构担保产品,是在12个州里由财政组织提供大额贷款(金额最大为70万美元)。反向抵押贷款资产证券的出现,可以帮助人们从私有房产中获得较多的资金。1999年,财务组织发行贯穿美国的第一反向抵押贷款。这一事件代表了美国第一个反向抵押贷款。现在,贷款标准和居民的贫富程度也是发行这些事项定值的指导方针。财务组织计划扩大他们的贷款产品到35个州,发行反向抵押贷款产品的能力是一个重要因素。

为促进反向抵押贷款的实施,国会为反向抵押贷款授予一种 FHA 保险程序。在住房净资产转换(HECM)程序下,FHA 批准银行、抵押贷款公司和其他私人贷款机构能贷款给他人,当贷款额超出住房资产价值时,能够收到 FHA 保险以避免这种风险。万一贷款机构不履行责任时,FHA 也保证借款人获得持续的年金支付。此外,为确保借款人明白反向抵押贷款的基本常识,FHA 要求所有的申请人在取得反向抵押贷款之前,都能从代理顾问那里得到相应的辅导。FHA 保险抵押贷款现在占据反向抵押贷款90%的市场。在46个州和华盛顿哥伦比亚特区以及波多黎各,HECM 都是可行的(美国 HUD,2000)。

联邦国家抵押贷款协会(Fannie Mae)一直在购买二级抵押市场由 FHA 提供保险的反向抵押贷款。Fannie Mae 提供必需资金,保持一定的贷款额。如果抵押贷款的累积费用超过本金的98%,Fannie Mae 分配贷款给 HUD,使得付款能够继续进行。Fannie Mae 也提供自己的产品,即住房保留计划,由于住房比较昂贵,私有住房拥有者惯于买新的住房。有关机构继续监控可能进入的二级市场,迄今为止相当少的反向抵押贷款业务量使他们泄气(美国 HUD,2000)。

伴随着 FHA 保险和 Fannie Mae 二级市场,HECM 业务开办机构的活跃数目在1996年稳固增长,1997年急剧地增加,达到195个,然后减到175个左右。活跃的贷款机构必定不是起源于许多贷款。1999年,所有 HECM 贷款机构的4/5来自于平均每月两次贷款。在1999年,三个贷款机构发生500多次贷款额,占据所有贷款的41%。2001年,售出了15000份贷款,是2000年的两倍(Peterson,2002;美国 HUD,2000)。由于无力提供足够的贷款额,银行勉强地持续进入这个市场。因为提供这种产品,当地需要提供培训发起者、辅导借款人、处理申请的费用。多数借款人在业务结束时都不想支付任何现金。因为 FHA 限制能从借入资金得到支付发起费用的数量(2000美元),这都有效地限制了贷款机构的收入。

在美国,多数反向抵押贷款业务受限制于单一家庭的住所,这一住所必须是年满62岁及以上人员的主要居住场所。近年来,一些产品开始接受2至4个业主共同占有住所,随同部分共管、安排家庭发展和共同构造住房。有财力支撑的政府保险程序需要房产符合最小标准,私有住房拥有者可以使用借入资金支付必要的房屋维修费用。

(三)美国反向抵押贷款的需求

最初对反向抵押贷款的反应多是冷淡。尽管在 20 世纪 90 年代早期,来自 AARP 报道声称,他们收到反向抵押贷款方面的质询,比其他任何领域都要多,一年中收到了 28000 次质询关于 HUD 的电话(Merrill、Finkel 和 Kutty,1994),而在 20 世纪 80 年代和 90 年代早期,每年仅发生很少贷款业务。不管怎样,到 1999 年 10 月止,38000 多名老年私有住房拥有者参与了反向抵押贷款业务。自 20 世纪 90 年代中期以来,每年增长状况稳定,产生 8000 份新的贷款(美国 HUD,2000)。消费者兴趣缺乏的原因可能是,住房净资产价值和收入的绝对关系,老年人接受新事物的反应比较慢,对住房设置留置权表示厌恶,住房资产作为储蓄应付意外支出的感觉度和高的起始成本。

本贷款程序的最初设想是用来资助那些有住房资产,但是退休金较少的老年私有住房拥有者。不管怎样,收入和资产肯定有相关性,即使是在退休后。因此,许多依靠社会保障作为主要收入来源的低收入美国人,同样只有少的住房资产。他们的住房资产价值较低,不可能产生足够的物质支持。那些有大量住房资产的人则从私人退休金中得到较高的收入,很少需要从住房资产那里获得流动资产。在那些住房价值低的区域,HECM 贷款的需求较低,借入款的数量相对于起始成本来说较小。贷款额限制可能来自于个人较低的住房价值或者 FHA 限制的贷款额(美国 HUD,2000)。

任何创新型金融产品被人们接受,特别是让老年消费者踊跃接受,都需要很长时间。在人们达到养老年龄时,没有人会拥有反向抵押贷款的经验。很少有熟悉了解这种金融产品经验的人。因此,年老者必须从贷款机构、政府、AARP 组织那里获得有关反向抵押贷款方面的信息。还存在的大量误解是,借款人害怕因此而失去他们的住房,他们不大相信贷款机构能够等待自己搬离或死亡时再要求偿还款项。

许多年老者感知他们的住房资产作为一种安全保障,可以自由处理。如果老人发生意外急需大量药品时,像 Palumbo(1999)之类的研究人员发现,为不确定的医疗费用而预防的储蓄解释在老年家庭中动用储蓄的速率。如果他们采用反向抵押贷款,并用住房资产支付当前的生活开支,那么储蓄在急需时将会有相当不足。这可以解释为什么研究者透露私有住房拥有者把反向抵押贷款作为最后的唯一的求助方式。为偿还长期照料保险、住房翻修、住家照料而使用反向抵押贷款的时机,还没有充分探究(Rasmussen、Megbolugbe 和摩根,1997)。

研究者争论道,在美国,因为住房通常是要传给后代的主要资产。遗产动机阻止了许多年老私有住房拥有者考虑反向抵押贷款(迈尔和西蒙,1994)。无论如何,这很难通过检查储蓄和寿命不确定的年老者的借入行为来确定,导致多数垂死的老人有较多的住房价值,而不论他们是否打算这样做。

现今在美国,典型的反向抵押贷款借款人,是拥有房产价值在 107000 美元的单独居住的白人女性。在 1999 年,最初的资本金限制在 54890 美元,90% 的贷款限制在 25875 美元和 104602 美元之间。典型的借款人拥有一套在市中心或市郊的 40 年的住房,比一般的老年私有住房拥有者年纪更大,只能得到较少的收入,更可能单独居住,拥有较小但价值更为昂贵的住房。随着时间的推移,从实际情况来看,在市中心有相对便宜住房的业主和少数民族会采用反向抵押贷款(美国 HUD,2000)。因此,此项贷款最终将用来满足那些较低收入的老年人,他们是最初所能想象到的人。

五、反向抵押贷款给澳大利亚人带来的利益

据论证,反向抵押贷款可以给老年人带来许多潜在的益处。但更重要的是,此项金融产品被设计成满足此类人的需要(Fratantoni,1999),并由贷款机构提供款项。在澳大利亚,老年人口及养老问题被许多出版物郑重提出,面临与美国相似的情况,反向抵押贷款生活的许多优点可能很容易地被接受。不幸的是,许多中年以上的澳大利亚人不能预知未来螺旋形上升的生活成本,此项成本不得不用常规的收入支付,在许多情况下,低收入根本就不能满足此类支付。在医学领域,物质利益引起许多澳大利亚人退休,虽然这是伴随有充分增加的医疗成本。当他们的工作是在一个相对简单和低成本年代时,许多退休者不可能享受充分的现金流带来的益处。

据设想,并非所有的中年以上的澳大利亚家庭,都会认真地考虑反向抵押贷款。许多人感觉到这一业务会有很多的负面影响。例如,在较年老的人群中,私有住房拥有者的身份并非像现在这样容易搞清楚。即使在一个澳大利亚的大家庭中,夫妻有着双份收入,孩子又比较少,能提供多样的投资资产,年老的澳大利亚人通常把他们最初的住房作为他们全部的资金来源。晚年资金被稀释了,尤其是没有替代此类资产的可能性,这一建议对许多人来说是难以想象的。

基于同样的理由,反向抵押贷款无论如何将迎合不同老年家庭的需要。由于他们的孩子收入有充分增加,财产继承方面的价值观念的重要性相应减少。通过房产继承,尤其是扣除费用后在孩子和孙子们之间分到单一住处的价值,不像以前那么多了。许多中年以上的父母经常鼓励在有生之年使用储蓄,反向抵押贷款的观念可能被扩张,减少亲戚帮助支付增加费用的依赖性。

从更宽广的角度来看,允许老年家庭获得非流动的住房基金将会增加他们的消费水平,在经济方面具有更广阔的含义。这笔钱可以用在度假和购车上,帮助避免经济衰退(国家住房经纪人协会,2002)。反向抵押贷款的接受度可给社会带来其他方面的间接益处,虽然这些事项经常是很难预料和测量的。

六、结论

这篇论文提出澳大利亚市场再度引入反向抵押贷款的概念,鉴于近年来住房繁荣和渐增的生活费用,此概念的提出有着较大价值。提出此种金融产品的总看法,包括了以前难以接近的老年家庭拥有住房资产的获得优势。最重要的是,考虑反向抵押贷款已经成功地应用到美国市场,而澳大利亚市场与美国市场有许多相似之处,包括老年人口对日常收入补偿的需求。

虽然反向抵押贷款以往有过引进,随后在20世纪90年代从澳大利亚市场撤销。但此产品的再引入时机是合适的。在一个渐增的"风险社会"中,许多中年以上的家庭很少选择外出旅行,经常视他们的住房为最好的保障方式。如果失去最后的安全保障——即他们拥有的住房,又没有完全理解带有反向抵押贷款协议的资产损失,将是非常不幸的。

总之,反向抵押贷款的出现已经把很多产品相继提供给老年家庭。它增加了一种获得资产流入的方式,提高老年人的晚年生活质量。澳大利亚开办反向抵押贷款的行业,可从海外房产市场获得经验,尤其是美国规划一种新的金融产品,既能满足老年家庭的财务策划,又能满足社会的大部分需要。伴随着快速增长的退休金和保险基金,一个理想的时机已经到来。它能保障住宅抵押的安全性,同时让澳大利亚老人全面提高生活水平。

日本推行反向抵押贷款的经济意义及可能的结构

Hisashi Ohgaki

一、反向抵押贷款的概况

(一)在更广泛的意义上定义反向抵押贷款

就最广泛的含义来讲,反向抵押贷款(reverse mortgage,RM)是指可以让老人借以通过某些方式将其拥有住房所蕴含的金融价值清算或变现的金融产品,但是简单的出售除外。通过这种方式,老人获得了生活费用和其他必要支出所需要的资金,推迟了对房产进行处置的时间。

RM 从法律结构上可以分为两类:抵押类型和名义转换类型。前者的典型例子是美国的狭义的反向抵押贷款,借款人以自己的住房作抵押借得年金,就像定期还款的抵押贷款一样;后者的例子是法国的"rente viager"(终身年金),这种方式是老人与某人配对签订契约,约定在老人去世之后交换房产,以此来转换成从缔约之日到老人去世为止这段时期的年金。

在这些典型的 RM 之外,日本让老人从现在的住所转换到另一个住所,把原来住房的货币价值通过某些方式利用起来养老,这种需求已经越来越多。虽然不能把它严格地归为典型的反向抵押贷款,也可以称其为"为转换住房进行的反向抵押贷款"。

(二)泡沫时期的反向抵押贷款

反向抵押贷款可以追溯的历史比人们想象的早得多。

在早期阶段,所谓的泡沫时代(20 世纪 80 年代晚期到 1992 年)的顶峰时期,反向抵押贷款作为私有金融机构提供的新型抵押贷款,吸引了人们的眼球。当时它被用来将日益膨胀的土地价值变现,出于税收的考虑并没有计入资本收益。

一些地方政府也开展了"实物付款型"的反向抵押贷款,这些地方政府提供终身的医疗保险服务,相应的费用来自于老人去世之前所住房产的抵押。然而,这些设想还没有成熟就随着房产泡沫的崩溃而夭折了。

二、老龄化问题和反向抵押贷款

20 世纪 90 年代后期,随着日本社会的老龄化问题变得越来越严重,目光又一次聚集到反向抵押贷款上。

从老龄化比例(该比例等于 65 岁及 65 岁以上的老人在整个人口中的比例)来看(见图 1),日本直到 1991 年都是经济合作与发展组织(OECD)中最年轻的国家。然而,大约 10 年以后,以同样比例来看,日本却成了世界上最年老的国家。这归因于二战以后人均寿命的持续增长和人口出生率的戏剧性下降。没有迹象显示这种现象会有所减缓,日本将会进入到一个历史上任何国家都没有经历过的老龄化时期。

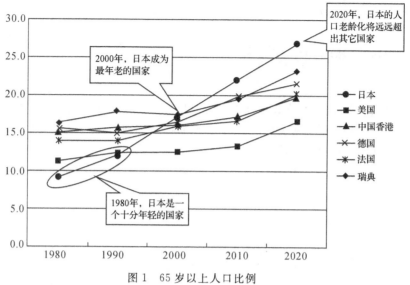

图 1 65 岁以上人口比例

资料来源:老龄化社会白皮书。

1980 年前,日本还是十分年轻的国家;到了 2000 年,日本却成了最年老的国家。人口老龄化加速,日本将继续处于老龄化程度最高的位置。对日本人来说,如何从经济上确保其退休之后20 多年之久的晚年生活,已经成为当务之急。另一方面,长时期的低利率环境和股市的熊市状态,加剧了国家养老体系的财务危机,这种危机已经被人口统计结构所证实。在这个大背景下,试图解决养老问题的人们开始把注意力集中到反向抵押贷款业务,把它作为充实养老金的一种选择。这成了政府注意反向抵押贷款的重要缘由。

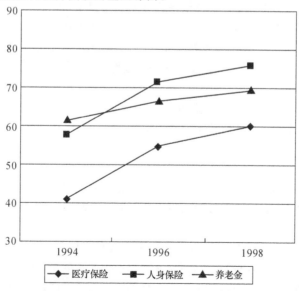

图 2 国家公共体系足够吗? 回答"否"的日本人的比例。

资料来源:日本寿险协会。

然而,这种观点可能被国民认为是政府借消耗住房价值来弥补养老金亏空的不负责任的要求。为了避免这种指责,我们需要做出真诚努力把反向抵押贷款作为激活住房资产价值的手段,从而和国家对老年人的住房政策相一致。

三、保留住房所有权的需要

老年生活所需要的住房,通常比以前养育儿女的时候购买的住房便宜。首先,只有夫妻两人,不用占据太多的空间,不必对交通工具的时间考虑太多,对房子的产权期限限于去世之前。如果可以把这种价差变现,就可以使老年生活更加富足。

然而,日本人一旦购买了住房,即使子女离开,也倾向于拥有并居住在自己的房子里。这主要是出于以下原因:

(一)继续居住的必要性

1. 心理上的需要。举例来说,相当部分老年人倾向于居住在他们已经习惯的地方,和老邻居们住在一起。放弃祖先长久居住的地方,他们会有一种负罪感。有些人可能会对他们通过艰苦努力取得的住房怀有很深的感情,以至于从来没想过离开。新型的互相依赖的家庭,则有另外的原因。

比如,现在出现的一种新现象叫作"寄生家庭",这种家庭里,儿女到了成年仍然留在父母家里,使得父母无法展开自己的老年生活,相反还使得有些父母无法从养育孙子孙女的日子里摆脱。再者,由于人均寿命的延长,相当数目的老人还需要供养他们的高龄父母,使得他们无法通过改变住房环境开始自己的老年生活。

2. 住房交易的困难。可以让老年夫妻享受舒适而又稳定的生活,一直到终老的房子少之又少,即便它们的价格通常非常昂贵。如果住房价格不是很昂贵,本身又很普通,再加上一个没有过多限制的条款的话,人们应该意识到其中的风险和未来可能的支出。

基于这些考虑,日本议会 2001 年 4 月 6 日通过第 26 号法令《老年人住房稳定促进法案》,开始对老人住房进行制度上的支持。我们仅仅是站在起跑线上,很多人除了保留现有住房外,仍然没有其他方式可供选择。

3. 保留住房所有权的需要。导致人们卖掉现有住房犹豫不决的重要原因,源于对住房产权的强烈需要,即使自己不在了也要将住房留给子女。

(二)积极的经济原因

首先,如果老人预期房屋和土地的价格在未来可能上涨,他们就有理由在一段时间内保留房屋,直到最后出售获益,或者让子孙们继承自己的房屋和土地,从而减少他们将来以更高价格购买同样房屋和土地的负担。

日本人固守"我的房屋"的传统行为,可以从这个视角得到经济上的合理解释。20 世纪 50 年代出生的人们是采取这种策略的典型,而且通常是正确的。虽然环境已经发生改变,但是他们的成功经验如此有力以至于不能忘记,他们会一直等到房屋价格开始回落为止。

(三)消极的经济原因

在 20 世纪 90 年代房价泡沫时期,购买住房的一代人,无一例外地经历了房价的大幅回落。

而住房本身也会发生可观的贬值,直到寿命达到 60 岁为止。

此外,二手房的市场价格比考虑了真实折旧后的经济价值要低得多,原因是不成熟的二手房市场。这种不成熟的原因可能在于以下几方面:①市场真正采用的折旧年限要比政府的指导年限或折旧表上的理论期限短;②仅仅从外观上难以估计房屋的价值,银行在对二手房发放抵押贷款时很谨慎;③更一般的原因是,日本人喜欢新鲜的东西而倾向于低估二手物品的价值。

因此,这代人拥有住房的市场价格远低于其账面价值。他们有足够理由认为保留房产直到将来价格回升是更明智的选择。

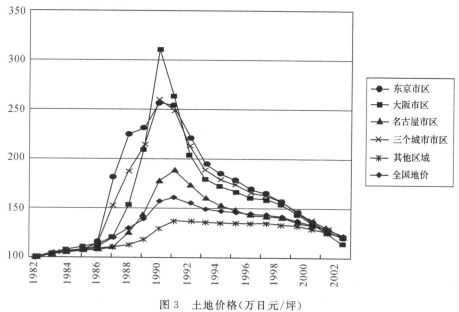

图 3　土地价格(万日元/坪)

四、日本推行反向抵押贷款的可能性

如上所述,我们可以预期对反向抵押贷款的需求是可观的,它可以让人们在仍然保留所有权的条件下将住房的价值提前变现出来。

除潜在需求之外,最后的问题就是清晰描述开展反向抵押贷款的积极推动条件,这会影响反向抵押贷款的产品结构。

(一)日本反向抵押贷款的可能的最高贷款限额

1.美国公共反向抵押贷款的启示

从图 4 可以看出,68%的美国反向抵押贷款采用了最高贷款限额,通过这种方式,借款人以抵押房产的起始评估价值为基础,设定借款的最高限额,然后根据这个最高限额定期借款。这跟文章开头关于反向抵押贷款的教科书式定义并不相同,书本上称定期和终身类型总共只占12%。而占比例更大的是最高贷款限额类型,应该可以解释这种金融产品的真正用途。

如果条件允许,通过养老金支付和金融财产清算来支付老年生活的开销是最好的选择。变卖房产只是在上述金融契约和财产无法应付必要支出时不得已的选择。人们在即将进入老年期时,大都会拥有一生中最大数量的金融资产,他们并不担心自己的健康,衰老的日子离自己还很

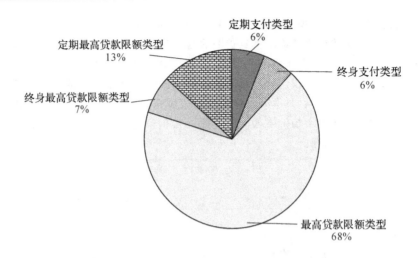

图 4　HECM 支付计划比例

资料来源：2000 年 5 月联邦住房管理局 HECM 运行报告。

远，没有意识到可能的资金不足。在这种条件下，人们更愿意仅仅设定最高贷款限额来应付将来的紧急事件，通过这样他们能够限制财务支出而不是马上借钱。他们得到的是未来的安慰，因为随着他们老去这将变得越来越困难。

(二)反向抵押贷款在日本的可能性

日本的低龄老人在整个社会中受到较大影响，他们可能把反向抵押贷款视为应付未来紧急事件的有力手段，而非转换成年金应付眼下的需要。由于上文所说的积极和消极的经济原因，他们也会对保留自己的房产有强烈的偏好，因而很可能会对最高贷款限额型的反向抵押贷款产生强劲的需求。

近来一些经济界领袖指责日本银行开办了太多近乎零利率的储蓄存款。事实上为老年人准备的存款占据整个金融资产的比例超过了 60％，也超过了其他各代人，这使我们想到日本的老年人被要求投资股票做赌博。然而，这个存款比例仅仅是占金融资产的比例。

如果我们观察同一代人的金融资产在所有资产中所占比例，会发现只有 30％左右，相应的存款只占 22％。他们可能不得不应付子女的大学学费，还要分摊儿女婚礼庆典的开支。在老年的后期，人们要准备医疗服务的开支。考虑到养老金的问题，在老年人的资产负债表上，保持 20％的流动比例可能是比较合适的。

同时我们需要注意到，全部资产的半数以上是老人现居房屋和与房屋相关的土地。这部分资产的金融价值似乎是"无所作为"的，之所以在 1990 年以来统计学报告的恐怖的经济数据下，日本人觉得自己并没有受到什么影响，这应该是原因之一。

这部分没有作为的资产，如果我们能够把其中一半的蕴含价值释放出来，它将轻松地超过所有银行存款的总量。

当然这并不意味着老人必须卖掉他们的房产才能养老。但如我们能保证他们将来遭遇紧急事件的任何时候，都可以从房产中收回现金的话，他们可能会认真考虑将现在持有的为紧急事件和未来现金短缺做准备的流动资产释放出来，并把它运用到更重要的事项上。这个假设如果是正确的，最高贷款限额型的反向抵押贷款，将会对日本的金融市场产生实质性的积极影响。

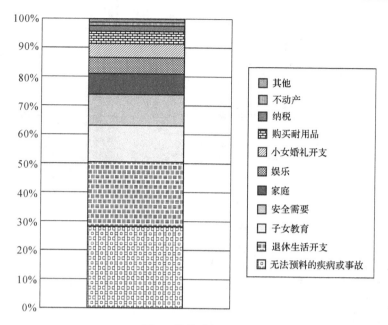

图 5　储蓄动机调查

(三)产品结构实例

美国型的反向抵押贷款可以基本满足这种需要。对于"承诺费"这个概念,日本人可能比美国人更不习惯。我们可能不得不考虑推迟承诺费的支付,直到他们真正借款(这就是说,这个费用将会与贷款余额结合起来),或者要求他们在借款之前有钱的时候把费用付清。同时,因为在不动产市场上仍然弥漫着悲观的情绪,贷款最高额度的大小也将比美国 20 世纪 90 年代的状况保守得多。

为了解决这个问题,比较现实的办法是采用递增式最高贷款限额结构,正如年金一样,贷款限额从一个较小的数目开始,然后随着时间逐渐增加。如果借款人是为了应付紧急事件和未来的现金短缺,这种方法将会使可能的借款人足够放心。而贷款机构也可以限制风险暴露的绝对量,从而减少反向抵押贷款的风险。

反向抵押贷款机构必须有足够的信誉,可以长时间充当"紧急钱包"的角色,我们可以考虑让一些公共机构来承担这个角色。

(四)老人住房和为住房转换的反向抵押贷款

1. 住房循环的两段式结构

人们在养育儿女阶段对住房的要求和老年时期对住房的要求并不是相同的(见图6)。

因为上述讨论过的各种原因,日本人到了老年之后通常会继续留在原来的房子里。然而,我们渐渐认为,随着生命阶段的过渡,变换住房的类型将会使我们的经济状况变得更好。

出于这一目的,促使老年人的住房和年轻人的住房顺利转换就变得相当重要。为此我们需要建立住房的两重循环模式:一个是前老年生活的住房,另一个是老年生活的住房。

我们需要正确引导老年住房的建筑商,让他们注意老年生活的多种需要。

2. 房屋转换反向抵押贷款

老年人住房准备好之后,下一个问题就是如何获得资金购买新房然后从现在的住处搬走。

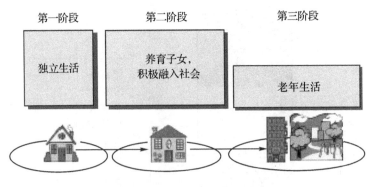

图 6　人生周期阶段与住房需求

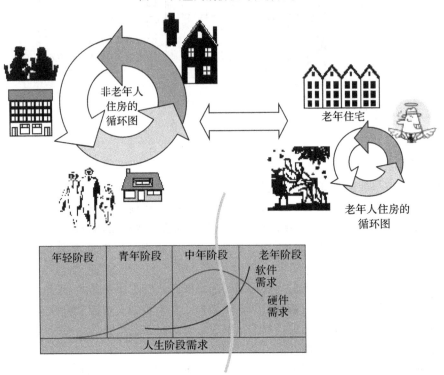

图 7　住房循环的两段式结构

左上为非老年人住房的循环图,右侧为老年人住房的循环图。下面图表表示人

一生中需求的变化,两条曲线分别是硬件需求和软件需求

如果我们可以在二手房市场上轻松卖掉房子的话,这个问题就很简单了。然而,事实上却没有这么容易。我们需要一种特定的机制。以借此可以用理论上的市场价值购买或租借早期的住房,而非实际的价格。这样一来,售房者才能获得足够的资金购买老年人住房。这种转换机制通常称为房屋转换反向抵押贷款。

3.公共部门的参与

私有机构要提供这种"牵线搭桥"的服务是很难的,可考虑让某个公共部门在房屋转换抵押贷款中扮演这一角色。

(五)证券化机构

证券化机构在开展本业务之后,会积攒相当数量的住房资产,为其提供一些途径来处置或再投资这些不动产是很有必要的。

关于如何处理这个问题,我提出如下参考:

1.假设一位老人希望参与房屋转换反向抵押贷款,他可以和某个公共机构或私有信托公司(以下简称"中介机构")签订协议,将他(她)的房产委托给此机构。作为回报,老人将获得代表中介机构"全部"(注意:并不是协议中老人的特定住房)资产收益率的房产信托凭证(House Certificate)。这个信托凭证的定价是基于中介机构全部投资的平均价值,其理论价值将由中介公司定期公布。

2.这份房产信托凭证可以在证券市场上交易,运作方式类似于交易所的交易基金(ETF),中介机构可以采用开放式结构,凭证可以按声明的价格买卖。

3.老人用房产信托凭证作抵押来借款。对银行来说,评估个人用来抵押的房屋和土地通常比较困难,房产信托凭证消除了这种单个评估的必要,银行只需要承担中介机构整个投资的价格风险。如果整个投资组合足够大,多元化就能使价格波动风险实现最小化。老人不用再就房产评估的结果谈判,也将从中受益。

4.中介机构通过出租对受委托的房产进行再投资。投资的主要组成部分是建造了20年左右的房产。如上文所述,除了土地价值,房产的真实市场价值几乎为零,尽管如此,其经济用途仍然几乎保持在完整水平。实际上这正是日本住房出租市场所缺少的,它将给年轻一代提供多样性的租房选择。这会对国家的房屋出租市场的正常运作有所帮助,这是当今社会的核心政治目标之一。

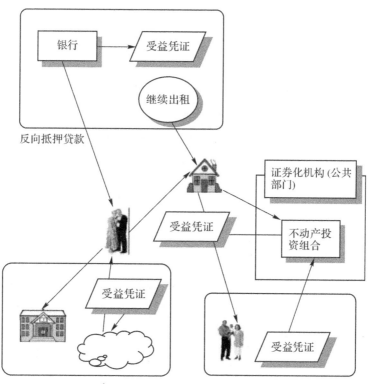

　　在具体的运作中,老人对他(她)所签协议中的住房租住有优先取舍权。如果中介机构仍然保留着老人的住房,老人也有权以市场价格回购。但是这种回购的权利只有在老人仍然租住在此住房里才能得到。老人也可以在市场上卖掉房产信托凭证,然后利用所得搬迁到老年公寓里居住。房产信托凭证的持有者将定期收到分配的出租收入,等到中介机构处置房产后实现资本收益。持有者也可以将房产信托凭证以市场价值与特定资产进行交易。

　　通过这种交易行为,老人将自己的住房同巨额不动产信托的凭证相交换,这些不动产集中在住宅和相关土地上。很多老人利用这种信托凭证融资购买新的住房。这将有助于老人从第一个住房循环跳出,进入第二个住房循环。中介机构创造的交易机会将在年轻人中增强第一个房产循环。

(吴会江 译)

释放日本老年住房中蕴涵的价值

Olivia S. Mitchell　John Piggott[①]

一、引言

虽然日本近年来房地产价格有所下降,但老年人口仍然拥有大量高价值的房产。同时,日本的平均寿命也位于世界前列。寿命延长再加上出生率的降低,使日本的退休养老保障体系面临严重的挑战。以前关于老人资产的研究,都忽略了住房是老人退休后的主要资产,在日本相关的研究中更是如此。若能将凝固的住房价值释放出来,既能促进消费,又能降低对公共养老金的依赖程度,减少对长期医疗设施等的需求。反向抵押贷款通过释放住房资产价值,可以大大提高快速老龄化社会中老年人口的退休保障。

西方国家的人口抚养比已经非常高了,但在接下来的 30 年中还将快速增长。欧洲的经济合作与发展组织的平均抚养比在 2000 年已经是 20.9%,在 2030 年前还将增长到 37%。事实上,意大利、法国、德国和日本的人口状况更加严峻,据预测,在接下来不到 30 年的时间里,抚养比的增长将超过 45%(Disney and Johnson,2001,p.12)。在大部分国家,老人很大程度上依赖于政府提供的各种转移支付和资助。更有甚者,劳动力市场的情况也将有很大变化,许多发达国家的老人都选择提前退休。一个近期的调查表明,在过去的 30 年中,60~64 岁之间的男性仍然工作的比率从 70%~90%降低到了 20%~50%[②]。这些因素降低了税收的基数,减少了政府财政收入。

不光是人口和社会行为的变化,使现有的养老计划陷入困境,还因为在 20 世纪,许多国家的退休保障系统都过于慷慨,许多国家的替代率都超过 70%(Disney and Johnson,2001,p.4)[③]。当然,在整个欧洲的经济合作与发展组织中,各个国家的情况也存在着较大差异,如英国和澳大利亚的公共养老金体系就要严格得多,政府只提供基本的退休金,其余退休收入都必须由私人部门提供(Bateman et al.,2001)。在一些西方国家,这些因素为政府财政带来了很多负担。预计法国、德国、意大利和日本在 2040 年,政府每年的养老金支出将超过 GDP 的 15%(Disney 和 Johnson,2001,p.13)。政府的总预算一般不应超过 GDP 的 40%~50%,否则将成为很大的一个包袱。

反向抵押贷款最早是在美国推出的,是一个相对较新的金融产品。虽然学者们估计美国住房反向抵押贷款的潜在市场的大小时,存在着差异,如 Merrill et al.(1994)估计潜在市场有 80 万个家庭,Rasmussen et al.(1997)则估计为 670 万。但在 1989 年住房反向抵押贷款刚推出时,开办数量确实非常少。在 HECM 这种广受欢迎的反向抵押贷款产品推出之前,只有 8 户家庭参加

---

① Olivia S. Mitchell(宾夕法尼亚大学,沃顿商学院),John Piggott(新南威尔士大学,经济学院),2004 年 6 月发表。

② Bateman et al.,2001,p.28。但日本是一个例外,该年龄段的男性参与工作的比例仍然保持在 80%左右,虽然很少有妇女在该年龄段还继续参加工作。

③ 替代率即老人退休后领取的养老金,相当于退休前工资报酬的比例。

了反向抵押贷款。但我们相信,这些产品在将来会变得更有吸引力。比如,2002年9月前的财政年度,美国新开办的反向抵押贷款数量为13000份,比2001年同期增长了68%。低利率以及相对较高的住房价值,增加了住房反向抵押贷款的吸引力,使本业务的开办机构增长了3倍,至2002年5月已达到了191家。专家们预测,随着更多的人员增加了对这种金融产品的了解,住房反向抵押贷款在美国还将得到快速发展(Caplin,2002)。贷款机构也越来越擅长于推销该产品,改善产品的设计等。住房反向抵押贷款在美国逐步取得的成功使我们有理由相信,或许在日本同样能够取得成功。

日本不光人口抚养比高(预计到2030年,日本的抚养比将比1990的21.6%的两倍还要多),住房价值高是另一个显著特点。*Economist*杂志最近的一项调查表明:东京和大阪的房价是所有西方国家中第二高的,一套两居室的公寓在2002年需要约80万美元。

二、日本老人的住房价值

一般说来,老年人口所拥有的住房财富要比总人口的人均住房价值高。接下来我们将分析美国、日本和澳大利亚三个国家各自的住房情况。结果表明,这三个国家中,住房都是家庭财富的最大组成部分。比如说,日本在1996年,家庭财富中有51%是非金融资产,而在这些资产中,住房又是其中最主要的部分(Ellis和Andrews,2001,p.5)。根据人口调查局1995年的数据,在美国,住房占家庭所有财富的44%,比第二大家庭财富——债券的比例还高很多。在这三个国家中,一般说来,年龄越大的老年群体拥有的住房价值也越高。图1表示的是各年龄段日本人口的住房价值。

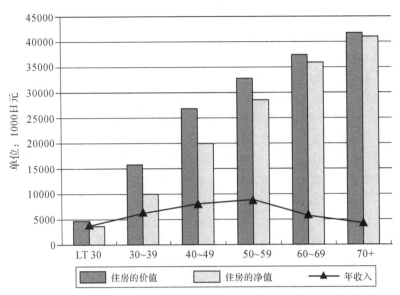

图1　日本人口的住房价值

数据来源:NSFIES(1999, Table 21), www.stat.go.jp/data/zensho/1999/z.

从图3可以看出,日本老年人的住房资产,几乎要比美国和澳大利亚老年人的住房资产高出50%。近年来,日本老年人的居住模式正在向西方国家靠近。1998年,约45%的老年人是和子女分开住的,但在1980年,这一比例只有27%(Ishikawa和Yajima,2001)。从日本与澳大利亚

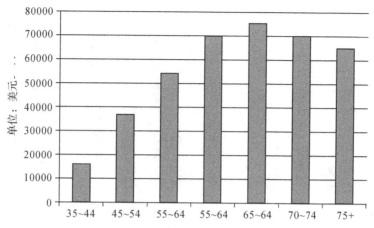

图2 美国 1995 年的平均住房价值(按年龄分):单位:1000 日元

数据来源:美国人口统计局

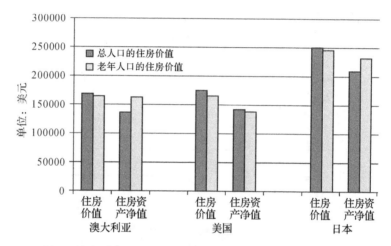

图3 澳大利亚、美国和日本 2000 年各自总人口的住房价值和
老年人口的住房价值(不包括出租的房子)

数据来源:ABS(1999),*Australian Housing Survey*;RAND Corporation(1998),
Health and Retirement Survey,Wave 5;Economagic(online resource);World Bank
(2002),*World Development Indicators*,Table 5.6.

和美国的比较数据可以看出,日本的环境似乎更有利于开办反向抵押贷款业务,因为日本的老年
人拥有住房价值的数目非常大。

反向抵押贷款开办的一个重要因素是,人们必须拥有属于自己的住房。图 4 对此进行了比
较,数据表明,这三个国家拥有住房的比例都相当高。这一比例和住房价值一样,与年龄的大小
正相关。

65 岁及以上的老人拥有住房的比例大约在 80%。如此高的比例,再加上高额的住房价值,
表明日本住房反向抵押贷款的潜在市场非常大。

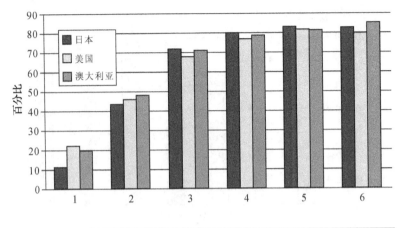

国家	1	2	3	4	5	6
日本 1999	<30 yrs	30~39 yrs	40~49 yrs	50~59 yrs	60~69 yrs	70 yrs+
美国 2001	<25 yrs	25~34 yrs	35~44 yrs	45~54 yrs	55~64 yrs	65 yrs+
澳大利亚 1998-1999	<25 yrs	25~34 yrs	35~44 yrs	45~54 yrs	55~64 yrs	65 yrs+

图 4　拥有所居住住房的比例（按年龄分）

数据来源：US Census Bureau，Housing Vacancy Survey（Q2，2002）；Statistics Bureau & Statistics Center，Housing of Japan；Management & Coordination Agency（May 2000），Household Expenditure Survey Australia。

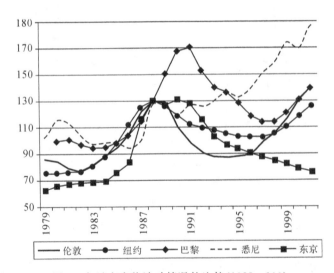

图 5　各城市房价波动情况的比较（1988＝100）

数据来源：Authors' computations using data provided by the *Economist magazine*。

图 5 和图 6 分别表示 5 个主要国际大都市和 4 个主要国家的房价波动情况。图 5 和图 6 表明，房地产价格在中长期波动很大，5 年内上下 40％的波动并不罕见。东京房价的波动尤其不稳定。因此，释放住房价值的金融工具，既是一个很有价值的风险管理工具，也是一种满足老年户主消费需求的重要手段。

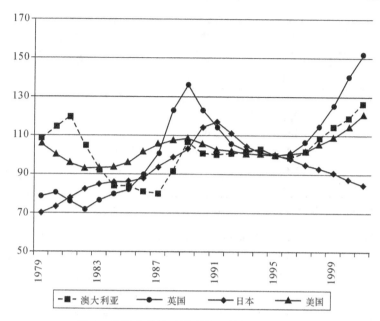

图 6　各国房价波动情况的比较(1995＝100)

数据来源：Authors' computations using data provided by the *Economist magazine*。

配偶去世会使得拥有所居住住房的比例下降,如表 1 所示。

表 1　配偶去世引起的拥有住房比率的改变(美国)

配偶去世	女性		男性	
	部分拥有	平均住房价值(美国)	部分拥有	平均住房价值(美国)
−4	0.78	37.775	0.85	40.728
−3	0.77	38.061	0.85	39.66S
−2	0.79	37.531	0.84	42.827
−1	0.76	40.281	0.80	40.592
0	0.76	37,952	0.79	41.763
1	0.72	36.511	0.77	43.257
2	0.71	34.549	0.71	38,407
3	0.68	34.098	0.76	39.184
4	0.64	32.733	0.75	38.059

资料来源:Sneiner 和 Weil(1993)。

　　表 2 将老人按 5 年的年龄段分成不同的小组。随着年龄的增长,每个老年组拥有住房的比例都在下降,高龄老年群体(如 80 岁及以上)下降的幅度更为显著。这主要是因为不可预测的突发事件对老年家庭带来的冲击和影响。值得我们注意的是,这种情况很有可能是因为人们缺乏能够提前释放住房价值的金融工具而引起的。

表 2　老年住房拥有率的变动情况（美国）

年龄 (1988)	女性		男性	
	自住业主比率 (1983)	变更所有权 (1983—1988)	自住业主比率 (1983)	变更所有权 (1983—1988)
60~64	0.80	−0.02	0.82	−0.01
65~69	0.78	−0.01	0.82	0.00
70~74	0.74	−0.05	0.81	0.00
75~79	0.67	−0.02	0.79	−0.01
80~84	0.63	−0.07	0.79	−0.08
85~89	0.53	−0.05	0.73	−0.09

资料来源：Sneiner 和 Weil(1993)。

Flavin 和 Yamashita（2002）发现，日本老人人均遗留的遗产大约相当于 25.8 年的消费。这些遗产中，住房资产的价值大约相当于 20.5 年消费，其余的遗产则是金融资产（如银行存款和证券等）。与此相反的是，据估计，美国的老年人只遗留下相当于 5 年消费的遗产。我们应该注意到，这并不意味着两个国家的人们在遗留遗产意愿方面存在多大的差异，它反映的是日本的房地产市场和金融部门缺乏能够提前释放住房价值的工具，没有美国房地产市场和金融部门那么活跃。表 3 可以看出，日本房地产市场的活跃程度只有美国市场的 1/10，日本房地产市场主要注重于建造新的住房而非二手房的买卖。而且，日本老年人搬家的频率只有美国老年人搬家频率的 1/4，这是不健全的房地产市场所带来的结果。

表 3　65 岁及以上老年人搬家的频率

分类	日本(1998)%	美国(1997)%
搬家的户主	0.72	2.9
另一业主自住房	0.45	1.67
在租来的家	0.26	1.22
搬家的租房户	3.75	8.16

资料来源：石川和 Yajuna(2001)。

计算公式

以下是一个简单的计算贷款总额的公式。在一个竞争的市场里，贷款总额应该等于住房在未来贷款结束时的售价。可以定义为：

$$LS = \sum_{r=1}^{\max Age - x + 1} HEQ \times \left(\frac{1+r+g}{1+r+m}\right)^t \times {}_tp_x$$

其中：r 为预期无风险利率；g 为预期的住房投资风险回报率；m 为预期的抵押贷款风险回报率；HEQ 为贷款开办时住房的价值；${}_tp_x$ 为从初始年龄为 x 的人在 t 期仍然存活的概率；$\max Age$ 指死亡率表中能存活的最大年龄。

若采用一次性支付方式，经过 t 期后贷款的总额为：

$$Q = LS(1 + r + m)^t$$

若选择年金的支付方式，则计算过程要复杂一些。贷款机构确定出借款人能得到的借款总额之后，再算出借款人每期能收到相同额度的借款：

$$PMT = LS / \sum_{r=1}^{w} {}_tp_x \frac{1}{(1+r)^t}$$

但在贷款实际开办时，考虑的因素还要更多一些。实际开办时，住房反向抵押贷款机构将先确定模型中的参数,包括申请贷款时的住房价值、预期无风险利率、预期住房投资的风险回报率、抵押贷款风险回报率和未来的死亡率表。

上面讨论的模型在实际运用时还必须注意:(1)申请贷款时的住房价值应该是除去住房上残留的按揭贷款后的净值;(2)贷款机构通常要求借款人对住房保持很好的维修,在贷款中会包括一定额度的维修费用;(3)贷款机构应该制定一个预期报酬率,最重要的是,无风险率和预期的贷款利率;(4)贷款机构必须预期住房可能的升值程度,这里很可能存在逆向选择和道德风险。

三、一个计算的例子

表4表示的是美国的一系列情况。这些结果是通过著名的美国老年人组织 AARP 所提供的在线计算器计算出来的。计算时采用的是当期的一年期国库券利率和住房反向抵押贷款的全国平均开办费用。该计算器提供了两种结果:一种是由联邦住房管理局(FHA)提供保险的HECM,一种是房利美(Fannie Mae)推出的 HomeKeeper 反向抵押贷款产品。

表 4　美国 HECM 和 HomeKeeper 贷款的一次性支付和按月支付方式的结果

（按年龄和住房价值来分）

年龄	一次性支付（美元）		按月支付（美元）	
	HECM	Home Keeper	HECM	Home Keeper
$10 万				
65	52.774	14.128	303	111
70	57.224	26.660	345	193
75	62.064	34.764	402	301
80	67.125	43.262	482	385
85	72.250	52.481	610	511
90	77.296	58.397	858	586
$30 万				
65	155.617	51.238	893	402
70	167.438	89.478	1010	647
75	180.176	112.428	1166	973
80	193.309	137.728	1389	1226
85	206.332	164.803	1743	1605
90	218.749	182,373	2427	1829

资料来源:www.rmaaip.com。2003 年 1 月 15 日。数据计算时采用 2003 年 1 月 13 日当期的一年期国库券利率和住房反向抵押贷款的全国平均开办费用。

从表4可以看出,一个 75 岁并拥有 10 万美元住房价值的老年人若选择 HECM 的一次性支付方式,可以获得 6.2 万美元的贷款,Home Keeper 这种反向抵押贷款产品,能提供大约 44% 即 3.48 万美元的贷款。如果选择 HECM 的按月支付方式,每月大约能得到 402 美元的贷款,即每年大约能得到 4800 美元,而 Home Keeper 贷款的按月支付方式每月能提供 301 美元的贷款,每年大约能得到 3600 美元。当住房价值提高到 30 万时,即住房价值增长为 3 倍时,HECM 的一次性支付方式提供的贷款数量大约增长为原来的 3 倍,但 Home Keeper 能提供的贷款却不止原来的 3 倍,这是因为 Home Keeper 主要是面向那些住房价值较高的家庭。

四、供应方的风险

(一)风险的描述

对参与反向抵押贷款的老年户主即借款人来说,他们面临的主要是金融机构破产的风险。对贷款机构来说,提供反向抵押贷款产品带来的风险要复杂得多。图 7 是住房反向抵押贷款供给机构的主要风险。

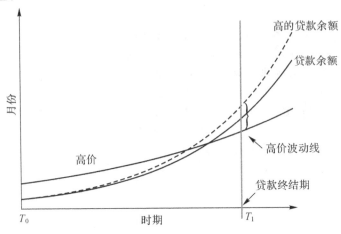

图 7   反向抵押贷款:利率的不确定

Phillips 和 Gwin (1993)指出,反向抵押贷款开办机构面临的风险主要有 5 个:长寿风险、利率风险、房地产市场萧条的风险、单个住房贬值的风险以及资金周转方面的风险。

鉴于这些风险,金融机构可能会不太愿意推行这种金融产品,除非他们能通过购买保险来分散这些风险。

很多人认为,美国反向抵押贷款产品开办数量之所以很小,是因为其高额的开办费用。当然,高额开办费确实是影响反向抵押贷款数量增长的重要因素。Caplin (2002)指出,HECM 的平均开办成本,如果不算保险费的话,已超过了 4500 美元,大约占总贷款额的 10%(与人们平均能借到的最大贷款额 47000 美元相比)。这些费用之所以高,主要是因为反向抵押贷款这种产品相对说来比较新,市场规模还很小,相信随着时间的推移,开办费用能够逐步降低。

(二)日本的反向抵押贷款支付额(一个例子)

我们运用前面所讨论过的模型来估计反向抵押贷款在日本可能的支付额。表 5 计算的住房价值分别为 10 万美元和 30 万美元,并对美国和日本的情况进行比较。

表5　日本和美国反向抵押贷款额度的比较

付款选项	年龄	家庭资产价值			
		美国(美元)		日本(美元)	
		10万	30万	10万	30万
Ⅰ.一次性支付	65	53635	160.905	39871	119613
	75	66623	199.S69	54579	163737
	85	79281	237.843	70078	210234
Ⅱ.真实年金					
	65	3713	11.139	1807	5421
	75	6489	19467	3711	11133
	85	12584	37.752	8087	24261

注:笔者假定住房的评估价值分别为10万和30万美元,参与者为女性,存活的概率通过生命统计表计算得出。

A. 假定美国的无风险利率 $r=2.0\%$,住房实际升值率 $r+g=1.0\%$,实际贷款利率 $r+m=4.5\%$,$r+a=1.0\%$

B. 假定日本的无风险利率 $r=-0.6\%$,住房实际升值率 $r+g=-2.4\%$,实际贷款利率 $r+m=1.9\%$,$r+a=0.4\%$

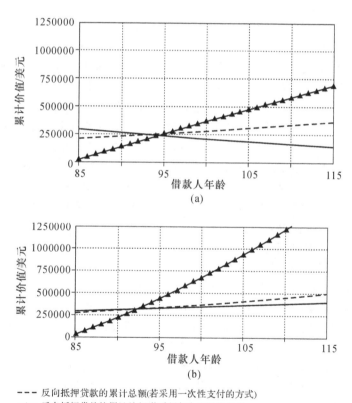

------ 反向抵押贷款的累计总额(若采用一次性支付的方式)

—▲— 反向抵押贷款的累计总额(若采用年金支付的方式)

—— 住房的实际价值

图8　随着某一借款人年龄的增加,反向抵押贷款的变化情况

注：假定住房价值为 30 万美元，借款人为女性，且在贷款开办时为 85 岁，图 8（a）表示日本的情况，（b）表示美国的情况。

（a）假定年通货膨胀率＝－0.6％（2001 年的估计数据；www. cia. gov/cia/publications/factbook/fields/2092. html），r＝－1.2－（－0.6）＝－0.6（％）（2000，www. boj. or. jp/en/siryo/sk/ske4. pdf），r＋a＝－0.6＋1＝0.4（％），r＋g＝－3－（－0.6）＝－2.4（％）（www. boj. or. jp/en/siryo/sk/ske4. pdf），r＋m＝2.5＋（－0.6）＝1.9（％）。

（b）假定年通货膨胀率＝1.5％（2000；www. econedlink. org/lessons/index. cfm?lesson＝EM222），r＝3.5－1.5＝2（％）（2002 年 12 月的一年期国库券利率；www. federalreserve. gov/releases/h15/data/a/tcmly. txt），r＋a＝2＋1＝3（％），r＋g＝1（％），r＋m＝2＋2.5＝4.5（％）。

五、住房反向抵押贷款在日本推行的可行性

许多资料都表明，通过住房反向抵押贷款，日本的老年人可以大幅度地提高晚年生活消费。接下来，我们探讨有哪些因素能促成住房反向抵押贷款业务在日本的推行。首先我们讨论房地产市场，然后讨论金融市场。

日本房地产市场面临着一个严峻的问题，这是决定住房反向抵押贷款能否推行的重要因素，日本二手房的交易量非常小，建立住房反向抵押贷款需要比较准确的住房价值评估方法和数据。日本二手房交易方面的信息非常少，部分原因是老年人搬家的概率很小（Ishikawa 和 Yajima，2001）。一些人认为，住房价值和住房交易信息的缺乏，直接阻碍了住房反向抵押贷款在日本的推行。和美国不一样的是，日本的房地产经纪人很少向公众公布住房质量和住房市价方面的信息。实际上，除了商业住房外，日本没有其他的房地产指数。这些信息不对称导致借款人和贷款机构都很难准确地预测住房价格将来的波动情形，将会阻碍住房反向抵押贷款市场的发展。

关于潜在借款人的高质量的信贷信息，是房地产市场运行良好的重要条件，但这些信息在日本没有在美国等国家那么容易得到。这也许是日本的分期付款购房需要 30％～50％ 的首付款，而在美国只要 10％ 或更少的原因。虽然老人的信贷情况在申请住房反向抵押贷款时没有申请其他贷款那么重要，但通过这些信贷信息可以观测到消费者的行为，一个不发达的信贷市场也可能成为反向抵押贷款发展的阻碍。

即使住房反向抵押贷款得以在日本推行，但日本老人是否愿意去申请呢？通过一些研究可以发现，这些需求可能会很小。在 65 岁及以上的老年人中，几乎 2/3 有遗留遗产的打算，而且主要是通过住房和土地的形式（Tachibanaki，1994）遗留遗产。虽然也有人认为这种情况会随着预期寿命的延长而发生改变，日本的税收政策确实更鼓励通过遗产传承的方式而非出售的方式来转移住房。

除去这些消极的因素，也有两个积极的因素。第一，Goetzmann 和 Spiegel（2000）认为，政府在鼓励那些经济上不太稳健的家庭投资住房时应该更加谨慎，这很可能会导致"住房富人，现金穷人"的局面。第二，Kase（1994）于 1981 年曾经在东京市郊一个叫 Musashino 的地方试推行住房反向抵押贷款，而且该项目由政府提供资助。虽然当时只有 42 个人申请，但潜在的需求者还是蛮多，而且由于是政府提供的产品，老人参与的积极性很高。

最后还需要指出的是，目前若要在日本推出住房反向抵押贷款产品，必须有中央政府提供一些帮助和支持。美国的一些政府机构（如美国联邦住房管理局 FHA 为出售住房反向抵押贷款的

业务主办机构提供保险)在住房反向抵押贷款的推行中扮演了非常重要的角色,提供了很多重要的帮助。日本若能建立类似的机构,将大大提高住房反向抵押贷款的信用,但目前还不清楚日本建立类似机构在政治上和经济上的可行性。日本政府已经面临着严重的财政预算约束,如果再为住房反向抵押贷款提供保险的话,可能风险会太大。

一些专家认为,政府可以在如下方面扮演重要角色,比如修订那些限制该产品发展的规章制度以及税收上的约束(税收改革和房地产方面法律的加强,可以提高推行反向抵押贷款盈利的概率);政府还可以建立一个关于住房质量、交易和价格的数据库,这对住房反向抵押贷款市场的发展非常重要(Rasmussen et al. ,1996 , Nishimura 和 Shimizu,2003)。

在日本推行住房反向抵押贷款,还必须建立一个有关贷款合同的清晰透明的法律框架。借款方和贷款方都必须清楚地知道他们各自的权利和义务。

日本应该加强房地产交易信息的流通,不光是新房买卖的售价等需要公开,还应该加强二手房买卖信息的披露。

六、总结

本文探讨了在日本推行反向抵押贷款的可行性。虽然住房反向抵押贷款还没有被广泛了解,但我们认为,该金融产品的推行可以大大降低政府的养老负担,提高老年人口的消费水平。

在日本推行反向抵押贷款需要一定的条件。总的来说,在政策上需要免除资本所得税和交易税,借款人每期收到的反向抵押贷款数额,都应该给予免税优惠。另外,还包括住房市场改革、加强信息的流通(尤其是关于住房交易的信息),允许住房资产证券化和信用额度贷款等。资本市场应做的改变包括,建立再保险机制来帮助贷款机构提供反向抵押贷款,以应对其贷款总额大于住房价值的风险。在日本,预期寿命的延长和住房价值的下降,都将对反向抵押贷款的推行带来阻碍。我们得出的结论是,反向抵押是增加老年人消费的好方法,尤其是在日本政府金融紧缩的宏观环境下。

以房养老模式的协调发展模型探讨

汤兵勇   梁晓蓓

养老保障问题涉及每一个社会成员,是公民、社会和政府共同关心的大事。如何采取各种有效手段,更好地实现养老保障的目标,是社会各界特别是学术界关注的重要课题。

一、引言

浙江大学经济学院柴效武教授提出的以房养老模式,将养老保障与房地产、金融保险相结合,旨在为养老寻找一种新方法,为巨额保险资金寻找安全、收益稳定可靠的新出路,为建立适应市场经济社会的新型代际关系,同时能更好地激活房地产交易市场,刺激内需,增强中老年人购建住宅、晚年幸福生活的积极性,形成国民经济增长的新动力。

在以房养老的模式管理控制中,由于被控制对象是人,一种以系统整合为核心的人本管理正在逐渐发展起来。其中,大量的是人的思维活动过程,这实际上是一种典型的智能信息处理过程。这一过程中所涉及的信息,除一小部分精确信息外,相当大部分是模糊智能信息。需要按模糊信息处理方法,从人脑思维过程的一般规律研究入手,建立相应的综合模糊模型体系,通过一系列模糊模型来近似地描述和模拟人的智能活动,这对促进以房养老的模式管理控制水平的提高,无疑具有重要的理论意义与较大的使用价值。

以房养老涉及社会保障、金融保险、房地产等行业,还触及人的思想观念和社会文化,是一项庞大复杂的社会经济系统工程。以房养老除具有典型大系统的一般特点,即规模庞大、结构复杂、功能综合及因素众多外,还有其自身特点。为了更好地促进以房养老的协调发展,本文运用大系统的理论和方法,按照以房养老协调发展总体目标要求,以及以房养老大系统自身与其相关环境(如社会保障环境、金融保险环境、法律环境等)的规律,从宏观总体角度出发,探讨以房养老协调发展的大系统控制途径,建立一系列相应的数学模型(包括协调发展指数模型、协调预测模型、协调控制模型等),对协调发展的现状和将来进行定量评价、预测与控制,以便找出不协调因素,进行对策性研究,可供政府决策部门的宏观调控和科学决策参考使用,具有较大的理论意义与实用价值。

二、以房养老协调发展的大系统递阶结构

按照大系统的多级递阶结构思想,对于以房养老大系统,可以考虑设计并建立起协调发展的多级递阶结构,如图1所示。

其中,最低级次为以房养老综合服务应用的系统模型,这是一类微观运行级模型,主要功能

是为以房养老大系统中各子系统(如社会保障子系统、金融保险子系统、房地产子系统、财政税收子系统等)进行局部控制,直接面向以房养老市场的商家与客户提供各种综合配套的服务,促进交易成功,并产生效益。

中间级次为以房养老工程与管理协调的控制模型,这是一类中观管理级模型,主要功能是为以房养老大系统进行总体递阶协调发展控制,运用协调预测模型与协调控制模型,分析协调各子系统之间的联系,通过最优化手段,既对各子系统协调控制,又为最高级提供以房养老协调发展的综合数据信息与最优策略方案。

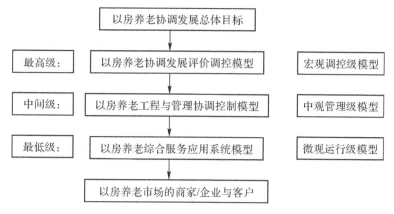

图1   以房养老协调发展多级递阶结构示意图

最高级次为以房养老协调发展评价的调控模型,这是一类宏观调控级模型,主要功能是为以房养老大系统进行综合评价控制,通过递阶结构和协调发展指数模型,建立相应的综合评价指标与实施方案,以实现以房养老协调发展的总体目标。

这三个递阶控制级融成一体,可在定性分析指导下提出相应的协调发展指标体系(其中各项指标按其不同性质与功能,又可分为状态指标和控制指标),并通过建立适当的广义定量模型,求得各项具体结果。

由于篇幅有限,本文主要探讨最高级与中间级涉及的三类模型,其他内容(如最低级的应用系统模型与协调发展指标体系等)将另行文讨论。

三、以房养老协调发展的指数模型

综合评价社会经济发展的水平,需要设定各种相关指标。国际国内许多机构和专家学者都做了大量的研究工作,并根据多目标决策的归化原理,设计确立了一些综合评价指标。例如:人类发展指数(HDI),社会进步指数(ISP),经济福利尺度(MEW)和经济业绩指数(EPI),社会、经济和人口综合指标(SEDI)等。这些指标虽然侧重点有所不同,但都是力求全面、综合地反映社会经济发展的总体或某方面的基本特征;在具体方法上都是通过对若干统计指标的综合计算(大多采用加法评分法或加权评分法)形成一定的标志数值,以得到直观、整体的评价。然而这些指标一般只适合于排序,很难进行深层次分析,体现的仍是总体发展的水平,却不能很好地反映协调发展的真实水平。

因此,我们应在现有研究工作的基础上,运用大系统的综合思想,研究这类反映协调发展水平的新的综合指标协调发展指数,并建立相应的定量模型。这个指标应是协调发展指标体系经适当处理后的一种无量纲指标,可以直接或间接地反映协调发展的总体性能。经分析和研究可知,该指数模型的构成要素应有两个:(1)反映"协调"程度的要素——协调度;(2)体现"发展"水平的要素——发展量。

在建立以房养老协调发展指标体系的基础上,需要对各子系统指标收集到的数据信息进行预处理。即对每个指标 $x_{ij}(k)(i=1,\cdots,n$,分别对应所讨论的各子系统;j 代表第 i 个子系统的指标排序;k 表示不同的年份) 分别做规范化处理,转化为对应的无量纲指标 $y_{ij}(k)$。

再从大系统的协调原则中采用"关联预估原则",每个状态变量(指标)$x_{ij}(k)$ 的协调变量 $a_{ij}(k)$ 应取此时实际的关联变量 $z_{ij}(k)$,即 $a_{ij}(k)$ 形如:

$$a_{ij}(k) = z_{ij}(k)\sum_l g_{ij}^l x_{ij}^l(k) \quad i=1,\cdots,n;j=1,2,\cdots,n_i \tag{1}$$

此处 g_{ij}^l 为关联系数;l 为 $z_{ij}(k)$ 有关联的指标数标记,$l=1,2,\cdots$;n_i 表示第 i 个子系统的指标数;$k=1,2,\cdots,N,N$ 表示样本数。将 $a_{ij}(k)$ 适当变形后作为协调度 $c_{ij}(k)$,它表示了外部其他指标对 $x_{ij}(k)$ 的总影响程度,可间接反映 $x_{ij}(k)$ 的协调程度。而经过规范化处理的无量纲指标 $y_{ij}(k)$ 本身就表示了 $x_{ij}(k)$ 在样本时间内($k=1,2,\cdots,N$) 的发展水平,故直接取 $y_{ij}(k)$ 为发展量。

最后采取一种"改进的加权加法评分法",将权重系数取上述的协调度 $c_{ij}(k)$,指标的标值取上述的发展量 $y_{ij}(k)$;如此把两者有机结合起来,得到的协调发展指数 $D(k)$ 的基本形式为:

$$D(k) = \sum_{i,j} c_{ij}(k) y_{ij}(k) \tag{2}$$

从式(2)可知,$D(k)$ 同时受协调度 $c_{ij}(k)$ 和发展量 $y_{ij}(k)$ 两者影响,并由这两者所确定;既能反映总体的协调程度,又能体现总体的发展水平,基本可达到预期的要求。

有关不同情形下的具体评价测算方法可参见相关文献,此处不再赘述。

四、以房养老协调预测的模型

关于各类社会经济指标的预测,已有许多常用的方法。然而考虑到以房养老大系统中各指标之间的相互影响及协调作用,在进行单项指标预测后,还要充分注意到其他指标与其的协调关系,并采用以下形式的协调预测模型:

$$x_{ij}^*(k+1) = x_{ij}^0(k+1) + f_{ij}[u_{st}(k),x_{st}(k),k] \quad \begin{matrix} s=1,\cdots,n;t=1,2,\cdots,n_s; \\ i=1,\cdots,n;j=1,2,\cdots,n_i \end{matrix} \tag{3}$$

其中:$x_{ij}^*(k+1)$ 为第 i 个子系统第 j 个状态指标的协调预测值;$x_{ij}^0(k+1)$ 为该指标的单项预测值,其预测方法应视具体情况选择适当的定性或定量预测方法(也可为定性与定量相结合的综合预测方法);$u_{st}(k)$ 为第 s 个子系统第 t 个控制指标;$f_{ij}[\cdots,\cdots,\cdots]$ 为协调校正函数,是协调预测模型的重要组成部分,其功能是在单项指标预测基础上,作为协调关系影响作用的校正或补偿,其具体形式可有多种,需视实际情况而定,但必须反映各指标之间的协调关系,有时可采用以下一种较简单形式:

$$f_{ij}[\cdots,\cdots,\cdots] = \beta_{ij}(k+1)[G_{ij}(k+1) - x_{ij}^0(k+1)] \quad i=1,\cdots,n;j=1,2,\cdots,n_i \tag{4}$$

其中 $\beta_{ij}(k+1)$ 为时变校正系数,$G_{ij}(k+1)$ 为协调引导变量,其表达式有各种形式。

五、以房养老协调控制模型

对于以房养老大系统,由于受人的主观意识影响较大,再加上各种信息的不完备性或模糊性,采用大系统理论中已有的分解协调控制算法难度很大。为此,可从以房养老协调发展的实际出发,讨论其协调控制问题。在建模时,先从每个子系统模型研究入手,进而得出其整体模型结构。这里的主要思路如下:

设 $X_i(k)$,$U_i(k)$ 分别为第 k 时刻第 i 个子系统 n_i 维状态指标向量与 m_i 维控制指标向量,$i = 1,2,3,4$;分别对应前述的四个子系统。即:

$$X_i^T(k) = \{x_{i1}(k), x_{i2}(k), \cdots, x_{in_i}(k)\}$$
$$U = \{u_{i1}(k), u_{i2}(k), \cdots, u_{im_i}(k)\}$$

其中:$x_{ij}(k)$、$u_{il}(k)$ 分别为第 i 个子系统相应的状态指标与控制指标,$j = 1,2,\cdots,n_i$;$l = 1, 2,\cdots,m_i$。

于是,由文献的讨论,可确定第 i 个子系统的状态方程结构如下:

$$X_i(k+1) = A_i(k)X_i(k) + B_i(k)U_i(k) + C_i(k)Z_i(k) + V_i(k) \quad i = 1,\cdots,n \quad (5)$$

其中 $Z_i(k)$ 为 P_i 维的关联向量,即:

$$Z_i(k) = \sum_{j=1}^{4} \{D_{ij}V_i(k) + E_{ij}X_i(k)\} \quad i = 1,\cdots,n \quad (6)$$

这里 D_{ij}、E_{ij} 为常数矩阵,而 $A_i(k)$、$B_i(k)$、$C_i(k)$ 为相应时段的时变系数矩阵,$V_i(k)$ 为 n_i 维的随机误差向量。进一步,可得出电子商务大系统的整体模型结构。

为讨论方便将式(6)代入式(5),再经适当整理推导,可得模型的简化形式为:

$$x_{ij}(k+1) = \phi(k)\theta_{ij}(k) + v_{ij}(k) \quad i = 1,\cdots,n; j = 1,2,\cdots,n_i \quad (7)$$

其中:$\phi^T(k) = \{X_1^T(k), X_2^T(k), X_3^T(k), X_4^T(k), U_1^T(k), U_2^T(k), U_3^T(k), U_4^T(k)\}$

$\theta_{ij}(k)$ 为经整理后相应的时变参数向量,$v_{ij}(k)$ 为相应的随机误差。

依据掌握的历史数据,对经简化后的模型式(7)中的时变参数 $\theta_{ij}(k)$ 采用适当方法进行参数估计与预测后,可在此基础上进行状态指标的自适应预测与控制,并进一步进行自适应协调控制。

综上所述,本文由分析以房养老相关因素的协调关系入手,研究其协调发展规律与趋势,从而初步建立一系列以房养老协调发展模型。由于这一系列模型充分考虑到以房养老大系统的动态时变特性,注重理论联系实际,模型结构与具体算法较规范,既有较强的理论依据,又便于实际操作,故有着较广泛的应用前景。

参考文献

[1]Creighton，A. H. , Jin，H. B. , Piggott，J. , et al. Longevity Insurance：A Missing Market. The Singapore Economic Review, 2005 (50), 417—435.

[2]Barth, J. R. , & Yezer, A. M. Default risk on home mortgages：a further test of competing hypotheses. Journal of Risk and Insurance, 1983, Vol. 50(3)：500—505.

[3]Carey, M. Credit risk in private debt portfolios. Journal of Finance, 1998, Vol. 53(4), 1363—1387.

[4]Collin-Dufresne, P. , Goldstein, R. S. , & Martin, J. S. The determinants of credit spread changes. Journal of Finance, 2001, Vol. 56(6), 2177—2207.

[5]Conze, A. , & Viswanathan. Path dependent options：the case of lookback options. Journal of Finance, 1991, 46(5)：1893—1907

[6]Frederick, S. , Loewenstein, G. , & O'Donoghue, T. Time discounting and time preference：a critical review. Journal of Economic Literature, 2002, Vol. 40(2), 351—401.

[7]Jaffee,D. M. Cyclical variations in the risk structure of interest rates. Journal of Monetary Economics, 1975, 1(3)：309—325.

[8]Kidwell,D. S. , & Trzcinka,C. A. The risk structure of interest rates and the Penn—Central crisis. Journal of Finance, 1979, 34(3)：751—760.

[9]Majumder,D. Inefficient markets and credit risk modeling：why Merton's model failed. Journal of Policy Modeling, 2006, 28：307—318.

[10]Rogers, L. C. G. & Shi, Z. The value of an Asian Option. Journal of Applied Probability, 1995, Vol. 32(4)：1077—1088.

[11]Schwartz,E. S. , & Torous, W. N. Prepayment and the valuation of mortgage—backed securities. Journal of Finance, 1989, Vol. 44(2)：375—392.

[12]Smart，W. The new theory of interest. The Economic Journal, 1891, Vol. 1(4)：675—687.

[13]Titman, S. , & Torous , W. Valuing commercial mortgages：an empirical investigation of the contingent claims approach to pricing risky debt. Journal of Finance, 1989, Vol. 44(2)：345—373.

[14]Ahmad, S. Metzler on classical interest theory：comment. The American Economic Review, 1981, Vol. 71(5)：1092—1093.

[15] Altman, E. I. & Saunders, A. Credit risk measurement：developments over the last 20 years. Journal of Banking and Finance, 1998, 21：1721—1742.

[16]Alziary,B. , Décamps, Jean,P. , et al. A P. D. E approach to Asian Options：analytical and numerical evidence. Journal of Banking & Finance, 1997, 21：613—640.

[17]Andricopoulos, A. D. , Widdicks, M. D. , Newton, P. , et al. Extending quadrature methods to value multi-asset and complex path dependent options. Journal of Financial Economics, 2007, 83：471—499.

[18]Wang L. , Valdez E. , & Piggott J. Securitization of Longevity Risk in Reverse Mortgages. Working paper, University of New South Wales, 2007.

［19］AARP. Home Made Money: A Consumer's Guide to Reverse Mortgages. Washington, DC, 2003.

［20］Creighton, A. H. , Jin, H. B. , Piggott, J. , et al. Longevity Insurance: A Missing Market. The Singapore Economic Review, 2005 (50), 417—435.

［21］Aizcorbe, A M. , ArthurB. K. , & Kevin B. M. Recent Changes in U. S. Family Finances: Evidence from the 1998 and 2001. Survey of Consumer Finances,2003, 1—32.

［22］Akgun, A. P. , & Vanini. The Pricing of Index-Linked Mortgages: Technical Documentation. Working Paper, Zurich Cantonal Bank, Switzerland, 2006.

［23］Alexis, A. , Anne T. , & Jeanne L. linking Reverse Mortgage and Long-term Care Insurance. American Real Estate and Urban Economics Association, 2004,22(2), 387—408.

［24］Amy, F. , Kathleen M. ,& Amir, S. Dynamic Inefficiencies in Insurance Markets: Evidence from Long—Term Care Insurance. Journal of Risk and Insurance, 2003 (35), 244—286.

［25］Andrew,C. , Adam, G. , & Christopher J. Equity Finance Mortgages for Home Buyers: The Next Revolution in Housing Finance. Preliminary Paper, New York University, Feb. 2004.

［26］Andrew, C. , & Christopher J. Primer on a Proposal for Global Housing Financing, O. Mitchell, Z. Bodie Press, 2000, 89—110.

［27］AndrewC. , Inertia in the U. S Housing Finance Market: Cases and Causes, joint AEA/ AREUEA session, New Orleans, 2000.

［28］Andrew,C. , Goetzmann,W. , Hangen,E. ,et al. Home Equity Insurance:A Pilot Project. Working Paper,International Center for Finance, Yale University,2003.

［29］Angus, S. , & Guy L. Housing, land prices, and the link between growth saving. Journal of Economic Growth, 2001(6),87—105.

［30］Arthur, O. S. Urban Economics. New York,The McGraw-Hill Companies,2000, 78—123.

［31］Asabere, P. K. , & ForrestE. H. Price Concessions, Time on the Market, and the Actual Sales Price of Homes. Journal of Real Estate Finance and Economics, 1993, 167—174.

［32］Barbara, R. S. Using Reverse Mortgages To Manage the Financial Risk of Lon-Te RM Care. Managing Retirement Assets Symposium, Mar. 31—Apr. 2, 2004.

［33］Bardhan, A. , Raša, K. , & Branko U. Valuing Mortgage Insurance Contracts in Emerging Market Economics. The Journal of Real Estate Finance and Economics, 2006, 32 (1), 9—20.

［34］Black F. , & Scholes M. The pricing of options and corporate liabilities. Journal of Political Economy, 1973, 81(5—6), 637—659.

［35］Blake,D. Reply to Survivor Bonds : a Comment on Blake and Burrows. Journal of Risk and Insurance, 2003(70), 349—351.

［36］Blake,D. , & Burrows W. Survivor bonds: Helping to Hedge Mortality Risk. Journal of Risk and Insurance, 2001 (68), 339—348.

［37］Blau, P. M. Exchange and power in social life. New York, Wiley, 1964,110—139.

［38］Boehem, T. , Ehrhardt P. , & MichaelC. Reverse mortgages and interest rate risk. Real Estate Economics (Summer), 1994(2), 22—25.

［39］Case, K. E. , & Shiller, R. J. The efficiency of the market for single family homes. The American Economic Review. 1989(179), 125—137.

［40］Case, K. E. , & Shiner, R. J. Prices of single family homes since 1970: New indices for four cities. New England Economic Review, 1987(2), 46—56.

[41]Castanias, R. P., & Helfat,C. E. The managerial rents model: Theory and empirical analysis. Journal of Management, 2001, 27(6), 661—678.

[42]Caplin, A. Turning Asset into Cash: Problems and Prospect in the Reverse Mortgage Industry, Innovations in Retirement Financing. Philadelphic: University of Pennsylvania press, 2002, 234—253.

[43]Chen, J., Huang, Z. H., & Liang, J. Innovation of Finance: the Application of Reverse Mortgage in China. Wuhan : Computer Society Press, 2008,359—363.

[44]Chen, J., & Zheng, B. The Research on Reverse Mortgage Based on the Fluctuation of Housing Prices; Wuhan: Engineering Technology Press, 2009, 3—7.

[45]Chi and Tsui. Reverse Mortgage as Retirement Financing Instrument: An Option for Asset-rich and Cash-poor Singaporeans. Real Estate Economics. 2007,12 56—78.

[46]Chinloy, P., Megbolugbe Isaac F: Reverse mortgages: Contractions and crossover risk. Real Estate Economics (Summer), 1994(2), 22—25.

[47]Christopher, J. M., & Katerina, V. S. Reverse Mortgages and the Liquidity of Housing Wealth,AREUEA Journal,1994, 22(2), 235—255

[48]Cocco, J. F. Portfolio Choice in the Presence of Housing. Review of Financial, 2004(8), 26—36.

[49]Cohen, A., & Liran,E. Estimating Risk Preferences from Deductible Choice. Manuscript, Stanford University, 2004 .

[50]Zhou,C. S. A jump—diffusion approach to modeling credit risk and valuing defaultable. US: Columbia University, 2002,76—92.

[51]David,D. M. & David, W. Advantageous Selection in Insurance Markets. Journal of Economics, 2001 (32), 249—262.

[52]David, W. R., Isaac, F. M., & Barbara, A. M. The Reverse Mortgage as an Asset Management Tool. Housing policy debate, 1995(8), 173—194.

[53]David, T. R. Evaluation report of FHA's home equity conversion mortgage insurance demonstration executive summary. US Department of Housing and Urban Developmet, 2002 (10), 123—176.

[54]Deokho,C., & Seungryul, M. Economic Feasibility of Reverse Mortgage Annuity for the Elderly Housing Welfare. Housing studies Review, 2004 (12), 175—199.

[55]DiPasquale, Denise, & WilliamC. W. Urban Economics and Real Estate Markets. Prentice Hall. 1996, 46—78.

[56]Diventi, T. R., & Thomas, N. H. Modeling Home Equity Mortgages. Actual Research clearing House, 1990(2), 1—24.

[57]Donald, L. R., Ken S., & Brown, S. K. Reverse Mortgage : Niche Product or Mainstream Solution? Report on the 2006 AARP National Survey of Reverse Mortgage Shoppers. December 2007.

[58]Dongchul,C. Interest Rate, Inflation,and Housing Price : With an Emphasis on Chonsei Price in Korea. Journal of Real Estate Finance and Economics. 2006, V32(2,Mar), 169—184.

[59]Edward, J. S., James,C. E., & Theresa, R. D. Home Equity Conversion Mortgage Terminations: Information to Enhance the Developing Secondary Market. Journal or Policy Devel-

opment and Research, 2007(9), 5—45.

[60]Edward, J. , & Szymanoski, J. Risk and the Home Equity Conversion Mortgage. Journal of the American Real Estate and Urban Economics Association, 1994 (2), 347—366.

[61]Ellen, H. Pumping Up Your Reverse Mortgage. Business Week. 2007 (4), 94.

[62]Fanni, M. Money from Home : A Guide to Understanding Reverse Mortgage. Finance, 1978,33, 177—87.

[63]Flavin, M. & Takashi Y. Owner—occupied Housing and the Composition of the Household Portfolio. American Economic Review, 2002,92,345—362.

[64]Fons, J. S. Using Default Rates to Model the Term Structure of Credit Risk,Financial Floating Rate Debt. Journal of Finance,1995, 50(3),789—819.

[65]Gau, G. W. Efficient real estate markets: Paradox or Paradigm?. Journal of the American Real Estate and Urban Economics Association. 1987,(15),1—12.

[66]Gibbs. A substantial but limited asset : the role of housing wealth in paying for residential care in Financing elderly people in Independent sector Homes. The Future, London, Age concern Institute of Gerontology, 2006.

[67]Gomes, F. , & Alexander, M. Optimal Life-Cycle Asset Allocation: Understanding the Empirical Evidence. Journal of Finance,2004, 44—57..

[68]Gourinchas,P. O. ,& Jonathan, P. Consumption Over the Life-Cycle,Econometrica 2002, 70,47—89.

[69]Hisashi, O. Economic Implication and Possible Structure for Reverse Mortgage in Japan. NBER Working Paper, 2003.

[70]Holt, M. A. , House Rich but Cash Poor. The CPA Journal. 1994(2), 70—74.

[71]Jan, K. B. A Simple Model of Mortgage Insurance. Journal of the American Real Estate and Urban Economics Association, 1985,Vol13,(2), 26—39.

[72]Jarrow,R. A. , & Turnbull,S. Pricing Derivatives on Financial Securities Subjects Credit risk. Journal of Finance, 1998(50), 53—86.

[73]Jarrow,R. A. , Lando,A. ,& Turnbull,S. A. Markov model of the term structure of credit. US: Columbia University, 2002, 269—312

[74]Jean, R. Reverse Mortgages: Backing into the Future. The Elder Law Journal, 1997(5), 43—49.

[75]Jim, M. Reserve Mortgages Can Drive Deposits and Strength Relationship. Community Banker,2004(5), 50—52.

[76]John, A. , Andrew,C. & John L. Wealth Accumulation and the Propensity to Plan. Quarterly Journal of Economics, 2004, 3, 33—46.

[77]John, J. & Traudy F. G. CFPs. Reverse mortgage is a possibility for senior homeowners. Practice Management, 2004(1), 58.

[78]John R. K. & Sirmans,C. F. Depreciation, Maintenance, and Housing Prices. Journal of Housing Economics, 1996(5), 369—389.

[79]Jones,E. P. , Scott,P. M. , & Rosenfeld,E. Contingent Claim Analysis of Corporate. Journal of Housing Research. 1995, 6(2),217—244.

[80]Zhao, J. On Barriers and Countermeasures for China Implementing Reverse Home Mortgage Loans. Asian Social Science, 2009, 5(3), 168—170.

[81]Karen, M. G., George P. M., & Euehun, L. Planning to move to retirement housing. Financial Services Review, 1998(7), 91—300.

[82]Chou, K. L., Chow, W. S., & Chi, I. Willingness to consider applying for reverse mortgage in Hong Kong Chinese middle—aged homeowners. Habitat International, 2006(30), 716—727.

[83]Kenneth A. H. Reverse mortgages Tax—free money you don't pay back while living in your home. Journal of Financial Service Professionals, 2002,56(5), 84—93.

[84]Dowd, K., Andrew, J. G., & Cairns, P. D. Survivor Swaps. The Journal of Risk and Insurance, 2006 (1), 1—17.

[85]Kim, Gabtae, & Seungryul, M. Risk of Reverse Mortgages Resulting from Cycles of Housing Prices and Interest Rates. Korean Journal of Insurance Studies, 2006, 17(2), 61—97.

[86] Lando, & David. On Cox Processes and Credit Risky Securities. Review of Derivatives Research. 1998(2), 99—120.

[87]Wang, L., Emiliano, A, V., & John, P. Securitization of longevity Risk in Reverse Mortgage, http://ssm.com/abstract=1087549,2007.

[88]Lin, & Cox. Securitization of Mortality Risks in Life Annuities. The Journal of Risk and Insurance, 2005 (2), 227—252.

[89]Linda, S. K., & Sirmans,C. F. Reverse Mortgage and Prepayment risk. Journal of the American Real Estate and Urban Economics Association. 1994 (2), 409—431.

[90]Liu, J. W., & Xiang, Y. T. The aging society and commercial banks' reverse home mortgage loans. China Finance. 2005(12), 43.

[91]Sheiner, L., & Weil, N. D. The housing wealth of the aged. National Bureau of Economic Research working paper 4115, 1992.

[92]Neukirchen, M., & Lange,H. House Price Risk—Some Risk Management Strategies. Organization Science, 1998, 9(3), 326—339.

[93]Ma, S. R., & Cho,D. H. Payment Plans of Reverse Mortgage System in the Korean Housing Market. The First International Solar Cities Congress, 2004.

[94]Ma, S. R., & Park, S. B. A study on life insurer's approaches determining the assumed interest rate. Korean Journal of Insurance Studies,2004,15(3), 3—29.

[95]Ma, S., & Deng, Y. H. Insurance Premium Structure of Reverse Mortgage Loans in Korea. Lusk Center for Real Estate, USC, 2006.

[96]Ma, S. Estimating VaR of Reverse Mortgages and a Plan for Risk Alleviation. The Korea Journal of Risk Management, 2006, 17(2), 103—132.

[97]Madan,D., & Unal, H. Pricing the Risks of Default. Review of Derivatives Researeh. Econometrica, 2002(70), 47—89..

[98]Margrabe, W. The Value of an Option to Exchange One Asset for Another. Journal of Mortgage Association (Fannie Mae). August 25, 2004.

[99]Maurice, W. An Insurance Plan to Guarantee Reverse Mortgage. Journal of Risk and Insurance,1987(2), 44—109.

[100]Mayer,C. J. & Simons, K. V. Reverse Mortgage and the Liquidity of Housing Wealth. Journal of the American Real Estate and Urban Economics Association, 1994(22), 35—55.